Estudos sobre a Teoria Pura do Direito

Estudos sobre a Teoria Pura do Direito

HOMENAGEM AOS 60 ANOS DA PUBLICAÇÃO DA 2ª EDIÇÃO DA OBRA DE HANS KELSEN

2023

Valterlei da Costa
Maurício Timm do Valle
Coordenadores

ALMEDINA

ESTUDOS SOBRE A TEORIA PURA DO DIREITO
HOMENAGEM AOS 60 ANOS DA PUBLICAÇÃO DA 2ª EDIÇÃO DA OBRA DE HANS KELSEN

COORDENADORES: Valterlei da Costa e Maurício Timm do Valle

DIRETOR ALMEDINA BRASIL: Rodrigo Mentz
EDITORA JURÍDICA: Manuella Santos de Castro
EDITOR DE DESENVOLVIMENTO: Aurélio Cesar Nogueira
ASSISTENTES EDITORIAIS: Larissa Nogueira e Rafael Fulanetti
ESTAGIÁRIA DE PRODUÇÃO: Laura Roberti

DIAGRAMAÇÃO: Almedina
DESIGN DE CAPA: Roberta Bassanetto

ISBN: 9786556277905
Março, 2023

Dados Internacionais de Catalogação na Publicação (CIP)
(Câmara Brasileira do Livro, SP, Brasil)

Estudos sobre a teoria pura do direito : homenagem
aos 60 anos da publicação da 2ª edição da obra de Hans Kelsen / coordenação
Valterlei da Costa, Maurício Timm do Valle. – São Paulo : Almedina, 2023.

Bibliografia.
ISBN 978-65-5627-790-5

1. Direito – Bibliografia 2. Direito – Estudo e ensino 3. Direito – Filosofia
I. Costa, Valterlei da. II. Valle, Maurício Timm do.

23-142175 CDU-340.12

Índices para catálogo sistemático:

1. Direito : Filosofia 340.12

Inajara Pires de Souza – Bibliotecária – CRB PR-001652/O

Universidade Católica de Brasília – UCB
Reitor: *Prof. Dr. Ricardo Pereira Calegari*
Pró-Reitora Acadêmica: *Prof.ª Dr.ª Regina Helena Giannotti*
Pró-Reitor de Administração: *Prof. Me. Edson Cortez Souza*
Diretor de Pós-Graduação, Identidade e Missão: *Prof. Dr. Ir. Lúcio Gomes Dantas*
Coordenador do Programa de Pós Graduação em Direito: *Prof. Dr. Maurício Dalri Timm do Valle*
Editor-Chefe do Convênio de Publicações: *Prof. Dr. Marcos Aurélio Pereira Valadão*

Este livro segue as regras do novo Acordo Ortográfico da Língua Portuguesa (1990).

EDITORA: Almedina Brasil
Rua José Maria Lisboa, 860, Conj.131 e 132, Jardim Paulista | 01423-001 São Paulo | Brasil
editora@almedina.com.br
www.almedina.com.br

SOBRE OS COORDENADORES

MAURÍCIO DALRI TIMM DO VALLE

Bacharel, Mestre e Doutor em Direito pela UFPR. Professor-Coordenador do Mestrado em Direito da Universidade Católica de Brasília – UCB. Professor de cursos de pós-graduação lato sensu em direito. Membro Julgador do Conselho Administrativo de Recursos Fiscais – CARF. Ex-assessor de Ministro do Supremo Tribunal Federal – STF. Sócio da Tomaschitz, Timm do Valle & Andrade Sociedade de Advogados (Licenciado).

VALTERLEI DA COSTA

Doutorando em Direito Econômico, Financeiro e Tributário pela USP e em Direito do Estado pela UFPR, com intercâmbio junto à *Universidad Autónoma de Madrid* pela CAPES. Mestre em Direito do Estado e Bacharel em Direito pela UFPR. Ex-Técnico de Finanças e Controle lotado na Procuradoria da Fazenda Nacional. Membro-relator da Comissão de Direito Tributário da OAB/PR e líder do Grupo de Trabalho Tributos Federais. Membro do Instituto de Direito Tributário do Paraná. Professor de cursos de pós-graduação *lato sensu* em direito. Sócio do Costa & Costa Advogados em Curitiba/PR. *E-mail*: valterlei@costaecostaadvocacia.com.br.

SOBRE OS AUTORES

ANA LUCIA PRETTO PEREIRA

Mestre e Doutora em Direito Constitucional pela UFPR, com doutorado-sanduíche em Teoria do Direito na Universidade de Harvard. Pós-doutorado em Processo Constitucional pelo PNPD/CAPES, no UniBrasil. Professora orientadora no Programa de Pós-graduação em Direito da Universidade Católica de Brasília – UCB/DF. Professora no Curso de Pós-graduação em Processo Constitucional nas Cortes Superiores, no Mackenzie/DF. Ex-Assessora de Ministro no Superior Tribunal de Justiça. Líder do Centro de Estudos Políticos e Constitucionais – CEPEC, na UCB/DF. Advogada.

ANDRÉ FOLLONI

Professor Titular e Decano da Escola de Direito da PUCPR. Doutor em Direito pela UFPR. Professor Permanente e ex-coordenador do Programa de Pós-Graduação em Direito da PUCPR. Mestre em Direito pela PUCPR. Graduado em Filosofia pela PUCPR e em Direito pela UFPR.

ANDITYAS SOARES DE MOURA COSTA MATOS

Graduado em Direito, Mestre em Filosofia do Direito e Doutor em Direito e Justiça, todos pela Faculdade de Direito e Ciências do Estado da Universidade Federal de Minas Gerais (UFMG). Pós-Doutor em Filosofia do Direito pela *Universitat de Barcelona* (Catalunya), com bolsa da CAPES. Doutor em Filosofia pela Universidade de Coimbra (Portugal). Professor Associado de Filosofia do Direito e disciplinas afins na Faculdade de Direito e Ciências do Estado da UFMG. Membro do Corpo Permanente do Programa de Pós-Graduação em Direito da Faculdade de Direito e Ciências do Estado da UFMG. Professor Visitante na *Facultat de Dret de la Universitat de Barcelona* entre 2015 e 2016. Professor Residente no Instituto de Estudos Avançados Transdisciplinares – IEAT/UFMG entre 2017 e 2018. *E-mails*: vergiliopublius@hotmail.com e andityas@ufmg.br Mais artigos em: https://ufmg.academia.edu/AndityasSoares

ARTHUR M. FERREIRA NETO
Mestre e Doutor em Direito (UFRGS) e Mestre e Doutor em Filosofia (PUCRS). Professor e Coordenador do Curso de Especialização em Direito Tributário da PUCRS-IET e Professor da Graduação da PUCRS. Vice-Presidente do Instituto de Estudos Tributários – IET. 2º Vice-Presidente do Tribunal Administrativo de Recursos Fiscais do Rio Grande do Sul – TARF/RS – E-mail: aferreiraneto@yahoo.com.br.

CARLOS RENATO CUNHA
Doutor e Mestre em Direito do Estado pela Universidade Federal do Paraná – UFPR. Especialista em Direito Tributário pelo Instituto Brasileiro de Estudos Tributários – IBET. Procurador do Município de Londrina. Professor do Mestrado Profissional em Direito, Sociedade e Tecnologias das Faculdades Londrina. Professor da graduação na Pontifícia Universidade Católica do Paraná – PUC/PR *campus* Londrina. Professor do IBET.

CESAR ANTONIO SERBENA
Professor Titular de Filosofia do Direito da Faculdade de Direito da UFPR

GUILHERME BROTO FOLLADOR
Mestre em Direito do Estado (Direito Tributário) pela UFPR e doutorando na mesma instituição. Professor dos Cursos de Especialização em Direito Tributário da PUC-PR. Advogado.

GUILHERME ROMAN BORGES
Livre-Docente, Doutor e Mestre em Filosofia e Teoria Geral do Direito na USP. Estágio pós-doutoral em Filosofia e Teoria Geral do Direito na USP e em Teoria do Direito e Direito Comparado na Universidade de Paris I – Panthéon Sorbonne. Estudos de Filosofia Clássica com bolsa anual da CAPES na Faculdade de Filosofia da Universidade de Patras/Grécia. Ex-Pesquisador visitante de Direito Grego e Direito Romano na Biblioteca Universitária de Bolonha Antonio Cicu e na Biblioteca Comunale dell'Archiginnasio/Itália. Ex-Bolsista no Max Planck de História do Direito de Frankfurt. Mestre em Sociologia do Direito e Bacharel em Direito na UFPR. Professor do Programa de Pós-Graduação s.s. da Universidade Católica de Brasília e da Escola da Magistratura Federal do Paraná. Atualmente membro da coordenação da DECLEN - Decolonizing and Comparing Legal Experiences Network. Juiz Federal Substituto (TRF4).

GUSTAVO SILVEIRA SIQUEIRA

Professor de História do Direito e de Metodologia da Pesquisa na Universidade do Estado do Rio de Janeiro (UERJ) e na Universidade Estácio de Sá (UNESA). Foi visiting scholar no Departamento de História da Harvard University e tem estágio de pós-doutorado no Max-Planck-Institut für europäiche Rechtsgeschichte. É secretário do Instituto Brasileiro de História do Direito (IBHD) e bolsista de produtividade do Conselho Nacional de Desenvolvimento Científico e Tecnológico (CNPq). Foi coordenador da Coordenação de Aperfeiçoamento de Pessoal de Nível Superior (CAPES) para mestrados profissionais em Direito (2016-2018). Desde 2019, atua como coordenador da área do Direito na Fundação de Amparo à Pesquisa do Estado do Rio de Janeiro (FAPERJ) e é sócio honorário do Instituto Histórico e Geográfico Brasileiro (IHGB). E-mail: gustavosiqueira@uerj.br

JOSÉ RENATO GAZIERO CELLA

Doutor em Filosofia e Teoria do Direito pela Universidade Federal de Santa Catarina – UFSC, Mestre em Direito do Estado pela Universidade Federal do Paraná – UFPR, Professor do Programa de Pós-Graduação *Stricto Sensu* (Mestrado Acadêmico) em Direito da Atitus Educação.

JOSÉ ROBERTO VIEIRA

Professor de Direito Tributário da Universidade Federal do Paraná – UFPR e do Instituto Brasileiro de Estudos Tributários – IBET (graduação, especialização, mestrado e doutorado); Mestre e Doutor em Direito do Estado – Direito Tributário (PUC/SP); Estudos pós-graduados no *Instituto de Estudios Fiscales* (Madri, Espanha); Ex-membro julgador do Conselho de Contribuintes do Ministério da Fazenda, atual CARF (Brasília, DF); Ex-Auditor da Receita Federal (Curitiba, PR); Parecerista.

LENIO STRECK

Doutor em Direito (UFSC). Pós-Doutor em Direito (FDUL). Professor titular da Unisinos – RS e permanente-pesquisador da Unesa – RJ. Procurador de Justiça aposentado. Advogado e parecerista.

LEONAM LIZIERO

Doutor em Teoria e Filosofia do Direito pela UERJ, com Pós-Doutorado em Direito pela UFRJ. Professor e Advogado. E-mail: leonamliziero@gmail.com

MARINA VIEIRA DE FIGUEIREDO

Doutora e Mestre em Direito Tributário pela Pontifícia Universidade Católica de São Paulo (PUC-SP). Especialista em Direito Tributário pelo Instituto Brasileiro de Estudos Tributários – IBET. Advogada. Conselheira Julgadora no Conselho Municipal de Tributos do Município de São Paulo (CMT/SP). Juíza do Tribunal de Impostos e Taxas do Estado de São Paulo (TIT/SP). Professora do Mestrado em Direito do Instituto Brasileiro de Estudos Tributários – IBET.

MELANIE MERLIN DE ANDRADE

Doutora em Direito das Relações Sociais pela Universidade Federal do Paraná. Mestra em Direito do Estado pela Universidade Federal do Paraná. Especialista em Direito Público pela Escola da Magistratura Federal do Paraná. Membro do Grupo de Pesquisa Fundamentos do Direito da Universidade Federal do Paraná. Ganhadora do 1º Lugar no I Concurso de Artigos Científicos do Centro de Pesquisas Judiciais (CPJ/AMB), Associação dos Magistrados Brasileiros (AMB), bem como do 1º lugar no Concurso Acadêmico da IX Convenção Latino-Americana de Direito, Comité para el Estudio y Difusion del Derecho en America Latina – CEDDAL. Analista Judiciária do Tribunal de Justiça do Estado do Paraná.

PRISCILA CANEPARO DOS ANJOS

Professora do Programa de Pós-Graduação em Direito (Ambra University). Professora do Programa de Pós-Graduação em Governança, Tecnologia e Inovação (Universidade Católica de Brasília). Professora dos cursos de Direito e Relações Internacionais (UNICURITIBA e Universidade Católica de Brasília). Coordenadora da Clínica de Direito Internacional (UNICURITIBA). Professora da Escola da Magistratura do Paraná). Doutora em Direito das Relações Econômicas Internacionais pela Pontifícia Universidade Católica de São Paulo (2015). Mestre em Direito das Relações Econômicas Internacionais pela Pontifícia Universidade Católica de São Paulo (2015). Especialista em Direito Internacional pela Pontifícia Universidade Católica de São Paulo (2009). Membro da Comissão de Direito Internacional da OAB/PR, desde 2008. Membro e parecerista da Academia Brasileira de Direito Internacional. Delegada da diplomacia civil para a Organização Mundial do Comércio e para o Conselho Econômico e Social (Organização das Nações Unidas). Autora de livros. Possui experiência em foros internacionais. Advogada.

RODRIGO BORGES VALADÃO

Procurador do Estado do Rio de Janeiro. Pós-Graduado (2004) em Advocacia Pública pela Escola Superior de Advocacia Pública da PGE-RJ. Mestre (2008) em Teoria do Estado e Direito Constitucional pela Pontifícia Universidade Católica (PUC/RJ). Doutor (2021) em Direito Público pela Albert-Ludwigs--Universität Freiburg (Alemanha), em cotutela com a Universidade de São Paulo (USP). Mestrando em "Privacy, Cybersecurity, Data Management, and Leadership" pela Universidade de Maastricht (Países Baixos). Membro do Instituto dos Advogados do Brasil (IAB). Advogado no Rio de Janeiro. Críticas e sugestões: rod_valadao@yahoo.com.br

ROSALDO TREVISAN

Doutor em Direito (UFPR), Professor de Direito Aduanero, Tributário e Internacional em diversas instituições de ensino, no Brasil e no exterior, Consultor da Organização Mundial das Aduanas, do Banco Mundial e do Fundo Monetário Internacional, Auditor-Fiscal da RFB, Membro do CARF/MF. Correio eletrônico: rosaldotrevisan@hotmail.com.

THIAGO FREITAS HANSEN

Professor de Teoria e História do Direito da Universidade Federal do Paraná. Mestre e doutor em Direito, pesquisa História do Direito brasileiro no século XX. Editor executivo da Revista História do Direito. Produz e dirige o podcast Salvo Melhor Juízo.

VERA KARAM DE CHUEIRI

Professora Associada de Direito Constitucional da Faculdade de Direito da UFPR. Pesquisadora do CNPq, Coordenadora do Núcleo de Constitucionalismo e Democracia do Centro de Estudos da Constituição (CCONS) do PPGD/UFPR.

VÍVIAN ALVES DE ASSIS

Doutoranda em Teorias Jurídicas Contemporâneas no Programa de Pós-Graduação da Universidade Federal do Rio de Janeiro.

APRESENTAÇÃO À HOMENAGEM AOS 60 ANOS DA 2ª EDIÇÃO DA *TEORIA PURA DO DIREITO*, DE HANS KELSEN

Nos anos 10 e 20 do século passado, ganhou forma uma particular teoria, quando HANS KELSEN, instigado por um grupo de alunos brilhantes, mudou para sempre a história do estudo do direito. Na sequência, em 1933, como síntese desse pensamento, adveio um "pequeno livro", sintetizando seus pontos-bases, os quais foram "[...] designados pelo nome de *Teoria Pura do Direito*"[1]. A partir daí, por um quarto de século, estudou-se, debateu-se e criticou-se tal linha de pensamento com um interesse ímpar, o que acabou motivando, em 1960, para seu desenvolvimento e aclaramento, uma segunda edição da Teoria Pura do Direito, mas, nas palavras de seu próprio autor, "[...] permanece[u] inalterada quanto ao seu núcleo essencial"[2]-[3]. Agora, essa segunda publicação completou 60

[1] Hans Kelsen, Prólogo da edição de Viena, **Teoria pura do direito**, 1.ed., p. 17.

[2] Hans Kelsen, Prefácio da segunda edição, **Teoria pura do direito**, 2.ed., p. XVII (adaptamos entre colchetes). Contudo, quando da publicação de "Teoria Geral do Direito e do Estado", em 1945, afirmou que "[a] intenção do presente livro é antes reformular que meramente republicar pensamentos e idéias previamente expressos em alemão e francês". Hans Kelsen, Prefácio, **Teoria geral do direito e do estado**, p. XXVII.

[3] Quando da publicação da 2ª edição da "Teoria Pura do Direito", Kelsen já tinha quase 80 anos e, mesmo assim, continuou a trabalhar em sua obra, como nos dá conta a seguinte passagem de uma carta enviada a Klug, em 1965: "Seu artigo *Notas sobre análise lógica de algumas afirmações e conceitos teóricos-jurídicos* eu o conheço muito bem e dele me ocupei pormenorizadamente num amplo estudo denominado *Teoria Geral das Normas* no qual trabalho há bastante tempo". Hans Kelsen, **Normas jurídicas e análise lógica**, p. 91. Todavia, tal trabalho somente foi publicado postumamente, sendo que, "[e]m parte, posições que Kelsen anteriormente tomara, são repetidas, mas reiteradamente, complementadas, e pormenorizadamente fundamentadas [...]. Numa série de aspectos, Kelsen modificou e

anos, o que, em nosso entender e no dos autores que gentilmente encaminharam artigos para esta coletânea, merece uma homenagem.

Sem dúvidas, a Teoria Pura do Direito foi um divisor de águas, estabelecendo marcos tão profundos que não podem ser simplesmente desconsiderados, sendo justo asseverar ser ela "[...] uma daquelas guinadas para além das quais é possível avançar, mas não é lícito retroceder"[4]. Vitaliciedade que obriga a se tomar partido, localizando-se, à guisa de bússola, a depender da posição que se esteja do ponto zero, uma vez que o mestre da Teoria Pura do Direito "[...] representa o meridiano de Greenwich da Jurisprudência. Ocupa-se uma posição no espaço jurídico conforme se está mais perto ou mais longe de Kelsen"[5]. Entendimento que nos põe à vontade para dizer que KELSEN foi não apenas um jurista, mas sim "o" jurista por excelência, o primeiro entre seus pares, o que é, aliás, amplamente reconhecido[6]. Assim, mais do que acertada a afirmativa de que pôs

alterou sua opinião". Kurt Ringhofer e Robert Walter, Introdução, *in* Hans Kelsen, **Teoria geral das normas**, p. XVI.

[4] Norberto Bobbio, Estrutura e função na teoria do direito de Kelsen, *in* **Da estrutura à função**, p. 210. Nesse mesmo sentido, sobre Kelsen, pode-se dizer que "[...] sua <<teoria pura do Direito>> constitui a mais grandiosa tentativa de fundamentação da ciência do Direito como ciência [...] que o nosso século veio até hoje a conhecer". Karl Larenz, **Metodologia da ciência do direito**, p. 92.

[5] Miguel Reale, **Teoria tridimensional do direito**, p. 118.

[6] Que foi Kelsen o maior ou o mais influente jurista do século XX é posição que aparece em vários pensadores: "Hans Kelsen não foi apenas um jurista, por melhor dizer, o maior jurista do nosso século. [...]. Ele, na realidade, é uma das personalidades mais poliédricas e multifacetadas de nossa época". Miguel Reale, A visão integral do direito em Kelsen, *in* Luis Regis Prado e Munir Karam, **Estudos de filosofia do direito**, p. 17. "[...] a de Kelsen foi provavelmente a teoria mais influente do século XX [...]". Mario Losano, **Sistema e estrutura no direito**, v. 2, p. 52. "Hans Kelsen, el jurista y filosofo del derecho de mayor influencia en el siglo XX [...]". Luis Villar Borda, Presentación, *in* Stanley Paulson, **Fundamentación crítica de la doctrina de Hans Kelsen**, p. 13. Sendo digno de nota, ainda, o reconhecimento feito por grandes jusfilósofos sobre os efeitos da Teoria Pura do Direito em suas formações: "Exercitou Kelsen com sua obra um eficaz influxo sobre a carreira científica do autor destas linhas". Ulrich Klug, Nota final, *in* Hans Kelsen, **Normas jurídicas e análise lógica**, p. 106. "[...] Hans Kelsen, que me iniciou na filosofia do direito e me ensinou, acima de tudo, a importância da coerência [...]". Alf Ross, Prefácio à edição inglesa, **Direito e justiça**, p. 20. Assim, tudo pesado e sopesado, podemos concordar que "[...] Einstein fue para la ciencia en general y para la física en particular, lo que para la

– não somente na elaboração de uma doutrina pura, mas em suas mais variadas direções – sua vida a serviço do direito[7].

Com isso, mesmo sendo um ato singelo, pareceu-nos oportuna a reunião de acadêmicos para escrever sobre KELSEN e sua obra, com o fruto sendo esta publicação que chega às mãos dos leitores, a qual, ademais, encontra-se dividida em duas partes. Na primeira, para cada capítulo da segunda edição da Teoria Pura do Direito foi elaborado um texto, o que resultou em 10 trabalhos, mesmo sendo oito os subtítulos da obra em comento. O primeiro ponto para tal acréscimo é prosaico, uma vez que o capítulo V, "Dinâmica Jurídica", seguindo o próprio roteiro kelseniano, por tratar de dois temas coligados, mas que na literatura ganharam dimensões autônomas, foi desmembrado em "Norma Fundamental" e "Estrutura Escalonada do Direito". O segundo, apesar de muito de seus críticos afirmarem o contrário, é que o problema da justiça sempre foi uma preocupação presente em KELSEN, o que o levou, inclusive, a justapor à segunda edição da Teoria Pura do Direito um apêndice, conduzindo-nos, dessarte, a lhe dedicar um artigo específico, pois "[...] tal problema é de importância decisiva para a política jurídica [...]"[8]. A segunda parte, por sua vez, é formada por textos livres sobre a teoria kelseniana, levados a cabo por autores também de destaque, conhecedores, mesmo que como críticos, desse pensamento.

ciencia jurídica ha sido Hans Kelsen [...]". Matthias Jestaedt, Hans Kelsen. El Einstein de la ciencia jurídica, **Revista derecho y ciencias sociales**, n. 5, p. 182.

[7] "Ciertamente, la actividad científica de Kelsen ha *ejercido* en este ámbito su influencia más duradera. Sería, sin embargo, errado que en una exposición de su vida y su obra total se olvidaran los fructíferos resultados que desarrolló en otras direcciones. No pueden pasarse por alto sus actividades legislativas y judiciales [...]. A ello se añade [...] su amplísima actividad docente [...]. Finalmente hay que recordar [...] su actividad como consultor". Rudolf Métall, **Hans Kelsen**: vida y obra, p. 107. Nesse mesmo sentido, pode-se afirmar que "[n] a área dos estudos, Kelsen foi, além de filósofo do direito positivo (teórico do direito), filósofo da moral, historiador da filosofia moral, filósofo da justiça, teórico da democracia e do direito, cultor de psicologia social e [...] especialista de fama internacional de direito público, direito constitucional e direito internacional". Pierluigi Chiassoni, **Enfoque analítico na filosofia do direito**, p. 417-418.

[8] Hans Kelsen, Prefácio da segunda edição, **Teoria pura do direito**, 2.ed., p. XVII. No Brasil, o anexo foi publicado separadamente sob o título "O problema da justiça", pela Martins Fontes.

De toda sorte, claramente se percebe na Teoria Pura do Direito um caráter único em razão de "[...] sua notável agudeza, dialética brilhante e lógica inexorável [...]"[9], o que faz dela um clássico, *opus perpetuum*; contudo, como demonstram os artigos que compõem este livro, igualmente não há dúvidas de que é obra aberta, "[...] en el sentido de <<perpetuum mobile>>, es decir, de teoría em continua transformación"[10]. Por isso, vê-se aquele que dela se aproxima sempre em dificuldades, pois, por um lado, como evitar um mero fichamento seu, empobrecendo-a, sem, por outro, incorrer no extremo oposto e, na boa intenção de promover ajustes, elaborar construções incoerentes com seu todo? Pontos que nos fazem lembrar de Édipo e de seu encontro com a Esfinge: "Decifra-me ou te devoro"[11]. Malgrado todas as dificuldades, cremos que os autores lograram superá-las e, assim, só podemos desejar a todos BOA LEITURA.

Valterlei da Costa
Maurício Timm do Valle

Referências

BOBBIO, Norberto. **Da estrutura à função**: novos estudos de teoria do direito. Tradução de: Daniela Beccaccia Versiani. Barueri, SP: Manole, 2007.

BORDA, Luis Villar. Presentación. *In*: STANLEY, Paulson L. **Fundamentación crítica de la doctrina de Hans Kelsen**. Traducción por: Luis Villar Borda. Bogotá: Universidad Externado de Colombia, 2000, p. 13-17.

CHIASSONI, Pierluigi, **O enfoque analítico na filosofia do direito**: de Bentham a Kelsen. Tradução de: Heleno Taveira Torres e Henrique Mello. São Paulo: Contracorrente, 2017.

JESTAEDT, Matthias. Hans Kelsen. El Einstein de la ciencia jurídica. **Revista derecho y ciencias sociales**, n. 5. Instituto de cultura jurídica y maestría en sociología jurídica. FCJ y S. UNLP, p. 182-187, octubre 2011.

[9] Alf Ross, **Direito e justiça**, p. 93.

[10] Mario Losano, **Teoría pura del derecho**: evolución y puntos cruciales, p. 47.

[11] "[...] a Esfinge, mostro fabuloso [...] mantinha toda a região alarmada por causa dos enigmas que cantava, devorando quem não os decifrasse". Mário da Gama Kury, Notas ao Édipo Rei, *in* Sófocles, **A trilogia tebana**, p. 98.

KELSEN, Hans. **Normas jurídicas e análise lógica** [correspondência trocada entre os Srs. Hans Kelsen e Ulrich Klug]. Tradução de: Paulo Bonavides. Rio de Janeiro: Forense, 1984.

–. **O problema da justiça**. Tradução de: João Baptista Machado. São Paulo: Martins Fontes, 2003.

–. **Teoria geral das normas**. Tradução de: José Florentino Duarte. Porto Alegre: Sérgio A. Fabris, Editor, 1986.

–. **Teoria geral do direito e do estado**. Tradução de: Luís Carlos Borges. 4.ed. São Paulo: Martins Fontes, 2005.

–. **Teoria pura do direito**. Tradução de: J. Cretella Jr. e Agnes Cretella. 9.ed. São Paulo: Revista dos Tribunais, 2013 (1.ed., 1934).

–. **Teoria pura do direito**. Tradução de: João Baptista Machado. 6.ed. São Paulo: Martins Fontes, 1998 (2.ed., 1960).

KLUG, Ulrich. Nota final. *In*: KELSEN, Hans. **Normas jurídicas e análise lógica** [correspondência trocada entre os Srs. Hans Kelsen e Ulrich Klug]. Tradução de: Paulo Bonavides. Rio de Janeiro: Forense, 1984, p. 59-84. 105-106.

KURY, Mário da Gama. Introdução e notas. *In*: SÓFOCLES. **A trilogia tebana**. Tradução de: Mário da Gama Kury. 11.ed. Rio de Janeiro: Jorge Zahar, 2004.

LARENZ, Karl. **Metodologia da ciência do direito**. Tradução de: José Lamego. 3.ed. Lisboa: Calouste Gulbenkian, 1997.

LOSANO, Mario G. **Sistema e estrutura no direito**, volume 2: o século XX. Tradução de: Luca Lamberti. São Paulo: WMF Martins Fontes, 2010.

–. **Teoría pura del derecho**: evolución y puntos cruciales. Traducción de: Jorge Guerrero R. Santa Fe de Bogotá: Temis, 1992.

MÉTALL, Rudolf Aladár. **Hans Kelsen**: vida y obra. Traducción por: Javier Esquivel. México: UNAM, 1976.

REALE, Miguel. A visão integral do direito em Kelsen. *In*: KARAM, Munir; PRADO, Luis Regis (coord.). **Estudos de filosofia do direito**: uma visão integral da obra de Hans Kelsen. São Paulo: Revista dos Tribunais, 1984, p. 15-30.

–. **Teoria tridimensional do direito**. 5.ed. São Paulo: Saraiva, 1994.

RINGHOFER, Kurt; WALTER, Robert. Introdução. *In:* KELSEN, Hans. **Teoria geral das normas**. Tradução de: José Florentino Duarte. Porto Alegre: Sérgio A. Fabris, Editor, 1986, p. XIII-XVI.

ROSS, Alf. **Direito e justiça**. Tradução de: Edson Bini. Bauru, SP: Edipro, 2003.

SUMÁRIO

PRIMEIRA PARTE

SEGUNDA PARTE

PRIMEIRA PARTE

1.
BREVES PALAVRAS SOBRE "DIREITO E NATUREZA" NA TEORIA PURA DO DIREITO

MAURÍCIO DALRI TIMM DO VALLE
MELANIE MERLIN DE ANDRADE

Introdução

Hans Kelsen (1881-1973), segundo Ricardo A. Guibourg[1], "é para a Filosofia do Direito o que Kant é para a filosofia geral". Pode-se estar contra ou favor de suas ideias, entendê-las, tentar superá-las, desenvolver novas ideias a partir delas, porém, é impossível ignorá-lo. No pensamento jurídico contido na Teoria Pura do Direito, tem-se um marco essencial, referência obrigatória em qualquer reflexão que se venha a elaborar.

Ao tratar da natureza do direito, Kelsen distingue o que o direito é daquilo que o direito deve ser, o que vem a se revelar crucial nas futuras discussões sobre positivismo e pós-positivismo jurídicos. O positivismo jurídico kelseniano é uma teoria acerca do que o direito é: trata-se de uma teoria descritiva, objetiva e neutra. Justamente por isso, não está interessada no caráter moralmente correto ou incorreto dos conteúdos das normas.

[1] GUIBOURG, Ricardo A. El Legado de Kelsen. In: CLÉRICO, Laura; SIECKMANN, Jan (eds.) **La teoría del derecho de Hans Kelsen**. Serie de Teoría Jurídica y Filosofía del Derecho. n. 59. Universidad Externado de Colombia: Bogotá, 2011. p. 391.

Explica Clemens Jabloner:

> Un concepto del derecho positivo – así sea poco nítido – se ha ya presupuestado. Esa manera de aproximar-se al objeto puede calificarse acertadamente como "salto al derecho". Junto a esa función constructiva ejerce también la teoría pura del derecho una función deconstructiva. Esta consiste em la confrontación crítica con la jurisprudencia tradicional, a la que Kelsen sindica falsificar "ideológicamente" el derecho positivo, bajo el encubrimiento de una aparente construcción jurídica. La teoría pura del derecho no es solo por tanto una metodología para juristas, sino también una crítica de la ideología.[2]

Como se vê, Kelsen defende a pureza do Direito como estrutura social, que deve se adequar a uma realidade pluralista. Há a ideia de um sistema dinâmico e autorreferente, com uma norma fundamental a sustentar o sistema jurídico. Dessa norma fundamental, como se explicará neste artigo, decorre a validade e a eficácia das normas inferiores.

1. Positivismo jurídico e pureza do direito

No capítulo I da segunda edição da Teoria Pura do Direito, Hans Kelsen trata da natureza de sua teoria jurídica e explica o conceito de pureza. Trata-se de uma teoria generalista do direito positivo, sem que se tenha em mente algum ordenamento jurídico específico. É uma teoria que busca compreender o que o direito é, conhecendo seu próprio objeto, não lhe importando a questão acerca de como o direito deve ser ou deve ser feito. Afinal, Kelsen busca estabelecer algo científico, uma ciência jurídica e não política.

Justamente por isso, tem-se uma teoria pura, pretendendo libertar a ciência jurídica de elementos externos como sociológicos, psicológicos e políticos. A pureza é seu princípio metodológico fundamental.

> A teoria pura do direito é uma teoria "pura" do "direito" e, não, do "direito puro". Kelsen distingue o campo da política, cuja tarefa é valorar e produzir

[2] JABLONER, Clemens. El concepto jurídico de la teoria pura del derecho. In: BORDA, Luis Villar (comp.) **Hans Kelsen 1881-1973**. Serie de Teoría Jurídica y Filosofía del Derecho. n. 30. Universidad Externado de Colombia: Bogotá, 2004. p. 19

normas, do campo da ciência do direito, cujo propósito é o de apresentar um conhecimento que seja descritivo do fenômeno normativo, de modo controlado, tornando, assim, possível a previsão de possíveis ocorrências normativas futuras em atenção a condutas.[3]

Explica Wayne Morrison[4] que a teoria de Kelsen é pura em dois sentidos:

(i) Afirma-se livre de quaisquer considerações ideológicas, não se emitem juízos de valor sobre qualquer sistema jurídico, e a análise da "norma jurídica" não é afetada por nenhuma concepção da natureza do direito justo;
(ii) O estudo sociológico da prática do direito e o estudo das influências políticas, econômicas ou históricas sobre o desenvolvimento do direito ficam além da esfera da ação da teoria pura.

A "Teoria Pura", uma das expressões do positivismo jurídico clássico, como já mencionado, tem por objetivo responder a pergunta "o que o direito é" e não "o que o direito deve ser". Trata-se, conforme explicação acima, de uma ciência do direito, observada de uma perspectiva externa.

Importante esclarecer que o positivismo de Kelsen difere-se do positivismo de Auguste Comte – que tem sentido sociológico – e do positivismo do Círculo de Viena, que se baseia no ideal de eliminação da metafísica da filosofia, buscando a filosofia da ciência, com sua objetivação e metodificação.

Também é de se elucidar que, diferentemente do que muitos creem, o círculo de Viena não tem relação direta com Kelsen[5]. O objetivo do positivismo jurídico kelseniano, baseado no ferramental teórico do neo-

[3] Sgarbi, Adrian. **O mundo de Kelsen.** 1 ed. São Paulo: Marcial Pons, 2019. p. 41.

[4] Morrison, Wayne. **Filosofia do Direito: dos gregos ao pós-modernismo**. trad. Jefferson Luiz Camargo. 2 ed. São Paulo: WMF Martins Fontes, 2012. p. 381-382

[5] Serbena, Cesar A.; Rodrigues, Renê C. SMJ #28 Positivismo Jurídico. Disponível em: < https://soundcloud.com/salvo-melhor-ju-zo/smj-28-positivismo-juridico> Acesso em 26 jan. 2019.

-kantismo, é contrapor e enfrentar o direito natural. Kant[6] diferenciava o direito empírico e a doutrina (teoria) do direito, ou seja, objeto empírico e crítica filosófica e, a partir disso, Kelsen pretende individualizar o direito como ciência autônoma.

O direito positivo é uma ordem coercitiva, transmutada no Estado, ainda que demonstre a impossibilidade de justificar o Estado pelo direito, do mesmo modo que não há como justificar o direito pelo direito. Diante disso, o positivismo jurídico, para Kelsen, é concebido como o estudo do direito positivado, tendo como ponto de partida ser ele produto da vontade humana.

Conforme a tese positivista de Kelsen, o direito não é neutro; é, em verdade, ideológico, é relação de poder, e tem várias fontes de poder que não somente o Estado. Justamente por isso, o referido jusfilósofo constrói sua teoria, que almeja pureza (ausência de submissão à elementos extra-jurídicos), tendo como objeto o que o direito é – e não o que deveria ser. Dessa forma, o positivismo jurídico é um determinado discurso sobre o direito, que busca caracterizar o fenômeno jurídico concreto. Se é assim, fica claro que o positivismo não se relaciona com o conservadorismo ou a Direita, por ser uma maneira de olhar o direito e não uma estrutura política para fazê-lo[7].

Explica Cesar A. Serbena[8] que, de forma coerente, o direito se apresenta, em Kelsen, como uma organização de força e da violência compatível com qualquer objetivo a que o direito se deva submeter. Dessa forma,

[6] ANDRADE, Melanie Merlin; SALDANHA, E. **Immanuel Kant Idealismo e a Carta da ONU**. Curitiba: Editora Juruá, 2008

[7] Alguns autores como Tércio Sampaio Ferraz Junior também apresentaram de uma forma pejorativa o positivismo kelseniano contribuindo para essa má-compreensão, como se vê de trecho retirado da obra Introdução ao Estudo do Direito: "Autores chamados positivistas, como Kelsen, por exemplo, enfrentam essa questão, lembrando que os conteúdos em si não são nem jurídicos nem antijurídicos; são neutros. Assim, o ato de matar alguém, se conteúdo de uma norma de proibição que imponha sanção ao ato, torna-se algo ilícito e reprovável. O mesmo ato, porém, se objeto de norma que discipline a obrigação do militar em ação de eliminar o inimigo, torna-se um ato lícito e aprovável. Portanto, matar, em si, seria juridicamente neutro". FERRAZ JUNIOR, Tercio Sampaio. **Introdução ao Estudo do Direito: Técnica, Decisão Dominação**. 4. ed. rev. e ampl. São Paulo: Atlas, 2003. p. 117

[8] SERBENA, Cesar Antonio. Três Argumentos Sobre o Realismo Jurídico Europeu- Continental. **Tese apresentada como requisito parcial à progressão como Professor Titular**

no plano das normas secundárias ou então em comportamentos previstos como ilícitos, o direito pode vir a ter qualquer conteúdo. Porém, em se tratando de política, Kelsen tratará dos limites e daquilo que pode ser direito, na medida em que, na sua concepção, haveria uma separação clara entre direito e política, e esse este segundo tema, por motivos metodológicos, não poderia ser tratado em sua Teoria Pura. Diante disso, Serbena defende que, nesse ponto, Kelsen era, em verdade, um realista[9].

Porém, essa confusão fez com que o positivismo jurídico sofresse diversas críticas e ataques. Hart, em artigo publicado em 1958, relata que o "nome agora pejorativo 'positivismo jurídico', assim como muitos termos que são utilizados como mísseis nas batalhas intelectuais, passou a significar uma profusão espantosa de pecados diferentes" [10].

No Brasil não foi diferente. O positivismo jurídico também foi duramente criticado, principalmente nas décadas de 80 e 90 por teóricos filiados à Escola da Teoria Crítica como Luiz Fernando Coelho e Antônio Carlos Wolkmer. Como explicado por Cesar Antonio Serbena[11], isso se deu em razão do contexto histórico brasileiro, pois o movimento jurídico

de Filosofia do Direito do Departamento de Direito Privado do Setor de Ciências Jurídicas da Universidade Federal do Paraná. Curitiba: UFPR, outubro de 2019 – A.

[9] Assim, discorda-se de Tércio Sampaio Ferraz Junior que ignorando as teorias como a de Serbena assim apresenta Kelsen em sua obra Introdução ao Estudo do Direito: "Autores chamados positivistas, como Kelsen, por exemplo, enfrentam essa questão, lembrando que os conteúdos em si não são nem jurídicos nem antijurídicos; são neutros. Assim, o ato de matar alguém, se conteúdo de uma norma de proibição que imponha sanção ao ato, torna-se algo ilícito e reprovável. O mesmo ato, porém, se objeto de norma que discipline a obrigação do militar em ação de eliminar o inimigo, torna-se um ato lícito e aprovável. Portanto, matar, em si, seria juridicamente neutro". Ferraz Junior, Tercio Sampaio. **Introdução ao Estudo do Direito: Técnica, Decisão Dominação.** 4. ed. rev. e ampl. São Paulo: Atlas, 2003. p. 117

[10] "The nonpejorative name "Legal Positivism", like most terms which are used as missiles in intellectual battles, has come to stand for a baffling multitude of different sins". Hart, H. L. A. **Positivism and the Separation of Law and Morals.** Harvard Law Review, Vol. 71, No. 4 (Feb., 1958), pp. 593-629. Disponível em <http://www.jstor.org/stable/1338225> Acesso em: 15 fev 2012, p. 595.

[11] Serbena, Cesar A. Rodrigues, Renê C. SMJ #28 Positivismo Jurídico. Disponível em: < https://soundcloud.com/salvo-melhor-ju-zo/smj-28-positivismo-juridico> Acesso em 26 jan. 2019.

filosófico é reflexo de nossa abertura política. O marxismo, na década de 80-90, era a corrente filosófica que supostamente objetivava combater a ditadura, a qual se identificava com uma parte do positivismo (aquela relacionada à estrutura de poder). A ideia dos críticos (em sua maioria marxistas) era pregar um novo direito, radicalmente oposto ao anterior. Para Serbena, fica claro que o foco das críticas não era o verdadeiro positivismo jurídico, mas sim o regime ditatorial com uma estrutura supostamente apoiada no positivismo.

Porém, tem-se que muitas dessas críticas são infundadas ou baseadas na má compreensão não só de Kelsen, mas dos jusfilósofos positivistas, pois suas teorias muitas vezes são apresentadas de forma caricata e, a partir disso, criticadas. O que se tem é que a teoria de Kelsen, em nossa opinião, é lógica, bem construída e coerente, de modo que há mitos e falsas verdades acerca do positivismo jurídico.

2. Direito: fenômeno natural ou social?

Ao se questionar se o direito seria um fenômeno natural ou social, Kelsen diz que o direito parece, pelo menos quanto a uma parte, situar-se no domínio da natureza, pois, ao analisar um fato classificado como jurídico, é possível distinguir o elemento de um ato que se realiza no espaço e no tempo, sensorialmente perceptível ou uma manifestação externa de conduta humana, bem como do elemento da significação jurídica: o significado que o ato tem sob a ótica do direito.

Contudo, a significação jurídica não pode ser percebida por meio dos sentidos, mas sim por meio de uma atuação racional do indivíduo que analisa o ato e o liga a um determinado sentido que se exprime e é entendido pelos outro. Um ato pode até mesmo ser autoexplicativo juridicamente, como uma declaração sobre aquilo que juridicamente significa, como é o caso de um testamento.

O que transforma um fato num ato jurídico, seja ele entendido como lícito ou ilícito, é a sua facticidade, o sentido objetivo ligado a esse ato e a significação que ele possui. A norma funciona como esquema de interpretação, o juízo em que enuncia que um ato de conduta humana constitui ou não um ato jurídico é uma interpretação normativa. Essa norma é ela própria produzida por um ato jurídico que recebe a significação jurídica de outra norma. Essa classificação normativa surge da subsunção entre o fato humano e a norma válida.

3. Normas jurídicas

O conhecimento jurídico se dirige a essas normas, que são jurídicas, e conferem a certos atos a qualidade de jurídicos ou antijurídicos. A norma trata de algo que deve ser ou acontecer, especialmente que um homem se deve conduzir de determinada maneira. Trata-se de atos de vontade, que se dirigem intencionalmente à conduta de outrem. Uma norma pode não só comandar, mas também permitir e conferir competência ou poder de agir de certa maneira. "Norma é o sentido de um ato através do qual uma conduta é prescrita, permitida ou, especialmente, facultada, no sentido de adjudicada à competência de alguém"[12]. A norma é diferente do ato de vontade cujo sentido ela constitui: é, em verdade, um dever--ser, enquanto o ato de vontade que ela é constitui o sentido é um ser. A conduta de fato pode ser subsumida ao conteúdo da norma (conduta estatuída por ela), ao que se torna possível julgar se ela corresponde ou não à norma. "A norma, afirma Kelsen, é, pois, um juízo hipotético, que consiste na *imputação* de uma sanção a determinado ilícito, sempre que ele ocorra, portanto na previsão de determinado nexo (de imputação) entre dois fatos específicos"[13]. A conduta ilícita não é um ato "contra' o direito, mas o exato pressuposto previsto normativamente que licencia o Estado a aplicar sanção. Ou seja, o 'ilícito' é apenas mais uma peça na maquinaria jurídica."[14]

Há enunciados sobre o ato que proferem um comando, uma permissão, um poder ou uma competência. O enunciado dessas proposições é uma norma da ordem do dever-ser, uma atribuição de competência. Nesse caso, não se trata de enunciar um dever fático, mas sim uma norma. O processo de criação da lei conta com vários atos que, em sua totalidade,

[12] Kelsen, Hans. **Teoria Pura do Direito**. 3ª ed. brasileira. Trad. João Baptista Machado. São Paulo: Martins Fontes, 1991. p. 5.
[13] Palombella, Gianluigi. **Filosofia do Direito**. Trad. Ivone C. Benedetti. São Paulo: Martins Fontes, 2005. p. 162.
[14] Sgarbi, Adrian. **O mundo de Kelsen**, p. 24.

possuem o sentido das normas. Quem atribui a alguém competência ou poder para dar sentido a uma norma é uma norma "superior".

> 'Dever-ser' é o sentido subjetivo de todo o ato de vontade de um indivíduo que intencionalmente visa a conduta de outro. Porém, nem sempre um tal ato tem também objetivamente este sentido. Ora, somente quando esse ato tem também objetivamente o sentido de dever-ser é que designamos o dever-ser como 'norma'. A circunstância de o 'dever-ser' constituir também o sentido objetivo do ato exprime que a conduta a que o ato intencionalmente se dirige é considerada como obrigatória (devida), não apenas do ponto de vista de um terceiro desinteressado – e isso muito embora o querer, cujo sentido subjetivo é o dever-ser.[15]

Se o ato legislativo tem subjetivamente e objetivamente o sentido do dever-ser, ou seja, de uma norma válida, é porque a Constituição empresta a ele esse sentido. Já o ato de criação constitucional tem sentido normativo subjetiva e objetivamente, desde que tenha como pressuposto que seja conduzido como o autor da Constituição preceitua.

Na segunda edição da "*Teoria pura do direito*" de Kelsen – de vez que, na primeira edição, de acordo com Mario Losano, ele não sentiu a necessidade de realizá-la[16] – encontramos a distinção entre "norma jurídica" e "proposição jurídica". A norma jurídica é criada pela autoridade normativa – sendo válida ou inválida, mas jamais verdadeira ou falsa – enquanto a proposição jurídica é formulada pelo cientista do direito, podendo ser verdadeira ou falsa. Defendia que as proposições por meio das quais a ciência descrevia as relações constituídas por normas jurídicas deveriam ser diferenciadas destas (normas jurídicas), uma vez que são produtos da atividade dos órgãos jurídicos, para serem por eles (órgãos jurídicos) aplicadas e observadas pelos destinatários do direito.[17] De acordo com Kelsen, as proposições jurídicas são

[15] KELSEN, Hans. **Teoria Pura do Direito**, p. 8.

[16] **Sistema e estrutura no direito**, v. 2., São Paulo: WMF Martins Fontes, 2010, p. 61-63.

[17] **Teoria pura do direito**, p. 80.

> [...] juízos hipotéticos que enunciam ou traduzem que, de conformidade com o sentido de uma ordem jurídica – nacional ou internacional – dada ao conhecimento jurídico, sob certas condições ou pressupostos fixados por esse ordenamento, devem intervir certas consequências pelo mesmo ordenamento determinadas.[18]

As normas jurídicas, por sua vez, são mandamentos ou, ainda, comandos, imperativos. Mas não só isso, são também permissões e atribuições de poder ou competência.[19] Aqui, salta aos olhos a distinção, muitas vezes ignorada, da função desempenhada pelas proposições jurídicas da Ciência do Direito, e pelas normas jurídicas, emanadas do legislador, que compõem o Direito Positivo. Enquanto a Ciência do Direito, chamada por Kelsen de ciência jurídica, tem por missão conhecer de fora o Direito Positivo, este não ensina nada, limitando-se, a sua função, ao prescrever. Assim, a ciência jurídica descreve, enquanto o Direito Positivo prescreve.[20] Entretanto, a Ciência do Direito é uma ciência normativa, e não causal. Isso porque entende a sociedade como uma ordem normativa da conduta dos homens e, em razão disso, não se vale, para a sua descrição, do princípio ordenador da causalidade, e sim do princípio da imputação, que, como será visto, liga o pressuposto e a consequência expressas na proposição jurídica com a expressão "dever-ser".[21] Essa distinção está diretamente ligada às noções de "lei natural" e de "lei jurídica", que, ressalte-se, nada têm de prescritivas. O caráter de ambas é descritivo.[22]

[18] Idem.

[19] Idem.

[20] Ibidem, p. 81-83.

[21] "Na descrição de uma ordem normativa de condutas dos homens entre si é aplicado aquele outro princípio ordenador, diferente da causalidade, que podemos designar como imputação" – Ibidem, p. 86. Sobre a "imputação": Ibidem, p. 91. Mais à frente, escreve Kelsen: "A imputação é, da mesma forma que a causalidade, um princípio ordenador do pensamento humano e, por isso, é, tanto ou tampouco como aquela, uma ilusão ou ideologia, pois – para falar como Hume ou Kant – também aquela não é mais que um hábito ou categoria do pensamento" – Ibidem, p. 115.

[22] "Tal-qualmente uma lei natural, também uma proposição jurídica liga entre si dois elementos. Porém, a ligação que se exprime na proposição jurídica tem um significado completamente diferente daquela que a lei natural descreve, ou seja, a da causalidade. [...] Visto a proposição jurídica, tal como a lei natural, exprimir uma conexão funcional,

Cabe tratar, também, ainda que brevemente, de dois temas da teoria de Kelsen, no que concerne aos planos de linguagem das "proposições jurídicas" e das "normas jurídicas". Devem ser esclarecidas as diferenças entre as ciências sociais causais e as ciências sociais normativas, e examinada a distinção entre o princípio da causalidade e o da imputação, enfrentando as diversas espécies, por assim dizer, de "dever-ser", questão que se encontra presente em ambos os temas.

As ciências sociais, ao procurar explicar causalmente a conduta recíproca dos homens, assemelham-se às ciências naturais. Se distinção há entre ciências sociais e ciências naturais, ela é apenas de grau, e não de princípio. Conclusão diversa é alcançada, ao compararmos as ciências naturais, que se valem do princípio da causalidade, e as ciências sociais que se valem, para a descrição das condutas intersubjetivas, do princípio da imputação. Estas ciências sociais são aquelas que descrevem as condutas humanas que são determinadas por normas postas ou normas

ela pode – segundo a analogia com a lei natural – ser também designada por lei jurídica. Como já se notou e deve acentuar-se, com a palavra 'dever-ser' tal proposição apenas exprime o sentido específico com que são entre si ligados, pela ordem jurídica, o pressuposto e a consequência e, especialmente, o ilícito e a consequência do ilícito. Desta forma, essa conexão descrita na lei jurídica é, na verdade, análoga à conexão de causa e efeito expressa na lei natural – sendo, no entanto, diferente dela. Assim como a lei natural é uma afirmação ou enunciado descritivo da natureza, e não o objeto a descrever, assim também a lei jurídica é um enunciado ou afirmação descritiva do Direito, a saber, a proposição jurídica formulada pela ciência do Direito, e não o objeto a descrever, isto é, o Direito, a norma jurídica. Esta – se bem que, quando tem caráter geral, seja designada como 'lei' – não é uma lei, isto é, não é algo que, por qualquer espécie de analogia com a lei natural, possa ser designado como 'lei'. Ela não é, com efeito, um enunciado pelo qual se descreva uma ligação de fatos, uma conexão funcional. Não é sequer um enunciado, mas o sentido de um ato com o qual se prescreve algo e, assim, se cria a ligação entre fatos, a conexão funcional que é descrita pela proposição jurídica, como lei jurídica. A este propósito deve notar-se que a proposição jurídica, que assim se apresenta como lei jurídica, tem – tal como a lei natural – um caráter geral, isto é, descreve as normas gerais da ordem jurídica e as relações através delas constituídas. As normas jurídicas individuais, que são postas através de decisões judiciais e das resoluções administrativas, são descritas pela ciência jurídica de maneira análoga àquela pela qual a ciência da natureza descreve uma experiência concreta, remetendo para uma lei natural que nesta lei se manifesta" (sic) – Ibidem, p. 86 e 89-90.

positivas.[23] Essa peculiar espécie de ciência social pode ser chamada de "ciência social normativa", e suas proposições não são "proposições de ser", e sim "proposições de dever-ser", ou seja, descrevem seu objeto por meio de asserções normativas ("*Soll-Aussagen*").[24] Cabe, então, frisar que o "dever-ser" previsto nas asserções da ciência normativa é meramente "descritivo". As ciências jurídicas, por normativas que são, não descrevem, se os pressupostos acontecerem, que as consequências se darão, e sim, que se deverão dar. Nas ciências naturais e nas ciências sociais não normativas, diz-se que "quando A é, B é", ao passo que, nas ciências sociais normativas, diz-se que "quando A é, B deve-ser".[25]

[23] Ibidem, p. 96-97.

[24] "As normas jurídicas não são, como já se salientou, afirmações, quer sobre acontecimentos futuros, quer sobre acontecimentos passados. Em regra, elas referem-se, na verdade, a uma conduta humana futura. Porém, nada afirmam sobre essa conduta, mas prescrevem--na, autorizam-na ou permitem-na. Pelo contrário, as proposições jurídicas formuladas pela ciência do Direito são, de fato, asserções (enunciados), porém, não – como a lei natural – asserções no sentido de que algo acontecerá, mas – uma vez que as normas jurídicas por elas descritas prescrevem, autorizam ou permitem (positivamente) – no sentido de que, em conformidade com o Direito a descrever pela ciência jurídica, algo deva acontecer. [...] As leis naturais, formuladas pela ciência da natureza, devem orientar-se pelos fatos. Os fatos das ações e omissões humanas, porém, devem orientar-se pelas normas que à ciência jurídica compete descrever. Por isso, as proposições que descrevem o Direito têm de ser asserções normativas ou de dever-ser (Soll- Aussagen)" – *Ibidem*, p. 98.

[25] "Na proposição jurídica não se diz, como na lei natural, que, quando A é, B é, mas que, quando A é, B deve-ser, mesmo quando B, porventura, efetivamente não seja. O ser o significado da cópula ou ligação dos elementos na proposição jurídica, diferente do da ligação dos elementos, na lei natural, resulta da circunstância da ligação, na proposição jurídica ser produzida através de uma norma estabelecida pela autoridade jurídica – através de um ato de vontade, portanto –, enquanto que a ligação de causa e efeito, que na lei natural se afirma, é independente de qualquer intervenção dessa espécie. [...] Quando a proposição jurídica é aqui formulada com o sentido de que, sob determinados pressupostos, deve realizar-se uma determinada consequência, isto é, quando a ligação, produzida por uma norma jurídica, dos fatos estabelecidos como pressuposto e consequência, é expressa na proposição jurídica pela cópula 'deve(-ser)' (Sollen), esta palavra não é empregada no seu sentido usual – como já notamos acima e deve, uma vez mais, ser bem acentuado. Com 'dever-ser' exprime-se usualmente a ideia do ser-prescrito, não a do ser-competente (ser-autorizado) ou a do ser-permitido. O dever-ser jurídico, isto é, a cópula que, na proposição jurídica, liga pressuposto e consequência, abrange as três significações: a de um ser-prescrito, a de um ser-competente (ser-autorizado) e a de um

No que tange aos princípios da causalidade e da imputação, restam alguns esclarecimentos. Apesar de a forma verbal, na qual ambos os princípios são apresentados ser a mesma – de um juízo hipotético condicional, em que um determinado pressuposto é ligado a uma determinada consequência[26] – o sentido dessa ligação é diferente em ambos os casos.

ser-(positivamente)-permitido, das consequências. Quer isto dizer: com o 'dever-ser' (Sollen) que a proposição jurídica afirma são designadas as três funções normativas. Este 'dever-ser' apenas exprime o específico sentido de que entre si são ligados ambos os fatos através de uma norma jurídica, ou seja, numa norma jurídica. A ciência jurídica não pode exprimir esta conexão produzida através da norma jurídica, especialmente a conexão do ilícito com a consequência do ilícito, senão pela cópula 'deve-ser'. Para traduzir o sentido específico com que a norma jurídica se endereça aos órgãos e sujeitos jurídicos, aquela não pode formular a proposição jurídica senão como uma proposição que afirme que, de acordo com determinada ordem jurídica positiva, sob certos pressupostos, deverá intervir uma determinada consequência. Se se afirma que a ciência jurídica nada mais diz senão que uma norma jurídica entrou 'em vigor' ou passou a estar 'em vigência', em uma determinada data, numa determinada ordem jurídica, e, portanto, que não exprime – diferentemente da norma jurídica – um 'dever-ser', mas um ser, isso não é verdade. Uma vez que a afirmação de que está 'em vigor' ou tem 'vigência' uma norma que prescreve determinada conduta, a autoriza (para ela confere competência) ou a permite (positivamente) não pode significar que essa conduta efetivamente se realiza; ela apenas pode significar que tal conduta se deve realizar-se. [...] As proposições jurídicas a serem formuladas pela ciência do Direito apenas podem ser proposições normativas (Soll-sätze). Mas – e é esta a dificuldade lógica que se nos depara na representação desta realidade –, com o emprego da palavra 'dever-ser', a proposição jurídica formulada pela ciência do Direito não assume a significação autoritária da norma jurídica por ela descrita: o 'dever-ser' tem, na proposição jurídica, um caráter simplesmente descritivo. Porém, do fato de a proposição jurídica descrever algo, não se segue que este algo descrito seja um fato da ordem do ser, pois não só os fatos da ordem do ser, mas também as normas de dever-se (Soll-Normen), podem ser descritos. Particularmente, a proposição jurídica não é um imperativo: é um juízo, a afirmação sobre um objeto dado ao conhecimento. E também não implica qualquer espécie de aprovação da norma jurídica por ela descrita. O jurista científico que descreve o Direito não se identifica com a autoridade que põe a norma jurídica A proposição jurídica permanece descrição objetiva – não se torna prescrição. Ela apenas afirma, tal como a lei natural, a ligação de dois fatos, uma conexão funcional" (sic) – *Ibidem*, p. 87-89.

[26] Sobre juízos hipotéticos condicionais, observem-se as lições de Irving Copi: "Se dois enunciados se combinam mediante a colocação da palavra 'se', antes do primeiro e a inserção da palavra 'então', entre eles, o resultante enunciado composto é um 'condicional' (também chamado 'enunciado hipotético', 'implicativo' ou uma 'implicação'). Num enunciado condicional, o componente que se encontra entre o 'se' e o 'então' tem o nome

Como acima dito, o princípio da causalidade afirma que, quando A é, B é (ou será), enquanto o princípio da imputação afirma que, quando A é, B deve-ser (ou deverá-ser). Diferenciam-se, também, pelo elo que une o pressuposto e o consequente, que poderá ou não depender de um ato de vontade.[27] Por fim, a série imputativa é finita, enquanto a cadeia causal é interminável. Melhor explicando: à determinada causa concreta liga-se determinado efeito concreto (consequência). Esse efeito concreto, por sua vez, passará a ser causa que fará surgir novo efeito, e assim continuamente. Na série imputativa, isso não ocorre. O efeito decorrente de um pressuposto não será, automaticamente, pressuposto de novo efeito.[28]

de 'antecedente' (ou o 'implicante' ou – raramente – a 'prótase') e o componente que se segue à palavra 'então' tem o nome de 'consequente' (ou o 'implicado', ou – raramente – 'apódose')" (sic) – **Introdução à lógica**. 2. ed. Tradução de: CABRAL, Álvaro São Paulo: Mestre Jou, 1978, p. 234.

[27] Além do citado na nota de rodapé n. 64, confiram-se essas palavras de Kelsen: "A distinção entre causalidade e a imputação reside em que – como já notamos – a relação entre o pressuposto, como causa, e a consequência, como efeito, que é expressa na lei natural, não é produzida, tal como a relação entre pressuposto e consequência que se estabelece numa lei moral ou jurídica, através de uma norma posta pelos homens, mas é independente de toda a intervenção desta espécie" – **Teoria pura do direito**, p. 87 e 100-101.

[28] "Uma outra distinção entre causalidade e imputação consiste em que toda a causa concreta pressupõe, como efeito, uma outra causa, e todo o efeito concreto deve ser considerado como causa de um outro efeito, por tal forma que a cadeia de causa e efeito – de harmonia com a essência da causalidade – é interminável, nos dois sentidos. Daí vem que todo o evento concreto seja o ponto de intercepção de um número, em princípio, limitado de séries causais. A situação é completamente diferente no caso da imputação. O pressuposto a que é imputada a consequência, numa lei moral ou jurídica, como, por exemplo, a morte pela pátria, o ato generoso, o pecado, o crime, a que são imputados, respectivamente, a veneração da memória do morto, o reconhecimento, a penitência e a pena, todos esses pressupostos não são necessariamente consequências que tenham de ser atribuídas a outros pressupostos. E as consequências, como, por exemplo, a veneração da memória, o reconhecimento, a penitência, a pena, que são imputadas, respectivamente, à morte pela pátria, ao ato generoso, ao pecado e ao crime, não têm necessariamente de ser também pressuposto a que sejam de atribuir novas consequências. O número dos elos de uma série imputativa não é, como o número dos elos de uma série causal, ilimitado, mas limitado. Existe um ponto terminal da imputação. Na série causal, porém, tal ponto não existe" – *Ibidem*, p. 101.

Sobre o conceito de norma na teoria de Kelsen, saliente-se a crítica de Tércio Sampaio Ferraz Junior[29]:

> Essa posição de Kelsen, radical em sua formulação, sofre muitas objeções. A principal decorre de questão metodológica: como isolar a norma jurídica das intenções subjetivas que a acompanham? Como isoláIa dos condicionamentos sociais, eles próprios constituídos de fenômenos empíricos dotados, por sua vez, de significado dependente de outras? Assim, por exemplo, o ato de matar alguém: o significado do ato vem dado por uma norma penal que o pune. Trata-se, porém, de conduta circunstanciada, o agente sofre influência do meio, de sua educação, de sua condição mental. A norma, em sua frieza formal, apenas prescreve: deve ser punida com uma sanção a conduta de matar. Em que medida os fatores subjetivos devem ser também levados em conta? Kelsen nos diz que eles devem ser abstraídos pelo jurista e tãosomente levados em conta se e quando a própria norma o faz. A função da ciência juridica é, pois, descobrir, descrever o significado objetivo que a norma confere ao comportamento. No entanto, qual o critério para operar essa descrição? Kelsen afirma que ele se localiza sempre em alguma outra norma, da qual a primeira depende. O jurista deve, assim, caminhar de norma em norma, até chegar a uma última, que é a primeira de todas, a norma fundamental, fechandose assim o circuito. O direito é assim, para ele, um imenso conjunto de normas, cujo significado sistemático cabe à ciência juridica determinar.
> Por seu caráter restritivo, a teoria de Kelsen recebe a objeção de empobrecer o universo jurídico. Não vamos discutir essa questão. Contudo, sua posição põe em relevo a importância da norma como um conceito central para a identificação do direito. A possibilidade de ver o direito como conjunto de normas repousa em sua correta apreensão. A teoria de Kelsen aplicase no contexto do que chamamos anteriormente de fenômeno da positivação, portanto num contexto histórico dominado pelo direito entendido como algo posto por atos humanos, os atos de legislar, que mudam pressionados pela celeridade das alterações sociais provocadas pela industrialização, que exigem sempre novas disciplinas e a revogação de disciplinamentos ultrapassados.

[29] **Introdução ao Estudo do Direito: Técnica, Decisão Dominação**, p. 98-99.

Voltando a Kelsen, o costume pode vir a ser entendido como uma norma objetivamente valida se a Constituição assumir o costume – qualificado – como fato criar do Direito: "... as normas produzidas pelo costume são estabelecidas por atos de conduta humana e, portando, normas *postas*, isto é, normas *positivas*, tal como as normas que são o sentido subjetivo de atos legislativos"[30].

A vigência diz respeito à existência específica de uma norma, sendo sinônimo de validade. É a maneira particular pela qual a norma nos é dada ou se apresenta. A norma pode estar vigente mesmo que o ato de vontade que constitui seu sentido não mais exista. Aliás, ela só entra em vigor depois que o ato de vontade, cujo sentido ela constitui, não mais existir. Não há necessidade de o indivíduo continuar a querer essa conduta para que a norma que constitui o sentido do seu ato valha – seja vigente.

A vigência pertence ao dever-ser e não ao ser, enquanto a eficácia é "fato real de ela [norma] ser efetivamente aplicada e observada, da circunstância de uma conduta humana conforme à norma se verificar na ordem dos fatos"[31]. Logo, entender uma norma como válida é diferente de dizer que ela é efetivamente aplicada e respeitada. Porém, é necessário um mínimo de eficácia como condição de sua vigência. A eficácia é condição de vigência, pois uma norma deixa de ser considerada válida se permanece ineficaz por muito tempo.

> É de notar, no entanto, que, por eficácia de uma norma jurídica que liga a uma determinada conduta, como condição, uma sanção como consequência, – e, assim, qualifica como delito a conduta que condiciona a sanção –, se deve entender não só o fato de esta norma ser aplicada pelos órgãos jurídicos, especialmente pelos Tribunais – isto é, o fato de a sanção, num caso concreto, ser ordenada e aplicada –, mas também o fato de esta norma ser respeitada pelos indivíduos subordinados à ordem jurídica – isto é, o fato de ser adotada a conduta pela qual se evita a sanção. Na medida em que a estatuição de sanções tem por fim impedir (prevenção) a conduta condicionante da ação – a prática de delitos – encontramo-nos perante a hipótese

[30] **Teoria Pura do Direito**, p. 10.

[31] *Ibidem*, p. 11.

ideal de vigência de uma norma jurídica quando esta nem sequer chega a ser aplicada, pelo fato de a representação da sanção a executar em caso de delito se ter tornado, relativamente aos indivíduos submetidos à ordem jurídica, motivo para deixarem de praticar o delito. Nesta hipótese, a eficácia da norma jurídica reduz-se à sua observação.[32] –

A vigência que regula a conduta humana, especialmente a das normas jurídicas, é espaço temporal, porque as normas têm processos espaço temporais como conteúdo. Uma norma vale para a conduta a que se refere que somente pode se verificar, na hipótese de ocorrer, em um certo lugar ou em um certo momento. "A referência da norma ao espaço e ao tempo é o domínio da vigência espacial e temporal da normal"[33].

A validade das normas é um tema difícil. Sempre que nos deparamos com ele, é o nome de Kelsen que nos vem à mente. E isso porque seu entendimento sobre o tema é um dos pontos mais interessantes, em nossa opinião, presentes em sua "*Teoria pura do direito*". Como bem menciona Eugenio Bulygin, "*No es fácil contestar a la pregunta de qué entiende Kelsen por 'validez...*";[34] até mesmo porque o termo, como usado pelos teóricos do direito, é ambiguo.[35] Carlos Santiago Nino identifica, ao menos, três concepções kelsenianas de validade, além das duas apontadas por Bulygin – de validade como equivalente a força vinculante e de validade enquanto sinônimo de existência – e indica, ainda, a validade como conceito normativo.[36]

Kelsen, na primeira edição de sua "*Teoria pura do direito*", de 1934, firmou o entendimento de que a validade da norma diz respeito à sua existência específica, em certa porção territorial, durante determinado período de tempo. Esses seriam os âmbitos espacial e temporal de validade da norma. Ao lado deles, menciona o âmbito de validade objetiva ou material e o âmbito de validade pessoal. Este considera as categorias de

[32] *Ibidem*, p. 12.

[33] *Ibidem*, p. 13.

[34] El problema de la validez en Kelsen, in Hans Kelsen, Eugenio Bulygin e Robert Walter, **Validez y eficácia del derecho**, p. 102.

[35] Eugenio Bulygin, Tiempo y validez, in **Análisis lógico y derecho**, p. 195.

[36] Carlos Santiago Nino, **La validez del derecho**, p. 9-12.

pessoas cuja conduta é regulada pela norma, enquanto aquele se refere aos diferentes aspectos da conduta que podem ser objeto de regulação.[37] Em sua "*Teoria pura do direito*", desenvolve sua teoria sobre a validade, dedicando-lhe a primeira parte do capítulo V, intitulado "Dinâmica jurídica".[38] Logo no início desse capítulo, Kelsen lança três questionamentos importantes. O primeiro diz respeito ao que fundamenta a unidade de uma pluralidade normativa. O segundo relaciona-se ao motivo pelo qual uma certa norma pertence a uma determinada ordem. E, se sim, por que é que uma determinada norma vale? Ou, em outras palavras, o que é que constitui o seu fundamento de validade?

Ao pretender responder a tais questionamentos, Kelsen escreve que "*Dizer que uma norma que se refere à conduta de um indivíduo, 'vale' (é 'vigente'), significa que ela é vinculativa, que o indivíduo se deve conduzir do modo prescrito pela norma*". E, reconhece que seu fundamento de validade será, necessariamente, outra norma, a chamada "norma superior".[39] O próprio KELSEN reconhece que, nessa contínua derivação, haverá um ponto em que o "... *encadeamento de normas que conferem validade*" chegará ao fim, momento em que não terá cabimento falar em uma norma posta, mas sim pressuposta.

[37] "Al hablar, en lo ya expuesto, de 'validez' de la norma, no se pretende expresar otra cosa que la existencia específica de dicha norma, el modo específico en que la norma existe, a diferencia del ser la realidad natural, que se da en el espacio y en el tiempo. [...] Afirmar que una norma es válida significa que vale para un espacio determinado y durante un cierto tiempo; significa que esa norma se refiere a fenómenos que han de tener lugar en algún lugar y en algún momento. La relación de la norma con el espacio y con el tiempo es lo que se constituye su ámbito de validez espacial y temporal. [...] Junto al ámbito espacial y temporal de validez, es preciso distinguir también el ámbito de validez objetiva (o material) de las normas, que se refiere a las materias especiales, a los diferentes aspectos de la conducta humana que pueden ser objeto de formación; así, la conducta religiosa, la política etc. Y también hay que distinguir el ámbito de validez personal, lo que significa tener en cuenta a los seres humanos cuya conducta se regula" – **Teoría pura del derecho: introducción a los problemas de la ciencia jurídica**, op. cit., p. 45-46.

[38] **Teoria pura do direito**, p. 235-246.

[39] "O fundamento de validade de uma norma apenas pode ser a validade de uma outra norma. Uma norma que representa o fundamento de validade de uma outra norma é figurativamente designada como norma superior, por confronto com uma norma que é, em relação a ela, a norma inferior" – **Teoria pura do direito**, p. 215.

Eis a famosa "*Grundnorm*", recebida por nós como "norma fundamental".[40] Teóricos do direito e filósofos, como Bulygin e Georg Henrik von Wright, criticaram o posicionamento kelseniano, na medida em que a ideia de normas como fundamento de validade de outras normas conduziria a um "regresso ao infinito".[41]

Kelsen, então, distingue entre dois tipos de sistemas de normas: o estático e o dinâmico. No primeiro sistema, a validade das normas é encontrada por dedução, por assim dizer, a partir do conteúdo da norma fundamental. Nas palavras dele: "*... a sua validade pode ser reconduzida a uma norma a cujo conteúdo pode ser subsumido o conteúdo das normas que formam o ordenamento, como do particular ao geral*". Nos sistemas do segundo tipo, dinâmicos, a norma fundamental não possui conteúdo, a não ser o de instituir as autoridades normativas, ou seja, "*... a instituição de [...] uma regra que determina como devem ser criadas as normas gerais e individuais do ordenamento fundado sobre esta norma fundamental*".[42] Os sistemas de normas, regra geral, seguem o princípio dinâmico. Ou seja, na visão de Kelsen,

[40] "[...] a norma que representa o fundamento de validade de uma outra norma é, em face desta, uma norma superior. Mas a indagação do fundamento de validade de uma norma não pode, tal como a investigação da causa de um determinado efeito, perder-se no interminável. Tem de terminar numa norma que se pressupõe como a última e a mais elevada. Como norma mais elevada, será aqui designada como norma fundamental (Grundnorm). [...] Todas as normas cuja validade pode ser reconduzida a uma e mesma norma fundamental formam um sistema de normas, uma ordem normativa. A norma fundamental é a fonte comum de validade de todas as normas pertencentes a uma e mesma ordem normativa, o seu fundamento de validade comum. O fato de uma norma pertencer a uma determinada ordem normativa baseia-se em que seu último fundamento de validade é a norma fundamental desta ordem. É a norma fundamental que constitui a unidade de uma pluralidade de normas enquanto representa o fundamento de validade de todas as normas pertencentes a essa ordem normativa" – **Teoria pura do direito**, p. 217.

[41] Eugenio Bulygin, ***Sobre la existencia de las normas jurídicas***. Ciudad de México: Fontamara, 1979. (*Biblioteca de Ética, Filosofía del Derecho y Política*, 39), p. 32; O questionamento de Georg Henrik von Wright é esclarecedor: "Pode esse processo de validação de normas continuar indefinidamente, ou deve findar em um determinado número finito de passos?" No original inglês: "Can this process of validating norms go on indefinitely, or must it come to an end in a finite number of steps?" – ***An essay in deontic logic and the general theory of action***. Amsterdan: North-Holland Publishing Company, 1968 (*Acta Philosophica Fennica*, XXI), p. 94-95.

[42] **Teoria pura do direito**, p. 217-221.

consideram-se válidas as normas que sigam um determinado processo de criação. Isso o conduz à conclusão de que as normas jurídicas podem ter qualquer conteúdo. Essa a postura que fez com que esse pensamento de KELSEN fosse tão duramente criticado.[43]

Posteriormente, Kelsen dedica-se ao exame da relação entre a validade e a eficácia que segundo ele, é "*... um dos problemas mais importantes e ao mesmo tempo mais difíceis de uma teoria jurídica positiva*".[44] Logo, após criticar a concepção idealista – que acredita não haver qualquer relação entre validade e eficácia – e a concepção realista – para a qual ambas se confundem, KELSEN esclarece que, para a sua "*Teoria pura do direito*", a eficácia de toda a ordem jurídica – e não de uma norma singular, apenas – é condição de validade. Afirma expressamente que "*Uma ordem jurídica é considerada válida quando as suas normas são, numa consideração global, eficazes, quer dizer, são de fato observadas e aplicadas*". E termina por concluir que "*A eficácia é uma condição de validade, mas não é esta mesma validade*".[45] Mas que condição seria essa? Ao examinar as relações entre validade e eficácia, Wayne Morrison não tem dúvidas ao apontar que esta é uma condição necessária, mas não suficiente, daquela.[46]

[43] "Uma norma jurídica não vale porque tem um determinado conteúdo, quer dizer, porque o seu conteúdo pode ser deduzido pela vida de um raciocínio lógico do de uma norma fundamental pressuposta, mas porque ela é criada por uma forma determinada – em última análise, por uma forma fixada pela norma fundamental pressuposta. Por isso, e somente por isso, pertence ela à ordem jurídica cujas normas são criadas de conformidade com esta norma fundamental. [...] A norma fundamental de uma ordem jurídica não é uma norma material que, por o seu conteúdo ser havido como imediatamente evidente, seja pressuposta como a norma mais elevada da qual possam ser deduzidas – como o particular do geral – normas de conduta humana através de uma operação lógica. As normas de uma ordem jurídica têm de ser produzidas através de um ato especial de criação. São normas postas, quer dizer, positivas, elementos de uma ordem positiva. [...] Se se pergunta pelo fundamento de validade de uma norma pertencente a uma determinada ordem jurídica, a resposta apenas pode consistir na recondução à norma fundamental desta ordem jurídica, quer dizer: na afirmação de que esta norma foi produzida de acordo com a norma fundamental" – **Teoria pura do direito**, p. 221-222.

[44] **Teoria pura do direito**, p. 235.

[45] **Teoria pura do direito**, p. 237-328.

[46] "É condição necessária do pressuposto ou da hipótese da norma básica que o sistema de normas ao qual ela remete e, portanto, convalida, seja eficaz em determinada esfera. É

Sobre o domínio de validade temporal, há o período de tempo posterior e o anterior ao estabelecimento da norma. As normas, ainda que em regra se refiram a condutas futuras, podem se referir também a condutas passadas, ao que se diz que detém força retroativa. A consequência coercitiva também pode ser estatuída pela norma visando o futuro como o passado. Ele dá o exemplo do que ocorreu quando da vigência do regime nacional-socialista na Alemanha, acerca de certos atos de coerção que, quando executados, constituíam juridicamente homicídios, tendo sido posteriormente legitimados retroativamente como sanções e as condutas que os determinaram foram posteriormente qualificadas como delitos.

Uma norma pode retirar, com força retroativa, a validade de outra, editada anteriormente. Assim, os atos de coerção executados como sanções, sob o domínio da norma anterior, perdem o caráter de execuções ou penas, assim como os atos perdem o caráter de delito. Como se vê, o significado normativo de um ato ocorrido no passado pode ser modificado por meio de normas postas em vigor após o evento que trata de interpretar.

> As normas jurídicas, como resultado de valorações e da política jurídica, mudam. Isto é devido à própria mudança de valores e discussão política, seja

vital observar que esta é apenas uma condição necessária, e não uma condição suficiente. [...] O simples fato de que podemos observar a eficácia – relações de causa e efeito entre a aplicação de sanções pelas autoridades e o comportamento não delitual dos cidadãos – não nos confere o conhecimento de um conjunto válido de normas. em outras palavras, os fatos de eficácia não significam validade; esta requer o pressuposto de que as normas do sistema sejam válidas. Em segundo lugar, uma vez que Kelsen afirma que a eficácia é uma condição necessária à validade de uma ordem jurídica, isso significa que só podemos pressupor ordens efetivas de normas como ordens válidas, e disso se segue que, tão logo um sistema jurídico perca sua eficácia, por mais que queiramos pressupor sua validade não termos como fazê-lo. Para que uma norma perca sua validade, toda a ordem jurídica à qual pertence deve perder sua eficácia. Como podemos julgar? Kelsen apresenta uma interessante proposição: quando não mais fizer sentido, para um jurista do meio acadêmico, dedicar-se à análise das leis de um regime anterior. Em suma: não se pode ter validade sem eficácia, mas é possível ter eficácia sem validade. Portanto, a eficácia não é uma condição suficiente para a validade de uma ordem jurídica, mas é uma condição necessária" – **Filosofia do direito: dos gregos ao pós-modernismo.** Tradução de: Camargo, Jefferson Luiz. 2. ed. São Paulo: WMF Martins Fontes, 2012, p. 403-404.

em comunidades distintas e comparadas, seja na mesma comunidade a partir de certa projeção de tempo.[47]

Kelsen salienta que as normas jurídicas regulam uma conduta humana, de modo que os outros fatos – não humanos – podem vir a constituir conteúdo de normas quando em conexão com um ato humano ou como efeito ou condição dele.

O ordenamento positivo regula a conduta humana tanto de forma positiva como negativa. A prescrição ou a omissão de um ato é uma regulação positiva, assim como o é quando resta conferido a um indivíduo o poder ou competência para produzir normas ou para intervir na produção de normas.

Toda a conduta humana que num ordenamento normativo é tida como consequência ou pressuposto pode ser considerada como positivamente regulada. Já a conduta que não é regulada em determinado ordenamento – nem permitida nem proibida – acaba por ser permitida num sentido meramente negativo. A função da permissão (no sentido de conferir um direito) – negativa ou positiva – está ligada em sua essência à prescrição.

No que tange à relação entre norma e valor, o juízo acerca do qual uma conduta real é como deve ser, em conformidade a uma norma válida é um juízo de valor positivo. Já o juízo em que uma conduta real não está de acordo com a norma válida é um juízo de valor negativo. A conduta real a que se refere o juízo de valor e que constitui o objeto da valoração, que tem um valor negativo ou positivo, "é um fato da ordem do ser, existente no tempo e no espaço, um elemento ou parte da realidade"[48].

> Se chamarmos à proposição que afirma que uma conduta humana é conforme a uma norma objetivamente válida, ou a contradiz, um juízo de valor, então o juízo de valor deve ser distinguido da norma constitutiva do valor. Como juízo, pode tal proposição ser verdadeira ou falsa, pois refere-se à norma de um ordenamento vigente. [49]

[47] SGARBI, Adrian. **O mundo de Kelsen**, p. 41.

[48] **Teoria Pura do Direito**, p. 19.

[49] *Ibidem*, p. 21.

Assim, quando um juízo de valor entende que determinada conduta humana é boa, isso se traduz na correspondência a uma norma objetivamente válida. Já o juízo que entende que uma conduta humana é má traduz que tal conduta contraria uma norma objetivamente válida. Contudo, o valor "bom" e o desvalor "mau" valem em relação às pessoas cuja conduta assim é apreciada ou julgada. A conduta tem valor positivo ou negativo não em razão de ser desejada ou querida, mas em razão de sua conformidade ou contradição à norma.

Em se tratando do valor em sentido objetivo, consistente na relação de uma conduta com uma norma objetivamente válida, não há que se falar em intensidade, pois ou a conduta somente pode ser conforme ou não conforme uma norma objetivamente válida. Já o valor em sentido subjetivo, que é aquele valor que consiste na relação de um objeto com o desejo ou vontade da pessoa, pode ter várias gradações porque o desejo ou vontade do homem é susceptível de diferentes graus de intensidade.

> Quando designamos os juízos de valor que exprimem um valor objetivo como objetivos, e os juízos de valor que exprimem um valor subjetivo como subjetivos, devemos notar que os predicados "objetivo" e "subjetivo" se referem aos valores expressos e não ao juízo como função de conhecimento. Como função, o conhecimento tem um juízo de ser sempre objetivo, isto é, tem de formular-se independentemente do desejo e da vontade do sujeito judicante. Isto é bem possível. Podemos, com efeito, determinar a relação de uma determinada conduta humana com um ordenamento normativo, ou seja, afirmar que esta conduta está de acordo ou não está de acordo com o ordenamento, sem ao mesmo tempo tomarmos emocionalmente posição em face dessa ordem normativa, aprovando-a ou desaprovando-a.[50]

Note-se que o enunciado da relação de uma conduta com a norma que a estatui como dever-se (devida) é possível sem que se tome em consideração o fato do ato imperativo ou do costume através do qual a norma é produzida.

[50] *Ibidem*, p. 23.

4. Ordem social

A moral e o direito podem ser considerados ordens sociais, dado que "uma ordem normativa que regula a conduta humana na medida em que ela está em relação com outras pessoas é uma ordem social"[51]. Uma ordem social pode prescrever uma conduta sem que haja qualquer consequência imperativa, também pode estatuir uma conduta e ligar a ela a concessão de uma vantagem, de um prêmio, ou relacionar à conduta oposta uma sanção, pena ou desvantagem. A atribuição a uma conduta um prêmio ou uma pena se conduz por meio do princípio retributivo.

É possível a uma ordem social prescrever uma conduta e ligá-la a uma desvantagem, como a privação dos bens. E é o caso da ordem jurídica.

> Desta forma, uma determinada conduta apenas pode ser considerada, no sentido dessa ordem social, como prescrita – ou seja, na hipótese de uma ordem jurídica, como juridicamente prescrita –, na medida em que a conduta oposta é pressuposto de uma sanção (no sentido estrito). Quando uma ordem social, tal como a ordem jurídica prescreve uma conduta pelo fato de estatuir como devida (devendo ser) uma sanção para a hipótese da conduta oposta, podemos descrever esta situação dizendo que, no caso de se verificar uma determinada conduta, se deve seguir determinada sanção. Com isto, já se afirma que a conduta condicionante da sanção é proibida e a conduta oposta é prescrita. [52]

Dentro de uma ordem normativa, uma conduta pode ser prescrita e proibida, de forma simultânea, o que é descrito por Kelsen como uma contradição lógica: as proposições p deve ser e p deve não ser são simultaneamente excludentes, logo somente uma poderá ser válida. Nesse caso, geralmente os ordenamentos contém preceitos por força dos quais uma das normas é nula ou pode ser anulada.

A sanção – um mal, a pena – deve ser aplicada contra a vontade do atingido e, se houver resistência, com recurso à força física, tendo o caráter de um ato de coerção. O prêmio e a pena são estabelecidos com o fim

[51] *Ibidem*, p. 27.
[52] *Ibidem*, p. 28.

de transformar a busca pelo prêmio e o medo da pena em motivo para uma condita socialmente desejada.

Um ordenamento é literalmente eficaz quando a conduta que condiciona a sanção *latu-sensu* é determinada causalmente pelo desejo do prêmio ou receio da pena.

É possível ordens sociais desprovidas de sanção, entretanto, a elas carece o princípio retributivo, sendo geralmente morais.

Em resumo:

> Desse modo, para estabelecer a diferença entre as normas morais e as normas jurídicas, Kelsen destaca a peculiaridade do direito ser formado por ordens respaldadas no uso daforça física monopolizada pelo Estado. Assim, a ordem jurídica se diferencia da moral apenas pelo modo através do qual apoia o que determina ou o que proíbe. Esta a diferença: o direito dissuade a realização de determinado comportamento relacionado a conduta proibida um ato punitivo socialmente organizado; o direito possui caráter coercitivo.[53]

Ao final desse item, cabe mencionar que as sanções detêm caráter ora transcendente, ora socialmente imanente. As transcendentes são aquelas que, segundo a crença de pessoas submetidas ao ordenamento provêm de uma instância supra-humana. Já as socialmente imanentes são as que se realizam dentro da sociedade e são realizadas por pessoas, membros da sociedade.

5. Ordem jurídica

Uma ordem se caracteriza por um sistema de normas que se revela uma unidade com o mesmo fundamento de validade. Esse fundamento de validade é a norma fundamental, da qual se extrai a validade de todas as normas de tal ordem. Assim, uma norma singular é considerada jurídica porque pertence a uma ordem jurídica. Por sua vez, uma norma pertence a uma ordem jurídica quando sua validade se funda na norma fundamental.

[53] SGARBI, Adrian. **O mundo de Kelsen**, p. 25.

As modernas ordens jurídicas focam sua regulação apenas na conduta humana e dirige às pessoas suas sanções. Contudo, podem prescrever determinadas condutas em face de outras pessoas, de animais, plantas e objetos inanimados, ainda que não regule a conduta de animais, plantas ou objetos inanimados protegidos.

Segundo Adrian Sgarbi, o problema da delimitação do objeto do direito é respondido enfatizando o direito como: "a) uma técnica social específica; b) coercitiva; e c) diversa da ordem natural"[54].

A conduta pode ser uma ação ou uma omissão, mas como ordem social, a ordem jurídica regula positivamente a conduta de um indivíduo enquanto esta se refere a outro indivíduo – tanto mediata quanto imediatamente.

Uma conduta é juridicamente prescrita porque ela é considerada valiosa para a comunidade jurídica daqueles indivíduos.

Uma das características comum às ordens jurídicas (ordens sociais que chamamos de Direito) é a o fato de que elas são coativas. Isto é "regem contra as situações consideradas indesejáveis, por serem socialmente perniciosas – particularmente contra condutas humanas indesejáveis – com um ato de coação"[55].

O ato de coação geralmente corresponde a um mal, ou seja, privação da liberdade, dos bens, de direitos etc., que é aplicado ao destinatário mesmo contra a sua vontade, empregando, se houver necessidade, até a força física. Este ato geralmente é recebido pelo destinatário da norma como um mal. "Neste sentido, as ordens sociais a que chamamos Direito são ordens coativas da conduta humana".[56]

Essas ordens sociais exigem determinada conduta humana relacionando à conduta oposta um ato de coerção, cujo destinatário é a pessoa que a comete, ainda que por omissão. A efetivação da coação, todavia, nem sempre se dá de forma física, isso só acontece quando encontrar resistência, que não é normalmente o caso.

Decorre disso, que há normas que conferem poder ou competência para um órgão ou indivíduo aplicar um ato coativo como sanção.

[54] *Ibidem*, p. 24.

[55] **Teoria Pura do Direito**, p. 36.

[56] *Ibidem*, p. 36.

Uma ordem jurídica pode reagir – por meio de atos de coação – não só a condutas humanas, mas também contra a fatos socialmente nocivos, ou seja, uma situação de fato considerada por qualquer motivo como socialmente perniciosa.

O Direito distingue-se de outras ordens sociais.

> O momento coação, isto é, a circunstância de que o ato estatuído pela ordem como consequência de uma situação de fato considerada socialmente prejudicial deve ser executado mesmo contra a vontade da pessoa atingida e – em caso de resistência – mediante o emprego da força física, é o critério decisivo.[57]

Tendo em vista que o ato de coação se mostra como uma reação à conduta de um indivíduo, ele tem o caráter de sanção, ao passo que a conduta humana contra a qual ele é dirigido tem o caráter de uma conduta proibida, antijurídica, um ato ilícito ou um delito. Afinal, é contrária à conduta considerada conforme ao direito – portanto, que evitaria a sanção. Logo, o ato coativo não força uma conduta. Pelo contrário, ele se efetiva quando a conduta proibida, contrária ao direito, ocorrer. É neste caso que se tem estatuído o ato coativo. A coação do direito não é no sentido psicológico, mas sim, no sentido de que estatui atos de coação, como a privação da liberdade, de bens, entre outros.

A sanção – coação – tem um papel central no estabelecimento do direito, como explica Morrison:

> Nas mãos de Kelsen, o Estado se converte numa ordem jurídica, mas, assim com não se trata de uma ordem jurídica que desempenha automaticamente alguma funcionalidade determinada pela ordem natural das coisas, tampouco se pressupõe que incorpore nossos anseios e esperanças. Para compreender o direito em sua estrutura pura, devemos despojá-lo de seus disfarces expressivos: o direito é uma estrutura simples de coerção, um sistema hierarquicamente organizado de normas (não morais) que determinam as

[57] *Ibidem*, p. 37-38.

condições através das quais os agentes do Estado são habilitados (autorizados) a impor sanções.[58]

Assim, surge a necessidade de se distinguir entre o uso autorizado e o uso proibido da força, da coação física, por um indivíduo contra o outro. Fala-se aqui da reação contra "uma situação de fato socialmente indesejável, particularmente como reação contra uma situação de fato socialmente indesejável, particularmente como reação contra uma conduta humana socialmente perniciosa"[59]. Ou seja: "autorizado como sanção e atribuível à comunidade jurídica"[60]. O indivíduo que é atribuído pela ordem jurídica para aplicar a coação pode ser considerado pela ordem jurídica como órgão dessa determinada ordem. A execução do ato de coerção por esse indivíduo é imputada à comunidade constituída pela ordem jurídica.

Ao determinar os pressupostos mediante os quais a coação – tida como força física – deve ser exercida, bem como e os indivíduos pelos quais deve ser exercida, a ordem jurídica acaba por proteger aqueles que lhe estão submetidos contra o emprego da força por outros indivíduos. A ordem jurídica garante a segurança coletiva, instituindo um monopólio coercitivo da comunidade, "ainda que não seja senão um monopólio de coerção descentralizado – e, portanto, mesmo que subsista ainda o princípio da auto defesa"[61].

A segurança coletiva pode ter vários graus, os quais dependem "da medida em que é centralizado o processo através do qual se determina, nos casos concretos, a existência dos pressupostos a que é ligado o ato coercitivo da sanção e se executa o ato coercitivo"[62].

A segurança coletiva atinge o seu grau máximo quando a ordem jurídica, para tal fim, estabelece tribunais dotados de competência obrigatória e órgãos executivos centrais tendo à sua disposição meios de coerção de tal ordem

[58] **Filosofia do Direito: dos gregos ao pós-modernismo**, p. 383.
[59] **Teoria Pura do Direito**, p. 39.
[60] *Ibidem*, p. 39.
[61] *Ibidem*, p. 41.
[62] *Ibidem*, p. 41.

> que a resistência normalmente não tem quaisquer perspectiva de resultar. É o caso do Estado moderno, que representa uma ordem jurídica centralizada no mais elevado grau.[63]

Coerentemente com a ideia de pureza, Kelsen ressalta que, ainda que a paz fosse considerada como um valor moral comum a todas as ordens morais positivas, o que não é o caso, não poderia seu asseguramento ser considerado como um mínimo ético comum a todo o direito, ou seja, um valor moral essencial a todas as ordens jurídicas[64].

O que é visado pela segurança coletiva é a paz, que é justamente a ausência do emprego da força física. Trata-se, todavia de uma paz relativa e não absoluta, afinal, não se exclui o uso da força pelo Direito. Considerar uma conduta humana como pressuposto para uma sanção em um ordenamento jurídico significa que essa conduta é juridicamente proibida, ou seja, constitui um ato ilícito, um delito. Dessa forma, tem-se que o conceito de sanção e de ato ilícito são correlativos: "a sanção é consequência do ilícito" e o "ilícito (ou delito) é um pressuposto da sanção"[65].

Mesmo no Estado Moderno, em que a centralização da reação coercitiva atinge um alto grau contra o fato ilícito, subsiste um mínimo de autodefesa, que é a legítima defesa.

Note-se que alguns desses atos de coerção, como por exemplo, o internamento de doentes mentais perigosos em asilos, com o objetivo de impedi-los de realizarem uma conduta perniciosa, são uma ampliação do conceito de sanção, não coincidindo com o a consequência de um ilícito, acabando por precedê-lo.

Todos os atos de coerção estatuídos pela ordem jurídica têm uma característica comum: exprimem que a ordem jurídica, através desses atos, reage contra um fato indesejável socialmente e, por meio dessa reação, define a indesejabilidade de tal situação fática.

No sentido amplíssimo de sanção,

[63] *Ibidem*, p. 41.
[64] *Ibidem*, p. 42.
[65] *Ibidem*, p. 43.

> o monopólio da coerção por parte da comunidade jurídica pode ser expresso na seguinte alternativa: a coação exercida por um indivíduo contra o outro ou é um delito, ou uma sanção (entendendo, porém, como sanção, não só a reação contra um delito, isto é, contra uma determinada conduta humana, mas também a reação contra outras situações de fato socialmente indesejáveis.[66]

O direito – ordem social que estatui sanções – regula a conduta tanto de modo positivo como negativo, como já visto, ligando ou não ligando um ato de coerção a determinada conduta. Assim, uma conduta que não é juridicamente proibida é, no sentido negativo, permitida juridicamente. O indivíduo é juridicamente livre na medida e que a sua conduta é permitida no sentido negativo (a conduta não é proibida, tampouco é prescrita a conduta oposta).

Em consequência, há uma diferença entre a liberdade deixada ao indivíduo negativamente – pois a conduta não é proibida – e a liberdade assegurada pela ordem jurídica.[67] No segundo caso, o direito prescreve às outras pessoas o respeito a esta liberdade e proíbe a ingerência em tal esfera de liberdade e, assim, a conduta não proibida, ou melhor, permitida, vale como direito, ou seja, "como conteúdo de um direito que é o reflexo de uma obrigação que lhe corresponde"[68].

As modernas ordens jurídicas acabam por proibir que a conduta não proibida de alguém seja obstada pelo recurso à força física. A utilização da força física é, em princípio, proibida, com exceção de seu uso por determinadas pessoas que detém poder ou competência a elas conferidas juridicamente.

O que se denota é que há sempre a garantia de um mínimo de liberdade, uma esfera de conduta humana em que não há qualquer comando ou proibição. Kelsen indica que isso acontece mesmo em ordens jurídicas maias totalitárias há uma liberdade inaliável, não como direito inato, mas, sim, como uma "consequência da limitação técnica que afeta a disciplina positiva da conduta humana"[69].

[66] *Ibidem*, p. 45.
[67] *Ibidem*, p. 46.
[68] *Ibidem*, p. 46.
[69] *Ibidem*, p. 47.

O sentido de uma cominação jurídica é a de que alguns males e determinados atos de coação devem ser aplicados ou executados, mediante o preenchimento certos pressupostos legalmente previstos[70].

Essa esfera de liberdade pode ser considerada como protegida juridicamente se a ordem jurídica proibir intrusões nela: são as liberdades constitucionalmente garantidas. São preceitos que limitam a competência do órgão legislativo, que não pode editar normas que prescrevam ou proíbam condutas de determinada espécie, como expressar opinião ou exercer fé religiosa.

Kelsen questiona de forma decisiva: "mas qual o fundamento de validade da norma que nós consideramos como sendo o sentido objetivo de um ato?"[71]. A resposta passa pela análise dos juízos por meio dos quais são interpretados certos atos como jurídicos (cujo sentido objetivo é a norma). Por exemplo, atribui-se ao ato de um tribunal o sentido objetivo de uma norma individual, porque nesse ato reconhece-se a efetivação de uma lei, isto é "de normas gerais que estatuem atos de coerção e que consideramos como sendo não só o sentido subjetivo, mas também o sentido objetivo de um ato que foi posto por certos indivíduos que, por isso mesmo, consideramos ou interpretamos como órgão legislativo"[72].

6. Normal fundamental

É a Constituição que confere aos indivíduos competência para estabelecer normas gerais que estatuam atos de coerção. E assim surge o conceito de norma fundamental, nos seguintes termos:

> Tratando-se de uma Constituição que é historicamente a primeira, tal só é possível se *pressupusermos* que os indivíduos se *devem* conduzir de acordo com o sentido subjetivo deste ato, que *devem* ser executados atos de coerção sob os pressupostos fixados e pela forma estabelecida nas normas que caracterizamos como Constituição, quer dizer, desde que pressuponhamos uma norma por força da qual o ato a interpretar como ato constituinte seja considerado como um ato criador de normas objetivamente válidas e os indivíduos

[70] *Ibidem*, p. 49.
[71] *Ibidem*, p. 49.
[72] **Teoria Pura do Direito**, p. 49.

que põem este ato como autoridade constitucional. Esta norma é – como mais tarde se verá melhor – a norma fundamental de uma ordem jurídica estadual. Esta não é uma norma posta através de um ato jurídico positivo, mas – como o revela uma análise dos nossos juízos jurídicos – uma norma pressuposta, pressuposta sempre que o ato em questão seja entendido como ato constituinte, como ato criador da Constituição, e os atos postos com fundamento nesta Constituição como atos jurídicos. Constatar esta pressuposição é uma função essencial da ciência jurídica. Em tal pressuposição reside o último fundamento de validade da ordem jurídica, fundamento esse que, no entanto, pela sua mesma essência, é um fundamento tão-somente condicional e, neste sentido, hipotético.[73]

Stanley Paulson assim define a norma fundamental:

(...) la norma fundamental es, por dicirlo así, el punto cardinal de uma fundamentación completa del derecho, esto es, ella le oferece su "fundamento final" y precisamente em uma triple forma: percebido desde el punto de vista estático, el fundamento final de la validez de derecho, y desdeel normativo, el fundamento final de la obligación.[74]

Explica Stanley L. Paulson[75] que Kelsen introduz a norma fundamental tanto para a formulação de um normativismo sem direito natural como para um positivismo sem reducionismo, integrando elementos de ambos princípios em sua teoria. A formulação da norma fundamental não apresenta um novo método científico, mas somente pretende revelar o que os juristas fazem, até mesmo de forma inconsciente, *"cuando em la comprensión de su objeto rechazan um derecho natural del que pudiera derivarse la validez del orden jurídico, pero sin embargo conciben este derecho positivo como um orden válido, no como simple* factum *de nexos de motivación sino como norma."*[76]

[73] **Teoria Pura do Direito**, p. 50.
[74] PAULSON, Stanley L. **Fundamentación crítica de la doctrina de Hans Kelsen**. Serie de Toría Jurídica y Filosofía del Derecho. n. 17. Universidad Externado de Colombia. Bogotá, 2000. p. 143.
[75] PAULSON, Stanley L. **Fundamentación crítica de la doctrina de Hans Kelsen**, p. 137.
[76] PAULSON, Stanley L. **Fundamentación crítica de la doctrina de Hans Kelsen**, p. 137-138.

Sobre a relação entre norma fundamental e o sistema dinâmico, tem-se a lição de Melanie Merlin de Andrade[77]:

> A norma fundamental de uma ordem jurídica pode ser traduzida da seguinte forma: "a coerção de um indivíduo por outro deve ser praticada pela forma e sob os pressupostos fixados pela primeira Constituição histórica", dado que a norma fundamental delega na primeira Constituição histórica a determinação do processo para se estabelecer normas que estatuam atos de coação. Uma norma, para ser interpretada objetivamente como norma jurídica, tem de ser no sentido do ato posto por esse processo, em conformidade à norma fundamental – e tem que balizar um ato de coação ou estar em essencial ligação com uma norma que o balize.
>
> Assim, com a norma fundamental, pressupõe-se a definição nela contida de direito como norma de coerção. Kelsen descreve um sistema dinâmico, havendo uma multiplicidade de fases de produção do direito, todas articuladas e interligadas de acordo com uma escala hierárquica, cujo topo é a Constituição. As normas de grau superior delegam poderes à instância inferior para a produção de uma norma inferior. A unidade desse sistema é garantida justamente pela norma fundamental, que permite a verificação da validade de cada norma e sua pertinência ao sistema: pertinência com base no conteúdo e com base em seu modo de produção (que é sempre um ato de vontade). Tem-se, assim, que o sistema é dinâmico em razão do nexo de delegação.
>
> O sistema criado e descrito por Kelsen é autorreferente. A validade de uma norma pode remeter apenas à validade de uma outra norma, e a validade da Constituição se funda na validade da primeira Constituição histórica, ao passo que esta se funda na autoridade dada ao primeiro legislador para criar a Constituição. Essa é a norma hipotética fundamental.

Interessante consignar que Sgarbi explica que a "teoria da norma fundamental" não é uma construção totalmente original de Kelsen, tendo aparecido com contornos mais definidos somente em 1920, no livro "O Problema da Soberania e a Teoria do Direito Internacional". Segundo

[77] MERLIN DE ANDRADE, Melanie. **Entre a Moral e o Direito: A contribuição de Kelsen, Dworkin, Hart e MacCormick**. São Paulo: Almedina, 2022..

Sgarbi, no prefácio da segunda edição de "Problemas Fundamentais do Direito Público", Kelsen constou que:

> (...) a ideia da norma fundamental como constituição no sentido lógico-jurídico foi desenvolvida principalmente por Alfred Verdross (...) que reconheceu a norma fundamental como uma hipótese relacionada ao material do direito positivo analogamente à hipótese da ciência natural (...) Com base nos trabalhos de Merkel e Verdross tenho tratado nos meus sucessivos escritos a teoria dos graus como um elemento essencial no sistema da teoria do direito[78].

O conceito de norma fundamental sofre alterações nas edições da Teoria Pura do Direito:

> Com efeito, assim destaca Kelsen, já na primeira versão do livro "Teoria Pura do Direito", ano de 1934: "A teoria pura do direito é a teoria do direito positivo, portanto, da realidade jurídica: ela transpõe o princípio da lógica transcendental de Kant, vendo no dever, no *Sollen*, uma categoria lógica das ciências sociais normativas em geral e da ciência do direito em particular".
> Na edição francesa de 1953 – versão considerada de transição em relação às de 1934 e 1960 – apenas insiste Kelsen no caráter essencialmente formal e dinâmico da norma fundamental do ordenamento para distingui-la da que corresponde ao ordenamento moral, afirmada como de índole estática: "A Teoria Pura do Direito atribui à norma fundamental o papel de uma hipótese básica. Partindo do suposto de que esta norma é válida, também resulta válido o ordenamento jurídico que lhe está subordinado.
> Na segunda edição, ano de 1960, encontra-se a formulação mais bem cuidada da norma fundamental, ainda que afirme Kelsen não deve ser ela considerada "uma exposição em termos definitivos".[79]

[78] Kelsen, Hans. Das Problem der Souveränität und die Theorie des Völkerrchts. Beitrag zu einer Reinm Rechtslehre, *apud* Sgarbi, Adrian. **O mundo de Kelsen**. 1 ed. São Paulo: Marcial Pons, 2019. p. 33.

[79] Sgarbi, Adrian. Hans Kelsen: **Ensaios Introdutórios (2001-2005)** vol. 1. Editora Lumen Juris: Rio de Janeiro, 2007.

Uma questão fundamental surge para Kelsen, qual seja: por qual motivo a norma fundamental não pode ser pressuposta?[80] E a resposta é que um ordenamento não tem uma eficácia duradoura sem que haja um pressuposto de uma norma fundamental, a que ele se lhe refira e fundamente sua validade objetiva.[81]

Nesse ponto é que fica claro o motivo pelo qual a ordem de um grupo criminoso não pode ser entendida como uma norma vinculadora ao destinatário, uma norma válida, afinal de contas não se trata de um ato jurídico, mas sim um delito ao vincular uma ameaça de coação a um comando. O direito não é uma norma isolada, mas um sistema de normas, em forma de ordenamento social, de modo que uma norma só pode ser tida como jurídica se pertencer a tal ordenamento. A ordem de coação – ordem jurídica – é limitada a seu domínio territorial de validade, ao que sua eficácia exclui qualquer outra ordem de coação.

A manutenção da segurança coletiva ou a paz é uma função da ordem coercitiva, mas isso não implica qualquer juízo de valor, tampouco o reconhecimento de um valor de Justiça, que, "assim sendo, não é de forma alguma elevado à categoria de um elemento do conceito de direito"[82], não podendo assim servir como elemento de distinção entre uma ordem jurídica e um grupo de bandidos. "Que a justiça não pode ser uma característica que distinga o direito de outras ordens coercitivas resulta do caráter relativo do juízo de valor segundo o qual uma ordem social é justa"[83] . Por isso, a importância da pureza, afinal, qual seria essa justiça? A decorrente da ideia judaico-cristã ou da ideia comunista-marxista? Do ponto de vista do sistema capitalista ocidental, a União Soviética não teria uma ordem jurídica? E vice-versa?

Ao conceber o direito como uma ordem de coerção, a fórmula mediante a qual se traduz a norma fundamental de uma ordem jurídica estadual tem o seguinte significado "a coação de um indivíduo por outro deve ser praticada pela forma e sob os pressupostos fixados pela primeira

[80] **Teoria Pura do Direito**, p. 51.
[81] **Teoria Pura do Direito**, p. 51-52.
[82] **Teoria Pura do Direito**, p. 52.
[83] **Teoria Pura do Direito**, p. 53.

Constituição histórica"[84]. É na primeira Constituição histórica que a norma delega a determinação do processo pelo qual se devem estabelecer as normas estatuidoras de atos de coação.

Para uma norma ser objetivamente interpretada como jurídica, seu sentido subjetivo deve ser de um ato posto pelo processo legislativo conforme a nova fundamental e tem que estatuir um ato de coação ou ter ligação com uma norma estatuidora. A norma fundamental pressupõe a definição de direito e a consequência disso é que se deve considerar uma certa conduta como juridicamente prescrita (como conteúdo de um dever jurídico) quando a conduta oposta tiver como pressuposto um ato coercitivo direcionado àqueles que a pratique[85]. Ressalte-se que a definição de direito como ordem coercitiva se mantém em face das normas que conferem poder ou competência para a realização de um ato que não tenham o caráter de coação, como as normas de direito constitucional que regulam o processo legislativo. Afinal, trata-se de "normas não autônomas que que fixam apenas um dos pressupostos sob os quais devem ser aplicados e executados os atos de coação estatuídos por outras normas".[86]

Sem o respeito às normas constitucionais, as normas produzidas são tidas como inválidas e, portando, nulas ou anuláveis, afinal, "o sentido subjetivo dos atos postos inconstitucionalmente e que, portanto, não são postos de acordo com a norma fundamental, não será interpretado como seu sentido objetivo ou, então, essa interpretação – provisória – será repudiada."[87]

É importante, contudo, distinguir o processo de produção de normas, regulado pelo direito como norma jurídica, do conteúdo produzido por esse processo como conteúdo jurídico, sendo necessário tratar da ideia de conteúdo jurídico irrelevante. É aqui que surge a distinção da lei em sentido formal e em sentido material. Essa distinção está baseada no fato de que podem surgir não só normas reguladoras da conduta humana – lei em sentido material, mas também decisões administrativas – lei em sentido formal, como por exemplo, aprovação de orçamento do Estado. A questão

[84] **Teoria Pura do Direito**, p. 54.
[85] **Teoria Pura do Direito**, p. 54.
[86] **Teoria Pura do Direito**, p. 55.
[87] **Teoria Pura do Direito**, p. 56.

diz respeito não só ao fato de o ato ser posto num determinado processo, mas também que tenha um determinado sentido subjetivo dependendo da definição de Direito pressuposta na norma fundamental[88].

> É, por isso, de rejeitar uma definição do Direito que não o determine como ordem de coação, especialmente porque só através da assunção do elemento coação no conceito de Direito este pode ser distintamente separado de toda e qualquer outra ordem social, e porque, com o elemento coação, se toma por critério um fator sumamente significativo para o conhecimento das relações sociais e altamente característico das ordens sociais a que chamamos "Direito"; e mais especialmente ainda porque só então será possível levar em conta a conexão que existe – na hipótese mais representativa para o conhecimento do Direito, que é a do moderno direito estadual – entre o Direito e o Estado, já que este é essencialmente uma ordem de coação e uma ordem de coação centralizadora e limitada no seu domínio territorial de validade.[89]

Da mesma forma que uma norma jurídica pode limitar a validade de outra, também pode retirar totalmente sua validade. Essas normas derrogatórias são consideradas "não-autônomas", as quais apenas podem se compreender em conexão com outras normas estatuidoras de atos de coerção. As normas são não autônomas quando não contêm uma sanção, pois está essencialmente ligada a uma segunda norma que prevê uma sanção. Essa primeira norma "apenas estabelece – negativamente – o pressuposto a que a segunda a liga à sanção"[90]. São ainda não autônomas aquelas normas que conferem competência ou poder para que seja produzida uma norma jurídica. São as normas da Constituição que regulam o procedimento legislativo. E, por fim, são também normas não autônomas aquelas que "determinam com maior exatidão o sentido de outras normas, definindo talvez um conceito utilizado na formulação de uma outra norma ou interpretando autenticamente uma norma"[91].

Em resumo:

[88] **Teoria Pura do Direito**, p. 57.
[89] **Teoria Pura do Direito**, p. 58.
[90] **Teoria Pura do Direito**, p. 59.
[91] **Teoria Pura do Direito**, p. 62

> Do que fica dito resulta que uma ordem jurídica, se bem que nem todas as suas normas estatuam etapas de coação, pode, no entanto, ser caracterizada como ordem de coação, na medida em que todas as suas normas que não estatuam elas próprias um ato coercitivo e, por isso, não contenham uma prescrição mas antes confiram competência para a produção de normas ou contenham uma permissão positiva, são normas não-autônomas, pois apenas têm validade em ligação com uma norma estatuidora de um ato de coerção. E também nem todas as normas estatuidoras de um ato de coerção prescrevem uma conduta determinada (a conduta oposta à visada por esse ato), mas somente aquelas que estatuam o ato de coação como reação contra uma determinada conduta humana, isto é, como sanção. Por isso, o Direito, ainda por essa razão, não tem caráter exclusivamente prescritivo ou imperativista. Visto que uma ordem jurídica é uma ordem de coação no sentido que acaba de ser definido, pode ela ser descrita em proposições enunciando que, sob pressupostos determinado (determinados pela ordem jurídica), devem ser aplicados certos atos de coerção (determinado igualmente pela ordem jurídica). Todo o material dado nas normas de uma ordem jurídica se enquadra neste esquema de proposição jurídica formulado pela ciência do Direito, proposição esta que se deverá distinguir da norma jurídica posta pela autoridade estadual. [92]

De qualquer forma, passemos a analisar o entendimento de Kelsen, considerado como o maior representante dessa corrente sobre as normas de competência. Na segunda edição da "*Teoria pura do direito*", Kelsen trata da competência enquanto "capacidade de exercício".[93] Vê Kelsen, entre a "capacidade negocial de um indivíduo" e a "capacidade de certos indivíduos de fazer leis" um "parentesco essencial". Não entende, inclusive, a razão pela qual, do primeiro se diz possuir "capacidade", e do segundo possuir "competência", tendo em vista que o conteúdo da função, de ambos, é o mesmo: produzir normas jurídicas.[94]

[92] **Teoria Pura do Direito**, p. 62

[93] **Teoria Pura do Direito**, p. 162-167.

[94] Diz Kelsen: "É fácil de ver que o exercício deste poder jurídico, como função jurídica, é, no essencial, da mesma espécie que a função de um órgão legislativo, dotado pela ordem jurídica do poder de criar normas gerais, e que as funções dos órgãos judiciais e adminis-

Partindo, então, dessa premissa, é necessário analisarmos a "capacidade de exercício", a fim de averiguar em que espécie de norma se enqua-

trativos, dotados pela ordem jurídica do poder de criar normas individuais por aplicação daquelas normas gerais. Em todos estes casos, precisamente como no caso da chamada capacidade de exercício, estamos perante uma autorização (Ermächtigung) para produzir normas jurídicas. Em todos estes casos a ordem jurídica atribui a determinados indivíduos um poder jurídico. Porém, nem em todos os casos de atribuição de um poder jurídico, quer dizer, de uma autorização ou atribuição de poder (Ermächtigung) no sentido estrito da palavra, a teoria tradicional fala em capacidade de exercício. Pelo contrário, ela fala em muitos casos, e especialmente em relação com a função de certos órgãos da comunidade, particularmente dos tribunais e das autoridades administrativas, da sua 'competência'. O poder jurídico conferido a uma 'pessoa provada' de produzir normas jurídicas pela prática de um negócio jurídico ou de intervir na produção de normas jurídicas através da ação judicial, do recurso, da reclamação, do exercício do direito de voto, os seus direitos subjetivos no sentido técnico da palavra, não são designados como sua competência. Na medida em que seja tomada em conta a função que consiste no exercício do poder jurídico conferido pela ordem jurídica, esta limitação do conceito de competência não se justifica. A capacidade negocial e o direito subjetivo – privado ou político – de um indivíduo são a sua 'competência' no mesmo sentido em que o é a capacidade de certos indivíduos de fazer leis, proferir decisões judiciais ou tomar resoluções administrativas. A terminologia tradicional encobre o parentesco essencial que existe entre todas as funções que exercitam este poder jurídico, em vez de o pôr claramente em evidência. Se os indivíduos que realizam um negócio jurídico e as partes que, no processo judicial ou administrativo, propõem a ação, interpõem recursos ou apresentam reclamações são considerados como 'pessoas privadas' e não como 'órgãos' da comunidade jurídica e, por tal motivo, o poder jurídico que lhes é conferido não é considerado e designado como sua competência, tal não pode fundar-se no conteúdo da sua função. Com efeito, o conteúdo da função é, em ambos os casos, o mesmo, a saber: a produção de normas jurídicas. A propósito deve notar-se que, através do negócio jurídico, podem ser produzidas pelas 'pessoas provadas' com poder para tal, não só normas jurídicas individuais como também normas jurídicas gerais, e que a produção de normas jurídicas gerais através de tratados concluídos pelos Estados – aos quais o Direito Internacional geral confere poder para tanto –, dentro da ordem jurídica constitutiva da comunidade internacional, desempenha um papel muito importante. No entanto, no exercício desta função os Estados, tampouco como os indivíduos ao celebrarem os negócios jurídicos para que são considerados competentes ou autorizados pelo Direito estadual, não são considerados como 'órgãos' da comunidade jurídica e, por conseguinte, também o poder jurídico que lhes é atribuído não é designado como sua competência. Se, nestes casos, os indivíduos que exercitam a função não são designados como órgãos da comunidade, isso apenas pode basear-se na circunstância de, para o conceito de órgão que aqui se utiliza, ser definitório algo mais que o conteúdo da função" – **Teoria pura do direito**, p. 166-167.

dra. Kelsen afirma que essa capacidade é um poder conferido pela ordem jurídica para que alguém possa interferir na produção de uma norma jurídica individual. A concessão de esse poder, em sua visão, é uma "autorização" ou uma "atribuição de competência". E, aqui, Kelsen vale-se de um negócio jurídico para explicar a questão, com a justificativa de que normas jurídicas também são criadas por meio de negócios jurídicos. Entretanto, as normas jurídicas criadas pelos negócios jurídicos em questão, como, por exemplo, um contrato, não são verdadeiras normas jurídicas. São, quando muito, normas não autônomas. Nas palavras do próprio Kelsen: "*Se o contrato cria deveres para as partes contratantes, é porque a ordem jurídica liga à conduta anticontratual, quer dizer, à conduta contrária à norma contratualmente produzida, uma sanção*".[95]

Percebemos, portanto, que para Kelsen, as normas de competência não são verdadeiras normas jurídicas, e sim fragmentos de normas, dependentes de outra norma estabelecedora da sanção.[96]

Ainda, quanto à norma fundamental e à constituição jurídico-positiva, cabe consignar a posição de Sgarbi ao tratar de Kelsen:

> f) A constituição jurídico-positiva é a norma que estabelece os critérios a partir dos quais uma norma deve ser considerada jurídica. Ela assenta os padrões que, de norma para norma, mediante relações de normas superiores-fundantes e inferiores-fundadas, permitem a leitura do exercício dos poderes jurídicos;
> g) A norma fundamental corresponde ao pressuposto que possibilita partir-se de uma constituição como referencial de validade das normas. Segundo

[95] **Teoria pura do direito**, p. 165.

[96] Essa conclusão é reforçada por outro escrito de Kelsen, publicado postumamente: "Uma pessoa não autorizada para este fim não pode produzir Direito ou aplicar Direito. Seus atos não têm, objetivamente, o caráter de produção do Direito ou aplicação do Direito, mesmo que eles, nesta intenção, subjetivamente, se realizem. Seu sentido subjetivo não é seu sentido objetivo. Esses atos não têm – como se diz – nenhuma efetividade jurídica; são nulos, i.e., juridicamente não existentes. Por conseguinte, também não 'transgridem' uma norma jurídica válida. Pois seria condição para uma sanção o estabelecimento de semelhantes atos juridicamente proibidos, pois infringem esta norma proibitiva." – **Teoria geral das normas**. Tradução de: DUARTE, José Florentino. Porto Alegre: SAFE, 1986, p. 129.

Kelsen, deve-se considerar como válida a constituição histórica primeira criada por um ato constituinte não mais em disputa;
h) A eleição da constituição histórica primeira não é arbitrária. Deve-se considerar como tal aquela que servir de referência para uma ordem jurídica globalmente eficaz. Há dois testes para se verificar a eficácia global da ordem jurídica: 1) deve-se analisar se os destinatários gerais estão cumprindo as prescrições jurídicas. Se, em relação a eles, houver mais ampla obediência do que desobediência, esta ordem é globalmente eficaz; 2) caso as normas não estejam sendo respeitadas pelos destinatários gerais, deve-se analisar se os órgãos aplicadores estão aplicando as sanções. Se os órgãos aplicadores estiverem aplicando mais as sanções do que as desconsiderando, a ordem jurídica é globalmente eficaz.[97]

Finalizamos, aqui, a breve exposição sobre a norma fundamental.

Conclusões

Esperamos, nesta altura, ter contribuído minimamente com a exposição dos temas tratados por Kelsen no primeiro capítulo da segunda edição do Teoria Pura do Direito. Lembramos que a obra de Kelsen, sobretudo o Teoria Pura do Direito, é um marco firme na teoria do direito, que continua a merecer estudos mais aprofundados. Este escrito é, em verdade, um convite ao exame vertical dos temas tratados por Kelsen. Frisamos, uma vez mais: Pode-se estar contra ou a favor das ideias de Kelsen, entendê-las, tentar superá-las, desenvolver novas ideias a partir delas, porém, é impossível ignorá-las.

Referências

ANDRADE, Melanie Merlin; SALDANHA, E. **Immanuel Kant Idealismo e a Carta da ONU**. Curitiba: Editora Juruá, 2008

ANDRADE, Melanie Merlin de. **Entre a Moral e o Direito: A contribuição de Kelsen, Dworkin, Hart e MacCormick**. São Paulo: Almedina, 2022.

[97] SGARBI, Adrian. **O mundo de Kelsen**, p. 42.

BULYGIN, Eugenio. *El problema de la validez en Kelsen*. In: KELSEN, Hans, BULYGIN, Eugenio e WALTER, Robert. ***Validez y eficacia del derecho***. Buenos Aires: Astrea, 2005, p. 99-118 (*Colección Mayor Filosofía y Derecho*, 17).

BULYGIN, Eugenio. ***Sobre la existencia de las normas jurídicas***. Ciudad de México: Fontamara, 1979. (*Biblioteca de Ética, Filosofía del Derecho y Política*, 39

BULYGIN, Eugenio. *Tiempo y validez*. In: ***Análisis lógico y derecho***. Madrid: *Centro de Estudios Constitucionales*, 1991, p. 195-214.

COPI, Irving. **Introdução à lógica**. 2. ed. Tradução de: CABRAL, Álvaro São Paulo: Mestre Jou, 1978, p. 234.

FERRAZ JUNIOR, Tercio Sampaio. **Introdução ao Estudo do Direito: Técnica, Decisão Dominação**. 4. ed. rev. e ampl. São Paulo: Atlas, 2003.

GUIBOURG, Ricardo A. El Legado de Kelsen. In: CLÉRICO, Laura; SIECKMANN, Jan (eds.) **La teoría del derecho de Hans Kelsen**. Serie de Teoría Jurídica y Filosofía del Derecho. n. 59. Universidad Externado de Colombia: Bogotá, 2011.

HART, H. L. A. **Positivism and the Separation of Law and Morals**. Harvard Law Review, Vol. 71, No. 4 (Feb., 1958), pp. 593-629. Disponível em <http://www.jstor.org/stable/1338225> Acesso em: 15 fev 2012, p. 595.

JABLONER, Clemens. El concepto jurídico de la teoria pura del derecho. In: BORDA, Luis Villar (comp.) **Hans Kelsen 1881-1973**. Serie de Teoría Jurídica y Filosofía del Derecho. n. 30. Universidad Externado de Colombia: Bogotá, 2004.

KELSEN, Hans. **Teoria geral das normas**. Tradução de: DUARTE, José Florentino. Porto Alegre: SAFE, 1986.

KELSEN, Hans. ***Teoría pura del derecho: introducción a los problemas de la ciencia jurídica.*** 1. ed. Madrid: Editorial Trotta, 2011.

KELSEN, Hans. **Teoria Pura do Direito**. 3ª ed. brasileira. Trad. João Baptista Machado. São Paulo: Martins Fontes, 1991.

LOSANO, Mario. **Sistema e estrutura no direito**, v. 2., São Paulo: WMF Martins Fontes, 2010.

MORRISON, Wayne. **Filosofia do Direito: dos gregos ao pós-modernismo**. trad. Jefferson Luiz Camargo. 2 ed. São Paulo: WMF Martins Fontes, 2012.

MORRISON, Wayne. **Filosofia do direito: dos gregos ao pós-modernismo.** Tradução de: CAMARGO, Jefferson Luiz. 2. ed. São Paulo: WMF Martins Fontes, 2012, p. 403-404.

NINO, Carlos Santiago. ***La validez del derecho.*** 3. Reimp. Buenos Aires: Astrea, 2006 (*Colección Mayor Filosofía y Derecho*, v. 6).

PALOMBELLA, Gianluigi. **Filosofia do Direito**. Trad. Ivone C. Benedetti. São Paulo: Martins Fontes, 2005.

PAULSON, Stanley L. **Fundamentación crítica de la doctrina de Hans Kelsen**. Serie de Toría Jurídica y Filosofía del Derecho. n. 17. Universidad Externado de Colombia. Bogotá, 2000.

SERBENA, Cesar A.; RODRIGUES, Renê C. SMJ #28 Positivismo Jurídico. Disponível em: < https://soundcloud.com/salvo-melhor-ju-zo/smj-28-positivismo-juridico> Acesso em 26 jan. 2019.

SERBENA, Cesar Antonio. Três Argumentos Sobre o Realismo Jurídico Europeu-Continental. **Tese apresentada como requisito parcial à progressão como Professor Titular de Filosofia do Direito do Departamento de Direito Privado do Setor de Ciências Jurídicas da Universidade Federal do Paraná**. Curitiba: UFPR, outubro de 2019.

SGARBI, Adrian. Hans Kelsen: **Ensaios Introdutórios (2001-2005)** vol. 1. Editora Lumen Juris: Rio de Janeiro, 2007.

SGARBI, Adrian. **O mundo de Kelsen**. 1 ed. São Paulo: Marcial Pons, 2019.

VON WRIGHT, Georg Henrik ***An essay in deontic logic and the general theory of action***. Amsterdan: North-Holland Publishing Company, 1968 (*Acta Philosophica Fennica*, XXI).

2.
DIREITO E MORAL NA TEORIA PURA DO DIREITO E O QUE LHE ESCAPA

VERA KARAM DE CHUEIRI

In constructing a theory of specific legal cognition, Kelsen's special task is to ward off the "foreign elements" that, he believes, have led legal theory astray so often, in the past.

Stanley Paulson (in: The Neo-Kantian dimensions of Kelsen's Pure Theory of Law)

Será que as distinções entre direito e moral propostas por Kelsen servem para pensar a democracia como sentido de uma forma de sociedade? Para responder temos de concedermos a liberdade de deslocar os pressupostos fundantes da teoria kelseniana, para nos descondicionar da forma coercitiva de seus pontos de vista.

Luis Alberto Warat (in: *Direito e Moral a Partir de Kelsen*)

Introdução

A relação entre direito e moral é desde sempre relevante para a teoria do direito e está no centro dos debates que a animam e revigoram com avanços e recuos relativamente à separação entre estes dois campos normativos ou, ao contrário, sua união ou comprometimento.

Para o propósito deste livro é particularmente a forma como direito e moral são discutidos na Teoria Pura do Direito (TPD) de Hans Kelsen (1979), suas peculiaridades, que interessa. Assim, a primeira parte

[1] deste trabalho diz respeito ao capítulo II da TPD, *Direito e Moral*. A segunda parte [2] faz um exame crítico do referido capítulo a partir da consideração de Luis Alberto Warat no *Direito e Moral a partir de Kelsen* (2004), desde suas reflexões sobre o poder de produzir sentidos. Como ele mesmo alerta, *penso que não temos que nos pôr a distância em relação ao positivismo kelseniano, mas simplesmente à vontade, isto é, na ordem do desejo, que é mais subversivo do que a distância, ordem da censura.* (WARAT, 2004, p. 255). Ainda, com base nos artigos *Kelsen leitor de Kant: considerações a respeito da relação entre direito e moral e seus reflexos na política*, de Cristina Foroni Consani (2016, p. 125-170) e *The Political Element in Legal Theory: A Look at Kelsen's Pure Theory* de Julius Cohen (1978, p. 1-38) outras considerações críticas são apresentadas que se desdobram da discussão sobre direito e moral na TPD. Este capítulo limita-se a esse propósito reativando questões que seguem difíceis para a teoria e a prática do direito e que com os recentes recuos das democracias constitucionais, com o avanço de pautas moralistas e a consequente judicialização reocuparam um lugar de destaque nas agendas acadêmicas e jurisdicionais. A abertura ou fechamento do sistema jurídico às questões morais e políticas e como enfrentá-las, de maneira a não sacrificar o arranjo constitucional democrático, é uma destas questões.

Kelsen é um autor sofisticado, longevo (morreu com 92 anos), experimentou a ascensão do nazismo, sofreu suas consequências, teve que se deslocar da Áustria para os Estados Unidos, assim como transitou de temas da teoria do direito para a teoria constitucional e o direito internacional. Em 1911 já era professor na Faculdade de Direito de Viena. Em 1917 foi convocado e serviu como assessor jurídico do Ministério da Guerra e em 1918 foi convidado para colaborar na elaboração da Constituição Austríaca 1920, a qual teve como novidade a criação de um Tribunal Constitucional. Durante o início dos anos 20 do século XX foi interlocutor de tantos outros notáveis juristas e intelectuais como por exemplo, Carl Schmitt e Sigmund Freud, cujos debates acerca do guardião da constituição, do sentido desta (com o primeiro) e acerca das noções de *massa* e *Estado*, bem como do papel do líder como fator coesivo na organização social ainda ecoam.

Desta forma, essa edição que celebra Kelsen e a TPD é uma excelente oportunidade de rever "velhos" temas, seus embates, à luz de "novas" leituras e de recorrentes problemas que afetam o direito, seu estudo e suas práticas.

1. Direito e moral na teoria pura do direito

Kelsen inicia o capítulo sobre *direito e moral* reiterando uma, senão, a sua principal premissa, de que o direito se define como norma e como tal é o objeto do qual a ciência jurídica se ocupará. Entretanto, as normas jurídicas, estas que definem o direito como objeto de uma dada ciência não são as únicas a regular a conduta humana. Há outro tipo de normas, as normas morais, cujo conhecimento e descrição é próprio da ética a qual, de acordo com Kelsen (TPD, p. 93), da mesma forma que a ciência jurídica, é uma ciência normativa, na medida em que tem por objeto normas de dever-ser como conteúdos de sentido. Ou seja, à ética é dado descrever a (norma) moral posta por uma autoridade moral ou construída por meio de práticas costumeiras. Kelsen ainda afirma que ao relacionar direito e moral se está relacionando direito e justiça, na medida em que esta é uma exigência da moral. Daí a necessidade de se diferenciar direito e moral enquanto objetos das suas respectivas ciências, o direito e a ética.

As normas morais impõem condutas e comportamentos em relação a cada um/a e aos outros. Kelsen (TPD, p. 95) ressalta seu caráter intersubjetivo ao dizer que a conduta que elas determinam apenas se refere imediatamente a cada um/a em si mesmo/a e mediatamente aos outros e apenas *por causa dos efeitos que esta conduta tem sobre a comunidade é que ela se transforma, na consciência dos membros da comunidade, numa norma moral.*

Não se trata do direito prescrever uma conduta externa e a moral uma conduta interna, a considerar que tanto as normas jurídicas quanto as normas morais determinam as duas espécies de conduta. A título de exemplo, Kelsen menciona a coragem, a qual não consiste apenas no estado interior de ausência de medo, mas igualmente, numa conduta exterior condicionada por aquele estado. Também o homicídio, o qual ao ser proibido por uma norma jurídica, se está proibindo não apenas a produção da morte através da conduta exterior, mas também uma conduta interna.

Uma ordem social só tem sentido se os indivíduos, contra suas inclinações ou interesses egoísticos, se comportarem em conformidade com as normas. O sentido da ordem (social) se impõe normativamente.

Assim, os indivíduos ao reprimirem suas inclinações e seus interesses egoísticos o fazem em razão de determinada norma moral, e da ordem social que, externamente, prescreve tal conduta. *Uma conduta apenas pode ter valor moral quando não só o seu motivo determinante como também a própria conduta correspondam a uma norma moral. Na apreciação moral o motivo não pode ser separado da conduta motivada.* (TPD, p. 97)

Para Kelsen a moral, assim como direito, é positiva. Aquela objeto de uma ciência, a ética, este de outra, a jurídica. Entretanto, a ordem moral não dispõe de órgãos para sua aplicação, a qual consiste na apreciação moral da conduta de outrem regulada pela respectiva ordem. (TPD, p. 98) Este critério, que aparentemente diferencia o direito da moral, pode não se aplicar em ordens jurídicas primitivas. *Uma distinção entre o Direito e a Moral não pode encontrar-se* ***naquilo*** *que as duas ordens sociais prescrevem ou proíbem, mas no* ***como*** *elas prescrevem ou proíbem uma determinada conduta humana.* (TPD, p. 99) Desta forma, o direito se diferencia da moral como uma *ordem de coação*, isto é, como uma ordem normativa que procura obter uma determinada conduta vinculando à conduta oposta um ato de força, um ato coercitivo. A moral, por sua vez, corresponde à uma ordem social, cujas sanções, diferente do que ocorre no direito, consistem na aprovação ou desaprovação de determinada conduta conforme ou não às normas.

Kelsen parte da relatividade do valor moral, pois rejeita que a ideia de que há uma moral absoluta e unicamente válida. O justo e o bom não o são em todas as circunstâncias, tempos e espaços. Há diferentes sistemas morais, até mesmo contraditórios entre si e a busca por um elemento comum a todos os sistemas morais – enquanto sistemas de justiça – não vai encontrar um conteúdo, mas uma forma comum. Isto é, *o que é necessariamente comum a todos os sistemas morais possíveis não é outra coisa senão a circunstância de eles serem normas sociais, isto é, normas que estatuem, quer dizer, estabelecem como devida (devendo ser) uma determinada conduta de homens referida – imediata ou mediatamente – a outros homens. O que é comum a todos os sistemas morais possíveis é a sua forma, o dever-ser, o caráter de norma. É moralmente bom o que corresponde a uma norma social que estatui uma determinada conduta humana; é moralmente mau o que contraria uma tal norma. O valor moral relativo é constituído por uma norma social que estabelece um determinado comportamento humano como devido (devendo-ser).* (TPD, p. 102)

Kelsen afirma que dizer que o direito é por sua *essência,* moral significa que ele é norma e uma norma social que estabelece como devida uma determinada conduta. Desde essa perspectiva que relativiza o valor moral, não o conteúdo, mas a forma que é determinante para dizer que todo o direito tem caráter moral ou constitui um valor moral (relativo). Neste sentido, é por meio da sua forma, por ser norma que o direito constitui um valor (jurídico) que é um valor moral (relativo). Essa construção permite a Kelsen reiterar sua premissa de que o *direito é norma* (TPD, p. 103) e, ao mesmo tempo, que não se pode pressupor uma moral absoluta que oferece um valor moral absoluto. O relativismo moral não mitiga a existência de um valor ou de uma justiça, mas defende que há valores relativos, que há uma justiça relativa, *que os valores que nós constituímos através dos nossos atos produtores de normas e pomos na base dos nossos juízos de valor não podem apresentar-se com a pretensão de excluir a possibilidade de valores opostos.* (TPD, p. 105)[1]

Direito e moral são diferentes[2] e Kelsen é, como em toda sua escrita na TPD, claríssimo ao dizer que, na mesma medida em que essa distinção é necessária, ética e direito enquanto ciência ou campos do conhecimento científico são diferentes e, assim, a legitimação do direito *por uma ordem moral distinta da ordem jurídica é irrelevante, pois a ciência jurídica não tem de aprovar ou desaprovar o seu objeto, mas apenas tem de o conhecer e descrever.* (TPD, p. 106) Isto, pois, a ciência jurídica é dado descrever seu objeto e não valorá-lo. *Se a ordem moral não prescreve a obediência à ordem jurídica*

[1] Ver Kelsen, Hans. *A democracia. Absolutismo e relativismo na filosofia e na política.* São Paulo: Martins Fontes, 1993, p. 346-357. Também, Consani, Crisitina Foroni (2016, p. XX) Kelsen é um relativista e, assim, seja, rejeita o absolutismo filosófico, segundo o qual *uma realidade existe independentemente do conhecimento humano (...) sua existência é objetiva e ilimitada, para além do espaço e tempo, aos quais se restringe o conhecimento humano. O relativismo filosófico advoga (...) a doutrina empírica de que a realidade só existe no interior do conhecimento humano, e que, enquanto objeto de conhecimento, a realidade é relativa ao sujeito cognoscente. O absoluto, a coisa em sim, está além da experiência humana; é inacessível ao conhecimento humano e portanto incognoscível.* (p. 347-348).

[2] Seria interessante contrapor Kelsen a Dworkin, sobretudo à afirmação que este faz na abertura do *Justice for Hedgehogs* (2011): *Nothing guarantees that our laws will be just; when they are unjust, officials and citizens may be requires, by hte rule of law, to compromise what justice requires. (...) I speak to that conflict: I describe a conception of law that takes it to be not a rival system of rules that might conflict with morality but as itself a branch of morality.* (p. 05).

em todas as circunstâncias e, portanto, existe a possibilidade de uma contradição entre a Moral e a ordem jurídica, então a exigência de separar o Direito da Moral e a ciência jurídica da Ética significa que a validade das normas jurídicas positivas não depende do fato de corresponderem à ordem moral, que, do ponto de vista de um conhecimento dirigido ao Direito positivo, uma norma jurídica pode ser considerada como válida ainda que contrarie a ordem moral. (TPD, p. 106)

Por fim, Kelsen, reitera a existência de vários sistemas morais, diferentes e até mesmo antagônicos entre si e o fato de que o direito enquanto ordem jurídica positiva pode ou não corresponder às concepções morais de um dado grupo social dominante na sociedade. Tais concepções se alteram no tempo e no espaço e o que hoje é moralmente justificável pode daqui a algum tempo e em contextos distintos não ser mais. *A tese, rejeitada pela Teoria Pura do Direito mas muito espalhada na jurisprudência tradicional, de que o Direito, segundo a sua própria essência, deve ser moral, de que uma ordem social imoral não é Direito, pressupõe, porém, uma Moral absoluta, isto é, uma Moral válida em todos os tempos e em toda a parte.* (TPD, p. 107) Desta forma, Kelsen rejeita a ideia do absolutismo moral e argumenta que se aplicada pela jurisprudência dominante numa determinada comunidade jurídica, levaria a uma legitimação acrítica da ordem coercitiva estatal- o direito- que constitui tal comunidade. Do ponto de vista da ciência jurídica esta não tem de legitimar o Direito, não tem por forma alguma de justificar – quer através de uma Moral absoluta, quer através de uma Moral relativa – a ordem normativa que lhe compete – tão-somente – conhecer e descrever.

Conforme Consani (2016, p. 144), Kelsen substitui o dever ser metafísico kantiano por um dever ser social (moralidade) ou jurídico (legalidade), este último fruto da autoridade (legislativa ou judicial), *cujo fundamento último, todavia, é a norma fundamental. A validade da norma jurídica, pois, não resulta de sua correspondência com um ideal de justiça ou de moralidade, mas de sua conformidade com a norma fundamental, (...).*

Kelsen é claro ao propor uma ciência jurídica cuja tarefa é apenas cognitiva e não valorativa. Desta forma pode-se conhecer o direito como de fato ele é e diferenciar essa ação da que postula como o direito deveria ser. A concepção de ciência jurídica de Kelsen, é assim, livre de valores o que impõe um método que permita bem observá-la e descrevê-la. A teoria do direito proposta pelo autor como uma teoria pura parte destas premissas: ser livre de valores, observar e descrever seu objeto.

Particularmente em relação a moral, como objeto de conhecimento e como norma, Kelsen a aproxima do direito para demarcar a diferença de ambos do ponto de vista do conteúdo (pode haver condutas permitidas pelo direito e injustas, por exemplo), para indicar o ponto de convergência na forma (direto e moral operam como normas) e para acentuar o caráter não absoluto -relativista- da moral.

Importa dizer que isto não torna Kelsen insensível para as questões morais. Os que atacam a TPD argumentando que Kelsen deixa o conteúdo do direito fora de consideração e que dá apenas importância à forma, isto é, a teoria e a ciência jurídica se preocupam apenas com a forma, compreendem mal o autor. Isto porque o direito positivo é conteúdo e o seu conhecimento/cognição diz respeito a tal conteúdo, isto é, tem a tarefa de descrê-lo.

Daí o positivismo de Kelsen rejeitar qualquer possibilidade de tomar o direito que é pelo que deveria ser. Daí rejeitar a existência de um direito natural e de normas que não sejam as positivas. O fundamento do direito positivo não está no direito natural e tão pouco este goza aprioristicamente de correção moral já que para Kelsen a moral enquanto ordem social, repito, não é absoluta mas relativa. Conforme Cristina Foroni Consani (2016, p.) Kelsen, a partir da teoria do conhecimento kantiana e não da sua filosofia moral e do direito, bem como da sua recusa à metafísica, *faz com que a relação entre direito e moral se estabeleça no âmbito fenomênico e não no âmbito noumenico.* Como consequência, rejeita a ideia de um único conceito de moral ou de justiça, assumindo uma postura relativista.

Em suma, Kelsen sublinha o caráter normativo e coercitivo do direito e cognitivo da sua ciência, a qual cabe dizer o que é o direito; o direito positivo, isto é, como dado da realidade e comprovável da vida social. Ainda, o direito positivo se diferencia dos enunciados produzidos pela ciência jurídica de forma que aquele se refere às normas enquanto expressão do sentido de um ato de vontade e estes se referem à expressão de sentido de um ato de cognição/pensamento.

2. Crítica às considerações de Kelsen sobre Direito e Moral na TPD

Segundo Luis Alberto Warat (2004, p. 257) as normas morais e os seus campos simbólicos podem ser vinculadas à determinação dos conteúdos significativos das normas jurídicas, ou seja, elas contribuem para a realização da gramática de produção, circulação e consumo do sentido das normas jurídicas. Há sentidos produzidos pelos usos das palavras da norma que não dependem da pré-determiançção legislativa. Neste sentido, as normas morais podem atuar como gramática de fixação dos conteúdos das normas individuais. (20014, p. 257) Os conteúdos das normas jurídicas gerais, segundo Warat (2004, p. 257-258), *respondem simultaneamente às práticas simbólicas imaginárias e valorativas de uma dada forma de sociedades. Elas influenciam decisões judiciais, constituem o fundamento significativo destas decisões.* Ou seja, as normas morais integram essa instância de fundamentação, ainda que de maneira externa aos conteúdos das normas jurídicas.

Ainda que do ponto de vista externo, tais práticas simbólicas operam sobre as normas jurídicas de forma a condicionar seus conteúdos. Ou seja, as normas morais impõem limites aos conteúdos significativos das normas jurídicas e, assim, são condições de sua significação (e não da sua validade). (WARAT, 2004, p. 358) Segundo Warat, uma norma jurídica como sentido de um ato de vontade só é efetiva se se relacionar com as práticas produtoras de seus conteúdos significativos, ou seja, do ponto de vista das significações jurídicas, as normas jurídicas e as normas morais produzem sentidos que se relacionam -dialeticamente- e a distinção entre elas é, segundo o autor, irrelevante e, até mesmo, perigosa. Isto, pois, tanto as normas morais quanto as normas jurídicas funcionam como uma totalidade que conserva e controla as condutas sociais e a organização simbólica do poder social. Segundo o autor, essa relação dialética entre as normas morais e as normas jurídicas sustenta o Estado de Direito. Neste sentido, há uma norma moral que impõe a obediência à lei. *Tudo o que o direito proíbe -sem transgredir normas morais-, torna-se moralmente obrigatório. Nesta norma moral se fundaria o que eu chamaria de princípio de interligação ideológica do direito e da moral.* (WARAT, 2004, p. 258)

Pois bem, o Estado de Direito se funda nesta relação e, ao mesmo tempo, na ficção de plenitude significativa das normas jurídicas de caráter geral. À luz da organização do poder jurídico, tanto no plano simbólico do discurso quanto no plano real da ação, direito e moral estão comprometidos. As práticas jurídicas institucionais revelam um conjunto de representações, jogos imaginários, identidades simbólicas que se relacionam às condições de reconhecimento do sentido das normas jurídicas e morais. Enquanto as normas jurídicas operam *a partir de um sistema de sanções sobre o corpo, as normas morais seriam as condições de produção de seus corpos.* (WARAT, 2004, p. 260) As significações das normas jurídicas e morais são produto das práticas simbólicas da sociedade. Vale dizer, os significados em qualquer tipo de norma são, segundo Warat (2004, p. 259), uma travessia pela ordem simbólica da sociedade, de maneira que normas morais e jurídicas, ainda que distintas, estão imbricadas nos processos de institucionalização simbólica.

A crítica de Warat à distinção entre direito e moral, a partir da TPD, se dá, como ele mesmo afirma, a partir de uma relação de liberdade que ele estabelece com o texto (canônico de Kelsen), permitindo uma leitura particular, *a leitura do sujeito que sou, que creio ser, para criar um campo semântico onde cada um faça ouvir a sua própria voz, a voz da sua prática.* (WARAT, 2004, p. 255) Isto, pois, adverte o autor, o texto liberta muitos sentidos, os quais se encontram e se confrontam e nenhum sentido é original ou absoluto.

A premissa da TPD necessita da distinção entre direito e moral para se afirmar como uma teoria de um sentido específico do Direito. Não fosse assim, outros sentidos -libertos- poderiam derivar da interpretação do direito, como por exemplo, os de ordem ética e política. Não há como negar que há valores na TPD, os quais lhe são constitutivos, na medida em que ela reflete configurações históricas, ainda que Kelsen refute tal compreensão. Dito de outra maneira, Kelsen e sua TPD oculta os valores e sua historicidade, mas não os elimina. Em certa medida, a TPD não está livre de valores, na medida em que estes são *inevitavelmente* parte constituinte de sua estrutura, na medida em que refletem configurações históricas particulares. Segundo Cohen (1978, p. 03) as características de entrada da TPD revelam as escolhas feitas por Kelsen entre uma gama de formulações, definições e conceitos concorrentes, as quais refletem avaliações e indicam a natureza política da teoria. É oportuno indagar até que ponto a teoria é formatada por atitudes e preferências em relação ao compromisso que se assume e à conduta que se tem sob uma ordem legal? Por outro lado, como a teoria, por sua vez, formata as atitudes em relação ao compromisso que se assume e à conduta que tem sob a ordem legal? Em que medida ao ser formata e formatar um determinado estado de coisas, a teoria tem um papel político?

As *marcas* ou *traços* identificadoras do objeto da teoria, o *jurídico*, em oposição ao ético e, também, ao político pressupõe que estes são e devem ser separáveis. Ora, quando esta tarefa de identificação é orientada pelo desejo ou premissa de identificar e isolar o jurídico de quaisquer outros elementos, isto passa por uma escolha -que faz Kelsen- e que pode ser contestada (como sugere Warat) por aqueles que escolhem como centrais, justamente, os elementos que não são estritamente jurídicos, não obstante relevantes para o direito e sua reflexão teórica. Daí que diferentes percepções da relação entre direito e moral emergem dessa outra perspectiva.

Neste sentido é possível afirmar que ao escolher quais as tarefas próprias de uma teoria pura do direito, Kelsen formata as atitudes em relação ao seu objeto e, ainda que não admita, desempenha uma função política. Kelsen é absolutamente coerente com as premissas e objetivos que estabeleceu para si mesmo, porém isso não exime sua teoria de um tipo de crítica que diz respeito à sua centralização na forma e na formatação, na sua estrutura lógica, na questão da validade e é evidente que isso não é isento de valoração e de uma certa tomada de posição política.

Ao afastar a moral em detrimento do direito e diferenciar as suas respectivas ordens – moral e legal –, Kelsen acredita e defende um critério de validade objetivamente verificável, em detrimento de um critério subjetivo, segundo ele, próprio da ordem moral e, por isso mesmo objetável. Diferente das demandas jurídicas, as demandas morais não podem ser objetivamente testadas. Isto, pois, a ordem moral se funda nas emoções, em elementos subjetivos, os quais não são racionais. No entanto, o que a forma e a formatação da teoria e Kelsen, igualmente, revelam -ainda que afirme o contrário – é que há valores implícitos nas escolhas conceituais ou categoriais da TPD e, mais, na próprio significado do que é *jurídico*. Como diz Warat, há uma dimensão simbólica neste significado que, por mais que Kelsen deseje afastá-la, ela insiste em permanecer. Ou, ainda, conforme exemplifica Cohen (1973, p. 16), o uso de definições como "Estado" ou "comunidade" implica em complexas escolhas valorativas. *These terms fall within the family of "essentially contested concepts": concepts whose meanings are guided to some extent by diverse and competing goals and ideals that themselves are subject to change over time. These kinds of concepts lend themselves to rival uses and yet seldom are susceptible to "a definite or judicial knockout." When Kelsen uses these terms, he selects particular meanings from a range of possible denotations and connotations. It will become apparent that he also relies on factual assumptions that reflect valuational choices with political consequences.*

A TPD usa a linguagem das ciências positivas e das teorias analíticas, combinando ambas, para afastar valores morais e políticos. Kelsen leva o estudioso do direito aos elementos estruturais e à moldura da ordem legal como se o direito, nos limites dessa estrutura/moldura, esgotasse sua significação. Em realidade a teoria construída por Kelsen bloqueia outros componentes estruturais essenciais da teoria – o elemento valorativo. (Cohen, 1973, p. 35) Isto, pois, valores estão comprometidos com as normas de uma ordem jurídica e uma teoria jurídica, por mais que não queira, os expressa: seja ao negar-lhes peremptoriamente ou quando aquilo que as estruturas/molduras escondem -enquanto construções formais- vem à baila de forma propositiva, isto, é como propostas de ação humana a serem adotadas no presente ou no futuro.

Quero ainda, explorar as considerações que faz Cristina Foroni Consani, (2016) em um artigo intitulado *Kelsen leitor de Kant: considerações a respeito da relação entre direito e moral e seus reflexos na política,* pois seus argumentos colaboram para uma reflexão crítica sobre a relação entre direito e moral em Kelsen. Segundo a autora (2016, p. 137) é notável a influência de Kant em Kelsen, a qual se dá, sobretudo, no que Stanley Paulson (1998, p. xxiv-xxx) se refere como primeira e segunda fase do seu pensamento, a saber: o *construtivismo crítico,* de 1911 a 1921, a publicação da primeira edição da TPD de 1921 a 1960 e a *fase clássica,* de 1921 a 1935 que é marcadamente neokantista e de 1935 a 1960, neokantista e analítica. A terceira fase, de 1960 a 1973, *fase cética,* na qual Kelsen publica a segunda edição da TPD e a Teoria Geral das Normas (TGN), seria a mais descolada de Kant.

Embora Kelsen reconheça que as normas se estruturam tanto no âmbito da moral como no do direito, ele as diferencia como já vimos, sobretudo por serem as normas jurídicas resultado de um ato de vontade de uma autoridade estatal/institucional. Ainda que moral e direito se relacionem à ordem social, são, entre si, muito distintos. *A compreensão da moralidade como uma norma social positiva permite a Kelsen justamente afastá-la da concepção metafísica e universalista da teoria kantiana. O autor considera que se a Moral for considerada um valor único e universal, equiparado à justiça, ela será, por conseguinte, concebida também como um valor absoluto, o que leva à reivindicação de que o Direito seja parte da Moral ou que se oriente por esse ideal de justiça como no modelo jusnaturalista.* (CONSANI, 2016, p. 140-141)

A separação entre direito e moral é coerente com: 1. a ideia de uma teoria (positivista) do direito; 2. a ideia de uma teoria pura do direito; 3. a ideia do direito como norma jurídica; 4. a ideia do direito como objeto de uma ciência jurídica. Há, assim, uma exigência epistemológica de tratar o direito como objeto de uma ciência, utilizando um método próprio para um campo científico que é, ao mesmo tempo, social e normativo. Kelsen afasta o conhecimento do direito de qualquer fundamentação metafísica ou estritamente factual (CONSANI, p. 151) ou como afirma Paulson (1978, p. 314), Kelsen rejeita *both traditional theories. Neither natural law theory nor the empirico-positivsit theory is defensible. Proponents confuse law with morality and with fact respectively, failing to see that the law has a 'specific meaning' of its own.*

Também, a separação entre direito e moral é coerente com seu relativismo: *se há uma pluralidade de valores e de concepções a respeito da moral e do justo nas sociedades, o direito positivo não poderia ser avaliado em seu conteúdo por considerações morais ou de justiça, haja vista que qualquer consideração a esse respeito seria apenas a expressão de valores de uma parcela da sociedade e não da sociedade como um todo. Por essa razão, ele sustenta que os critérios de avaliação do direito (validade) devem ser formais (procedimentais).* (CONSANI, p. 152) Ainda, diante da pluralidade de valores, das disputas entres estes, o direito se preserva em relação à moral e submete a política aos seus limites.

A coerência da tese kelseniana sobre a relação entre direito e moral, relativamente à TPD, tem o ônus de o sistema jurídico não dar conta de responder *bem* demandas que exigem uma leitura moral (e política), como por exemplo, as que dizem respeito à interrupção da vida (aborto, eutanásia), ao casamento entre pessoas do mesmo sexo, à pena de morte, à legalização da maconha etc. Pois bem, se a forma que define o direito não dá conta diante de tais demandas, o mesmo se pode dizer em relação à política e sua exigência de uma decisão moral robusta. Isto, pois, para Kelsen, o critério para as decisões políticas reside em sua conformidade ou não ao direito, o que se revela insuficiente. Neste sentido, conforme alerta Consani (2016, p. 166) *(a)s consequências políticas da negação da possi-*

bilidade de se tomar uma decisão moral exigente encontram-se numa advertência feita pelo próprio [Carl] Schmitt: não existe espaço vazio quando se trata de decidir politicamente. Caso aqueles que possuem legitimidade para decidir assim não o façam, certamente a decisão será tomada por outros. A questão é que, se existe a necessidade da tomada de decisões fora do âmbito do direito positivo, é melhor que se tenha um critério para avaliar tais decisões do que se encontrar diante de uma pluralidade de critérios não terminativos e deixar que a força ou a astúcia do moralista político tomem o lugar da decisão. Tal fato coloca Kelsen e seu relativismo moral, numa situação difícil ou até mesmo contraditória pois, de certa forma, mitiga a democracia, como mais um valor ou critério entre tantos para pautar as decisões políticas. Afinal, o que caracteriza a democracia para Kelsen (liberdade como autonomia, pluralismo, direitos) são critérios moralmente corretos e, mais do que ninguém, Kelsen experimentou as agruras do fracasso da democracia como foi um forte defensor desse regime.

Por fim, a política e seus desdobramentos tem suas marcas ao longo da TPD quando esta trata do ato de criação das normas como um ato que exige força, quando aceita a ideia do monopólio do uso da força pelo Estado, quando trata das lacunas do direito entre outras. Daí as perguntas de Ruiz (2016, p. 07) *Cómo sostener entonces, que el objeto de a ciencia jurídica son apenas las normas, que solo es acerca de ellas, de sus relaciones y de sus categorías de lo que debe ocuparse el jurista? Qué obstáculos condicionan esta concepción? Qué obliga a separar radicalmente el derecho del poder sino su misma y estrecha vinculación?*

Considerações finais

Kelsen é coerente e intelectualmente sofisticado na construção da TPD. Em especial no capítulo sobre *direito e moral,* fica clara a identificação e definição do direito como norma, do qual se ocupa a ciência jurídica. Tais normas qualificadas como jurídicas são as únicas a regular a conduta humana e se diferenciam de outro tipo de normas, as morais, cujo conhecimento e descrição é próprio da ética. Na esfera moral as sanções consistem na aprovação ou desaprovação de determinada conduta, conforme ou não às normas, diferente do que ocorre no direito, cuja ordem normativa procura obter uma determinada conduta vinculando à conduta oposta um ato de força, um ato coercitivo.

Ainda, Kelsen parte da relatividade do valor moral, pois rejeita que a ideia de que há uma moral absoluta e unicamente válida. O justo e o bom não o são em todas as circunstâncias, tempos e espaços.

A TPD faz escolhas ao formatar o tratamento em relação ao seu objeto, a relação entre direito e moral etc e, neste sentido, mesmo não querendo, internaliza valores e desempenha uma função política. Kelsen é absolutamente coerente com as premissas e objetivos que estabeleceu para si, porém isso não exime sua teoria de um tipo de crítica que diz respeito à sua centralização na forma e na formatação, na sua estrutura lógica, na questão da validade e é evidente que isso não é isento de valoração e de uma certa tomada de posição política. Afinal a TPD determina uma explicação do direito e, com isso, dá uma direção epistemológica e normativa aos seus sujeitos (ativos e passivos).

Apesar de suas pretensões de ser livre de valorações, a TPD reflete valores, os quais podem ser identificados em sua seleção de tarefas, nos significados atribuídos a seus termos-chave, em seus pressupostos factuais, aparato conceitual, procedimentos para validação, nas suas atribuições de funções e nos seus pressupostos relativos às funções de uma ordem jurídica (COHEN, 1978, p.). A TPD é ela mesma uma resposta política tendo em vista os contextos em que foi escrita e reescrita (da primeira à segunda edição) como contenção (legal/constitucional) ao arbítrio do governante.

O capítulo acerca da relação entre direito e moral da TPD nos instiga a reler Kelsen e a pensar com e contra ele para, em última análise, identificar um teórico e jurista cuja preocupação era afastar o risco de colapsar a ordem legal/constitucional e com ela a democracia. Como alerta Alicia Ruiz (2016) *trabajar a partir y en contra del pensamiento kelseniano, lo que supone el reconocimiento de que allí estaba el modelo que debía ser contrastado. El más rico y sugerente, aquel que en su máxima rigidez y coherencia extrema, en sus silenciamientos y elusiones contiene los problemas y aporias presentes aún hoy en el debate en torno del derecho.*

Referências

BRAGA, Ana Luiza Rodrigues. Relativismo moral em Kelsen: do juspositivismo à democracia. **Rev. direito GV** vol.16 no.2, São Paulo 2020 Epub July 08, 2020.

CHUEIRI, Vera Karam de e GODOY, Miguel Gualano. A atualidade de Kelsen para pensar a jurisdição constitucional no Brasil, o velho debate sobre o guardião da Constituição e a PEC 33. In: LOIS, Cecilia Caballero e SIQUERA, Gustavo Silveira. **Da teoria da norma à teoria do ordenamento jurídico**. Belo Horizonte: Arraes, 2016, p. 44-54.

COHEN, Julius. The Political Element in Legal Theory: A Look at Kelsen's Pure Theory. **Yale law journal**, Vol. 88, Number 1, November 1978, p. 1-38.

CONSANI, Cristina Foroni. Kelsen leitor de Kant: considerações a respeito da relação entre direito e moral e seus reflexos na política. **Princípios: Revista de Filosofia**, Natal, v. 23, n. 41, maio-ago. 2016, p. 125-170.

DWORKIN, Ronald. **Justice for Hedgehogs**. Cambridge, Mass., and London: The Belknap Press of Harvard University, 2011.

KELSEN, Hans. Absolutismo e relativismo na filosofia e na política. In: KELSEN, Hans. **A Democracia**. Trad. Ivone C. Benedetti, Jefferson L. Camrago, Marcelo B. Cipolla e Vera Barkow. São Paulo: M. Fontes, 1993, p. 345- 357.

KELSEN, Hans. **Teoria geral do direito e do estado**. Trad. Luis Carlos Borges. 1ª ed., São Paulo e Brasília: Martins Fontes e Editora da UNB. Alegre: S. A. Fabris, 1990.

KELSEN, Hans. **Teoria pura do Direito**. Trad. João Baptita Machado. Coimbra: Armênio Amado Editor. 1979.

PAULSON, Stanley L. Introduction. In: PAULSON, Stanley L.; PAULSON, Bonnie Litschewski. (Org.). **Normativity and norms: critical perspectives on kelsenian themes**. Trad. Bonnie Litschewski Paulson, Stanley L. Paulson and Michael Sherberg. New York: Clarendon; Oxford University Press, 1998, p. xxiii-liii.

PAULSON, Stanley L. Neo-Kantian dimension of Kelsen's Pure Theory of Law. **Oxford Journal of Legal Studies**. v. 12, n. 3, Autumn 1992, p. 311- 333.

RUIZ, Alicia. Pór que volver a Kelsen? ... Desde otro lugar. In: LOIS, Cecilia Caballero e SIQUERA, Gustavo Silveira. **Da teoria da norma à teoria do ordenamento jurídico**. Belo Horizonte: Arraes, 2016, p. 01-07.

WARAT, Luis Alberto. Direito e moral a partir de Kelsen. In: WARAT, Luis A. *O* **Sonho acabou**. Florianópolis: Fundação Boiteux, 2004, p. 255-261.

3.
DIREITO E CIÊNCIA

ANDRÉ FOLLONI[1]

Introdução: um conhecimento científico do direito

No prefácio à primeira edição da *Teoria Pura do Direito*, Kelsen expõe, logo de saída, a pretensão científica da empreitada a que se propõe. Seu intento é "desenvolver uma teoria jurídica pura". A pureza diz respeito à ausência de elementos de ideologia política e ciência natural e à existência de um objeto específico. Pretende "elevar" a teoria jurídica (*Jurisprudenz*) "à altura de uma genuína ciência, de uma ciência do espírito" (*Geistes-Wissenschaft*). O problema exclusivo é o "conhecimento do Direito" e os resultados devem se aproximar, tanto o quanto for possível, "do ideal de toda a ciência: objetividade e exatidão".[2]

Para tanto, a Teoria Pura do Direito propõe uma "rigorosa separação" entre a ciência do direito e a política. Essa separação implica a renúncia ao hábito de advogar postulados políticos, portanto com "um caráter altamente subjetivo", em nome da objetividade que o direito seria capaz de prover.[3] A conhecida compreensão do jurista como alguém tecni-

[1] Doutor/UFPR e professor de graduação e pós-graduação, além de decano, da PUC/PR

[2] **Teoria pura do direito**. 2. ed. Trad. João Baptista Machado. São Paulo: Martins Fontes, 1987, p. i (não numerada). A edição alemã consultada é a seguinte: *Reine Rechtslehre*. Zweite, vollständig neu bearbeitete und erweiterte Auflage 1960. Wien: Österreichische Staatsdruckerei, 1992.

[3] **Teoria pura do direito**, *op. cit.*, p. ii (não numerada).

camente habilitado, por sua ciência, a criar direito e, assim, fornecer a forma correta de se resolver os conflitos de interesses – ou a definir qual seria o direito justo, apondo um critério de valor ao direito positivo – é denunciada como falsa: empreitadas como essas são, na verdade, atividades subjetivas, dominadas pela emoção e, nesse sentido, incontroláveis pela razão. Se deve haver algo como uma "ciência do Direito" (*Rechts-Wissenschaft*), então, sustenta Kelsen, o postulado metodológico fundamental da Teoria Pura do Direito não pode ser posto em questão.[4] Só é possível fazer ciência do direito reconhecendo-lhe um objeto específico, delimitado e purificado de elementos ideológicos e políticos, que deve ser investigado segundo método empírico. Na esteira desse raciocínio, deve-se invocar a frase lapidar que abre o parágrafo final do prefácio à segunda edição da *Teoria Pura do Direito*: "O problema da Justiça, enquanto problema valorativo, situa-se fora de uma teoria do Direito que se limita à análise do Direito positivo como sendo a realidade jurídica".[5]

Essa frase traz consigo uma série de premissas da Teoria Pura do Direito. Interessam-nos, aqui, as seguintes: (a) a realidade jurídica, para a Teoria Pura, é o direito positivo, isto é, um conjunto de normas jurídicas, no mais das vezes escritas e verificáveis em documentos oficiais; (b) a análise do direito positivo não é "valorativa".

A identificação da realidade jurídica com normas de direito positivo decorre da noção kelseniana segundo a qual um ato jurídico tem três aspectos. Primeiro, ele tem uma existência, por assim dizer, natural, isto é, situa-se no tempo e no espaço, no domínio da natureza. Se um grupo de pessoas se reune, discute, um deles profere uma frase, outro pega uma arma e mata um terceiro, esse é um fato que pode ser estudado segundo leis naturais de causalidade: a frase foi dita porque o corpo do falante se movimentou de tal e tal forma; o som se propagou em ondas dessa ou daquela maneira; a morte ocorreu porque a bala perfurou o órgão vital ou causou perda de sangue; e assim por diante. Além disso, contudo, esse ato tem significados, e aqui surgem os outros dois aspectos: o ato terá um significado subjetivo e um significado objetivo. O sentido subjetivo é dado pelas pessoas envolvidas. O sentido objetivo, para o direito, é dado

[4] **Teoria pura do direito**, *op. cit.*, p. iii (não numerada).
[5] **Teoria pura do direito**, *op. cit.*, p. iv (não numerada).

por normas jurídicas. Se um grupo de criminosos julga um dos seus e decide pela pena de morte, aplicando a penalidade e executando o apenado, o sentido subjetivo dado pelo grupo pode ser o de execução de uma sanção de pena capital. O sentido objetivo, contudo, é dado por uma norma jurídica: analisando o direito positivo vigente, alguém poderá concluir que se trata de um homicídio, e esse significado ("homicídio") não é dado pela pessoa, mas pela ordem jurídica. Em outras palavras, não é subjetivo, é objetivo.[6] Por isso, a norma jurídica é um "esquema de interpretação": devemos interpretar aquele fato como um homicídio em função da norma que o qualifica como tal. Aquela norma, porém, ela própria, é produzida por um ato jurídico, cujo significado objetivo é dado por outra norma, e assim por diante. Assim, todo sentido objetivo jurídico é construído por normas, de modo que a realidade jurídica se reduz às normas.

1. Ciência do direito

O conhecimento jurídico é o conhecimento dessas normas, e uma ciência do direito é uma ciência que estuda essas normas. Essa não é uma ciência "valorativa", pois afirmar que aquele ato se constitui em homicídio não implica nenhum juízo de valor. Trata-se de um juízo de verificação da realidade, de interpretação de uma norma existente, não de avaliação da realidade conforme determinados valores – não valora, nem o ato nem a norma, como bons ou ruins, justos ou injustos, cruéis ou não etc. Ou, numa formulação mais precisa: apenas valora o ato como "bom" no sentido de que está em conformidade com o que deve ser naquela ordem jurídica específica. Se não estivesse em conformidade, a conduta seria "má" – mas não má em si, como se ela tivesse um valor intrínseco, na pretensão clássica do direito natural, nem má conforme o juízo do avaliador, o que seria um valor subjetivo. Ela é objetivamente má, no sentido de que é uma conduta contrária à que, naquela ordem jurídica específica, objetivamente deve ser. Como exemplifica Kelsen,

> "A resposta à questão de saber se, de acordo com o Direito vigente, um assassino deve ser punido com a pena capital, e, assim, se a pena de morte para o

[6] **Teoria pura do direito**, *op. cit.*, p. 2.

homicida é valiosa de acordo com esse Direito, pode e deve verificar-se sem ter em conta se aquele que deve dar a resposta aprova ou desaprova a pena de morte. Então, e somente então, é objetivo esse juízo de valor".[7]

A realidade é avaliada em função de uma ordem normativa, que é tanto objetiva quanto arbitrária, no sentido de que outra norma, em sentido diverso, poderia ser produzida no lugar daquela. Essa avaliação, por sua vez, pode ser verdadeira ou falsa: se avalio como boa, isto é, conforme à ordem jurídica, uma conduta que, na verdade, não corresponde ao que, segundo aquela ordem, é devido, minha avaliação é falsa.[8] Ainda assim, é uma avaliação, um juízo de valor, e não um juízo de fato – posto seja um juízo de valor subjetivo. Dizer que, na ordem jurídica X, existe a norma A que prescreve ser a conduta P devida, equivale a dizer que a conduta P é objetivamente valiosa conforme a norma A na ordem jurídica X e, nesse sentido, é um juízo de valor, que implica um sentido.[9] Um juízo de fato seria, por exemplo, a afirmação de que o órgão legislativo criado pela ordem jurídica X votou e aprovou a lei que contém a norma A, que prescreve a conduta P, no dia 16 de setembro de 2020 – esse juízo não depende de qualquer sentido.

Aqui fica claro um ponto crucial, a ser retomado adiante, que envolve a recepção kelseniana do dualismo fundamental entre ser e dever-ser. O mundo, para Kelsen, está dividido entre ser e dever-ser.[10] Existe um mundo de normas, um mundo de sentido, regido pelo princípio da imputação, e um mundo da realidade fática, regido pelo princípio da causalidade. A conduta humana participa dos dois mundos, mas de forma diferente. Se eu me alimento e por isso fico nutrido, posso dizer que o fato da nutrição é um efeito da alimentação que, por sua vez, é a sua causa. De outro lado, se, mesmo sentindo fome, eu não me alimento, porque entendo que, na situação em que me encontro, devo fazer greve de fome, esse fato – fazer greve de fome – é o resultado de uma imputação, de uma

[7] **Teoria pura do direito**, *op. cit.*, p. 22.
[8] **Teoria pura do direito**, *op. cit.*, p. 23.
[9] **Teoria pura do direito**, *op. cit.*, p. 63.
[10] LOSANO, Mario G. **Sistema e estrutura no direito**. v. 2: o Século XX. Trad. Luca Lambreti. São Paulo: WMF Martins Fontes, 2010, p. 53.

norma moral que pressuponho, segundo a qual devo deixar de comer. É por causa dessa norma que deixo de comer, mas essa "causalidade" é fundamentalmente diversa da anterior. A ciência do direito é uma ciência normativa, não no sentido de que, ela própria, determine o que deve ser, mas no sentido de que ela estuda, compreende, descreve, aquilo que deve ser feito conforme normas existentes.

2. Normas jurídicas e proposições jurídicas

Todas essas premissas, afirmadas nos capítulos anteriores da *Teoria Pura do Direito*, fundamentam o capítulo específico em que Kelsen discute as relações entre direito e ciência. Sendo o objeto da ciência jurídica o direito, e sendo o direito um conjunto de normas, isto é, uma ordem normativa da conduta humana, o objeto da ciência do direito fica delimitado como as normas jurídicas e a conduta humana apenas à medida que constitui o conteúdo de normas jurídicas. Essas normas, entretanto, são algo diferente da descrição que delas faz a ciência do direito.

Com base nisso, Kelsen distingue as normas jurídicas (*Recthsnormen*) das proposições jurídicas (*Rechtssätze*).[11] As normas jurídicas não são juízos, pois não são enunciados sobre objetos dados ao conhecimento. Elas não afirmam algo sobre a realidade. Em vez disso, prescrevem algum comportamento ou atribuem alguma competência.[12] As proposições jurídicas, essas sim, são juízos, afirmam algo sobre a realidade. No caso, são juízos de valor objetivos, isto é, afirmam que determinada conduta é valiosa ou não valiosa conforme determinada ordem jurídica objetiva. Enquanto juízos, podem ser verdadeiros ou falsos, mas, das normas jurídicas, não faz sentido dizer que sejam verdadeiras ou falsas. Verdade ou falsidade são atributos que não fazem sentido para normas que prescrevem condutas ou atribuem competências. Uma norma que diz que o homicídio deve ser punido com pena de prisão não enuncia nada sobre a realidade. Por isso, não pode ser verdadeira nem falsa. Pode, isso sim, ser válida ou inválida.[13] Uma vez que toda norma demanda alguma interpretação que diga, afinal, qual é o seu sentido objetivo, a proposição que

[11] **Teoria pura do direito**, *op. cit.*, p. 78.
[12] **Teoria pura do direito**, *op. cit.*, p. 79.
[13] **Teoria pura do direito**, *op. cit.*, p. 81.

diz o que a norma significa é sempre necessária, a tal ponto de autores como Riccardo Guastini preferirem chamar de "norma" o resultado da interpretação, isto é, a proposição que afirma o significado da disposição normativa.[14]

As proposições, entretanto, são, também elas, normativas, pois descrevem normas, e não as realidades por elas reguladas. Não descrevem o que ocorre, mas o que deve ocorrer. Não são, as proposições da ciência do direito, por exemplo, proposições a respeito de quantos ladrões efetivamente são punidos, mas proposições a respeito de que tipo de punição os ladrões devem receber conforme determinada ordem jurídica. São proposições que se valem do dever-ser (*Sollen*) em um sentido descritivo, não prescritivo.[15] As normas descritas por essa ciência do direito, e as próprias proposições científicas que as descrevem – que Kelsen chega a chamar de leis jurídicas, análogas, embora diferentes, das leis da natureza –, são vazadas em forma verbal semelhante, aquela de um juízo hipotético que liga a determinado pressuposto uma consequência. A diferença, fundamental, está no elemento de ligação. Na lei da natureza, se A ocorrer, B ocorrerá; na lei jurídica, se A ocorrer, B deverá ocorrer.[16] Como Kelsen não admite normas categóricas, exceto no caso de normas individuais, exigindo sempre um pressuposto qualquer sob cuja condição será imputada uma consequência, temos, nas normas jurídicas, sempre um antecedente e um consequente.[17]

Estabelecer, normativamente, uma consequência para um comportamento, implica sancionar o comportamento se indesejado ou premiar o comportamento se desejado. A sanção ou o prêmio, para a Teoria Pura do Direito, agem para determinar a conduta, enquanto elementos inseridos na cadeia de causa e efeito. Naturalmente, o indivíduo pode não seguir uma norma e, nesse caso, assumir o risco da sanção ou abrir mão do prêmio. Isso não significa, porém, que o comportamento humano está

[14] **Estudios sobre la interpretación jurídica**. Trad. Marina Gascón; Miguel Carbonell. Cidade do México: UNAM, 1999, p. 3; **Das fontes às normas**. Trad. Edson Bini. São Paulo: Quartier Latin, 2005, p. 26.

[15] **Teoria pura do direito**, *op. cit.*, p. 83.

[16] **Teoria pura do direito**, *op. cit.*, p. 100.

[17] **Teoria pura do direito**, *op. cit.*, p. 114.

completamente alheio a questões de causa e efeito – afinal, a norma não é o único elemento existente capaz de induzir condutas. Todavia, é exatamente porque é capaz de funcionar como causa do comportamento, no sentido de que induz aquela conduta, que norma tem razão de ser:

> ...a representação de uma norma que prescreva uma determinada conduta se converte em causa de uma conduta conforme a essa norma. Só através do fato de a ordem normativa se inserir, como conteúdo das representações dos indivíduos cuja conduta ela regula, no processo causal, no fluxo de causas e efeitos, é que esta ordem preenche a sua função social. E também só com base numa tal ordem normativa, que pressupõe a sua causalidade relativamente à vontade do indivíduo que lhe está submetido, é que a imputação pode ter lugar.[18]

3. Especificidade da ciência do direito

Enquanto ciência normativa, isto é, ciência que descreve normas, a ciência do direito – assim como a ética – é essencialmente diferente das ciências naturais. Estas descrevem fatos regidos pelo princípio da causalidade. Inclusive, as condutas humanas e a sociedade podem ser descritas conforme regidas pelo princípio da causalidade e, nesse sentido, as ciências humanas ou sociais que contêm essas descrições – como, na compreensão de Kelsen, ocorre com a psicologia, a etnologia, a história e a sociologia – não são essencialmente distintas das ciências naturais.[19] Porém, o objeto da ciência jurídica é regido por um princípio diferente, que Kelsen designa como princípio da imputação (*Zurechnun*). Se uma sanção é posta por uma norma como consequência para algum comportamento, a sanção é ligada ao comportamento não por um princípio de causalidade, pois não *se segue* a ele como consequência necessária, mas por um princípio de imputação, no sentido de que *se deve seguir*, ainda que, eventualmente, não siga. A sanção é posta por um comportamento humano, ao passo que a consequência descrita por leis naturais independe de qualquer providência humana.[20]

[18] **Teoria pura do direito**, *op. cit.*, p. 104.
[19] **Teoria pura do direito**, *op. cit.*, p. 96.
[20] **Teoria pura do direito**, *op. cit.*, p. 86.

O fato de que, em muitos casos, a sanção não se aplique – por exemplo, o infrator não é encontrado, não se produz prova do fato, o fato não é levado ao conhecimento do Poder Judiciário etc. – não é, para a Teoria Pura do Direito, um fato que diga respeito à ciência do direito. Esses fatos, da ordem do ser, não são objeto de uma ciência normativa nos moldes daquela advogada pela Teoria Pura.[21] Daí Kelsen recusar o realismo jurídico que compreende a ciência do direito como preditiva de como os tribunais decidirão, e distinguir a atividade do jurisconsulto, isto é, do advogado que aconselha um cliente, antecipando a probabilidade do tribunal decidir dessa ou daquela forma, da atividade do cientista do direito.[22] Além disso, as normas jurídicas, ao menos as gerais, são sempre hipotéticas. Não há normas categóricas, pois, todo pressuposto normativo, se não é ele próprio uma condição, ao menos depende de alguma condição. Excetuam-se apenas as normas individuais, que podem ser categóricas, embora nem sempre precisem ser: quando uma autoridade ordena a outra que prenda determinado sujeito, essa norma é categórica.

4. As proposições da ciência do direito

A ciência do direito da Teoria Pura descreve normas, apenas isso. Mais precisamente, descreve o sentido objetivo do dever-ser estatuído por aquelas normas. Embora as normas constituam valores jurídicos, a ciência que as descreve não assume necessariamente os mesmos valores. Em outras palavras: o fato de um cientista do direito descrever que, em certa ordem jurídica, está vigente a pena de morte para determinados crimes, não implica que ele esteja de acordo, em seus valores, com essa pena, nem que essa pena esteja em acordo ou em desacordo com algum valor universal. Trata-se apenas da verificação de um fato: existe, naquela ordem jurídica, essa norma; nada além disso.[23] Não apenas uma norma isolada, mas também o direito enquanto ordenamento é afirmado enquanto tal sem julgamento de valor.[24] Dizer que o conjunto de leis vigentes hoje

[21] **Teoria pura do direito**, *op. cit.*, p. 88.
[22] **Teoria pura do direito**, *op. cit.*, p. 98.
[23] **Teoria pura do direito**, *op. cit.*, p. 90.
[24] KELSEN, Hans. **Teoria geral do direito e do estado**. Trad. Luís Carlos Borges. São Paulo: Martins Fontes, 2000, p. 8.

no Brasil é o "direito brasileiro" não traz, consigo, nenhuma afirmação quanto ao valor ou à justiça desse ordenamento.

Enquanto descrição de um fato que exprime uma conexão funcional, a proposição jurídica da ciência do direito pode, também ela, ser referida como uma "lei" (*Gesetz*), no sentido das leis naturais (*Naturgesetz*) – o que gera certa confusão, porque também as normas jurídicas, quando gerais, são chamadas "leis", embora entre estas e as leis naturais não possa haver nenhuma analogia. As normas jurídicas não trabalham com causalidade, mas com imputação (*Zurechnung*): imputam uma sanção a uma conduta. Essa distinção, porém, é tardia: segundo Kelsen, os homens primitivos compreendiam as consequências que os afetavam – como o resultado da caça ou da plantação – como imputações, isto é, como retribuições a determinadas condutas. Tem-se, então, uma interpretação sócio-normativa da natureza: "O dualismo da natureza, como uma ordem causal, e da sociedade, como uma ordem normativa, o dualismo de dois métodos diferentes para ligar entre si os elementos dados, é completamente alheio à consciência primitiva".[25] A causalidade surge no pensamento científico quando a humanidade passa a prescindir de um legislador e de uma vontade para explicar o funcionamento da natureza.[26]

Há ciências sociais que têm por objeto a conduta humana enquanto determinada pelo princípio da causalidade. Essas ciências – Kelsen traz, como exemplo, a Psicologia, a Etnologia, a História e a Sociologia – não são distintas, por princípio, das ciências naturais. A distinção é meramente de grau. Apenas as ciências sociais que tenham por objeto a conduta humana não determinada pelo princípio da causalidade, mas da imputação, podem ser essencialmente diversas das ciências naturais. O objeto dessas ciências é uma esfera de valores, mas valores reais, existentes, constituídos enquanto tal por normas postas no tempo e no espaço por atos humanos. São a ética (ciência da moral) e a jurisprudência, ou ciência do direito. Elas podem ser chamadas de ciências normativas, não no sentido de que elas próprias prescrevam algo, mas no sentido de que descrevem normas e relações humanas criadas por normas. Nesse ponto, Kelsen repete uma de suas ideias mais fundamentais: "O teórico

[25] **Teoria pura do direito**, *op. cit.*, p. 94.
[26] **Teoria pura do direito**, *op. cit.*, p. 95.

da sociedade, como teórico da Moral ou do Direito, não é uma autoridade social. A sua tarefa não é regulamentar a sociedade humana, mas conhecer, compreender a sociedade humana".[27] Baseado nessa distinção, Kelsen rechaça o realismo jurídico: esse movimento consiste na descrição causal de fatos (como os tribunais decidem), não na descrição de normas baseada no princípio da imputação.[28]

Cabe ressaltar, ainda neste ponto, o caráter sistemático que o conjunto de normas adquire em Kelsen. Não se trata apenas de um apanhado de normas desconexas, mas um conjunto com uma estrutura bem específica, hierárquica, escalonada, descrita no capítulo dedicado à dinâmica jurídica. A existência de uma estrutura no objeto de estudo não é sem consequências para o caráter científico e unitário do conjunto de proposições que o descreve.[29]

5. A liberdade

Uma vez que trata de causalidade e de imputação, Kelsen sente necessidade de incluir, também, o problema filosófico fundamental da liberdade no capítulo sobre direito e ciência. Se a necessidade domina a natureza – a água necessariamente entra em ebulição quando aquecida a 100 graus Celsius ao nível do mar –, a liberdade é um fator essencial na vida humana e é condição de possibilidade da normatização de condutas. Isso não significa, contudo, que a liberdade é oposta à causalidade, no sentido de que seres humanos estariam fora da cadeia de causalidade natural. Ao contrário, liberdade e causalidade convivem. De um lado, porque, além da cadeia de imputação, a qual tem um ponto terminal na aplicação de sanção, penalidade ou prêmio, as pessoas também estão envolvidas em uma cadeia de causalidade natural que não tem ponto terminal. De outro lado, porque a conduta humana é, também ela, causalmente determinável por norma: "A instituição de uma ordem normativa reguladora da conduta dos indivíduos – com base na qual somente pode ter lugar a imputação

[27] **Teoria pura do direito**, *op. cit.*, p. 96.

[28] **Teoria pura do direito**, op. cit., p. 99.

[29] Bobbio, Norberto. *Da estrutura à função*: novos estudos de teoria do direito. Trad. Daniela Beccaccia Versiani. Barueri: Manole, 2007, p. 200.

– pressupõe exatamente que a vontade dos indivíduos cuja conduta se regula seja causalmente determinável e, portanto, não seja livre".[30]

O ponto que Kelsen parece querer ressaltar é o seguinte: o fato de que não faz sentido prescrever uma conduta que necessariamente ocorrerá pode levar a que se admita uma incompatibilidade mútua entre causalidade e normatividade, de tal sorte que esta não caberia onde existe aquela. Porém, o contrário é o que ocorre: uma ordem normativa só pode ser eficaz porque, de alguma forma, a prescrição da conduta se insere na cadeia de causalidade e determina que a conduta prescrita de fato ocorra – ainda que não sempre. A norma é o motivo eficaz (*wirksames Motiv*) da conduta e, nesse sentido, a norma tem eficácia causal (*kausalen Wirkungsmüglichkeit*).[31] Desde que imputação e causalidade não estão em contradição, é desnecessária qualquer ficção de liberdade que mascare a causalidade para fundamentar a imputação ético-jurídica, à moda kantiana. As normas provocam, nas pessoas, atos de vontade que, por sua vez, causam a conduta prescrita – exceto, recorda Kelsen, por exemplo, nas crianças ou nos doentes mentais, para os quais a norma não é reconhecida enquanto tal e, portanto, é insuficiente para motivar a conduta. A norma exerce coação irresistível e determina a conduta – embora, com alguma frequência, outros elementos intervenham e causem, também eles, coação irresistível e determinem conduta diversa da prescrita, cabendo à ordem jurídica avaliar se, nesses casos, sancionará ou não a conduta resultante – em casos de determinação da conduta por força maior, por exemplo, comumente deixará de sancionar.[32]

6. A lógica

Nesse capítulo, Kelsen passa rapidamente, sem os aprofundar, por dois problemas interessantes, mesmo cruciais. O primeiro diz respeito ao caráter "constitutivo" da ciência do direito; o segundo, à aplicação dos princípios da lógica às normas jurídicas. A constitutividade refere-se ao caráter organizador e unificador do conhecimento em relação ao material disperso que constitui seu objeto. Nesse sentido, a pluralidade de normas

[30] **Teoria pura do direito**, op. cit., p. 104.
[31] **Teoria pura do direito**, op. cit., p. 105.
[32] **Teoria pura do direito**, op. cit., p. 108.

transforma-se em um sistema unitário e isento de contradições por meio da atividade científica.[33]

A lógica, por sua vez, não pode se aplicar às normas, que não são afirmações suscetíveis de verdade ou falsidade. Assim, a conclusão de que certa pessoa, que cometeu certa conduta, deve ser punida, em razão da existência de uma norma geral que prescreve punições para condutas como aquelas, não é uma conclusão lógica. Kelsen retomaria esse tema e o aprofundaria nos seus estudos gerais sobre as normas, publicados, após seu falecimento, como *Teoria Geral das Normas*.[34] Porém, a lógica aplica-se às proposições da ciência do direito que descreve aquelas normas. Se existem duas proposições, uma afirmando que, conforme determinada ordem jurídica, certo comportamento é lícito, e outra afirmando que, conforme a mesma ordem jurídica, o mesmo comportamento é ilícito, e supondo-se a veracidade das duas proposições, temos uma contradição no nível da ciência que revela a contradição no seio da ordem jurídica. Da mesma forma, se as proposições descritivas de normas podem entrar em um silogismo, então as normas descritas podem ser deduzidas uma da outra.[35]

Conclusões: direito, objetividade e ideologia

O capítulo é finalizado com um trecho destinado a rechaçar a negação do dever-ser enquanto algo sem sentido ou meramente uma ilusão ideológica. Kelsen refere, especificamente, a visão de Karl Marx, do direito enquanto um conjunto de relações econômicas de exploração de classe, encobertas por uma ideologia que esconde essa realidade no interesse da classe exploradora. A ciência do direito apenas seria possível, sob esse ponto de vista, enquanto sociologia jurídica voltada a compreender o fato social da exploração. Para Kelsen, ao contrário, uma ordem normativa posta existe enquanto tal, em dimensão essencialmente diversa dos atos de vontade de exploração que eventualmente lhe estejam sub-

[33] **Teoria pura do direito**, *op. cit.*, p. 80.

[34] **Teoria geral das normas**. Trad. José Florentino Duarte. Porto Alegre: Fabris, 1986. Para uma crítica a essa visão, v. Atienza, Manuel. **As razões do direito: teorias da argumentação jurídica**. 3. ed. São Paulo: Landy, 2006, p. 30.

[35] **Teoria pura do direito**, *op. cit.*, p. 82.

jacentes, e o conteúdo de sentido das normas jurídicas pode e deve ser o objeto de uma ciência propriamente jurídica.[36] Ideológica será, isso sim, a afirmação da validade ou invalidade do direito positivo conforme corresponda ao direito natural ou a qualquer outra noção de Justiça, no sentido de que será "...uma representação não-objetiva, influenciada por juízos de valor subjetivos, que encobre, obscurece ou desfoca o objeto do conhecimento...".[37] A Teoria Pura do Direito, nesse sentido, tem uma tendência marcadamente antiideológica: não lhe compete defender ou atacar uma ordem jurídica a partir de um fundamento externo qualquer; apenas conhecê-la enquanto tal.[38]

A afirmação da objetividade da ciência do direito, contudo, fica em xeque pelo caráter próprio da interpretação. Afirmar que uma norma qualquer tem um determinado conteúdo objetivo depende de interpretação, e a objetividade daquele conteúdo dependerá de uma teoria da interpretação que a garanta. O estudioso da *Teoria Pura do Direito* chega, ao final, esperando por uma teoria da interpretação que explique como é possível afirmar o sentido objetivo da norma jurídica em uma proposição jurídica descritiva verdadeira e insuscetível de dúvida ou de controvérsia. O capítulo da interpretação, que fecha o livro, contudo, é algo frustrante, pois não apenas deixa de trazer qualquer critério para afirmar que a norma A tem o significado X e não o significado Y, como ainda afirma que, sendo possíveis tanto o significado X quanto o Y, cabe ao cientista apontar essa ambiguidade, sem a resolver, porque essa solução se dará em um ato de decisão, volitivo e irracional. Foi feliz Tercio Sampaio Ferras Junior quando caracterizou o enfrentamento dessa questão como um verdadeiro "desafio kelseniano".[39] Trata-se, ainda, de um dos desafios fundamentais do nosso tempo: sem o seu enfrentamento, em rigor, nenhuma ciência objetiva do direito é possível. Sem resolver a questão que Kelsen não resolveu, sua própria proposta permanece inviável.

[36] **Teoria pura do direito**, *op. cit.*, p. 115.
[37] **Teoria pura do direito**, *op. cit.*, p. 118.
[38] **Teoria pura do direito**, *op. cit.*, p. 120.
[39] *Introdução ao estudo do direito*: técnica, decisão, dominação. 3. ed. São Paulo: Atlas, 2001, p. 259.

4.
DIREITO COMO ORDEM COATIVA E A COMPETÊNCIA PARA A IMPUTAÇÃO DE PENAS

MARINA VIEIRA DE FIGUEIREDO

Introdução

Muito já se falou sobre a obra de Hans Kelsen. Inúmeros são aqueles que o criticam, muitas vezes motivados por uma evidente incompreensão a respeito das ideias por ele expostas. Um ponto, contudo, é incontestável: sua *Teoria Pura do Direito* é um marco do pensamento jurídico-filosófico e influenciou decisivamente as produções acadêmicas que lhe sucederam. Trata-se, pois, de leitura obrigatória para todos aqueles que pretendam compreender, em alguma medida, o fenômeno jurídico.

Ao que parece, meus professores concordavam comigo neste ponto. Meu primeiro contato com a obra de Hans Kelsen se deu já no início da graduação e, a despeito do pouco conhecimento sobre os temas tratados – e das tantas questões que o texto suscitou –, percebi desde logo a riqueza das ideias lá expostas.

Passados mais de 20 anos, aquela primeira impressão se confirmou. Pode-se concordar ou não com Hans Kelsen, mas não se pode negar o seu rigor metodológico e o brilhantismo de suas ideias. Por isso a sua *Teoria Pura do Direito* é, ainda hoje, uma das minhas leituras preferidas.

Suas palavras são, de certo modo, familiares. No entanto, basta uma olhadela para renovar-se o encantamento: descobrem-se novas passagens, constroem-se novas ideias. E desta vez não foi diferente.

Quando fui convidada para escrever esse texto, a primeira dificuldade foi selecionar o tema a tratar. Afinal, inúmeros são os tópicos examinados (e destrinchados) por Kelsen no capítulo intitulado "Estática Jurídica", todos sobremodo relevantes para a compreensão de sua teoria. No entanto, um, em especial, chama a atenção de pronto: trata-se do conceito de "sanção", cuja definição suscita, até hoje, inúmeras discussões.

Evidentemente, não se pretende esgotar o tema. O objetivo deste singelo artigo é oferecer um breve resumo sobre a concepção kelseniana do Direito, explicando sua relação com a ideia de sanção e o modo como esta é concebida pelo autor.

1. Direito como ordem coativa

Kelsen, já na primeira página da *Teoria Pura do Direito*, aponta que o seu objetivo não é determinar como o Direito deve ser ou como deve ser feito, mas sim dizer o que ele é. O principal desafio assumido pelo autor é, portanto, definir justamente o seu objeto de estudos e a proposta, embora pareça simples, não o é.

De fato, até hoje não há uniformidade alguma na doutrina quando se trata de definir o conceito de direito. Como alertava Lourival Vilanova[1]:

> A definição do direito ainda é, no presente, um problema aberto. (...) Ainda não se entendem, cientistas e filósofos do direito, sobre a definição do direito. As causas da diversidade de definições, são muitas. Entre outras, a complexidade do objeto jurídico, os pressupostos filosóficos que servem de base às definições, os pontos de vista mediante os quais se considera o direito – ora a forma, ora o conteúdo, ora o valor, a natureza sociológica etc –, de sorte que a definição do jurista, a do filósofo, até mesmo a decorrente do fato da especialização num ramo do direito, ostentam ampla discrepância, não meramente verbal, mas de substância.

Essas divergências, contudo, não amedrontaram o mestre de Viena, que deixa claro, desde logo, sua posição: Direito, para ele, é "um sistema de normas que regulam o comportamento humano"[2]. O Direito, portanto, é examinado sob uma perspectiva estritamente normativa, ou seja,

[1] Vilanova, Lourival. "Sobre o conceito de direito". In: Vilanova, Lourival. **Escritos Jurídicos e Filosóficos.** V. 1. São Paulo: IBET, 2003, p. 1.

[2] Kelsen, Hans. **Teoria Pura do Direito.** 7. ed. São Paulo: Martins Fontes, 2006, p. 5.

como um conjunto de normas jurídicas. Mas o que distingue o Direito dos sistemas morais e/ou religiosos, por exemplo?

Ora, a vida em sociedade se desenvolve num mundo de normas. Desde o nascimento até a morte, nossas ações são dirigidas nesta ou naquela direção por inúmeras regras, as quais integram diferentes sistemas normativos.[3] Essas prescrições apresentam distinções quanto ao seu conteúdo, às finalidades que perseguem, os sujeitos a quem se dirigem, mas têm idêntica finalidade: "influenciar o comportamento dos indivíduos e dos grupos, de dirigir as ações dos indivíduos e dos grupos rumo a certos objetivos ao invés de rumo a outros".[4]

Ciente dessas semelhanças, Kelsen afirma, então, que o Direito se distingue de outras ordens sociais por ser uma *ordem coativa,* ou seja, por estatuir atos de coação como consequência de uma situação considerada indesejada[5]. Vejamos:

> Uma outra característica comum às ordens sociais a que chamamos Direito é que elas são ordens coativas, no sentido de que reagem contra as situações consideradas indesejáveis, por serem socialmente perniciosas – particularmente contra condutas humanadas indesejáveis – com um ato de coação, isto

[3] Como observa Norberto Bobbio: "Podemos comparar o nosso proceder na vida com o caminho de um pedestre em uma grande cidade: aqui a direção é proibida, lá a direção é obrigatória; e mesmo ali onde é livre, o lado da rua sobre o qual ele deve manter-se é rigorosamente sinalizado. Toda a nossa vida é repleta de placas indicativas, sendo que umas mandam e outras proíbem ter um certo comportamento. Muitas destas placas indicativas são constituídas por regras de direito. Podemos dizer desde já, mesmo em termos ainda genéricos, que o direito constitui uma parte notável, e talvez também a mais visível, da nossa experiência normativa." (**Teoria da norma jurídica.** São Paulo: EDIPRO, 2005, p. 23)

[4] Norberto Bobbio, **Teoria da norma jurídica**, p. 26.

[5] Sobre esse aspecto, afirma Paulo de Barros Carvalho: "O conceito mais corrente, em nossos dias, é aquele que sublinha o caráter coativo do Direito [...]. De fato, o Direito é essencialmente coativo, porém não é esse seu aspecto individualizador, já que outros sistemas são também coativos. [...] O elemento caracterizador está na forma ou no modo com que a coatividade é exercida. Só o Direito coage mediante o emprego da força [...]. Essa maneira de coagir, de garantir o cumprimento dos deveres estatuídos em suas regras, é que assinala o Direito, apartando-o de outros sistemas de normas." (Carvalho, Paulo de Barros. **Teoria da norma jurídica**. 5. ed. São Paulo: Quartier Latin, 2009, p. 32-33)

é, com um mal – como a privação da vida, da saúde, da liberdade, de bens econômicos e outros –, um mal que é aplicado ao destinatário mesmo contra sua vontade, se necessário empregando até a força física – coativamente, portanto. Dizer-se que, com o ato coativo[6]

Ao examinar essa passagem – e outras que tratam do tema –, surgem questionamentos quanto à natureza dos chamados "atos de coação". Mais especificamente: os chamados "atos de coação" estão compreendidos no consequente de normas secundárias? E mais: pode esses atos ser qualificados como "sanção"?

Esses são os pontos que pretendemos explorar nos itens subsequentes.

2. Normas jurídicas primárias e secundárias

Apesar de os elementos destinados a regular o comportamento humano se manifestarem, sempre, numa linguagem de índole prescritiva, não são essas porções de texto, isoladamente, que disciplinam a conduta.

A base material do texto é apenas o ponto de partida para alcançar o plano do conteúdo, que, no caso dos enunciados prescritivos que compõem o direito, corresponde justamente a uma proposição[7] cuja finalidade é regular o comportamento.

Em razão da sua força prescritiva, essa proposição pode ser qualificada, em princípio, como norma, ou seja, como elemento destinado a regular a conduta humana.

Ocorre que, ao tomar contato com esses comandos, isoladamente, o destinatário encontra dificuldades para compreender a ordem que lhe é

[6] Hans Kelsen, **Teoria Pura do Direito**, p. 37.

[7] "É oportuno relembrar que a palavra 'enunciado' quer aludir tanto à forma expressional, matéria empírica gravada nos documentos dos fatos comunicacionais, como ao sentido a ele atribuído. Assim, os enunciados pertencem à plataforma da literalidade textual, suporte físico de significações, ao mesmo tempo em que participam do plano de conteúdo, com o sentido que necessariamente suscitam. Distingue-se, por isso, o *enunciado* da *proposição* por ele expressa. Muitas vezes, de um único enunciado podemos chegar a duas ou mais proposições (sentidos), circunstância que indica ambiguidade. Entretanto, a recíproca também é verdadeira, porquanto de dois ou mais enunciados podemos, em alguns casos, construir apenas uma proposição (ou sentido)." (Carvalho, Paulo de Barros. **Curso de direito tributário.** 31. ed. São Paulo: Noeses, 2021, p. 119)

dada. Prescrições como "entregue a quantia *x* a alguém" ou "deixe de passar no local *y*" não são suficientes para a integral compreensão da mensagem prescritiva. Diante dessas ordens, logo surgem questões como: para quem devo pagar a quantia *x* ou porque não posso passar no local *y*?

É certo que apenas a reunião de uma série de enunciados torna possível a compreensão do comando. Portanto, somente poderemos falar em "norma", em sentido estrito, quando diante da reunião de todos os enunciados necessários para que a ordem seja compreendida.

No caso das "normas jurídicas", essa estrutura, é bom que se diga, será sempre constante: dois juízos condicionais e dependentes com idêntica estrutura sintática: vinculam um acontecimento (fato) a uma consequência, que é sempre uma relação jurídica. Sua composição semântica, contudo, é diversa.

Com efeito, esses juízos condicionais – denominados pela doutrina de "norma primária" e "norma secundária", respectivamente – apesar de possuírem idêntica esquematização formal [D(p→q)], têm conteúdos de significação diversos.

A norma primária vincula a ocorrência de um fato a um determinado dever. A norma secundária, por sua vez, possibilita a aplicação de uma pena pelo Estado-juiz em caso de descumprimento do dever estatuído no consequente da norma primária. Conecta-se, portanto, sintaticamente àquela para estabelecer que, em caso de descumprimento de seus mandamentos, um mal será aplicado mesmo contra a vontade do destinatário mediante o uso da força. Lourival Vilanova assim resume a estruturação da norma jurídica:

> Seguimos a teoria da estrutura dual da norma jurídica: consta de duas partes, que se denominam norma primária e norma secundária.
> Naquela, estatuem-se as relações deônticas direitos/deveres, como consequência da verificação dos pressupostos, fixados na proposição descritiva de situações fáticas ou situações já juridicamente qualificadas; nesta, preceituam-se as conseqüências sancionadoras, no pressuposto do não-cumprimento do estatuído na norma determinante da conduta juridicamente devida.
> Dizemos que há uma relação-de-ordem não-simétrica, a norma sancionadora pressupõe, primeiramente, a norma definidora da conduta exigida.

> Também, cremos com isso não ser possível considerar a norma que não sanciona como supérflua. Sem ela, carece de sentido a norma sancionadora. O Direito-norma, em sua integridade constitutiva, compõe-se de duas partes. Denominemos, em sentido inverso do da teoria kelseniana, norma primária a que estatui direitos/deveres (sentido amplo) e norma secundária a que vem em conseqüência da inobservância da conduta devida, justamente para sancionar seu inadimplemento (impô-la coativamente ou dar-lhe conduta substitutiva reparadora). As denominações adjetivas 'primária' e 'secundária' não exprimem relações de ordem temporal ou causal, mas de antecedente lógico para conseqüente lógico.[8]

Sob essa perspectiva, norma jurídica, em sentido estrito, seria aquela composta por uma norma (primária) que prescreve um dever (modalizado como permitido, proibido ou obrigatório) e por uma norma (secundária) que autoriza a aplicação de uma consequência, mesmo contra a vontade do destinatário mediante o uso da força, caso este dever não seja observado.

De fato, a prevalecer a posição segundo a qual o direito é uma ordem coativa – ou seja, que prevê a aplicação de uma consequência, mesmo contra a vontade do destinatário e mediante o uso da força, caso sejam descumpridas as condutas prescritas –, e considerando que somente o Poder Judiciário pode produzir atos dessa natureza, não poderemos falar em norma jurídica em sentido completo sem que existam ao menos duas estruturas condicionais: uma prescrevendo um dever (relações de direito material ou substantivo) e outra permitindo a aplicação de "penalidades" pelo Estado-juiz em caso de seu descumprimento (relações jurídicas de direito formal ou processual). Hans Kelsen, a esse respeito, é enfático[9]:

> [...] se se pressupõe que cada norma jurídica geral seja a ligação de duas normas, das quais uma estabelece como devida uma certa conduta e a outra

[8] Vilanova, Lourival. **Estruturas lógicas e o sistema de direito positivo**. São Paulo: Noeses, 2005, p. 105-106.
[9] Kelsen, Hans. **Teoria geral das normas.** Porto Alegre: Sergio Antonio Fabris Editor, 1986, p. 68.

põe como devida a fixação de um condicional ato de coação por parte de um órgão judicial para o caso de violação desta norma.

Aliás, é importante observar que Kelsen, ao tratar da dinâmica jurídica[10], deixa clara a distinção entre o ato que impõe a pena e a execução da pena: uma coisa é a aplicação da norma secundária (geral e abstrata), que resulta na ponência de norma individual e concreta certificando que ocorreu o ilícito previsto abstratamente na sua hipótese e impondo a "pena" prevista no seu consequente; outra é a execução dessa pena, que não resulta em criação de outra norma.

Dito isso, é preciso ressaltar, ainda, que alguns autores,[11] apoiados na doutrina de Carlos Cossio, desmembram a norma primária, a fim de abarcar aquelas prescrições que, apesar de terem como pressuposto o não cumprimento de determinados deveres (assim como as normas secundárias), não disciplinam a aplicação coercitiva de uma "pena" em caso de descumprimento do dever prescrito na norma primária. Em termos mais diretos: embora essas normas autorizem a imposição, por uma autoridade, de uma pena em razão do descumprimento de um dever jurídico, não autorizam sua execução contra a vontade do destinatário.

[10] Ao tratar da aplicação de normas jurídicas, Kelsen afirma: "[...] todo ato jurídico é simultaneamente aplicação de uma norma superior e produção, regulada por esta norma, de uma norma inferior. [...] Somente a execução do ato coercitivo estatuído por estas normas individuais – o último ato do processo de produção jurídica – se opera em aplicação das normas individuais que a determinam sem que seja, ela própria, criação de uma norma. A aplicação do Direito é, por conseguinte, criação de uma norma inferior com base numa norma superior ou execução do ato coercitivo estatuído por uma norma." (**Teoria Pura do Direito**, p. 261)
Mais a frente, ao tratar do papel do Poder Judiciário no processo de positivação, diz o seguinte: "[...] Se o tribunal competente, num processo determinado pela ordem jurídica, verificou, com força de caso julgado, que determinado indivíduo praticou um homicídio, o tribunal deve mandar aplicar a este indivíduo uma determinada pena." (**Teoria Pura do Direito,** p. 267)

[11] Eurico Marcos Diniz de Santi é um dos autores que, apoiado nas lições de Carlos Cossio, desmembra a norma primária. Contudo, adota as nomenclaturas norma primária dispositiva e sancionadora no lugar de endonorma e perinorma. Cf. SANTI, Eurico Marcos Diniz de. **Lançamento Tributário.** São Paulo: Max Limonad, 2001, p. 41-42.

Com efeito, em muitas situações, o direito prescreve determinadas consequências em caso de descumprimento do dever prescrito na norma primária que não constituem providências a cargo do Estado-juiz (ou seja, não estão previstas em normas processuais).

Ao analisar a legislação do Imposto sobre a Renda – IR (Lei nº 9.430/96), por exemplo, é possível construir uma norma primária que, basicamente, estabelece que *Dado o fato de auferir renda, deve ser a obrigação de pagar IR à União*. Mais à frente, identificamos uma série de outras prescrições que autorizam a aplicação, pela autoridade administrativa, de multa pelo descumprimento dessa obrigação. A legislação, todavia, não autoriza a execução dessa "pena", pela autoridade administrativa, contra a vontade do destinatário.

Por essa razão, Carlos Cossio propõe a segregação das normas primárias em duas classes distintas, por ele nomeadas de *endonorma* e *perinorma*. A primeira prescreve o dever jurídico, cabendo à segunda prescrever determinada consequência jurídica não coercitiva caso aquele seja descumprido:

> La conducta efectiva, en tanto que intuición que verifica este concepto, es decir, en tanto que dato que llena este esquema, no puede estar, por lo tanto, sino en una u otra de sus mitades, según se ve em estos esquemas donde ponemos el concepto jurídico y, grisada, La conducta que él menciona: la norma jurídica completa, que en cuanto concepto adecuado al objeto ha de ser disyuntiva para referirse a la posibilitad de posibilidades y no solo a la posibilidad que se da, tiene dos miembros, a los que proponemos llamarlos endonorma (conceptuación de la prestación) y perinorma (conceptuación de la sanción), no sólo para terminar con el caos de las designaciones de normas primarias y secundaria que los diferentes autores usan com sentido opuesto, sino para subrayar que se trata de una norma única y no de dos normas, punto indispensable para entender el concepto de a norma jurídica como un juicio disyuntivo.[12]

[12] Cossio, Carlos. **La Teoría Egológica Del Derecho y el concepto jurídico de libertad.** Buenos Aires: Abeledo-Perrot: 1964, p. 661.

É possível, pois, construir uma norma jurídica composta, além da norma secundária, por duas normas primárias que estabelecem relações jurídicas de direito material. A diferença é que a primeira tem como suposto uma conduta lícita, enquanto a segunda prevê, no seu antecedente, um ilícito ao qual se imputa uma penalidade.

Como já destacado, Carlos Cossio utiliza os termos *endonorma* e *perinorma* para diferenciar tais regras. No entanto, é comum a utilização das expressões "norma primária dispositiva" e "norma primária sancionadora" para referir-se a cada uma dessas espécies normativas, a despeito dos diversos sentidos em que é utilizado o termo "sanção".

De todo modo, o que queremos deixar claro, aqui, é que tentaremos sintetizar as ideias de Kelsen, no que diz respeito aos "atos de coerção" e às "sanções" tomando por base as distinções entre normas primárias (dispositivas e sancionadoras) e normas secundárias, ainda que não tenham sido consideradas pelo autor quando esmiuçou esses conceitos em seu *Teoria Pura do Direito.*

3. Condutas prescritas e condutas antijurídicas

O Direito, segundo Hans Kelsen, é uma ordem social porque "regula a conduta humana na medida em que ela está em relação com outras pessoas"[13], ou seja, porque regula condutas intersubjetivas.

As ordens sociais, no entanto, podem regular condutas de maneiras diversas. Uma das possibilidades – que é aquela adotada pela ordem jurídica – é prescrever uma conduta por meio da imputação de uma desvantagem à conduta oposta. Sob tal perspectiva, portanto, a conduta será considerada como juridicamente prescrita "na medida em que a conduta oposta é pressuposto de uma sanção (no sentido estrito)"[14].

Em termos esquemáticos, a ideia poderia ser assim traduzida:

[13] **Teoria Pura do Direito,** p. 25.

[14] **Teoria Pura do Direito,** p. 26.

FIGURA 1 – Conduta prescrita X Conduta indesejada

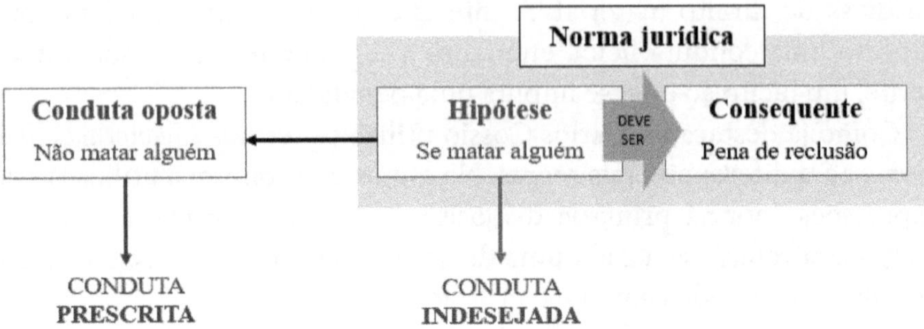

O autor prossegue afirmando que conduta prescrita não corresponde à conduta devida. Devida é a sanção, cuja execução, por sua vez, será prescrita se a sua omissão figurar como pressuposto de outra sanção. Voltando ao esquema, teríamos o seguinte:

FIGURA 2 – Execução da sanção como "conduta prescrita"

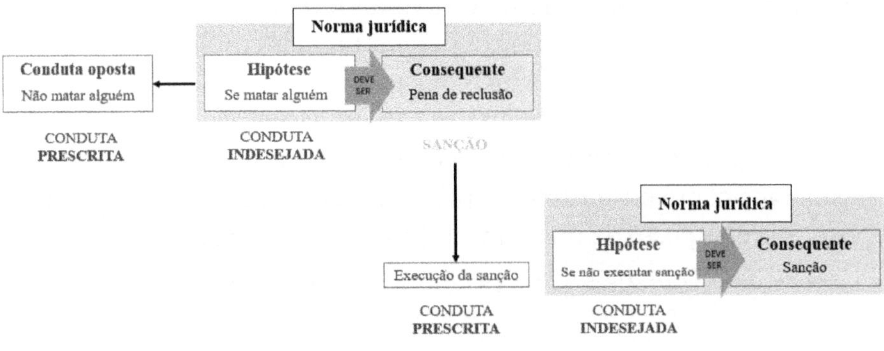

Em princípio, parece que, ao tratar de sanção, o autor refere-se ao consequente das normas secundárias, ou seja, às normas gerais e abstratas que preveem, no seu consequente, a imputação, pelo Poder Judiciário, de uma "pena" pelo descumprimento da conduta prescrita, mesmo contra a vontade do destinatário.

4. Condutas antijurídicas, atos de coerção e sanções

Os atos de coerção, segundo Kelsen, são qualificados como "atos a executar mesmo contra a vontade de quem por eles é atingido e, em caso de resistência, com o emprego da força física"[15]. Esses, por sua vez, se dividiriam em duas espécies: (i) sanções; e (ii) atos de coerção que não têm este caráter.

Ao definir[16] o conceito de atos de coerção, o autor aponta as propriedades que um elemento deve ter para se incluir na classe por ele denotada[17], a saber: tratar-se de ato a executar mesmo contra a vontade do destinatário.

O autor menciona, então, um novo atributo ("diferença"), qual seja, o tratar-se de ato estatuído como reação à uma conduta indesejada (ilícito). Os atos que possuem esse atributo são qualificados como "sanções"; os que não possuem tal atributo são qualificados como "atos que não têm esse caráter"[18].

Em síntese, portanto, temos o seguinte:

[15] **Teoria Pura do Direito,** p. 121.

[16] "[...] definir o significado de um termo é apontar a sua conotação ou seja, os critérios de uso de uma expressão. É esse procedimento que torna possível aos demais intérpretes identificar a denotação de um conceito. Tomando a expressão 'livro' como exemplo, podem-se apontar os seguintes critérios de uso: conjunto de enunciados, dispostos de forma organizada, que possua, no mínimo, o equivalente a 45 laudas entre textos e gravuras. Com tais critérios de uso, é possível apontar a denotação do conceito, identificando os objetos que podem e que não podem ser chamados livro." (GAMA, Tácio Lacerda. **Contribuição de intervenção no domínio econômico.** São Paulo: Quartier Latin, 2003, p. 122)

[17] Ricardo A. Guibourg, Alejandro M. Ghigliani e Ricardo V. Guarinoni identificam duas formas ou componentes do significado: a denotação e a conotação. Segundo ensinam, o conjunto de todos os elementos que cabem numa palavra é denominado denotação. Já os requisitos que devem ser cumpridos para que um objeto esteja incluído na classe representada por uma palavra denomina-se conotação desta palavra. (**Introduccion al conocimiento científico.** Buenos Aires: Editorial Universitário de Buenos Aires, 1985, p. 41-42)

[18] Como exemplo desses atos o autor cita as normas que autorizam os órgãos de polícia a privar da liberdade indivíduos suspeitos de terem praticado um delito ou que permitem o internamento compulsório de doentes mentais perigosos. (**Teoria Pura do Direito**, p. 44)

FIGURA 3 – Atos de coerção: espécies

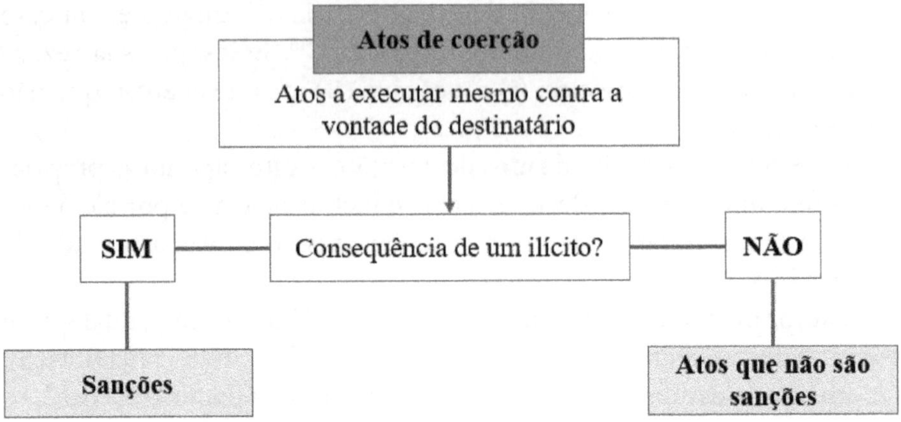

As sanções, é bom que se diga, são divididas em duas novas categorias: penas (em sentido estrito) e execução (execução forçada). As penas consistem na privação compulsória de um bem (privação da liberdade, da vida etc.). A execução, por sua vez, imputa ao destinatário o dever de indenizar pelo prejuízo ilicitamente causado ("indenização do ilícito").

Sem entrar no mérito da classificação proposta, o que parece claro, desde logo, é que, se partirmos da premissa de que apenas o Poder Judiciário pode determinar a execução de atos contra a vontade do destinatário (mediante o uso da força), os atos de coerção, sejam de que espécie for, somente poderão estar previstos em normas secundárias. Essa conclusão, no entanto, parece conflitar com as afirmações constantes da passagem abaixo colacionada:

> [...] Ambas as espécies de sanções – pena e execução (civil) – são aplicadas tanto pela autoridade judicial como pela autoridade administrativa, em processo para o efeito previsto. Por isso devem distinguir-se as penas judiciais, aplicadas pelos tribunais penais, e penas administrativas, aplicadas pelas autoridades administrativas; execuções judiciais, feitas pelos tribunais civis (execuções civis), e execuções administrativas, feitas pelas autoridades administrativas. Também se deve distinguir o ato pelo qual é ordenada a sanção da pena, ou da execução do ato pelo qual a efetivação da norma posta

> por aquele ato, a pena ou execução, é levada a efeito – do ato pelo qual é posto o fato coercitivo da sanção. Este é sempre posto por uma autoridade administrativa.[19]

Contudo, pelo que se percebe, o mestre de Viena não pretende, aqui, atribuir a outro órgão que não o Poder Judiciário a competência para aplicar penas (no sentido amplo) com o uso da força. O que faz, em verdade, é reconhecer a existência de normas primárias sancionadoras, ou seja, que permitem à administração pública produzir normas individuais e concretas certificando a ocorrência de um ilícito e imputando-lhes as consequências jurídicas correlatas, ainda que o destinatário com elas não concorde.

Coisa distinta é executar a sanção mediante o uso da força. Nesse caso, a intervenção do Poder Judiciário é indispensável para ordená-la, ainda que caiba à autoridade administrativa executar essa ordem, cumprindo, pois, as determinações da autoridade judicial.

Conclusões

A ordem jurídica, sem sombra de dúvida, distingue-se das demais ordens sociais por atribuir às condutas indesejadas uma consequência que pode ser imputada ao destinatário contra a sua vontade e, se necessário, mediante o uso da força.

Uma coisa, porém, é a possibilidade de imputar essa consequência ao destinatário; outra é determinar o seu cumprimento mediante o uso da força. A depender a consequência de que tratamos, é plenamente possível que sua imputação – ou seja, a certificação do ilícito e a imputação da pena – se dê por autoridades administrativas. É o caso, por exemplo, de multas pelo não pagamento de tributos, que podem ser constituídas pelo Fisco.

Coisa distinta é o emprego da força física para garantir que a pena seja aplicada ao destinatário. A autoridade administrativa não pode obrigar o sujeito passivo a recolher a penalidade (ou mesmo o tributo) mediante o uso da força. Para tanto, é indispensável a intervenção do Poder Judiciá-

[19] **Teoria Pura do Direito**, p. 123.

rio. Em sentido estrito, portanto, atos coativos estão previstos apenas em normas secundárias.

Referências

BOBBIO, Norberto. **Teoria da norma jurídica.** São Paulo: EDIPRO, 2005.

CARVALHO, Paulo de Barros. **Curso de direito tributário.** 31. ed. São Paulo: Noeses, 2021.

CARVALHO, Paulo de Barros. **Teoria da norma jurídica**. 5. ed. São Paulo: Quartier Latin, 2009.

COSSIO, Carlos. **La Teoría Egológica Del Derecho y el concepto jurídico de libertad.** Buenos Aires: Abeledo-Perrot: 1964.

GAMA, Tácio Lacerda. **Contribuição de intervenção no domínio econômico.** São Paulo: Quartier Latin, 2003.

GUIBOURG, Ricardo A., GHIGLIANI, Alejandro M., GUARINONI, Ricardo V. **Introduccion al conocimiento científico.** Buenos Aires: Editorial Universitário Buenos Aires, 1985.

KELSEN, Hans. **Teoria Pura do Direito.** 7. ed. São Paulo: Martins Fontes, 2006.

KELSEN, Hans. **Teoria geral das normas.** Porto Alegre: Sergio Antonio Fabris Editor, 1986.

SANTI, Eurico Marcos Diniz de. **Lançamento Tributário.** São Paulo: Max Limonad, 2001.

VILANOVA, Lourival. **Estruturas lógicas e o sistema de direito positivo**. São Paulo: Noeses, 2005.

VILANOVA, Lourival. "Sobre o conceito de direito". In: VILANOVA, Lourival. **Escritos Jurídicos e Filosóficos.** V. 1. São Paulo: IBET, 2003.

5.
NO PRINCÍPIO ERA A NORMA FUNDAMENTAL?

VALTERLEI DA COSTA[1]

Introdução

"Teoria Pura do Direito" é rótulo que abarca, em seu sentido amplo, uma visão de mundo sobre o direito, mesmo que não tome nenhum em particular como objeto[2]. Agora, caso tenhamos de destacar o problema que lhe é mais característico, diremos, com KELSEN, que é o da norma fundamental[3]. Ponto que, com efeito, captura o interesse de teóricos do direito e obriga grandes juristas a sobre ele se manifestar, chegando-se a afirmar, inclusive, que, "[d]e todas as várias doutrinas da filosofia jurídica de Kelsen, foi sua teoria da norma fundamental a que mais teve sucesso em atrair a atenção e capturar a imaginação"[4]. Assim, pode-se dizer da norma fundamental que é, "[...] sem dúvida [,] um dos pontos mais controver-

[1] Agradeço as revisões deste artigo feitas por Carlos Renato Cunha e Júlio da Costa Rostirola Aveiro.

[2] "Há mais de duas dezenas de anos comecei a elaborar uma Teoria Pura do Direito [...]. Formou-se um círculo de pensados levados pelo mesmo objetivo e ao qual se deu o nome de 'minha Escola' [...]". Hans KELSEN, **Teoria pura do direito**, 1.ed., p. 5 (Prefácio, de 1934).

[3] Analisando sua Teoria Pura do Direito, afirmou Hans KELSEN ser "[...] o problema que é mais característico dessa teoria: a norma fundamental". On the basic norm, **California law review**, v. 47, p. 107. Tradução nossa de: "[...] one problem that is most characteristic of this theory: the basic norm".

[4] Joseph RAZ, Kelsen's theory of the basic norm, **The american journal of jurisprudence**, v. 19, p. 94. Tradução nossa de: "Of all the various doctrines of Kelsen's legal philosophy it

tidos – se não mesmo o mais controvertido – de toda a teoria pura do direito"[5]. Mas, igualmente, é possível dizer que "[n]o existe duda acerca de que la teoría de la norma básica [...] es un producto por excelencia de la Teoría Pura del Derecho de Hans Kelsen, quizás el más representativo de ésta"[6]. Ou seja, "[a] doutrina da norma fundamental [...] é a doutrina mais emblemática da Teoria Pura do Direito"[7].

De muitos modos, pode ser enigmática essa teoria-chave da doutrina kelseniana[8], com as dificuldades tendo sido, no início, mesmo qual deveria ser o signo usado para representá-la, pois, antes da consolidação do termo *Grundnorm*[9], parte hoje incontestável do idioleto kelseniano, houve o emprego de *Ursprungsnorm* (norma original), *Anfangsnorm* (norma inicial) e *Urnorm* (norma primordial), os quais, de certo modo, equivalem-se, mas se chegou mesmo a admitir a infeliz expressão *rechts-*

was his theory of the basic norm that succeeded most in attracting attention and capturing the imagination".

[5] Mario Losano, **Sistema e estrutura no direito**, v. 2, p. 82 (I.II.9.b, corrigimos entre colchetes). Doravante, nas notas de rodapé deste trabalho, entre parênteses, depois das referências, indicaremos o capítulo, seção ou parte em que o excerto se encontra na obra citada. Sendo o caso, também se disponibilizará a numeração interna das edições clássicas.

[6] Dante Cracogna, **Cuestiones fundamentales de la teoría pura del derecho**, p. 55 (IV.I).

[7] José Lamego, **A teoria pura do direito de Kelsen**, p. 89.

[8] Formamos o adjetivo a partir do nome próprio Kelsen por meio do sufixo "iano". Isso porque "[...] o sufixo *-iano*, unido muitas vezes a nomes próprios de pessoas para expressar 'que diz respeito a' [...]. [...] de produtividade praticamente ilimitada – pode ser unido a todo nome próprio de pessoa, bastando para isso que haja oportunidade ou necessidade [...]". Antônio José Sandmann, **Morfologia lexical**, p. 34-35 (3).

[9] Na 1ª edição da Teoria Pura do Direito, o vernáculo *Grundnorm* já aparece sem oscilação: "Diese Grundnorm konstituiert als die gemeinsame Quelle die Einheit in der Vielheit aller eine Ordnung bildenden Normen". Hans Kelsen, **Reine Rechtslehre**, 1.aufl., s. 73 (V.27). Passando, desde então, a ser termo consagrado, como se nota na 2ª edição da Teoria Pura do Direito: "Eine solche als höchste vorausgesetzte Norm wird hier als Grundnorm bezeichnet". Hans Kelsen, **Reine Rechtslehre**, 2.aufl., s. 197 (V.34.a). Ou em *Teoria Geral das Normas*: [...] eine positive Moral- oder Rechtsordenung nicht ein System gleichgeordneter, sondern über- und untergeordneter Normen, das heißt einen Stufenbau von Normen dar, dessen oberste Stufe die durch die vorausgesetzte Grundnorm [...]". Hans Kelsen, **Allgemeine Theorie dernormen**, s. 208 (59.I.f). As traduções destas passagens encontram-se em notas de rodapé logo abaixo.

logisches Naturrecht (direito natural lógico-jurídico)[10]. Já quanto à tradução de *Grundnorm*, é interessante observar que, em *General Theory of Law and State*, escrito em alemão, mas traduzido para o inglês pelo sueco ANDRES WEDBERG, a forma utilizada foi *basic norm*[11]. Por sua vez, em língua portuguesa, tanto a pioneira tradução de Fernando de MIRANDA, de *Teoria Geral do Estado*[12], como a meticulosa versão de João Baptista MACHADO, da 2ª edição da *Teoria Pura do Direto*[13], passando pela transladação de José CRETELLA JÚNIOR e Agnes CRETELLA, da 1ª edição da *Teoria Pura do Direito*[14], até chegar ao comento de José Florentino DUARTE, em *Teoria Geral das Normas*[15], a preferência sempre foi por *norma fundamental*[16].

De toda sorte, a ideia de norma fundamental (*Grundnorm*) tornou-se pilar da Teoria Pura do Direito, seu elemento mais sobressalente, tendo mudado, aliás, a forma de se conceber aquilo a que chamamos direito, mas também não podemos deixar de destacar que é ela – na ótica de oposito-

[10] "A função teorética-gnoseológica – e não ético-política – da norma fundamental era o que eu tinha em mente quando utilizei a expressão – não muito feliz – de 'Direito natural lógico-jurídico'". Hans KELSEN, **Teoria pura do direito**, 2.ed., p. 425 (V.1.i.19).

[11] O texto original em alemão de *Teoria Geral do Direito e do Estado* não é de conhecimento público. Na tradução de WEDBERG, temos: "A norm the validity of which cannot be derived from a superior norm call a 'basic' norm". Hans KELSEN, **General theory of law and state**, p. 111 (X.A.a). Em sua tradução da 2ª edição da Teoria Pura do Direito para o inglês, Max KNIGHT emprega, igualmente, *basic norm*: "Such a presupposed highest norm is referred to in this book as basic norm". Hans KELSEN, **Pure theory of law**, p. 195 (V.34.a).

[12] "[...] uma única norma, a que chamaremos a norma ou a regra fundamental". Hans KELSEN, **Teoria geral do estado**, p. 40 (II.I.17).

[13] "Uma tal norma, pressuposta como a mais elevada, será aqui chamada como norma fundamental [...]". Hans KELSEN, **Teoria pura do direito**, 2.ed., p. 217 (V.1.a).

[14] "Essa norma fundamental, como fonte comum, constitui a unidade na pluralidade de todas as normas que integram um ordenamento jurídico". Hans KELSEN, **Teoria pura do direito**, 1.ed., p. 121 (V.27).

[15] "[...] um ordenamento jurídico da Moral ou do Direito positivo não representa um sistema de normas de igual ordem, senão de sobre-e-sob normas, isto significa uma estrutura de normas, cujo escalão superior é a Constituição fundamentada pela pressuposta norma fundamental [...]". Hans KELSEN, **Teoria geral das normas**, p. 331-332 (59.I.f).

[16] Luís Carlos Borges, traduzindo *basic norm*, de *General Theory of Law and State*, serve-se, igualmente, de norma fundamental: "Chamamos de norma 'fundamental' a norma cuja validade não pode ser derivada de uma norma superior". Hans KELSEN, **Teoria geral do direito e do estado**, p. 163 (X.A.a).

res ou até de adeptos do pensamento kelseniano, que visam a reformá-lo e não a derrubá-lo – o elo fraco da cadeia, uma vez que "[...] pode-se duvidar que chegue a resolver o problema para o qual foi formulada [...]"[17], sendo as críticas "[...] múltiples, bien conocidas y a veces exageradas"[18]. De fato, "[r]aras foram as ideias da teoria do direito que provocaram tanta polêmica quanto a ideia de uma norma fundamental"[19], tendo dito LOSANO inclusive, em momento muito eloquente, mas hiperbólico, que é ela nada mais nada menos do que o cavalo de Tróia da Teoria Pura do Direito[20].

De toda sorte, por um lado, é a teoria da norma fundamental assustadoramente elementar, pois apenas concebe um fecho ao direito, não diferindo do que é feito em outras áreas, para que não se tenha de ir de causa em causa indefinidamente. Por outro, é brutamente complexa, pois atrai sobre si o ônus de explicar, por interligação, quase todos os temas do direito, chegando, aliás, ao encargo máximo de fundamentar a validade de todas as normas jurídicas. Ademais, não podemos esquecer de que, entre suas várias funções na Teoria Pura do Direito, tem a norma fundamental um caráter de justificação, o que também revela muito sobre KELSEN, e sua visão de mundo (*weltanschauung*), pois "[o] que as pessoas admitem como justificação – mostra como elas pensam e vivem"[21]. No mais, parafraseando John SEARLE, podemos resumir assim o problema da norma fundamental: ou é ele muito difícil ou muito fácil[22].

De regresso em regresso, acaba-se imaginando um mundo sem fim nem começo, o que pode causar, deveras, grande desconforto. Assim, alguém deve vir em socorro, tal qual um São JOÃO, e dizer: "No princípio

[17] Norberto BOBBIO, **Positivismo jurídico**, p. 201 (V.51).

[18] Albert CALSAMIGLIA, Sobre la teoría general de las normas, **Revista Doxa**, n. 2, p. 88.

[19] Robert ALEXY, **Conceito e validade do direito**, p. 117 (3.III.1.1).

[20] "[...] a norma fundamental elaborada para manter distante todo o elemento extrajurídico da cidadela da teoria pura do direito, revela-se um verdadeiro cavalo de Tróia". Mario LOSANO, **Sistema e estrutura no direito**, v. 2, p. 96 (I.II.12).

[21] Ludwig WITTGENSTEIN, **Investigações filosóficas**, p. 145 (325).

[22] "[...] o problema da metáfora é ou muito difícil ou muito fácil". **Expressão e significado**, p. 161 (4.VI).

era o verbo [...]"[23]. Disso, resta tentar responder, ao longo deste artigo, se a norma fundamental é, para o jurista, o verbo e se KELSEN nosso evangelista. Ou, em outras palavras, se, no princípio, era a norma fundamental.

1. Ser e dever-ser

Como totalidade dos fatos, o mundo é e, uma vez que também existe a linguagem descritiva, pode ser figurado por meio de proposições[24], as quais, por critério de correspondência com o mundo, são verdadeiras ou falsas[25]. Agora, uma proposição, que é pensada a princípio, da mesma forma pode ser enunciada[26], havendo entre ambos – a proposição, que, igualmente, podemos chamar de significado ou conteúdo, e o enunciado, que, outrossim, podemos designar de significante ou expressão – uma ligação, cujo produto corresponde ao signo[27]. Mas essa concepção de

[23] JOÃO 1:1, **Bíblia**: novo testamento: os quatro evangelhos, p. 319. Sobre o significado de "verbo" na passagem, meritórias de transcrição as palavras de Frederico LOURENÇO: "A palavra-chave é *lógos*, celebremente traduzida na Vulgata de São Jerônimo por *verbum* (*In principio erat verbum*), opção que condicionou desde então todos os que traduziram o quarto Evangelho [Segundo João] para uma língua neolatina. Embora inescapável (por falta de outra opção convincente em português), 'verbo' não é uma tradução satisfatória. O vocábulo grego *lógos* tem duas acepções básicas. São elas: a) aquilo por meio do qual se exprime um pensamento racional (o que em latim se poderia traduzir por *verbum*, *vox* ou *oratio*), portanto 'verbo', 'palavra' ou 'discurso'; b) aquilo que leva à própria formulação de um pensamento racional (em latim *ratio*), portanto a 'razão'". Notas, *in* **Bíblia**: novo testamento: os quatro evangelhos, p. 319.

[24] "A figuração representa a situação no espaço lógico, a existência e a inexistência de estados de coisas". Ludwig WITTGENSTEIN, ***Tractatus logico-philosophicus***, p. 143 (2.11).

[25] "A teoria da correspondência afirma que uma proposição (ou um significado) é verdadeira se existe um fato ao qual corresponda [...]". Leonidas HEGENBERG, **Dicionário de lógica**: verbete "verdade", p. 220.

[26] "Princípio da Exprimibilidade, segundo o qual é possível dizer tudo aquilo que se queira dizer". John SEARLE, **Expressão e significado**, p. 208 (5.III).

[27] Que signo é a união de um significante a um significado, é lição que podemos retornar a Ferdiando de SAUSSURE: "Chamamos *signo* a combinação do conceito e da imagem acústica [...]. [...]. Propomos a conservar o termo *signo* para designar o total, e a substituir conceito e imagem acústica respectivamente por significado e significante [...]". **Curso de lingüísitica geral**, p. 81 (I.I.1). No que foi seguido por Louis HJELMSLEV, com sua função sígnica, formada pelo plano da expressão e do conteúdo: "Adotamos os termos

signo como função pode ser convertida em uma tríade[28], quando vem a se somar ao enunciado e à proposição o referente, ou seja, "[...] aquilo a que remete [...] na realidade extralingüistica [...]"[29], ainda se devendo ter em conta que "[...] a relação de REFERÊNCIA pode ser tomada como a mais inclusiva estabelecida entre a linguagem e a realidade, entre as palavras e as coisas"[30].

Há, portanto, uma linguagem descritiva, mas não é ela a única, pois há outras[31], sendo a prescritiva aquela que aqui nos interessa, ou seja, aquela

expressão e *conteúdo* para designar os funtivos que contraem [...] a função semiótica [...]". **Prolegômenos a uma teoria da linguagem**, p. 53-54 (13).

[28] A relação triádica é expressa em FREGE pelos termos "sinal", "referência" e "sentido": "[...] é plausível pensar que exista, unido a um sinal [...], além daquilo por ele designado, que pode ser chamado de sua referência (*Bedeutung*), ainda o que eu gostaria de chamar de o sentido (*Sinn*)". Gottlob FREGE, Sobre o sentido e a referência, **Lógica e filosofia da linguagem**, p. 131 (7). Charles PEIRCE fala-nos de "*representâmen*", "interpretante" e "objeto": "[u]m signo, ou *representâmen*, é aquilo que, sob certo aspecto ou modo, representa algo para alguém. [...]. Ao signo assim criado denomino *interpretante* do primeiro signo. O signo representa alguma coisa, seu *objeto*". **Semiótica**, p. 46 (I.B.3.1.228). Em Charles OGDEN e Ivor RICHARDS, os vértices do triângulo usados para ilustrar o tema são ocupados pelas palavras "pensamento", "símbolo" e "referente": "Entre um pensamento e um símbolo são mantidas relações causais. [...]. Entre o Pensamento e o Referente há também uma relação; mais ou menos direta [...] ou indireta [...]. Entre o símbolo e o referente não existe qualquer relação pertinente a não ser uma indireta [...]". **O significado de significado**, p. 32-33 (1). Por fim, podemos citar Charles MORRIS, que utiliza "veículo do signo", "*designatum*" e "interpretante", além de fazer alusão a um quarto elemento, o "intérprete": "[...] aquilo que funciona como signo, aquilo a que o signo se refere, e o efeito sobre um intérprete em virtude do qual a coisa em questão é um signo para este. Esses três componentes da semiose podem ser chamados, respectivamente, o *veículo do signo*, o *designatum*, e o *interpretante*; o intérprete pode ser considerado um quarto fator". **Fundamentos da teoria dos signos**, p. 13 (II.1).

[29] Jean DUBOIS *et al.*, **Dicionário de lingüística**: verbete "referente", p. 512.

[30] João BRANQUINHO, Referência, *in* —, Desidério MURCHO e Nelson Gonçalves GOMES (ed.), **Enciclopédia de termos lógico-filosóficos**, p. 667.

[31] "[...] quantas espécies de frases existem? Porventura asserção, pergunta e ordem? – Há *inúmeras* de tais espécies: inúmeras espécies diferentes de emprego do que denominamos 'signos', 'palavras', 'frases'. E essa variedade não é algo fixo, dado de uma vez por todas [...]". Ludwig WITTGENSTEIN, **Investigações filosóficas**, p. 26-27 (23, itálico na tradução). A palavra "inúmeras" nessa passagem foi a tradução de "unzählige", que também se encontra em itálico no original, cf. Ludwig WITTGENSTEIN, **Philosophische untersuchunger**, s. 11

que apresenta como correspondência não o mundo que é, mas aquele que deve ser. Nesse ponto, é hora de convencionarmos se à prescrição também daremos o nome de proposição. Por um lado, não há dúvidas de que, em certa época, falar de proposição descritiva foi tido como evocar uma hipérbole, ou mesmo uma redundância, pois se era caso de proposição, então tinha de ser ela descritiva[32]. Ponto de vista que, para nós, não causa embaraços, pois o entendemos como contratual, com a desvantagem, não negamos, de que se teria de encontrar um nome novo para as situações linguísticas que, por não serem descritivas, não poderiam ser enquadradas como proposição. De toda sorte, houve contra esse estreitamente do uso reações, denunciado sob o rótulo da "falácia descritiva", com as coisas, a partir daí, encaminhando-se para uma maior amplitude, com o termo "proposição" passando a designar um gênero, o qual, por

(23). Entretanto, há aqui um problema, o qual, já adiantamos, não é de tradução. Na língua portuguesa, há diferença entre "numeroso", "[e]m grande número", cf. Aurélio Buarque de Holanda Ferreira, **Novo dicionário Aurélio da língua portuguesa**: verbete "numeroso", p. 1417, e "inúmero", "m.q. *INUMERÁVEL*", cf. Antônio Houaiss e Mauro de Salles Villar, **Dicionário Houaiss da língua portuguesa**: verbete "inúmero", p. 1641, "que não se pode numerar", cf. *ibidem*: verbete "inumerável", p. 1641). Dito isso, devemos decidir se há muitas espécies de frases, numerosas, mas que, mesmo assim, podem ser contadas ou se há muitas espécies de frases, inúmeras, as quais não podem ser contadas. Dito isso, não se pode perder de vista que a palavra "unzählige", usada por Wittgenstein, foi sim corretamente traduzida por "inúmeras", uma vez que, em alemão, "numerosas" tem como equivalente "zahlreiche". No mais, para corroborar esse entendimento, podemos citar que uma aluna do vienense, Anscombe, verteu o termo para o inglês como "countless", e não como "innumerable", cf. Ludwig Wittgenstein, **Philosophical investigations**, p. 11 (23). Logo, não pode haver dúvidas de que foi pretendido mesmo empregar um termo com o significado de "inúmero", mas nisso reside o problema, pois, por mais tipos de frases que haja, parece-nos, eles ainda seriam contáveis. Então, "[...] de quantas maneiras a linguagem pode ser usada? Wittgenstein julgava que nenhuma lista finita de categorias poderia ser uma resposta. [...]. Mas essa conclusão um tanto cética deve levantar suspeitas". John Searle, **Expressão e significado**, p. X (introdução).

[32] "O significado de um enunciado reside no fato de que ele expressa estado de coisas (concebível, não necessariamente existente). Se um enunciado (ostensivo) não expressa um estado de coisas (concebível), então não tem significado; só aparentemente é um enunciado". Rudolf Carnap, Pseudoproblemas na filosofia, **Coletânea de textos**, p. 156 (II.A.7).

sua vez, comporta várias espécies[33]. Desse modo, ao lado das proposições descritivas, que descrevem o mundo que é, temos, entre outras, as proposições prescritivas, que prescrevem o mundo que deve ser, as quais também podem ser externadas por meio dos enunciados, só que agora os prescritivos.

A proposição descritiva, por um lado, descreve algo que é no mundo e, a depender da correspondência com o referente, é verdadeira ou falsa; a proposição prescritiva, por outro, prescreve algo que deve ser no mundo, não havendo, todavia, nada com que possa corresponder, não podendo ser, portanto, nem verdadeira nem falsa. Nisso reside toda a dificuldade do paralelismo entre proposições descritivas e prescritivas, pois se há um mundo que é, questão à parte sua descrição, não há, por outro giro, um mundo do dever-ser antes de ser prescrito. Com isso, associamo-nos a uma das teses mais influentes da filosofia, conhecida como "lei de Hume": a de que não é possível, a partir de um ser, apontar, por derivação, um dever-ser[34].

Nessa linha, por não ser possível derivar o mundo que deve ser do mundo que é, fica inviabilizado o seguinte raciocínio: "*x* é um estado de coisas no mundo" (proposição descritiva verdadeira); de *x*, derivar-se-ia que "*y* deve ser um estado de coisas no mundo" (proposição que poderia

[33] "Pasar por alto estas posibilidades tal como antes era común, es cometer la llamada falacia <<descriptiva>>". John Austin, **Cómo hacer cosas con palavras**, p. 46-47 (I).

[34] "Em todo sistema de moral que até hoje encontrei, sempre notei que o autor segue durante algum tempo o modo comum de raciocinar, estabelecendo a existência de Deus, ou fazendo observações a respeito dos assuntos humanos, quando, de repente, surpreendo-me ao ver que, em vez das cópulas proposicionais usuais, como *é* e *não é*, não encontro uma só proposição que não seja conectada a outra por um *deve* ou *não deve*. Essa mudança é imperceptível, porém da maior importância. Pois, como esse *deve* ou *não deve* expressa uma nova relação ou afirmação, esta precisaria ser notada e explicada; ao mesmo tempo, seria preciso que se desse uma razão para algo que parece inteiramente inconcebível, ou seja, como essa nova relação pode ser deduzida de outras inteiramente diferentes". David Hume, **Tratado da natureza humana**, p. 509 (III.I.I.27). Há quem trate a "lei de Hume" como questão convencional: "Pero ¿por qué ha de acatarse tal límite? ¿Acaso no podría construirse un sistema deóntico en el que las inferencias prohibidas por Hume fueran válidas? Sí, se podría, ya que la construcción de un sistema depende de nuestra voluntad para la elección de los axiomas". Delia Echave, María Urquijo e Ricardo Guibourg, **Lógica, proposición y norma**, p. 151 (IX.2).

ser demonstrada a partir de x); sendo, portanto, *y* uma proposição prescritiva verdadeira, cuja valência decorreria da valência de x[35]. Ocorre que não se pode passar de *x* a *y* e, com isso, também não se pode trazer como valor de *y* o valor de *x*, até porque "[...] é nossa opinião de que jamais pode ser tarefa de uma ciência empírica proporcionar normas e ideias obrigatórios (sic), dos quais se possa derivar 'receitas' para a prática"[36]. Portanto, o mundo que deve ser não pertence à razão, mas à vontade.

O mundo é e pode ser descrito; mas também o mundo deve ser, pois assim prescreve uma proposição expedida pela vontade[37], advinda de um querer[38]. Então, do cotejo entre o mundo que é e o que deve ser, deparamo-nos com uma de duas situações: ou o mundo é como deve ser, ou o mundo não é como deve ser – mas, com qualquer uma delas, mantém-se a separação de mundos, do que é e do que deve ser. A partir disso, deve-se evitar sincretismos, não separar bem as coisas, mas não olvidamos que nem sempre será possível levar isso às últimas consequências, até porque se, por um lado, o que deve ser não pode ser obtido do que é, por outro, não deixa de estar por ele condicionado, uma vez que só deve ser aquilo que é possível de ser. Com efeito, o que é não determina o que deve ser, mas apenar algo que é possível pode ocupar a posição de um dever-ser, atuando, desse modo, como um limite imposto pelo mundo do ser ao dever do dever-ser. Assim, é lícito concluir que de um ser não se obtém um dever-ser, mas que, nem por isso o dever-ser não estará limitado pelo ser ao possível, o que nos remete a uma demarcação do significado de possibilidade, que pode ser lógica ou empírica.

Rigorosamente falando, em sua faceta lógica, a possibilidade, sem aqui diferenciarmos a necessidade da contingência, é atributo da proposição e

[35] Em rigor, só teremos proposições se substituirmos *x* e *y*, valendo-se da linguagem, por casos concretos de estados de coisas, devendo ser aplicada esta mesma observação para outros exemplos que adiante empregamos.

[36] Max Weber, A "objetividade" do conhecimento na ciência social e na ciência política, **Metodologia das ciências sociais**, p. 212 (I).

[37] "Na *deliberação*, o último apetite ou aversão imediatamente anterior à ação ou à omissão desta é o que se chama VONTADE, o ato (não a faculdade) de *querer*". Thomas Hobbes, **Leviatã**, p. 55 (I.VI).

[38] "'Querer' não é o nome de uma ação e, portanto, nem de uma ação voluntária". Ludwig Wittgenstein, **Investigações filosóficas**, p. 214 (613).

não do mundo, em relação sintática, pois quando se afirma que é ela possível, o que se está a expressar, por uma delimitação negativa, é que não é impossível, ou seja, "[...] uma proposição é logicamente possível (ou seja, é uma verdade possível) sempre que não auto-contraditória"[39]. Por outro lado, no que tange à questão empírica, todo o peso é deslocado para o referente, o qual, mesmo não sendo no mundo, ainda assim seria possível que fosse, quando o conceito de possibilidade física "[...] demanda apenas que o fato em questão seja conforme às leis da física, independentemente do poder humano"[40]. De tudo, podemos assentar que, por um turno, o mundo possível, vertido como lógico ou empírico, estabelece os limites para o mundo que deve ser; por outro, do mundo do ser, que é, não se deriva o mundo que deve ser, uma vez que é ele criado pela vontade, por um ato do querer, sem relação de correspondência. No mais, quando é exteriorizada essa proposição prescritiva, a qual cria o dever-ser, temos um enunciado prescritivo.

O enunciado prescritivo, posto por um ato de vontade, tem como significado um dever-ser que é limitado pelo ser ao possível[41]. Aqui temos um ponto, mas podemos, a partir dele, realizar um novo recorte, agora em relação ao tipo de coisa que deve ser, quando nos restringimos à conduta humana ou, simplesmente, à conduta, a qual, em seu sentido lato, compreende um agir e um não agir[42]. Com isso, é "a conduta *x* é" uma proposição que encontra, ou não, correspondência com o mundo, sendo verdadeira ou, a depender, falsa. Já a proposição prescritiva "a conduta *x* deve ser", por não possuir algo que lhe corresponda, contrariamente ao caso da descritiva, não pode assumir os valores de verdade ou falsidade. Logo, da conduta que é, não se obtém a que deve ser, mas uma conduta

[39] Leonidas HEGENBERG, **Dicionário de lógica**: verbete "possibilidade", p. 162.
[40] Hans REICHENBACH, **Experience and prediction**, p. 38-39 (6). Tradução nossa de: "It [concept of physical possibility] demands only that the fact in question be conformable to physical laws, regardless of human power". (Esclarecemos entre colchetes).
[41] "Às vezes as ordens não são cumpridas. Como seria, porém, se as ordens nunca fossem cumpridas? O conceito 'ordem' teria perdido a sua finalidade". Ludwig WITTGENSTEIN, **Investigações filosóficas**, p. 150 (345).
[42] "Actos y abstenciones [...] son dos modos de acción". G.H. von WRIGHT, **Norma y acción**, p. 66 (III.8).

somente deve ser se for possível que seja[43]. Dito isso, para a proposição prescritiva de conduta limitada ao possível, nominemo-la "norma"[44].

Das normas, por conseguinte, não se pode dizer que sejam verdadeiras ou falsas, mas pode ser dito que existam ou não existam, bastando, para tanto, que deixem a mera forma de proposição e sejam enunciadas. Claro que à afirmação "uma norma existe" pode ser atribuído o valor de verdade ou falsidade, mas aqui temos um caso de metalinguagem, que será objeto de estudo mais detalhado à frente, quando "[...] uma língua [é] utilizada para fazer afirmações a respeito de outra língua (então chamada de 'língua objeto')"[45]. De toda sorte, uma prescrição da conduta "*x*", cuja notação é p(x), não equivale à descrição de uma prescrição, pela qual a ação "*x*" é devida, ou, em notação: d[p(x)][46].

Também das normas pode-se dizer que são eficazes ou ineficazes, o que será analisado adiante em detalhes, mas, adianta-se, tomaremos o caso em razão de seus efeitos, sendo as normas tratadas, então, como produtos de atos perlocucionários, cujos exemplos são "[...] convencer, persuadir, disuadir, e incluso, digamos, sorprender o confundir"[47]. De toda sorte, a eficácia da norma pode ser assim apresentada: um estado de coisas não era como deve ser, não obstante, muda, passando a ser como deve ser; um estado de coisas era como dever ser, mas se iria modificar, contudo permanece sendo como deve ser. A ineficácia, por sua vez, dá-se nos seguintes termos: um estado de coisas não era como deve ser e con-

[43] "Se a norma prescreve o que factualmente é impossível, carece de sentido [...]; ou se prescreve o que factualmente é necessário [...], também carece de sentido. Tem sentido *sintático*, mas não tem sentido *semântico* (referencial ou estado-de-coisas)". Lourival VILANOVA, **As estruturas lógicas e o sistema do direito positivo**, p. 72 (II.13).

[44] "[...] da afirmação de que uma norma 'existe' não decorre que ela exista como um fato e, portanto, esteja encerrada na realidade. [...]. A visão de que as normas estão encerradas como fatos na realidade apóia-se na confusão de um ato com seu significado". Hans KELSEN, Uma teoria 'dinâmica' do direito natural, **O que é a justiça?**, p. 183 (II).

[45] Leonidas HEGENBERG, **Dicionário de lógica**: verbete "metalíngua", p. 136 (adaptamos entre parênteses).

[46] "As normas jurídicas são diretivas, as proposições doutrinárias são asserções cuja relação com essas diretivas podem ser indicadas como se segue: A (asserção) = D é direito vigente [...]". Alf ROSS, **Direito e justiça**, p. 63 (II.9).

[47] John AUSTIN, **Cómo hacer cosas con palabras**, p. 155 (IX).

tinua não sendo; um estado de coisas era como deve ser, todavia, cambia para ser como não deve ser[48].

Outro atributo que pode ser dado às normas é quanto a serem elas válidas ou inválidas. Entretanto, haja vista a ambiguidade do termo "validade" [49], há a necessidade de maior explicitação de como vamos usá-lo. Por um lado, não desconhecemos que norma válida é norma que vincula, só que, nesse caso, já estamos no ponto de vista do destinatário, ou seja, de quem tem a conduta regulada. Assim, a vontade constitui a proposição normativa *A*, um dever-ser de conduta, sendo, na sequência, enunciada pelo sujeito S_1, quando se tem, assim, o enunciado normativo *A*; na sequência, o enunciado normativo *A* é interpretado por outrem, S_2, cujo resultado é a proposição normativa *A'* (*A* e *A'* devem sobrepor-se, sob pena de não haver comunicação, mas não necessariamente precisam coincidir, sendo uma questão de grau). Nessa linha, a proposição normativa *A'* seria válida se S_2 sentir-se vinculado a que sua conduta seja como deve ser, quando, então, poderíamos dizer que norma válida, no fundo, significa norma aceita. E aqui não há a necessidade de discutirmos o porquê da aceitação, cujos motivos podem ser inúmeros, indo de um conteúdo prescritivo justo, passando pelo medo de consequências, até se chegar ao fato de que a aceitação se daria porque outros já se conduzem como o prescrito. No entanto, não é por esse caminho que seguiremos, pois, em sentido estrito, teríamos que investigar os sentimentos das pessoas para saber se uma norma é aceita e, portanto, válida, o que não vemos como possível, e mesmo que buscássemos sinais exteriores, ainda assim nos veríamos em problemas, pois, com isso, além de ser campo para a sociologia do direito, provavelmente, igualar-se-ia o agir de acordo ao

[48] "Llamaremos a los sucesos o transformaciones de estado descritas por *pTp*, *pT~p*, *~pTp* y *~pT~p* las cuatro *transformaciones de estado elementales* que son posibles con relación a un estado de cosas (genérico) o característica del mundo dado". G.H. von Wright, **Norma y acción**, p. 48 (II.7).

[49] O adjetivo "válido" pode ser associado, por exemplo, ao ser, à regularidade, à força criadora ou ao ato de provar, conforme Carlos Spitzer, **Dicionário analógico da língua portuguêsa**, p. 27, 50, 65 e 158, respectivamente.

aceitar, provocando, como consequência, a necessidade de se equiparar eficácia e validade[50]. Em razão disso, um outro caminho deve ser trilhado.

"Válido" não será tomado, aqui, como cambiável nem por "verdadeiro" nem por "observado", até porque isso não nos impele a negar que a norma vincula uma conduta como devida, desde que, e esse é o ponto, decorra de um enunciado expedido em razão de outra norma, quando a questão se descola, não estando mais sob holofotes a norma posta, mas a norma que permitiu ou obrigou a expedição dessa norma posta. Por essa linha, se há uma norma anterior à norma que se analisa, estando relacionadas, então o sentido subjetivo dessa última proposição também é seu sentido objetivo, o que não deixa em paralelo com "atos objetivantes" de Edmund HUSSERL, ou seja, aqueles "[...] cuja síntese de preenchimento tem o caráter da identificação e cuja síntese de decepção tem, por conseguinte, o caráter da diferenciação [...]"[51]. Com isso, uma prescrição normativa é válida e, portanto, vincula a conduta, caso aquele que a pôs o fez com base em outra norma, remetendo, assim, o tema da validade de uma norma a uma prescrição normativa prévia, pois se se está diante de uma prescrição normativa válida, então o enunciado – ou significante ou expressão – é o resultado de uma ação normativa, a qual, por sua vez, somente tem tal adjetivação por haver uma norma que a permita ou obri-

[50] "A afirmação de que uma norma ou obrigação é 'compulsória' para o indivíduo significa que ele deve conduzir-se como a norma a norma prescreve. É importante distinguir tão claramente quanto possível entre obrigação nesse sentido normativo do termo e o fato de que um indivíduo tem a idéia de uma norma ou obrigação, de que essa idéia tem certa influência motivadora sobre ele e, finalmente, leva a uma conduta em conformidade com a norma". Hans KELSEN, Uma teoria 'dinâmica' do direito natural, **O que é a justiça?**, p. 194 (VI).

[51] **Investigações lógicas**: sexta investigação, p. 63 (I.II.13). A partir do pensamento de HUSSERL, foi possível a Hans KELSEN construir que, para as normas jurídicas, haveria não só um sentido subjetivo, mas também um objetivo: "Que deveres são deveres, é incontestável, por ser uma tautologia. Mas a pergunta não é se deveres são deveres, e sim se um dever-ser, que se dirige a mim, é uma norma obrigatória, quer dizer, não representa apenas o sentido subjetivo de um ato de vontade dirigido à conduta de outrem, como também um sentido objetivo. Essa é a pergunta legítima. Não havendo resposta para essa pergunta, então não é possível diferenciar entre a ordem de um assaltante e uma sentença judicial". **Teoria geral das normas**, p. 491 (59.I.c.174).

gue[52]. Logo, a proposição prescritiva – ou significado ou conteúdo –, não é meramente um sentido subjetivo, mas é também detentora de sentido objetivo, vinculando uma conduta como devida e oportunizando-se falar de norma válida.

De tudo, já é possível, com KELSEN, empreender uma primeira conclusão: "[o] fundamento de validade de uma norma apenas pode ser a validade de outra norma"[53].

2. Validade da norma jurídica

Norma válida é aquela produzida com fulcro em outra norma. Todavia, há a questão de saber que tipo de norma ela é, o que se faz por meio de "critério de identidade", a partir do qual se tenta identificar entre as normas quais são jurídicas[54]. Dito isso, há vários modos de se aproximar do tema, tal qual para a questão da validade, sendo um dos mais conhecidos aquele que associa a juridicidade da norma à sua justiça[55] ou, por uma linha menos problemática, à sua não injustiça[56]. De nossa parte, seguindo

[52] "Para el modo peculiar de la acción, que tiene como resultado la existencia de prescripciones, acuñamos el nombre *acción normativa*". Georg von WRIGHT, **Norma y acción**, p. 91-92 (V.7). Poderíamos empregar, também, a expressão menos impactante "ato especial": "As normas de uma ordem jurídica têm de ser produzidas através de um ato especial de criação. São normas postas, quer dizer, positivas, elementos de uma ordem positiva". Hans KELSEN, **Teoria pura do direito**, 2.ed., p. 221 (V.1.c).

[53] **Teoria pura do direito**, 2.ed., p. 215 (V1.a).

[54] Isso porque "[e]xisten muchos tipos de normas o reglas de conducta: normas jurídicas, morales, [ ] convencionales [ ], etcétera". Eugenio BULYGIN, Sobre la regla de reconocimineto, *in* Carlos ALCHOURRÓN y ______, **Análisis lógico y derecho**, p. 383 (1). Ou, ainda, "[a]s normas são várias: do uso, do costume [...], das convenções sociais, da moral, etc. As normas do direito positivo são apenas subclasse". Lourival VILANOVA, Teoria jurídica da revolução (anotações à margem de Kelsen), **Revista brasileiro de estudos políticos**, v. 52, p. 101.

[55] Como o termo "justiça" é demasiadamente vago, um modo de delimitá-lo seria encontrar a partir da observação da natureza a conduta devida. Mas caberia responder, então, o porquê seria válido o direito natural. "E a resposta a essa questão é uma hipótese. É a norma pressuposta de que os homens devem obedecer aos comandos da natureza. É a sua norma fundamental". Hans KELSEN, Por que a lei deve ser obedecida?, **O que é a justiça?**, p. 254 (II).

[56] "[...] uma norma meramente injusta pode ser juridicamente válida. Porém, segundo a fórmula que se baseia num mínimo, isso pressupõe que ela apresente um mínimo de justificabilidade moral". Robert ALEXY, **Conceito e validade do direito**, p. 111 (II.2.2).

KELSEN, a justiça ou a injustiça da norma não faz dela, nem impede que seja, uma norma jurídica[57]. Ademais, a legitimidade da autoridade que prescreve a conduta também pode ser tida em conta; contudo, isso é apenas uma postergação, pois a legitimidade não é algo que decorra de uma qualidade intrínseca, própria do dador da norma, mas sim de outra norma, que o elege como autoridade[58]. Outra maneira de se aproximar do tema é associando o jurídico à forma organizacional de aplicação da consequência pela não observância da conduta prescrita, quando seria jurídica a norma garantida de modo institucionalizado[59]. Todavia, por essa linha, seria difícil defender a existência do direito em sociedades primitivas[60]. Por isso, devemos ver a questão por um recorte mais direto

[57] "A nenhuma ordem jurídica positiva pode recusar-se a validade por causa do conteúdo das suas normas. É este um elemento essencial do positivismo jurídico". Hans Kelsen, **Teoria pura do direito**, 2.ed., p. 242 (V.I.i). Assim, "[e]l problema de la validez del Derecho y el de la justicia son dos problemas distintos: el mérito de Kelsen es haberlos distinguido". Norberto BOBBIO, La teoría pura del derecho y sus críticos, **Contribución a la teoría del derecho**, p. 125 (6).

[58] Por um lado, temos "[q]ue toda a pessoa se submeta às autoridades superiores. Pois não existe autoridade a não ser sob [ordem de] Deus e as que existem foram estabelecidas por Deus". ROMANOS 13:1, **Bíblia**: novo testamento: apóstolos, epístolas, apocalipse, p. 203. Mas, por outro, "Deus não pode autorizar uma norma autorizando Deus a emitir ordens, porque Deus é a autoridade suprema. Conseqüentemente, a norma de que os homens devem obedecer aos mandamentos de Deus não pode ser uma norma emitida por uma autoridade; pode ser apenas uma norma pressuposta pela teologia, sua hipótese metafísica, sua norma fundamental". Hans KELSEN, Por que a lei deve ser obedecida?, **O que é a justiça?**, p. 255 (III).

[59] Norberto BOBBIO, em um primeiro momento, mesmo com a ressalva de não ser um "critério exclusivo", diferenciou as normas jurídicas das demais, a partir da análise da sanção que as seguem. Assim, para o italiano, normas jurídicas seriam "[...] aquelas cuja execução é garantida por uma sanção externa e institucionalizada". **Teoria da norma jurídica**, p. 160 (V.42). Todavia, detalhando o raciocínio posteriormente, compreendeu a institucionalização como questão do ordenamento jurídico como um todo, e não das normas jurídicas em particular, expondo que "[...] para definir a norma jurídica bastará dizer que a norma jurídica é aquela que pertence a um ordenamento jurídico, transferindo manifestamente o problema da determinação do significado de 'jurídico' da norma para o ordenamento". **Teoria do ordenamento jurídico**, p. 28 (1.3).

[60] "Acostumado como estamos com procurar uma maquinaria definida da sanção, da administração e da aplicação da lei, nos lançamos à busca de algo análogo na comunidade selvagem e, não encontrando aí quaisquer arranjos semelhantes, concluímos que toda a

e afirmarmos, com KELSEN, que jurídica é a norma cujo fundamento de validade é outra norma jurídica[61]. Assim, norma jurídica é um significado, um conteúdo, que se obtém a partir de algo que é no mundo, um significante ou expressão, contemplado por outra norma jurídica, a qual torna o que é no mundo, o fato, em fato jurídico, como um produtor de normas jurídicas, até porque "[u]m dos efeitos do fato jurídico é o estatuir norma"[62]. Com efeito, uma norma jurídica é criada, diretamente, por um fato jurídico, mas, como um fato apenas pode ser jurídico se assim prescrever outra norma jurídica, ao fim e ao cabo, não será errado dizer que uma norma jurídica é criada, indiretamente, por outra norma jurídica. Clássico caso do toque de Midas[63].

Uma norma jurídica prescreve conduta, que pode ser toda e qualquer, desde que possível. Agora, uma conduta prescrita merece nossa especial atenção: a que assenta significante, ou expressão, cujo sentido é tido objetivamente, e não somente no plano subjetivo, como outra norma jurídica válida. Com isso, estamos diante da mais do que conhecida classificação das normas como de conduta e de competência[64]; mas

lei é obedecida por esta misteriosa propensão do selvagem para obedecê-la". Bronislaw MALINOWSKI, **Crime e costume na sociedade selvagem**, p. 19 (I.1).

61 "Kelsen permanece fiel ao princípio de origem: a identidade de um sistema jurídico, bem como a pertinência de uma lei a um sistema, é determinada pelos fatos de sua criação, por sua origem". Joseph RAZ, **O conceito de sistema jurídico**, p. 127 (V.2).

62 Lourival VILANOVA, **Causalidade e relação no direito**, p. 56 (I.16).

63 "Baco ofereceu [...] a Midas o direito de escolher a recompensa que desejasse, qualquer que fosse ela. Midas pediu que tudo em que tocasse imediatamente fosse mudado em outro". Thomas BULFINCH, **O livro de ouro da mitologia**, p. 59 (VI).

64 Normas de conduta e de competência são as terminologias empregadas por Alf Ross: "As normas jurídicas podem ser divididas, de acordo com seu conteúdo imediato, em dois grupos: normas de conduta e normas de competência. Ao primeiro grupo pertencem as normas que prescrevem uma certa linha de ação [...]. O segundo grupo contém as normas que criam uma competência (poder, autoridade) – são diretivas que dispõem que as normas que são criadas em conformidade com um modo estabelecido de procedimento serão consideradas como normas de conduta". **Direito e justiça**, p. 57 (II.7). Contudo, a nomenclatura pode variar: "Existem normas de comportamento ao lado de normas de estrutura". Norberto BOBBIO, **Teoria do ordenamento jurídico**, p. 45 (2.3). No mais, nem sempre é fácil dizer que a divergência é apenas quanto ao nome, como no caso da separação hartiana das normas em primária e secundária: "Por força das regras de um tipo, que bem pode ser considerado o tipo básico ou primário, aos seres humanos é exigido

não podemos, em razão dessas nomenclaturas, olvidar que as normas de competência também são normas de conduta[65]. Assim, uma norma jurídica regula a conduta, no caso diretamente, mas também há uma norma jurídica que regulou a conduta de pôr certa norma jurídica, quando se diz da situação indireta. E aqui reside um dos tópicos característicos do positivismo jurídico: que todo direito é direito posto, que não há *generatio spontaea*, pois, com efeito, ao menos nos moldes kelseniano, não há um direito revelado nem pela observação da natureza[66], nem pelo perscru-

que façam ou se abstenham de fazer certas acções, quer queiram ou não. As regras do outro tipo são em certo sentido parasitas ou secundárias em relação às primeiras: porque asseguram que os seres humanos possam criar, ao fazer ou dizer certas coisas, novas regras do tipo primário, extinguir ou modificar as regras antigas, ou determinar de diferentes modos sua incidência ou fiscalizar a sua aplicação. As regras do primeiro tipo impõem deveres, as regras do segundo tipo atribuem poderes, públicos ou privados". Herbert Hart, **O conceito de direito**, p. 91 (V.1). Posição, aliás, bem próxima da formulação última de Norberto Bobbio: "São normas de conduta as que, limitando a própria obra à coordenação de ações individuais, estabelecem as condições para obter o máximo de *independência* dos indivíduos que convidem entre si. São normas de organização as que, mediante um trabalho de convergência (forçada) de ações sociais, estabelecem as condições para proporcionar o mínimo de dependência necessário a indivíduos que cooperam entre si". **Da estrutura à função**, p. 121 (6.3).

65 "Uma norma de competência é [...] uma norma de conduta expressa indiretamente". Alf Ross, **Direito e justiça**, p.57 (II.7). Questão que também foi percebida por Norberto Bobbio ao dizer das normas de estrutura que "[...] o comportamento que elas regulam é o de produzir regras". **Teoria do ordenamento jurídico**, p. 45 (2.3). De toda sorte, o mesmo Bobbio, depois de dizer que "[...] a dicção é infeliz, sobretudo no que se refere à expressão 'normas de conduta', porque não deixa claro qual tipo de contraposição é possível [...]", arremata em continuação, afirmando da classificação, "[...] dado que aquilo que conta não é tanto a dicção, mas o modo como ela é empregada, não há dúvidas de que o papel primário a ela atribuído na descrição do ordenamento jurídico revela a importância da contraposição que ela pretende representar". **Da estrutura à função**, p. 121 (6.3).

66 "Quando a doutrina do direito natural deduz da natureza normas imutáveis da conduta justa (reta), o que ela faz é transformar regras do ser em normas do dever-ser e produzir, assim, a ilusão de um valor imanente à realidade". Hans Kelsen, **O problema da justiça**, p. 73 (II).

tar da razão[67], muito menos pela adivinhação da vontade divina[68]. Nesses moldes, KELSEN é nosso Rudolf VIRCHOW[69].

Dito isso, deve-se ter em conta que não se está a menosprezar as implicações dessa posição, mas apenas que não é aqui, em um artigo sobre a norma fundamental, o lugar para discutirmos a norma costumeira – da qual pode ser dita, igualmente como no caso legislado, que é direito posto, na medida em que o fato consuetudinário, do qual é obtida, pode ser tornado à Constituição, que o tem como fato jurídico[70] – ou à norma derivada – pois, por um lado, caso se queira significar, com isso, os princípios lógicos, então não fazem eles parte do direito[71]; ou, por outro, caso a expressão represente as consequências decorrentes de uma primeira interpretação, sendo, portanto, uma sobreinterpretação, e abstraindo

[67] "O que nós designamos como razão é a função cognitiva do homem. A normação, a legislação não é, porém, uma função do conhecimento. [...]. [...] a normação é uma função do querer, não do conhecer". Hans KELSEN, **O problema da justiça**, p. 85 (II).

[68] "[...] se a natureza está sujeita a leis, estas leis são ordens da autoridade transcendente e, portanto, normas – visão esta que está na base da teologia cristã". Hans KELSEN, **O problema da justiça**, p. 73 (II).

[69] "Virchow combinou suas brilhantes observações microscópicas com um enunciado profundo de uma verdade biológica: 'Todas as células vêm das células'". William BYNUM, **Uma breve história da ciência**, p. 205 (26).

[70] "A Constituição também pode [...] instituir como fato produtor de Direito um determinado fato consuetudinário". Hans KELSEN, **Teoria pura do direito**, 2.ed., p. 251 (V.2.b).

[71] Se os princípios lógicos não são normas jurídicas, ainda que derivadas, então a própria existência da lógica jurídica fica ameaçada: "Si los principios lógicos no son aplicables al derecho, KELSEN se pregunta qué sentido tiene hablar de una lógica jurídica [ ]". Mario LOSANO, **Teoría pura del derecho**, p. 172 (III.VIII.6). Nessa linha, "[l]a lógica que se utiliza en la ciencia del derecho no es ninguna lógica 'jurídica' específica". Hans KELSEN, **¿Qué es la teoría pura del derecho?**, p. 22. Ademais, mesmo que o mestre da Teoria Pura do Direito tenha desde o início negado a possibilidade de ser a decisão judicial meramente o resultado de um silogismo, entendia como aplicável ao direito – de forma indireta, ou seja, às proposições da ciência jurídica – os princípios da não contradição, negando o conflito de normas, e da completude, declarando a inexistência de lacunas. Contudo, tal posição, ao menos no que toca ao princípio da não contradição, foi revista: "[...] os dois princípios lógicos mais importantes: o axioma da não contradição e a regra da conclusão não são aplicáveis nem direta nem indiretamente a relações entre normas de direito positivo". Hans KELSEN, Manuscrito direito e lógica (9.6.1965), *in* — e Ulrich KLUG, **Normas jurídicas e análise lógica**, p. 78.

aqui a contenda sobre a existência de uma norma pensada[72], então, ainda assim, estaríamos diante de direito posto, pois se do significante *A*, que é expedido, é interpretado *A'*, e se quem diz *A'* também deve dizer *A"*, então *A"* também é direito posto, uma vez que decorre, mesmo que em segundo grau, de *A*[73].

Nessa altura da exposição, já podemos sacramentar que se há norma jurídica, então é porque outra norma jurídica foi aplicada, sendo esse resultado um enunciado – ou um significante ou, também, uma expressão – do qual se obtém uma proposição prescritiva – ou um significado ou, ainda, um conteúdo[74]. Logo, a prescrição de conduta, a norma jurídica resultante é norma jurídica válida porque tem lastro em outra norma jurídica, o que nos conduz, por conseguinte, a afirmação de que as normas jurídicas "[...] nunca existem isoladamente [...]"[75]. Com efeito, para sabermos se estamos diante de uma norma que vincula, cuja natureza seja

[72] Que um dever-ser meramente pensado não possa ser uma norma jurídica, é posição forte no último Hans KELSEN: "[...] uma proposição normativa meramente pensada não é nenhuma norma válida de uma moral positiva ou de um Direito positivo, não é norma que obrigue, que atribua Direito, que autoriza pessoas". **Teoria geral das normas**, p. 322 (58). Contudo, a completude do ordenamento jurídico apenas pode ser aceita na teoria kelseniana quando se tenha presente, mesmo que não haja qualquer disposição expressa, o entendimento de que "[...] quando a ordem jurídica não estatui qualquer dever de um indivíduo de realizar determinada conduta, permite esta conduta". **Teoria pura do direito**, 2.ed., p. 273 (V.2.g.γ). Nesse caso, fica a questão: seria a completude do ordenamento obtida por meio de uma norma pensada?

[73] Por *A'*, pode-se compreender um fim e, por *A"*, um meio. Agora, imagine que *A"* seja o único meio de cumprir *A'*. Logo, poder-se-ia dizer que quem quer *A'* também quer *A"*, mas se deve ter em conta que "[...] conquanto seja verdade que o fim valoriza os meios, nem sempre ele os justifica, pois o uso destes pode ser condenável em si, ou ter conseqüências, cuja importância pode ultrapassar a do fim buscado". Chaïm PERELMAN e Lucie OLBRECHTS-TYTECA, **Tratado da argumentação**, p. 315 (III.II.64). Logo, "[...] pode-se efetivamente querer o fim sem querer o meio adequado; p. ex.: quando não se conhece o meio apropriado. Por sua vez, se se conhece, pode-se, por qualquer uma razão, não querer aplicá-lo; p.ex., porque se considera imoral ou ilegal". Hans KELSEN, **Teoria geral das normas**, p. 23 (4.I).

[74] "Que a criação de Direito seja, ao mesmo tempo, aplicação de Direito é uma conseqüência imediata do fato de que todo ato criador de Direito deve ser determinado pela ordem jurídica". Hans KELSEN, **Teoria geral do direito e do estado**, p. 195.

[75] Norberto BOBBIO, **Teoria do ordenamento jurídico**, p. 19.

a jurídica, basta verificar se foi produzida de forma ancorada em outra norma jurídica, também válida, compondo o mesmo repertório, a qual, nos termos acordados, denominamos norma de competência. Ocorre que essa norma de competência, para ser igualmente jurídica e válida, deve ser obtida por meio de outra norma jurídica do mesmo conjunto, mas, nesse ritmo, logo se estará a procurar o fundamento do fundamento do fundamento, sendo simples o raciocínio que leva a isso: a norma jurídica é posta por um fato, mas somente se tal fato for jurídico, o que implica outra norma jurídica; essa outra norma jurídica, por ser direito positivo, outrossim foi posta, materializando-se (enunciado) por fato jurídico, o qual somente pode ser interpretado como produtor de norma jurídica se se tomar uma terceira norma jurídica, a qual, por esse princípio, não é fruto de qualquer geração espontânea, mas que foi, igualmente, posta, e assim se continuará. "'Mas então como pode uma aplicação ajudar na compreensão, se ela não é a derradeira explicação? Então a explicação jamais está terminada [...]'"[76]. Poder-se-ia, claro, limitar essa busca pelo fundamento do fundamento do fundamento à primeira constituição histórica; todavia, se a primeira constituição histórica é direito positivo, então também foi posta (e aqui novamente deixamos de promover um desdobramento do que isso significa nos casos em que ela é costumeira), o que nos remete ao fato fundamental[77]. Agora, se o fato fundamental é a base do direito, e não uma outra norma jurídica, então se estará com isso descumprindo a "lei de HUME". Ademais, há outro problema, pois "[s]e um puro fato *F* é a origem empírica de uma *N*, a relação entre esse fato e a norma é extrajurídica: quebra-se a causalidade jurídica, que requer *norma N, fato F* e *eficácia* (efeitos) *E. Sem* N, *a relação jurídica entre* F *e* E *é causa natural*"[78].

[76] Ludwig WITTGENSTEIN, **Investigações filosóficas**, p, 63 (87).

[77] "A revolução é pura facticidade, se tomarmos o jurídico-estatal como critério ou esquema de referência. Se havia ordenamento jurídico, a revolução veio destruí-lo. Posto novo ordenamento, entrou em vigor o sistema normativo oriundo da revolução, a revolução no sistema não entra". Lourival VILANOVA, Teoria jurídica da revolução (anotações à margem de Kelsen), **Revista brasileiro de estudos políticos**, v. 52, p. 89.

[78] Lourival VILANOVA, **Causalidade e relação no direito**, p. 59 (I.17).

Estamos diante, portanto, de um paradoxo[79]: ou se aceita que o fato cria norma jurídica, e se põe por terra a explicação de que as normas são jurídicas em razão de outras normas jurídicas, ou se prossegue com um regresso sem fim, quando sempre se estará a buscar o fundamento do fundamento do fundamento.

3. Causa última na filosofia e teoria política

A ideia de uma construção escalonada do direito, a qual permite identificar uma norma como jurídica em razão de outra norma jurídica, tornar-se-ia inconsistente caso tivéssemos que, continuamente, retomar anterior norma jurídica, uma vez que isso resultaria em um retroceder sem fim. E, diante de tal dificuldade, é que a forma encontrada por KELSEN para sair desse paradoxo foi brilhante, mas, *pari passu*, controversa ao extremo, pois, como solução, pressupôs uma norma, a norma fundamental, a qual, ao mesmo tempo em que impediria o direito de se iniciar por um fato, poria um ponto final ao contínuo retroceder da pesquisa pelo fundamento de validade normativo. Agora, por mais que tenha sido tal proposta recebida com assombros, se deitarmos o olhar em um campo mais amplo do conhecimento, veremos que não é ela algo que já não tenha sido anteriormente experimentado[80]. Ademais, o próprio KELSEN expressa que, "[c]om a formulação da norma fundamental, a Teoria Pura do Direito não pretende inaugurar um novo método de conhecimento"[81]. Assim, primeiramente, antes de conferirmos em detalhes a solução do

[79] "As idéias de conflito ou de dificuldade insuperável parecem acompanhar de maneira estável a idéia de paradoxo [...]". Fernando MARTINHO, Paradoxo, *in* João BRANQUINHO, Desidério MURCHO e Nelson Gonçalves GOMES (ed.), **Enciclopédia de termos lógico-filosóficos**, p. 573.

[80] "Quando a aceitação de certas premissas dá origem a uma regressão infinita ou *ad infinitum*, admite-se freqüentemente que esse resultado é indesejável e apresenta-se então o problema de o evitar". Pedro GALVÃO, Regressão *ad infinitum*, *in* João BRANQUINHO, Desidério MURCHO e Nelson GOMES (ed.), **Enciclopédia de termos lógico-filosóficos**, p. 677.

[81] Hans KELSEN, **Teoria pura do direito**, 1.ed., p. 125-126 (V.29). Ou: "Ao formularmos a norma fundamental, não introduzimos nenhum método novo na ciência do Direito". Hans KELSEN, **Teoria geral do direito e do estado**, p. 170 (X.C.b). Ou ainda: "Com a sua teoria da norma fundamental a Teoria Pura do Direito de forma alguma inaugura um novo método do conhecimento jurídico". Hans KELSEN, **Teoria pura do direito**, 2.ed., p. 228 (V.1.e).

grande mestre, é útil entender em que base teórica é possível enquadrar a norma fundamental.

Nos primórdios, não se necessitava mais do que a realização de simples associação para se explicar o mundo, com tudo não passando de uma retribuição dos deuses ou da natureza, os quais, até certo ponto, eram a mesma coisa[82]. Todavia, a questão ganha novos foros quando o homem desloca a interpretação da realidade para a causalidade, pois, com isso, toda causa passa a ser vista também como efeito, o que conduz a que sempre haja uma outra causa detrás daquela que se aponta como explicação do observado[83]. E, para sermos precisos, foi ANAXIMANDRO o primeiro que, formulando essa ideia em termos filosóficos, trouxe a questão do princípio, atribuindo ao infinito a origem de todas as coisas[84]. Todavia, também é digno de registro que, antes dele, TALES DE MILETO inaugurou a filosofia apresentado para todas as coisas um ponto comum, pois "[a] água seria a *physis*, que, no vocabulário da época, abrangia tanto acepção de 'fonte originária' quanto a de 'processo de surgimento e desenvolvimento', correspondendo perfeitamente a '*gênese*'"[85]. Mas, apesar de individualizar qual seria essa base primeira do mundo, o pai da filosofia não a nominou, não empregando, assim, o termo *arché*[86]. No mais, como

[82] "O princípio fundamental que determina o comportamento do homem primata em relação à natureza é o mesmo que decide sua conduta em relação aos membros de seu próprio e de outros grupos – o princípio social da retribuição". Hans KELSEN, **Society and nature**, p. 48. Tradução nossa de: "The fundamental principle which determines primate man's behavior toward nature is the same at that decides his conduct toward the members of his own and other groups – the social principle of retribution".

[83] "Como se produziu a causa, logo se soube que a causa também era, ou podia ser, uma razão ou motivo da produção do efeito". José Ferrater MORA, **Dicionário de filosofia**: verbete "causa", p. 86.

[84] "Anaximandro dizia que o infinito é o princípio e o elemento das coisas existentes, sendo o primeiro a referir-se a ele pelo nome de princípio". HIPÓLITO, Refutação de todas as heresias, *in* Jonathan BARNES, **Filósofos pré-socráticos**, p. 84 (I.3).

[85] José Américo Motta PESSANHA, Consultoria, *in* José Cavalcante de SOUZA (super.), **Os pré-socráticos**, p. 15.

[86] "A palavra [*arche*] [...] foi primeiramente empregada por Anaximandro. É um termo de difícil tradução. Seu verbo cognato tanto pode significar 'começar', 'iniciar', como também 'reger', 'dirigir'. Uma *arche* é, portanto, um início ou origem, e também uma regra ou princípio diretor". Jonathan BARNES, Introdução, **Filósofos pré-socráticos**, p. 22.

complemento, não podemos esquecer que ANAXÍMENES, aproveitando-se do conhecimento que possibilita formular o mundo por meio de um princípio, já que conhecedor da obra dos outros dois *physis*, apontou como origem de todas as coisas o ar infinito[87]. Fácil perceber, portanto, que os pré-socráticos já se valiam de um corte para pôr fim à sucessão de explicação da explicação – apesar da falta de uma maior exatidão, pois "[a]s idéias de causa, finalidade, princípio, fundamento, razão, explicação e outras semelhantes relacionaram-se entre si com muita freqüência e ocasionalmente se confundiram"[88] –, o que nos leva a pensar que não há nada de novo debaixo do sol[89].

E o mesmo raciocínio vale para a teoria política, pois se deixarmos de lado a ideia de que "[a] natureza compele [...] todos os homes a se associarem"[90], como uma explicação intrínseca, teremos que buscar a causa do viver em sociedade em outras paragens. Só que a investigação, em algum momento, tem de cessar, quando poderemos deparar-nos com o contrato social, aquele que funda o grande Leviatã, a partir do qual, "[...] os indivíduos [...] passam da pluralidade da multidão à unidade do

[87] "Afirmava [Anaxímenes] que o ar infinito é o princípio originário do qual provém tudo quanto caminha para a existência, que já existe e que virá a existir, bem como os deuses e as divindades, ao passo que todo o resto provém dos entes por ele gerados". HIPÓLITO, Refutação de todas as heresias, *in* Jonathan BARNES, **Filósofos pré-socráticos**, p. 91 (I.4). E o porquê da eleição do infinito como princípio primitivo é dado-nos por ARISTÓTELES: "[...] todas las cosas o bien son principio o bien <derivan> de un principio, y no es posible un principio de lo infinito, porque <en tal caso> éste tendría un límite". **Física**, libro III, p. 37 (203b 5-10).

[88] José Ferrater MORA, **Dicionário de filosofia**: verbete "causa", p. 86. Assim, que possa haver certo intercâmbio entre esses termos, é questão mais do que conhecida. E mesmo quando nos prendemos a um único termo, como "princípio", encontramos nele um caráter amplo, pois pode ser tomando, segundo ARISTÓTELES, em nada menos do que seis significados distintos: "(1) [...] a parte de alguma coisa de onde se pode começar a mover-se [...]. (2) [...] o melhor ponto de partida para cada coisa [...]. (3) [...] a parte originária e inerente à coisa a partir da qual ela deriva [...]. (4) [...] a causa primeira e não imanente da geração [...]. (5) [...] aquilo por cuja vontade se movem as coisas que se movem e mudam as coisas que mudam [...]. (6) [...] o ponto de partida para o conhecimento de uma coisa também é dito princípio da coisa [...]". **Metafísica**, v. II, p. 189.

[89] "O que foi, será, o que se fez, se tornará a fazer: nada há de novo debaixo do sol!". ECLESIASTES 1:9, **Bíblia de Jerusalém** p. 1072.

[90] ARISTÓTELES, **A política**, p. 14 (1.11).

homo artificialis que é a sociedade civil ou Estado"[91]. É claro que se pode alegar, ainda, que seria o medo, no fundo, a verdadeira causa da fundação estatal, pois, sem dúvidas, "[...] se não for instituído um poder suficientemente grande para a nossa segurança, cada um confiará, e poderá legitimamente confiar, apenas na sua própria força e capacidade, como proteção contra todos os outros"[92]; portanto, é "[...] para viverem confortável, segura e pacificamente uns com outros [...]"[93] que os homens abdicam de sua liberdade natural. Mas se não há, por um lado, reparos a serem feitos por se dizer que deve haver uma causa para o contrato social, independentemente de qual seja ela, por outro, é não compreender bem as coisas perseguir a causa da causa, pois, uma vez firmado tal contrato, não haveria mais que se questionar as razões detrás dele, já que, com ele, faz-se tábula rasa das relações anteriores, pouco importando, assim, como as pessoas estariam se ainda fosse vigente o estado de natureza[94].

Há, desse modo, causas as quais é possível indagar sobre suas causas (outras) e há, outrossim, a causa primeva, a qual não pode ser investigada, pois perderia, nesse caso, seu caráter de *primus inter pares*[95]. Na filosofia, uma vez se deparando com o princípio, então não há mais o que ques-

[91] Simone GOYARD-FABRE, Contrato social, *in* Denis ALLAND e Stéphane RIALS (org.), **Dicionário da cultura jurídica**, p. 324. Não olvidamos, por óbvio, que "[...] existem várias formas possíveis de contratualismo. Por exemplo, os contratos podem diferir bastante dado o nível de racionalidade que assumem nos participantes (Assume-se uma racionalidade 'perfeita' ou 'normal'?); o nível de conhecimento empírico (Conhecem todos os dados relevantes ou, pelo contrário, têm um nível incompleto e imperfeito de informação?)". Roberto GARGARELLA, **As teorias da justiça depois de Rawls**, p. 15 (I).

[92] Thomas HOBBES, **Leviatã**, p. 144 (2.XVII).

[93] John LOCKE, **Dois tratados sobre o governo**, p. 471-472 (II.VIII).

[94] "[...] o pacto fundamental substitui por uma igualdade moral e legítima a desigualdade física que a natureza possa ter imposto aos homens e que, podendo ser desiguais em força ou gênio, todos eles tornem iguais por convenção e de direito". Jean-Jacques ROUSSEAU, **Do contrato social**, p. 74 (I.IX).

[95] "Devemos distinguir entre duas espécies de causa, a necessária e a divina, e buscar em todas as coisas a divina no interesse de conquistar uma felicidade [...]". PLATÃO, **Timeu**, p. 232 (69a). Com essa classificação, podemos dispor-nos a que nossa busca por um fundamento do fundamento possa prosseguir entre as causas necessárias, mas quando chegarmos à divina, não haverá mais o que especular, devendo-se, simplesmente, aceitá-la, para ser, então, feliz.

tionar, sendo o mesmo raciocínio aplicado à teoria política, pois quando defrontado com o contrato social, dali não mais se pode passar. E, como síntese, podemos dizer que a fundamentação de um ponto remete a outro, o qual, por sua vez, para ser fundamentado, também precisaria de uma nova remissão; contudo, a busca deve findar, tem de cessar, em algum ponto há de parar, quando não se deve ir além, sob pena de perder a própria base da pesquisa[96]. Assim, uma de duas: "[...] ou os pontos de partida serão demonstráveis e terão pontos de partida que são demonstráveis numa regressão *ad infinitum*, ou as verdades primárias serão definições indemonstráveis"[97].

A ideia de que há, independentemente de qual seja, um "[c]omeço, início, iniciação, princípio, primitiva, instauração [...]"[98], não deve causar, assim, qualquer embaraço, uma vez que é tão antiga quanto à própria filosofia, sendo aplicável, no mais, à teoria política. Agora, como KELSEN utilizou essa técnica, dando um fecho – ou um início, a depender do ponto de vista – para sua explicação do direito, é o que veremos a seguir, calcados em cinco livros seus [*Teoria Geral do Estado, Teoria Pura do Direito* (1.ed.), *Teoria Geral do Direito e do Estado, Teoria Dura do direito* (2.ed) e *Teoria Geral da Normas*], sem olvidar, contudo, que "[...] cada intento de reconstruir exactamente la doctrina de la norma fundamental condujo a un laberinto de diversas formulaciones, presentaciones, concepciones"[99].

4. A norma fundamental em kelsen

Em 1911, KELSEN pleiteia não só uma vaga como livre docente na Universidade de Viena, tendo sido aceito, mas também um lugar à mesa entre os grandes juristas com a publicação de "Principais problemas da teoria do direito estatal, desenvolvidos a partir da teoria da proposição

[96] "Se houve eventos anteriores a esse momento, eles não puderam afetar o que acontece no presente. Tal existência pode ser ignorada porque não teria consequências observacionais. Pode-se dizer que o tempo teve início no Big Bang, no sentido de que tempos anteriores simplesmente não teriam definição". Stephen HAWKING, **Uma breve história do tempo**, p. 20 (1).

[97] ARISTÓTELES, ***Órganon***: analíticos posteriores II, p. 316 (III.90b 25-30).

[98] Francisco Ferreira dos Santos AZEVEDO, **Dicionário analógico da língua portuguesa**: verbete "começo", p. 28.

[99] Stanley PAULSON, **Fundamentación crítica de la doctrina de Hans Kelsen**, p. 138 (III).

normativa" (*Hauptprobleme der Staatsrechtslehre, entwickelt aus der Lehre vom Rechtssatz*)[100]. E, nesse trabalho, "[...] Kelsen se concentra, por completo, na análise das leis. *A elaboração das leis e a execução das leis permanecem conscientemente, excluídas*. A obra foi elaborada, portanto, de um ponto de vista estático do direito"[101]. Já a questão da dinâmica jurídica somente ganha corpo a partir das ideias de Adolf MERKL, um aluno do mestre da Teoria Pura do Direito, que apresenta "[...] o conjunto das formas da proposição jurídica como uma hierarquia ou uma construção escalonada com condicionantes e condicionados, ou – por conta dessa relação lógica – como formas da proposição jurídica superordenadas e subordinadas"[102]. Nesse novo plano, o direito passa a ser compreendido em termos de relação, com uma norma jurídica se conectando a outra norma jurídica, estando dada, a partir disso, a necessidade de um último ponto na escala hierárquica. E o aperfeiçoamento dessa concepção veio pelas mãos de outro discípulo, agora Alfred VERDROSS, o qual, ao reconhecer que o arranjo do direito consiste em uma "pirâmide", pergunta: "[...] que regra constitui o topo desse edifício?", para, em seguida, responder: "[é] evidente que não pode ser também uma norma jurídica se denominamos normas jurídicas as regras que derivam de uma vontade jurídica"[103]. Com isso, estava dado o suporte para a formulação da norma fundamental. Entretanto, antes de expormos a evolução da doutrina kelseniana, devemos compreender como as ideias kantianas têm com ela ligação.

Apontar KELSEN como um (neo) kantiano não é algo sem consequências. E não porque seria tal afirmação incorreta – uma vez que, no início, o próprio prócer da Escola de Viena assumiu-se como tributário dessa

[100] Não deixou de acometer a Hans KELSEN um problema comum dos escritores iniciantes, pois a publicação dessa sua obra somente ocorreu depois do dispêndio de "[...] consideráveis custos de impressão que precisei pagar [...]". **Autobiografia de Hans Kelsen**, p. 44-45.

[101] Robert WALTER, A teoria pura do direito, *in* Hans Kelsen, **Teoria pura do direito**, 1.ed., p. 50 (III).

[102] Prolegômenos para uma teoria da construção escalonada do direito, **Escritos de teoria do direito**, p. 263.

[103] O fundamento do direito internacional, **Revista de direito internacional**, v. 10, p. 14 (3.2).

linha de pensamento[104] –, mas porque seria ela incompleta, ao menos por dois motivos: por um lado, o que significaria exatamente ser (neo) kantiano; por outro, em que período dos trabalhos kelsenianos essa influência esteve presente de forma marcante.

Quanto ao primeiro caso, para tratarmos da presença do criticismo na doutrina kelseniana, podemos lembrar que Nicola ABBAGNANO aponta várias concepções para o termo, com uma delas sendo o "[c]onceito de moralidade fundada no imperativo categórico [...]"[105]. Ocorre que a Teoria Pura do Direito não aceita qualquer imperativo categórico[106], uma vez que seria ele a base de um direito natural, mas não de um direito positivo. Com efeito, em Immanuel KANT, a vontade, "[...] na medida em que é capaz de determinar a escolha, ela é [...] a própria razão prática"[107]. Só que "[...] a razão apenas pode exercer influência sobre a vontade se razão e vontade são duas faculdades distintas, não se forem idênticas"[108]. Todavia, à parte uma descoberta futura pela neurociência que as iguale, são coisas distintas razão e vontade, pois a norma é posta, é enunciada pela exteriorização de um ato de vontade, sem que haja a necessidade de alguma razão prévia a embasá-la, em linha com o imperativo categórico. Nesse ponto, podemos afirmar, tranquilamente, que KELSEN nunca foi um kantiano, principalmente quando associamos tal termo a uma doutrina do direito natural, que afasta a vontade e busca fazer prevalecer a razão, pois ao grande jusfilósofo cai muito melhor o epíteto de *flagelo dos*

[104] Em 1927, escreveu Hans KELSEN: "[...] desde o início a filosofia kantiana foi minha estrela-guia. Aceitei-a primeiramente na forma que recebeu dos filósofos da corrente do sudoeste alemão, e principalmente Windelband. [Depois] [v]oltei-me [...] para o estudo dos kantianos de Marburg, especialmente Cohen, cuja teoria do conhecimento teve influência duradoura sobre mim, no entanto, sem que eu a seguisse em todos os pontos". **Autobiografia de Hans Kelsen**, p. 25-26.

[105] **Dicionário de filosofia**: verbete "criticismo", p. 224.

[106] "Um *imperativo categórico* (incondicional) é aquele que representa uma ação como objetivamente necessária e a torna necessária não indiretamente, através da representação de algum fim que pode ser atingido pela ação, mas através da mera representação dessa própria ação (sua forma) e, por conseguinte, diretamente". Immanuel KANT, **Metafísica dos costumes**, p. 35 (I.I.II).

[107] **Metafísica dos costumes**, p. 35 (I.I.II).

[108] Hans KELSEN, **O problema da justiça**, p. 92 (II).

jusnaturalistas[109]. Agora, também podemos tomar o criticismo como uma reflexão "[...] a fim de determinar as condições que garantem (e limitam) a validade da ciência e, em geral, das atividades humanas"[110]. Assim, antes de indagarmos o que conhecemos, deveríamos perguntar-nos o que podemos conhecer, tópico que atua como um limitador[111]. De toda sorte, tomada a questão nesses termos, ao menos no início, então era Kelsen um (neo) kantiano, pois sua preocupação foi, a partir de uma teoria pura, expor o que a ciência do direito poderia e o que não poderia conhecer. Em suas palavras, "[a] Teoria Pura do Direito é uma teoria do direito positivo. [...]. Tentará responder à pergunta 'o que é' e 'como é' o direito e não à pergunta de 'como seria' ou 'deveria ser' elaborado"[112]. Com isso, sua teoria assume, na verdade, o caráter de uma metodologia, pois ensina a fazer ciência a partir de um método, o da pureza, o que não deixa de ter paralelo com Hermann Cohen, para quem "[l]as ciencias espirituales están [...] reunidas en torno al problema de la razón cognoscitiva [...]"[113].

[109] "O mostro tinha nove cabeças, sendo a do meio imortal. Hércules esmagava essas cabeças com sua clava, mas, em lugar da cabeça destruída, nasciam duas outras de cada vez. Afinal, com a ajuda de seu fiel servo Iolaus, o semideus queimou as cabeças da hidra e enterrou a nona, a imortal, sob um enorme rochedo". Thomas Bulfinch, **O livro de ouro da mitologia**, p. 179 (XIX).

[110] Nicola Abbagnano, **Dicionário de filosofia**: verbete "criticismo", p. 224.

[111] "O que primeiro nos tem de ser dado para efeito do conhecimento de todos os objectos *a priori* é o diverso da intuição pura; a *síntese* desse diverso pela imaginação é o segundo passo, que não proporciona ainda conhecimento. Os conceitos, que conferem *unidade* a esta síntese pura consistem unicamente na representação desta unidade sintética necessária, são o terceiro passo para o conhecimento de um dado objeto e assentam no entendimento". Immanuel Kant, **Crítica da razão pura**, p. 109-110 (I.II.I.I.III.10).

[112] Hans Kelsen, **Teoria pura do direito**, 1.ed., p. 67 (I.1). "A Teoria Pura do Direito é uma teoria do Direito positivo [...]. Procura responder a esta questão: o que é e como é o Direito? Mas já não lhe importa a questão de saber como deve ser o Direito, ou como deve ele ser feito". **Teoria pura do direito**, 2.ed., p. 1 (I.1).

[113] Las ciencias espirituales y la filosofía, ***Verbum***, n. 72, p. 52. A partir disso, é possível dizer que "[a] <<teoria pura do Direito>> [...] não se preocupa com o conteúdo, mas só com a estrutura lógica das normas jurídicas; verifica o sentido, a possibilidade e os limites de todo e qualquer enunciado jurídico [...], bem como a espécie e o modo do seus estabelecimento. Desta maneira, é uma *teoria do conhecimento juscientífico* e, como tal, deveria ter-se por completamente distinta da própria ciência do Direito, cuja <<possibilidade>> e método investiga". Karl Larenz, **Metodologia da ciência do direito**, p. 94 (I.III.6). Ques-

Se para o direito positivo o que interessa é a vontade, para a ciência do direito, todo o peso da questão desloca-se para a razão, com o foco sendo aquilo que se pode conhecer, o que faz com que a obra kelseniana tenha um caráter (neo) kantiano, pois [...] la teoría pura del derecho acepta el dualismo kantiano de forma y materia, y erige su teoría del derecho sobre una base formal"[114].

Agora, sobre o período dessa influência kantiana, podemos dizer que ela é certa no início, mas não nos esqueçamos de que KELSEN dedicou uma vida inteira ao estudo do direito e, em razão dessa longevidade, sempre haverá a questão de saber se as modificações em sua teoria foram ajustes ou rupturas, o que, de todo modo, não pretendemos aqui tratar, deixando-a aos cuidados dos kelsenólogos[115]. Todavia, podemos apontar, sem receios, que a concepção kelseniana de ciência do direito, com o passar do tempo, foi perdendo muito de sua racionalidade, no

tão que, no mais, encontra-se expressa na obra kelseniana, quando trata do que seria uma teoria geral do direito: "[...] una teoría que no se limita a un determinado orden jurídico o a determinadas normas jurídicas. [...]. La teoría pura del derecho quiere ser una *teoría general del derecho* de este tipo". Hans KELSEN, **¿Qué es la teoría pura del derecho?**, p. 8-9.

[114] William EBENSTEIN, **La teoría pura del derecho**, p. 27 (I).

[115] Que haja na obra tardia de Hans KELSEN uma ruptura, é ideia que podemos encontrar em Alberto CALSAMIGLIA: "Es certo que la teoría pura del derecho ha sido reconstruida y reelaborada por el proprio Kelsen durante varios decenios. Pero los câmbios que há sufrido [...] responden a um desarrolho natural de sus primeiras obras. Sin embargo, creo que em la *Teoría General de las Normas* la renuncia a tesis fundamentales introducen cambios sustanciales en la Teoría pura del derecho". Sobre la teoría general de las normas, **Revista Doxa**, n. 2, p. 101. Ou em Stanley PAULSON: "La cuestión es la doctrina tardía puede verse como otra fase de la Teoría Pura del Derecho o como su desmontaje. Yo tendo a sostener lo último [...]". **Fundamentación crítica de la doctrina de Hans Kelsen**, p. 155 (III.1). Ou, ainda, em Pierluigi CHIASSONI: "Como consequência dessas mudanças, Kelsen adota uma concessão mais radicalmente descritiva, mais radicalmente realista e empirista, sobre as tarefas da ciência jurídica, abandonando o construcionismo". **O enfoque analítico na filosofia do direito**, p. 448 (V.3.3). Por fim, Mario LOSANO, depois de um estudo histórico sobre o pensamento kelseniano, chega mesmo a afirmar que "[...] hoy podemos constatar que esta teoría no aparece como um todo simétrico, sino más bien como uma heterogénea cantera de material jurídico". **Teoría pura del derecho**, p. 85 (III.13). Todavia, também é seu o entendimento de que "[a] teoria pura do direito é [...] uma teoria que contém os elementos da sua própria evolução futura, e não da própria destruição". Mario LOSANO, Introdução, *in* Hans KELSEN, **O problema da justiça**, p. XXXII (9).

sentido de reconstrutora sistemática do mundo, pois passou a não mais eliminar as contradições de seu objeto[116]. Com isso, no seu ponto de partida, se era KELSEN, indubitavelmente, um (neo) kantiano, não se pode bradar essa mesma certeza em relação às últimas obras[117]. De toda sorte, é com tal concepção teórica, a do cientista racional do direito, que devemos abrir os estudos sobre a norma fundamental, uma vez que, nos termos do próprio mestre da Teoria Pura do Direito, deve ela "[...] – e se é lícito aplicar *per analogiam* um conceito da teoria do conhecimento de Kant – ser designada como a condição lógico-transcendental desta interpretação"[118].

Seguindo a linha kantiana, por meio das formas puras de intuição, os incontáveis fenômenos podem ser dispostos um depois do outro (tempo)

[116] Durante a maior parte de sua vida, Hans KELSEN entendeu que "[...] os princípios lógicos em geral e o princípio da não-contradição em especial podem ser aplicados às proposições jurídicas que descrevem norma de Direito e, assim, indiretamente, também podem ser aplicadas às normas jurídicas". **Teoria pura do direito**, 2.ed., p. 229 (V.1.e). Todavia, no fim, cambiou de posição, passando a adotar que "[d]o fato de que o princípio lógico da não-contradição encontra aplicação a enunciados sobre o cumprimento de normas que estão em conflito um com a outra não resultam porém, que este princípio lógico encontre aplicação a normas que estão em conflito". **Teoria geral das normas**, p. 280 (57.XI).

[117] "Na atualidade querer 'achar' a influência de Kant na obra de Kelsen é empreender a busca inglória de procurar o que se diluiu". José Florentino DUARTE, Palavras do tradutor, *in* Hans KELSEN, **Teoria geral das normas**, p. XI. No mais, é digo de nota que "[...] o nome de Hermann Cohen não seja citado nem uma única vez na segunda edição de *Reine Rechtslehre* [...]. Norberto BOBBIO, Estrutura e função na teoria do direito de Kelsen, **Da estrutura à função**, p. 185 (9).

[118] Hans KELSEN, **Teoria pura do direito**, 2.ed., p. 225 (V.1.d). "Kelsen fala significativamente da norma fundamental como pressuposto lógico-transcendental do direito. A assonância com a filosofia kantiana é proposital; o paralelismo com esta última, explícito [...]". Mario LOSANO, **Sistema e estrutura no direito**, v. 2, p. 92 (I.II.12). De toda sorte, em razão de tal caráter lógico-transcendental, é possível evitar a armadilha do positivismo ideológico, uma vez que a norma fundamental "[...] não tem nenhum caráter ético-político, mas apenas um caráter teórico-gnosiológico". Hans KELSEN, **O problema da justiça**, p. 117 (II). Assim, "[...] a ideia da norma fundamental [...] pode servir [...] para impedir que a teoria positivista do direito (o 'positivismo teórico', ou positivismo como teoria do direito) seja – inconscientemente (?) – submetido ao chamado 'positivismo ideológico' (o positivismo como ideologia do direito positivo) [...]". Pierluigi CHIASSONI, **O enfoque analítico na filosofia do direito**, p. 510 (V.5.12).

e um após o outro (espaço)[119]. Em KELSEN, a diversidade de normas jurídicas pode ser conduzida à unidade, dado que a validade de qualquer norma jurídica "[...] pode ser referida a uma única norma [...]"[120]. Assim, mesmo havendo uma variedade de normas jurídicas, todas elas podem ser dispostas em torno de um ponto comum, uma vez que "[...] la teoría pura del derecho busca abarcar los diferentes fenómenos – constitución, reglamento, decisión judicial, contrato privado – en un sistema unitario"[121]. Queda claro, portanto, que tal unidade não é encontrada no objeto, ao menos não pronta e acabada, mas é fruto da reconstrução promovida por uma ciência do direito que siga o método da Teoria Pura do Direito, pois, "[a]té então, a análise do material jurídico apenas conduziu a uma *série* de formas da proposição jurídica com muitos elos. A partir de agora, a tarefa é reunir essas formas da proposição jurídica dadas pela experiência em relações lógicas, cuja existência funda pela primeira vez o sistema jurídico"[122]. Desse modo, é de sua face estruturadora, de seu caráter lógico-transcendental mestre, que a norma fundamental concede

[119] "[...] há duas formas puras da intuição sensível, como princípios do conhecimento a priori, a saber, o espaço e o tempo [...]". Immanuel KANT, **Crítica da razão pura**, p. 63 (I.I.1).

[120] Hans KELSEN, **Teoria geral do estado**, p. 40 (II.I.17). Nesse mesmo sentido: "Uma pluralidade de normas forma uma unidade, um sistema, um ordenamento, quando sua validade pode ser atribuída a uma única norma, como fundamento último dessa validade". Hans KELSEN, **Teoria pura do direito**, 1.ed., p. 121 (V.27). Ou: "Todas as normas cuja validade podem ter sua origem remontada a uma mesma norma fundamental formam um sistema de normas, uma ordem". Hans KELSEN, **Teoria geral do direito e do estado**, p. 163 (X.A.a). Ou ainda: "Todas as normas cuja validade pode ser reconduzida a uma e mesma norma fundamental formam um sistema de normas, uma ordem normativa". Hans KELSEN, **Teoria pura do direito**, 2.ed., p. 217 (V.1.a).

[121] William EBENSTEIN, **La teoría pura del derecho**, p. 157 (IV). "La norma fundamental representa la razón de validez de todas la[s] normas que pertenecen a un mismo orden jurídico". Hans KELSEN, **¿Qué es la teoría pura del derecho?**, p. 20 (corrigimos entre colchetes).

[122] Adolf MERKL, Prolegômenos para uma teoria da construção escalonada do direito, **Escritos de teoria do direito**, p. 282.

ao caos, que é a variedade incontável de normas jurídicas, uma base única e ao mesmo tempo última[123].

Nesse ponto é que necessitam ser bem separadas as coisas, pois, no direito positivo, a constituição é quem ocupa o ápice do sistema normativo, mas, quando já feita a reconstrução do direito positivo pela ciência do direito, quem passa a se posicionar na cúspide é a norma fundamental, podendo-se falar, então, de constituição em sentido lógico[124].

[123] Uma "[...] teoria logicista propõe-se demonstrar a redutibilidade das proposições da matemática (pura) a proposições da lógica". MS LOURENÇO, Logicismo, *in* —, Desidério MURCHO e Nelson Gonçalves GOMES (ed.), **Enciclopédia de termos lógico-filosóficos**, p. 510. Dito isso, podemos verificar se é correta uma das mais conhecidas objeções à teoria kelseniana, a de que seria logicista. Por um lado, o apontamento tem seu fundo de verdade, pois Hans KELSEN – indiretamente, por meio da ciência do direito – defendeu, até a Teoria Geral da Normas, a aplicação da lógica ao direito positivo, dando margens a especulações sobre se, de alguma forma, propunha uma redução deste àquela, o que, todavia, não seria possível, pois, "[s]em levar em conta a distinção entre leis lógicas e regras ou normas jurídicas que se fundam em leis lógicas, ou as põem como conteúdo de normas, incorre-se em desacerto na teoria do Direito". Lourival VILANOVA, **As estruturas lógicas e o sistema do direito positivo**, p. 185. Também, como desdobramento dessa primeira crítica, seria possível encaixar a obra kelseniana como logicista, agora por meio de sua vertente kantiana. Assim, "[s]e ha hablado de logicismo em la teoría pura del derecho no porque em ella se utilizara la formalización sino porque exige que el derecho tenga las mismas propriedades que la teoría de impone". Albert CALSAMIGLIA, Sobre la teoría general de las normas, **Revista Doxa**, n. 2, p. 99. Por outro, com a posição final de Hans KELSEN, a de que a lógica não seria aplicável ao direito, ao menos não os princípios da conclusão e da não-contradição, entendemos a questão como superada, uma vez que se aproxima do realismo, conforme exposto por Pierluigi CHIASSONI: "A filosofia de Kelsen revela-se realista [...], seja a nível epistemológico, seja a nível teórico". **O enfoque analítico na filosofia do direito**, p. 520 (VI.2.2). No entanto, como não é possível agradar a todos, com a guinada surgiu outra "acusação", a de que passou KELSEN a ser um irracionalista: "[...] la actual teoría kelseniana debe ser ubicada entre las teorias no cognoscitivas del derecho [...], o bien entre las teorias irracionalistas [...]". Mario LOSANO, **Teoría pura del derecho**, p. 64 (III.6).

[124] Para Hans KELSEN, a norma fundamental, podemos chamá-la de "[...] Constituïção no sentido ideial da palavra, por oposição às Constituïções positivas". **Teoria geral do estado**, p. 42 (II.I.17). Ou seja, "[...] a norma fundamental é a instauração do fato fundamental da criação jurídica e pode, nestes termos, ser designada como constituição no sentido lógico-jurídico, para distinguir da Constituição em sentido jurídico-positivo". **Teoria pura do direito**, 2.ed., p. 222 (V.1.c).

Assim, "[...] la norma fundamental [...] puede ser considerada la constitución en sentido lógico-jurídico de un ordenamiento jurídico, y como tal debe distinguirse claramente de la constitución en sentido jurídico positivo"[125]. E, com isso, somos conduzidos a concluir que, por um lado, a norma fundamental é ordenadora, mas, por outro, não é ela mesma parte do que ordena; logo, as normas são postas, mas a norma fundamental é pressuposta[126].

Agora, ao tomarmos a norma fundamental como pressuposta, e não como norma posta, corolário da Teoria Pura do Direito, somos conduzidos a dois questionamentos: em um, por quem é pressuposta?; em outro, como é pressuposta? Primeiramente, vamos analisar aquele; depois este.

[125] Mario LOSANO, **Teoría pura del derecho**, p. 19 (I.5).

[126] Que a norma fundamental seja uma suposição ou pressuposição, é marca da teoria kelseniana: "[...] se o Estado é soberano, é porque a validade [...] deriva [...] de uma regra que se supõe ser a primeira das normas fundamentais, aquela que já não é necessário justificar ou deduzir". Hans KELSEN, **Teoria geral do estado**, p. 41 (II.I.17). "Somente sob a suposição da norma fundamental pode o material empírico ser interpretado como direito [...]". Hans KELSEN, **Teoria pura do direito**, 1.ed., p. 125 (V.29). "[...] pressupondo-se a norma fundamental, a constituição é o nível mais alto dentro do Direito nacional". Hans KELSEN, **Teoria geral do direito e do estado**, p. 182 (XI.B.a). "Como norma mais elevada, ela [a norma fundamental] tem de ser *pressuposta*, visto que não pode ser *posta* por uma autoridade, cuja competência teria de ser fundar numa norma ainda mais elevada". Hans KELSEN, **Teoria pura do direito**, 2.ed., p. 217 (V.1.a). "[...] um ordenamento da Moral ou do Direito positivo não representa um sistema de normas de igual ordem, senão de sobre-e-sob-normas [...], cujo escalão superior é a Constituição fundamentada pela pressuposta norma fundamental [...]". Hans KELSEN, **Teoria geral das normas**, p. 331-332 (59.I.f). Entretanto, como notado nos excetos acima, nas traduções para o português, ora usa-se o termo "supor" e seus derivados, ora "pressupor" e seus derivados. De fato, no original, Hans KELSEN utiliza o termo "Voraussetzung" [entre muitas passagens, aqui destacamos: **Reine rechtslehre**, 1.aufl., s. 77 (V.29) e **Reine rechstlehre**, 2.aufl., s. 204 (V.34.d)], que significa "[...] algo sem o qual algo determinado não pode ser justificado". Max HUEBER, **Wörterbuch Deutsch als Fremdsprache**, wort "Voraussetzung", s. 669. Tradução nossa de "[...] etwas, ohne das etwas bestimmtes stützt [...]". Disso, e pelo texto kelseniano, ao se entender a norma fundamental como algo que concede validade a outras normas, temos de tomá-la, então, como um "[...] supor antecipadamente [...]", o que nada mais é do que um "pressuposto" (Antônio HOUAISS e Mauro de Salles VILLAR, **Dicionário Houaiss da língua portuguesa**, verbete: "pressuposto", p. 2293) e, nesta linha, traduzir o termo alemão em questão – mas não como "suposto" ou "condição" –, o que está de acordo, inclusive, com Edel EHLERS e Gunter EHLERS, **Michaelis tech**: verbete "Voraussetzung", p. 246-247.

Da norma, dizemos que é posta, o que significa que seu enunciado está no mundo; todavia, ao ser interpretado, obtém-se dele um dever-ser de conduta, mas, para que tal prescrição seja considerada válida, deve haver outra norma em que se lastreie, o que conduz, por sua vez, a um regresso ao infinito. E, para pôr um basta a esse encadeamento ilimitado, é que tem lugar a pressuposição de uma norma última, a qual, todavia, não pode ser posta. Assim, pode-se dizer que, utilizando a forma de indeterminação do sujeito, pressupõe-se a norma fundamental ou, pela voz passiva, que a norma fundamental é pressuposta. Agora, se se pretende passar de uma construção na qual não se sabe quem pratica a ação para uma situação na qual haja tal especificação, então se deve apresentar quem pressupõe a norma fundamental, o que é feito pela teoria kelseniana expondo, em um primeiro momento, que quem a pressupõe é o jurista[127]; contudo, tal entendimento foi ampliado posteriormente, chegado a todos aqueles que interpretam o ordenamento jurídico. Ou seja,

> [à] questão: quem pressupõe a norma fundamental? Responde a Teoria Pura do Direito: todo aquele que pensa (interpreta) o sentido subjetivo do ato constituinte e dos atos postos de acordo com a Constituição como seu sentido objetivo[128].

[127] No sentido de ser o jurista aquele que pressupõe a norma fundamental, podemos citar as seguintes passagens: "Deseja apenas [a Teoria Pura do Direito] salientar o que todos os juristas – quase sempre sem o saber – fazem [formulam a norma fundamental] quando, na apreensão de seu objeto, recusam um direito natural do qual se poderia originar a validade do ordenamento jurídico positivo, além de esse direito positivo ser um ordenamento válido, não apenas como um fato, ligado à motivações, mas como norma". Hans Kelsen, **Teoria pura do direito**, 1.ed., p. 126 (V.29). "Todos os juristas [a] pressupõem, a maioria deles involuntariamente, quando consideram o Direito positivo como um sistema de normas válidas, e não apenas um complexo de fatos, e quando, ao mesmo tempo, repudiam qualquer Direito natural do qual o Direito positivo receberia sua validade". Hans Kelsen, **Teoria geral do direito e do estado**, p. 170 (X.C.b). Por fim, deve-se ressalvar que essa formulação, de ser o jurista quem pressupõe a norma fundamental, foi ampliada na 2 ª edição da Teoria Pura do Direito, passando a ser todo aquele que interpreta a norma em termos jurídicos. Contudo, volta a reaparecer em sua forma restritiva, apenas o jurista, na obra kelseniana de publicação póstuma: "[...] como jurista, se pressupõe que se deve conduzir como historicamente prescreve a primeira Constituição". Hans Kelsen, **Teoria geral das normas**, p. 327 (59.I.b).

[128] Hans Kelsen, **Teoria pura do direito**, 2.ed., p. 421 (V.1.d.6). E se são todos aqueles

Essa é a resposta, em termos kelsenianos, ao primeiro questionamento sobre quem pressupõe a norma fundamental: todo aquele que interpreta a norma posta pressupõe a norma fundamental, pois somente assim poderá, visando a fundamentar a validade em termos normativos, compreender o sentido subjetivo da prescrição também como seu sentido objetivo, configurando sua pressuposição, desse modo, uma condição necessária[129]-[130].

que interpretam o ordenamento jurídico quem pressupõem a norma fundamental, isso, por óbvio, inclui o legislador, o qual interpreta a Constituição para aplicá-la "[...] os órgãos legiferantes, quando interpretam como normas objetivamente válidas o sentido subjetivo do ato constituinte e dos atos postos com o fundamento na Constituição, pressupõem a norma fundamental". Hans KELSEN, **Teoria pura do direito**, 2.ed., p. 420 (V.1.d.5).

[129] A princípio, Hans KELSEN foi direto quanto à necessidade de pressuposição, como se percebe das seguintes passagens: "Ela é apenas a expressão da necessária suposição de todo o conceito positivista do material jurídico. **Teoria pura do direito**, 1.ed., p. 125 (V.29). "A norma fundamental é apenas uma pressuposição necessária de qualquer interpretação positivista do material jurídico. **Teoria geral do direito e do estado**, p. 170 (X.C.b). Mas abrandou seu entendimento, na linha de que a pressuposição é sim possível, mas não necessária, como verificamos em obras posteriores: "Dizer que podemos pressupor a norma fundamental de uma ordem jurídica positiva mas que não temos necessariamente de a pressupor significa que podemos pensar as relações inter-humanas em questão, normativamente [...], mas não temos de as pensar necessariamente assim; que as podemos pensar sem pressupostos [...], como relações de força [...], isto é, sociológicas de não juridicamente". **Teoria pura do direito**, 2.ed., p. 243 (V.1.i). "A norma fundamental pode, mas não precisa ser pressuposta. O que a Ética e a Ciência do Direito dela enunciam, é: somente *se* ela pressuposta pode ser interpretado o sentido subjetivo dos atos de vontade dirigidos à conduta de outrém (sic) [...] como normas jurídicas ou morais obrigatórias". **Teoria geral das normas**, p. 328 (59.I.c). Ocorre que tal mudança deve ser tida mais como uma adequação vernacular do que como uma alteração de entendimento, pois até se poderia pensar um ordenamento jurídico sem pressupor a norma fundamental, mas, com isso, não se faria ciência do direito, uma vez que apenas quando pensado por meio da norma fundamental é que se estaria diante de algo estritamente jurídico, o que implica sim que a pressuposição da norma fundamental seja uma necessidade e não meramente uma possibilidade na teoria kelseniana.

[130] Hans KELSEN não aponta a pressuposição da norma fundamental como uma necessidade *per se*, mas como voltada a uma função. Em um ponto, ela "[c]onfere ao ato do primeiro legislador e, por isso, a todos os demais atos que repousam no ordenamento jurídico, o sentido de 'dever ser' [...]". **Teoria pura do direito**, 1.ed. p. 125 (V.29). Em outro, "[a] função desta norma fundamental é: fundamentar a validade objetiva de uma ordem jurídica

Agora, dado que todo aquele que interpreta o ordenamento jurídico em termos normativos pressupõe a norma fundamental como uma necessidade, resta a questão de saber como se daria essa pressuposição. Nesse ponto, não nos podemos esquecer de que em filosofia e em teoria política, nos termos já apresentados, o ponto final de uma fundamentação, visando a se evitar um regresso ao infinito, tem a função de um axioma ou postulado[131], uma construção do pensamento que não tem por base uma reprodução da realidade, mas que, mesmo assim, serve de instrumento para a reconstrução do objeto investigado. Na verdade, por não ser a realidade acessível em toda a sua complexidade é que se busca, para explicá-la, o amparo de auxiliares, os quais não são submetidos aos valores verdadeiro ou falso. Nessa linha, não pode ser a norma fundamental uma hipótese, como KELSEN inicialmente afirmou[132], pois não pode ser

positiva [...]". **Teoria pura do direito**, 2.ed., p. 226 (V.1.d). E pode mesmo ser vista como um fim: "O fim do pensamento da norma fundamental é: o fundamento de validade das normas instituintes de uma ordem jurídica ou moral positiva, é a intepretação do sentido subjetivo dos atos ponentes dessas normas como de seu sentido objetivo [...]". **Teoria geral das normas**, p. 329 (59.I.d). Com isso, "[...] introduce la 'norma fundamental' tanto para formular un normativismo sin derecho natural como un positivismo sin reduccionismo, y al mismo tiempo poder integrar elementos de ambos principios en su propia teoría". Stanley PAULSON, **Fundamentación crítica de la doctrina de Hans Kelsen**, p. 137 (III.).

131 Tomamos neste artigo "axioma" e "postulado" por sinônimos, pois "[a] maioria dos autores considera hoje que não se pode manter a diferença clássica entre axioma e postulado. O que se chama 'axioma' também pode chamar-se "postulado". Basta descartar a duvidosa expressão 'evidente por si mesmo' [...]". José Ferrater MORA, **Dicionário de filosofia**: verbete "postulado", p. 570.

132 "A norma fuudamental (sic) de uma norma suprema ou soberana, não pode [...] ser uma norma positiva, mas apenas uma norma suposta, hipotética". Hans KELSEN, **Teoria geral do estado**, p. 41 (II.I.17). E a mesma ideia também se encontra presente em: "A Teoria Pura do Direito opera com essa norma jurídica fundamental como se fora uma situação hipotética. Sob a suposição de que ela vale, vale também o ordenamento jurídico sob a qual repousa". Hans KELSEN, **Teoria pura do direito**, 1.ed., p. 125 (V.29) (sobre o erro de tradução desta passagem, veja-se nota adiante). No mais, podemos reforçar que o estudo da teoria kelseniana, até a publicação póstuma da Teoria Geral das Normas, sempre conduziu ao entendimento de que a norma fundamental era uma hipótese, pois "[a] hipótese última do positivismo jurídico é a norma que autoriza aquele que foi historicamente o primeiro legislador". Hans KELSEN, **Teoria geral do direito e do estado**, p. 170 (X.C.b). Nessa linha, de norma jurídica em norma jurídica, remontar-se-ia "[...] até abicar finalmente na

submetida a qualquer teste de confirmação ou infirmação, uma vez que se sabe de antemão que ela não existe[133]. Logo, a norma fundamental, agora com lastro em VAIHIGER, somente pode ser uma ficção, na linha de que "[o] pensamento faz desvios: frase que contém o verdadeiro segredo de todas as ficções: e [...] ficções são apenas pontos de passagem do pensamento e não da realidade"[134]. Assim, com base em tais lições, formulou KELSEN uma última posição sobre o tema[135]:

norma fundamental hipotética – pressuposta. A norma fundamental – hipotética, nestes termos – é [...] o fundamento de validade último que constitui a unidade desta interconexão criadora". Hans KELSEN, **Teoria pura do direito**, 2.ed., p. 247 (V.2.a).

133 Em várias passagens, a norma fundamental aparece como um rótulo que se afixa a um método, o que permitiria, quando tomada nesses termos, que fosse investigado se o método é ou não empregado em determinada obra jurídica. Assim, "[c]om a teoria da norma fundamental, a Teoria Pura do Direito só procura desvendar as condições lógico-transcendentais praticadas desde tempos imemoriais, do método do conhecimento positivo, através de uma análise do procedimento factual". Hans KELSEN, **Teoria pura do direito**, 1.ed., p. 126 (V.29). Ou "[a] constatação de que a norma básica realmente existe na consciência jurídica é o resultado de uma simples análise de enunciados jurídicos concretos". Hans KELSEN, **Teoria geral do direito e do estado**, p. 170 (X.C.b). Ou, ainda, "[a] teoria da norma fundamental é somente o resultado de uma análise do processo que o conhecimento jurídico positivista desde sempre tem utilizado". Hans KELSEN, **Teoria pura do direito**, 2.ed., p. 228 (V.1.d). No entanto, não cremos que a pressuposição da norma fundamental possa ser tomada como algo passível de verificação em sentido empírico, pois "[...] a tese de que a norma fundamental apenas traz à consciência aquilo que os juristas fazem quando entendem o direito exclusivamente como direito positivo não é uma afirmação empírica da prática jurídica, mas explicita ou define o ponto de vista do positivista jurídico". Robert ALEXY, **Conceito e validade do direito**, p. 117 (3.III.1.1).

134 **Philosophie des als ob**, s. 175 (I.B.25). Tradução nossa de: "Das Denken macht Umwege: dieser Satz enthält das eigentliche Geheimnis aller Fiktionen; und [ ] Fiktionen eben nur Durchganspunkte des Denkens, keineswegs des Seins, sind". No mais, "[...] sua tese [de Vaihinger, em *Filosofia do como se* (1911)] é que todos os conceitos, categorias, princípios e hipóteses utilizados pelas ciências e pela filosofia são *ficções* desprovidas de validade teórica, muitas vezes intimamente contraditórias, que são aceitas e mantidas enquanto são úteis". Nicola ABBAGNANO, **Dicionário de filosofia**: verbete "como se", p. 154.

135 Não pretendemos discutir se o contido na obra publicada postumamente, *Teoria Geral das Normas*, corresponde realmente ao entendimento último de KELSEN, mas aqui nos bastam as palavras de Kurt RINGHOFER e Robert WALTER: "Numa série de aspectos, Kelsen modificou e alterou sua opinião. Precisamente esta última circunstância recomenda levar a obra à publicação científica: ela deve – não importando o ponto de vista que finalmente se reconheça como correto – tornar-se conhecida com a última posição do pensamento

> A norma fundamental de uma ordem jurídica ou moral positivas [...] não é positiva, mas meramente pensada, e isto significa uma norma fictícia, não o sentido de um real ato de vontade, mas sim de um ato meramente pensado. Como tal, ela é uma pura ou "verdadeira" ficção no sentido da vaihingeriana Filosofia do Como-Se, que é caracterizada pelo fato de que ela não somente contradiz a realidade, como também é contraditória em si mesma[136].

Todo aquele que interpreta a norma posta com sentido objetivo, e não somente subjetivo, fá-lo por meio da pressuposição da norma fundamental, sendo disso possível extrair a diferença patente entre a natureza da norma jurídica e a da norma fundamental, pois, enquanto aquela é posta, é enunciada por autoridade competente, e existe no mundo, esta é pressuposta por meio de uma ficção, já que não é enunciada por nenhuma

de Kelsen sobre a Teoria das Normas". Introdução, *in* Hans Kelsen, **Teoria geral das normas**, p. XVI. Agora, sobre a norma fundamental ser, para Hans KELSEN, uma ficção, já estava ele bem próximo disso quando expôs: "Se [...] a norma fundamental não pode ser o sentido subjetivo de um ato de vontade, então apenas pode ser o conteúdo de um ato do pensamento". **Teoria pura do direito**, 2.ed., p. 227 (V.1.d). De toda sorte, em artigo publicado ainda em 1963 é possível encontrar o entendimento de que a norma fundamental seria uma ficção, o que afasta qualquer dúvida sobre seu último posicionamento: "Tive de modificar minha teoria da norma fundamental em sua apresentação. Não pode haver normas meramente pensadas, ou seja, normas que são o sentido de um ato de pensamento, não o sentido de um ato de vontade. O que se pensa como fundamento é a ficção de um ato de vontade que não existe na realidade". Die Grundlagen der Naturrechslehre, **Österreichische Zeitschirift für öffentliches Recht**, XIII, s. 120. Tradução nossa de: "Ich mußte meine Lehre von der Grundnorm in ihrer Darstellung modifizieren. Es kann nicht bloß gedachte Normen geben, d.h. Normen, die der Sinn eines Denkaktes, nicht der Sinn eines Willensaktes sind. Was man sich bei der Grund denkt, ist die Fiktion eines Willensaktes, der realiter nicht besteht".

136 Hans KELSEN, **Teoria geral das normas**, p. 328 (59.I.d). Apesar de ter dado conta de que a norma fundamental seria uma ficção somente próximo ao fim, justamente com base na filosofia do *como se*, não se pode deixar de apontar que Hans KELSEN conhecia a obra de VAIHINGER, ao menos, desde 1919, ano da publicação de *Zur Theorie der juristischen Fiktionen*: "A ficção caracteriza-se, de acordo com Vaihinger, tanto pela sua finalidade quanto pelo meio com o qual alcança sua finalidade. A finalidade é o conhecimento da realidade efetiva; o meio, uma falsificação, uma contradição, um artifício, um desvio e um ponto de passagem do pensamento". **Sobre a teoria das ficções**: com especial consideração da filosofia do "como se" de Vaihinger, p. 63 (I).

autoridade e, portanto, não existe no mundo como direito positivo. E aqui temos, em termos kelsenianos, a resposta ao segundo questionamento: todo aquele que pressupõe a norma fundamental o faz com uma ficção.

De toda a sorte, a pressuposição, questão à parte quem e como, põe fim no regresso ao infinito, podendo a norma fundamental, com isso, ser definida também de modo negativo, pois seria ela aquela que "[...] não pertence a nenhuma outra ordem, a nenhum outro sistema de regras positivas [...]"[137]. Assim, por esse mesmo enquadramento, seria ela a "[...] norma cuja validade não pode ser derivada de uma norma superior"[138]. E até se pode dizer que a norma fundamental "[é] uma norma-'fundamento', pois acerca da razão de sua validade não mais pode ser indagada [...]"[139]. Agora, o ponto em comum de todas essas observações é que a norma fundamental, na formatação kelseniana, é o fundamento das normas jurídicas, mas não é ela mesma fundamentada, ou, nas palavras de Robert ALEXY, a norma fundamental "[...] é uma norma que fundamenta a validade de todas as normas de um sistema jurídico, salvo a própria"[140].

Porém, não se deve pensar que, por ser pressuposta, não tenha a norma fundamental um conteúdo, uma vez que, por um ângulo, ela "[...] determina que devem respeitar-se as regras formuladas pelo órgão que elaborou a primeira Constituïção [...]"[141]; e, por outro, confere "[...] poder criador de Direito ao primeiro legislador e a todos os outros atos basea-

[137] Hans KELSEN, **Teoria geral do estado**, p. 41 (II.I.17). Por outro turno, mas nesse mesmo sentido, ainda se pode apresentar a norma fundamental como a "[...] norma cuja validade não pode ser derivada de uma norma superior". Hans KELSEN, **Teoria geral do direito e do estado**, p. 163 (X.A.a). Assim, pode-se dizer que ela "[é] uma norma-'fundamento', pois acerca da razão de sua validade não mais pode ser indagada [...]". Hans KELSEN, **Teoria geral das normas**, p. 328 (59.I.c). Ou, nas palavras de Robert ALEXY, que a norma fundamental "[...] é uma norma que fundamenta a validade de todas as normas de um sistema jurídico, salvo a própria". **Conceito e validade do direito**, p. 114 (3.III.1.1).

[138] Hans KELSEN, **Teoria geral do direito e do estado**, p. 163 (X.A.a).

[139] Hans KELSEN, **Teoria geral das normas**, p. 328 (59.I.c).

[140] **Conceito e validade do direito**, p. 114 (3.III.1.1).

[141] Hans KELSEN, **Teoria geral do estado**, p. 42 (II.I.17). Ou, "[e]m forma abreviada: devemos conduzir-nos como A Constituição prescreve". Hans KELSEN, **Teoria pura do direito**, 2.ed., p. 224 (V.1.c).

dos no primeiro ato"[142]. Assim, em linhas gerais, negativamente, a norma fundamental não possui fundamento em nenhuma outra norma e, em sentido positivo, é pressuposta como um particular conteúdo, que pode ser, todavia, desdobrado em duas prescrições: uma, a quem a Constituição posta é dirigida; outra, ao legislador constituinte originário. Questão que, aliás, pode receber um aclaramento, com destaque para o elemento coação: "[a] coação deve ser exercida sob condições e da maneira determinada pelo primeiro constituinte ou das instâncias por ele delegadas: essa é a formulação esquemática da norma fundamental [...]"[143]. E, com isso, só se está a sublinhar a destinação dúplice da norma fundamental, que se dirige, indiretamente, a quem aplica a coerção instituída por norma do direito positivo, como, diretamente, a quem expede o direito positivo que contém a ordem coercitiva. Mas aqui se faz salutar chamar a atenção para o fato de que a norma fundamental de um ordenamento jurídico tem por foco os destinatários, ou seja, aqueles que, mediata ou imediatamente, deverão criar ou aplicar as normas jurídicas, mas não a temática que será por eles prescrita[144], sendo a razão disso que, "[c]onforme a espécie de

[142] Hans KELSEN, **Teoria geral do direito e do estado**, p. 170 (X.C.b). Ou seja, "[e]sta norma fundamental autoriza a pessoa, ou pessoas que historicamente estabeleceram a primeira constituição para a estatuição de normas que representam, historicamente, a primeira Constituição". Hans KELSEN, **Teoria geral das normas**, p. 327 (59.I.b).

[143] Hans KELSEN, **Teoria pura do direito**, 1.ed., p. 124-125 (V.28). "[...] atos coercitivos devem ser executados sob as condições e da maneira determinadas pelos 'pais' da constituição ou pelos órgãos por ele delegados. Esta é, esquematicamente formulada, a norma fundamental [...]". Hans KELSEN, **Teoria geral do direito e do estado**, p. 169 (X.C.a). "[...] a norma fundamental determina: a coação deve ser exercida sob os pressupostos e pela forma determinados pela Constituição [...]". Hans KELSEN, **Teoria pura do direito**, 2.ed., p. 232.

[144] Nesses termos, "[...] a norma fundamental só determina por quem as normas da ordem moral ou jurídica devem ser estabelecidas [...], sem fixar o conteúdo das normas que devem ser estabelecidas por esta autoridade autorizada". Hans KELSEN, **Teoria geral das normas**, p. 330 (59.I.e). Em sentido contrário, buscou Robert ALEXY dar-lhe conteúdo: "Pode-se inserir na formulação da norma fundamental uma cláusula que considere o argumento da injustiça". **Conceito e validade do direito**, p. 125 (3.III.1.4). Só que, com isso, a norma fundamental pode estar em contradição com o direito positivo, no sentido de direito que é globalmente eficaz, o que conduziria Hans KELSEN a rechaçar a tentativa, pois "[a] norma fundamental de uma ordem jurídica positiva não é de forma alguma uma norma de justiça". **O problema da justiça**, p. 117 (II).

norma fundamental [...], pode-se distinguir duas espécies de ordenamento [...]"[145]. Em uma situação, material-estática, que é principalmente o caso dos ordenamentos morais, "[...] as várias normas da moral já estão contidas numa norma fundamental [...]"[146]; em outro, dinâmico-formal, cujo exemplo primeiro é o ordenamento jurídico, da "[...] norma fundamental não se pode deduzir logicamente as normas do sistema jurídico. Devem ser produzidas por um ato institucional especial – que não é ato racional – mas volitivo"[147].

Por fim, a forma como se compreende a questão do direito internacional e do direito nacional, quando as opções são a primazia de um ou de outro, mas não o dualismo, tem reflexos de monta na concepção da norma fundamental[148]. Vejamos ...

[145] Hans KELSEN, **Teoria pura do direito**, 1.ed., p. 122 (V.27). No mesmo sentido: "De acordo com a natureza da norma fundamental, podemos distinguir dois tipos diferentes de ordens ou sistemas normativos: sistemas estáticos e dinâmicos". Hans KELSEN, **Teoria do direito e do estado**, p. 163 (X.A.b). Ou ainda: "Segundo a natureza do fundamento de validade, podemos distinguir dois tipos de sistema de normas: um tipo estático e um tipo dinâmico". Hans KELSEN, **Teoria pura do direito**, 2.ed., p. 217 (5.1.b).

[146] Hans KELSEN, **Teoria pura do direito**, 1.ed., p. 122 (V.27). Assim, no sistema estático, "[a] força de obrigatoriedade da norma fundamental é, ela própria, auto-evidente, ou pelo menos, presume-se que o seja". Hans KELSEN, **Teoria geral do direito e do estado**, p. 164 (X.A.b).

[147] Hans KELSEN, **Teoria pura do direito**, 1.ed., p. 123 (V.28). Assim, em um sistema dinâmico, "[a]s normas particulares da ordem jurídica não podem ser logicamente deduzidas a partir dessa norma fundamental [...]. Elas têm de ser criadas por um ato especial de vontade, e não concluída a partir de uma premissa por meio de uma operação intelectual". Hans KELSEN, **Teoria geral do direito e do estado**, p. 164 (X.B.a). Ou seja, "[a] norma fundamental apenas fornece o fundamento de validade e já não também o conteúdo das normas que formam este sistema. Esse conteúdo apenas pode ser determinado através de atos pelos quais a autoridade a quem a norma fundamental confere competência e as outras autoridades que, por sua vez, recebem daquela a sua competência, estabelecem as normas positivas deste sistema". Hans KELSEN, **Teoria pura do direito**, 2.ed., p. 220 (V.1.b).

[148] A posição kelseniana sobre a primazia do direito das gentes é mais do que conhecida, pois seria o direito internacional quem "[...] delega [a juridicidade a todos] os ordenamentos jurídicos de cada um dos Estados e, assim, compreende todos eles". Hans KELSEN, Juízo sobre a tese de Umberto Campagnolo, *in* Mario LOSANO (org.), **Direito internacional e estado soberano**, p. 132 (IV). Todavia, nem sempre foi esse o entendimento do mestre da Teoria Pura do Direito: "É [...] impossível afirmar que só a teoria da supremacia da ordem jurídica internacional se justifica cientificamente". Hans KELSEN, **Teoria geral do estado**,

Por um lado, sendo a preferência dada ao direto nacional, deve-se concluir que não há detrás dos atos normativos do legislador constituinte originário qualquer norma de direito posto, mas apenas a norma fundamental, a qual, por sua vez, é pressuposta. Em razão disso, se há uma alteração, sem ser nos termos das disposições prescritas constitucionalmente, por aquele que é o legislador constituinte, então o que ocorre é a própria alteração da norma fundamental, apontando-se um novo legislador constituinte, pois, "[c]om o tornar-se eficaz da nova Constituição, modificou-se a norma fundamental [...]"[149], permitindo-se arrematar, a partir disso, que

> [...] o Estado só permanecerá idêntico a si mesmo enquanto a Constituïção se mantiver imutável ou quando seja modificada de acordo com os preceitos da sua própria lei. Se, pelo contrário, a Constituïção fôr transformada revolucionariamente, sem respeito pelas formas prescritas [...], precisamos de supor uma outra norma fundamental. [...]. Mas, desta forma, fica quebrada a continuidade da evolução jurídica. O Estado fundado sôbre a nova Constituïção, não é idêntico ao que se apoiava na antiga, e que, por conseguinte, se fundava numa norma fundamental diferente[150].

p. 51 (II.I.19.c). Assim, de início, Kelsen apenas reconhecia a impossibilidade de serem válidos, de forma independente, tanto o direito internacional como o nacional. Todavia, sob qual dos dois deveria a ciência do direito ser construída, era algo que não poderia ser delineado pela cognição.

[149] Hans Kelsen, **Teoria pura do direito**, 2.ed., p. 234 (V.1.f).

[150] Hans Kelsen, **Teoria geral do estado**, p. 49 (II.I.19.b). Logo, "[n]um Estado até então monárquico, um grupo de pessoas tenta, por meio de uma revolta violenta, substituir um governo legítimo, monárquico, por um governo republicano. Se for bem sucedido [...], interpretam-se os atos realizados na execução como atos jurídicos [...]. Pressupõe-se uma nova norma fundamental, não mais a dos monarcas, mas a que delega autoridade ao governo revolucionário como sendo a autoridade juridicamente estabelecida. Se a tentativa for malograda [...], o ato executado não será interpretado como uma promulgação de Constituição, mas será crime de alta traição [...]". Hans Kelsen, **Teoria pura do direito**, 1.ed., p. 126-127 (V.30). Nessa mesma linha, "[s]uponha-se que um grupo de indivíduos tente conquistar o poder pela força, a fim de depor o governo legítimo de um Estado até então monárquico e introduzir uma forma republicana de governo. Se forem bem-sucedidos [...], então essa ordem é considerada como uma ordem válida. [...]. Mas isso significa que se pressupõe uma nova norma fundamental. [...] Se os revolucionários fracassarem [...],

Por sua vez, dando-se o primado ao direito internacional, então o que temos fundamentando os atos do legislador constituinte nacional é uma norma de direito positivo, o qual é prescrito como aquele que expede normas jurídicas eficazes[151]. Mas agora, havendo alteração do legislador constituinte nacional, em razão da eficácia, não há ruptura, pois a norma de direito internacional positivo, fundamento de validade das normas nacionais, continua com o mesmo conteúdo. Por fim, não se deve perder de vista que tal norma de direito positivo internacional é uma norma costumeira, que é eficaz e, em remessa, busca seu fundamento de validade na norma fundamental[152]. Logo,

> [...] o direito internacional positivo admite que um poder que, no seu conjunto, consegue fazer-se obedecer pela população de determinado território, deve ser considerado como uma autoridade legítima, em relação a êsse território e a esses indivíduos – nem que êle seja um usurpador ou um grupo revolucionário e a ordem por êle estabelecida resulte, por conseguinte, de uma violação da Constituïção até essa data em vigor. [...]. A continuidade jurídica é, por esta forma, mantida, mesmo em caso de revolução ou de golpe de Estado[153].

seu empreendimento é interpretado não como ato criador do Direito [...], mas como ato ilícito, como crime de traição [...]". Hans KELSEN, **Teoria geral do direito e do estado**, p. 173 (X.C.d). Ou "[s]e a revolução não fosse bem-sucedida [...] não haveria qualquer motivo para pressupor uma nova norma fundamental no lugar da antiga. Então a revolução não seria interpretada como um processo de produção de Direito novo, mas – como crime de alta traição". Hans KELSEN, **Teoria pura do direito**, 2.ed., p. 235 (V.1.f).

151 Afirma Pierluigi CHIASSONI, analisando a teoria kelseniana, para o caso de se assumir "[...] que os ordenamentos jurídicos estatais estejam subordinados ao direito internacional [...], então a norma fundamental de um ordenamento jurídico estatal é uma norma positiva, de direito internacional positivo". **O enfoque analítico na filosofia do direito**, p. 499 (V.5.12). De nossa parte, entendemos como indevido nominar de norma fundamental a norma positiva do direito internacional que fundamenta o direito nacional, uma vez que isso pode provocar confusão sobre sua real natureza.

152 "[...] por que devem observar as normas do direito consuetudinário internacional? [...]. Kelsen responderia que tais normas são conjuntamente eficazes, e, portanto, pode-se pressupor, com fins cognitivos, a norma segundo a qual devemos nos comportar assim como prescrevem os costumes internacionais". Pierluigi CHIASSONI, **O enfoque analítico na filosofia do direito**, p. 500 (V.5.12).

153 Hans KELSEN, **Teoria geral do estado**, p. 50 (II.I.19.b). No mesmo sentido: "Esse legitima [o direito internacional] [...] um poder que se estabelece de fato e delega na

Em largas passadas, esse é o pensamento kelseniano sobre a norma fundamental. Com isso, passemos, de pronto, às críticas que contra ele são formuladas.

5. Críticas

Com a adoção do escalonamento normativo, passou KELSEN a compreender o direito como um conjunto no qual todas as normas estariam relacionadas; com a opção pela norma fundamental, evitou o *regressus ad infinitum*, ao mesmo tempo que buscou observar a "lei de HUME". Então, como decorrência, todas as normas jurídicas passaram a apresentar a mesma base de validade. No mais, a norma fundamental foi tida como uma pressuposição, com o que, pretensamente, resolveu-se o problema da facticidade como a origem do direito, pois o fato fundamental, na teoria kelseniana, somente ocupa tal posto por se subsumir à norma fundamental. Mas essa proposta – inusitada até então no mundo jurídico; comum, porém, na seara filosófica e política – provocou polêmicas em torrente e acabou convertendo-se em ponto-chave para a compreensão da Teoria Pura do Direito, com KELSEN e a norma fundamental tornando-se sinônimos, sendo muitos dos reparos ao trimegisto, no fundo, uma crítica dirigida à sua norma fundante. Assim, em boa parte da oposição doutrinária, encontramos que discordar de KELSEN equivale a não aceitar sua proposta de fecho para o ordenamento jurídico. No mais, como síntese, pode-se apontar que "[a] polêmica concentra-se em quatro

esfera desse ordenamento coercitivo estabelecido, à medida que é realmente eficaz. Este princípio da efetividade, que é um princípio jurídico do direito internacional, atua como norma fundamental dos diferentes ordenamentos jurídicos estatais singulares [...]". Hans KELSEN, **Teoria pura do direito**, 1.ed., p. 129 (V.30.c). Ou ainda: "O princípio de que uma ordem jurídica deve ser eficaz para ser válida é, em si, uma norma positiva. É o princípio de eficácia pertencente ao Direito internacional. [...]. Desse modo, as normas fundamentais das diversas ordens jurídicas nacionais são, elas próprias, baseadas em uma norma geral da ordem jurídica internacional". Hans KELSEN, **Teoria geral do direito e do estado**, p. 177 (X.C.i). Assim, o teor da norma fundamental é: "[...] os Estados [...] devem conduzir-se nas suas relações mútuas em harmonia com um dado costume dos Estados, ou: a coação de um Estado contra outro deve ser exercida sob os pressupostos e pela forma correspondente a um dado costume dos Estados. É esta a constituição – lógico-jurídica do Direito internacional". Hans KELSEN, **Teoria geral do direito**, 2.ed., p. 241 (V.1.h).

pontos: a necessidade, a possibilidade, o conteúdo e o *status* da norma fundamental"[154].

5.1 Necessidade

A crítica quanto à necessidade de se pressupor a norma fundamental concentra-se em: "A. – representa una *reduplicación*. [...]. B. – [...] los juristas, éstos en realidad no suponen ni acuden a una norma fundamental. [...]. C. – La norma jurídica quizá se intente conservar por cuestiones de estética jurídica"[155]. Feita a demarcação, passemos, então, a investigar a correção dessas oposições.

De pronto, deve-se dizer que somente há de se perguntar pela necessidade da norma fundamental, de se indagar sobre sua imprescindibilidade, quando se está em um ponto de vista normativo, pois, para outras aproximações, a questão pode-se dar de modo diverso, sem sua pressuposição[156]. Logo, o tópico ganha uma delimitação de saída, pois "[...] la norma fundamental [...] es indispensable solamente para proporcionar una explicación positivista de la validez de ese ordenamiento"[157]. O que, de nossa parte, complementamos dizendo que uma explicação do direito por meio da estruturada escalonada, na qual a validade de uma norma decorre de outra norma, não pode prescindir, *prima facie*, de um ponto final normativo, pois ou descambaria para um regresso ao infinito ou con-

[154] Robert ALEXY, **Conceito e validade do direito**, p.117 (III.3.1.1).

[155] Albert CALSAMIGLIA, Sobre la teoría general de las normas, **Revista Doxa**, n. 2, p. 91.

[156] Se, por exemplo, a inferência lógica precisar de uma "lei da inferência" para ser compreendida, então até certo ponto, pode servir de paralelo à necessidade de um ordenamento jurídico somente poder ser explicado na presença da pressuposição de uma norma fundamental. Mas, como registro, na opinião de Ludwig WITTGENSTEIN, tal "lei" seria supérflua: "Se *p* se segue de *q*, posso inferir *p* de *q*; deduzir *p* de *q*. O modo de inferência há que ser derivado das duas proposições por elas mesmas. Só elas próprias podem justificar a inferência. 'Leis de inferência', às quais – como em Frege e Russel – cumpra justificar as inferências, não têm sentido e seriam supérfluas". ***Tractatus logico-philosophicus***, p. 207 (5.132).

[157] Mario LOSANO, **Teoría pura del derecho**, p. 145 (VI.3). De forma mais analítica: "[...] a teoria da norma fundamental é necessária ao tipo de ciência jurídica que se apresenta com a exigência de depurar o direito de todo elemento estranho e que, assim, deve explicar todo o direito apenas mediante o direito". Mario LOSANO, **Sistema e estrutura no direito**, v. 2, p. 68 (I.II.7).

ceberia a origem do ordenamento jurídico em descompasso com o postulado de que um dever-ser precisa se vincular a um outro dever-ser. Nessa linha geral, para a pergunta: "[...] a norma fundamental é supérflua? [...]. A resposta é não"[158].

Mas, tal resposta, se não é incorreta, ao seu turno, é incompleta, pois não se pode perder de vista que não há uma necessidade empírica de se pressupor a norma fundamental, uma vez que é indubitável que "[o]s praticantes do direito documentam-se sobre a validade de uma norma recorrendo ao "Diário Oficial' e não à norma fundamental [...]"[159], tendo, ademais, o próprio KELSEN apontando, por exemplo, que um anarquista não pressupõe a norma fundamental[160]. Ou seja, a pressuposição da norma fundamental não é algo que seja feito por todos, ao menos não conscientemente; e, quanto a dizer que todos a pressupomos, mesmo que inconscientemente, seria mais um jogo de palavras, pois teríamos de dizer que se deve pressupor, de modo necessário, que a norma fundamental é pressuposta. Portanto, se há necessidade, deve-se apontar, primeiramente, que tipo de necessidade seria, questão que deixamos em aberto por ora, para tratarmos mais à frente, mas já podemos adiantar que, empiricamente, inexiste uma indispensabilidade, pois é um fato, algo que é no mundo, que nem todos pressupõem a norma fundamental, o que, quando tomado por esse ângulo, dá razão à objeção (B).

Agora, ao lado de não haver uma necessidade de fato, pois nem sempre a norma fundamental é pressuposta, há a situação, ainda, em que nem todos estão dispostos a aceitar que um dever-ser somente decorre de um dever-ser. Assim, por um lado, "[a] norma fundamental é necessá-

[158] Robert ALEXY, **Conceito e validade do direito**, p. 119 (3.III.1.2).

[159] Mario LOSANO, Introdução, *in* Hans Kelsen, **O problema da justiça**, p. XXIV.

[160] "[...] não existem argumentos científicos capazes de convencer um anarquista de que as relações dos indivíduos assentam, não sôbre a força pura, mas sôbre regras jurídicas, porque esta intepretação supõe a aceitação prévia do postulado da existência dessa norma fundamental [...]".**Teoria geral do estado**, p. 51. Todavia, posteriormente, apontou que esse exemplo "[...] induz em erro. [...]. O anarquismo é uma posição política, baseada num determinado desiderato. A interpretação sociológica, que não pressupõe a norma fundamental, é uma posição teorética. Também um anarquista pode, como jurista, descrever um Direito positivo como um sistema de normas válidas sem aprovar este Direito". **Teoria pura do direito**, 2.ed., p. 425 (V.1.i.17).

ria para superar o espaço entre fatos e normas, entre o 'ser' e o 'dever-ser'. Mas esse espaço somente existe se normas são compreendidas como normas fundamentadas. Desde que elas sejam compreendidas como normas sociais, então o espaço desaparece" [161]. A partir disso, seria "[...] possível renunciar sem grandes prejuízos à ideia de que a teoria jurídica deve pressupor a norma fundamental"[162]. Todavia, abdicar da norma fundamental provoca, para dizermos o mínimo, um desequilíbrio na teoria que assim proceda, pois, por um lado, todos os fatos produtores de normas jurídicas seriam explicados de um ponto de vista normativo, mas, por outro, o fato fundamental da primeira constituição careceria da mesma notação, ficando à mercê de uma explicação *ad hoc*. Quanto a tal objeção, pode-se opor, claro, que a elegância da teoria não teria o condão de impor a necessidade da norma fundamental, mas não se pode perder de vista que há certa relação entre, por um lado, o esmero e, por outro, o apuro de uma construção conceitual; ademais, se a airosidade, *per se*, não disporia de tal prerrogativa, a coerência, por seu turno, sim a teria. De resto, se a teoria da norma fundamental concebe uma explicação única para todos os eventos, sem recorrer à casuística, então vai além da mera elegância. Assim, é caso de se recusar (C).

Por fim, pode-se pôr em questionamento se realmente um ponto de vista normativo não poderia ser implementado sem uma pressuposição ou se, em outros termos, não haveria, mesmo sem a norma fundamental, outra outra possibilidade de se explicar o direito como uma ordem escalonada, respeitando-se, no mais, a "lei de HUME". Caso a resposta seja um sim, então é o caso de se confrontar a nova teoria com a da norma fundamental, nos termos da "navalha de OCKHAM" [163], para eleger-se qual delas deve prevalecer. De toda sorte, a norma fundamental não poderia

[161] Joseph RAZ, Kelsen's theory of the basic norm. **The american journal of jurisprudence**, v. 19, p. 111 (IX). Tradução nossa de: "The basic norm is needed to bridge the gap between facts and norms, between the 'is' and the 'ought'. But this gap exists only if norms are understood as justified norms. Once they are understood as social norms then the gap disappears".

[162] Joseph RAZ, **O conceito de sistema jurídico**, p. 184 (VI.2).

[163] "Pode-se dizer que o princípio da E. [Economia] foi formulado pela primeira vez por Ockham, no séc. XIV [...]. [...]. Mais tarde, com o nome de *navalha de Ockham*, esse princípio foi expresso com a fórmula "*Entia non sunt multiplicanda praeter necessitatem*", na forma

mais ser vista como uma necessidade, pois haveria, mesmo que mais custosa, outra possibilidade. Ocorre que não se pode meramente apontar que, em princípio, haveria outras hipóteses legítimas e, com isso, afastar a necessidade da norma fundamental, pois se deve também, concretamente, expor a teoria substitutiva, bem como testá-la face às questões do regresso *ad infinitum* e da impossibilidade de se derivar um dever-ser de um ser. Nessa linha, uma formulação interessante, que merecerá uma análise detalhada abaixo, é a que aponta a primeira constituição como o ponto de partida do raciocínio, pois, com isso, estar-se-ia eliminado o retroagir contínuo, bem como se respeitando que no início da ordem jurídica esteja um dever-ser[164]. (O ponto fraco, todavia, é que deixa sem

que se encontra a partir da *Lógica vetus et nova* (1654) de Clauberg". Nicola Abbagnano, **Dicionário de filosofia**: verbete "economia", p. 298 (explicitamos entre colchetes).

164 Que a norma fundamental seja uma duplicação, é a posição de Herbert Hart: "Parece ser [a norma fundamental] uma duplicação repetida e inútil sugerir que há uma regra ulterior estabelecendo que a constituição (ou os que << a editaram >>) deve ser obedecida". **O conceito de direito**, p. 275 (VI) (esclarecemos entre colchetes). E Norberto Bobbio poderia ser posto entre tais acusadores: "[...] se pregunta cuál es el fundamento de la norma fundamenta [...], oímos responder [...] que el fundamento de esta norma última, al no poder ser otra norma superior, es su eficacia [...]. [...]. Ahora bien, después de esta explicación la norma fundamental ha terminado siendo perfectamente superflua [...]".Sobre el principio de legitimidad, **Contribución a la teoría del derecho**, p. 303 (6). Todavia, devemos lembrar que já tinha o italiano afirmado antes que "[...] não pode existir um ordenamento sem norma fundamental". **Teoria do ordenamento jurídico**, p. 62 (2.6). Ou, ainda, que "[s]e definirmos fonte do direito como o ato ou o fato ao qual é vinculada a produção de normas jurídicas, o problema se formula assim: quem ou o que vincula a produção das normas a tal ato ou a tal fato? [...]. Para responder esta pergunta parece-nos inevitável formular a teoria de uma *norma fundamental* que está na base do ordenamento jurídico. Somente assim se pode fechar o sistema, assegurar a unidade formal do ordenamento". **O positivismo jurídico**, p. 200 (V.51). É claro que se pode dizer que houve mudança de opinião, quando a norma fundamental passa de necessária à supérflua, contudo, há um texto último, posterior no tempo, que retoma a importância da norma fundamental: "[...] el mismo ordenamiento jerárquico, constituido por normas que establecen poderes y por poderes que crean normas, se presenta de dos formas distintas según se mire de abajo arriba o de arriba abajo: en la primera dirección aparece como una subida de normas y en la segunda como una bajada de poderes. [...]. El que las dos escalas terminen en la norma fundamental o en el poder soberano depende manifiestamente [...] del distinto punto de partida. Pero la elección de uno u otro punto de partida es solamente cuestión de oportunidad". Del poder al derecho y viceversa, **Contribución a la teoría del derecho**, p. 367

explicação o fato fundamental, que põe a constituição). De todo modo, temos um forte candidato como meio alternativo à norma fundamental, podendo corroborar a prescindibilidade dela, pois seria uma duplicação desnecessária, dando razão, portanto, à objeção (A).

5.2 Possibilidade

Que a norma fundamental seja uma necessidade, é algo passível de crítica, a qual, para ser pertinente, deve especificar, primeiramente, o que se entende pelo próprio termo "necessidade" e, a partir disso, avançar na análise se, realmente, seria imprescindível uma pressuposição. Agora, não se pode olvidar que essa apreciação somente pode ser feita caso já se tenha por subentendido a possibilidade de a norma fundamental compor uma teoria do direito. Contudo, não são poucos os que negam a viabilidade de um cenário contendo a pressuposição da norma última, mesmo que como algo meramente imaginável, quando a questão pode ser assim resumida: se o fim ou a função da norma fundamental é servir como identificadora do que é o direito – e, por conseguinte, do que não é o direito –, então a norma fundamental não é possível, pois somente quando se conhece de antemão o ordenamento jurídico é que se pode pressupô-la; e, por essa linha, se já é conhecido anteriormente qual é o direito, então não seria aceitável que tenha ela a função ou o fim de identificá-lo. Em outra palavras,

> [...] somente quando alguém souber quais normas pertencem a um ordenamento jurídico é que poderá descobrir por meio de quais atos elas foram criadas, e assim revelar o conteúdo da norma fundamental do sistema. Não é possível reverter o processo e, tendo como referência a norma fundamental, descobrir qual norma pertence ao sistema[165].

(4). Por toda essa oscilação, cremos que Kelsen poderia dizer a Bobbio o mesmo que Ludwig Wittgenstein afirmou a Russell e Moore: "Não se preocupem. Sei que vocês nunca o entenderam". *Apud* David Edmonds and John Eidinow, **Wittgenstein's poker**, p. 49 (5). Tradução nossa de "Don't worry. I know you'll never undestand it".

[165] Joseph Raz, **O conceito de sistema jurídico**, p. 136 (V.3). E não é outro o apontamento de Lourival Vilanova: "Não é a norma fundamental que produz ou traz ao nível da existência, o fato fundamental. Ao contrário, dado o fato fundamental, para colhê-lo em termos de conhecimento dogmático, pressupõe-se a norma que lhe corresponde,

E a crítica, quando formulada nesses termos, é mais do que pertinente, pois a norma fundamental não pode mesmo identificar o que é o direito, uma vez que ela apenas tem lugar – somente pode ser pressuposta – quando ele já se encontra posto em primeiro plano, ou seja, quando é conhecido. Assim, é caso de se dar razão à objeção de que "[...] la norma fundamental existe solo en un momento posterior a aquel en que comienza la existencia real de un ordenamiento jurídico"[166]. No mais, quando há a concorrência de duas ordens em um mesmo território, não seria possível, a partir da norma fundamental, saber qual é o lícito e qual é o ilícito, pois se deve conhecer previamente qual é qual, para somente então – já tendo a identificação do direito –, apontar-se a norma fundamental que lhe é pressuposta[167]. Questão que pode ser transmutada, aliás, para a discussão sobre a prevalência do monismo nacional ou internacional, pois, primeiramente, deve-se decidir qual ordem tem a primazia para só depois se pressupor a norma fundamental.

Mas, a partir desse correto reparo, não se pode realizar uma extensão e jogar fora junto, além da água da bacia, a norma fundamental, sob pena de se cometer a falácia da composição, quando o que se é atribuído a um componente é, erroneamente, ampliado para o todo[168]. Com efeito, do fato de a pressuposição ser posterior ao conhecimento do direito não decorre que a norma fundamental não seja possível, pois a conclusão aqui deve ser outra, apresentando um escopo muito menor: ela apenas não é possível quando tem por vistas ser um critério de identificação do direito.

põe-se a hipótese normativa básica que tem o fato fundamental por conteúdo". Teoria jurídica da revolução (anotações à margem de Kelsen), **Revista brasileiro de estudos políticos**, v. 52, p. 84.

[166] Mario LOSANO, **Teoría pura del derecho**, p. 145 (VI.3).

[167] "Nada há na teoria para prevenir de aplicar dois sistemas jurídicos ao mesmo território. Tudo depende da habilidade para identificar a norma fundamental, a qual não pode ser identificada antes de que seja conhecida a identidade do sistema jurídico". Joseph RAZ, Kelsen's theory of the basic norm, **The american journal of jurisprudence**, v. 19, p. 99 (II). Tradução nossa de: "There is nothing in the theory to prevent two legal systems from applying to the same territory. Everything depends on the ability to identify the basic norm, but in cannot be identified before the identity of the legal system is known".

[168] "[...] raciocinar falaciosamente a partir das propriedades das partes de um todo até as propriedades do próprio todo". Irving COPI, **Introdução à lógica**, p. 95 (3.II.4).

Mas, é claro, talvez uma teoria da norma fundamental que não exerça tal função não seja satisfatória; porém, de nosso ponto de vista, não se deve tomar uma eventual contrariedade – que ela não seria, por exemplo, uma boa resposta à pergunta sobre o porquê devemos observar a constituição – como uma impossibilidade intersistemática de manejá-la. Assim, face à afirmação de que sua pressuposição seria impossível, devemos retorquir perguntando: em que sentido o termo "possibilidade" está sendo empregado?

5.3 Conteúdo

Um primeiro modo de se aproximar do conteúdo da norma fundamental é demarcando se a primazia compete ao direito nacional ou internacional, pois, a depender do que se estabelece, é o que será dado como teor da pressuposição. Por um lado, o do direito nacional, a norma fundamental valida a constituição; por outro, do direito internacional, o que é validado é o costume, permitindo que a primeira constituição seja interpretada não só em sentido subjetivo, mas também objetivo[169]. Entretanto, por razões de brevidade, nossa atenção será voltada para a questão de saber se a norma fundamental é um comando ou uma autorização. Assim, perguntamos: "[...] que tipo de norma é a norma fundamental de um sistema jurídico positivo? Em particular: é um comando [...] ou uma norma que confere poder [...]? Não há nos trabalhos de Kelsen nenhuma resposta direta a essa simples questão"[170].

Se perscrutarmos a obra kelseniana vamos encontrar, deveras, posições que corroboram tanto uma vertente pela qual a norma fundamen-

[169] "Conforme o postulado escolhido, a norma fundamental difere. No primado do direito internacional, a norma fundamental é a que preceitua a conduta uniforme dos Estados como devendo-ser [...]. Se se optar pelo primado do direito estatal, a norma fundamental é a que toma o primeiro fato que instaura o Estado". Lourival VILANOVA, Teoria jurídica da revolução (anotações à margem de Kelsen), **Revista brasileiro de estudos políticos**, n. 52, p. 91.

[170] Riccardo GUASTINI, The basic norm revisited, *in* Luís Duarte D' ALMEIDA *et al.*, **Kelsen revisited**, p. 64 (I.A). Tradução nossa de: "[...] what kind of norm is the basic norm of a positive legal system? In particular: is it a command [...] or a power-conferring norm [...]? There is in Kelsen's works [...], no straight-forward answer to this simple question".

tal é um comando como uma em que seja ela uma autorização[171]. Nesse ponto, um caminho analítico seria questionar se os modos de conduta (obrigação e proibição para comando e permissão para autorização) conduzem a espécies normativas diferentes ou se seriam variações – no mais, interdefiníveis – dentro da estrutura da norma jurídica, a qual, ela sim, seria única[172]. Nada obstante, novamente, por questão de concisão, tomaremos outra senda mais direta, mesmo que mais estreita, quando podemos estabelecer que, por um lado, se a norma fundamental for um comando, então deve apresentar a formulação de que as normas estabelecidas pela primeira constituição devem ser obedecidas; e, por outro, sendo uma autorização, então deve estabelecer que ao primeiro legislador é permitido enunciar a constituição originária. Logo, na base na teoria

[171] Uma prova de que há base para ambas as respostas à pergunta é que para Joseph RAZ a norma fundamental na doutrina kelseniana é um comando: "A norma fundamental é uma lei conferidora de poder". Kelsen's theory of the basic norm, **The american journal of jurisprudence**, v. 19, p. 97 (I). Tradução nossa de: "The basic norm is a power-conferring law. Kelsen, however, formulates it as duty imposing [...]". Por sua vez, para Dante CRACOGNA é uma autorização: "Distintas formulaciones atribuye Kelsen a la norma básica, si bien siempre con el sentido de otorgar competencia al legislador originario". **Cuestiones Fundamentales de la Teoría pura del derecho**, p. 59 (IV.II).

[172] Para a primeira posição, podemos citar Joseph RAZ, para quem "[...] há no mínimo duas espécies de normas jurídicas, as que impõem deveres e as que conferem poderes". Pós-escrito, **O conceito de sistema jurídico**, p. 305 (3). Por sua vez, podemos citar Lourival VILANOVA como defensor da homogeneidade sintática, uma vez que o modo permissão poderia ser definido a partir dos outros modos de conduta: "[...] mediante operações formais e uso da negação dizer: uma conduta é proibida equivale a dizer que é obrigatório omitir, e equivale a declarar que não é permitido fazer. [...]. Os três referidos modais entram nas operações como valores, irredutíveis mas interdefiníveis com a ajuda do operador de negação". **As estruturas lógicas e o sistema do direito positivo**, p. 76-77 (III.3). Ademais, cabe o registro de que, assim nos parece, Georg von WRIGHT inicialmente adotou os modos de conduta como interdefiníveis: "Se um ato não é permitido, é chamado de proibido. [...]. Se a negação de um ato é proibida, o ato em si é chamado de obrigatório. [...]. Se um ato e sua negação são ambos permitidos, o ato é chamado (moralmente) de indiferente". Deontic logic, **Mind**, n. 237, p. 3-4 (3). Tradução nossa de: "If an act is not permitted, it is called forbidden. [...] . If the negation of an act is forbidden, the act itself is called obligatory. [...]. If an act and its negation are both permitted, the act is called (morally) indifferent". Posteriormente, porém, cambiou de posição: "En la Lógica de las Normas [...] retendremos [...] la noción del permiso como un carácter independiente de las normas". **Norma y acción**, p. 107 (V.16).

kelseniana, parece-nos, ambas as posições seriam aceitáveis, e dessas duas concepções não se extraem posições antinômicas, pois é inteiramente possível entrelaçá-las a partir de uma distinção entre destinatário direto e indireto. Isso porque, por um lado, a norma fundamental prescreveria uma permissão ao legislador constituinte originário, quando a constituição teria por lastro a norma pressuposta, que seria, assim, uma disposição direta; por outro, a norma fundamental comandaria que as normas estabelecidas pelo legislador constituinte originário, cujo significante seria a constituição, enquanto documento a ser interpretado, devem ser obedecidas, perfazendo, desse modo, uma disposição indireta, já que diretamente se é obrigado pela própria constituição. De toda sorte, direta ou indiretamente, como comando ou permissão, é lícito estabelecer para a norma fundamental a seguinte estruturação: "O postulado hipotético é, interiormente, em sua *estrutura sintática*, uma relação deôntica, imputacional: 'dado o fato revolução, deve ser válido o que dele provenha"[173].

Ademais, cremos que a oscilação quanto ao conteúdo da norma fundamental em KELSEN não é ponto que revele uma autêntica contradição, pois o que temos, de fato, são duas formulações complementares, feitas a partir de pontos de vistas distintos, quando, por um lado, há uma autorização para o primeiro constituinte e, por outro, há um comando de se obedecer a constituição para aqueles que a ela devem sujeitar-se. Assim, o conteúdo da norma fundamental não chega a ser realmente um problema na formulação kelseniana, apesar de que poderia ter tido uma formulação mais clara; todavia, tema bem mais complexo é a questão de sua natureza.

5.4 Natureza

De todas as objeções que podem ser feitas à teoria kelseniana da norma fundamental, cremos que a mais justificada é a que aponta não ser ela suficientemente precisa sobre sua natureza[174]. Entretanto, dessa falta

[173] Lourival VILANOVA, Teoria jurídica da revolução (anotações à margem de Kelsen), **Revista brasileiro de estudos políticos**, v. 52, p. 95.

[174] Stanley PAULSON encontra nada menos do que dez concepções de norma fundamental na obra kelseniana. Todavia, não se pode perder de vista que faz a seguinte ressalva: "Estas diez formulaciones de la norma fundamental [...] no representan diez conceptos indepen-

de maior nitidez, não é o caso de se dar azo a toda e qualquer crítica, como aquela que recrimina a norma fundamental por ter "[...] una función política legitimadora de carácter marcadamente conservador"[175]. No mais, não são poucas as vezes que, sob o disfarce de uma crítica específica, está-se, no fundo, expondo todo um inconformismo com a própria Teoria Pura do Direito, por negar-se a chancelar ideias tais como a de que direito injusto não seria direito. Contudo, contra esse tipo de argumento, deve-se citar o próprio Hans KELSEN, para quem "[...] não há nenhuma orientação política que não tenha qualificado de suspeita a Teoria Pura do Direito, o que, aliás, lhe demonstra a pureza, melhor do que ela própria poderia fazê-lo"[176]. Assim, antes de se aderir a uma das várias correntes de resistência à teoria da norma fundamental, deve ser questionado seu real alvo[177].

Nem toda crítica à norma fundamental se baseia em questões imanentes e, de nossa parte, muito bem podem ficar sem respostas as que sejam formuladas a partir de tópicos extrínsecos. Contudo, isso não nos impede de reconhecer que, talvez, a falta de precisão seja a razão de equívocos cometidos inclusive por juristas da estatura de um Norberto BOBBIO, como quando afirmar que a norma fundamental seria uma "norma jurídica"[178], pois, de modo algum, tal posicionamento deve ser aceito,

dientes entre sí. Bien por el contrario, las formulaciones están estrechamente ligadas unas con otras. La cuestión es *cómo* están asociadas unas con otras". **Fundamentación crítica de la doctrina de Hans Kelsen**, p. 154 (III.1).

175 Albert CALSAMIGLIA, Sobre la teoría general de las normas, **Revista Doxa**, n. 2, p. 93.

176 Prefácio, **Teoria pura do direito**, 1.ed., p. 9.

177 Tomemos a seguinte formulação: "[...] a teoria pura do direito não explica de que modo um dever ser torna-se o sentido objetivo de um ato de vontade. O recurso à norma fundamental não é uma explicação, mas a recusa de qualquer explicação: efetivamente, remetido de um grau a outro do ordenamento jurídico, o problema é cada vez mais afastado do núcleo central do direito positivo; antes, é levado às margens de tal ordenamento e, enfim, para fora dele [...]". Mario LOSANO, **Sistema e estrutura no direito**, v. 2, p. 60 (I.II.3). Agora, em que tipo de crítica poderíamos alocá-la? Seria uma pontuação específica contra a forma dada por KELSEN ao tema da norma fundamental ou seria a ponta de lança de um ataque maior a toda a Teoria Pura do Direito?

178 Primeiramente, devemos afastar os erros de tradução que levem a acreditar que, para KELSEN, a norma fundamental seria uma norma jurídica, como o da seguinte passagem: "A Teoria Pura do Direito opera com essa norma jurídica fundamental como se fora uma

até porque se as normas jurídicas são postas (ponto que tomamos aqui como condição necessária do positivismo) e a norma fundamental é pressuposta, por óbvio, não pode esta ter o *status* daquela, o que, diga-se, é opinião que vai ao encontro da do próprio Hans KELSEN, para quem "[é] verdade que a norma fundamental não é uma norma do direito positivo, isto é, de uma ordem coativa global eficaz posta através da legislação ou do costume"[179]. Certo, portanto, que não estamos a tratar de uma norma jurídica quando buscamos pela natureza da norma fundamental, o que também significa que a ela não se aplica a valência de validade, uma vez que ser válida é condição própria de existência da norma jurídica[180]. Assim, é lícito dizermos que "[c]omo norma que fundamenta a validade de todo o direito positivo, a norma fundamental não pode, por sua vez, ser uma norma de direito positivo. Mas, então, de que tipo ela é?"[181].

Uma forma de responder à pergunta seria dizendo que a norma fundamental não é norma jurídica, mas sim uma norma *tout court*; todavia isso continuaria a ser incorreto igualmente, já que as normas são atos de vontade e não há nenhum que prescreva a pressuposição, a não ser que queiramos digressionar e imaginar esse mesmo KELSEN como seu

situação hipotética". Hans KELSEN, **Teoria pura do direito**, 1.ed., p. 125 (V.29). No original: "Die Reine Rechtslehre operiert mit dieser Grundnorm als einer hypothetischen Grundlage". Hans Kelsen, **Reine rechtslehre**, 1.aufl., s. 77 (V.29). Nela, a imprecisão está no fato de que o termo "Grundnorm" aparece, quando vertido para o português, como "norma jurídica fundamental" e não simplesmente como "norma fundamental". Sem dúvida, o correto seria que a tradução tivesse sido feita no sentido daquela realizada por ROBLES, *expert* na obra kelseniana: "La teoría pura del derecho maneja la norma fundamental como un fundamento hipotético". Hans KELSEN, **Teoría pura del derecho**, 1.ed., p. 85 (V.29). Em segundo lugar, temos ainda em português, um texto de Norberto BOBBIO, no qual aponta a norma fundamental como norma jurídica: "A norma jurídica que produz o poder constituinte é a norma fundamental". **Teoria do ordenamento jurídico**, p. 59-60 (2.6). E dele até poderíamos cogitar de também conter erro de tradução, mas não nos parece que seja assim, apenas de não termos tido acesso ao original, pois, em consulta a uma versão em espanhol, encontramos: "La norma jurídica que produce el poder constituyente es la norma fundamental". **Teoría general del derecho**, p. 169 (II.II.62).

[179] **O problema da justiça**, p. 115 (II).

[180] "Com a palavra 'vigência', designamos a existência específica de uma norma". Hans KELSEN, **Teoria pura do direito**, 2.ed., p. 11 (I.4.c).

[181] Robert ALEXY, **Conceito e validade do direito**, p. 128 (3.III.1.5.2).

expedidor, mas aqui não precisamos render-nos a divagações, bastando reconhecer que a expressão "norma fundamental" não é de todo feliz[182]. De toda sorte, o caso é que a norma fundamental não é norma jurídica e, deveras, mesmo é norma, sendo sua natureza, uma pressuposição, a prova mais cabal disso, já que, com efeito, tudo não passa de um ato do pensamento, pois, se assim não fosse, se norma fosse, utilizaríamos verbos como pôr (ou expedir, assentar, estabelecer, estatuir, formular e assim por diante) ou descrever (quando fosse o caso de metalinguagem), mas não pressupor. Logo, apenas como recurso teorético é que a expressão se justifica, desde que, nessa seara, não mais se aponte a norma fundamental como norma jurídica, pois se sabe, de antemão, que não é, mas, mesmo assim, é tomada como se norma jurídica fosse, na linha da filosofia do "como se" (*als ob*).

Agora, a existência de normas jurídicas ficcionais (não confundir com normas jurídicas que estabelecem ficções) é algo que, realmente, causa estranheza, para dizermos o mínimo, principalmente quando se adere aos cânones kelsenianos, mas isso não é, por si só motivo, motivo para descartarmos tal formulação, uma vez que é da própria ideia de ficção que haja, inclusive, uma contradição, pois, de início, o pensamento trabalha com pequenos desvios, mas logo contradiz não só a realidade como também a si mesmo[183]. Claro que tais ideias não são de fácil aceitação, como bem anota Moritz SCHLICK sobre a obra "Filosofia do como se" de VAIHINGER, cujo subtítulo "... com fundamento em um positivismo idealista" (... *auf Grund eines idealistischen Positivismus*), representa "[...] apenas uma das contradições que caracterizam esta obra"[184]. Mas, ainda que a crítica seja pertinente, não estamos certos de que a ficção não tenha um papel

[182] "O fato de Kelsen chamar de 'norma' aquilo que é o pressuposto teórico para descrever unitariamente um ordenamento jurídico leva a uma concepção errônea da verdadeira natureza desse elemento da construção kelseniana. Se fosse chamado de 'princípio fundamental', evitar-se-iam muitos equívocos [...]". Mario LOSANO, **Sistema e estrutura no direito**, v. 2, p. 87-88 (I.II.11).

[183] Hans VAIHINGER, **Die philosophie des als ob**, p. 24 (XXX). Tradução nossa de: "Das Denken beginnt zuerst mit leichteren Abweichungen von der Wirklichkeit (Halbfiktionen), um zuletzt, immer kühner geworden, mit solchen Gegebenen widersprechen, sondern auch in sich selbst widerspruchsvoll sind".

[184] Positivismo e realismo, **Coletânea de textos**, p. 42 (1).

a desempenhar, mesmo em uma doutrina positivista, pois, nas palavras de Gottfried LEIBNIZ, pela boca de TEÓFILO, "[...] mesmo os princípios cuja certeza não é completa podem ter a sua utilidade, se sobre eles construirmos apenas para efeito de demonstração"[185]. Entretanto, tal recurso, por ser extremo, somente deve ser empregado depois de outras soluções terem sido tentadas e descartadas, já que "[...] o cientista deve preocupar-se em compreender o mundo e ampliar a precisão e o alcance da ordem que lhe foi imposta. [...]. Se esse escrutínio revela bolsões de aparente desordem, esses devem desafiá-lo a um novo refinamento [...]"[186].

Com tudo isso, por não se poder descartar a possibilidade de um caráter ficcional, é mais do que hora de passarmos para uma posição proativa, apresentando se e em que termos uma teoria do direito precisa da norma fundamental. Para tanto, há a necessidade de estabelecermos com que ponto de apoio isso faremos (interno ou externo), pois, a depender, a construção altera-se[187].

6. Uma proposta

Entre os vários pontos que podem servir de apoio para tratarmos da norma fundante, usaremos aqui a posição do sujeito em relação ao ordenamento jurídico, se interna ou externa. Dualismo que não é novo, com Herbert HART já tendo feita a distinção, sendo que manifesta um ponto de vista interno quem, "[...] aceitando a regra de reconhecimento e sem declarar o facto de que é aceite, aplica a regra, ao reconhecer uma qualquer regra concreta do sistema como válida"[188]. Por outro turno, põe-se em posição externa aquele que, "[...] sem aceitar ele próprio a regra de reconhecimento desse sistema, enuncia o facto de que outros a aceitem" [189]. Não precisamos, todavia, adotar *in totum* a concepção hartiana, nem nos darmos ao luxo, em um artigo que já se alonga, de realizar um cotejo entre

[185] **Novos ensaios sobre o entendimento humano**, v. 2, p. 163 (IV.XII.6).

[186] Thomas KUHN, **A estrutura das revoluções científicas**, p. 65 (3).

[187] "Cada corpo de referência (sistema de coordenadas) possui seu tempo próprio. Uma especificação temporal só tem sentido quando se indica o corpo de referência ao qual esta indicação se refere". Albert EINSTEIN, **A teoria da relatividade especial e geral**, p. 28 (I.9).

[188] **Conceito de direito**, p. 114 (VI.1).

[189] Herbert HART, **O conceito de direito**, p. 114 (VI.1).

a norma fundamental e a regra de reconhecimento[190], pois nos basta pactuar, aqui, que o ponto de vista interno é aquele da linguagem-objeto, ou seja, de quem expede norma jurídica e, por sua vez, o plano externo é o da metalinguagem, ou seja, aquele em que se encontra quem descreve a linguagem-objeto[191].

Nesse ponto é caso de atenção para não se usar indistintamente a expressão "linguagem jurídica", que "[...] é ambígua. Refere-se a dois níveis de linguagem: a do direito positivo e a da Ciência-do-Direito que tem o direito positivo como objeto de conhecimento (dogmático)"[192]. Assim, por um lado, chamamos de norma a linguagem prescritiva que prescreve conduta e de norma jurídica a que tem fundamento de validade em outra norma jurídica, cujo conjunto é o direito positivo. Aqui, o que se destaca é sujeito que tem a conduta prescrita, seja porque se sub-

[190] Depois de reconhecer semelhanças entre a regra de reconhecimento e a norma fundamental, Herbert HART aponta algumas diferenças, sendo a principal delas que "[a] questão de saber se uma regra de reconhecimento existe e qual é o seu conteúdo [...] é [...] uma questão de facto empírica, embora complexa". **O conceito de direito**, p, 274 (VI). Todavia, quanto a não ser a regra de reconhecimento uma verdadeira regra, ou seja, não ser uma prescrição de conduta, já se manifestou Eugenio BULYGIN: "La regla de reconocimiento estabelece los critérios de identificación de las normas válidas del sistema y es, por lo tanto, una regla conceptual. [...] Es falso, por consiguiente, que la regla de reconocimiento establezca una obligación para los jueces". Sobre la regla de reconocimineto, *in* Carlos ALCHOURRÓN e —, **Análisis lógico y derecho**, p. 390 (3). No que é seguido por Riccardo GUASTINI, para quem: "A regra de reconhecimento, como eu a compreendo, não é norma jurídica. Ela não é norma; não prescreve nem autoriza. Não é a própria constituição, embora se refira à constituição. Em vez disso, é uma ferramenta conceitual para a identificação (o 'reconhecimento') de cada particular sistema jurídico (incluída sua constituição)". The basic norm revisited, *in* Luís Duarte D' ALMEIDA *et al.*, **Kelsen revisited**, p. 74 (III). Tradução nossa de: "The rule of recognition, as I understand it, is *no legal norm*. It is no *norm*; it neither prescribes nor authorizes. It is not *the* constitution itself, though it refers to the constitution. It is instead a conceptual tool for the identification (the 'recognition') of each particular legal system (its constitution included)".

[191] Stanley PAULSON também expõe ser a norma fundamental um "concepto pluridimensional", mas, em vez de bifurcado, formata-lo como tripartido, uma vez que seria ela dirigida: "[...] al dador del derecho (dinámico), al científico del derecho (estático) y no por último al sujeto del derecho (normativo)". **Fundamentación crítica de la doctrina de Hans Kelsen**, p. 183 (III.3).

[192] Lourival VILANOVA, **As estruturas lógicas e o sistema do direito positivo**, p. 64 (II.7).

mete a consequências em caso de descumprimento do devido, seja porque sua ação é tida por ação normativa, e produz outra norma jurídica. De toda sorte, esse é o ponto de vista interno. Por outro turno, chamamos de ciência do direito (jurisprudência) a linguagem descritiva que tem por objeto a norma jurídica, não sendo o caso, neste artigo, de investigarmos o alcance do termo descrição, bastando-nos bem demarcar que são linguagens que não se confundem a prescrição e a descrição[193].

[193] Como uma das mais significativas e permanentes contribuições da Teoria Pura do Direito, podemos citar a separação entre norma jurídica (*rechtsnorm*) e proposição jurídica (*rechtssatz*): "*Proposições* jurídicas são juízos hipotéticos que enunciam ou traduzem que [...], sob certas condições ou pressupostos fixados por esse ordenamento, devem intervir certas conseqüências [...]. As *normas* jurídicas, por seu lado, não são juízos, isto é, enunciados sobre um objeto dado ao conhecimento. Elas são antes, de acordo com o seu sentido, mandamentos e, como tais, comandos, imperativos. Mas também não são apenas comandos, pois também são permissões e atribuições de poder ou competência". Hans KELSEN, **Teoria pura do direito**, 2.ed., p. 80-81 (III.3). Tradução de João Baptista Machado de: "Rechts*sätze* sind hypothetische Urteile, die aussagen [...],unter gewissen von dieser Rechtsordnung bestimmten Bedingungen gewisse von dieser Rechtordnung bestimmte Folgen eintreten sollen. Rechts*normen* sind keine Urteile, das heißt Aussagen über einen der Erkenntnis gegebenen Gegenstand. Sie sind, ihrem Sionne nach, Gegote und als solche Befehle, Imperative; aber nicht nur Gebote, sonder nauch Erlaubnisse und Ermächtigungen [...]". Hans KELSEN, **Reine Rechtslehre**, 2.aufl., s. 73 (III.16). Entretanto, tal distinção, que é hodiernamente comezinha, nem sempre esteve presente na obra kelseniana, como se percebe da seguinte passagem, em que a expressão "proposição jurídica" (*rechtssatz*) é utilizada como sinônimo de "norma jurídica" (*rechtsnorm*): "A norma, que determina a conduta que evita a coação [...] significa apenas uma norma jurídica com a condição de que deve expressar-se de forma abreviada, por questão de comodidade na exposição, o que somente a proposição jurídica enuncia integral e corretamente [...]". Hans KELSEN, **Teoria pura do direito**, 1.ed., p. 93 (III.14.b). Tradução de José Cretella Jr e Agnes Cretella de: "Die Norm, die das zwangvermeidende [...] Verhalten statuiert, debeutet daher nur unter der Voraussetzung eine Rechtsnorm, daß mit ihr [...] gesagt werden sol, was vollständig und korrekt nur der Rechtssatz aussagt [...]". Hans KELSEN, **Reine Rechtslehre**, 1.aufl., s. 30-31 (III.14.b). E, caso tivéssemos de apontar o ponto de inflexão em Hans KELSEN, diríamos que é sua obra *Teoria Geral do Direito e do Estado*, na qual surge o delineamento por meio dos termos "norma" (*norm*) e "regra" (*rule*): "A tarefa da ciência do Direito é descrever o Direito de uma comunidade [...]. Esses enunciados, por meio dos quais a ciência jurídica o Direito, não devem ser confundidos com as normas criadas pelas autoridades legislativas. É preferível não chamar de normas esses enunciados, mas de regras jurídicas". **Teoria geral do direito e do estado**, p. 63 (I.I.D.a). Tradução de Luís Carlos BORGES de: "It is the task of the science of law to represent the law of a com-

6.1 Ponto de vista externo

Se a ciência do direito tem, em caráter exclusivo ou não, a função de descrever o direito positivo, é tema acerca do qual não pretendemos aqui nos debruçar, mas não olvidamos que até já se tenha dito, para estender seu campo de atuação, que "[a] ciência jurídica coloca problemas para ensinar"[194]. Quanto a isso, apenas ressalvamos que pode haver – detrás da boa vontade de educar em nome do bom, do belo e do justo – uma mera disputa pelo poder, quando o jurista, e não a autoridade competente, é quem acabaria, de fato, expedindo a norma jurídica[195]. De toda sorte, partimos do princípio de que descrever não se confunde com prescrever, até porque "'[d]escrição de normas' é termo técnico na TPD: se contra-

munity [...]. These statements, by means of which the science of law represents law, must not be confused with the norms created by the law-making authorities. It is preferable not to call these statements norms, but legal rules". **General theory of law and state**, p. 45 (I.I.D.a). Somando-se isso à explicação de que criar uma norma jurídica equivale a aplicar outra, então podemos expor que há uma interpretação autêntica do direito, ao lado de outras não autênticas não autênticas: "[...] existem duas espécies de interpretação que devem ser distinguidas claramente uma da outra: a intepretação do Direito pelo órgão que o aplica e a interpretação do Direito que não é realizada por um órgão jurídico mas por uma pessoa privada e, especialmente, pela ciência jurídica". Hans Kelsen, **Teoria pura do direito**, 2.ed., p. 388 (VIII.1). O que faz com que seja improcedente a crítica feita por Joseph Raz, para quem "Kelsen não distingue entre a ciência do direito tratada por juristas que falam *sobre* o direito e as atividades de advogados e juízes empregando a lei. Ele considera ambos sob o mesmo título de cognição jurídica". Kelsen's theory of the basic norm, **The american journal of jurisprudence**, v. 19, p. 108 (VII). Tradução nossa de: "[...] Kelsen does not distinguish between the science of law dealt with by jurists talking *about* the law, and the activities of lawyers and judges using the law. He considers both under the one title of juristic cognition".

194 Tercio Sampaio Ferraz Jr., **A ciência do direito**, p. 108 (Conclusão).

195 "Quando se diz que a função do jurista é ensinar, apenas podemos aplaudir. Contudo, não podemos permitir que o jurista se torne o destinatário das normas jurídicas, para, então, interpretá-las para os demais cidadãos, que, segundo essa ótica, não teriam condição de isso fazer sozinhos. Tal situação configuraria uma usurpação das funções do parlamento, pois nela tudo teria de ser filtrado pelos jurisconsultos, quando muito bem se poderia abrir uma brecha entre o conteúdo da norma e a interpretação doutrinária, a qual se apresentaria como a correta, a verdadeira. Contra isso, nunca é demais repetir o óbvio, doutrinador não é eleito, doutrinador não tem voto, e não pode fazer as leis, mesmo que sob a roupagem da interpretação". Valterlei A. da Costa, Afinal, quem deve ser o guardião da Constituição?, **Revista brasileira de teoria constitucional**, p. 36 (7).

põe a 'criação de normas' [...]"[196]. Nessa linha, é caso de destacarmos a separação de mundos, quando em um, o prescritivo, vincula-se uma conduta como devida e em outro, o descritivo, assevera-se que há uma prescrição, a qual estabelece que uma conduta deve ser, podendo-se, a partir disso, concluir que "[l]as normas han de ser distinguidas de *las proposiciones normativas*, es decir, de las proposciones descriptivas que afirman que p es obligatorio (prohibido ou permitido) conforme a una cierta norma o un conjunto no especificado de normas"[197]. Assim, a norma jurídica – enquanto significado, já que seu significante é no mundo do ser – estrutura-se como um dever-ser de conduta; mas a proposição jurídica que venha a descrever tal norma não é, ela mesma, uma prescrição, mas sim a declaração de um dever-ser[198], o que põe aquele que a declara na condição de observador externo.

"Certa norma jurídica *x* existe, sendo, portanto, válida"; nisso reside uma declaração exterior ao ordenamento jurídico, na forma de metalinguagem, podendo ser verdadeira ou falsa; mas, avançando na observação, outra declaração pode ser feita: "certa norma jurídica *y* existe, sendo, portanto, válida, e concede, ademais, validade à norma jurídica *x*". Com isso, temos também no plano da metalinguagem, da ciência do direito, o reconhecimento da ligação entre normas jurídicas, quando se observa e se descreve não só a existência das normas jurídicas, mas também a forma como elas se articulam. Agora, a verdade da proposição que declara a existência da norma jurídica *x*, além de corresponder ao mundo, depende da valência da proposição que declara a existência de norma jurídica *y*, quando a estrutura escalonada do direito positivo se faz sentir, igualmente, na ciência do direito que o descreve. Só que, novamente, temos o mesmo problema de regresso ao infinito, pois uma proposição descritiva

[196] Pierluigi CHIASSONI, **O enfoque analítico na filosofia do direito**, p. 532 (VI.3.2).

[197] Carlos ALCHOURRÓN y Eugenio BULYGIN, La concepcion expresiva de las normas, **Analisis logico y derecho**, p.123 (1).

[198] "Uma proposição do dever-ser, como "expressão" lingüística de uma norma, exprime o sentido de um *ato de vontade* dirigido à conduta de outrem, *diretamente*, se[m] a intervenção de um ato de pensamento ou de conhecimento. Uma proposição de dever-ser, como expressão lingüísitica do *enunciado sobre* uma norma [,] expressa, diretamente, o sentido de um *ato de pensamento*, sem a intervenção de um ato de vontade". Hans KELSEN, **Teoria geral das normas**, p. 195 (38.IV, corrigimos entre colchetes).

precisaria, para que pudéssemos dizer dela verdadeira, também de uma outra proposição descritiva verdadeira. Nessa linha, a proposição emitida por quem se encontra em relação externa ao direito, asserta que a norma jurídica *x* existe e, ato contínuo, assevera que a norma jurídica *y* existe, para, então, conectar as duas proposições, quando a valência de uma passa a depender da de outra. E, ainda, deve descrever uma norma jurídica *z*, quando tal proposição se coliga com a que figura *y*, havendo, nesses passos, uma regressão até o momento em que se descreve a norma jurídica posta pelo poder constituinte originário, quando se estará diante de uma proposição que não se encadeia sob qualquer outra proposição, o que, todavia, deixaria a exposição em aberto. Mas, para evitar tal desfecho, pode o observador externo utilizar um conhecido recurso, quando assume "[...] que a linguagem total da ciência, L, esteja dividida em duas partes, a linguagem observacional L_o e a linguagem teórica L_t"[199].

Não se faz ciência do direito somente com a descrição das normas jurídicas observadas, mas as proposições resultantes da enunciação devem ser também interligadas por meio de outras proposições teoréticas, para que não se tenha meramente uma justaposição, podendo disso resultar, não negamos, que a obra jurisprudencial (metalinguagem) acabe ficando em desacordo com o direito positivo (linguagem-objeto), como nos casos em que o jurista contempla uma proposição teorético, sem base no direito positivo, o que afasta as contradições do objeto, lembrando muito aquele KELSEN próximo de KANT[200]. Todavia, não precisamos aqui discutir até que ponto seria legítima uma proposição epistemológica em complemento a uma proposição observacional, pois nos basta assumir que ela não seria ilegítima para todo e qualquer caso, havendo situações em que poderia ser corretamente empregada, abrindo-se, assim, as portas para tratarmos a norma fundamental como uma proposição teórica da ciência

[199] Rudolf CARNAP, O caráter metodológico dos conceitos teóricos, **Coletânea de textos**, p. 223 (II).

[200] Com seu segundo teorema da incompletude, GÖDEL abre as portas para uma linguagem que trate de outra linguagem, já que uma linguagem objeto não trata de si mesmo, até porque "[...] nenhum sistema adequado para o estudo da Teoria dos Números (e, a fortiori, para o estudo da Matemática) está em condições de demonstrar, com seus próprios recursos, a sua consistência". Leonidas HEGENBERG, **Dicionário de lógica**: verbete "GÖDEL (Teoremas de)", p. 92.

do direito, a qual fundamenta não propriamente a norma jurídica, mas sim as proposições assertivas que descrevem as normas jurídicas, afastando, com isso, a crítica de que a norma fundamental, por não ser norma jurídica, não poderia ser o ápice da pirâmide normativa[201].

A norma fundamental funda a ciência do direito e não o direito positivo, quando se afasta a ambiguidade kelseniana na exposição sobre quem a pressupõe[202], já que, de um ponto de vista externo, ela é concebida por aquele que descreve o ordenamento de forma escalonada. No mais, é ela possível, quando permite que seja tomado como série um conjunto de proposições que estão meramente justapostas, o que revela, aliás, seu caráter teórico e afasta, assim, outra ambiguidade da Teoria Pura do Direito, pois a norma fundamental determina, nessa linha, uma argumentação válida sobre o ordenamento jurídico e não a própria validade dele[203]. Agora, disso não decorre que a norma fundamental seja, em sentido estrito, uma descrição, uma vez que não há norma alguma para ser descrita, o que faz dela, portanto, um produto da atuação do observador externo. No mais, é indiferente para a função epistemológica que exerce a norma fundamental sua correspondência, ou não, com a realidade, o que nos leva a dizer que não é nem verdadeira nem falsa a proposição que a constrói.

De um ponto de vista externo, pode-se descrever as normas jurídicas de modo escalonado, evitando o caráter de mera justaposição, mas então,

201 "[...] a dificuldade mais grave ínsita na teoria da norma fundamental: ela é univocamente fruto da ciência jurídica, mas, não obstante, é por Kelsen colocada como fundamento da validade do direito positivo". Mario LOSANO, **Sistema e estrutura no direito**, v. 2, p. 84 (I.II.10).

202 Joseph RAZ capta, mesmo que sob a forma velada de crítica, a dupla posição de KELSEN sobre quem pressupõe a norma fundamental: "Diz-se que a norma fundamental deve ser pressuposta. Kelsen fala dela como se fosse pressuposta de duas maneiras diferentes: primeiro, pela teoria do direito, sendo aí 'a hipótese última do positivismo'; mas também seria pressuposta por qualquer pessoa que considere o direito como um sistema de normas [...]". **O conceito de sistema jurídico**, p. 182 (VI.2).

203 Sobre a ambiguidade da norma fundamental, já se manifestou Mario LOSANO: "[...] a função da norma fundamental consiste em atribuir validade jurídica à vontade expressa por certas pessoas? Ou, então, a função da norma fundamental consiste em oferecer o instrumento epistemológico para descrever um sistema de normas jurídicas válidas e já existentes?". **Sistema e estrutura no direito**, v. 2, p. 94 (I.II.12).

para afastar um regresso ao infinito, surge a possibilidade de uma pressuposição – e não de uma descrição, já que não se busca afirmar que há no ordenamento descrito uma norma fundamental –, qual seja, a "pressuposição fundamental". Aliás, termo que nos parece muito mais preciso do que "proposição fundamental", já que, estritamente falando, de proposição descritiva não se tratar, sendo, ademais, muito mais rigoroso do que "norma fundamental", pois muito menos é o caso de norma jurídica. No mais, com "pressuposição fundamental', fica evidenciado o caráter teorético da norma fundamental, uma vez que é construção do observador externo, com fins de estabelecer a conexão entre as proposições jurídicas, bem como de apresentar um fecho. Assim, podemos aderir à posição de que a norma fundamental "[...] tiene una función puramente teórica, en cuanto permite a la ciencia jurídica fundar la validez de un ordenamiento sin recurrir a instancias metajurídicas"[204].

Todo aquele que, de um ponto de vista externo, descreve o direito positivo, para reproduzir o cariz escalonado do ordenamento e evitar o *regressus ad infinitum*, deve pressupor uma pressuposição fundamental, a qual não é uma descrição, mas sim uma construção epistemológica, quando podemos falar de ficção por ser irrelevante qualquer correspondência com o mundo do ser, pois, no sentido próprio da metalinguagem, o que será verdadeira ou falsa é a ciência do direito, a qual descreve a linguagem-objeto que é o direito positivo e não a norma fundamental, quando lhe cai melhor o tema da coerência. Disso, temos a possibilidade de desdobrar a norma fundamental, que só existe como conteúdo de uma pressuposição, pouco importando sua correspondência com o mundo do ser, em dois tipos: um, voltado para a teoria do direito; outro, para a metodologia do direito.

Não temos dúvidas de que a Teoria Pura do Direito não é, rigorosamente, uma teoria do direito, pois não descreve nenhum direito positivo, mas é, antes, uma teoria que ensina a fazer uma teoria, sendo, portanto, uma metodologia ou, nas palavras do próprio HANS KELSEN, "[l]a teoría pura del derecho quiere ser una *teoría general del derecho*"[205]. Malgrado, por ser uma metodologia, não fica desincumbida de apresentar uma

[204] Mario LOSANO, **Teoría pura del derecho**, p. 145 (VI.3).

[205] **¿Qué es la teoría pura del derecho?**, p. 9.

norma fundamental, apesar de que não com os mesmos traços de uma norma fundamental da ciência do direito[206]. Nesse ponto, por um lado, se compreendeu que a ciência do direito deve "descrever" a norma fundamental, mesmo sem que ela exista, por outro lado, não foi claro o suficiente sobre a função normativa de sua teoria, a qual, prescreve ao jurista um método, o da norma fundamental[207]. Assim, não se pode perder de vista que, na ciência do direito, a norma fundamental é uma pressuposição fundamental, que escalona e dá fecho às proposições que descrevem o direito positivo; por sua vez, como metodologia, a norma fundamental tem um caráter normativo, uma linha de conduta a ser adotada ao se fazer ciência do direito, quando, ao lado das descrições, também se deve empreender uma pressuposição[208].

A ciência pressupõe uma norma fundamental, pois a metodologia normatiza que a ciência do direito deve pressupor uma norma fundamental, o que nos permite falar da pressuposição da norma fundamental em dois níveis, mas, em nenhum caso, não no plano do direito positivo. Nesse ponto, se a norma fundamental, de início, tem um caráter metodológico, o de como fazer uma teoria, depois, quando envolve a ciência jurídica, já ganha concretude, não sendo, então, "[...] o produto arbitrário da imaginação jurídica. Seu conteúdo é determinado pelos fatos" [209].

[206] A Teoria Pura do Direito pressupõe uma norma fundamental? Responde-nos Joseph Raz: "[...] ela não pressupõe nenhuma norma fundamental. Ela meramente descreve o ponto de vista do homem jurídico e a norma fundamental por ele adotada". Kelsen's theory of the basic norm, **The american journal of jurisprudence**, v. 19, p. 108 (VII). Tradução nossa de: "[...] it [Pure Theory of Law] does not presuppose any basic norm. It merely describes the point of view of the legal man and the basic norm he adopts".

[207] "[...] a proposição que descreve tal norma, a proposição fundamental da ordem jurídica estadual em questão diz: devem ser postos atos de coerção sob os pressupostos e pela forma que estatuem a primeira Constituição histórica e as normas estabelecidas em conformidade com ela". Hans Kelsen, **Teoria pura do direito**, 2.ed., p. 224 (V.1.c).

[208] Sobre ser a norma fundamental uma metalinguagem, já se manifestou Lourival Vilanova: "[a] norma fundamental, como proposição, é, assim, proposição de metalinguagem em nível da *Filosofia da ciência do Direito,* tomando o termo filosofia como metateoria: é teoria-da-teoria que é a ciência". **Estruturas lógicas e o sistema de direito positivo**, p. 270 (XIV.4).

[209] Hans Kelsen, **Teoria geral do direito e do estado**, p. 175 (X.C.g). Nesse sentido, a norma fundamental "[...] se refere imediatamente a uma Constituição determinada,

Assim, a norma fundamental na ciência do direito somente tem lugar quando antes, previamente à descrição, já se conhece o direito positivo. Logo, como síntese, podemos dizer que a norma fundamental tem lugar na ciência do direito e na metodologia do direito – mas não no direito positivo – como uma pressuposição fundamental e sua formulação é sempre posterior ao reconhecimento do direito positivo, apresentado, assim, uma função teorética, de amarra das proposições descritivas, associando-as, por um lado, em escala, mas impedindo, por outro, que tenha sempre que se dar um passo além, infinitamente.

Proposições jurídicas são encadeadas a outras proposições jurídicas, descrevendo normas jurídicas existentes, com a pressuposição, ao final da cadeia, da norma fundamental, nos termos de uma ficção, pois não corresponde ela a nenhuma norma jurídica existente. De proposição de norma jurídica em proposição de norma jurídica, chega-se à proposição da norma constitucional, a qual, uma vez conhecida, permite a concepção pela ciência do direito, como pressuposto, da norma fundamental, uma vez que "[...] o conteúdo de uma norma fundamental é determinado pelos fatos através dos quais se cria e aplica uma ordem, aos quais se conforma, de uma maneira geral, a conduta dos indivíduos regulada por essa ordem"[210]. Questão que, aliás, põe a eficácia em primeiro plano, pois "[s]e se pretende que o sistema faça sentido, está claro que a hipótese inicial não poderá ser selecionada arbitrariamente. [...]. Mas então fica claro que, na realidade, a efetividade é o critério do direito positivo [...]"[211]. A eficácia da norma jurídica permite, a quem vai descrevê-la, que seja reconhecida; por sua vez, a norma fundamental faculta que tal descrição seja feita de forma escalonada, pondo, no mais, uma paragem à explicação, que, sem ela, ou ficaria incompleta ou se daria perpetuamente. Com isso, não se embaralha a descrição da validade da norma jurídica, cujo arremate é a pressuposição da norma

efetivamente estabelecida [...]. A norma fundamental não, portanto, o produto de uma descoberta livre. A sua pressuposição não se opera arbitrariamente". Hans KELSEN, **Teoria pura do direito**, 2.ed., p. 220 (V.1.d).

[210] Hans KELSEN, **Teoria geral do direito e do estado**, p. 175 (X.C.g).

[211] Alf Ross, **Direito e justiça**, p. 97 (II.13).

fundamental[212], com a descrição da eficácia da norma jurídica, que se faz com a observação da conduta[213]. De igual modo, não se confunde direito eficaz com direito justo, devendo ser reconhecido que a "[...] a ciência jurídica não explica a origem do direito, mas apenas sua estrutura. A ciência jurídica sairia [...] empobrecida, mas alcançaria uma coerência metodológica mais profunda"[214].

Por tudo, de um ponto de vista externo, de quem descreve o ordenamento jurídico, a norma fundamental nem é norma jurídica, pois não é posta por autoridade, nem é descrição, já que não busca correspondência com a realidade, cabendo-lhe a mais correta denominação pressuposição fundamental, quando pode ser desdobrada, uma nível acima, em um recurso metodológico com que se prescreve ao cientista do direito como concatenar as proposições jurídicas que formula, evitando, no mais, um regresso sem paragens. Nesses termos, faz-se a norma fundamental possível, apenas de não ser necessária, uma vez que também seria possível uma descrição externa do ponto de vista interno, no qual, por sua vez, a norma fundamental não é possível.

6.2 Ponto de vista interno

As normas jurídicas podem ser descritas, quando se está em uma posição externa ao ordenamento, produzindo metalinguagem com valor de verdade. Agora, internamente, as normas jurídicas podem ser obedecidas, quando temos como valência a eficácia. Ainda, no ponto de vista interno,

[212] "[...] a eficácia de uma ordem jurídica não é [...] fundamento da validade. Fundamento da validade, isto é, a resposta à questão de saber por que devem as normas desta ordem ser observadas e aplicadas, é a norma fundamental [...]". Hans KELSEN, **Teoria pura do direito**, 2.ed., p. 236 (V.1.g).

[213] "A teoria da norma fundamental não é [...] uma teoria do reconhecimento. Esta afirma que o Direito positivo é válido quando é reconhecido pelos indivíduos que lhe estão subordinados, quer dizer, quando estes indivíduos querem que nos devamos conduzir de harmonia com as normas de Direito positivo". Hans KELSEN, **Teoria pura do direito**, 2.ed., p. 425 (V.1.i.18).

[214] Mario LOSANO, **Sistema e estrutura no direito**, v. 2, p. 67 (I.II.7).

podem ser aplicadas, via ação normativa, quando é produzida a própria linguagem-objeto, com valor de validade. Nessa última situação, o sentido subjetivo da linguagem produzida também é o objetivo, em razão de uma norma jurídica anterior. Todavia, há um ponto do qual não é possível retroceder, o que nos deixa com uma última norma jurídica posta, criada sem fundamento em outra norma jurídica, o que estaria, desse modo, em desconformidade com a "lei de HUME". Nesse ponto é que surgiria, então, a norma fundamental como tentativa de sair do impasse.

Por um lado, quanto ao ponto de vista externo, tomando-a como "pressuposto", sem correspondência com a realidade, mostra-se a dotação da norma fundamental possível, com vistas, dada a construção escalonada do direito positivo, a pôr fim ao regredir do regredir. Assim, do ponto de vista externo, é formulação teorética que concatena proposições assertivas obtidas por observação. Por outro lado, o mesmo estratagema não pode ser adotado do ponto de vista interno, uma vez que, seja qual for a natureza que se queria dar a norma fundamental, não será ela uma norma jurídica, o que mantém sem resposta o imperativo de que uma norma jurídica deve decorrer de outra norma jurídica. Com isso, desde já, do ponto de vista interno, devemos deixar claro que a norma fundamental não pode ser compreendida como fundação do direito positivo, uma vez que, por não ser jurídica, não poderá, então, espraiar tal atributo. Resta avaliar, assim, se não há outra forma de atender-se à disposição de que o jurídico somente advém do jurídico.

Em princípio, uma norma que não tenha fundamento de validade em outra norma jurídica seria inválida, podendo as consequências dessa ação normativa tanto ser a invalidação da norma posta (a depender, com efeitos *ex turn* ou *ex nunc*) como, conjuntamente ou não, a punição daquele que praticou a conduta desconforme. Todavia, há caso especial de ação normativa, que é o ato revolucionário e o produto normativo dele decorrente, merecedor de nossa atenção. Dito isso, de pronto, cabe esclarecer que o ato revolucionário, o qual busca pôr uma nova constituição, tem sua causa e não há a necessidade de exemplos para isso bem compreender, mas o ponto aqui é outro, pois o que apontamos é a falta de causa jurídica. Assim, "[c]orta-se a revolução concreta, a situada no tempo e no espaço, como concreção histórica de causas e efeitos, dentro de cuja constelação está imersa. E toma-se tão-apenas como fato ao qual se vinculam consequência, mediante o nexo de dever-ser"[215]. Então, feito isso, podemos separar a questão entre causa e justificação, até porque "[t]odas las conductas son explicables; algunas acciones son también justificables. Todo lo que hacemos tiene causa; algunas de las cosas que hacemos tienen también sus razones"[216]. Disso, por um lado, a revolução tem sua causa, sua explicação; por outro, não tem justificativa no ordenamento jurídico vigente à época do ato revolucionário.

A revolução, de um ponto de vista interno, não busca a validade da nova norma constitucional que expede em qualquer outra norma jurídica, o que a deixa sem justificação, já que é sua pretensão inaugurar a ordem jurídica. Só que, postas as coisas assim, estaríamos diante de um fato na base primeira da ordem jurídica, o fato fundamental, em total oposição à ideia de que uma norma jurídica decorre de outra norma jurídica. Nessa linha, para melhor compreensão, devemos distender um pouco as coisas e não olvidar que o jogo da linguagem é composto pela "[...] totalidade formada pela linguagem e pelas atividades com as quais ela vem entrelaçada"[217]. Logo, quando se está diante do desafio de apontar a razão para ser jurídica da norma constitucional posta pela revolução, deve-se ter em conta que ela busca em si mesmo sua fundamentação e não em uma causa externa[218]. Ou seja, "[n]osso erro está em buscarmos uma aplicação lá onde deveríamos ver os fatos como 'fenômenos originários'. Isto é, onde deveríamos dizer: *joga-se este jogo de linguagem*"[219].

A ação normativa revolucionária não pode ser tomada sem seu contexto, pois, do contrário, seria meramente uma ilicitude, quando se produziria norma jurídica fora dos cânones estabelecidos. Mas a revolução significa mais do que isso, pois ela faz coisas com as palavras sem ter de

[215] Lourival VILANOVA, Teoria jurídica da revolução (anotações à margem de Kelsen), **Revista brasileiro de estudos políticos**, v. 52, p. 93.

[216] Stephen TOULMIN, Razones y causas, *in* Robert BORGER y Frank CIOFFI (sel.), **La explicación en las ciencias de la conducta**, p. 43 (5).

[217] Ludwig WITTGENSTEIN, **Investigações filosóficas**, p. 19 (7).

[218] "Si la especificación de una 'causa' es típicamente el resultado de un diagnóstico, la especificación de una 'razón' [...] es típicamente la respuesta a un reto". Stephen TOULMIN, Razones y causas, *in* Robert BORGER y Frank CIOFFI, **La explicación en las ciencias de la conducta**, p. 26 (3.1).

[219] Ludwig WITTGENSTEIN, **Investigações filosóficas**, p. 223 (657).

justificar-se perante a ordem antiga. É como quem diz "[s]e esgotei as justificativas, cheguei então à rocha dura, e minha pá se entorta. Estou inclinado a dizer então: 'E assim mesmo que ajo'"[220]. Com isso, o significante que comporta o significado da primeira constituição não pode ser tomado fora dessa condição específica, ou seja, "[...] es necesario que las circunstancias en que las palabras se expresan sean apropiadas, de alguna manera o maneras"[221]. Até porque, "[...] se esta frase tem uma determinada atmosfera, – como vou ser capaz de separá-la da própria frase?"[222]. No mais, o ato normativo revolucionário está em oposição aberta à ordem até então em vigor, o que faz com que, sem tal contexto, seja tido como uma simples produção de norma jurídica em desconformidade com a norma de competência. Mas não se pode esquecer de que "[t]odo signo, sozinho, parece morto. O que lhe confere vida? Ele está vivo no uso"[223]-[224].

Para apreciar-se a validade de uma norma em seu sentido jurídico, abarca-se o contexto jurídico existente ou, em termos mais técnicos, remete-se à norma de competência, quando se encadeia uma norma jurídica a outra e, a partir daí, o sentido subjetivo passa a ser também o sentido objeto. Nessa linha, uma norma jurídica só é jurídica em razão de outra norma jurídica, esse é seu contexto e é assim que é usada. Agora, para a norma constitucional, o contexto é outro, quando não há mais que se falar de norma de competência. Dito isso, então é possível aplicarmos, como auxiliar, a teoria dos atos ilocucionários de John SEARLE, que podem ser classificados em assertivos, diretivos e declarações (para o presente artigo não precisaremos nem dos compromissos nem dos expressi-

[220] Ludwig WITTGENSTEIN, **Investigações filosóficas**, p. 118 (217).

[221] John AUSTIN, **Cómo hacer cosas con palabras**, p. 53 (I).

[222] Ludwig WITTGENSTEIN, **Investigações filosóficas**, p. 212 (607).

[223] Ludwig WITTGENSTEIN, **Investigações filosóficas**, p. 173 (432). Nesse mesmo sentido, podemos dizer que "[...] a letra mata, mas o espírito vivifica". 2ª Carta aos CORÍNTIOS 3:6, **Bíblia**: novo testamento: apóstolos, epístolas, apocalipse, p. 272.

[224] Para o propósito deste artigo, a referência ao "uso" já nos é suficiente. Todavia, não podemos deixar de anotar que "<<Uso>> es una palabra demasiado amplia, incurablemente ambigua [...]". John AUSTIN, **Cómo hacer cosas con palabras**, p. 147 (VIII).

vos, sem isso significar que não possam ser empregados em uma teoria da norma jurídica de amplo aspecto)[225].

Sobre a norma constitucional, de um ponto de vista externos, está-se diante de uma asserção[226], que é o produto da descrição de uma norma jurídica; agora, internamente, tem-se uma diretiva[227], cujo produto da interpretação é a própria norma jurídica, desde que tenha lastro em outra norma jurídica. Só que, para o diretivo, à primeira vista, falta uma norma jurídica para considerar o ato ilocutório que o assenta como fato jurídico criador de direito positivo. Nesse tópico, e para esse caso, é que se deve entender que o ato ilocutório, para usarmos os termos de John SEARLE, também tem caráter declaratório[228], pois não só põe a norma constitucional, mas nomeia, igualmente, o autor da ilocução como autoridade competente para a expedição dessa mesma norma constitucional. O ato ilocucionário não só estabelece uma diretiva como também uma declaração, quando passa a ser o revolucionário, segundo a nova norma constitucional, autoridade legiferante, sendo de duas cepas, assim, as normas postas: uma, para dirigir a conduta de outrem; outra, para convalidar-se, tal qual um NAPOLEÃO com sua autocoroação[229].

[225] "Se adotamos o propósito ilocucionário como a noção básica para a classificação dos usos da linguagem, há então um número bem limitado de coisas básicas que fazemos com a linguagem: dizemos às pessoas como as coisas são, tentamos levá-las a fazer coisas, comprometemo-nos a fazer coisas, expressamos nossos sentimentos e atitudes, e produzimos mudanças por meio de nossas emissões. Freqüentemente, fazemos mais que uma dessas coisas de uma só vez, com a mesma emissão". **Expressão e significado**, p. 46 (1.VI).

[226] "O propósito dos membros da classe assertiva é o de comprometer o falante [...] com o fato de algo ser o caso, com a verdade da proposição expressa". John SEARLE, **Expressão e significado**, p. 19 (1.IV).

[227] "Seu propósito ilocucionário consiste no fato de que são tentativas [...] do falante de levar o ouvinte a fazer algo". John SEARLE, **Expressão e significado**, p. 21 (1.IV).

[228] A declaração aqui é mais do que a mera descrição, pois "[a]s declarações produzem uma alteração no estatuto ou condição do referido em relação a objeto ou objetos tão-somente em virtude do fato de se ter conseguido realizar a declaração". John SEARLE, **Expressão e significado**, p. 26-27 (1.IV).

[229] Vicente CRONIN, em atitude benevolente, dá-nos outra explicação para a autocoroação de NAPOLEÃO: "Carlos Magno tinha sido coroado pelo Papa na Basílica de São Pedro; os reis franceses normalmente eram coroados pelo arcebispo de Reims. De acordo com os artigos gálicos, o Papa tinha a obrigação de respeitar os costumes da Igreja francesa, por-

O ato ilocutório de origem revolucionária resulta, por um lado, em diretiva, por outro, envolve declaração, no sentido de que quem o assenta é também a autoridade competente, nos termos da nova constituição. Nessa linha, com a mesma ilocução, há um ato da fala direto e outro indireto, quando "[...] o falante comunica ao ouvinte mais do que realmente diz, contando com a informação de base, lingüística e não lingüística, que compartilhariam, e também com as capacidades gerais de racionalidade e inferência que teria o ouvinte"[230]. Do significante, obtém-se normas constitucionais, algumas diretamente, que são as diretivas de condutas de outrem, mas outra é especialmente declaratória, aquela que atribuiu competência, com os revolucionários se (auto)nomeando autoridades[231]. Mas a ilocução não tem, por evidente, um caráter assertivo ou constatativo, pois nada havia até ela ser pronunciada para descrever, sendo, nesses termos, um realizativo ou performativo, caso queiramos nos fiar na linguagem de John Austin[232]. Assim, "[p]roferir óbvias frases 'rituais' nas circunstâncias apropriadas não é *descrever* a ação que praticamos, mas *praticá-las* ('sim') [...]"[233].

tanto teria sido aceitável um eclesiástico francês coroar Napoleão. Mas também poderia ser humilhante para Pio. Não por arrogância, como se disse às vezes, mas 'para evitar disputas entre dignitários sobre quem deve entregar a coroa', Napoleão decidiu que ele mesmo colocaria a coroa de louros sobre sua testa". **Napoleão**, p. 251 (16).

230 **Expressão e significado**, p. 50 (2). "Propongo denominarla oración realizativa o expresión realizativa o, para abreviar, <<un realizativo>>. [...]. Indica que emitir la expresión es realizar una acción y que ésta no se concibe normalmente como el mero decir algo". John Austin, **Cómo hacer cosas con palabras**, p. 51 (I).

231 Do significante, tomado como conjunto de sinais, a constituição textual, é possível interpretar-se várias normas, o que afasta, assim, a crítica de Joseph Raz: "Um sistema jurídico, em vez de ser definido a partir de uma norma fundamental da qual todas as normas derivam sua validade, seria definido a partir da Constituição originária da qual todas as normas derivam sua validade. A falácia deste argumento é que a Constituição originária não é necessariamente a única norma; ela pode ser, e muitas vezes o é, um conjunto de normas [...]". **O conceito de sistema jurídico**, p. 135 (V.3).

232 "En el caso de las expresiones constatativas [...] [a]puntamos a un ideal: [...] en todas las circunstancias, con cualquier propósito, y frente a cualquier auditoria. [...] En el caso de las expresiones realizativas, nuestra atención se concreta al máximo en la fuerza ilocucionaria [...]". **Cómo hacer cosas con palabras**, p. 192 (XI).

233 Outras mentes, **Ensaios**, p. 38 (II).

A primeira norma constitucional em seu caráter declaratório não assevera sobre a revolução, mas faz o fato revolucionário jurídico, a partir do contexto em que é expedida, inaugurando o mundo do direito a partir de si mesma, sendo sua própria norma autorizativa. Com isso, o direito positivo não se origina de um fato, pois a primeira norma jurídica posta prescreve competências, inclusive para aquele que a pôs, de forma retroativa. Em suma, a conduta humana põe significantes, produtos de um ato ilocucionário, cuja intepretação direta dá-nos diretivos, mas cuja intepretação indireta leva-nos a uma norma de competência, a qual estabelece o emissor do ato como autoridade. Nesse ponto é possível concluir, com RAZ, que "[m]eu argumento se baseia na suposição de que certas leis possam autorizar indiretamente a sua criação" [234]. Assim, estamos alicerçados, de um ponto de vista interno, para manter a "lei de HUME" e, ao mesmo tempo, prescindir da norma fundamental.

O revolucionário, por meio de norma, dirige a conduta de outrem e, concomitantemente, declara-se competente, pouco importando que se trate, nesse ponto, de norma retroativa. Assim, não há a necessidade de nenhuma norma fundamental, a qual somente poderia ser pressuposta, para ser subsumida ao fato fundamental, pois isso já é feito pela própria norma constitucional, que se retraí no tempo[235]. Ademais, desse modo, afasta-se um dos paradoxos, decorrente da explicação do direito por meio da norma fundamental, o qual é lembrado por Riccardo GUASTINI, pois, se não é ela posta, já que pressuposta, nunca haveria um poder cons-

[234] Joseph RAZ, **O conceito de sistema jurídico**, p. 185 (VI.2). Assim, não assiste razão a Riccardo GUASTINI quando afirma que "[é] logicamente impossível para todas as normas de um sistema jurídico serem válidas". The basic norm revisited, *in* Luís Duarte D' ALMEIDA *et al.*, **Kelsen revisited**, p. 70 (II.A). Tradução nossa de: "It is logically impossible for all the norms of a legal system to be valid".

[235] Tem razão Hans KELSEN quando afirmar que "[...] a norma fundamental não pode ser considerada como *co-estabelecida* (posta) nos atos de vontade legiferantes, especialmente no ato constituinte". **Teoria pura do direito**, 2.ed., p. 420 (V.1.d.5). Todavia, não trata nossa exposição de coestabelecer nenhuma norma fundamental, que é pressuposta, mas sim de reconhecer uma norma constitucional, que é posta, com efeitos retroativos e de autorreferência.

tituinte[236], mas como o poder constituído é, ademais, constituinte de si mesmo, é possível, então, a manutenção dos dois polos. No mais, como os revolucionários são também autoridades, em razão da norma constitucional, não há mais que se questionar de um fato no princípio, pois é essa posição ocupada por uma norma jurídica, cujos efeitos são retroativos[237]. Por fim, como as normas constitucionais são postas por autoridade, então são jurídicas – e, portanto, sujeitas ao critério de validade –, não se precisando adotar, assim, uma posição contraintuitiva no sentido de que seriam elas sim normas, mas não jurídicas[238].

Com isso, devemos agora analisar como essas normas constitucionais, posta por revolucionários, correlacionam-se à questão da eficácia. De pronto, podemos responder que, para as normas constitucionais diretivas, além do que já foi exposto, nada mais há para se acrescentar, pois não se revestem de particularidade. Todavia, para a norma constitucional decorrente do ato ilocucionário com função declaratória, fazem-se necessários esclarecimentos adicionais, pois, nesse caso, vamos denominar a eficácia "aceitação". Vejamos ...

Tentar pôr fim ao direito positivo *hic et nunc* e criar um novo– seriamente, não como fazem os loucos, irresponsáveis ou artistas[239] – é conduta ilícita, geralmente apresentada como crime de sedição[240], mas,

[236] "[...] a pressuposição da norma fundamental – tem o resultado paradoxal de transformar o poder constituinte em um constituído". The basic norm revisited, *in* Luís Duarte D' ALMEIDA *et al.*, **Kelsen revisited**, p. 71 (II.B). Tradução nossa de: "[...] the presupposition of the basic norm – has the paradoxical result of turning the constituent power into a constituted one".

[237] A regra de reconhecimento de Herbert HART não pode ser aceita como origem do direito, não sem desrespeitar a "lei de HUME", pelo simples motivo de que não é uma norma jurídica: "A sua existência [da regra de reconhecimento] é uma questão de fato". **O conceito de direito**, p. 121 (VI.1) (esclarecemos entre colchetes).

[238] Georg von WRIGHT fala-nos de uma norma soberana: "Una norma que no puede retrotraerse a alguna otra norma no puede, por definición, ser válida con relación a ninguna otra norma. Se tratará de una norma *inválida* con relación a alguna norma del próximo grado superior o no será válida ni inválida, *es decir, soberana*". **Norma y acción**, p. 204 (X.6).

[239] "Es menester que no esté bromeando ni escribiendo un poema". John AUSTIN, **Cómo hacer cosas con palabras**, p. 53-54 (I).

[240] Como exemplos de crime contra o estado, podemos citar "[...] la traición, la lesa majestad, la rebelión, le motín, los actos de hostilidad contra los Estados amigos". Rudolf von

sendo a revolução bem-sucedida, a norma pela qual seria criminalizada não tem mais eficácia, não podendo ser enquadrada, desse modo, como norma jurídica. Mas isso, perda a eficácia da ordem anterior, embora uma condição necessária, não é suficiente para a instauração de uma nova, pois a declaração que investe os revolucionários como poder constituinte deve ser, igualmente, aceita, até porque, além de ocorrerem várias revoluções ao mesmo geralmente, há, concomitantemente, a contrarrevolução, quando as antigas autoridades, ou seus pretensos sucessores, buscam recolocarem-se nessa posição novamente. E todas têm suas declarações, mas podemos estabelecer que, depois de algum tempo, apenas uma prevalece darwnianamente, ou seja, é aceita. Agora, não importa aqui o porquê uma e não outra(s), já que, no fim, somente uma delas, deveras, fará coisas com as palavras em sentido jurídico. Mas, que fique claro, não é a aceitação que forja o direito, mas a declaração, pois, no caso, se aceita uma declaração, mas não se declara uma aceitação[241]. Com efeito, a aceitação não se confunde com a origem do direito, o que nos remeteria à questão de ser um fato sua gênese, isto é, não é à aceitação que leva à declaração, mas a declaração que conduz à aceitação[242].

IHERING, **El fin en el derecho**, p. 307-308 (VIII.12.III.207).

241 A declaração, nos termos de SEARLE, não é uma asserção sobre questão de fato, mas a aceitação da declaração é ela sim uma questão de fato. Nesse ponto, há uma distância entre o que apresentamos e a formulação de Herbert HART sobre a regra de reconhecimento, a qual é uma questão de fato ela mesma: "[...]a regra de reconhecimento apenas existe como uma prática complexa, mas normalmente concordante, dos tribunais, dos funcionários e dos particulares, ao identificarem o direito por referência a certos critérios". **O conceito de direito**, p. 121 (VI.1). Por sua vez, Neil MACCORMICK nega que a regra de reconhecimento seja uma questão de fato: "[...] a aceitação da 'norma de reconhecimento' de um sistema pelas autoridades desse sistema e pelos cidadãos [...] sujeitos a esse sistema não é um dado sem opção, um fato puro e simples. Eles podem e costumam ter motivos para aceitá-la [...]". **Argumentação jurídica e teoria do direito**, p. 80 (III.b). De nossa parte, a existência de razões para aceitar não muda que o ponto nevrálgico seja saber se há ou não a aceitação, não sendo, desse modo, relevante, de um ponto de vista de uma estrita teoria do direito, o porquê se aceita.

242 Declara-se primeiro e aceita-se depois, com essa ordem buscamos evitar a crítica bem formulada por Robert ALEXY: "Aceitar uma regra que encontra sua expressão numa prática comum significa passar do fato de que existe a prática ao juízo de que se ordena o comportamento em conformidade com essa prática". **Conceito e validade do direito**, p. 147.

De um lado, a declaração aceita deve ser interpretada como norma jurídica autorreferente, que se autovalida; de outro, se não aceita, além das consequências a que ficam sujeitos os vencidos (*vae victis*), é caso de dizer-se dessa declaração que é desafortunada, uma vez que não realiza coisas com as palavras[243]. Nessa linha, de uma declaração pode ser dito, a depender de ser aceita ou não, afortunada ou desafortunada, sendo, na primeira hipótese, suporte de norma jurídica, a qual estabelece a primeira autoridade retroativamente. No mais, não se olvida que "aceitar" é vernáculo, no mínimo, com duplo sentido, uma vez que se pode "[a]dmitir alguma coisa, abraçando-a ou conformando-se-lhe [...]"[244]. Todavia, não necessitamos da concepção mais estreita, quando aceitar é "[...] estar de acordo com, anuir a; aprovar [...]", pois nos basta compreender a palavra significando "[...] conformar-se com, sujeitar-se a [...]"[245]. Assim, aceita-se a revolução não necessariamente a ela aderindo, uma vez que, para a questão da eficácia, é já suficiente a mera conformação. Em suma, aceitar a declaração dos revolucionários conduz a um câmbio no mundo, pois suas palavras se tornam afortunadas, mesmo que por omissão, quando não se opõe resistência à nova ordem, ainda que subjetivamente não se esteja de acordo com ela, ou muito menos se engaje para legitimá-la ou mantê-la.

Por fim, quem deve dar o aceite à declaração é questão que não pode ser respondida dizendo-se, simplesmente, que são as autoridades, uma vez que a nova ordem é quem irá constitui-las, as quais, aliás, até essa ocorrência, não existiam de um ponto de vista jurídico[246]. Nesses termos,

[243] "Además de pronunciar las palabras correspondientes al realizativo es menester, como regla general, que muchas otras cosas anden bien y salgan bien para poder decir que la acción ha sido ejecutada con éxito. [ ]. Podemos decir entonces que la expresión lingüística no es en verdad falsa sino, en general, *desafortunada*. Por tal razón, llamaremos a la doctrina de *las cosas que pueden andar mal y salir mal*, en oportunidad de tales expresiones, la doctrina de los *Infortunios*". John Austin, **Cómo hacer cosas con palabras**, p. 59 (II).

[244] Caldas Aulete, **Dicionário contemporâneo da língua portuguêsa**, v. I: verbete "aceitar", p. 50.

[245] Antônio Houaiss e Mauro de Salles Villar, **Dicionário Houaiss da língua portuguesa**: verbete "aceitar", p. 48.

[246] Não há, em Hart, uma vinculação exclusiva entre aceitação e autoridade, pois "[a] firmava que os verdadeiros fundamentos do direito encontram-se na aceitação, por parte

o aceite é daqueles, de modo geral, que terão a conduta regulada pela nova constituição, sem que haja a necessidade de especificá-los qualitativa ou quantitativamente, pois se a aceitação equivaler à eficácia, tem-se, deveras, uma questão contingente, que não pode ser decidida *a priori*. Ademais, não são todos, de uma vez, que aceitarão a declaração, havendo diacronia de um ponto de vista histórico. Mas o porquê se aceita (se pelo terror ou amor), em que grau (meramente tolerando ou com a disposição de dar a vida pela causa) e por quem particularmente (se o grosso da população ou as antigas autoridades) é tópico peculiar de cada revolução, que nada interfere na teoria que expomos.

Conclusões

No princípio era a norma fundamental? Essa foi a pergunta que buscamos responder ao longo deste trabalho. Para tanto, traçamos uma distinção entre ponto de vista interno e externo, uma vez que, a depender da referência, tem-se diferentes soluções. Externamente, o direito positivo é descrito, já devendo, para tanto, ser conhecido; internamente, é observado ou aplicado, quando se tem, nessa última situação, a criação de nova norma jurídica. Nessa linha, essas duas orientações são a base do nosso estudo sobre a norma fundamental.

da comunidade como um todo, de uma regra-mestra fundamental (que ele chamou de 'regra de reconhecimento') que atribui a pessoas ou grupos específicos a autoridade de criar leis". Ronald DWORKIN, **O império do direito**, p. 42 (I). Todavia, não há dúvidas, também, de que um dos que aceitam a regra de reconhecimento são as autoridades: "Na maior parte dos casos a regra de reconhecimento não é enunciada, mas sua existência manifesta-se no modo como as regras concretas são identificadas, tanto pelos tribunais ou outros funcionários, como pelos particulares e seus consultores". Herbert HART, **O conceito de direito**, p. 113 (VI.1). Desse modo, fica-se com a impressão de que a regra de reconhecimento pode cambiar, mas as autoridades, de modo geral, continuam as mesmas. De fato, até pode haver continuidade, mas de direito, não são mais as mesmas autoridades, mesmo que sejam as mesmas pessoas. Assim, é de dar razão à crítica de Juan Ruiz MANERO: "El principal déficit explicativo de la doctrina de la regla de reconocimiento tiene que ver con la persistencia de un mismo aparato judicial – en el sentido de integrado, *grosso modo*, por los mismos componentes – a través de sucesivos cambios em la regla de reconocimiento". Bobbio y los conceptos de norma jurídicamente última, **Seqüência**, n. 64, p. 51 (9).

Externamente, a norma fundamental funda a ciência do direito e não o direito positivo, quando se afasta a ambiguidade kelseniana sobre quem a pressupõe, uma vez que, nesse plano, é concebida por aquele que descreve o ordenamento como sendo uma estrutura escalonada de normas jurídicas. Assim, tem a função de explicar, no plano teórico, o encadeamento das descrições e permitir a apresentação de uma teoria com fecho, quando se revela um pressuposto e se desdobra em recurso metodológico do cientista do direito, não sendo, todavia, uma mera descrição, uma vez que não existe na realidade um referente que lhe corresponda, o que faz dela, portanto, uma ficção. Sua adoção, ademais, não é uma necessidade imposta, sendo, deveras, uma normatização da Teoria Pura do Direito, a qual prescreve sua pressuposição e, por isso, não deve ser tomada como o último escalão do próprio direito positivo, mas sim da ciência que o descreve[247]. Desse modo, a norma fundamental estabelece uma justificação racional para uma descrição da ordem jurídica em escalonamento e com origem, mas não para o próprio ordenamento. Mas tudo, aliás, na linha da possibilidade e não da necessidade, uma vez que não se pode afastar *a priori* outras formas de pensar a ciência.

Internamente, não sendo a norma fundamental uma norma jurídica, então não pode ser ela mesma a base do direito positivo, pois estaria em desconformidade com a "lei de HUME". Nesse ponto, não é ela possível. E, como substituto, propusemos que as normas constitucionais têm uma dupla função: diretivas, para a conduta de outrem; autovalidáveis, para a conduta dos revolucionários. Neste último caso, nos termos de SEARLE, o que exerce é uma função declaratória, instaurando a nova ordem jurídica com efeitos retroativos sobre os atos ilocucionários que assentam o texto constitucional, tornando-os, ademais, atos de autoridade e, portanto, aptos para a criação de normas jurídicas. Então, tem lugar uma

[247] A verdade é, agora, por coerência, ou seja, "[d]outrina segundo a qual o fato de uma CRENÇA, PROPOSIÇÃO ou FRASE ser verdadeira deve ser basicamente explicado em termos do fato de essa crença, proposição ou frase pertencer a determinada coleção coerente ou CONSISTENTE de crenças, frases ou proposições". João BRANQUINHO, Verdade como coerência, teoria da, *in* —, Desidério MURCHO e Nelson Gonçalves GOMES (ed.), **Enciclopédia de termos lógico-filosóficos**, p. 796

particular espécie de eficácia, que é a aceitação da declaração, mas disso não há que se confundir tais termos, pois a declaração que funda o novo direito positivo – atribuindo competência aos revolucionários, tornando-os autoridades – é algo anterior a aceitação, a qual, por sua vez, é uma questão de fato posterior, não tendo, desse modo, o papel de gênese. Por conseguinte, as normas constitucionais são válidas porque são postas por autoridade competente, a qual, por sua vez, é autoridade competente em razão de uma particular norma constitucional, que atua com efeito retroativo, declarando esse estado e autovalidando-se, mas sujeita a aceitação. Assim, internamente não há a possibilidade nem a necessidade de pressupor a norma fundamental.

De toda sorte, malgrado a formulação desenvolvida neste trabalho, se era ou não a norma fundamental no princípio, isso em nada muda nossa concepção da teoria kelseniana: é construção mais do que bem tramada, cuidadosamente urdida e que não se desata facilmente. E uma prova disso são as muitas posições doutrinárias que tentaram subjugá-la desde seu surgimento, seja apontando-a como um problema de linguagem, que, simplesmente, pode ser dissolvido, seja promovendo nela ajustes ou mesmo contornando-a para apontar a origem do direito positivo no fato ou na justiça, mas em tal hipótese tendo de arcar, nem sempre a contento, com os problemas disso advindos. Até porque, se a norma fundamental, nos termos em que foi proposta por seu criador, é criticável, esse é um tema; contudo, o que pôr em seu lugar ou mesmo como demonstrar que seja uma formulação destituída de sentido, é outro; ponto que, com a devida vênia, nenhum jurista conseguiu superar, ao menos não no sentido de obter o reconhecimento do auditório dos teóricos do direito para o qual pregam. Assim, qualquer que seja a questão levantada contra ela, não temos dúvidas de que estamos, mesmo assim, diante do mais refinado pensamento, o qual é extremamente sofisticado e brutalmente envolvente para aqueles que passem minimamente de seu umbral. No fim, tudo bem pesado, isso não deveria surpreender, uma vez que é a obra do mestre da Teoria Pura do Direito, jurista por excelência e primeiro entre seus pares; é a obra de ninguém menos do que Hans Kelsen.

Referências

ABBAGNANO, Nicola. **Dicionário de filosofia**. Tradução da 1.ed. brasileira coordenada e revista por Alfredo Bosi; revisão da tradução e tradução dos novos textos Ivone Castilho Benedetti. 4.ed. São Paulo: Martins Fontes, 2000.

ALCHOURRÓN, Carlos E.; BULYGIN, Eugenio. **Análisis lógico y derecho**. Madrid: Centro de Estudios Constitucionales, 1991.

ALEXY, Robert. **Conceito e validade do direito**. Tradução de: Gercélia Batista de Oliveira Mendes. São Paulo: WMF Martins Fontes, 2009.

ALLAND, Denis; RIALS, Stéphane. **Dicionário da cultura jurídica**. Tradução de Ivone Castilho Benedetti. São Paulo: WMF Martins Fontes, 2012.

ARISTÓTELES. **A política**. Tradução de: Nestor Silveira Chaves. São Paulo: Lafonte, 2017.

—. **Física**: libros III – IV. Traducción, introducción y comentario por: Alejandro Vigo. Buenos Aires: Biblos, 1995.

—. **Metafísica**: ensaio introdutório, texto grego com tradução e comentário de Giovanni Reale, v II. Tradução de: Marcelo Perine. São Paulo: Loyola, 2002.

—. **ÓRGANON**: categorias, da interpretação, analíticos anteriores, analíticos posteriores, tópicos e refutações sofísticas. Tradução de: Edson Bini. Bauru, SP: EDIPRO, 2005.

AULETE, Caldas. **Dicionário contemporâneo da língua portuguêsa**. 5.ed ou 2.ed. brasileira. Rio de Janeiro: Delta, 1964. 5v.

AUSTIN, John Langshaw. **Cómo hacer cosas con palabras**. Traducción de: Genaro R. Carrió y Eduardo A. Rabossi. Barcelona, 2019.

—. Outras mentes. In: ———. **Ensaios**. Tradução de: Marcelo Guimarães da Silva Lima. São Paulo: Nova Cultura, 1989, p. 19-47. (Os pensadores).

AZEVEDO, Francisco Ferreira dos Santos. **Dicionário analógico da língua portuguesa: ideias afins/thesaurus**. 2.ed. Rio de Janeiro: Lexikon, 2010.

BARNES, Jonathan. **Filósofos pré-socráticos**. Tradução de: Julio Fischer. São Paulo: Martins Fontes, 2003.

BÍBLIA: novo testamento: os quatro evangelhos, volume 1. Tradução de: Frederico Lourenço. São Paulo: Companhia das Letras, 2017.

BÍBLIA: novo testamento: apóstolos, epístolas e apocalipse, volume 2. Tradução de: Frederico Lourenço. São Paulo: Companhia das Letras, 2018.

BÍBLIA DE JERUSALÉM: nova edição, revista e ampliada. GORGULHO, Gilberto da Silva; STORNIOLO, Ivo; ANDRESON, Ana Flora (coord.). Tradução de: Euclides Martins Balancin (Eclesiastes). São Paulo: Paulus, 2003.

BOBBIO, Norberto. **Contribución a la teoría del derecho**. Traducción de: Alfonso Ruiz Miguel. 2.ed. Madrid: Debate, 1990.

—. **Da estrutura à função**: novos estudos de teoria do direito. Tradução de: Daniela Beccaccia Versiani. Barueri, SP: Manole, 2007.

—. **O positivismo jurídico**: lições de filosofia do direito. Tradução de: Márcio Pugliesi, Edson Bini e Carlos E. Rodrigues. São Paulo: Ícone, 2006.

—. **Teoria da norma jurídica**. Tradução de: Fernando Pavan Baptista e Ariani Bueno Sudatti. 2.ed. Bauru, SP: EDIPRO, 2003.

—. **Teoria do ordenamento jurídico**. Tradução de: Maria Celeste C. J. Santos. 10.ed. Brasília: Universidade de Brasília, 1999.

—. **Teoría general del derecho**. 2.ed. Traducción de: Jorge Guerreiro R. Bogotá: Temis, 2002.

BRANQUINHO, João; MURCHO, Desidério; GOMES, Nelson Gonçalves (ed.). **Enciclopédia de termos lógico-filosóficos**. São Paulo: Martins Fontes, 2006.

BULFINCH, Thomas. **O livro de ouro da mitologia**: história de deuses e heróis. Tradução de: David Jardim Júnior. 25.ed. Rio de Janeiro: Ediouro, 2001.

CALSAMIGILIA BLANCAFORT, Albert. Sobre la teoría general de las normas. **Doxa. Cuadernos de Filosofía del Derecho**, [S.l.], n. 2, p. 87-105, dic. 1985.

CARNAP, Rudolf. **Coletânea de textos**. Tradução de: Pablo Rubén Mariconda. São Paulo: Abril Cultura, 1980. (Os pensadores).

CHIASSONI, Pierluigi, **O enfoque analítico na filosofia do direito**: de Bentham a Kelsen. Tradução de: Heleno Taveira Torres e Henrique Mello. São Paulo: Contracorrente, 2017.

COHEN, Hermann. Las ciencias espirituales y la filosofía. **Verbum**, v. 22, n. 72, p. 52-58, 1929.

COPI, Irving Marmer. **Introdução à lógica**. Tradução de: Álvaro Cabral. 2.ed. São Paulo: Mestre Jou, 1978.

COSTA, Valterlei A. da. Afinal, quem deve ser o guardião da Constituição. **Revista brasileira de teoria constitucional**, v. 6, n. 1, p. 23-40, jan./jun. 2020.

CRACOGNA, Dante. **Cuestiones fundamentales de la teoría pura del derecho**. México: Fontamara, 2005.

CRONIN, Vicent. **Napoleão**: uma vida. Tradução de: Anna Lim e Lana Lim. Barueri, SP: Amarilys, 2013.

DUBOIS, Jean; GIACOMO, Mathée; GUESPIN, Louis; MARCELLESI, Christiane; MARCELLESI, Jean-Baptiste; MEVEL, Jean-Pierre. **Dicionário de lingüística**. 8.ed. Tradução de: Frederico Pessoa de Barros, Gesuína Domenica Ferretti, Dr.

John Robert Schmitz, Dra. Leonor Scliar Cabral, Maria Elizabeth Leuba Salum e Valter Khedi. São Paulo: Cultrix, 2001.

DWORKIN, Ronald. **Levando os direitos a sério**. Tradução de: Nelson Boeira. 3.ed. São Paulo: WMF Martins Fontes, 2010.

EBENSTEIN, William. **La teoría pura del derecho**. Traducción de: J. Malagón y A. Pereña. México: Fondo de Cultura Económica, 1947.

ECHAVE, Delia Teresa; URGUIJO, María Eugenia; GUIBOURG, Ricardo A. **Lógica, proposición y norma**. Buenos Aires: Astrea, 1999.

EDMONDS, David; EIDINOW, John. **Wittgenstein's poker**: the story of a ten-minute argument between two great philosophers. New York, 2001.

EHLERS, Edel Helga Kick; EHLERS, Gunter. **MICHAELIS TECH**: dicionário de economia e direito alemão-português, português-alemão = Wortebuch Für Wirtschaft und Recht Deutsch-Portugiesich, Portugiesisch-Deutsch. São Paulo: Companhia Melhoramentos, 1995.

EINSTEIN, Albert. **A teoria da relatividade especial e geral**. Tradução de: Carlos Roberto Nogueira de Freitas. Rio de Janeiro: Contraponto, 1999.

FERRAZ JR., Tércio Sampaio. **A ciência do direito**. 2.ed. São Paulo: Atlas, 2008.

FREGE, Gottlob. **Lógica e filosofia da linguagem**. Tradução de: Paulo Alcoforado. 2.ed. São Paulo: EDUSP, 2009.

GARGARELLA, Robert. **As teorias da justiça depois de Rawls**: um breve manual de filosofia política. Tradução de: Alonso Reis Freire. São Paulo: WMF Martins Fontes, 2008. (Justiça e direito).

GUASTINI, Riccardo. The basic norm revisited. *In*: d'ALMEIDA, Luís Duarte; GARDNER, John Gardner; GREEN, Leslie. **Kelsen Revisited**: new essays on the pure theory of law. Oxford and Portland: Hart Publishing, 2013.

HART, Herbert L. A. **O conceito de direito**. Tradução de: A. Ribeiro Mendes. 4.ed. Lisboa: Calouste Gulbenkian, 2005.

HAWKING, Stephen. **Uma breve história do tempo**. Tradução de: Cássio de Arantes Leite. Rio de Janeiro: Intrínseca, 2015.

HEGENBERG, Leonidas. **Dicionário de lógica**. São Paulo: EPU, 1995.

HJELMSLEV, Louis. **Prolegômenos a uma teoria da linguagem**. Tradução de: J. Teixeira Coelho Netto. São Paulo: Perspectiva, 2003.

HOBBES, Thomas. **Leviatã**. Tradução de: João Paulo Monteiro e Maria Beatriz Nizza da Silva. São Paulo: Martins Fontes, 2003.

HOLANDA FERREIRA, Aurélio Buarque de. **Dicionário Aurélio da língua portuguesa**, 5.ed. Curitiba: Positivo, 2010.

HOUAISS, Antonio; VILLAR, Mauro de Salles. **Dicionário Houaiss da língua portuguesa**. Rio de Janeiro: Objetiva, 2001.

HUEBER, Max, **Wörterbuch Deutsch als Fremdsprache**. München: Max Hueber Verlag, 2003.

HUME, David. **Tratado da natureza humana**: uma tentativa de introduzir o método experimental de raciocínio nos assuntos morais. Tradução de: Débora Danowski. 2.ed. São Paulo: UNESP, 2009.

HUSSERL, Edmund. **Investigações lógicas**: sexta investigação (elementos de uma elucidação fenomenológica do conhecimento). Tradução de Želijko Loparić e de Andréa Maria Altino de Campos Loparić. São Paulo: Nova Cultura, 1996.

IHERING, Rudolf von. **El fin en el derecho**. Traducción de: Leonardo Rodríguez. Madrid: B. Rodriguez Serra Editor, [s.d.].

KANT, Immanuel. **Crítica da Razão Pura**. Tradução de: Manuela Pinto dos Santos e Alexandre Fradique Morujão. 5.ed. Lisboa: Calouste Gulbenkian, 2001.

—. **Metafísica dos costumes**. 3.ed. Tradução de: Edson Bini. São Paulo: Edipro, 2017.

KELSEN, Hans. **Allgemeine theorie der normen**. Wien: Manzsche Verlags- und Universitätsbuchhandlung, 1979.

—. **Autobiografia**. 5.ed. Tradução de: Gabriel Nogueira Dias e José Ignácio Coelho Mendes Neto. Rio de Janeiro: Forense Universitária, 2018.

—. Die Grundlagen der Naturrechtslehre. **Österreichische Zeitschirift für öffentliches Recht**. XIII. Wien: Springerverlag, 1963.

—. **General theory of law and state**. New Brunswick (USA) and London (UK): Transaction Publishers, 2007.

—. On the basic norm. **California law review**, v. 47, n. 1, p. 107-110, mar. 1959.

—. **O que é justiça?**: a justiça, o direito e a política no espelho da ciência. Tradução de: Luís Carlos Borges. São Paulo: Martins Fontes, 2001.

—. **O problema da justiça**. Tradução de: João Baptista Machado. São Paulo: Martins Fontes, 2003.

—. **Pure theory of law**. Translated by: Max Knight. Berkeley: University of California Press, 1967 (2.ed., 1960).

—. **¿Qué es la teoría pura del derecho?** Traducción de: Ernesto Garzón Valdés. 9.ed. México, D.F.: Distribuciones Fontamara, 2002.

—. **Reine rechtslehre**: einleitung in die rechtswissenschaftliche. Studienausgabe der 1. Auflage 1934. Tübingen: Mohr Siebeck, 2008.

—. **Reine rechtslehre**. 2. vollst. Wien: Verl. Österreich, 2000.

—. **Sobre a teoria das ficções jurídicas**: com especial consideração da filosofia do "como se" de Vaihinger. Tradução de: Vinicius Matteucci de Andrade Lopes. Rio de Janeiro: Via Verita, 2012.

—. **Society and nature**: a sociological inquiry. The University of Chicago Press: Chicago, 1943.

—. **Teoria geral das normas**. Tradução de: José Florentino Duarte. Porto Alegre: Sérgio A. Fabris, Editor, 1986.

—. **Teoria geral do direito e do estado**. Tradução de: Luís Carlos Borges. 4.ed. São Paulo: Martins Fontes, 2005.

—. **Teoria geral do estado**. Tradução de: Fernando de Miranda. 2.ed. Coimbra: Arménio Amado, 1945.

—. **Teoria pura do direito**. Tradução de: J. Cretella Jr. e Agnes Cretella. 9.ed. São Paulo: Revista dos Tribunais, 2013 (1.ed., 1934).

—. **Teoria pura do direito**. Tradução de: João Baptista Machado. 6.ed. São Paulo: Martins Fontes, 1998 (2.ed., 1960).

KELSEN, Hans; KLUG, Ulrich. **Normas jurídicas e análise lógica** [correspondência trocada entre os Srs. Hans Kelsen e Ulrich Klug]. Tradução de: Paulo Bonavides. Rio de Janeiro: Forense, 1984.

KUHN, Thomas S. **A estrutura das revoluções científicas**. Tradução de: Beatriz Vianna Boeira e Nelson Boeira. 11.ed São Paulo: Perspectiva, 2011.

LAMEGO, José. **A teoria pura do direito de Kelsen**. 2.ed. Lisboa: AAFDL, 2022.

LARENZ, Karl. **Metodologia da ciência do direito**. Tradução de: José Lamego. 3.ed. Lisboa: Calouste Gulbenkian, 1997.

LEIBNIZ, Gottfried Wilhelm. **Novos ensaios sobre o entendimento humano**, v. 2. Tradução de: Luiz João Baraúna e Carlos Lopes de Mattos. São Paulo: Nova Cultural, 1988.

LOCKE, John. **Dois tratados sobre o governo**. Tradução de: Julio Fischer. 2.ed. São Paulo: Martins Fontes, 2005.

LOSANO, Mario G. Introdução. *In*: KELSEN, Hans. **O problema da justiça**. Tradução de: João Baptista Machado. 4.ed. São Paulo: Martins Fontes, 2003, p. VII-XXXIII.

—. **Sistema e estrutura no direito**, volume 2: o século XX. Tradução de: Luca Lamberti. São Paulo: WMF Martins Fontes, 2010.

—. **Teoría pura del derecho**: evolución y puntos cruciales. Traducción de: Jorge Guerrero R. Santa Fe de Bogotá: Temis, 1992.

LOSANO, Mario G (Org.). **Direito internacional e estado soberano**: com um texto inédito de Hans Kelsen e um ensaio de Norberto Bobbio. Tradução de: Marcela Varejão. São Paulo: Martins Fontes, 2002.

LOURENÇO, Frederico. Tradução do grego, apresentação e notas. *In*: **Bíblia**, volume 1: novo testamento: os quatro evangelhos. São Paulo: Companhia das Letras, 2017.

MACCORMICK, Neil. **Argumentação jurídica e teoria do direito**. Tradução de: Waldéa Barcellos. São Paulo: Martins Fontes, 2006.

MALINOWSKI, Bronislaw. **Crime e costume na sociedade selvagem**. Tradução de: Noéli Correia de Melo Sobrinho. Petrópolis, RJ: Vozes, 2015.

MANERO, Juan Ruiz. Bobbio y los conceptos de norma jurídicamente última. **Seqüência**: estudos jurídicos e políticos. Florianópolis, p. 39-56, jul.2012.

MERKL, Adolf Julius. **Escritos de teoria do direito**. Tradução de: Matheus Pelegrino da Silva. São Leopoldo, RS: UNISINOS, 2018.

MORA, José Ferrater. **Dicionário de filosofia**. Tradução de: Roberto Leal Ferreira e Álvaro Cabral. São Paulo: Martins Fontes, 2001.

MORRIS, Charles W. **Fundamentos da teoria dos signos**. Tradução de: Milton José Pinto. São Paulo: Ed. da Universidade de São Paulo, 1976.

OGDEN, C.K.; RICHARDS, I.A. **O significado de significado**: um estudo da influência da linguagem sobre o pensamento e sobre a ciência do simbolismo. Tradução de: Álvaro Cabral. Rio de Janeiro: Zahar Editores, 1972.

PEIRCE, Charles Sanders. **Semiótica**. Tradução de: José Teixeira Coelho Neto. 3.ed. São Paulo: Perspectiva, 2003.

PERELMAN, Chaïm. OLBRECHTS-TYTECA, Lucie. **Tratado da argumentação**: a nova retórica. 2.ed. Tradução de: Maria Ermantina de Almeida Prado Galvão. São Paulo: Martins Fontes, 2005.

PESSANHA, José Américo Motta. Consultoria. *In*: SOUZA, José Cavalcante de (super.). **Os pré-socráticos**: fragmentos, doxografia e comentários. Tradução de: José Cavalcante de Souza *et al.* São Paulo: Nova Cultural, 2000, p. 5-34.

PLATÃO. **Diálogo V**: O banquete; Mênon (ou da virtude); Timeu; Crítias. Tradução de: Edson Bini. Bauru/SP: EDIPRO, 2010.

RAZ, Joseph. Kelsen's theory of the basic norm. **The american journal of jurisprudence**, vol. 19, iss. 1, p. 94-111, jan.1974.

—. **O conceito de sistema jurídico**: uma introdução à teoria dos sistemas jurídicos. Tradução de: Maria Cecília Almeida. São Paulo: WMF Martins Fontes, 2012.

REICHENBACH, Hans. **Experience and prediction**: an analysis of the foundations and the structure of knowledge. The University of Chicago: Chicago & London, 1938.

RINGHOFER, Kurt; WALTER, Robert. Introdução. *In:* KELSEN, Hans. **Teoria geral das normas**. Tradução de José Florentino Duarte. Porto Alegre: Sérgio A. Fabris, Editor, 1986, p. XIII-XVI.

ROSS, Alf. **Direito e justiça**. Tradução de: Edson Bini. Bauru, SP: Edipro, 2003.

ROUSSEAU, Jean-Jacques. **Do contrato social**. Tradução de: Eduardo Brandão. São Paulo: Penguin Classics Companhia das Letras, 2011.

SANDMANN, Antônio José. **Morfologia lexical**. São Paulo: Contexto, 1992.

SAUSSURE, Ferdinand. **Curso de lingüística geral**. Tradução de: Antonio Chelini, José Paulo Paes e Izidoro Blikstein. 25.ed. São Paulo: Cultrix, 2003.

SCHLICK, Moritz. **Coletânea de textos**. Tradução de: Luiz João Baraúna. São Paulo: Abril Cultural, 1980.

SEARLE, John R. **Expressão e significado**: estudos da teoria dos atos da fala. 2.ed. Tradução de: Ana Cecília G.A. de Camargo e Ana Luiza Marcondes Garcia. Martins Fontes: 2002.

SOUZA, José Cavalcante de (super.). **Os pré-socráticos**: fragmentos, doxografia e comentários. Tradução de: Ernildo Stein. São Paulo: Nova Cultura, 2000.

SPITZER, Carlos. **Dicionário analógico da língua portuguêsa**. 2.ed. Porto Alegre: Globo, 1962.

STANLEY, Paulson L. **Fundamentación crítica de la doctrina de Hans Kelsen**. Traducción por: Luis Villar Borda. Bogotá: Universidad Externado de Colombia, 2000.

TOULMIN, Stephen. Razones y causas. *In*: BORGER, Robert; CIOFFI, Frank (sel.). **La explicación en las ciencias de la conducta**. Versión de: J. Daniel Quesada. Madrid: Alianza, 1974, p. 19-50.

VAIHINGER, Hans. **Die philosophie des als ob**: system der theoretischen, praktischen und religiösen Fiktionem der Menschheit auf Grund eines idealistischen Positivismus. Mit einem Anhang über Kant und Nietzsche. 7. und 8. aufl. Leipzig: Felix Meiner, 1922.

VERDROSS, Alfred. **O fundamento do direito internacional**. Revista de direito internacional, v. 10, n. 2, p. 1-33, 2013.

VILANOVA, Lourival. **As estruturas lógicas e o sistema de direito positivo**. 3.ed. São Paulo: Noeses, 2005.

—. **Causalidade e relação no direito**. 4.ed. São Paulo: Revista dos Tribunais, 2000.

—. Teoria jurídica da revolução (anotações à margem de Kelsen). **Revista brasileira de estudos políticos**, Belo Horizonte: UFMG, v. 52, p. 59-103, 1981.

WALTER, Robert. A teoria pura do direito. *In*: KELSEN, Hans. **Teoria pura do direito**. Tradução de J. Cretella Jr. e Agnes Cretella. 9.ed. São Paulo: Revista dos Tribunais, 2013 (1.ed. 1934).

WEBER, Max. **Metodologia das ciências sociais**. Tradução de: Augustin Wernet. 5.ed. São Paulo: Cortez, 2016.

WITTGENSTEIN, Ludwig. **Investigações filosóficas**. Tradução de: Marcos G. Montagnoli. 9.ed. Petrópolis-RJ: Vozes, 2014.

—. **Philosophische untersuchungen / Philosophical investigations**. 2.ed. Translated by G.E.M. Anscombe. Massachusetts: Blackwell, 1958.

—. ***Tractatus logico-philosophicus***. Tradução de: Luiz Henrique Lopes dos Santos. 3.ed. São Paulo: USP, 2001.

WRIGHT, Georg Henrik von. Deontic logic. **Mind**, Oxford University Press, v. 60, n. 237, p. 1-15, jan. 1951.

—. Norma y acción: una investigación lógica. Traducción de: Pedro Garcia Ferrero. Madrid: Editorial Tecnos, 1970.

6.
A ESTRUTURA ESCALONADA DA ORDEM JURÍDICA: Da sua leitura tradicional à sua revisão em tempos descoloniais no Brasil

GUILHERME ROMAN BORGES

Introdução: a "teoria escalonada" como ápex do positivismo jurídico
As discussões da normatividade jurídica, como a conhecemos, são produto do final do séc. XVIII e séc. XIX, aos menos em termos positivistas. De modo sucinto, talvez seja possível, para fins didáticos, classificar o curso do positivismo até os dias de hoje: (i) *positivismo inicial* – nascido no final do séc. XVIII e primeiras décadas do séc. XIX, manifestado, basicamente pelas escolas do historicismo, exegética e jurisprudência dos conceitos; (ii) *positivismo legalista* – manifestado na primeira metade do séc. XIX, orientado a investigar comandos, normas, soberania, obrigações (cujas figuras eminentes foram Jeremy Bentham, e John Austin); (iii) *positivismo estatalista* – desenvolvido na segunda metade do séc. XIX, tendo como foco de investigação o ambiente público e os direitos subjetivos públicos (figura principal em Georg Jellinek); (iv) *positivismo formalista* – desenrolado na primeira metade do séc. XX, atendo à validade normativa e sistêmica (cujos expoentes foram Hans Kelsen e Von Wright); e, (v) *positivismo valorativo* em desenvolvimento desde o pós-Guerra, tendo se desdobrado e investigado temas referentes à eficácia, argumentação e justificação das normas (seus principais representantes foram Norberto Bobbio, Robert Alexy e Joseph Raz)[1].

[1] ADEODATO, João Maurício. **Ética e retórica: para uma teoria da dogmática** jurídica. 2 ed. São Paulo: Saraiva, 2006, p. 121-141 (cap. VII – Preparando a modernidade: ética,

Portanto, até as primeiras décadas do séc. XX, é possível afirmar que o pensamento positivista às rondas dos ideais de segurança jurídica, certeza sistêmica e imprevisibilidade de condutas esteve ocupado em grande medida com a definição das categorias e do raciocínio normativo, e, portanto, com o que se convencionou chamar com Hans Kelsen de "estática normativa", embora a dualidade estática-dinâmica já tenha sido apresentada por Franz Weyr, em meados dos anos dez.[2] É com o Kelsen da Teoria Geral ao Kelsen da primeira edição da Teoria Pura do Direito que a estática alcança seu auge. É neste momento que a estática jurídica se expressa, como diria Tercio Sampaio, enquanto "teoria burguesa" do direito, ao servir aos propósitos de sua criação originária no séc. XIX, no seio do capitalismo eurocêntrico, especialmente vivenciada no direito privado pela teoria das "fontes do direito".[3]

Contudo, desde a Teoria Geral do Estado dos anos quarenta, a questão se torna mais complexa, especialmente a partir das críticas de Adolf Merkl e Alfred Verdross. Kelsen então se vê na necessidade de amarrar "de quem" poderia emanar o direito, e "por meio do quê" o direito poderia vir à tona, com o "como", pela teoria escalonada das normas. É então que a leitura da dinamicidade normativa desponta e o vértice do positivismo alcança seu virtuoso estágio.

À "teoria das fontes", que não se deve dizer invenção kelseniana como visto (ao contrário, embora use a expressão, foi crítico desta por sua ambiguidade, já que pode tanto representar o fundamento último de validade do ordenamento, quanto todas as fontes possíveis políticas, filosóficas etc.)[4], porque já vinha há quase um século sendo elaborada, apesar do originalidade de sua sistematização, vem agregar-se a "teoria escalonada das normas", e aqui, sem dúvida, o lugar de brilhantismo de sua percepção. É na visão piramidal das fontes jurídicas, que entrelaça "quem

jusnaturalismo e positivismo); e p. Borges, Guilherme Roman. **Teoria do direito: primeiras reflexões.** São Paulo: Almedina, 2020, p.104-143.

[2] Weyr, Franz. **Zur Frage der Unabänderlichkeit von Rechtssätzen**. In.: Juristische Blätter, Verlag Österreich, v. XLV, p. 387-390, 1916.

[3] Ferraz Júnior, Tercio Sampaio. **Introdução ao estudo do direito: técnica, decisão, dominação.** 2 ed. São Paulo: Atlas, 1994, p. 222 e segs.

[4] Kelsen, Hans. **Reine Rechtslehre** (1960) ...., p. 238-239 (p. 415-419 na edição aqui usada da Mohsiebeck).

produz", por "meio do quê produz" e o "que produz" a uma "hierarquia sistêmica" (a famosa tríade legiferante – "*who, which, by what means*")[5]. A segunda parte do capítulo V da Teoria Pura do Direito[6] faz exatamente isso, e até hoje sua herança é viva e forte na tradição do direito e da teoria do direito brasileiros, razão pela qual convém entendê-la melhor.

1. Síntese de apresentação do capítulo v (dinâmica jurídica), item 2 (a estrutura escalonada da ordem jurídica)

Ultrapassada a discussão sobre a validade do ordenamento jurídico, efetuada no item precedente (Dinâmica Jurídica), subitens a-j (Do fundamento de validade à norma fundamental), e pressupondo que este fundamento não está na sua natureza de pressuposição lógica, estática normativa e tampouco na causalidade jurídica, mas, sim, na estrutura dinâmica em que normas de dever-ser se diferem do ato-de-ser e se encontram em movimento na dúplice correlação entre autoridades normativas e expressões fático-jurídicas, é necessário expor a segunda parte da dinâmica, aquela que, sem dúvida, demonstra a costura firme e bem intrincada da positividade normativa. É esta construção que Kelsen faz na segunda parte do capítulo V, denominada "A teoria escalonada do ordenamento jurídico" (*Der Stufenbau der Rechtsordnung*), que aqui apenas se expõe, para em seguida poder criticamente se analisar.

De modo sucinto, Kelsen começa esboçando os "degraus" de sua leitura da ordem jurídica, de modo hierárquico, pelo vértice da estrutura dogmática, lugar de centralização de todos os vetores da juridicidade, e segue em direção à pragmática normativa, para em seguida, discutir questões fundamentais para ele, como excessos, ausências e conflitos normativos.

Sintetizando:

A) A Constituição (Die Verfassung). "Se começarmos levando em conta apenas a ordem jurídica do Estado, a Constituição é aqui entendida num

[5] Ross, Alf. **Directives and norms.** London: Routledge and Kegen Paul, 1968, p. 130-131.
[6] O texto utilizado nesta leitura específica do item 35 ("*Der Stufenbau der Rechtsordnung*"), capítulo V (*Rechtsdynamik*) foi o republicado pela Mohr Siebeck, Verlag Österreich e organizado por Matthias Jestaedt em 2017: Kelsen, Hans. **Reine Rechtslehre**. 2 ed. Viena, 1960.

sentido material, quer dizer: com esta palavra significa-se a norma positiva através da qual é regulada a produção das normas jurídicas gerais."[7] Esta Constituição pode ser produzida: (i) por via consuetudinária e neste caso não será condensada em documento escrito, e (ii) por ato legislativo, que se encontrará reduzida em documento escrito. "Da Constituição em sentido material deve distinguir-se a Constituição em sentido formal, isto é, um documento designado como 'Constituição' que – como Constituição escrita – não só contém normas que regulam a produção de normas gerais, isto é, a legislação, mas também normas que se referem a outros assuntos politicamente importante e, além disso, preceitos por força dos quais as normas contidas neste documento, a lei constitucional, não podem ser revogadas ou alteradas da mesma forma que as leis simples, mas somente através de processo especial submetido a requisitos mais severos[8]. Estas determinações representam a forma que pode assumir qualquer conteúdo e que, em primeira linha, serve para a estabilização das normas que aqui são designadas como Constituição material e que são o fundamento de Direito positivo de qualquer ordem jurídica do Estado."[9] Por fim, não se pode deixar de ressaltar que a Constituição pode, além de regular a produção de normas gerais, também determinar o conteúdo das leis futuras.

B) Legislação e costume (Gesetzgebung und Gewohnheit). O escalão imediatamente inferior à Constituição é constituído por normas gerais criadas pela legislação ou pelo costume. Em geral, a Constituição estabelece órgãos legislativos especiais, competentes para editar normas, e órgãos judiciais e administrativos para a sua aplicação. No entanto, nem sempre há três escalões, pois a Constituição poderá não estabelecer órgão legislativo especial, deixando a edição de normas aos órgãos judiciais e administrativos. Como já foi mencionado, além da norma, o costume pode ser considerado produtor do Direito, desde que a Constituição assim estabeleça. O costume, em geral, adquire existência através de uma determinada conduta dos indivíduos sujeitos à ordem jurídica. Assim, ao con-

[7] KELSEN, Hans. **Reine** ..., p. 399 (original p. 228).

[8] Apesar disso, existem Constituições que não requerem um procedimento especial para serem alteradas, sendo que qualquer lei simples pode imprimir-lhe modificações.

[9] KELSEN, Hans. **Reine** ..., p. 400 (original p. 229).

trário do que se tem entendido, o costume não se torna norma jurídica apenas porque é reconhecido pelo tribunal. Isto porque, a posição dos órgãos aplicadores do Direito é a mesma em relação às normas legisladas e aos costumes.

C) Lei e decreto (Gesetz und Verodnung). As normas gerais que provêm do parlamento são chamadas de lei. Já aquelas não provêm do parlamento, mas de uma autoridade administrativa, são chamadas de decretos regulamentares ou decretos-leis ou com força de lei. Aqui é preciso distinguir a lei em sentido material, que compreende todas as normas jurídicas gerais, e lei em sentido formal, que engloba apenas as normas jurídicas gerais em forma de lei.

D) Direito material e Direito formal (Materielles und formelles Recht). "Como Direito formal designam-se as normas gerais através das quais são regulados a organização e o processo das autoridades judiciais e administrativas, os chamados processo civil e penal e o processo administrativo. Por Direito material entendem-se as normas gerais que determinam o conteúdo dos atos judiciais e administrativos e que são em geral designadas como Direito civil, Direito penal e Direito administrativo, muito embora as normas que regulam o processo dos tribunais e das autoridades administrativas não sejam menos Direito civil, Direito penal e Direito Administrativo. (...) O Direito formal e o Direito material estão inseparavelmente ligados. Somente na sua ligação orgânica é que eles constituem o Direito, o qual regula a sua própria criação e aplicação."[10]

E) As chamadas "fontes de Direito" (Die sogennanten 'Rechtsquellen'). A pluralidade de significações do termo fonte do Direito, faz desde logo concebê-lo como imprestável a uma Teoria Pura do Direito. Em geral, o costume e a legislação são considerados as fontes do Direito. Todavia, alguns entendem que as normas individuais também são fontes do Direito. Outros, com base no Direito internacional, entendem que as fontes são apenas o costume e os tratados. Poderíamos, ainda, tendo em vista o direito positivo, tomar a norma fundamental como fonte última e única do Direito. Como se vê, levando-se em conta o sentido jurídico da palavra fontes do Direito, tem-se inúmeras possibilidades. Além disso,

[10] Kelsen, Hans. **Reine** ..., p. 414 (original p. 237).

não se poderia deixar de observar que a expressão fontes do Direito pode ser empregada num sentido não jurídico e, neste caso, teríamos como fonte do Direito princípios morais e políticos. Enfim, em razão da pluralidade de significados que assume a referida expressão, parece evidente que é preciso encontrar um novo termo que designe o nascimento do Direito.

F) Criação do Direito, aplicação, do Direito e observância do Direito (Rechtserzeugung, Rechtsanwendung und Rechtsbefolgung). "Todo ato criador de Direito deve ser um ato aplicador de Direito, quer dizer: deve ser a aplicação de uma norma jurídica preexistente ao ato, para poder valer como ato da comunidade jurídica. Por isso, a criação jurídica deve ser concebida como aplicação do Direito, mesmo quando a norma superior apenas determine o elemento pessoal, o indivíduo que tem de exercer a função criadora do Direito. É esta norma superior determinadora do órgão que é aplicada em cada ato deste órgão. (...) Há, no entanto[11], atos que apenas são aplicação do Direito e não criação jurídica; são os já mencionados atos através dos quais os atos de coerção estatuídos pelas normas jurídicas são executados."

G) Jurisprudência (Rechtsprechung). G.1) O caráter constitutivo da decisão judicial (Der konstitutive Charakter der richterlichen Entscheidung). "Do ponto de vista de uma consideração centrada sobre a dinâmica do Direito, o estabelecimento da norma individual pelo tribunal representa um estágio intermediário do processo que começa com a elaboração da Constituição e segue, através da legislação e do costume, até a decisão judicial e desta até a execução. Este processo, no qual o Direito como que se recria em cada momento, parte do geral (ou abstrato) para o individual (ou concreto). É um processo de individualização ou concretização sempre crescente."[12] O auge deste processo de individualização se dá com a sentença judicial que, ao contrário do que se afirma, não apenas declara o Direito aplicável ao caso concreto, mas estabelece de forma constitutiva a norma a ser aplicada no caso.

G.2) A relação entre a decisão judicial e a norma jurídica geral a aplicar (Die Beziehung zwischen der richterlichen Entscheidung und den anzuwnden-

[11] KELSEN, Hans. **Reine** ..., p. 419 (original p. 241)

[12] KELSEN, Hans. **Reine** ..., p. 424 (original p. 243).

den generellen Rechtsnormen). "Tanto no caso do tribunal dar provimento à demanda ou acusação, como ainda no caso de o tribunal rejeitar a demanda ou absolver o acusado, a decisão judicial opera-se em aplicação da ordem jurídica vigente, especialmente no caso de o tribunal rejeitar a ação ou absolver o acusado pelo fato de, no entender do tribunal, não existir qualquer norma em vigor que ligue uma sanção à conduta do demandado ou acusado alegada pelo demandante privado ou pelo acusador público e possivelmente de fato realizada, quer dizer: uma norma que obrigue o demandado ou acusado à conduta oposta. Como já explicamos a outro propósito, a ordem jurídica regula a conduta humana não só positivamente prescrevendo uma certa conduta, isto é, obrigando a esta conduta, mas também negativamente, enquanto permite uma determinada conduta pelo fato de não a proibir. Rejeitando a demanda ou absolvendo o acusado, o tribunal aplica a ordem jurídica que permite ao demandado ou acusado a conduta contra qual se dirige a demanda ou acusação que não têm fundamento na ordem jurídica."[13]

G.3) As chamadas "lacunas" do Direito (Die sogenannten "Lücken" im Recht). Do que foi exposto, depreende-se que uma ordem jurídica pode ser sempre aplicada por um tribunal a um caso concreto, mesmo quando a ordem jurídica não comporte, no entender do tribunal, uma norma geral que regule de modo positivo a conduta do demandado ou acusado. Isto porque, como se viu, o Direito também regula negativamente as condutas, permitindo-as através do sancionamento da conduta oposta. Sintetizando, tem-se que na ausência de uma norma geral que regule positivamente a conduta do demandado, o tribunal deverá aplicar a ordem jurídica, levando em conta o seu caráter sistêmico. Diante disso, é preciso reconhecer que o Direito não tem lacunas.

G.4) Criação de normas jurídicas gerais pelos tribunais: o juiz como legislador; flexibilidade do Direito e segurança jurídica (Erzeugung genereller Rechtsnormen durch Gerichte: Der Richter als Gesetzgeber; Flexibilität des Rechts und Rechtssicherheit). "Um tribunal, especialmente um tribunal de última instância, pode receber competência para criar, através da sua decisão, não só uma norma individual, apenas vinculante para o caso *sub judice*, mas também

[13] Kelsen, Hans. **Reine** ..., p. 437 (original p. 251).

normas gerais. Isto é assim quando a decisão judicial cria o chamado precedente judicial, quer dizer: quando a decisão judicial do caso concreto é vinculante para a decisão de casos idênticos."[14] Neste caso, o tribunal funciona como legislador. Este sistema não é próprio das democracias parlamentares, que em geral têm a produção de normas gerais centralizada em órgãos legislativos. É preciso reconhecer que da centralização do poder legislativo decorre o problema da dificuldade de adaptação do Direito às circunstâncias da vida em constante mutação, ou da falta de flexibilidade da ordem jurídica, mas também decorre a vantagem da segurança jurídica, já que as decisões dos tribunais, neste sistema centralizado, tornam-se previsíveis. Existe também um terceiro sistema, em que o tribunal decide desvinculadamente de qualquer lei estatal, ou seja, decide de acordo com o princípio da livre descoberta do Direito. Por fim, não se poderia deixar de ressaltar o sistema da *common law*, em que as normas gerais são criadas pelos costumes e aplicadas pelos tribunais.

H) O negócio jurídico (Das Rechtsgeschäft). H.1) O negócio jurídico como fato criador do Direito (Das Rechtsgeschäft als rechtserzeugender Tatbestand). "O negócio jurídico é, tal como o delito da conduta contrária ao negócio jurídico e o delito da não-indenização do prejuízo por tal conduta causado, pressuposto da sanção civil. Distingue-se do delito pelo fato de criar, de acordo com a ordem jurídica, a norma que é o seu sentido, ao passo que o delito não é um fato gerador de normas instituído pela ordem jurídica. O ato coercivo da sanção civil não é dirigido contra o indivíduo que realizou um negócio jurídico, mas apenas contra o indivíduo que, após ter celebrado um negócio jurídico, se conduz contrariamente a esse negócio jurídico ou deixa de indenizar o prejuízo causado através dessa conduta."[15]

H.2) O contrato (Der Vertrag). O contrato é negócio jurídico bilateral ou plurilateral, na medida em que consiste nas declarações de vontade concordantes de dois ou vários indivíduos, que vão dirigidas a uma determinada conduta deles. A ordem jurídica, em geral, estabelece uma forma para que esse acordo de vontades se revista de efeito vinculante, ou seja, para que produza normas que imponham deveres e confiram direitos aos

[14] Kelsen, Hans. **Reine** ..., p. 447 (original p. 257),

[15] Kelsen, Hans. **Reine** ..., p. 458 (original p. 262).

contratantes. Esta forma normalmente é a escrita, ou seja, é a redução em documento escrito da vontade exteriorizada dos contratantes. O problema ocorre quando há discrepância entre a vontade real das partes e a vontade exteriorizada por elas ou por uma delas. Neste caso, caberia à ordem jurídica decidir se este fato determinaria a invalidade ou não do contrato. O que por certo determinaria a invalidade do contrato seria a ausência da declaração de uma das partes, ou da aceitação de uma das partes. Assim, para "que um contrato se realize devem existir declarações de vontade concordes das partes contratantes, declarações segundo as quais as partes querem o mesmo. Através deste fato é criada uma norma cujo conteúdo se determina através das declarações concordantes. Entre o contrato como fato produtor de normas jurídicas e a norma criada através desse fato deve manter-se nítida separação."[16] Quanto ao tempo de vigência da norma contratual, pode estar determinado no conteúdo do contrato, podendo ser limitado ou ilimitado. Já quanto ao âmbito dessa vigência, deve-se ressaltar que, de regra, o contrato produzirá seus efeitos somente em relação aos contratantes, de acordo com o princípio da autonomia privada. Todavia, há algumas exceções a esta regra, como os contratos em favor de terceiros. Ao final, não se poderia deixar de mencionar uma espécie particular de contratos, os chamados contratos de adesão, em que uma das partes unilateralmente submete-se à norma contratual, sem que haja o mero acordo de vontades. Entretanto, nesse caso, seria mais correto falar que se trata de um negócio jurídico unilateral, mas não de um contrato propriamente dito.

I) Administração (Verwaltung). "A atividade designada como administração do Estado é, em grande parte, da mesma natureza que a legislação e a jurisdição, a saber, função jurídica no sentido estrito da criação e aplicação das normas jurídicas. A função do órgão administrativo superior, o governo, consiste na participação na atividade legislativa que lhe é adjudicada pela Constituição, no exercício do poder ou competência que lhe é atribuída pela Constituição, para concluir tratados internacionais, na publicação, conforme à Constituição, de decretos e de ordens administrativas dirigidas aos órgãos da administração que lhe estão subordi-

[16] Kelsen, Hans. **Reine** ..., p. 459 (original p. 264).

nados e aos súditos – quer dizer: na criação e aplicação das normas individuais. (...) Essencialmente diferente das duas espécies de atividade administrativa estadual referidas, que representam funções jurídicas em sentido estrito, é aquela que consiste na não criação ou aplicação de normas jurídicas, mas na observância de normas jurídicas por indivíduos especialmente qualificados, a saber, qualificados como 'funcionários do Estado'."[17]

J) Conflito entre normas de diferente escalão (Konflikt zweischen Normen verschiedener Stufen). J.1) A decisão judicial ilegal (Die 'gesetzwidrige' Gerichtsentscheidung). Aqui a pergunta a ser feita é se existe uma decisão que está em conflito com uma norma geral e se ela pode ser considerada, portanto, ilegal. A resposta desta questão é que a decisão de um tribunal de primeira instância, portanto atacável, existe e jamais será ilegal, ainda que contrarie norma geral. Esta decisão somente poderá ser considerada anulável, tendo validade provisória até que seja reformada pelo tribunal de última instância, cujas decisões têm força de caso julgado, definitividade.

J.2) A lei inconstitucional (Das 'verfassungswidrige' Gesetz). O controle de constitucionalidade das leis pode ser feito pelo próprio legislativo, quando da produção da norma, ou pelos tribunais, através de processo especial. Os tribunais têm a faculdade de rejeitar a aplicação de uma lei que consideram inconstitucional, num determinado caso concreto. Isso não implica na inconstitucionalidade dessa lei em relação a outros casos concretos. Somente se estenderá a inconstitucionalidade aos demais casos se o tribunal competente, através de processo especial, declarar tal norma nula.

K) Nulidade e anulabilidade (Nichtigkeit und Vernichtbarkeit). "Do que fica dito acima também resulta que, dentro de uma ordem jurídica não pode haver algo como a nulidade, que uma norma pertencente a uma ordem jurídica não pode ser nula, mas anulável."[18] Sendo que a norma jurídica anulável pode ser anulada com efeitos retroativos ou com efeitos para o futuro.

[17] Kelsen, Hans. **Reine** ..., p. 470 (original p. 270)

[18] Kelsen, Hans. **Reine** ..., p. 489 (original p. 382).

2. A transição da estaticidade à dinamicidade do "jurídico" kelseniana

É justamente desta estrutura que somos até hoje devedores, a par das críticas e a par da luta pela sua superação em perspectiva descolonial. É aqui que Kelsen consegue mostrar como se dá a passagem do "mundo da vida" (*Lebenswelt*) ao "mundo do direito" (*Rechtswelt*), e de modo ainda mais contundente, como se dá o reconhecimento e a validação dos comportamentos da vida, orginalmente como simples atos/condutas/relações, logo, "fatos" cotidianos em atos/condutas/relações jurídicos, logo, "normas" sistematicamente organizadas.

Do antes até Kelsen, e para Kelsen do *Hauptprobleme* (1911), passando pela *Allgemeine* (1013) e chegando à primeira edição da *Reinelehre* (1934) a normatividade se explicava estaticamente pelas ideias de causalidade (apesar dos seus esforços de se afastar do método causal - *Kausal-Vorgang*)[19] e imputação, e pela construção das categorias essenciais da juridicidade: licitude, ilicitude, direito, dever, sujeito, competência, capacidade, responsabilidade e "sanção". O "jurídico" se debatia dentro deste emaranhado de variáveis. Portanto, fazer parte do "mundo da vida" ou do "mundo jurídico" demandava um raciocínio lógico-causal e de imperatividade/soberania do comando. A normatividade implicava um juízo de imanência, pelo reconhecimento da abstração da ordem jurídica em relação aos elementos da concretude da vida. Um juízo dúplice, ou seja, presentes requisitos estruturalmente definidos como jurídicos, os fatos da vida automática, coercitiva e imediatamente passam a ser e já o são reconhecidos como jurídicos.

Em suma, didaticamente (apesar da simplicidade da argumentação), saber se (a) "algo" integra ou não a ordem do direito - "p. ex. se os animais possuem aptidão a herdar bens, serem objeto de responsabilidades de outrem, ou se coisas reais podem ser gravadas e protegidas por nomes, ou se coisas imateriais têm por si validação e proteção" -; se alguma (b) "conduta" faz parte ou não do mundo do direito e em que termos o faz - "p. ex. se o despir-se na sacada no apartamento privado é relevante para o direito; ou se o conceder mesada pelos pais apenas a um dos filhos, se isto

[19] Kelsen, Hans. **Hauptprobleme** .., p. 405 e segs.

implica ou não em algo jurídico e em que termos, se o pular de um edifício sobre o veículo de outro, gera ou não direito à transferência da indenização para o quinhão de herdeiros"-, ou, enfim, se (c) "alguém" pode ou não pode dizer algo como jurídico – "p. ex. – um árbitro de futebol impor obrigações de não ingresso no campo ao treinador das equipes, ou se juízes podem impor deveres para a condução da audiência que alcancem a vestimenta, os trejeitos, o uso da altura do som das palavras para os participantes, se um síndico pode multar o proprietário do imóvel pela visitação feita após o horário de funcionamento da portaria – demandava um juízo de imanência. Se a ordem jurídica já havia traduzido/descrito/escrito, "abstratamente" por meio de suas cláusulas, institutos, categorias os fatos da vida "concretamente" ocorridos, então, por causalidade e imputação, e por juízo lógico-monotônico, os fatos integrariam automaticamente o mundo do direito.

A questão até então estava no campo de uma racionalidade positiva, de veracidade, de identificação, portanto, de um juízo de similitude e representação duplamente implicado: vida-direito. Os componentes "da vida" e toda sua dinamicidade se traduziam, quando passavam pelo filtro do jurídico abstrato-hipotético, em categorias "do ordenamento" normativo. Por ser "sujeito", por ser "direito", por ser um "dever", porque tem "responsabilidade", por que há uma "sanção", porque o pode por ter "capacidade". Ao preencher estas variáveis, o ordenamento jurídico estava formado, e a juridicidade uma questão resolvida, ao menos até a segunda edição da *teoria pura*.

Neste primeiro momento, o direito é visto como um "conjunto estático de deveres" e se resumia na "lei" como sua fonte exclusiva, de tal modo que a separação entre o "mundo do direito" e o "mundo da vida" estava apenas na dobradura imediata entre Estado e Direito. Ambos se identificavam para o pensamento kelseniano, seja numa percepção estática, seja mesmo numa dimensão dinâmica. Questão esta que aparentemente é simples, mas não é no debate dentro do positivismo do início do século, quanto no embate com o jusnaturalismo. Em termos positivistas, havia até Kelsen a conclusão de que a "legislação" (em sentido lato) deveria fazer parte das discussões científicas do direito porque o Estado precedia ao Direito, logo, só haveria direito porque o Estado o criou.[20] Fora dos muros do positivismo, as construções do Direito Natural, seja pelo antiformalismo alemão (especialmente de Oskar Bülow, Eugen Ehrlich e Hermann Kantorowiz), seja pelo francês (sobretudo François Gény, Maurice Hauriou e Georges Gurvitch), já apontavam para fenômenos jurídicos além do Estado, especialmente pela possibilidade da criação livre, mas não arbitrária como se julgou dizer, do direito pelos juízes.[21]

A legislação e o processo legislativo em si não estavam nos horizontes científicos kelsenianos por uma razão bastante lógica: se o fenômeno estatal e o fenômeno jurídico coexistem, são concomitantes, mutuamente implicados, e imanentes, só é Direito o que está na lei posta pelo Estado, porque também só há estado se visto por sua lei. São "ambos os lados de uma moeda" (*die beinden Seiten einer Medaille*)[22]. Do contrário, o estado deve ser lido em perspectiva político-sociológica, o que não conviria na objetividade da ciência do direito. Nestes termos, o legislador é livre para criar o direito, porque nada o condiciona, nem tampouco o texto constitucional. Neste momento, Kelsen está olhando para a constituição austríaca do séc. XIX, então vigente, e para ele, não havia qualquer percepção de que os dispositivos constitucionais pudessem ir além de meras vontades e pretensões políticas. Não havia a compreensão dos enunciados constitucionais como "deveres", portanto, desprovidos de natureza propositiva, obrigacional.[23]

Quaisquer disposições que não estejam na lei, ou melhor, que dela não decorram expressamente, não se qualificam juridicamente. Isto implica afirmar que os atos jurídicos o são jurídicos porque preenchem todos os

[20] Por isso Kelsen rechaçou o que prevalecia na intitulada "teoria da auto-obrigação da vontade do Estado". Kelsen, Hans. **Hauptprobleme** .., p. 405 e segs. "*der Staat als Schöpfer des Rechts*" (trad. "o Estado como criador do direito"). Ver também: Kelsen, Hans. **Allgemeine Staatslehre ...**, p. 74 e segs, e Kelsen, Hans. **Reine Rechtslehre** (1960) ...., p. 314 e segs no original (p. 542 e segs na edição aqui usada da Mohsiebeck).

[21] Estas ideias foram mais bem desenvolvidas no texto: Borges, Guilherme Roman. **Teoria do Direito: primeiras reflexões**. São Paulo: Almedina, 2020, p. 174-178. Ver também Treves, Renato. **Sociologia del diritto.** Torino: Enaudi, 1987.

[22] Kelsen, Hans. **Hauptprobleme ...**, p. 253.

[23] Kelsen, Hans. **Hauptprobleme ...**, p. 443 e segs. "*Niemand ist rechtlich verbunden, sich ihrer zu bedienen*" (trad. "Ninguém é juridicamente obrigado a usá-las").

pressupostos hipotéticos previamente (com a escusa da redundância) estabelecidos. Não os preenchendo, não existem para o direito.[24] Isto explica melhor o que se falou há pouco da "causalidade" e da "imputação" entre fato e direito, entre "mundo da vida" e "mundo do direito". O comportamento como de "despir-se numa varanda" pode ser mero ato da vida, como outros tantos o são: o comer, o ir ao trabalho, o encontrar-se com amigos; mas o pode ser jurídico tão somente se forem cumpridos os "pressupostos fático-normativos" previsto na "lei". Se por alguma razão, uma disposição legal cível ou penal assim dispor, impondo consequências jurídicas[25] para o "despir-se numa varanda", automaticamente e de modo imanente (porque não há *prius* e nem *posterius*) é (e não se torna) um fato jurídico.

Nesse sentido, não havia discussão sobre o "poder legiferante" para Kelsen até então. Este se reduzia ao Estado, e, logo, ao Legislativo. O Executivo, quando legisla, fá-lo como executor da outorga concedida pelo Legislativo. Então, decretos, regulamentos se reduzem, ao fim e ao cabo, a disposições legais. Não por outra razão também as decisões judiciais, neste momento, são igualmente expressões legais, jamais criando "deveres jurídicos autônomos". Tampouco haveria sentido em discutir as disposições constitucionais, porque expressões dos anseios políticos, mas não jurídicos, como dito. Esta arquitetura estava bem elaborada, mas estava estagnada e não respondia a alguns problemas: como pode se dar a criação do direito diante da complexidade e da mutabilidade da vida? como a absolutização da lei lida com a sua insuficiência de respostas a problemas da vida postos para o "operador do direito" (*Rechtsanwender*)? como podem haver antinomias e lacunas sistemicamente nesta lógica de imanência vida-direito? como podem os enunciados constitucionais existentes à época estabelecerem a "irrevogabilidade" e a "imutabilidade"

[24] KELSEN, Hans. **Hauptprobleme ...**, p. 246 e segs.

[25] É preciso compreender, apesar das críticas de alguns leitores de Kelsen, que a noção de "coerção" é critério decisivo para compreender esta perspectiva estática do direito. Kelsen o fala explicitamente em diversos momentos, e não apenas na sua teoria geral apresentada na livre-docência em 1911, mas também em textos posteriores, quando as críticas produzidas por seus discípulos já tinham lhe chamado a atenção, como em 1932 no artigo: KELSEN, Hans. **Unrecht und Unrechtsfolge im Völkerrecht**. In.: Zeitschrit für öffentliches Recht, v. 12, p. 481-608, 1932.

dos seus textos, mas em seguida serem alterados pelo próprio Poder Constituinte Derivado?

E aqui está o giro propiciado por Adolf Merkl, seu discípulo[26], com contribuições também de Alfred Verdross. Para Merkl, em seus textos entre 1914 e 1918, o problema estaria no fato de que sem normas de competência, e, portanto, sem instrumentos para se criar novas leis, o sistema jurídico seria inevitavelmente rígido, e avesso a mudanças, tornando-o com o tempo facilmente destrutível.[27] Além do mais, é o "operador do direito" que no embate fático estabelece o conteúdo efetivo do direito, e não o legislador.[28] Portanto, tanto os enunciados infralegais, quanto as disposições constitucionais, até então excluídos da ciência do direito por sua irrelevância definidora de deveres (já que, de um modo ou de outro, seria a lei a fonte originária), agora passam a ter outra visibilidade. É necessário pensar em "níveis normativos", e aqui a contribuição de Merkl com sua visão da "dupla face do direito" (*das doppelte Rechtsantlitz*)[29], vista de forma hierarquizada, ou seja, toda vez que o direito é aplicado, num dado nível sistêmico, ele o faz como "ato condicionado", porque simples executor dos comandos normativos de outro, quanto "ato condicionante", porque produtor de significados normativos para outro. O legislador cumpre os enunciados constitucionais, então visto como "norma", logo, com natureza de "proposição normativa", que por sua vez

[26] Sobre o reconhecimento recíproco e as contribuições de Merkl para a teoria pura, ver: KELSEN, Hans. **Adolf Merkl zu seinem siebzigsten Geburtstag am 23. März 1960**. In.: Österreichische Zeitschrift für öffentliches Recht, Wien, Band X,1960, p. 313. Igualmente em MERKL, Adolf. Die Lehre von der Rechtskraft: **Entwickelt aus dem Rechtsbegriff**. Leipzig: Franz Deuticke, 1923, p. 207.

[27] MERKL, Adolf. **Prolegomena einer Theorie des rechtlichen Stufenbaues**. In.: Gesellschaft, Staat und Recht: Untersuchungen zur Reinen Rechtslehre (Hans Kelsen und Josef Dobretberger). Viena: Springer, 1931, p. 281. Ver também KELSEN, Hans. Die Lehre von den drei Gewalten oder Funktionen des Staates. In.: Archiv für Rechts und Wirtschaftsphilosophie, n. 17, p. 378 e segs, 1923-24.

[28] MERKL, Adolf. Die Verordnungsgewalt im Kriege. In.: AJM-GS, v, II, n. 1., p. 12 e segs, 1915.

[29] MERKL, Adolf. **Das doppelte Rechtsantlitz. Eine Betrachtung aus der Erkenntnistheorie des Rechtes**. In: MAYER-MALY, Dorothea; SCHAMBECK, Herbert; GRUSSMANN, Wolf-Dietrich (orgs.). Adolf Julius Merkl. Gesammelte Schriften.1. v. Berlin: Duncker & Humblot, p. 227-252, 1993 (1918).

confere validade para que o Executivo por seus decretos e por seus atos executivos (tantos mais serão, quanto mais burocrática for a estrutura administrativa) também imponham comandos, que por sua vez, para ser concretizada, pode vir a depender de uma decisão judicial. À exceção da constituição, que apenas é "ato condicionante" e dos atos executivos, que são "atos condicionados", todos os demais tem essa perspectiva bifronte (produção e execução normativas).

Está elaborada a teoria escalonada (*Stufenbau*)[30] como um processo autocriativo do ordenamento jurídico, em que há diferentes níveis entre atos condicionantes e condicionados, numa relação hierárquica, de modo que em cada degrau da cadeia há possibilidades várias, sempre delimitadas e previamente estabelecidas pelo ato anterior. Deste modo, o direito vai se construindo do abstrato ao concreto, da norma mais abstrata e geral à norma individual, representada não apenas pelos atos negociais, mas pelos "atos de execução", seja eles vindos do Executivo, sejam em situação conflitiva ou completiva do Judiciário. Trata-se de diferentes níveis de proposição normativa, sempre em relação de condicionalidade, e sempre tendo a norma fundamental como recurso. O fundamento último desta construção estaria na "constituição em sentido positivista", como definidora de competência, e abstratamente na "constituição pressuposta, lógico-jurídica" da *Grundnorm*, como explicitado na primeira

[30] Sobre a importância e eventuais diferenças da construção de Merkl para Kelsen, ver: Behrend, Jürgen. **Untersuchungen zur Stufenbaulehre Adolf Merkls und Hans Kelsens.** Berlin: Duncker & Humblot, 1977.; Bongiovanni, Giorgio. **Reine Rechtslehre e dottrina giuridica dello stato. H. Kelsen e la constituzione austriaca del 1920.** Milano: Giuffrè, p. 91-120, 1998.; Borowski, Martin. **Die Lehre vom Stufenbau des Rechts nach Adolf Julius Merkl.** In: Paulson, Stanley L.; Stolleis, Michael (orgs). **Hans Kelsen. Staatsrechtslehrer und Rechtstheoretiker des 20. Jahrhunderts.** Tübingen: Mohr Siebeck, p. 122-159, 2005; Mayer, Heinz. **Die Theorie des rechtlichen Stufenbaues.** In: Walter, Robert (org). Schwerpunkte der Reinen Rechtslehre. Wien: Manz, p. 37-46, 1992.; Öhlinger, Theo. **Der Stufenbau der Rechtsordnung: Rechtstheoretische und ideologische Aspekte.** Wien: Manz, 1975.; Paulson, Stanley. **How Merkl's Stufenbaulehre Informs Kelsen's Concept of Law** In.: Journal for Constitutional Theory and Philosophy of Law, n. 21, p. 29-45, 2013.; e Wiederin, Ewald Wiederin. **Die Stufenbaulehre Adolf Julius Merkls.** In: Griller, Stefan; Rill, Heinz-Peter (Hrsg.). Rechtstheorie: Rechtsbegriff-Dynamik-Auslegung. Wien: Springer, p. 81-134, 2011.

parte da "dinâmica jurídica", mas que já começava a aparecer nos textos dos anos 1920, especialmente na *Allgemeine Staatslehre.*

A genialidade kelseniana da segunda edição, sem dúvida, aqui, foi mostrar como as experiências da vida humana passam a ser experiências jurídicas para além de um raciocínio abstrato de causalidade e imputação, como até então visto, mas por uma construção dinâmica, hierarquicamente elaborada pela imbricação entre "teoria das fontes do direito" e "teoria escalonada das normas jurídicas". Toda uma "cadeia de validação" entre normas superiores (fundantes) e normas inferiores (fundadas) se desenrola para implicar de modo ressignificado duplamente vida-direito. Para Kelsen, e aqui um ponto de distinção em relação a Merkl, sempre um ordenamento jurídico deverá ser organizado hierarquicamente nestes termos, independentemente de haver ou não no ordenamento referência às condições a serem satisfeitas para que o reenvio à hierarquia seja indispensável. Está, portanto, configurada a dinamicidade do ordenamento jurídico, de tal modo que o elemento "criação" se sobrepõe ao critério de "coação" como chave do ordenamento.[31] É nesta "dupla face" criação-execução e não pela imputação apenas que o direito se transforma em ordenamento jurídico, e os atos/fatos/relações da vida se tornam atos/fatos/relações jurídicas.

Em suma, para finalizar e tornar didática esta mudança operada pelo caráter dinâmico da ordem jurídica, como se fizera acima para compreender a causalidade da perspectiva estativa, é possível formular um simples exemplo e entender o valor da engenhosidade kelseniana. Exemplo: uma pessoa decide doar seu rim a seu amigo, que sofre de uma doença renal crônica. Ao chegar ao hospital, é internado pelo seu plano de saúde, e pede para que lhe seja feita a cirurgia. A questão que se coloca então desde logo é: o ato a ser praticado pelo médico é ou não um "ato jurídico", ou fica apenas no campo dos "atos da vida"?

Em perspectiva estática, bastaria encontrar em algum ato normativo da ordem jurídica se os pressupostos fáticos estão hipotética e normativamente descritos. A subsunção é feita automaticamente, e o que é um simples ato da vida se traduz num ato jurídico. Nesse sentido, a vontade

[31] Paulson, Stanley. **How Merkl's Stufenbaulehre Informs Kelsen's Concept of Law** In.: Revus Journal for Constitutional Theory and Philosophy of Law, n. 21, p. 21-35, 2013.

do Estado se realiza, segundo falava Kelsen dos *Hauptprobleme*, apenas quando todos os pressupostos legalmente previstos forem cumpridos. Portanto, bastaria examinar na "lei" se haveria autorização para tanto, não podendo a "legislação" ir além, já que o Executivo agiria como um "representante do Legislativo", e tampouco um juiz poderia estabelecer norma individual concreta diversa.[32]

Em perspectiva dinâmica, contudo, costurando hierarquia e fontes do direito, a questão se torna mais complexa, em razão de uma cadeia de validação[33]. Caso o médico decida não fazer, a parte ingressará em juízo requerendo a autorização judicial para tanto (ato decisório/executivo/mandamental – "ato exclusivamente condicionado" – norma inferior fundada). Ao juiz cumprirá examinar todas as previsões (autorizativas/proibitivas/obrigativas) existentes em normas superiores. Ao decidir pela proibição da cirurgia, pode fazê-lo porque o interessado não preenche os requisitos do art. 15, § 3º do Decreto 2268/97, que impede a pessoa capaz de dispor de seu órgão porque os exames não mostram ao menos quatro compatibilidades em relação aos antígenos leucocitários humanos; ou porque o Comitê de Ética do Hospital não permitiu, ou porque a Central de Transplantes do Estado não liberou o procedimento; ou porque a doação está impedida pelo CC/02 art. 13, § ún., porque contraria disposição legal, já que não é para parente próximo ou de forma gratuita, ou, enfim, porque contraria os arts. 199 e 200 da CR/88. Enfim, a decisão judicial que não o autoriza, porque esbarra no Decreto 2268/97, não o faz porque entende que este ato normativo não é "ato condicionante/autorizativo/norma superior fundante" de uma decisão de autorização (que, portanto, não pode ser "ato condicionado/executivo/norma inferior fundada), capaz de validar o comportamento da vida (cirurgia de doação). De igual modo, a decisão judicial que não autoriza o procedimento o faz buscando no CC/02 a negação, pois não vê neste um "ato condicionante/autorizativo/norma superior fundante" do Decreto 2268/97, logo, este não passa a ter a posição de "ato condicionado/executivo/norma inferior fundada"

[32] KELSEN, Hans. **Zur Lehre vom öffentlichen Rechtsgeschäft.** In.: AöR, n. 31, p. 53-98 e 190-249, 1913.

[33] STEWART, Iain. **The critical legal Science of Hans Kelsen**. In.: Journal of Law and Society, v. 17, n. 3, p. 285-288, 1990.

para o procedimento. De igual modo, a decisão judicial que não autoriza a cirurgia o faz buscando na CR/88 a proibição, pois não vê nesta um "ato condicionante/autorizativo/norma superior fundante" do CC/02, logo, este não passa a ter a função de "ato condicionado/executivo/norma inferior fundada". E como critério último, eventualmente, poderia se passar da "constituição em sentido positivista" para a uma "constituição em sentido lógico-jurídico" (*Grundnorm*), o que não o conseguiria justificar o juiz, mas o poderia fazer como recurso extra sistêmico, como eventualmente o sopesamento da vida/integridade física em grau absoluto. Enfim, a não realização da cirurgia, ou o "ato executivo (negativo)" da decisão judicial qualifica o comportamento da vida como um "nada jurídico", ou uma "ilicitude", não porque apenas os pressupostos fáticos hipoteticamente não foram preenchidos, mas porque não houve o enlace da cadeia de validação ordenamental kelseniana a partir de um "centro produtor de normas"[34].

3. A herança da dinâmica kelseniana no direito pátrio e sua possível superação/revisão descolonial sessenta anos depois da segunda edição

Basta simples análise do ordenamento jurídico brasileiro e de toda a sua construção teórica para se perceber o quanto somos exatamente herdeiros desta construção dinâmica kelseniana. Evoluímos para fazermos "ponderação de princípios", alteramos o alcance das interferências entre os poderes, inventamos novas tecnologias para trabalhar com conflitos, novas formas de acesso a direitos, inventamos novas técnicas de decisão, mas em termos estruturais ainda somos rigorosamente adstritos à ideia de cadeia de validação, escalonamento normativo e formalidade das fontes do direito.

E aqui não se há de fazer juízo positivo ou negativo, mas tão somente de constatação. Contudo, as questões que se colocam em tempos descoloniais são: apesar da objetividade e da utilidade da teoria kelseniana neste tema aqui posto, especialmente em termos de legitimidade e publicidade material e processual, ainda faz algum sentido em dela nos valer-

[34] ADEODATO, João Maurício. **Pressupostos e diferenças de um direito dogmaticamente organizado.** In.: Revista da Faculdade de Direito da UFRGS, v. 20, p. 204-205, 2001.

mos? Será que ainda devemos manter esta estrutura, naturalmente muito bem pensada, inteligente e que por isso dominou o saber jurídico dos países de *civil law*, nos exatos termos como ainda o fazemos no direito pátrio? Não estaríamos em tempo de reconhecermos que, apesar da magnitude desta construção teórica, alguns passos diversos poderiam ser seguidos ou ao menos se colocar a disposição para "pensar sem corrimão" (*denken ohne Geländer*) no dizer arendtiano?

O que aqui se propõe a pensar não é o abandono abrupto, irrefletido e imaturo da teoria escalonada, porque, apesar dos pesares, ela cumpre em parte um papel de realização democrática do sistema, à medida que impede a concentração dos poderes, bem como o subjetivismo e a arbitrariedade. Contudo, não se pode esquecer que países ex-coloniais apresentam nítida discrepância entre o "direito oficial" e o "direito inoficial", como apontara Tercio Sampaio já nos anos oitenta.[35] E isso por si só já é um grande argumento para se discutir.

Inobstante esta discrepância em termos abstratos, em grande medida por força das concentrações de renda, relações de trabalho etc., fato é que inúmeras variáveis não são levadas em conta no plano da "formalização escalonada" e que são peculiares à sociodiversidade brasileira. Esta estrutura, à medida que busca na norma superior fundante ou no ato condicionante o fundamento de validação para a norma inferior fundada ou o ato condicionado, acaba por homogeneizar respostas, e proteger por um recurso a jurisprudências consolidadas e sensos comuns uma subjetividade única. Basta discutir, por exemplo, um fato possível em tempos de poliamor etc, embora ainda não tenha chegado aos tribunais: três casais decidem adotar uma criança. E aqui, para mantermos a reflexão num âmbito mais simples em termos de complexidade e contingência da vida, como bem aprazia ao pensamento sistêmico, casais heterossexuais. Um casal maduro, com tempo para se dedicar e dar atenção à criança. Outro, com condições econômicas bastante boas, permitindo fornecer estudo formal e extracurricular de qualidade. Por fim, um terceiro, com estudo, aptos a abrir um mundo cultural amplo e plural à criança.

[35] FERRAZ JÚNIOR, Tercio Sampaio. **O oficial e o inoficial**. In.: Conflito de direito de propriedade: invasões urbanas (org. Joaquim de Arruda Falcão). Rio de Janeiro: Forense, p. 103-124, 1984.

Não precisa ir muito longe para sabermos que, à exceção de eventual hermenêutica constitucional, que o pedido esbarraria em quase todos os níveis normativos existentes no ordenamento jurídico brasileiro. É quase certo o cartório impediria qualquer registro; que o juiz não seria o responsável por validar a adoção sob argumentos do art. 42, § 2º do ECA ("Para adoção conjunta é indispensável que os adotantes sejam casados civilmente ou em união estável"), o que também já vinha da herança recente do revogado art. 1622 do CC/02), que por sua vez haverá de ser lido nos termos da jurisprudência do STJ, que, no máximo até hoje estendeu os casos para "adoção póstuma" ou do STF para a "união homoafetiva". Igualmente, encontraria na CR/88 os argumentos necessários para o reconhecimento do último degrau de validade, no art. 226, § 4º ("entidade familiar a comunidade formada por qualquer dos pais e seus descendentes"); e no art. 227 ("É dever da 'família' assegurar à criança o direito à vida, à saúde, à alimentação ..."). Em suma, o que a teoria escalonada acaba por fazer é a validação do que já existe, do que já foi pensado a partir de uma realidade cultural eurocêntrica (se pensado aqui o direito material, especialmente o código civil e o código penal, com toda a sua carga etnocêntrica de configuração de uma família ideal e de uma moralidade única).

Contudo, não se pode negar que é também possível ler na própria CR/88, nos mesmos e em outros artigos, uma perspectiva completamente diversa. Pois o que seria melhor para uma criança do que ter "pais" com condições de dar uma boa formação, tempo para cuidar e cultura para enriquecer a sua formação? Quem sabe um juiz mais arejado pudesse rever a constitucionalidade do ECA a partir do art. 226, §7º ("A família ... fundado nos princípios da dignidade da pessoa humana e da 'paternidade responsável'"), de modo que mais importante do que a "entidade familiar", estaria o bem estar da criança e uma "paternidade responsável", ainda que múltipla; ou então a partir do art. 227 ("É dever da família ... assegurar à criança ... com absoluta prioridade, o direito à vida, à alimentação, à educação etc."), portanto, mais importante do que estabelecer o argumento retórico da família, parece que a interpretação teleológica do dispositivo é a proteção dos "rol dos direitos fundamentais" elencados neste artigo sobre o dever de quem adota para com a criança; ou mesmo, por fim lendo o art. 229 ("“Os pais têm o dever de assistir, criar e educar os filhos menores"), o que implicaria novamente um outro telos e mais relevante: assistir, criar e educar filhos à frente "de quem" vai educar.

Portanto, em termos constitucionais, parece não haver óbices, seja para a proibição da adoção, seja validação da adoção. Mas o que faz prevalecer a proibição por ora? Não há estudos científicos que demonstrem que casais múltiplos realmente não servem como referência para uma criança, mas tão somente um pai, uma mãe ou um casal (ainda que eles mesmo não sejam alguma referência responsável na vida em muitos casos). Tampouco há justificativa para ignorar que na realidade brasileira é fato comum, e que não são poucas as famílias que já vivem situação similar de adoção nestes termos, ainda não formalizada. Por fim, não se pode retirar dos horizontes hermenêuticos que tanto as entidades familiares no país já não são tão fechadas, nem que relações poliafetivas não são mais exóticas e nem que há um ranço religioso que ainda permeia o lugar argumentativo.

A questão relevante então é: "quem" poderia adotar num país com uma sociodiversidade tão extensa, e com uma realidade de crianças abandonadas e sem condições como no Brasil? Não faz sentido que os ares eurocêntricos, cuja realidade sociocultural é tão diversa ainda permeie o imaginário hermenêutico e argumentativo, especialmente em termos de direito positivo. Mas em termos de teoria do direito, o raciocínio também pode expor um desconforto. Se é sabido que a jurisprudência, ao correr o escalonado normativo, conserva ainda um olhar para uma realidade diversa, mas segue uma interpretação desconexa e única, em que termos não se estaria, justamente em razão deste tipo de "teoria escalonada" mantendo ainda mais os valores em descompasso com a sociodiversidade brasileira?

Avançando um pouco mais. As instituições de um modo geral: família, igreja, estado, escola, e com grande relevo o Direito, etc. servem, no que aqui nos importa refletir, a inúmeras funções, mas sobretudo, como "acervo histórico sentidos", de modo a retirar a angústia da vida diante das inúmeras complexidades que o mundo nos coloca. Desde escolhas simples, como vestuário, hábitos diários a caminhos de vida e formas de existência não são de todo originais nossas, pois são as instituições, em grande medida, que nos dão a resposta adequada e nos tranquilizam. Na dúvida do que falar, do que comer, do que pensar, de agir ou não agir de certo modo, etc. um recurso inevitável, automático, inexorável e em grande medida inconsciente às instituições ocorre, pois elas existem antes mesmo de nós existirmos. São elas uma espécie de "patrimônio de experiências", que conserva além de uma cultura peculiar, tipificações, classificações, padrões de experiência e esquemas de ação, capazes de orientar nossos pensamentos, juízos, nossas escolhas, tomadas de decisão, e, especialmente, nossas ações. Tudo fruto de um processo histórico-cultural de institucionalização.

Até aí não há grande problema, pois isto é apenas uma das formas de se explicar como este "reservatório social do sentido"[36] se mantém e opera no indivíduo a forjar-lhe um certo modo intergeneracional e um certo pertencimento comunitário. O grande inconveniente, contudo, é que este processo nivela e homogeneíza respostas diante dos desafios da vida à medida que fornece, com seu arcabouço cognitivo e moral, as possibilidades e as probabilidades de reações sociais, sistemas de esforço e recompensa, retribuições, e, sem dúvida, segurança, certeza e previsibilidade de condutas. Cria-se, assim, um "sistema de reciprocidade intersubjetiva", garantido pelas instituições e de modo singular pelo Direito (que torna ilícito o que não deve, e criminaliza o que mais perturba as formas desviantes), conservando sentidos, hierarquia de valores, padrões de comportamento e formas de se viver. Naturaliza-se, portanto, um tipo ideal de ser humano, uma forma ideal de existir, um catálogo organizado e único de saberes e valores, repetidos por máximas morais, mnemônicas, e pelos diversos institutos jurídicos. Não precisamos ir muito longe para vermos que nos últimos dois séculos, sobretudo, procuramos eleger juridicamente um fim ideal: um ser homem, branco, ocidental, heterossexual, urbano, maior de idade, "plenamente capaz", do centro da cidade, produtivo, patrimonialista, pai de família, católico etc.

O engodo histórico desta construção normativa seria a justificativa de que os ideais de "ordem jurídica", "paz social", e "manutenção da comunidade" necessitariam de modo inevitável deste padrão de existência. Para além de eventuais benefícios de uma ordem como essa (que certamente existe mas que fogem ao propósito desta reflexão), fato é que prejuízos

[36] Berger, Peter; Luckman, Thomas. **Modernität, Pluralismus und Sinnkrise: Die Orientierung des modernen Menschen**. Gütersloh: Verlag, 1995, p. 34 e segs.

não podem ser ignorados. Num país gravado por uma realidade multicultural, plurinacional e por um amálgama de valores, crenças e simbologias de vida, essa padronização e homogeneização historicamente baniu cultos religiosos por não serem cultos, excluiu formas comunitárias por não serem societárias, e, invisibilizou subjetividades por não serem "sujeitos de direito".

Se este modelo coube bem a um padrão eurocêntrico e etnocêntrico de vida, o qual foi e continua sendo incessante validado por atos condicionantes/condicionados, certamente não foi aqui imposto de modo tranquilo. Em tempos descoloniais, é hora de um "dar-se conta", de efetivarmos um "pluralismo dialógico" com comunidades diversas (indígenas, quilombolas, caiçaras, faxinalenses, imigrantes etc.), de estarmos atentos a novas formas de existência e de gênero e manifestações sexuais (LGBTQI+), a novas hierarquias de valores, a novas manifestações e expressões cultuais, enfim, à sociodiversidade típica e ínsita à variabilidade, à contingência, e, sobretudo, à riqueza das "culturas brasileiras".

E para tanto, certamente, podemos encontrar também no Poder Judiciário, desde que se desdobre e se abra a isso, um lugar privilegiado para que se efetive o que a CR/88 e seus princípios democráticos já configuram há um certo tempo, pelo reconhecimento dos povos autóctones, das minorias étnicas e sociais, das populações tradicionais, historicamente marginalizadas e subalternizadas. E aqui a questão novamente e enfim se recoloca: a cadeia de validação, nos termos como pensada no pensamento kelseniano, sessenta anos após a nova edição da Teoria Pura do Direito, faz algum sentido?

Conclusões

A teoria kelseniana da validação exposta pela inserção da "dinâmica normativa" na Teoria Pura do Direito é, de fato, uma constatação e uma tecnologia jurídica que não pode ser nem ignorada e tampouco facilmente rechaçada para os que se debruçam em compreender os fundamentos e as teorias do direito. Entender a origem e a mudança de postura intelectual no pensamento de Hans Kelsen é indispensável, assim como a influência já bastante notória de seu discípulo Adolf Merkl. Compreender o alcance da hierarquia normativa, dos degraus e da estrutura piramidal é ainda mais necessário, já que a herança deste pensamento não é apenas histórica, mas viva, porque todo o ordenamento jurídico brasileiro foi assim estruturado e ainda o é. Isto tentou se expor na introdução, nos itens um e dois. Contudo, encerrou-se o artigo mais como uma provocação do que propriamente uma crítica: em tempos descoloniais, sessenta anos após a segunda edição, convém ainda sermos tão presos a este modelo teórico eurocêntrico da teoria escalonado da ordem jurídica?

Referências

ADEODATO, João Maurício. *Ética e retórica: para uma teoria da dogmática* jurídica. 2 ed. São Paulo: Saraiva, 2006.

—. *Pressupostos e diferenças de um direito dogmaticamente organizado.* In.: Revista da Faculdade de Direito da UFRGS, v. 20, p. 193-210, 2001.

BEHREND, Jürgen. *Untersuchungen zur Stufenbaulehre Adolf Merkls und Hans Kelsens.* Berlin: Duncker & Humblot, 1977.

BERGER, Peter; LUCKMAN, Thomas. *Modernität, Pluralismus und Sinnkrise: Die Orientierung des modernen Menschen.* Gütersloh: Verlag, 1995.

BOBBIO, Norberto. *Max Weber e Hans Kelsen.* In.: Max Weber e il diritto. (Renato Treves org.) Milano: Franco Angeli, p. 135-154, 1981.

BORGES, Guilherme Roman. *Teoria do direito: primeiras reflexões.* São Paulo: Almedina, 2020.

BONGIOVANNI, Giorgio. *Reine Rechtslehre e dottrina giuridica dello stato. H. Kelsen e la constituzione austriaca del 1920.* Milano: Giuffrè, p. 91-120, 1998.

BOROWSKI, Martin. *Die Lehre vom Stufenbau des Rechts nach Adolf Julius Merkl.* In: PAULSON, Stanley L.; STOLLEIS, Michael (orgs.). Hans Kelsen. Staatsrechtslehrer und Rechtstheoretiker des 20. Jahrhunderts. Tübingen: Mohr Siebeck, p. 122-159, 2005.

FERRAZ JÚNIOR, Tercio Sampaio. *Introdução ao estudo do direito: técnica, decisão, dominação.* 2 ed. São Paulo: Atlas, 1994.

—. *O oficial e o inoficial.* In.: Conflito de direito de propriedade: invasões urbanas (org. Joaquim de Arruda Falcão). Rio de Janeiro: Forense, p. 103-124, 1984.

KELSEN, Hans. *Adolf Merkl zu seinem siebzigsten Geburtstag am 23. März 1960.* In.: Österreichische Zeitschrift für öffentliches Recht, Wien, Band X,p. 313-315, 1960.

—. Die Lehre von den drei Gewalten oder Funktionen des Staates. In.: Archiv für Rechts und Wirtschaftsphilosophie, n. 17, p. 374-408, 1923-24.

—. Hauptprobleme der Staatsrechtslehre: entwickelt aus der Lehre vom Rechtssatze. Tübingen: J. C. B. Mohr (P. Siebeck), 1911.

—. *Reine Rechtslehre.* 2 ed. Viena, 1960. In.: (Matthias Jestaedt org.) Mohr Siebeck, Verlag Österreich, 2017.

—. *Zur Lehre vom öffentlichen Rechtsgeschäft.* In.: AöR, n. 31, p. 53-98 e 190-249, 1913.

MAYER, Heinz. *Die Theorie des rechtlichen Stufenbaues.* In: WALTER, Robert (Hrsg.). Schwerpunkte der Reinen Rechtslehre. Wien: Manz, p. 37- 46, 1992.

MERKL, Adolf. *Das doppelte Rechtsantlitz. Eine Betrachtung aus der Erkenntnistheorie des Rechtes.* In: MAYER-MALY, Dorothea; SCHAMBECK, Herbert; GRUSSMANN, Wolf-Dietrich (orgs.). Adolf Julius Merkl. Gesammelte Schriften.1. v. Berlin: Duncker & Humblot, p. 227-252, 1993 (1918).

—. Die Lehre von der Rechtskraft: *Entwickelt aus dem Rechtsbegriff.* Leipzig: Franz Deuticke, p. 201-223, 1923.

—. Die Verordnungsgewalt im Kriege. In.: AJM-GS, v, II, n. 1., p. 12 e segs, 1915.

—. *Prolegomena einer Theorie des rechtlichen Stufenbaues.* In.: Gesellschaft, Staat und Recht: Untersuchungen zur Reinen Rechtslehre (Hans Kelsen und Josef Dobretberger). Viena: Springer, p. 252-294, 1931.

ÖHLINGER, Theo. *Der Stufenbau der Rechtsordnung. Rechtstheoretische und ideologische Aspekte.* Wien: Manz, 1975.

PAULSON, Stanley. *How Merkl's Stufenbaulehre Informs Kelsen's Concept of Law* In.: Journal for Constitutional Theory and Philosophy of Law, n. 21, p. 29-45, 2013.

STEWART, Iain. *The critical legal Science of Hans Kelsen.* In.: Journal of Law and Society, v. 17, n. 3, p. 263-323, 1990.

WEYR, Franz. *Zur Frage der Unabänderlichkeit von Rechtssätzen.* In.: Juristische Blätter, Verlag Österreich, v. XLV, p. 387-390, 1916.

WIEDERIN, Ewald Wiederin. *Die Stufenbaulehre Adolf Julius Merkls.* In: GRILLER, Stefan; RILL, Heinz-Peter (orgs.). Rechtstheorie: Rechtsbegriff-Dynamik-Auslegung. Wien: Springer, p. 81-134, 2011.

7.

DIREITO, ESTADO E ESTRUTURA: O LEVIATÃ SOB A PERSPECTIVA DA TEORIA PURA DO DIREITO

CARLOS RENATO CUNHA

1. A Teoria Pura do Direito, essa incompreendida!

Completam-se sessenta anos da 2ª edição da Teoria Pura do Direito, de Hans Kelsen! A efeméride que nos impulsiona à presente reflexão merece, realmente, ser recordada e comemorada sem comedimento. Trata-se de um verdadeiro marco no pensamento jusfilosófico mundial e de um dos grandes frutos, senão o maior, do Positivismo Jurídico.

Sabemos, contudo, que ele, o Positivismo, não goza de boa fama por estas bandas, ao menos fora de alguns círculos, o que é, obviamente, uma visão redutora e equivocada.[1] Pode-se afirmar que há, na ciência jurídica

[1] Convém recordar o esclarecimento de Bobbio quanto aos três diferentes aspectos do Positivismo Jurídico – que não se confunde com o Positivismo filosófico; ressaltando-se que a aceitação de um deles não implica, necessariamente, a dos demais: a) positivismo como método para o estudo do direito; b) como teoria do direito; e c) como ideologia do direito. Cf. Bobbio, Norberto. **O Positivismo Jurídico**: lições de filosofia do direito. Trad. Marcio Pugliesi; Edson Bini e Carlos E. Rodrigues. São Paulo: Ícone, 1995, p. 234. Veja-se também: Carrió, Genaro R. **Notas sobre derecho y lenguaje**. 4. ed. Buenos Aires: Abeledo-Perrot, 1990, p. 325-328. Ainda: "[a] expressão 'positivismo jurídico' não deriva daquela de 'positivismo' em sentido filosófico, embora no século passado [XIX] tenha havido uma certa ligação entre os dois termos, posto que alguns positivistas jurídicos eram também positivistas em sentido filosófico: mas em suas origens (que se encontram no início do século XIX) nada tem a ver com o positivismo filosófico – tanto é verdade que, enquanto o primeiro surge na Alemanha, o segundo surge na França. A expressão

brasileira, uma relativa incompreensão sobre essa vertente filosófica, vista, normalmente, com grandes reservas. Confunde-se, muitas vezes, essa rica metodologia – que está longe de ser um bloco homogêneo – com um malquisto "legalismo", quiçá com uma dada visão que se tem, em senso comum, do que foi a Escola da Exegese francesa.[2] Não seria exagerado afirmar que ser chamado de "positivista" em muitos setores da academia carrega certo sentido pejorativo; nas ilustrativas palavras de THOMAS BUSTAMENTE, a "[...] palavra positivismo provoca um certo desconforto para os juristas contemporâneos".[3]

A equivocada visão quanto ao Positivismo é reforçada em relação à Teoria Pura do Direito, de HANS KELSEN. Muitos o colocam, como afirma BECKER, "[...] num halo de desconfiança [...]", pois, como recorda FERRAZ JUNIOR, "[...] por seu caráter restritivo [...] recebe a objeção de empobrecer o universo jurídico".[4] CAMPILONGO recorda que durante a década

'positivismo jurídico' deriva da locução direito positivo contraposta àquela de direito natural". Cf. BOBBIO, Norberto. **O Positivismo...,** *op. cit.*, p. 15. É comum a confusão entre formalismo e positivismo, o que é um equívoco. "A teoria pura do direito de Kelsen, por exemplo, confere ao intérprete do direito uma ampla margem de atuação e criatividade". Cf. BUSTAMANTE, Thomas da Rosa de. **Argumentação contra Legem**: A teoria do discurso e a justificação nos casos mais difíceis. Rio de Janeiro: Renovar: 2005, p. 24.

[2] Sobre as características da Escola da Exegese francesa, veja-se: BOBBIO, Norberto. **O Positivismo...,** *op. cit.*, p. 78-89; BONNECASE, Julien. **Introduccion al estudio del Derecho**: *nociones elementales*. Trad. Jose M. Casica Jr. Puebla: José M. Casica Jr., 1944. v. 1, *passim*; BONNECASE, Julien. **La Escuela de la Exegesis en el Derecho Civil**. Trad. Jose M. Casica Jr. Puebla: José M. Casica Jr, 1944. v. 12, *passim*.

[3] BUSTAMANTE, Thomas da Rosa de. **Argumentação...** *op. cit.*, p. 9.

[4] Cf. BECKER, Alfredo Augusto. **Teoria Geral do Direito Tributário**. 4. ed. São Paulo: Noeses, 2007, p. 63; FERRAZ JUNIOR, Tercio Sampaio. **Introdução ao estudo do Direito**. 2. ed. São Paulo: Atlas, 1994, p. 101. Um exemplo ilustrativo de crítica superficial e ingênua sobre a obra de KELSEN ou em relação a todo o positivismo, vê-se em MARCOS BERNARDES DE MELLO, ao acusar tal metodologia de reforçar o poder estatal sob o princípio do dever de cumprimento das leis que teria levado a humanidade a situações como as perpetradas pelo nazismo... tal visão, bastante comum, demonstra grande equívoco e incompreensão sobre o tema, além de ser típico exemplo do argumento *ad hitlerum*, falácia bastante comum nestes tempos. Cf. MELLO, Marcos Bernardes de. **Teoria do Fato Jurídico**: plano da existência. 14. ed. São Paulo: Saraiva, 2007, p. 16-17. Sobre o Positivismo, "[é] frequente a intuição de que se trata de uma doutrina ultrapassada e tolerante para com decisões injustas, merecendo rechaço por aqueles juristas cientes da responsabilidade social do intérprete

de 50, na Europa, e na de 70, no Brasil, houve forte rotulação do positivismo jurídico como politicamente conservador, apesar de KELSEN ter sido um "[...] democrata convicto e adversário de nazistas e fascistas", os quais, por sua vez, eram refratários ao positivismo.[5]

No entanto, a relevância da Teoria Pura do Direito, tão incompreendida, parece-nos inconteste. KELSEN causou um terremoto jusfilosófico que até hoje, em pleno século XXI, faz-nos sentir suas réplicas: foi um divisor de águas, em face do qual todos os que manejam o tema jurídico acabam por ter de se posicionar: como recorda RECASÉNS SICHES, ele influenciou tanto a Ciência Jurídica que, "[...] hoje em dia, só há duas posições nítidas: a favor de Kelsen ou contra ele".[6]

A Teoria Pura do Direito, de HANS KELSEN, pode ser vista como "[...] a mais exaustiva descrição do sistema jurídico realizada em linguagem natural e pode ser considerada o ponto de chegada da concepção sistemática do século XX", nas palavras de MÁRIO LOSANO, ou, como afirma KARL LARENZ, ela "constitui a mais grandiosa tentativa de fundamentação da ciência do Direito como ciência "[...] que o nosso século [referindo ao séc. XX] veio até hoje a conhecer".[7] Para ROSS, enfático, foi ela

(e do juiz) envolvida na solução de problemas jurídicos. Tal intuição, contudo, muitas vezes manifesta-se sob a forma de dogmatismo ou preconceito ideológico, atribuindo-se aos autores que assumem uma orientação positivista a 'culpa' por todas as mazelas que envolvem o raciocínio jurídico. Assim fazem os que, sem maiores investigações, atribuem categoricamente ao positivismo a responsabilidade pela ascenção do nazismo na Alemanha". Cf. BUSTAMANTE, Thomas da Rosa de. **Argumentação...**, *op. cit.*, p. 10.

[5] Cf. CAMPILONGO, Celso Fernandes. Kelsen, o positivismo e o ensino do Direito nos anos 70. *In:* SANTI, Eurico Marcos Diniz de (coord.). **Curso de Direito Tributário e Finanças Públicas**: do fato à norma, da realidade ao conceito jurídico. São Paulo: Saraiva, 2008, p. 335-336.

[6] SICHES, Luis Recaséns. **Direcciones Contemporâneas del Pensamiento Jurídico.** (*La Filosofía del Derecho del siglo XX*). Barcelona; Buenos Aires: Labor, 1929, p. 47. Veja-se também: BANDEIRA DE MELLO, Oswaldo Aranha. **Natureza Jurídica do Estado Federal.** São Paulo: Prefeitura do Município de São Paulo, 1948, p. 44.

[7] LOSANO, Mario G. **Sistema e Estrutura no Direito**: o século XX. Trad. Luca Lamberti. São Paulo: Martins Fontes, 2010. v. 2, p. 52; LARENZ, Karl. **Metodologia da Ciência do Direito**. 3. ed. Trad. José Lamego. Lisboa: Calouste Goulbenkian, 1997, p. 92.

"[...] a mais importante contribuição à filosofia do direito do século [XX]", expressão semelhante à utilizada por REALE.[8]

Ainda que consideremos desnecessária a adoção de todas as postulações kelsenianas como um bloco monolítico, parece indene de dúvidas que a Teoria Pura do Direito retrata muito bem várias dimensões do fenômeno jurídico, podendo-se constatar que ela continua bastante atual e útil para uma análise do Direito.

Toca-nos tratar, especificamente, da peculiar visão kelseniana sobre a relação entre o Direito e o Estado, tema do capítulo VI da Teoria Pura do Direito. Façamo-lo cientes dos imensos obstáculos que nos aguardam, mas esperançosos do olhar condescendente do leitor no contexto do espírito comemorativo desta grande obra e pela inigualável qualidade dos textos que nos antecederam e que nos seguirão.

2. Entre ficções e alucinações coletivas: o Estado, esse Leviatã!

O Estado não existe; ao mesmo tempo, o Estado existe intensamente, talvez como uma das coisas mais reais de que se tenha notícia.

O aparente oxímoro das afirmações acima merece elucidação. É que, se não há dúvida de que isso que conhecemos como "Estado" esteja presente em nossa vida e influencie a sociedade fortemente, também não há como negar um fato objetivo: ele não existe na natureza, no mundo tangível; o Estado não nasce em árvores nem decorre de eventos geológicos. Ele existe como uma ideia compartilhada, em nome da qual as sociedades humanas aceitam ou se submetem à dominação – benfazeja ou não – de seres que são reconhecidos como agentes estatais.[9]

[8] ROSS, Alf. **Direito e Justiça**. Trad. Edson L. M. Bini. Bauru: Edipro, 2003, p. 25; REALE, Miguel. A visão integral do Direito em Kelsen. *In:* PRADO, Luiz Regis; KARAM, Munir. **Estudos de Filosofia do Direito**: uma visão integral da obra de Hans Kelsen. São Paulo: RT, 1985, p. 16.

[9] "Os Estados se baseiam em mitos nacionais partilhados. Dois sérvios que nunca se conheceram podem arriscar a vida para salvar um ao outro porque ambos acreditam na existência da nação sérvia, da terra natal sérvia e da bandeira sérvia." Cf. HARARI, Yuval Noah. **Sapiens:** uma breve história da humanidade. Trad. Janaína Marcoantonio. 47 ed. Porto Alegre: L&PM, 2019, p. 36.

KELSEN, em estudo publicado em 1919, precursor da 1ª edição da Teoria Pura do Direito, já apontava a inclinação humana para hipostasiar, personificar ficções:

> É preciso incluir, antes de tudo, o conceito de sujeito de direito no quadro daquelas ficções que Vaihinger chamada [*sic*] de "personificativas". Elas provêm do nosso impulso antropomórfico de personificação, o qual domina desde sempre nosso aparato representativo, aquela "inclinação inesgotável da espécie humana" para hipostasiar e, dessa maneira, concretizar intuitivamente, sob a forma da pessoa, do sujeito, tudo aquilo que se mostra como puramente marcado pelo caráter do pensamento.[10]

Não há dúvidas de que apesar da tendência humana de antropomorfização de ideias ou conceitos, Estado é, apenas, o nome que se dá à atuação coletiva de seres humanos, que de forma mais ou menos consensual dirigem os rumos de uma determinada sociedade.[11] Nesse sentido, trata-se de verdadeira alucinação coletiva. Todavia, não é qualquer alucinação. Afinal, em seu nome, mata-se, morre-se, praticam-se atrocidades inomináveis, fazem-se discursos inspiradores, constroem-se monumentos visíveis do espaço e visita-se a Lua.

Isso não deveria nos causar estranheza, pois falamos da nossa espécie humana, primatas do planeta que denominamos Terra, os quais possuem como uma de suas características mais notáveis a capacidade de pensa-

[10] KELSEN, Hans. **Sobre a teoria das ficções jurídicas**: com especial consideração da filosofia do "como se" de Vaihinger. Trad. Vinícius Marteucci de Andrade Lopes. Rio de Janeiro: Via Verita, 2012, p. 67.

[11] Cremos que a antropormofização da ideia de "Estado" é bem demonstrada nesta passagem de Hobbes: "Porque pela arte é criado aquele grande LEVIATÃ a que se chama REPÚBLICA, ou ESTADO [...], que não é senão um homem artificial, embora de maior estatura e força do que o homem natural, para cuja proteção e defesa foi projetado. E no qual a soberania é uma alma artificial, pois dá vida e movimento ao corpo inteiro; os magistrados e ouros funcionários judiciais ou executivos, juntas artificiais; a recompensa e o castigo (pelos quais atados à sede da soberania, todas as juntas e todos os membros se movem para cumpri o seu dever) são os nervos, que fazem o mesmo no corpo natural; a riqueza e prosperidade de todos." Cf. HOBBES, Thomas. **Leviatã**. Trad. João Paulo Monteiro e Maria Beatriz Nizza da Silva. São Paulo: Martins Fontes, 2003, p. 11.

mento abstrato não comparável a de nenhum outro ser vivo conhecido. Viver em meio a crenças em coisas inexistentes na natureza e agir com base em tais crenças parece ser o nosso metiê.

Por meio da linguagem, o ser humano fala de coisas que não existem, criando mundos possíveis, e o grande número de ficções na literatura está aí para comprová-lo:

Uma outra característica de referência sobre a qual é importante refletir é que podemos nos referir a objetos que não existem. Podemos falar de objetos míticos, como Zeus ou Pégaso, com plena consciência de que se trata de objetos fictícios. Ou, então, podemos ainda discutir criações literárias como Bentinho e Capitu, ou personagens de um filme como Rambo. Ou podemos ainda acreditar equivocadamente na existência de algo inexistente sem que nossa compreensão seja por isso prejudicada quando falamos a respeito. [12]

A ficção, provavelmente, é a ferramenta que possibilitou a nossa espécie viver em grupos maiores, em que os indivíduos não conhecem todos os demais membros do grupo intimamente: "[...] um grande número de estranhos pode cooperar de maneira eficaz se acreditar nos mesmos mitos [...]", afirma HARARI.[13] E, como já asseverara HOBBES, "[p]oucas são as coisas que não podem ser representadas por ficção".[14]

Nesse sentido, é possível observar o direito como uma espécie de discurso social para prescrição da conduta humana: sejam normas escritas ou verbais; gerais e abstratas, como um texto constitucional e leis, ou individuais e concretas, como atos administrativos e decisões judiciais; esse recorte linguístico parece fazer parte do ser jurídico. Textos e mais textos que criam, como que por magia, realidades próprias num mundo imaginário.[15] Afinal, como bem aponta OLIVECRONA:

[12] CHIERCHIA, Gennaro. **Semântica.** Trad. Luiz Arthur Pagani, Lígia Negri, Rodolfo Ilari. Campinas: Unicamp. 2003, p. 291.

[13] HARARI, Yuval Noah. **Sapiens...** *op. cit.*, p. 33-35.

[14] HOBBES, Thomas. **Leviatã...** *op. cit.*, p. 140.

[15] A ligação entre o Direito e a magia é notável, como se pode verificar da importância ritualística do Direito Romano. Cf. VILLEY, Michel. **Direito Romano.** Trad. Fernando Couto. Porto: Res Jurídica, 1991, p. 41-45. Sobre a ligação entre a própria linguagem e o pensamento mágico, veja-se: OGDEN, C. K.; RICHARDS, I. A. **O Significado de Significado**:

> À sua origem, esta é a linguagem da magia. Conservou sua forma até o presente. Falamos como se criássemos efeitos invisíveis com simples palavras. Entretanto, seria errôneo, por esta razão, rejeitar essa linguagem, como se carecesse de sentido. Sua utilidade é evidente.[16]

É indubitável que acreditamos na existência de pessoa jurídica ou no valor do dinheiro, por exemplo, e agimos em consenso social como se tais coisas fossem reais. Tais criações se deram "[p]raticamente da mesma forma como os padres e os feiticeiros criaram deuses e demônios ao longo da história" e, vivendo de forma dúbia, entre a realidade objetiva e uma realidade imaginada ou constructo social, criamos uma enorme gama de entidades ficcionais extremamente poderosas, a qual permite a cooperação de milhares, de milhões de seres humanos, cooperação essa que já Platão apontava como a origem da *polis*: afinal, ninguém é autossuficiente, necessitamos de muitas coisas.[17]

Essa magia ou, nas palavras de Hobbes, "essa arte", criou o Leviatã.[18] Agora, convém que tratemos um pouco mais sobre essa criação humana, o Estado.

3. O conceito de Estado: visão clássica

Falávamos de Hobbes e Leviatã. A posição desse autor, como uma espécie de precursor do que viria a ser o Positivismo Jurídico, não pode ser desprezada, afinal, a seu ver, no estado de natureza, de guerra de todos contra todos, "nada pode ser injusto" eis que "[a]s noções de certo e de errado, de justiça e injustiça, não podem aí ter lugar", posto que se "não há poder comum não há lei, e onde não há lei não há injustiça": nada mais antijusnaturalista do que afirmar: justiça não é "parte das faculdades

um estudo da influência da linguagem sobre o pensamento e sobre a ciência do simbolismo. Trad. Álvaro Cabral. Rio de Janeiro: Zahar Editores, 1972, p. 45-66.

[16] Olivecrona, Karl. **Linguagem Jurídica e Realidade**. Trad. Edson L. M. Bini. São Paulo: Quartier Latin, 2005, p. 66.

[17] Harari, Yuval Noah. **Sapiens...** *op. cit.*, p. 39-41; Platão. **A República**. Trad. Pietro Nassetti. São Paulo: Martin Claret, 2005, p. 55-56.

[18] Hobbes, Thomas. **Leviatã...** *op. cit.*, p. 11.

do corpo ou do espírito", mas, antes, que é qualidade que pertence "aos homens em sociedade, não na solidão."[19]

É nesse contexto de pensamento que Hobbes busca justificar a existência da República: a necessidade de sair do estado de guerra de todos contra todos, presente onde não existe um poder que force o respeito por meio do castigo leva os seres humanos a criar, por um pacto artificial, uma restrição sobre sua própria liberdade, para a conservação própria e "uma vida mais satisfeita".[20] Surge aí essa pessoa que é a união da multidão, a República, o Leviatã, o Deus mortal que faz uso de poder tal que conforma as vontades individuais, representada pelo "soberano".[21]

Publicado em 1651, a obra de Hobbes não foi a primeira a tentar explicar o que conhecemos como "Estado". Dalmo De Abreu Dallari afirma que a denominação "Estado", utilizada no sentido de "situação permanente de convivência e ligada à sociedade política" foi empregada, inicialmente, por Maquiavel, na obra "O Príncipe", escrita em 1513, tendo sido utilizada pelos italianos como referência às cidades independentes.[22] Mas a utilização do termo para significar uma "sociedade política" somente teria acontecido no século XVI.[23]

Obviamente que conceitos semelhantes já existiam e eram objeto de preocupação dos pensadores há milênios. Basta recordar da "República" de Platão ou Aristóteles em "Política" e a explicação sobre a origem da *polis* já na Grécia antiga.[24]

[19] Hobbes, Thomas. **Leviatã...** *op. cit.*, p. 111. Obviamente que a afirmação que fazemos deve ser vista *cum grano salis*, pois Hobbes estava inserido num contexto histórico-filosófico específico e trata das leis naturais logo após as afirmações que mencionamos (p. 112 *et seq.*).

[20] Hobbes, Thomas. **Leviatã...** *op. cit.*, p. 143-147.

[21] Hobbes, Thomas. **Leviatã...** *op. cit.*, p. 147-148.

[22] Dallari, Dalmo de Abreu. **Elementos de Teoria Geral do Estado**. 19. ed. atual. São Paulo: Saraiva, 1995, p. 43. Nesse sentido, veja-se: Bobbio, Norberto. **Estado, governo, sociedade**: para uma teoria geral da política. 9. ed. Trad. Marco Aurélio Nogueira. [s.n]: Paz e Terra, [?]. [Coleção Pensamento Crítico vol. 69], p. 65. Na obra do florentino, vê-se: "Todos os Estados e todos os governos que exerceram ou exercem certo poder sobre a vida dos homens foram e são repúblicas ou principados." Cf. Maquiavel, Nicolau. **O Príncipe**. Trad. Antonio Caruccio-Caporale. Porto Alegre: L&PM, 1998, p. 5.

[23] Dallari, Dalmo de Abreu, **Elementos...**, *op. cit.*, p. 43.

[24] Platão. **A República...***op.cit.*, p. 55-56; Aristóteles. **Política**. Tradução: António Campelo Amaral e Carlos Gomes. Lisboa: Vega, 1998, p. 51-57.

DALLARI, com seu grande poder de síntese, indica a existência de três grandes grupos de teorias acerca da época e duas sobre as causas do surgimento do Estado. Quanto à época de origem, tem-se: a) a que aceita a existência do Estado desde sempre, defendida, por exemplo, por Eduard Meyer e Wilhelm Koppers; b) a que afirma ter a sociedade existido sem o Estado por um período, e, por diferentes motivos, ele teria surgido com diferenças cronológicas em alguns lugares, posição que seria a majoritária; e c) por fim, a que reconhece que somente passou a existir o Estado com a junção de certas características bem definidas, a partir do século XVII, como afirma Carl Schmidt, exemplificativamente.[25] Quanto às causas do aparecimento originário de Estados, podem-se distinguir dois grupos de teorias: a) as que creem na formação natural ou espontânea dos Estados, seja por origem familiar ou patriarcal, seja por atos de força e conquista, seja ainda por causas econômicas ou patrimoniais, quiçá por desenvolvimento social espontâneo; e b) as teorias contratualistas, que afirmam que houve um ato volitivo que deu surgimento ao Estado. [26]

Classicamente, ao conceituar "Estado", os autores costumam aponta a mesma ordem de ideias, em que arrolam alguns elementos que lhe seriam inerentes. Nesse sentido, para conceituar o Estado, AMARO CAVALCANTI cita Laveleye, afirmando ser ele "[...] um grupo, mais ou menos numeroso de homens unidos por instituições e sob um mesmo soberano".[27] No entanto, o autor, em nota, acresce à definição do autor francês um elemento que considera indispensável: o território.[28] Em tais teorias, a ideia de soberania é essencial.[29] Afinal,

> O que se verifica [...] é que o conceito de soberania é uma das bases da idéia de Estado Moderno, tendo sido de excepcional importância para que este

[25] DALLARI, Dalmo de Abreu, **Elementos...**, *op. cit.*, p. 44. Veja-se também: BOBBIO, Norberto. **Estado, governo, sociedade...**, *op. cit.*, p. 73-76.
[26] DALLARI, Dalmo de Abreu, **Elementos...**, *op. cit.*, p. 45-46.
[27] Cavalcanti, Amaro. **Regime Federativo e a República Brasileira.** Brasília: UnB, 1983, p. 13.
[28] CAVALCANTI, Amaro. **Regime Federativo...**, *op. cit.*, p. 22.
[29] *Ibid.*, p. 19.

se definisse, exercendo grande influência prática nos últimos séculos, sendo ainda uma característica fundamental do Estado.[30]

Partindo-se de uma visão marxista do tema, há duas diferentes perspectivas sobre o Estado.[31] Em uma, ele é apenas o "[...] 'instrumento' das classes dominantes, e por elas manipulado, de forma a realizar os interesses coletivos de seus membros".[32] Para a outra, "[...] sua estrutura e atividade consistem na imposição e na garantia duradoura de regras que institucionalizam as relações de classes específicas de uma sociedade capitalista".[33]

Também quanto ao efetivo conceito do que venha a ser o Estado, David Easton, afirma que, em poucas oportunidades, houve tanta discórdia quanto ao significado de um termo:

> A confusão e variedade de sentidos é tão vasta [...], que é quase inacreditável que durante os último dois mil e quinhentos anos em que questão tem sido repetidamente discutida de uma forma ou de outra, nenhuma espécie de uniformidade tenha sido conseguida. [*sic*] [34]

O referido autor, trabalhando a ideia de sistema político, chega à conclusão de que o mais apropriado é o abandono da ideia de Estado.[35]

Não à toa, a moderna ciência política costuma partir da análise da ação coletiva, baseada na teoria da escolha racional.[36] Nesse sentido, o

[30] Dallari, Dalmo de Abreu, **Elementos...**, *op. cit.*, p. 63.

[31] Offe, Claus. Ronge, Volker. Teses sobre a fundamentação do conceito de "estado capitalista" e sobre a pesquisa política de orientação materialista. *In:* Offe, Claus. **Problemas estruturais do Estado Capitalista**. Trad. Bárbara Freitag. Rio de Janeiro: Tempo Brasileiro, 1984, p. 122. Sobre o tema, veja-se também: Veras Neto, Francisco Quintanilha. Gramsci, Hegemonia e Estado. *In:* Fonseca, Ricardo Marcelo. [Coord.] **Repensando a Teoria do Estado**. Belo Horizonte: Fórum, 2004, p. 120.

[32] OFFE, Claus. Ronge, Volker. Teses..., *op. cit.*, p. 122.

[33] *Ibid.*, p. 123.

[34] Easton, David, **The Political System**. Nova Iorque: Ed. Alfred A. Knopf, 1968, p. 107, *apud* Dallari, Dalmo de Abreu, **Elementos...**, *op. cit.*, p. 98.

[35] Dallari, Dalmo de Abreu, **Elementos...**, *op. cit.*, p. 98.

[36] Vide: Elster, Jon. **Peças e engrenagens das ciências políticas**. Trad. Antônio Trânsito. Rio de Janeiro: Relume-Dumará, 1994, p. 38-46; Tsebelis, George. **Jogos Ocultos**:

Estado poderia ser visto como uma instituição social, que nada mais é do que "[...] um mecanismo de imposição de regras".[37] Existem instituições sociais privadas e públicas, mas, enquanto naquelas, a principal sanção é a expulsão do grupo, nas públicas:

Suas sanções, apoiadas pelo sistema de aplicação das leis, incluem subsídios, taxas, multas e prisão. As regras que vigoram incluem leis, decisões judiciais, decretos administrativos e ordens executivas. [38]

A apreensão do conceito de Estado em todos os seus nuances, se não é epistemologicamente impossível, é, realmente, tarefa hercúlea. Como afirma GUANABARA, ele possui "múltiplas faces".[39]

Talvez convenha reduzir a complexidade, observá-lo por outras lentes. Chegamos a Kelsen.

4. Reduzindo a complexidade – e a alucinação – à forma: o Estado e o Direito sob a perspectiva da Teoria Pura do Direito

Como consabido, no âmbito da visão kelseniana, os atos humanos são dotados de significação jurídica quando interpretados baseados em norma. A norma jurídica é vista como sentido – juiz hipotético, do mundo do dever-ser –, que possui por fundamento de validade uma norma superior, em escala hierárquica, até à primeira constituição histórica, a norma-ápice do sistema. As normas constitucionais, postas pelo chamado poder constituinte originário, são as de maior hierarquia, dentro da estrutura escalonada do direito exposta por KELSEN, e servem de pressuposto de

escolha racional no campo da política comparada. Trad. Luiz Paulo Rouanet. São Paulo: Edusp, 1998, p. 33-60; DOWNS, Anthony. **Uma teoria econômica da democracia**. Trad. Sandra Guardini Teixeira Vasconcelos. São Paulo: Edusp, 1999, p. 28-33.

[37] ELSTER, Jon. **Peças...**, *op. cit.*, p. 174.

[38] *Ibid.*, p. 175.

[39] "O que é o estado? Essa pergunta tem sido feita reiteradas vezes ao longo dos séculos e nos mais variados lugares. A rigor, não há uma única maneira de responder a essa indagação. A questão se torna ainda mais complicada quando a estendemos a outras abordagens, tais como: qual é a finalidade do Estado? Por que os homens escolheram viver sob um poder organizado? É possível falar em Estado antigo ou medieval? Para onde vai ou qual é o destino do Estado contemporâneo?" Cf. GUANABARA, Ricardo. Estado e Política. *In*: FERREIRA, Lier Pires; GUANABARA, Ricardo; JORGE, Vladimyr Lombardo [Org.]. **Curso de Teoria Geral do Estado**. Rio de Janeiro: Elsevier, 2009, p. 1.

validade para as normas de inferior hierarquia.[40] A norma que dá validade à constituição não é posta, mas pressuposta – a norma fundamental, que seria uma exigência racional para a Ciência do Direito, sendo o momento além do qual atravessamos o umbral do jurídico.[41]

Para KELSEN, o direito regula sua própria produção normativa, tendo em vista que uma norma jurídica pode determinar os limites de criação de outra norma, tanto formal, quanto materialmente e, com isso, uma norma somente será válida se criada com a observância dos limites formais e materiais impostos por outra, que se torna seu "[...] fundamento imediato de validade [...]".[42] Como afirma LOSANO, aceito o princípio que da norma fundamental somente se pode deduzir a validade das normas jurídicas, mas não seu conteúdo, chega-se ao sistema jurídico interno como um conjunto de normas jurídicas de vários níveis, unificadas por um nexo de delegação de validade, a famosa "pirâmide normativa", sobre a qual, segundo o autor, KELSEN explica, satisfatoriamente bem, as faces, a base e os ângulos, mas não o seu vértice: para LOSANO, a Teoria Pura não explica adequadamente o momento da origem do mundo jurídico, explicando-o, de resto, muito bem.[43]

Diante de todo o exposto, perceptível que a Teoria Pura do Direito possui um enfoque na análise da estrutura do Direito, sem avaliação do conteúdo normativo, mesmo asseverando que as normas possam prescrever o conteúdo das normas inferiores, em maior ou menor grau. Trata-se de metodologia que recorta o ordenamento jurídico, principalmente,

[40] "A ordem jurídica não é um sistema de normas jurídicas ordenadas no mesmo plano, situadas umas ao lado das outras, mas é uma construção escalonada de diferentes camadas ou níveis de normas jurídicas. A sua unidade é produto da conexão de dependência que resulta do fato de a validade de uma norma, que foi produzida de acordo com outra norma, se apoiar sobre essa outra norma, cuja produção, por sua vez, é determinada por outra; e assim por diante, até abicar finalmente na norma fundamental – pressuposta." Cf. KELSEN, Hans. **Teoria Pura...***op. cit.*, p. 247. Veja-se também: BOBBIO, Norberto. **Teoria do Ordenamento Jurídico**. Trad. Maria Celeste Cordeiro Leite dos Santos. 10. ed. rev. Brasília: UNB, 1999, p. 49.

[41] KELSEN, Hans. **Teoria Pura...***op. cit.*, p. 247.

[42] KELSEN, Hans. **Teoria Pura...***op. cit.*, p. 246. Veja-se também: BOBBIO, Norberto. **Teoria do Ordenamento...***op. cit.*, p. 45.

[43] LOSANO, Mario G. **Sistema...***op. cit.*, p. 65-66.

nas relações de subordinação e coordenação normativas, vale dizer, na dimensão sintático-semântica do Direito, uma gramática básica de funcionamento da linguagem normativo-jurídica, ou, na classificação de Bobbio, uma visão estrutural do jurídico.[44] Sabendo-se desse limite quanto à análise do discurso jurídico, pode-se afirmar que tal teoria continua atual e capaz de explicar o funcionamento do Direito, no que tange a esse específico recorte.

O caráter de metodologia de análise formal sobre o Direito é corroborado por Karl Larenz, para quem a Teoria Pura não se preocupa com o conteúdo normativo, mas com a estrutura lógica das normas, como uma geometria do fenômeno jurídico como um todo, não como ciência causal: uma doutrina dos conceitos formais básicos do Direito.[45] Num grande resumo feito por Norberto Bobbio, as duas principais teses de cunho estrutural de Kelsen "[...] são, na nomostática, a teoria da norma jurídica como juízo hipotético [...], e na nomodinâmica, a teoria da construção em graus do ordenamento."[46]

Fixados tais aspectos gerais, reflitamos sobre a visão kelseniana de "estado".

Sempre fiel aos seus pressupostos, encontramos em Kelsen uma resposta coerente sobre o que é o "Estado" sob a óptica da Teoria Pura do Direito – se há algo de que não se pode acusar Kelsen é de incoerência.[47] O Estado, diz ele, é uma ordem de conduta humana: é uma ordem jurídica organizada para criar e aplicar as normas que o formam, pelo que se tem, na hipótese, uma ordem jurídica relativamente centralizada.[48]

Ou seja, em tal visão, inexiste diferença entre Estado e ordenamento jurídico, ponto, aliás, bastante reiterado pelo Mestre de Viena em sua

[44] Bobbio, Norberto. **Da estrutura à função**: novos estudos de Teoria do Direito. Trad. Daniela Beccaccia Verstani. Barueri: Manole, 2007, p. 53.

[45] Larenz, Karl. **Metodologia da Ciência do Direito**. 3. ed. Trad. José Lamego. Lisboa: Calouste Goulbenkian, 1997, p. 94.

[46] Bobbio, Norberto. **Da estrutura à função...***op. cit.*, p. 77.

[47] Segundo Losano, a tendência dos escritos kelsenianos é o de "serem coerentes até a autodestruição". Cf. Losano, Mario G. **Sistema...***op. cit.*, p. 67.

[48] Kelsen, Hans. **Teoria Pura do Direito**. Trad. João B. Machado. 6. ed. brasileira. São Paulo: Martins Fontes, 2003, p. 317.

obra.[49] Para ele, a separação entre o Estado personificado e o Direito, a lhe dar limites, cumpre um papel político-ideológico de legitimação, caráter também por ele denunciado no dualismo entre Direito público e Direito privado.[50] É, para ele, um raciocínio místico ou metafísico.[51] Por tal razão, não teria sentido a expressão "Estado de Direito", eis que pleonástica.[52]

Na já mencionada publicação de 1919, Kelsen trouxe sua opinião de que, apesar de difícil contra-argumentação, continua parecendo contraintuitiva à primeira vista: não há separação entre as pessoas – físicas ou jurídicas – e a ordem jurídica; não há "existência autônoma".[53] Isso seria fruto da tendência de hipostasiar: o Estado, nesse sentido, mera personificação – uma figuração, um constructo mental, uma imaginação – de um complexo de normas, no particular, a personificação da ordem jurídica como um todo.[54]

Contudo, note-se que persiste uma relação de gênero e espécie: nem toda ordem jurídica seria um Estado, como a ordem pré-estatal de uma tribo indígena, ou a ordem supraestatal do Direito Internacional.[55] O Estado é um tipo de ordem jurídica, mas há outros. Nele, vê-se o monopólio da produção jurídica.[56]

[49] "Uma vez reconhecido que o Estado, como ordem de conduta humana, é uma ordem de coação relativamente centralizada, e que o Estado como pessoa jurídica é a personificação desta ordem coercitiva, desaparece o dualismo de Estado e Direito." Cf. Kelsen, Hans. **Teoria Pura...***op. cit.*, p. 352. Veja-se também: Reale, Miguel. **Filosofia do Direito**.19. ed. São Paulo: Saraiva, 2002, p. 477.

[50] "A doutrina tradicional do Estado e do Direito não pode renunciar a esta teoria, não pode passar sem o dualismo de Estado e Direito que nela se manifesta. Na verdade, este desempenha uma função ideológica de importância extraordinária que não pode ser superestimada. O Estado deve ser representado como uma pessoa diferente do Direito para que o Direito possa justificar o Estado – que cria este Direito e se lhe submete." Cf. Kelsen, Hans. **Teoria Pura...***op. cit.*, p.316. Veja-se: *Id.*, 312-316 e 353.

[51] Kelsen, Hans. **Teoria Pura...***op. cit.*, p. 316.

[52] Kelsen, Hans. **Teoria Pura...***op. cit.*, p. 345-346.

[53] Kelsen, Hans. **Sobre a teoria das ficções jurídicas...***op. cit.*, p. 66.

[54] Kelsen, Hans. **Sobre a teoria das ficções jurídicas...***op. cit.*, p. 66.

[55] Kelsen, Hans. **Teoria Pura...***op. cit.*, p. 317.

[56] Kelsen, Hans. **Teoria Pura...***op. cit.*, p. 317.

Importa bastante no raciocínio kelseniano essa noção da centralização da produção normativa e a divisão de trabalho em órgãos para criação e aplicação de normas:

Para ser um estado, a ordem jurídica necessita de ter o caráter de uma organização no sentido estrito da palavra, quer dizer, tem que instituir órgãos funcionando segundo o princípio da divisão do trabalho para criação e aplicação das normas que a formam; tem de apresentar um certo grau de centralização.[57]

Partindo desse rigoroso recorte epistemológico, Kelsen revista os elementos apontados pelas teorias clássicas como típicos do conceito de Estado. Com efeito, o território é um dos elementos do Estado, mas deve ser entendido como o âmbito espacial de validade da ordem jurídica.[58] O tempo também o é, pois essa ordem jurídica é válida sobre um território e por determinado tempo.[59] O povo, por sua vez, é o âmbito de validade pessoal da ordem jurídica nacional.[60] Além disso, deve-se anotar a competência do Estado, que é o âmbito material de validade das normas.[61] O último elemento estatal, em sua visão, é o poder, que pode ser entendido como a validade da ordem jurídica.[62]

Kelsen, na Teoria Pura do Direito, enfrenta diversos outros temas afetos à temática, em especial os temas de representação, responsabilização estatal, direitos do Estado, a sua personificação jurídica e a complexa questão da centralização e da descentralização, discorrendo sobre federação e estado unitário.[63]

Nesse particular, para Kelsen, a única característica que difere um Estado Federal do Estado Unitário dividido em províncias e da Confederação de Estados é o grau de descentralização.[64] Para ele, um Estado

[57] Kelsen, Hans. **Teoria Pura...***op. cit.*, p. 317.

[58] Kelsen, Hans. **Teoria Geral do Direito e do Estado**. Trad. Luís Carlos Borges. 4. ed. São Paulo: Martins Fontes, 2005, p. 298-314, *passim*. Veja-se também: Kelsen, Hans. **Teoria Pura...***op. cit.*, p.318-321.

[59] Kelsen, Hans. **Teoria Geral do Direito...**, *op. cit.*, p. 314-333, *passim*.

[60] Kelsen, Hans. **Teoria Geral do Direito...**, *op. cit.*, p. 334-345, *passim*.

[61] Kelsen, Hans. **Teoria Geral do Direito...**, *op. cit.*, p. 346.

[62] Kelsen, Hans. **Teoria Geral do Direito...**, *op. cit.*, p. 364.

[63] Kelsen, Hans. **Teoria Pura...***op. cit.*, p. 309-353, *passim*.

[64] Kelsen, Hans. **Teoria Geral do Direito...**, *op. cit.*, p. 451.

Federal é formado pela existência de ordens jurídicas locais ou regionais, e uma ordem jurídica central. Interessante é que em sua concepção, se as ordens jurídicas locais são ordens parciais, tendo em vista que sua competência legislativa é limitada material e territorialmente, a ordem jurídica central também é parcial, posto que limitada materialmente. A soma desta ordem jurídica central e das parciais é o Estado Federal Total.[65] Cada uma das comunidades parciais, a federação (ordem jurídica central) e os Estados-membros possuem sua própria constituição, além da constituição do estado federal total. Para Kelsen, o que ocorre é que a doutrina tradicional confunde o Estado Federal Total com a federação (ordem jurídica central). Note-se que, segundo ele, a Constituição da federação é a mesma do Estado Federal Total na prática, assim seus órgãos se confundem pragmaticamente.

Kelsen afirma que, em sintonia com o que se demonstrou acima, tanto a União quantos os Estados Membros são ordenamentos jurídicos parciais, que, juntos, formam o Estado Total.[66]

Todavia, a Constituição pode ser desdobrada em duas cartas distintas, a total e a da União[67]. Kelsen afirma que a coletividade central e as coletividades membros são juridicamente iguais, numa relação de coordenação e não de subordinação, pois estão subordinadas à comunidade total.[68] Para ele, o que caracteriza a Federação, vale dizer, o ponto mais importante desta é que os Estados-membros possuem "um certo grau de autonomia constitucional".[69]

O número de interrogantes que surgem das ideias kelsenianas acerca do Estado é imensa. Pode-se-ia afirmar que a Teoria Pura do Direito serviria, apenas, para uma boa explicação acerca da natureza do Estado contemporâneo, sendo de pouca valia para figuras do passado, como, por exemplo, a organização feudal, descentralizada, plural.[70] Seja como for,

[65] Kelsen, Hans. **Teoria Geral do Direito...**, *op. cit.*, p. 377.

[66] Kelsen, Hans. **Teoria Geral do Direito...**, *op. cit.*, p. 377.

[67] Bandeira De Mello, Oswaldo Aranha. **Natureza Jurídica do Estado Federal**. São Paulo: Prefeitura do Município de São Paulo, 1948, p. 49.

[68] Bandeira De Mello, Oswaldo Aranha. **Natureza Jurídica**... *op. cit.*, p. 48.

[69] Kelsen, Hans. **Teoria Geral do Direito...**, *op. cit.*, p. 453.

[70] Temos a intuição de que uma análise mais aprofundada sobre esse ponto ensejaria conclusões diversas.

parece-nos que as reflexões sobre a organização sociológica e jurídica do Estado contemporâneo aproximam os pensamentos de Kelsen de outro autor relevantíssimo do século XX: Max Weber.

É o que tentaremos delinear a seguir.

5. O Estado sob perspectiva formal: os olhares de Kelsen e de Weber

Incontestavelmente, se Hans Kelsen é um dos expoentes da ciência jurídica, Max Weber o é em relação à sociologia. Eles estão inseridos num contexto semelhante de pensamento acerca do papel e dos limites da ciência, assim como imbuídos do propósito de conferir às suas respectivas áreas de estudo um caráter claramente científico.

Como base da visão de ambos, pode-se afirmar que está a diferença entre o relato das coisas como são – o papel do cientista – e a prédica de como as coisas devem ser – uma postura política que não cabe à ciência. É a diferença basilar entre "descrição" e "prescrição": ao cientista caberia observar, compreender e explicar de forma impessoal e imparcial o seu objeto de estudo, apartando-se das paixões e preferências que tão bem cabem ao político, que quer mudar o mundo. Ao cientista, apenas o descrever o mundo.

Trata-se de postura que remete à obra de David Hume, filósofo ao qual as ideias de Kelsen e de Weber se aproximam pelo contexto do positivismo científico, a exigir algo muito desafiador para alçar as ciências humanas ao patamar verdadeiramente científico: a busca da objetividade tão presente nas ciências naturais, por meio da diferenciação entre o mundo do "ser" e o do "dever ser".

A genialidade de DAVID HUME legou-nos intuições vitais sobre as diferenças entre tais "mundos".[71] Uma das interpretações possíveis de

[71] "David Hume é um dos mais importantes pensadores da história das ideias, sendo ainda considerado por muitos como o maior dos filósofos britânicos. [...] Seu legado é o ponto alto da tradição empirista dominante na filosofia britânica que se inicia com Guilherme de Ockham (1280-1349), entre os séculos XIII e XIV, passa por Francis Bacon (1561-1626), Thomas Hobbes (1588-1679), John Locke (1632-1704) e George Berkeley (1685-1753), prosseguindo depois dele com Jeremy Bentham (1748-1832) e J. S. Mill (1806-1873) e, finalmente, culmina na filosofia analítica do século XX e no empirismo lógico, nas figuras de George Moore (1852-1933), Bertrand Russel (1872-1970), Ludwig Wittgenstein (1889-1951) e no chamado Círculo de Viena, corrente filosófica que congregava autores como

sua ideia, mais restritiva, pode ser expressa nas palavras de Sautter: "o que pertence ao domínio do dever ser nunca pode ser deduzido do que pertence ao domínio do ser, ou seja, esta tese, tradicionalmente denominada **Lei de Hume**, impõe uma barreira lógica entre o domínio do dever ser e o domínio do ser".[72] Da Lei de Hume extrai-se o fato de que as coisas serem como são, não leva à conclusão que devam ser assim; ou o fato de que as coisas devam ser de alguma forma, não leva a que efetivamente sejam como deveriam ser; é impossível deduzir um dever ser de um ser, sendo a recíproca verdadeira.[73]

A rígida distinção entre o que é e o que deve ser tem origem na própria distinção de Hume entre vontade e razão: para o filósofo em questão, é a vontade, e não a razão, que determina a decisão, a ação, a moral.[74]

Esse, parece-nos, é o pano de fundo a aproximar as ideias weberianas e kelsenianas. Ambos possuem forte influência do intento positivista científico, crendo na possibilidade – e na necessidade – de dar às suas res-

Rudolf Carnap (1891-1970), Moritz Schlick (1882-1936) e Otto Neurath (1882-1945), dentre outros". Cf. Pequeno, Marconi. 10 Lições sobre Hume. 2. ed. Petrópolis: Vozes, 2014, p. 25-26.

[72] Sautter, Frank Thomas. Um breve estudo histórico-analítico da Lei de Hume. **Trans/Form/Ação**, Marília: Unesp, v. 29, n. 2, 2006, p. 242. A passagem da obra de Hume que se configura como base da chamada Lei de Hume, é a seguinte: "Em todo sistema de moral que até hoje encontrei, sempre notei que o autor segue durante algum tempo o modo comum de raciocinar, estabelecendo a existência de Deus, ou fazendo observações a respeito dos assuntos humanos, quando, de repente, surpreendo-me ao ver que, em vez das cópulas proposicionais usuais, como é e não é, não encontro uma só proposição que não esteja conectada a outra por um deve ou não deve. Essa mudança é imperceptível, porém da maior importância. Pois como esse deve ou não deve expressa uma nova relação ou afirmação, esta precisaria ser notada e explicada; ao mesmo tempo, seria preciso que se desse uma razão para algo que parece totalmente inconcebível, ou seja, como essa nova relação pode ser deduzida de outras inteiramente diferentes". Cf. HUME, David. **Tratado da Natureza Humana**. Trad. Débora Danowiski. 2. ed. rev. e ampl. São Paulo: UNESP, 2009, p. 509.

[73] Sautter, Frank Thomas. **Um breve estudo...** *op. cit.*, p. 242.

[74] Hume, David. **Tratado...** *op. cit.*, p. 450-451. Note-se que essa distinção é recebida com reservas por KANT, apesar da forte influência do pensamento de Hume em sua obra: para aquele, há uma razão a orientar condutas, a razão prática. Cf. Kant, Immanuel. **A crítica da razão prática**. Trad. Valério Rohden. São Paulo: Folha de S. Paulo, 2015. (Coleção Folha: Grandes Nomes do Pensamento; v. 8), *passim*.

pectivas áreas de estudo nas ciências humanas o nível de verdadeira análise científica, apartando-as dos juízos político-valorativos; assim como possuem esse viés típico do neokantismo no sentido de (re)construir o seu objeto de estudo do caos das sensações ao cosmo gnosiológico.

As fortes marcas neokantianas fazem-se sentir nos dois autores, que trabalharam com mestria no intento de dar às suas áreas de estudo o almejado *status* de Ciência, no seio do ideário do início do século XX.[75] Note-se que esse movimento de "construção" do objeto científico em sentido kantiano ocorreu também em outras áreas, sendo notável no caso da Linguística saussureana, com a sua preocupação de separar o seu objeto de preocupações antropológicas, psicológicas *etc.*, levando à abstração da "língua" (*langue*), marca de todo o estruturalismo linguístico.[76]

KELSEN cita expressamente KANT no sentido de que o conhecimento "produz" o seu objeto, em sentido gnosiológico.[77] "A visão do mundo de Kelsen é dualista", sentencia LOSANO: "[o] mundo está dividido entre ser e dever-ser, e entre os dois não existe nenhuma relação, segundo a escola neokantiana a que Kelsen se remete".[78] Por outro lado, como bem afirma ARON, "o centro da reflexão filosófica de Max Weber" são "os vínculos de solidariedade e de independência entre ciência e a política", sendo notável, igualmente, a influência que o neokantismo teve sobre ele.[79]

Nesse diálogo entre tais autores, percebe-se que a explicação sobre a natureza e sobre o funcionamento do Estado é bastante assemelhada, guardadas as especificidades dos recortes que preocupam a cada um.

Como havíamos observado antes, para KELSEN faz-se essencial a ideia de centralização da produção normativa e a divisão de trabalho em órgãos para criação e aplicação de normas; com isso, tem-se o Estado como uma

[75] KELSEN, Hans. **Teoria Pura...** *op. cit.*, p. 81-82.

[76] FIORIN, José Luiz (org.). **As astúcias da enunciação**: as categorias de pessoa, espaço e tempo. 3. ed. São Paulo: Contexto, 2016, p. 23-24; SAUSSURE, Ferdinand de. Curso de Lingüística Geral. Trad. Antonio Chelini, José Paulo Paes e Izidoro Blikstein. São Paulo: Cultrix, 2004, p. 22-23.

[77] KELSEN, Hans. **Teoria Pura...** *op. cit.*, p. 81-82.

[78] LOSANO, Mario G. **Sistema e Estrutura no Direito**: o século XX. Trad. Luca Lamberti. São Paulo: Martins Fontes, 2010. v. 2, p. 53.

[79] ARON, Raymond. **As etapas do Pensamento Sociológico**. Trad. Sérgio Bath. São Paulo: Martins Fontes, 2002, p. 729 e 738.

ordem jurídica relativamente centralizada, como uma espécie do gênero "ordem jurídica".[80] E, nesse sentido, "o Estado é uma ordem de coação", que seria a tradução da expressão usual "organização política".[81]

Parece-nos que ninguém melhor do que MAX WEBER para explicar o Estado como um aparato de centralização da violência e uma organização escalonada calcada na divisão de trabalho: "[u]ma empresa com caráter de instituição política denominamos Estado, quando e na medida em que seu quadro administrativo reivindica com êxito o monopólio legítimo da coação física para realizar as ordens vigentes."[82] Note-se que, para WEBER, importa esse aspecto formal para a identificação do Estado, e não sua finalidade, afinal, "[d]esde os cuidados do abastecimento de alimentos até a proteção das artes não existe nenhum fim que as associações políticas não tenham perseguido em algum tempo, pelo menos ocasionalmente [...]".[83] Como afirma GUANABARA:

> É sabido que Weber elaborou de maneira mais consistente seu conceito de Estado em relação a Marx. Afastando a abordagem funcional ou teleológica de sua teoria, Weber centra no monopólio da força física o atributo fundamental do Estado. [...] Weber descarta a possibilidade de definir o Estado quanto a seus fins e enfatiza a noção de monopólio da força. [...]. [84]

Por outro lado, a chamada Administração Burocrática é a fundamentada no serviço civil profissional, na dominação-legal weberiana, visando a uma administração profissional, com procedimentos administrativos dentro de uma estrutura hierárquica piramidal.[85]

[80] KELSEN, Hans. **Teoria Pura...***op. cit.*, p. 317.

[81] KELSEN, Hans. **Teoria Pura...***op. cit.*, p. 316.

[82] WEBER, Max. **Economia e sociedade**: fundamentos da sociologia compreensiva. 4. ed. Brasília: UNB, 2009, p. 34.

[83] WEBER, Max. **Economia e sociedade**... *op. cit.*, p. 34 [nota 2].

[84] GUANABARA, Ricardo. O Estado e a Política. *In*: FERREIRA, Lier Pires; GUANABARA, Ricardo; JORGE, Wladimyr Lombardo [Org.]. **Curso de Teoria Geral do Estado**. Rio de Janeiro: Elsevier, 2009, p. 2

[85] BRESSER-PEREIRA, Luiz Carlos. **Reforma do Estado**...*op. cit.*, p. 20, 22 e p. 48-49; WEBER, Max. **Economia e sociedade**... *op. cit.*, p. 142-149.

Há, portanto, em ambos os autores aqui cotejados, a identificação do Estado à noção de (i) monopólio da força realizada por meio da (ii) divisão de trabalho, em que é (iii) despicienda a noção de finalidade.

Ora, para KELSEN, a ordem jurídica primitiva e o Estado separam-se exatamente pelos critérios do monopólio da força – a centralização – e divisão do trabalho, claramente também indicados como elementos identificadores por Weber.[86] Note-se que, para ambos, o Estado somente existe se há "um mínimo de eficácia", segundo KELSEN, ou há a reivindicação com êxito do monopólio da coação física pelo quadro administrativo, segundo WEBER.[87]

Nas fronteiras entre a teoria pura do Direito e a Sociologia, os conceitos de Kelsen e de Weber se tocam num *continuum*. Seus conceitos são duas faces da mesma moeda.

Referências

aRISTÓTELES. **Política**. Trad. António Campelo Amaral e Carlos Gomes. Lisboa: Vega, 1998.

ARON, Raymond. **As etapas do Pensamento Sociológico**. Trad. Sérgio Bath. São Paulo: Martins Fontes, 2002.

BANDEIRA DE MELLO, Oswaldo Aranha. **Natureza Jurídica do Estado Federal.** São Paulo: Prefeitura do Município de São Paulo, 1948.

BECKER, Alfredo Augusto. **Teoria Geral do Direito Tributário**. 4. ed. São Paulo: Noeses, 2007.

BOBBIO, Norberto. **Da estrutura à função**: novos estudos de Teoria do Direito. Trad. Daniela Beccaccia Verstani. Barueri: Manole, 2007.

BOBBIO, Norberto. **Estado, governo, sociedade**: para uma teoria geral da política. 9. ed. Trad. Marco Aurélio Nogueira. [s.n]: Paz e Terra, [?]. [Coleção Pensamento Crítico vol. 69].

BOBBIO, Norberto. **O Positivismo Jurídico**: lições de filosofia do direito. Trad. Márcio Pugliesi; Edson Bini e Carlos E. Rodrigues. São Paulo: Ícone, 1995.

BOBBIO, Norberto. **Teoria do Ordenamento Jurídico**. Trad. Maria Celeste Cordeiro Leite dos Santos. 10. ed. rev. Brasília: UNB, 1999.

[86] KELSEN, Hans. **Teoria Pura...***op. cit.*, p. 317.

[87] KELSEN, Hans. **Teoria Pura...**, *op. cit.*, p. 52-53, p. 234-235; WEBER, Max. **Economia e sociedade**... *op. cit.*, p. 34.

BONNECASE, Julien. **Introduccion al estudio del Derecho**: *nociones elementales*. Trad. Jose M. Casica Jr. Puebla: José M. Casica Jr., 1944. v. 1.

BONNECASE, Julien. **La Escuela de la Exegesis en el Derecho Civil**. Trad. Jose M. Casica Jr. Puebla: José M. Casica Jr, 1944. v. 12.

BRESSER-PEREIRA, Luiz Carlos. **Reforma do Estado para a cidadania**: a reforma gerencial brasileira na perspectiva internacional. 34 Ed. São Paulo: Brasília: ENAP, 1998.

BUSTAMANTE, Thomas da Rosa de. **Argumentação contra Legem**: A teoria do discurso e a justificação nos casos mais difíceis. Rio de Janeiro: Renovar: 2005.

CAMPILONGO, Celso Fernandes. Kelsen, o positivismo e o ensino do Direito nos anos 70. *In:* SANTI, Eurico Marcos Diniz de (coord.). **Curso de Direito Tributário e Finanças Públicas**: do fato à norma, da realidade ao conceito jurídico. São Paulo: Saraiva, 2008, p. 329-345.

CARRIÓ, Genaro R. **Notas sobre derecho y lenguaje**. 4. ed. Buenos Aires: Abeledo-Perrot, 1990.

CAVALCANTI, Amaro. **Regime Federativo e a República Brasileira.** Brasília: UnB, 1983.

CHIERCHIA, Gennaro. **Semântica.** Trad. Luiz Arthur Pagani, Lígia Negri, Rodolfo Ilari. Campinas: Unicamp. 2003.

DALLARI, Dalmo de Abreu. **Elementos de Teoria Geral do Estado**. 19. ed. atual. São Paulo: Saraiva, 1995.

DOWNS, Anthony. **Uma teoria econômica da democracia**. Trad. Sandra Guardini Teixeira Vasconcelos. São Paulo: Edusp, 1999.

EASTON, David, **The Political System**. Nova Iorque: Ed. Alfred A. Knopf, 1968 *apud* DALLARI, Dalmo de Abreu. **Elementos de Teoria Geral do Estado**. 19. ed. atual. São Paulo: Saraiva, 1995.

ELSTER, Jon. **Peças e engrenagens das ciências políticas**. Trad. Antônio Trânsito. Rio de Janeiro: Relume-Dumará, 1994.

FERRAZ JUNIOR, Tercio Sampaio. **Introdução ao estudo do Direito**. 2. ed. São Paulo: Atlas, 1994.

FERREIRA, Lier Pires; GUANABARA, Ricardo; JORGE, Vladimyr Lombardo [Org.]. **Curso de Teoria Geral do Estado**. Rio de Janeiro: Elsevier, 2009.

FIORIN, José Luiz (org.). **As astúcias da enunciação**: as categorias de pessoa, espaço e tempo. 3. ed. São Paulo: Contexto, 2016.

GUANABARA, Ricardo. Estado e Política. *In*: FERREIRA, Lier Pires; GUANABARA, Ricardo; JORGE, Vladimyr Lombardo [Org.]. **Curso de Teoria Geral do Estado**. Rio de Janeiro: Elsevier, 2009, p. 1-25.

HARARI, Yuval Noah. **Sapiens:** uma breve história da humanidade. Trad. Janaína Marcoantonio. 47 ed. Porto Alegre: L&PM, 2019.

HOBBES, Thomas. **Leviatã**. Trad. João Paulo Monteiro e Maria Beatriz Nizza da Silva. São Paulo: Martins Fontes, 2003.

HUME, David. **Tratado da Natureza Humana**. Trad. Débora Danowiski. 2. ed. rev. e ampl. São Paulo: UNESP, 2009.

KANT, Immanuel. **A crítica da razão prática**. Trad. Valério Rohden. São Paulo: Folha de S. Paulo, 2015. (Coleção Folha: Grandes Nomes do Pensamento; v. 8).

KELSEN, Hans. **Sobre a teoria das ficções jurídicas**: com especial consideração da filosofia do "como se" de Vaihinger. Trad. Vinícius Marteucci de Andrade Lopes. Rio de Janeiro: Via Verita, 2012.

KELSEN, Hans. **Teoria Geral do Direito e do Estado**. Trad. Luís Carlos Borges. 4. ed. São Paulo: Martins Fontes, 2005.

KELSEN, Hans. **Teoria Pura do Direito**. Trad. João B. Machado. 6. ed. brasileira. São Paulo: Martins Fontes, 2003.

LARENZ, Karl. **Metodologia da Ciência do Direito**. 3. ed. Trad. José Lamego. Lisboa: Calouste Goulbenkian, 1997.

LOSANO, Mario G. **Sistema e Estrutura no Direito**: o século XX. Trad. Luca Lamberti. São Paulo: Martins Fontes, 2010. v. 2.

MAQUIAVEL, Nicolau. **O Príncipe**. Trad. Antonio Caruccio-Caporale. Porto Alegre: L&PM, 1998.

MELLO, Marcos Bernardes de. **Teoria do Fato Jurídico**: plano da existência. 14. ed. São Paulo: Saraiva, 2007.

OFFE, Claus. RONGE, Volker. Teses sobre a fundamentação do conceito de "estado capitalista" e sobre a pesquisa política de orientação materialista. *In:* OFFE, Claus. **Problemas estruturais do Estado Capitalista**. Trad. Bárbara Freitag. Rio de Janeiro: Tempo Brasileiro, 1984, p. 122-137.

OGDEN, C. K.; RICHARDS, I. A. **O Significado de Significado**: um estudo da influência da linguagem sobre o pensamento e sobre a ciência do simbolismo. Trad. Álvaro Cabral. Rio de Janeiro: Zahar Editores, 1972.

OLIVECRONA, Karl. **Linguagem Jurídica e Realidade**. Trad. Edson L. M. Bini. São Paulo: Quartier Latin, 2005.

PEQUENO, Marconi. **10 Lições sobre Hume**. 2. ed. Petrópolis: Vozes, 2014.

PLATÃO. **A República**. Trad. Pietro Nassetti. São Paulo: Martin Claret, 2005.

VERAS NETO, Francisco Quintanilha. Gramsci, Hegemonia e Estado. *In:* FONSECA, Ricardo Marcelo. [Coord.] **Repensando a Teoria do Estado**. Belo Horizonte: Fórum, 2004, p. 111-150.

REALE, Miguel. A visão integral do Direito em Kelsen. *In:* PRADO, Luiz Regis; KARAM, Munir. **Estudos de Filosofia do Direito**: uma visão integral da obra de Hans Kelsen. São Paulo: RT, 1985.

REALE, Miguel. **Filosofia do Direito**.19. ed. São Paulo: Saraiva, 2002.

ROSS, Alf. **Direito e Justiça**. Trad. Edson L. M. Bini. Bauru: Edipro, 2003.

SAUSSURE, Ferdinand de. **Curso de Lingüística Geral**. Trad. Antonio Chelini, José Paulo Paes e Izidoro Blikstein. São Paulo: Cultrix, 2004.

SAUTTER, Frank Thomas. Um breve estudo histórico-analítico da Lei de Hume. **Trans/Form/Ação**, Marília: Unesp, v. 29, n. 2, 2006.

SICHES, Luis Recaséns. **Direcciones Contemporâneas del Pensamiento Jurídico**. (*La Filosofía del Derecho del siglo XX*). Barcelona; Buenos Aires: Labor, 1929.

TSEBELIS, George. **Jogos Ocultos**: escolha racional no campo da política comparada. Trad. Luiz Paulo Rouanet. São Paulo: Edusp, 1998.

VILLEY, Michel. **Direito Romano.** Trad. Fernando Couto. Porto: Res Jurídica, 1991.

WEBER, Max. **Economia e sociedade**: fundamentos da sociologia compreensiva. Trad. Regis Barbosa e Karen Elsabe Barbosa. 4. ed. Brasília: UNB, 2009.

8.
KELSEN E O DIREITO INTERNACIONAL: A FORMAÇÃO DO *JUS COGENS* NO CONTINENTE EUROPEU A PARTIR DE UMA PERSPECTIVA KELSENIANA

PRISCILA CANEPARO DOS ANJOS

Introdução

Iniciar a análise de Kelsen na perspectiva do Direito Internacional remonta, inegavelmente, à construção de sua Teoria Pura do Direito[1]. Explica-se: há de se ter em mente que a análise objetivada neste estudo será da ordem jurídica positiva, independentemente da moral – ou dos vários sistemas morais possíveis, em suas palavras[2]. Ou seja, a partir daí, já se estabelece o recorte entre o Direito Internacional – objeto de exame do presente artigo e da vasta doutrina de Kelsen – e das Relações Internacionais – permeadas pelos aspectos morais e condutas de ordem axiológica, nem sempre correlatas às previsões do ordenamento jurídico positivo.

[1] KELSEN, Hans. **Teoria Pura do Direito**. São Paulo: Martins Fontes, 1998.

[2] *A exigência de uma separação entre Direito e Moral, Direito e Justiça, significa que a validade de uma ordem jurídica positiva é independente desta Moral absoluta, única válida, da Moral por excelência. Se pressupusermos somente valores morais relativos, então a exigência de que o Direito deve ser moral, isto é, justo, apenas pode significar que o Direito positivo deve corresponder a um determinado sistema Moral entre vários sistemas morais possíveis* (KELSEN, 1998, p. 104).

Porém, diferentemente daquilo que se possa imaginar, ao ler o título desse estudo, não se tratará aqui, de analisar a *Grundnorm* do brilhante jurista – ou, como ele mesmo falava, de sua *Ursprungsnorm*[3].

Também, este artigo não se dignará a estudar a tão aclamada construção e leitura kelseniana da correlação entre as ordens jurídicas nacional e internacional, a partir das doutrinas do monismo e do dualismo. Apenas, conforme o grande jurista já entendia, há de se pontuar que as duas ordens se encontram em um mesmo universo jurídico, no mesmo sistema de validade, a partir de um relacionamento de subordinação do direito nacional para com o Direito Internacional[4] – chamado, na perspectiva kelseniana, de *monismo internacionalista.*

A partir daí é que se inicia a introdução a este trabalho. Conjugando-se à noção de monismo internacionalista, parte-se ao exame dos elementos formadores do Estado, pela leitura de Kelsen, para, então conseguir entender o fenômeno e comprovar a influência do jurista na eclosão das chamadas normas de *jus cogens* internacionais – normas imperativas, peremptórias, inderrogáveis da ordem jurídica internacional.

Assim, há de se destacar que em nenhum momento, na ampla e vasta obra de Kelsen, o jurista discriminou o que seriam – e sequer se existiriam – as normas de *jus cogens.* Não obstante, foi a partir da sua leitura do Direito Internacional que se abriu o caminho para que, na década de 1950, a sociedade internacional viesse a iniciar a construção de tal instituto, estando, neste momento, incorporado, especialmente, nas ordens jurídicas nacionais europeias.

Assim, o recorte espacial, em relação à análise empírica do presente estudo, dar-se-á no ordenamento jurídico das nações europeias. Justifica-se tal recorte a partir de dois pontos: o primeiro por ter o continente europeu, na formação de seu Direito contemporâneo, sofrido fortíssima influência da obra de Kelsen e, segundo, por suas realidades jurídicas

[3] Segundo Rigaux (1998), até a década de 1920, Kelsen utilizava-se da expressão *Ursprungnorm* para referir-se à norma fundamental. Após, por entender que o termo *Grundnorm* não remeteria a um aspecto temporal existente naquele, começou-se, então, a desse se utilizar.

[4] Kelsen, Hans. **Les rapports de système entre le droit interne et le droit international public**. *Recueil de Cours de L'Académie de Droit International*, Tomo 14, 1926.

nacionais terem sido construídas, recentemente, sob os fantasmas das barbáries das duas Grandes Guerras.

Por fim, destaca-se que o estudo será estruturado a partir do método dedutivo, partindo-se da teoria do Estado de Kelsen, até chegar à limitação do ordenamento jurídico dos Estados europeus na vertente do *jus cogens*. Inegavelmente, também estará presente o método indutivo justamente para que, a partir da perspectiva kelseniana do Direito Internacional, possa se estabelecer os pilares sólidos para a prospecção, na década de 1950 do *jus cogens*.

1. A importância do estado na construção de um conceito do *jus cogens*

inicialmente, observa-se a existência de uma pluralidade de formas para se identificar um Estado e, consequentemente, os elementos indispensáveis para sua conceituação.

Desde o século passado – a partir dos esforços de estudiosos tais como Hans Kelsen –, o conceito de Estado guarda algumas características, sendo que, como primeira, tem-se a territorialidade do Estado: para que haja o desenvolvimento de maneira lícita desta instituição, faz-se por necessária a ocorrência de um povo organizar-se em um espaço geográfico determinado.

Ocorre que mais do que definir a delimitação geográfica de um Estado, esta marca até onde a coercitividade de sua norma alcança. É, de fato, *a base física, a porção do globo por ele ocupada, que serve de limite à sua jurisdição e lhe fornece recursos materiais*[5].

De tal forma, o território guarda um duplo aspecto: primeiramente, como sendo a contiguidade física de terreno em que ele desenvolve seu governo, sua soberania e onde permanece o seu povo; em segundo, como sendo a porção territorial onde faz, por excelência, valer sua ordem jurídica, a partir de um poder de coerção lícito e juridicamente previsto.

Ademais, é este território, na visão de Kelsen, que se infere como um elemento indispensável na ordem constitutiva de um Estado. Em suas palavras:

[5] Azambuja, Darcy. **Teoria Geral do Estado**. Rio da Janeiro: Editora Globo, 1996. p. 36.

> Según el derecho internacional el principio que expressa que um Estado sigue siendo el mismo – a pesar de um cambio revolucionário de Gobierno – si el territorio, y la población que viva em él, se mentiene de uma manera general igual, se aplica sólo, si la continuidade de su existência según el derecho internaiconal no se interrumpe. Es interrumpida, si um Estado de acuerdo al derecho internacional cesa de existir, por ejemplo, porque su territorio há sido anexado por otro Estado, y más tarde, em el mismo territorio habitado por la misma población se há estabelecido um Estado independiente[6].

Infere-se a consideração de o Estado, na atualidade, deva ser entendido como membro integrante de uma sociedade global de Estados, não estando apartado de toda a realidade e conjuntura advinda de um contexto de globalização. Assim sendo, justifica-se a circunscrição da ordem jurídica nacional à ordem jurídica internacional – especialmente no que tange aos seus atos coercitivos e, igualmente, aos imperativos de paz e pela proteção e efetivação dos direitos humanos em seu território (aspectos indissociáveis à delimitação do *jus cogens* de direito internacional).[7]

Não se pretende delimitar e nem se aprofundar às teorias monista e dualista do direito interno *versus* direito internacional, mas apenas deixar claro que a ordem jurídica que faz valer o aspecto da territorialidade do Estado pode, de fato, ter sua restrição a partir de uma ordem de direito internacional, como bem explica Hans Kelsen[8]:

> Que a validade da ordem jurídica nacional seja restringida pela ordem jurídica internacional a um determinado espaço chamado de território do Estado, não quer dizer que a ordem jurídica nacional seja autorizada a regulamentar apenas a conduta dos indivíduos que vivem dentro desse espaço. A restrição refere-se, em princípio, apenas aos atos coercitivos estabelecidos pela ordem jurídica nacional e ao procedimento que conduz a esses atos.

[6] Kelsen, Hans. **Principios de Derecho Internacional Público**. Trad. Hugo Caminos y Ernesto C. Hermida. Granada: Editorial Comares, S.L., 2013. p. 205.

[7] Caneparo Dos Anjos, Priscila. **Direitos Humanos: evolução e cooperação internacional**. São Paulo: Almedina, 2021.

[8] Kelsen, Hans. **Teoria geral do direito e do Estado**. São Paulo: Martins Fontes, 2000. p. 301.

> A restrição não se refere a todos os fatos condicionantes aos quais a ordem jurídica vincula atos coercitivos como sanções e, especialmente, não se refere ao delito. (...)

Ainda, para convalidar a restrição da validade do ordenamento jurídico de um Estado a partir de normas de direito internacional utilizam-se os trabalhos da Comissão de Direito Internacional da Organização das Nações Unidas (ONU), mais especificamente quanto aos esforços à confecção da Convenção de Viena sobre o Direito dos Tratados de 1969. Em seus artigos 53 e 63, tem-se a referência expressa ao *jus cogens* como uma *norma imperativa de direito internacional geral* e, igualmente, como uma *norma aceita e reconhecida pela comunidade internacional dos Estados no seu conjunto, como norma da qual nenhuma derrogação é permitida* (...).

Lembra-se, neste ponto, que as organizações internacionais, tal como a ONU, abarcam a ideia de compartilhamento de soberanias dos Estados, e não a sua supressão. Ademais, sendo constituídas por tratados – chamados, costumeiramente, de *cartas* –, os Estados acabam por conferirem, voluntariamente, a tais instituições e seus órgãos, poderes para tomarem decisões juridicamente vinculantes a eles próprios. Como aduz Kelsen:

> Si el tratado que constituye una comunidad internacional confiere a los órganos de la comunidad el poder de tomar decisiones jurídicamente obligatorias para los Estados miembros, o a tomar medidas coercitivas que tengan el carácter de represalias o de guerra como reacciones contra las violaciones del tratado constitutivo o contra otros actos ilícitos Internacionales cometidos por Estados miembros, entonces las obligaciones y derechos establecidos por estas decisiones sob obligaciones y derechos internacionales y las medidas coercitivas tomadas por la organización son sanciones Internacionales. La organización internacional competente para establecer tales obligaciones y derechos y aplicar dichas sanciones debe ser considerada, también a este respecto, como sujeto de derecho internacional[9].

[9] Kelsen, Hans. **Principios de Derecho Internacional Público**. Trad. Hugo Caminos y Ernesto C. Hermida. Granada: Editorial Comares, S.L., 2013. pp. 135-136.

Não obstante, é importante destacar, neste momento, os elementos constitutivos de um Estado, já que são eles os sujeitos primários de Direito Internacional. Ou seja, só existem organizações internacionais e a próprio construção do *jus cogens* uma vez que existem Estados.

Chegando aos aspectos conclusivos do primeiro elemento do Estado, qual seja, seu território, depreende-se a noção de sê-lo a esfera de validade da ordem jurídica aplicável às pessoas que sob sua égide desenvolvem suas vidas e compõem uma sociedade. Vincula-se a conduta do indíviduo, neste território, a uma coercibilidade jurídica aplicável pelos institutos estatais, delimitada por dimensões decorrentes do direito internacional.

Como segundo elemento, deve-se ter em mente que o Estado, como criação humana, só se demonstra possível a partir do momento que um conglomerado humano reúne forças suficientes em prol de sua criação.

Precisa-se que, fazendo uma analogia entre os elementos indispensáveis à existência do Estado, a partir do momento que este contará com um único território, terá, em decorrência, também, um único povo[10].

Dito isto, como entender o delineamento de um povo de um Estado? Para uma resposta precisa, há de se dizer que o povo de um Estado acaba por se interligar a conceitos advindos da cidadania, a partir da validade de uma ordem jurídica em um determinado território.

Por conseguinte, o povo de um Estado será, necessariamente, sob o qual a ordem jurídica do Estado vale, considerando, então, o indivíduo como cidadão nacional. É assim que se delimitam os cidadãos de um determinado Estado, sendo o aspecto pessoal do Estado regido e delimitado pela esfera de validade de suas normas.[11]

[10] Como *povo*, neste estudo em pauta, entende-se como o conjunto total dos cidadãos de um determinado Estado, encontrando-se ou não em território nacional. Utiliza-se, aqui, de uma acepção jurídica da palavra povo. Diferentemente refere-se à conceituação de *população*. Em consonância com o *Oxford English Dictionary*, diz-se ser a população a *condição de um país quanto ao número de habitantes, o grau de ocupação do lugar e, consequentemente, o número total de pessoas que habitam um país, uma cidade ou outra área; o conjunto de habitantes.* Ou seja, diferentemente da referência jurídica dada à palavra povo neste contexto, o termo população encontra bases única e exclusivamente para referir-se às aspectos quantitativos e demográficos.

[11] *(...) Ele é constituído pela unidade da ordem jurídica válida para os indivíduos cuja conduta é regulamentada pela ordem jurídica nacional, ou seja, é a esfera pessoal de validade dessa ordem.*

Adentrando ao terceiro componente do Estado, tem-se a delimitação de seu poder. A palavra *poder* comporta diferentes significados, a partir da ótica que lhe é inserida. Juridicamente, pode ser entendido como o ordenamento jurídico ao qual há a inserção do homem, ou melhor, dos cidadãos de um Estado.

Uma feição de extrema relevância vem a ser o poder como monopolizador da coerção, sendo que se assim não o fosse, o próprio Estado desapareceria.[12]

Associa-se, assim, o poder do Estado à soberania, cuja qual vem a ser parte capital na delimitação de um Estado, tendo em vista a existência de algumas sociedades, em um dado território, com governo próprio, mas não contando com o elemento *soberania* e, em decorrência, não sendo caracterizadas como instituições estatais.[13]

Considerada, em termos clássicos, como componente indispensável do Estado, caracteriza-se pelo poder de império e dominação, advindo, em consonância, direitos e obrigações a todos os cidadãos que sob sua égide repousam suas vidas. É, de fato, *o poder máximo do Estado, efetivando-se na organização política, social e jurídica de um Estado*[14].

Exatamente como a esfera territorial de validade da ordem jurídica nacional é limitada, assim também o é a esfera pessoal. Um indivíduo pertence ao povo de um dado Estado se estiver incluído na esfera pessoal de validade de sua ordem jurídica. Assim como todo Estado contemporâneo abrange uma parte do espaço, ele também compreende apenas uma parte da humanidade. (...) KELSEN, Hans. **Teoria geral do direito e do estado**. São Paulo: Livraria Martins Fontes, 2000. p.334.

12 Neste sentido é que Kelsen embasa toda sua teoria do poder de um Estado, ao dizer que o referido é, justamente, a composição da validade e eficácia da ordem jurídica de um determinado Estado, compondo e possibilitando a permanência da unidade de seu território e de seu povo. Segundo seus ensinamentos: *A palavra "poder" tem significados diferentes nesses diferentes usos. O poder do Estado ao qual o povo está sujeito nada mais é que a validade e a eficácia da ordem jurídica, de cuja unidade resultam a unidade do território e a do povo. O "poder" do Estado deve ser a validade e a eficácia da ordem jurídica nacional, caso a soberania deva ser considerada uma qualidade desse poder.* KELSEN, Hans. **Teoria geral do direito e do estado**. São Paulo: Livraria Martins Fontes, 2000. p.364.

13 Por esta perspectiva, focaliza-se o termo soberania a partir de *superanus, supremitas, super omnia* ou *souveraineté* que, segundo Bodin, seria o *poder absoluto e perpétuo de uma República*. BODIN, Jean. **Les Six Livres de La République**. Paris: l'édition de Paris, 1583.

14 FRIEDE, Roy Reis. **Pressupostos (elementos) de existência do Estado**. São Paulo: Revista Justitia, 1999. p. 13.

Entretanto, há de ser entendido que, com o advento da ordem internacional, a soberania necessitou, sobremaneira, de uma flexibilização de suas noções, uma vez que seus limites podem, nesse momento, serem estreitos em prol de um ordenamento supranacional ou internacional[15]. Ademais, o que se considera, de fato, em crise, vem a ser a soberania em seus termos absolutos, uma vez que hoje, inquestionavelmente, conta-se além da possibilidade, mas sim a necessidade de uma estruturação da soberania a partir dos ideais de cooperação, coordenação e subordinação aos valores do *jus cogens.*[16]

Le Fur (1937, p. 67) contemplou a soberania como uma decisão finalística por si mesma, totalmente assimilada pela ordem normativa interna de um Estado. Para ele, a soberania seria entendida como o *direito, que tem o Estado, de decidir, em última instância, acerca das questões de sua competência, em conjunto com o monopólio da coerção incondicionada, podendo executar suas decisões por intermédio da força, em caso de resistência por parte de seus jurisdicionados*[17].

Destarte, Luigi Ferrajoli elucida este ponto, dizendo que *a noção de soberania remonta ao nascimento dos grandes Estados Nacionais europeus e à divisão correlativa, no limiar da Idade Moderna, da ideia de um ordenamento jurídico universal, que a cultura medieval havia herdado da romana.*[18]

Compreende-se que, em termos mais recentes, a partir do século XIX, a soberania viera a sofrer fortes influências da construção nacional de cada Estado. Ocorre que, de fato, a multiplicidade de atores que apare-

[15] Os conceitos de supranacionalidade e internacionalidade não se confundem; o primeiro deles se refere a uma ordem imposta acima dos Estados (situação plenamente possível, dada as decisões das cortes regionais de proteção dos direitos humanos). Já a internacionalidade diz respeito à conjunção da vontade de diversos Estados para partilharem de interesses comuns, devidamente harmonizados e unificados.

[16] *A crise contemporânea desse conceito envolve aspectos fundamentais: de uma parte, a dificuldade de conciliar a noção de soberania do Estado com a ordem internacional, de modo que a ênfase na soberania do Estado implica sacrifício maior ou menor do ordenamento internacional e, vice-versa, a ênfase neste se faz com restrições de grau variável aos limites da soberania, há algum tempo tomada ainda em termos absolutos; (...).* Bonavides, Paulo. **Ciência Política**. 10ª Edição. São Paulo: Malheiros Editores, 2004. p. 123.

[17] Le Fur, Louis. **Précis de Droit International Public**. Paris: CNRS Editions, 1937. p. 67.

[18] Ferrajoli, Luigi. **A Soberania no Mundo Moderno**. São Paulo: Livraria Martins Fontes, 2002. p.1-2.

cem, hoje, faz com que ordens paralelas, ou até além-fronteiras, influenciem seu povo e venham a se chocar com a soberania – aquela atrelada ao seu próprio território, terminologicamente considerada como soberania interna – que, há muito, atendeu aos anseios de dominação, legitimação da força e poder de coerção que lhes era próprio.[19]

A partir de um desenrolar histórico, demandou-se revisões ao conceito de soberania, justamente para vir a atender aos anseios da sociedade atual. Seu entendimento, advindo do Estado Moderno, tornou-se defasado e não compatível com a realidade de um mundo globalizado. A partir de então, passou-se a perceber que a soberania seria exercível sob duas égides: em um plano interno, onde o Estado imputaria a seu povo, em seu território, seu poder soberano, com todas as características derivadas do Estado Moderno, cuja qual, em um contexto de globalização, não atende aos anseios da comunidade local e internacional; e em contexto externo, a qual garante a independência de cada um dos Estados em plano internacional, garantindo a horizontalidade de poder entre os Estados.[20]

Adentrando à soberania interna, pode esta ser entendida como o *poder gerador do direito positivo*[21], significando, em última apreciação, o próprio poder supremo. Em decorrência, nenhum outro poder, dentro dos limites territoriais de um Estado, estará sobre o poder estatal.

Deduz-se, então, que a soberania interna teria, como sua base estrutural, a própria ordem estatal doméstica, pois ali estaria localizado o seu poder supremo. Dito de outra forma, o poder supremo se daria apenas dentro do território do Estado (nos limites de sua ordem coercitiva).

[19] Acerca do tema, transcreve-se: *O processo de construção nacional, que renovou o conceito de soberania e lhe deu nova definição, rapidamente se tornou, em todos e em cada um dos contextos históricos, um pesadelo. A crise da modernidade, que é a co-presença contraditória da multidão e de um poder que quer reduzi-la a uma autoridade única – isto é, a co-presença de um novo conjunto produtivo de subjetividade livres e de um poder disciplinar que quer explorá-lo – não é, finalmente, aplacada ou resolvida pelo conceito de nação, mais do que o fora pelo conceito de soberania ou de Estado. A nação pode apenas ocultar a crise ideologicamente, deslocá-la e retarda seu poder.* HARDT, Michael; NEGRI, Antonio. **Império.** 2ª Ed. Rio de Janeiro: Editora Record, 2001. p. 115.

[20] KELSEN, Hans. **The Principle of Sovereign Equality of States as a Basis for International Organization**. Yale Law Journal, v. 53, number 2, March, 1944.

[21] LIMA, Antonio Sebastião de. **Teoria do Estado e da Constituição – Fundamentos do Direito Positivo**. Rio de Janeiro: Freitas Bastos, 1998. p. 182.

Nesta visão, a soberania se demonstraria útil e condizente apenas em uma determinada ordem jurídica, tornando-se inútil e insuficiente quando da emergência de um contexto de globalização e de uma sociedade global de Estados, uma vez que se pensa, hoje, em contextos mais amplos que a soberania atrelada apenas à sua ordem jurídica interna. Além disso, nos ensinamentos de Raymond Aron, esta soberania acaba por se tornar perigosa e nociva, visto que *os imperativos jurídicos retiram sua força obrigatória da vontade dos poderes do Estado*[22].

Discrimina-se o fato da soberania interna estar perdendo seus fundamentos primordiais de existência à medida que o Estado se desenvolve pelos preceitos de Direito Internacional. Avalia-se, desta maneira, que esta soberania, em sua visão tradicional, não mais se coaduna com a realidade que se encontram os Estados e os próprios avanços da sociedade internacional, a partir de um contexto de globalização e *jus cogens*.

Quanto ao *jus cogens*, vale pontuar ser fruto de uma necessária verticalização dos pilares estruturais do Direito Internacional[23], incidindo na própria postura dos Estados frente às normas deste ramo do direito: vislumbra-se a necessidade de uniformização de determinadas regras, especificamente atreladas ao axioma da paz e aos valores dos direitos humanos.

Preconiza-se, ainda, segundo Kelsen, a partir de uma vertente interpretativa do *jus cogens* que se alude neste presente momento, que se os indivíduos de um Estado estão submetidos à ordem jurídica nacional, então os Estados estão, na mesma proporção, sujeitos a um regulamento superior que vem do próprio Direito Internacional, encontrando, então, limites à própria soberania interna. Em suas palavras:

22 Aron, Raymond. **Estudos Políticos**. Trad. Sérgio Bath. 2ª Ed. Brasília: UnB, 1986. p. 886.

23 Nesse sentido, explica Cláudio Finkelstein: *o surgimento e afirmação do 'jus cogens' no direito internacional contemporâneo preenche a necessidade de uma verticalização mínima do ordenamento jurídico internacional, erguido sob pilares de onde o jurídico e a ética se fundem. A evolução do conceito de 'jus cogens' transcende hoje o âmbito do Direito dos Tratados e da Responsabilidade Internacional dos Estados ao atingir o direito internacional geral e a base da ordem jurídica internacional.* Finkelstein, Cláudio. **Hierarquia das normas no direito internacional: *jus* cogens e metaconstitucionalismo**. São Paulo: Saraiva, 2013. p. 279. p. 206.

> (...) Pero entonces existe la misma relación de superioridad e inferioridad tanto en el Derecho internacional como en el nacional; así como en el Derecho nacional los individuos están sujetos a un orden, a una autoridad que regula su comportamiento mutuo, así también lo están los Estados em el Derecho internacional; y la autoridad a que están sujetos los Estados em el Derecho internacional es, en realidad, soberana[24].

Concentrando-se na soberania externa, esta vem a ser a própria independência, a não-ingerência de qualquer ordem normativa estrangeira a um determinado Estado soberano. É a garantia da igualdade de todos os Estados em plano internacional, possibilitando a horizontalidade nas relações estatais. Deduz-se que a soberania externa garante que cada uma das ordens normativas internas possuam, no campo da sociedade internacional, igual valoração, permitindo que Estados com poderes econômicos diferenciados, sociedades desiguais e até mesmo realidades não conexas tenham, perante aquela, iguais poderes de fato.

Examina-se, na soberania externa, uma busca pelo *equilíbrio de poder* entre os Estados em plano internacional. A partir deste cenário, pode-se entender que a referida soberania tem por excelência buscar a equivalência de poderes, em plano internacional, entre os referidos Estados, ou que *"nenhuma potência possui posição de preponderância absoluta e em condições de determinar a lei para as outras*[25].

Identifica-se, ainda que precariamente, a regulamentação da soberania externa a partir de dois documentos: a Carta das Nações Unidas, de 1945, e a Declaração Universal dos Direitos Humanos, datada de 1948.

A partir destes documentos é que se justifica a aplicação do *jus cogens* à soberania externa: ela deixa de ser exercida a partir da total liberalidade dos Estados para se subordinar ao imperativo de paz e à prevalência dos

[24] Kelsen, Hans. **Derecho y paz en las relaciones internacionales**. Trad. Florencio Acosta. México: Fondo de Cultura Económica, 1996. pp. 106, 107.

[25] Scott, J. B., **The Classes of International Law: Le Droit des Gens**. Washington: Carnegie Institute, 1916. p. 40.

direitos humanos. Assim, transformam-se os direitos humanos em limitações não apenas internas, mas igualmente externas à soberania estatal.[26]

Incontestavelmente, o *jus cogens* é um importante ponto de partida para a normatização da comunidade internacional, mas, ainda assim, os Estados, pelo montante de soberania - soberania interna - que lhes é própria, podem consecutirem na criação de normativas próprias para fazerem valer, a partir de uma base de apreciação nacional, o que seria, frente a seus ordenamentos jurídicos, o conceito e o instituto do *jus cogens*.

2. Afinal, o que é o *jus cogens* na perspectiva das ordens nacionais?

Um recorrente problema no diálogo entre a ordem internacional e as nacionais repousa, incontestavelmente, na natureza legal e impositiva das normas *jus cogens*. Seriam estas realidades totalmente dissonantes frente à perspectiva nacional? Como os Estados lidam e internalizam a noção de *jus cogens*?

Para que uma resposta efetiva seja alcançada é indispensável que se tenha em mente dois pontos: i. as cortes nacionais[27], com o passar dos tempos, têm cada vez mais invocado o *jus cogens*, ainda que os meios de identificação e método de aplicação não tenham se demonstrado precisos em cada um de seus trabalhos[28]; e ii. certas e pontuais ordens jurídicas já reconhecem, explícita e implicitamente, a figura do *jus cogens* em suas leis

[26] Ferrajoli, Luigi. **A soberania no mundo moderno**. São Paulo: Livraria Martins Fontes, 2002. p.39-41.

[27] Sobre a importância das cortes nacionais como meios de estabilização da noção de *jus cogens* e seus dilemas contemporâneos, destaca-se: "*Scholars have long recognized the pivotal role that national courts could play in international law's enforcement–the Achilles' heel of international law–given their advantages of accessible jurisdiction and enforceable judgments. This has resulted in calls for national courts to act as 'guardians' or 'agents' of the international legal order, impartially enforcing international law without regard for national interests. Yet, in the past, many international lawyers have lamented this potential as unrealized due to the tendency of national courts to refuse to apply, or to skew the interpretation of, international law in order to protect national interests*". Roberts, A. (2011). *COMPARATIVE INTERNATIONAL LAW? THE ROLE OF NATIONAL COURTS IN CREATING AND ENFORCING INTERNATIONAL LAW*. ***International and Comparative Law Quarterly***, *60*(1), 57-92. doi:10.1017/S0020589310000679

[28] Kadelbach, Stefan. '*Genesis, Function and Identification of Jus Cogens Norms*' (2015) ***Netherlands Yearbook of International Law*** (n 20)

maiores, ainda que exista uma problemática frente ao preenchimento de seu conceito. Assim, passa-se à análise.

Primeiramente, deve-se ter em mente que o conceito de *jus cogens*, na legislação doméstica, encontra-se interligado ao Direito Romano[29], ainda que nenhuma de suas fontes tenha expressado[30], formalmente, o termo em questão, uma vez que sua primeira referência, bem como a extensão de seu conteúdo, apareceu, pela primeira vez, nos trabalhos dos pandectistas[31], no século XIX.[32]

Mais à frente, os autores soviéticos, ainda que rechaçando a diferenciação entre direito público e direito privado, compactuaram com a teria de que existiria, em relação às normas, níveis de compulsoriedade, atrelando àquelas que teriam um *status* imperativo como *normas categóricas*, cujas quais abraçariam, em uma atualização do termo, a noção de *jus cogens*.[33]

A partir de então, entende-se que normas peremptórias (*jus cogens*) existem em todas as ordens jurídicas domésticas[34], cujas quais não podem

[29] Para os romanos, existiam duas espécies de normas, quais sejam: i. normas peremptórias, que, em sua designação, seriam o *jus publicum*, correspondendo ao hodierno *jus cogens*; e ii. normas permissivas, conhecidas como *jus dispositivum*.

[30] Observa-se que, por influência do *Digesta*, o artigo 6º, do Código Napoleônico, apresenta uma conceituação para o *jus cogens* naquela ordem: n ne peut déroger par des conventions particulières aux lois qui intéressent l'ordre public et les bonnes mœur.

[31] Dentre eles, destacam-se: F. Savigny, G. Pukhta, B. Windcheid e Y. Baron.

[32] Alexidze, Levan. *Legal Nature of* jus cogens *in Contemporary international law*. Recueil des cours de l'Académie de Droit Internacional, 1981-III, Tomo 172, p. 233-258.

[33] *"a prescription addressed to bodies or individuals, which is expressed in the categorical form; no derogation from this prescription is allowed. The imperative character of such a norm is usually obvious due to its content or is stressed by the legislator with reference to its peremptory character. The dispositive norms grant to the participants of (legal) relations the possibility of settling issues by themselves and to choose at their own discretion the most beneficial modes of conduct ; if the participants have not used such a right, the rule of conduct expressed in a given norm will enter into force."* Verdross, A. (1966) *Jus Dispositivum and Jus Cogens in International Law*. ***American Journal of International Law***, Vol. 60, pp. 55 ff., pp. 60-61

[34] *"Peremptory rules, like other norms of domestic law, express common interests of the politically and economically ruling class (classes) or, as is the case in a socialist society, those of the whole people. The common interests condition the formation of the common will of the ruling social forces, which expresses itself in the will of the State taking the form of legal rules."* Alexidze, Levan. *Legal Nature of* jus cogens *in Contemporary international law*. Recueil des cours de l'Académie de Droit Internacional, 1981-III, Tomo 172, p. 233-258.

ser derrogadas por intermédio de contrato entre as partes (como por exemplo, normas constitucionais, administrativas e criminais) e independem, para tanto, da pronúncia do judiciário para vigerem.

Pontua-se que, como aduz Kelsen, não há matéria que seja regulada pelo Direito Interno que, entretanto, não possa ser regulada, também, pelo Direito Internacional. E é este o caso da normativa peremptória aos Estados, segundo [35] tradução das lições kelsenianas.

> (...) Sin embargo, no hay asunto cuya regulación esté reservada, por su naturaleza, al derecho nacionaly que no sea susceptible de ser reglado por el derecho internacional. No existe asunto que por su misma naturaleza sea unicamente (exclusivamente) de la jurisdicción interna del Estado, o que por su propia naturaleza no pueda reglarse por una norma general o individual de derecho internacional, es decir, asuntos em los que no puede disponerse obligación alguna mediante una norma general o individual de derecho internacional. El derecho internacional puede reglar todo asunto, aun aquellos que normalmente sólo son reglados por el derecho nacional y que, por ello, se consideran asuntos <<internos>> (...).

Todavia, salienta-se que não *jus cogens* não deve ser apresentado como sinônimo de ordem pública nos ordenamentos jurídicos nacionais: de fato, todas as normas de ordem pública são abraçadas pela conceituação do *jus cogens*; entretanto, nem todas a composição do *jus cogens* versa, exclusivamente, sobre normas de ordem pública.

Assim sendo, para Alexidze[36], o *jus cogens* no direito doméstico é composto da seguinte maneira: i. regras de direito positivo (promulgadas ou sancionadas pelo Estado), cujas quais não permitem qualquer derrogação pelas partes em suas relações jurídicas; ii. regras de direito positivo, que não expressam explicitamente seu caráter peremptório, mas que por intermédio de seu conteúdo e localização no ordenamento jurídico, verifica-se seu caráter peremptório, protegendo os fundamentos da estru-

[35] Kelsen, Hans. **Principios de Derecho Internacional Público**. Trad. Hugo Caminos y Ernesto C. Hermida. Granada: Editorial Comares, S.L., 2013. p. 149.

[36] Alexidze, Levan. *Legal Nature of* jus cogens *in Contemporary international law*. Recueil des cours de l'Académie de Droit Internacional, 1981-III, Tomo 172, p. 233-258.

tura jurídica estatal; e iii. certos princípios gerais deduzidos das demandas políticas e morais, advindos das forças sociais, econômicas e políticas dominantes, nas quais todo o sistema jurídico se baseia.

Nesta perspectiva, por fim, elucida o Alexidze o fato de que o *jus cogens*, em todas as ordens jurídicas nacionais, resulta da combinação das vontades comuns, do consenso das classes política e economicamente dominantes, estabelecendo normas legais absolutamente intransponíveis para os sujeitos.

Inicia-se o estudo com a seguinte ressalva: diferentemente dos países que a compõem, a União Europeia deixa claro que seus valores fundantes versam, impreterivelmente, sobre os direitos humanos, levando-se à conclusão de que o próprio *jus cogens* está solidificado nas bases das estruturas jurídicas de tal bloco comunitário.

Tanto é verdade que especificamente em 1º de dezembro de 2009, a União Europeia tratou de estabelecer um documento obrigatório para seus Estados-membros, chamado de *EU CHARTER OF FUNDAMENTAL RIGHTS*[37], cujo qual estabelece todos os direitos e garantias[38] de indispensável consolidação naqueles países. Nestes, constata-se a presença de alguns *crimes internacionais* e de outros valores que, em momento anterior, já foram trazidos na margem de apreensão da noção do *jus cogens*,

[37] **CHARTER OF FUNDAMENTAL RIGHTS OF THE EUROPEAN** UNION. Disponível em: https://eur-lex.europa.eu/legal-content/EN/TXT/?uri=CELEX:12012P/TXT

[38] A partir de uma análise acurada dos termos da Carta, pode-se constatar que seus artigos versam sobre os seguintes pontos: dignidade da pessoa humana; vida; integridade pessoal; tortura e tratamento degradante; liberdade e segurança; privacidade e vida familiar; dados pessoais; casamento e formação de família; liberdade de consciência, religião, expressão, informação e de associação; artes e ciência; educação; mercado de trabalho; propriedade; asilo; deportação, expulsão e extradição; igualdade na lei; não-discriminação; diversidade cultural, religiosa e linguística; igualdade de gênero; criança; idosos; integração das pessoas com deficiência; direito dos trabalhadores à informação e consulta; negociação e ação coletiva; demissão injustificada; condições e trabalho justas; proibição do trabalho infantil; previdência e assistência social; cuidados com a saúde; acesso a serviços de interesse econômico; proteção ambiental; defesa do consumidor; direito ao voto; boa administração; acesso aos documentos; migração e residência; proteção diplomática e consular; remédios efetivos e julgamento justo; presunção de inocência, de direito ou de defesa; legalidade e proporcionalidade das ofensas e da penalidade; *ne bis in idem*.

corroborando com o entendimento de que o instituto está previsto e presente na normativa comunitária.

Ademais, na Resolução do Parlamento Europeu sobre os Acordos em Direitos Humanos e Cláusula Democrática da União Europeia[39], de 29 de novembro de 2006, expressamente prevê-se a figura, no ponto 7.(b), do *jus cogens*. Em termos:

> 7. Advocates the drafting of a new "model clause" to correct the *current wording of what is known as "Article 2", to ensure a more coherent, effective and transparent approach to European policy on human rights in agreements with third countries; the text should take the following principles into account: (...)*
> *(b) where the legal formulation of those rights is concerned, the parties should refer, in particular, to their international obligations and undertakings which have already been ratified, and it must be made clear that the parties are required to comply with the norms which constitute an "essential element" of the agreement; in particular, the parties should undertake to promote those fundamental rights set out in the UN Declaration on Human Rights of 1948, the two International Covenants on Civil and Political Rights and on Economic, Social and Cultural Rights, and the internationally recognised UN covenants and legal norms of the "**jus cogens**"".*

Confirmando a percepção acima exposta, enumera-se, neste momento, os casos em que a Corte de Justiça da União Europeia[40] trabalhou com a conceituação e com a aplicação do *jus cogens* naquela comunidade. São eles: i. Ahmed Ali Yusuf and Al Barakaat Internationl Foundation v. Council of the European Union and Commission of the European

[39] **European Parliament resolution on the human rights and democracy clause in European Union agreements (2005/2057(INI)).** *Official Journal 290 E, 29/11/2006 P. 0107 – 0113.* Disponível em: https://eur-lex.europa.eu/legal-content/EN/TXT/?qid=1598298598969&uri=CELEX:52006IP0056

[40] Conforme preconiza Kelsen, em relação aos tribunais internacionais: *(...) Pero cuando dos o más Estados por medio de un tratado instituyen un tribunal para decidir sus disputas, entonces la relación entre este tribunal internacional y los Estados en cuestión es la misma relación de superioridad e inferioridad que la existente entre un tribunal nacional y los individuos sujetos a su jurisdicción; las partes en disputa están obligadas por el orden jurídico a cumplir las decisiones del tribunal, es decir, a comportarse como éste les señale.* Kelsen, Hans. **Derecho y paz en las relaciones internacionales**. Trad. Florencio Acosta. México: Fondo de Cultura Económica, 1996. p. 92.

Communities (Case T-306/01); ii. Yassin Abdullah Kadi v. Council of the European Union and Commission of the European Communities (Case T-315/01); iii. Chafiq Ayadi Council of the European Union (Case T-253/02); iv. Faraj Hassan v. Council of the European Union and Commission of the European Communities (Case T-49/04); v. Hamas v. Council of the European Union (Case T-289/15); e vi. Leonid Minin v. Commission of the European Communities (Case T-362/04).

Ainda que em contexto europeu comunitário o *jus cogens* já tenha uma previsão positivada em termos normativos e jurisprudenciais, a grande parcela de seus Estados-partes não conseguiu alcançar, ainda, a internalização do instituto em suas Constituições. Passa-se, assim, ao exame das normativas nacionais mais emblemáticas neste sentido.

3.1 O *jus cogens* sob o prisma dos ordenamentos jurídicos europeus

Primeiramente, adentrando aos ordenamentos jurídicos nacionais dos países da Europa Ocidental, inicia-se o estudo a partir de uma noção totalizante: para a grande parcela, nítido se denota o entendimento que regras atreladas à proibição do genocídio, de abusos ou dominação policial, tortura e escravidão, bem como a maioria das normas atreladas aos valores dos direitos humanos estarão enquadradas como *jus cogens*.[41]

Em relação ao caso alemão, em sua Lei Básica[42] (*Grundgesetz*), especificamente nos artigos 1.2 e 25, adota-se um gradual reconhecimento da existência de disposições obrigatórias, cujas quais não estão disponíveis à alteração estatal. Tratam-se, em consonância com o entendimento jurisprudencial alemão, de normas jurídicas firmemente enraizadas na convicção jurídica dos Estados, indispensáveis à existência do Direito Internacional Público e seu cumprimento poderá ser exigido por este ramo

[41] Fox-Decent, Evan & Criddle, Evan J., *"The Internal Morality of International Law" (2018) 63:3&4* ***McGill Law Journal.*** 765-781

[42] Segundo o document **Note N. 78/2016**, do **Permanent Missiono f the Federal Republick of Germany of the United Nations**, de 10 de fevereiro de 2016, enumeram-se as seguintes decisões da Tribunal Constitucional Alemão e da Corte Federal Administrativa que identificam as regras de *jus cogens*: BvR 955/00 (26 de outubro de 2004); BvR 1038/01 (26 de outubro de 2004); BvR 1290/99 (12 de dezembro de 2000); e WD 12.04 (21 de junho de 2005). Disponível em: https://legal.un.org/ilc/sessions/68/pdfs/english/jc_germany.pdf

jurídico. Tais normas, segue a jurisprudência, versam sobre a manutenção da paz, o direito de autodeterminação dos povos, os direitos humanos fundamentais e as normas centrais que consubstanciam a proteção do meio ambiente[43]. Em termos:

> ***Art 1.*** *(2) Das Deutsche Volk bekennt sich darum zu unverletzlichen und unveräußerlichen Menschenrechten als Grundlage jeder menschlichen Gemeinschaft, des Friedens und der Gerechtigkeit in der Welt.*
> ***Art 25.*** *Die allgemeinen Regeln des Völkerrechtes sind Bestandteil des Bundesrechtes. Sie gehen den Gesetzen vor und erzeugen Rechte und Pflichten unmittelbar für die Bewohner des Bundesgebietes*[44].

Focando a investigação frente à normativa suíça – lembrando não ser a Suíça um Estado-membro da União Europeia – averigua-se que em sua Constituição de 1999, especificamente em seu art. 139, alínea 3, há a presença das *normas imperativas de Direito Internacional*. Ainda que não se faça menção expressa ao *jus cogens*, sabe-se que, em consonância com a previsão do art. 53 da Convenção de Viena de 1969, um dos sinônimos amplamente aceitos e previstos naquela normativa ao *jus cogens* é a locução *normas imperativas de Direito Internacional*. Neste sentido, pode-se constatar a existência do *jus cogens* no ordenamento jurídico suíço que, em seu teor, pode assim ser descrito:

> ***Art. 139. Initiative populaire tendant à la révision partielle de la Constitution***
> [3] Lorsqu'une initiative populaire ne respecte pas le principe de l'unité de la forme, celui de l'unité de la matière ou les règles impératives du droit international, l'Assemblée fédérale la déclare totalement ou partiellement nulle[45].

[43] Order of the Second Senate, 26 October 2004, 2 BvR 955/00 2, BvR I038/0 I, para 97. Disponível em: http://www.bundesverfassungsgericht.de/SharedDocs/Entscheidungen/EN/2004/IO/rs20041026 2bvr095 500en.html. Tradução Livre.

[44] Grundgesetz für die Bundesrepublik Deutschland. Disponível em: http://www.gesetze-im-internet.de/gg/art_25.html

[45] Constitution fédérale de la Confédération suisse. Disponível em: https://www.admin.ch/opc/fr/classified-compilation/19995395/index.html#a139

Ainda que o *jus cogens* esteja previsto na Constituição Suíça, algumas ressalvas merecem ser feitas. A primeira delas diz respeito à concepção de tais normas em ambiente suíço: ainda que esteja vinculada às normas *jus cogens* como limite material à alteração e revisão de sua Constituição, entende Distefano & Mahon[46] que tal previsão é limitada, uma vez que o limite previsto constitucionalmente às alterações não fora ampliado a ponto de abranger a noção de regras obrigatórias de Direito Internacional.

Em relação à interpretação das Cortes suíças acerca das normas *jus cogens*, destacam-se alguns julgados. O primeiro deles, do Tribunal Administrativo do Cantão de Zurique, datado de 19 de junho de 2001[47], admitiu que o princípio do *non-refoulement* é parte integrante do *jus cogens*, mas não deixou margem para certeza se o Tribunal admite ou não a prevalência da norma *jus cogens* frente ao ordenamento jurídico doméstico.

Adentrando aos julgamentos do Tribunal Federal Suíço[48], cabe destacar que, em relação às decisões alemãs, poucas delas destacam os princípios gerais do Direito Internacional. Em contrapartida, as decisões em língua francesa referem-se a tais princípios, mas, ainda assim, de forma limitada, tendo relatado, em tais casos, a prevalência de tratados (e a própria prevalência da lei escrita) caso existam e, entendeu, igualmente, que não existira qualquer princípio geral em nível supranacional[49], o que leva a crer que não se adotou, até então, o *jus cogens* em seus julgados.

[46] "*On ne discutera pas ici cette conception étroite de la notion, si ce n'est pour faire deux brèves remarques. D'une part, il faut relever que rien n'oblige les autorités suisses à s'en tenir à l'«équation» entre la notion constitutionnelle interne de «règles impératives du droit international», d'un côté, et la notion, qui relève du droit international, de jus cogens, de l'autre côté. La Suisse est évidemment tenue, juridiquement, de reconnaître le jus cogens comme limite matérielle minimale à la révision de sa Constitution, dans la mesure où ce jus cogens s'impose à elle, qu'elle le veuille ou non, mais elle n'est en revanche pas obligée de s'en tenir à ce minimum: elle pourrait aussi admettre, de manière autonome, en quelque sorte, une limite plus étendue à la révision constitutionnelle.*" Distefano, G. & Mahon, P. *Interdiction des minarets et droit international*, ***Journal of Sharia & Law***, nº 45, 2011, pp. 69-84. p. 74 – 75

[47] VwGer-zh, judgment vb.2001.00128 of 19 June 2001, at 1 c) aa).

[48] BGE 117 IA 233, AT 4 B); BGE 118 IA 195, AT 4 B) AA).

[49] "(...) ***This reflects the broader tendency of courts and legal authorities to rely on written law whenever it is available, including to identify unwritten international law.1947 This trend should not detract from the fact that general principles are on equal footing with other***

Não obstante, alguns países europeus ocidentais não inserem, constitucionalmente, proposições correlatas aos valores de *jus cogens*. Um dos primeiros casos a ser destacado é o francês: na Constituição francesa de 4 de outubro de 1958, não se observa qualquer norma atrelada à ideia do *jus cogens*. Tanto é verdade que as duas temáticas correlatas ao direito internacional repousam nos artigos 52[50], 53[51], 53-2[52] e 54[53] da Constituição francesa, versando sobre tratados e o Tribunal Penal Internacional.[54]

Em outra perspectiva, a Itália, ainda que somente o artigo 10[55] de sua Constituição[56] aprofunde a temática efetivamente do Direito Internacional, prevê que as normas de direito internacional geral, geralmente reconhecidas, serão vetores conformadores para o ordenamento jurí-

***sources of international law. In a case of 1994, for instance, the Court noted that no treaty between Switzerland and Egypt was applicable and that no 'general principles of supranational rank' governed the issue.* (...)" Ammann, Odile. *Swiss Courts and the Interpretation of Unwritten International Law*, in Domestic Courts and the Interpretation of International Law: Methods and Reasoning Based on the Swiss Example, PhD thesis, University of Fribourg, Brill/Nijhoff, Leiden/Boston, 2019, 272-319. p. 307 – 308**

50 *Le Président de la République négocie et ratifie les traités.*
Il est informé de toute négociation tendant à la conclusion d'un accord international non soumis à ratification.

51 *Les traités de paix, les traités de commerce, les traités ou accords relatifs à l'organisation internationale, ceux qui engagent les finances de l'Etat, ceux qui modifient des dispositions de nature législative, ceux qui sont relatifs à l'état des personnes, ceux qui comportent cession, échange ou adjonction de territoire, ne peuvent être ratifiés ou approuvés qu'en vertu d'une loi. Ils ne prennent effet qu'après avoir été ratifiés ou approuvés. Nulle cession, nul échange, nulle adjonction de territoire n'est valable sans le consentement des populations intéressées.*

52 *La République peut reconnaître la juridiction de la Cour pénale internationale dans les conditions prévues par le traité signé le 18 juillet 1998.*

53 *Si le Conseil constitutionnel, saisi par le Président de la République, par le Premier ministre, par le président de l'une ou l'autre assemblée ou par soixante députés ou soixante sénateurs, a déclaré qu'un engagement international comporte une clause contraire à la Constitution, l'autorisation de ratifier ou d'approuver l'engagement international en cause ne peut intervenir qu'après la révision de la Constitution.*

54 **CONSTITUTION DU 4 OCTOBRE 1958**. Disponível em: https://www.legifrance.gouv.fr/affichTexte.do?cidTexte=LEGITEXT000006071194

55 *L'ordinamento giuridico italiano si conforma alle norme del diritto internazionale general- mente riconosciute.*

56 **CONSTITUZIONE DELLA REPUBBLICA ITALIANA**. Disponível em: https://www.senato.it/documenti/repository/istituzione/costituzione.pdf

dico italiano, consubstanciando a ideia de que o Direito Internacional, ainda que somente em relação às normas gerais de direito internacional – que, muitas delas, versam sobre o *jus cogens*, como já fora destacado em momento oportuno desse estudo –, estaria verticalmente acima das normas domésticas.

Frente a esta realidade, cabe destacar o Caso Ferrini[57], no qual as cortes domésticas italianas atribuíram um peso significativo aos valores subjacentes das obrigações imperativas de Direito Internacional, impondo o seu devido cumprimento.[58]

Penetrando no caso português, a Constituição portuguesa[59], tais quais as anteriormente relatadas, não abarca a previsão do *jus cogens* em seus artigos. Em relação ao Direito Internacional, observam-se apenas duas normas que abarcam tal ramo no ordenamento jurídico português: artigo 8º[60], cujo qual prevê que todas as normas convencionais e organi-

[57] Lozano v Italy, Appeal Judgment Case No 31171/2008, ILDC 1085 (IT 2008)

[58] *"(...) However, when the Ferrini case subsequently culminated in proceedings between Germany and Italy before the ICJ in 2012, the ICJ explicitly rejected this line of argument. It saw no basis for the proposition that a rule lacking the status of a peremptory norm may not be applied even if that would hinder the enforcement of a peremptory norm. While this decision remains controversial in Italy,domestic and international courts on the whole remain reluctant to waive jurisdictional immunities of States, State officials and international organizations for alleged human rights violations that constitute peremptory prohibitions under international law."* De Wet, Erika. *Entrenching international values through positive law: The (limited) effect of peremptory norms,* ***KFG Working Paper Series,*** no. 25, Berlin: Berlin Potsdam Research Group, 2019. p. 13 – 14

[59] **CONSTITUIÇÃO DA REPÚBLICA PORTUGUESA**. Disponível em: https://www.parlamento.pt/Legislacao/Paginas/ConstituicaoRepublicaPortuguesa.aspx

[60] *Artigo 8.º Direito internacional*

1. As normas e os princípios de direito internacional geral ou comum fazem parte integrante do direito português.

2. As normas constantes de convenções internacionais regularmente ratificadas ou aprovadas vigoram na ordem interna após a sua publicação oficial e enquanto vincularem internacionalmente o Estado Português.

3. As normas emanadas dos órgãos competentes das organizações internacionais de que Portugal seja parte vigoram diretamente na ordem interna, desde que tal se encontre estabelecido nos respetivos tratados constitutivos.

4. As disposições dos tratados que regem a União Europeia e as normas emanadas das suas instituições, no exercício das respetivas competências, são aplicáveis na ordem interna, nos termos definidos pelo direito da União, com respeito pelos princípios fundamentais do Estado de direito democrático.

zacionais, princípios de direito internacional geral e tratados que regem a União Europeia serão integrantes e aplicáveis na perspectiva portuguesa; e artigo 29.2[61], cujo qual possibilita com que se tenha a punição de práticas criminosas, delimitadas na perspectiva dos princípios gerais do direito internacional amplamente reconhecidos.

A partir do exposto, verifica-se que o ordenamento jurídico português não incorporou, frente às normas constitucionais, qualquer previsão normativa supranacional em relação ao Direito Internacional, deixando claro, então, que a opção jurídico-pragmática de sua Constituição fora excluir de seus termos a noção do *jus cogens*.

Por fim, no entrecho europeu, a última Constituição a ser detalhada vem a ser a Constituição espanhola[62], cuja qual, igualmente, não faz qualquer menção às normas imperativas de Direito Internacional. Não obstante, em seu artigo 10.2[63], encontra-se alusão expressa à necessidade das normas de direitos fundamentais e liberdades constitucionais serem interpretadas em consonância com a Declaração Universal dos Direitos humanos, com os tratados e acordos internacionais ratificados pela Espanha.

Ainda que seja uma postura incipiente, pode-se constatar que o texto espanhol garante certa margem diferenciadora às normas (de hard e soft-law, frise-se) de direito internacional no ordenamento jurídico espanhol. Referir-se diretamente à Declaração Universal, que sequer impõe obrigações jurídicas aos Estados, faz com que se tenha a possível pavimentação de um caminho para que os tribunais nacionais espanhóis venham, em momento presente e futuro, prever, conceituar e aplicar os valores de *jus cogens*.

[61] *Artigo 29.º Aplicação da lei criminal*
2. O disposto no número anterior não impede a punição, nos limites da lei interna, por ação ou omissão que no momento da sua prática seja considerada criminosa segundo os princípios gerais de direito internacional comummente reconhecidos.

[62] **CONSTITUCIÓN ESPAÑOLA**. Disponível em: https://www.senado.es/web/conocersenado/normas/constitucion/index.html

[63] *Artículo 10.2. Las normas relativas a los derechos fundamentales y a las libertades que la Constitución reconoce se interpretarán de conformidad con la Declaración Universal de Derechos Humanos y los tratados y acuerdos internacionales sobre las mismas materias ratificados por España.*

Em relação ao Reino Unido, deve-se atentar para a existência histórica de direitos e garantias fundamentais que fazem com que aquele Estado tenha, ao menos na teoria, uma noção de valores indispensáveis à sobrevivência da comunidade como um todo. Focalizando a análise em tempos hodiernos, tem-se, a partir de outubro de 2000, a proteção dos direitos e liberdades fundamentais, no Reino Unido, por intermédio do documento denominado *Human Rights Act*[64]. Este operacionaliza a incorporação dos direitos previstos na Convenção Europeia de Direitos Humanos no ambiente doméstico britânico, possibilitando com que qualquer cidadão daquela localização possa deles usufruí-los e, igualmente, postulá-los em juízo.

Nesse sentido, realçam-se algumas resoluções do Parlamento britânico que preveem e concretização a noção do *jus cogens* naquela parcela territorial. O caso de maior relevância talvez tenha sido o caso Pinochet[65], onde se tem o reconhecimento do caráter *jus cogens* da tortura. En una resolución dictada por la House of Lords el 4 de marzo de 1999, en el caso Pinochet, se afirmó en varios pasajes de la sentencia el carácter perentorio, o jus cogens para la prohibición del crimen de tortura: "[...] *There can be no doubt that the conduct of which Senator Pinochet stands accused by Spain is criminal under international law. The Republic of Chile has accepted that torture is prohibited by international law and that the prohibition of torture has the character of* ***jus cogens*** *and or obligation* ***erga omnes***."[66]

64 **HUMAN RIGHTS ACT 1998**. Disponível em: https://www.legislation.gov.uk/ukpga/1998/42/contents

65 "*Most importantly, any suspected or actual violation of fundamental jus cogens norms or the Rome statute are, in essence, attacks against* ***all of humanity***; *the Pinochet Case (1999) made this crystal clear in reference to torture, and the same can be said of any of the principles contained in the entire Nuremberg legacy. As Lord Browne-Wilkinson points out, quoting the Demjanjuk case, that: "International law provides that offences jus cogens may be punished by any state because the offenders are 'common enemies of all mankind and all nations have an equal interest in their apprehension and prosecution*." BOUDREAU, T. & FOUTZ, B., (2018) *A Minimalist International Legal Order: Enforcing Jus Cogens Through The Fiduciary Jurisdiction of National Courts*. ***The Journal Jurisprudence***, Vol. 36, 111-195, pp. 191-192

66 HOUSE OF LORDS. **Opinions of the Lords of Appeal for Judgment**. Session 1998-99, Judgment on 24 March 1999, Regina v. Bartle and the Commissioner of Police for the Metropolis and Others Ex Parte Pinochet. London, 1999

A proibição da tortura como norma *jus cogens* também aparece em outra resolução da House of Lords, de 14 de junho de 2006, Caso Ministry of Interior Al-Mamlaka Al-Arabiya AS Saudiya prevendo que nenhuma imunidade pode ser requerida em caso de ocorrência e constatação da tortura, uma vez que a sua proibição é alcançada pelo *jus cogens* e, assim, deverá prevalecer sobre qualquer outra norma, inclusive de Direito Internacional. Em termos: "(...) *Secondly, although the right is not absolute and its infringement by state immunity is ordinarily justified by mandatory rules of international law, no immunity is required in cases of torture. That is because the prohibition of torture is a* ***peremptory norm*** *or* ***jus cogens*** *which takes precedence over other rules of international law, including the rules of state immunity.*"[67]

Igualmente, a resolução da House of Lords, de 8 de dezembro de 2005, no caso A (FC) and others (FC) (Appellants) v. Secretary of State for the Home Department (Respondent) (2004)A and others (Appellants) (FC) and others v. Secretary of State for the Home Department (Respondent) (Conjoined Appeals), identifica a proibição da tortura como norma de *jus cogens* e, igualmente, conceitua tais previsões nos seguintes termos:

> *153. While the* ***erga omnes*** *nature just mentioned appertains to the area of international enforcement (lato sensu), the other major feature of the principle proscribing torture relates to the hierarchy of rules in the international normative order. Because of the importance of the values it protects, this principle has evolved into a peremptory norm or* ***jus cogens****, that is, a norm that enjoys a higher rank in the international hierarchy than treaty law and even 'ordinary' customary rules. The most conspicuous consequence of this higher rank is that the principle at issue cannot be derogated from by States through international treaties or local or special customs or even general customary rules not endowed with the same normative force. 154. Clearly, the* ***jus cogens*** *nature of the prohibition against torture articulates the notion that the prohibition has now become one of the most fundamental standards of the international community. Furthermore, this prohibition is designed to produce a deterrent effect, in that it signals*

[67] HOUSE OF LORDS. **Opinions of the Lords of Appeal for Judgment**. Session 2005-06, Judgment on 14 June 2006, Jones (Respondent) v. Ministry of Interior Al-Mamlaka Al-Arabiya AS Saudiya (the Kingdom of Saudi Arabia). London, 2006

to all members of the international community and the individuals over whom they wield authority that the prohibition of torture is an absolute value from which nobody must deviate. 155. The fact that torture is prohibited by a ***peremptory norm*** *of international law has other effects at the inter-state and individual levels. At the inter-state level, it serves to internationally de-legitimise any legislative, administrative or judicial act authorising torture. It would be senseless to argue, on the one hand, that on account of the jus cogens value of the prohibition against torture, treaties or customary rules providing for torture would be null and void ab initio, and then be unmindful of a State say, taking national measures authorising or condoning torture or absolving its perpetrators through an amnesty law. If such a situation were to arise, the national measures, violating the general principle and any relevant treaty provision, would produce the legal effects discussed above and in addition would not be accorded international legal recognition. Proceedings could be initiated by potential victims if they had locus standi before a competent international or national judicial body with a view to asking it to hold the national measure to be internationally unlawful; or the victim could bring a civil suit for damage in a foreign court, which would therefore be asked inter alia to disregard the legal value of the national authorising act. What is even more important is that perpetrators of torture acting upon or benefiting from those national measures may nevertheless be held criminally responsible for torture, whether in a foreign State, or in their own State under a subsequent regime. In short, in spite of possible national authorisation by legislative or judicial bodies to violate the principle banning torture, individuals remain bound to comply with that principle. As the International Military Tribunal at Nuremberg put it: 'individuals have international duties which transcend the national obligations of obedience imposed by the individual State'*[68].

Outra compreensão da House of Lords que merece o destaque repousa no caso Kuwait Airways Corporation v Iraqi Airways Company and Others, de 16 de maio de 2002. Neste, compreendeu-se que a proibição do uso da força, prevista como princípio da Carta das Nações Unidas, também irá caracterizar-se como norma *jus cogens*: "(...) *It is generally accep-*

[68] HOUSE OF LORDS. **Opinions of the Lords of Appeal for Judgment.** Session 2005-06, Judgment on 8 December 2005, A (FC) and others (FC) (Appellants) v. Secretary of State for the Home Department (Respondent) (2004)A and others (Appellants) (FC) and others v. Secretary of State for the Home Department (Respondent). London, 2005

ted that the principles of the United Nations Charter prohibiting the use of force have the character of jus cogens, ie is part of peremptory public international law, permitting no derogation: see Restatement, p 28, para 102, comment (k). Security Council Resolutions under Chapter VII of the Charter, and therefore the resolutions in question here, were binding in law on all members including the United Kingdom and Iraq."[69]

A partir de tais exposições, apreende-se o entendimento de que, frente à posição do Reino Unido, tem-se, compondo o rol de normas *jus cogens*, claramente, a proibição da tortura e o uso da força – questões estas que podem, de maneira definitiva, virem a influir no pensamento e na construção do instituto em outros países da Europa continental.

Alcançando este patamar de compreensão, fecha-se o estudo em relação ao aporte teórico do *jus cogens* na perspectiva dos ordenamentos jurídicos nacionais da Europa Ocidental. Tem-se, observando a eleição das principais Constituições de tal recorte espacial, uma ideia correta e coerente para a compreensão daquilo que tal parcela do continente entende sobre o instituto do *jus cogens*.[70] Assim, passa-se ao exame de outras realidades nacionais.

[69] HOUSE OF LORDS. **Opinions of the Lords of Appeal for Judgment**. Session 2001-02, Judgment on 16 May 2002, Kuwait Airways Corporation v Iraqi Airways Company and Others. London, 2002

[70] Ainda que analisada as principais constituições e decisões no cenário europeu continental para a correta compreensão do *jus cogens*, frisa-se que existem outras perspectivas normativas e jurisprudências naquele recorte espacial que se demonstram importante para a correta compreensão do tema. A mero título exemplificativo, cita-se a Grécia, no Caso Areios Pagos, onde ficara estabelecido que o *jus cogens* deveria prevalecer sobre qualquer outra normativa, ainda que esta estivesse atrelada à imunidade estatal. Em termos: "*The Greek Supreme Court did not make direct and explicit mention of the jus cogens character of the norm which had been violated by Germany. It only indicated the following: 'In view of the above admissions and considering that the torts in question (murders that also constitute crimes against humanity) were directed against specific persons limited in number who resided in a specific place, who had nothing to do with the resistance activity resulting in the death of German soldiers taking part in a terror operation against the local population, that the said homicides constituted hideous murders that objectively were not necessary in order to maintain the military occupation of the area or subdue the underground action, carried out in the territory of the forum by organs of the German Third Reich in an abuse of sovereign power, the relevant claims for reparation and pecuniary damage fell under the inter- national jurisdiction of the Court adjudicating on the merits, since they*

Penetrando nos ordenamentos jurídicos da Europa Oriental, expõe-se a normativa russa: ainda que não conste nenhuma menção ao instituto do *jus cogens*, a Rússia, em sua Constituição[71], surpreendentemente, estabelece bases sólidas sobre a existência, a aplicação e a importância do Direito Internacional nos seguintes artigos:

- Artigo 15.4[72]: prevalência das normas de Direito Internacional frente às normas de direito pátrio.
- Artigo 17.1[73]: garantia de direitos e liberdades fundamentais aos cidadãos, reconhecidos nos princípios e normas de Direito Internacional. Cabe a ressalva: não estabelece a previsão do *jus cogens*, mas quando insere no corpo do artigo a menção aos princípios universalmente reconhecidos, pode-se constatar um embrião do instituto naquele país.
- Artigo 46.3[74]: previsão expressa do direito de apelar, previsto em tratados e nos instrumentos de proteção internacional dos direitos humanos.

are exempt from the privilege of immunity in accordance with the international customary law.' However, considering the validation of the first instance judgment and the second dissenting opinion (para. 13), both of which assimilated the concerned violation to a jus cogens violation, we may believe that the majority share this viewpoint". d'Argent, Pierre; Lesaffre, Pauline. *Immunities and jus cogens Violations.* In: Tom Ruys, Nicolas Angelet, Luca Ferro, *The Cambridge Handbook of Immunities and International Law,* Cambridge University Press, 2019, p. 614 – 633 (p. 617)

71 **THE CONSTITUTION OF THE RUSSIAN FEDERATION.** Disponível em: http://www.constitution.ru/en/10003000-01.htm

72 *Article 15.4. The universally-recognized norms of international law and international treaties and agreements of the Russian Federation shall be a component part of its legal system. If an international treaty or agreement of the Russian Federation fixes other rules than those envisaged by law, the rules of the international agreement shall be applied.*

73 *Article 17.1. In the Russian Federation recognition and guarantees shall be provided for the rights and freedoms of man and citizen according to the universally recognized principles and norms of international law and according to the present Constitution.*

74 *Article 46. 3. Everyone shall have the right to appeal, according to international treaties of the Russian Federation, to international bodies for the protection of human rights and freedoms, if all the existing internal state means of legal protection have been exhausted.*

- Artigo 62.1[75]: garantia do direito à dupla cidadania, em consonância com os acordos internacionais que a Rússia faz parte.
- Artigo 62.2[76]: dispõe sobre a possibilidade de derrogação de direitos e/ou obrigações frente à nacionalidade, de acordo com tratados.
- Artigo 62.3[77]: possibilidade de exclusão dos direitos e obrigações aos estrangeiros e apátridas, à luz dos tratados que a Rússia seja membro.
- Artigo 63.1[78]: novamente, fazendo menção às normas universalmente reconhecidas de Direito Internacional em relação ao instituto do asilo político, pode-se observar que há, de fato, uma porta aberta à incorporação do *jus cogens* a partir da interpretação da Constituição russa.
- Artigo 63.2[79]: assenta a eventualidade de se instruir a extradição de pessoas acusadas de crimes a partir da perspectiva do Direito Internacional.
- Artigo 67.2[80]: remete ao Direito Internacional para a compreensão sobre o exercício da soberania frente à plataforma continental e a zona econômica exclusiva.

[75] *Article 62.1 A citizen of the Russian Federation may have the citizenship of a foreign State (dual citizenship) according to the federal law or an international agreement of the Russian Federation.*
[76] *Article 62.2 The possession of a foreign citizenship by a citizen of the Russian Federation shall not derogate his rights and freedoms and shall not free him from the obligations stipulated by the Russian citizenship, unless otherwise provided for by federal law or an international agreement of the Russian Federation.*
[77] *Article 62.3 Foreign nationals and stateless persons shall enjoy in the Russian Federation the rights and bear the obligations of citizens of the Russian Federation, except for cases envisaged by the federal law or the international agreement of the Russian Federation.*
[78] *Article 63.1 The Russian Federation shall grant political asylum to foreign nationals and stateless persons according to the universally recognized norms of international law.*
[79] *Article 63.2 In the Russian Federation it shall not be allowed to extradite to other States those people who are persecuted for political convictions, as well as for actions (or inaction) not recognized as a crime in the Russian Federation. The extradition of people accused of a crime, and also the handover of convicts for serving sentences in other States shall be carried out on the basis of the federal law or the international agreement of the Russian Federation.*
[80] *Article 67.2 The Russian Federation shall possess sovereign rights and exercise the jurisdiction on the continental shelf and in the exclusive economic zone of the Russian Federation according to the rules fixed by the federal law and the norms of international law.*

- Artigo 69[81]: mais uma vez, apresenta a previsão de normas internacionais universalmente reconhecidas (talvez, a incipiência do *jus cogens* neste ordenamento) para estabelecer direitos aos povos indígenas.
- Artigo 85.2[82]: nesta previsão, constata-se que o Presidente da Federação Russa poderá suspender os atos do Corpo Executivo se tais violarem, além da normativa russa, as obrigações internacionais que a Rússia integre.
- Artigo 125.6[83]: em contrapartida, determina a Constituição, neste artigo, que caso um tratado ou um acordo internacional não respeitam a Constituição russa, não deverão ser executados.

De tal forma, confirma-se a primeira alegação de que a Constituição russa não aborda, de forma expressa, o *jus cogens*. Não obstante, deixa clara a possibilidade de se ter, a partir de uma interpretação dialógia, a possibilidade de se ter aplicado o *jus cogens* quando se destaca, em diversas passagens, a presença e a importância das normas universalmente reconhecidas de Direito Internacional.

Na mesma toada, realça-se a Constituição polonesa[84]: ainda que não tenha, expressamente, ortografado a noção de *jus cogens*, constata-se o enaltecimento do Direito Internacional nos artigos a seguir destacados:

- Artigo 9[85]: impõe o respeito ao Direito Internacional obrigatório. Não dispõe, expressamente, quais seriam as normas de Direito

[81] *Article 69: The Russian Federation shall guarantee the rights of the indigenous small peoples according to the universally recognized principles and norms of international law and international treaties and agreements of the Russian Federation.*

[82] *Article 85.2 The President of the Russian Federation shall have the right to suspend acts of the Bodies of executive power of the subjects of the Russian Federation in case these acts contradict the Constitution of the Russian Federation and the federal laws, international commitments of the Russian Federation or violate the rights and freedoms of man and citizen until the issue is solved by a corresponding court.*

[83] *Article 125.6 Acts or their certain provisions recognized as unconstitutional shall become invalid; international treaties and agreements not corresponding to the Constitution of the Russian Federation shall not be liable for enforcement and application.*

[84] **THE CONSTITUTION OF THE REPUBLIC OF POLAND**. Disponível em: https://www.sejm.gov.pl/prawo/konst/angielski/kon1.htm

[85] *Article 9. The Republic of Poland shall respect international law binding upon it.*

Internacional, deixando margem à interpretação inclusiva do *jus cogens*.

- Artigo 27[86]: aqui, assenta à observância obrigatória dos direitos de minorias nacionais, a partir dos tratados ratificados pela Polônia.
- Artigo 42.1[87]: inscreve a possibilidade de imposição de penalidades às pessoas que cometem uma ofensa ao Direito Internacional.
- Artigo 55.1[88]: em relação à extradição, prevê a sua possibilidade advinda de documentos internacionais ratificados pelo Estado.
- Artigo 55.2[89]: nesta norma, repousa a maior proximidade do ordenamento jurídico polonês para com o *jus cogens*. A partir do momento que prevê a dispensa de um tratado para proceder à extradição de uma pessoa que tenha cometido um crime internacional – em termos, genocídio, crime contra a humanidade, crime de guerra ou de agressão –, eleva-o a um patamar diferenciado e destacado dos demais, intercorrendo na compreensão de que haveria um *status* diferenciador, garantido maior responsabilidade aos perpetradores de tais crimes.
- Artigo 59.1[90]: a liberdade de associação e de sindicalização só poderá ser limitada se em consonância com previsões de tratados que a Polônia seja parte.

[86] *Article 27. Polish shall be the official language in the Republic of Poland. This provision shall not infringe upon national minority rights resulting from ratified international agreements.*
[87] *Article 42.1 Only a person who has committed an act prohibited by a statute in force at the moment of commission thereof, and which is subject to a penalty, shall be held criminally responsible. This principle shall not prevent punishment of any act which, at the moment of its commission, constituted an offence within the meaning of international law.*
[88] *Article 55.1 Extradition of a Polish citizen may be granted upon a request made by a foreign state or an international judicial body if such a possibility stems from an international treaty ratified by Poland or a statute implementing a legal instrument enacted by an international organisation of which the Republic of Poland is a member, provided that the act covered by a request for extradition (...)*
[89] *Article 55.2 Compliance with the conditions specified in para. 2 subparas 1 and 2 shall not be required if an extradition request is made by an international judicial body established under an international treaty ratified by Poland, in connection with a crime of genocide, crime against humanity, war crime or a crime of aggression, covered by the jurisdiction of that body.*
[90] *Article 59.1 The scope of freedom of association in trade unions and in employers' organizations may only be subject to such statutory limitations as are permissible in accordance with international agreements to which the Republic of Poland is a party.*

- Artigo 87.1[91]: firma, como fonte de direito impositivo polonês, os tratados ratificados.
- Artigos 116[92] e 117[93]: preveem que qualquer ato em relação à guerra, fronteiras e presença de tropas estrangeiras deverá ser regulamentado a partir da perspectiva do Direito Internacional.

A partir de dois exemplos i – Rússia e Polônia, constata-se que os países da Europa Oriental tendem a consolidar cada vez, e de forma mais assertiva, o Direito Internacional em seus ordenamentos jurídicos. Em consonância com sua história peculiar, marcada por uma axiologia muitas vezes desconexa para com da Europa Ocidental, observar a emergência da importância do Direito Internacional em suas recentes Constituições promove a certeza de que, em um curto espaço de tempo, tais Estados estarão preparados para abraçar o instituto do *jus cogens* em sua positivação jurídica pátria.

Conclusões

É inegável que a imensidão dos ensinamentos de Kelsen determinou os rumos do Direito que hoje se aplica nas mais diferentes sociedades mundanas. Mais do que isso, pode-se afirmar com veemência que é por conta de seus trabalhos que, hoje, o mundo conhece e aplica o Direito Internacional, especialmente por ter sido ele um dos grandes entusiastas deste ramo do Direito.

Entretanto, fazer uma leitura contemporânea dos institutos que vieram a surgir posteriormente aos seus trabalhos é um trabalho que demanda a compreensão de seu pensamento e, também, a concatena-

91 *Article 87.1 The sources of universally binding law of the Republic of Poland shall be: the Constitution, statutes, ratified international agreements, and regulations.*

92 *Article 116.1: The Sejm may adopt a resolution on a state of war only in the event of armed aggression against the territory of the Republic of Poland or when an obligation of common defence against aggression arises by virtue of international agreements. If the Sejm cannot assemble for a sitting, the President of the Republic may declare a state of war.*

93 *Article 117. The principles for deployment of the Armed Forces beyond the borders of the Republic of Poland shall be specified by a ratified international agreement or by statute. The principles for the presence of foreign troops on the territory of the Republic of Poland and the principles for their movement within that territory shall be specified by ratified agreements or statutes.*

ção de suas ideias. Assim, um primeiro ponto conclusivo é que, como grande defensor do monismo internacionalista, acreditava piamente que as ordens jurídicas nacionais encontravam seu fundamento de validade e subordinação no Direito Internacional. Só não sabia ele, naquele momento, que a sociedade internacional, passando então pelos horrores da Primeira e da Segunda Guerra Mundial, nomearia tal vinculação como normas de *jus cogens*.

Por consequência, pode-se dizer que a própria teoria do Estado idealizada por Kelsen já cimentava um caminho propício para a aplicação do instituto em tela: é pela ideia de soberania e sua consequente flexibilização, presente em sua obra, que se permite, hoje, pensar, que o Estado, ainda que soberano, possuí limitações de ordem impositiva para com as normas cogentes de Direito Internacional, aquelas cujas quais permitem que se estruture uma sociedade pautada na paz, na cooperação e, principalmente, nos direitos humanos.

E é a partir de tal referencial teórico que se deve analisar as ordens jurídicas nacionais, especialmente as europeias, já que, ali, foi a primeira porção territorial a ser influenciada pelo jurista e, também, onde eclodiu a necessidade de se limitar o poder do Estado na construção do seu Direito, visto a vivência da barbárie nas décadas marcadas pelas Guerras.

O que se observa, de fato, é que os ordenamentos jurídicos nacionais europeus estão sim em consonância com o pensamento de Kelsen no que diz respeito à solidificação e importância do Direito Internacional – todos aqueles aqui analisados pontuam a sua existência e, mais, a sua aplicação dentro dos Estados. Todavia, há um longo caminho a ser alcançado no que diz respeito à edificação do monismo internacionalista – ou, em termos recentes, na aplicação e respeito para com o *jus cogens* – nas Constituições europeias.

À exceção da Alemanha – e aqui concluindo, indutivamente, por conta da proximidade para com a obra de Kelsen e, também, tendo sido um reduto das atrocidades especialmente da Segunda Guerra Mundial –, os Estados europeus ainda não conseguiram alcançar o que se espera em relação à subordinação ao Direito Internacional – leia-se, às normas peremptórias de Direito Internacional.

Portanto, conclui-se que, ainda que enalteçam o Direito Internacional e, indiretamente, Hans Kelsen, em seus ordenamentos jurídicos nacionais, ainda não conseguiram estruturar uma contemporaneidade de seu pensamento frente à necessária limitação de suas Constituições e/ou leis maiores ao aparato que tanto é caro à humanidade: paz, cooperação e direitos humanos – ou, em outras palavras, ao *jus cogens*.

Referências

ALEXIDZE, Levan. *Legal Nature of jus cogens in Contemporary international law*. **Recueil des cours de l'Académie de Droit Internacional**, 1981-III, Tomo 172.

AMMANN, Odile. *Swiss Courts and the Interpretation of Unwritten International Law*, in Domestic Courts and the Interpretation of International Law: Methods and Reasoning Based on the Swiss Example, PhD thesis, University of Fribourg, Brill/Nijhoff, Leiden/Boston, 2019, 272-319.

ARON, Raymond. **Estudos Políticos**. Trad. Sérgio Bath. 2ª Ed. Brasília: UnB, 1986.

AZAMBUJA, Darcy. **Teoria Geral do Estado**. Rio de Janeiro: Editora Globo, 1996.

BONAVIDES, Paulo. **Ciência Política**. 10ª Edição. São Paulo: Malheiros Editores, 2004.

BODIN, Jean. **Les Six Livres de La République**. Paris: l'édition de Paris, 1583.

CANEPARO DOS ANJOS, Priscila. **Direitos Humanos: evolução e cooperação internacional**. São Paulo: Almedina, 2021.

CONSTITUIÇÃO DA REPÚBLICA PORTUGUESA. Disponível em: https://www.parlamento.pt/Legislacao/Paginas/ConstituicaoRepublicaPortuguesa.aspx. Acesso em: 05 de agosto de 2021.

CONSTITUCIÓN ESPAÑOLA. Disponível em: https://www.senado.es/web/conocersenado/normas/constitucion/index.html. Acesso em: 06 de agosto de 2021.

CONSTITUTION DU 4 OCTOBRE 1958. Disponível em: https://www.legifrance.gouv.fr/affichTexte.do?cidTexte=LEGITEXT000006071194. Acesso em: 03 de agosto de 2021.

CONSTITUTION FÉDÉRALE DE LA CONFÉDÉRATION SUISSE. Disponível em: https://www.admin.ch/opc/fr/classified-compilation/19995395/index.html#a139. Acesso em: 02 de agosto de 2021.

CONSTITUZIONE DELLA REPUBBLICA ITALIANA. Disponível em: https://www.senato.it/documenti/repository/istituzione/costituzione.pdf. Acesso em: 04 de agosto de 2021.

D'ARGENT, Pierre; LESAFFRE, Pauline. *Immunities and jus cogens Violations*. In: Tom Ruys, Nicolas Angelet, Luca Ferro, ***The Cambridge Handbook of Immunities and International Law***, Cambridge University Press, 2019.

DISTEFANO, G. & MAHON, P. *Interdiction des minarets et droit international*, ***Journal of Sharia & Law***, nº 45, 2011, pp. 69-84.

European Parliament resolution on the human rights and democracy clause in European Union agreements (2005/2057(INI)). *Official Journal 290 E, 29/11/2006 P. 0107 – 0113.* Disponível em: https://eur-lex.europa.eu/legal-content/EN/TXT/?qid=1598298598969&uri=CELEX:52006IP0056. Acesso em: 02 de setembro de 2021.

FERRAJOLI, Luigi. **A Soberania no Mundo Moderno**. São Paulo: Livraria Martins Fontes, 2002.

FINKELSTEIN, Cláudio. **Hierarquia das normas no direito internacional: *jus* cogens e metaconstitucionalismo**. São Paulo: Saraiva, 2013.

FOX-DECENT, Evan & CRIDDLE, Evan J., *"The Internal Morality of International Law" (2018) 63:3&4* ***McGill Law Journal.*** 765-781

FRIEDE, Roy Reis. **Pressupostos (elementos) de existência do Estado**. São Paulo: Revista Justitia, 1999.

GRUNDGESETZ FÜR DIE BUNDESREPUBLIK DEUTSCHLAND. Disponível em: http://www.gesetze-im-internet.de/gg/art_25.html. Acesso em: 30 de agosto de 2021.

HARDT, Michael; NEGRI, Antonio. **Império**. 2ª Ed. Rio de Janeiro: Editora Record, 2001.

HUMAN RIGHTS ACT 1998. Disponível em: https://www.legislation.gov.uk/ukpga/1998/42/contents. Acesso em: 03 de setembro de 2021.

KADELBACH, Stefan. '*Genesis, Function and Identification of Jus Cogens Norms*' (2015) ***Netherlands Yearbook of International Law*** (n 20).

KELSEN, Hans. **Derecho y paz en las relaciones internacionales**. Trad. Florencio Acosta. México: Fondo de Cultura Económica, 1996.

—. **Les rapports de système entre le droit interne et le droit international public.** *Recueil de Cours de L'Académie de Droit International*, Tomo 14, 1926.

—. **Principios de Derecho Internacional Público**. Trad. Hugo Caminos y Ernesto C. Hermida. Granada: Editorial Comares, S.L., 2013.

—. **Teoria geral do direito e do estado**. São Paulo: Livraria Martins Fontes, 2000.

—. **Teoria Pura do Direito**. São Paulo: Martins Fontes, 1998.

—.**The Principle of Sovereign Equality of States as a Basis for International Organization.** Yale Law Journal, v. 53, number 2, March, 1944.

LE FUR, Louis. **Précis de Droit International Public**. Paris: CNRS Editions, 1937.

LIMA, Antonio Sebastião de. **Teoria do Estado e da Constituição – Fundamentos do Direito Positivo**. Rio de Janeiro: Freitas Bastos, 1998.

RIGAUX, François. **Hans Kelsen on International Law**. *European Journal of International Law*, n. 9, 1998.

Roberts, A. (2011). *COMPARATIVE INTERNATIONAL LAW? THE ROLE OF NATIONAL COURTS IN CREATING AND ENFORCING INTERNATIONAL LAW.* ***International and Comparative Law Quarterly***, *60*(1), 57-92.

SCOTT, J. B., **The Classes of International Law: Le Droit des Gens**. Washington: Carnegie Institute, 1916.

THE CONSTITUTION OF THE REPUBLIC OF POLAND. Disponível em: https://www.sejm.gov.pl/prawo/konst/angielski/kon1.htm. Acesso em: 02 de julho de 2021.

THE CONSTITUTION OF THE RUSSIAN FEDERATION. Disponível em: http://www.constitution.ru/en/10003000-01.htm. Acesso em: 30 de junho de 2021.

VERDROSS, A. (1966) *Jus Dispositivum and Jus Cogens in International Law*. ***American Journal of International Law***, Vol. 60, pp. 55 ff.

WET, Erika. *Entrenching international values through positive law: The (limited) effect of peremptory norms*, ***KFG Working Paper Series***, no. 25, Berlin: Berlin Potsdam Research Group, 2019.

9.
INTERPRETAÇÃO JURÍDICA E LINGUAGEM: DE KELSEN A DWORKIN, UM POUCO DO JUIZ HÉRCULES E MUITO DO JURISTA DAVI

JOSÉ ROBERTO VIEIRA

"...é preciso escolher a doutrina que nos pareça a melhor, a mais resistente à refutação. Apoiando-nos nela, como numa peça de madeira que flutua, devemos navegar pela vida arrostando os perigos, até que surja a oportunidade de encontrar alguma coisa mais forte e confiável..."

(PLATÃO)[1]

"A linguagem é um deus ciumento que não tolera que suas palavras sejam tomadas em vão, lançando o pecador na confusão e na obscuridade"

(KARL POPPER)[2]

"Davi... Uma figura da qual 'nada podemos dizer' pois sempre se diz muito mas não o bastante"

(E. AMADO LEVY-VALENSI)[3]

1 *Apud* Karl R. Popper, **Conjecturas e Refutações (O Progresso do Conhecimento Científico)**, p. 279.
2 *Ibidem*, p. 45.
3 Davi ou Do Itinerário, *in* Pierre Brunel (org.), **Dicionário de Mitos Literários**, p. 215.

1. Hans Kelsen: Prestígio e Polêmica

Nascido em Praga, então parte do Império Austro-Húngaro, em 11.10.1881; e falecido em Berkeley, EUA, em 11.04.1973, aos 91 anos; foi filósofo e jurista; e, em poucas palavras, além de membro da Suprema Corte Constitucional Austríaca, KELSEN foi professor da Universidade de Viena, da Universidade de Colônia e, por último, da Universidade da Califórnia[4].

Embora seu crítico, ARNALDO VASCONCELOS, o ex-professor cearense da UFC, reconhece que KELSEN, *"...com seu extraordinário cabedal de conhecimentos, **marcou de modo indelével** o inteiro espaço da **cultura jurídica** do século passado"* (grifamos)[5].

Uma boa primeira explicação encontra-se no juízo de KARL LARENZ, o antigo mestre da Universidade de Munique, de olhos postos em seu mais conhecido livro: *"A sua 'teoria pura do Direito' constitui **a mais grandiosa tentativa de fundamentação da ciência do Direito como ciência**... que o nosso século veio até hoje a conhecer"* (grifamos)[6].

E não podemos, evidentemente, ficar restritos à "Teoria Pura", tão grande é o peso de toda a sua obra, na qual deparamos, como depõe AGUSTÍN SQUELLA NARDUCCI, o professor da Universidade de Valparaíso, *"... contribuciones al saber científico... tan importantes y valiosas, que **su prestigio y validez perduran por años y centurias – si no para siempre**..."*[7].

De fato, o maior merecimento de KELSEN está na sua obra, bem o sublinha ITALO PAOLINELLI MONTI, o ex-professor chileno: *"La obra de Kelsen en el plano científico constituye, sin duda, el mérito mayor de este notable jurista, y ello no solo por la poderosa influencia ejercida a este respecto en casi todos los países*

[4] ADRIAN SGARBI, Hans Kelsen (Teoria Pura do Direito) – Nota Biográfica, **Clássicos de Teoria do Direito**, p. 63; HANS KELSEN, Cronologia de HANS KELSEN (1881-1973), **Autobiografia de Hans Kelsen**, p. 113-121.

[5] **Teoria Pura do Direito: Repasse Crítico de seus Principais Fundamentos**, p. XIII-XIV.

[6] **Metodologia da Ciência do Direito**, p. 82.

[7] *Palabras Preliminares, in* CLAUDIO OLIVA (ed.), **Estudios sobre Hans Kelsen**, p. 12. Na mesma direção, GUILHERME MORO DOMINGOS: *"...uma das mais admiráveis contribuições ao Direito de todos os tempos"* – Fundamentos Filosóficos de Hans Kelsen na Teoria da Interpretação de Normas Tributárias, *in* DEMETRIUS NICHELE MACEI e FRANCISCO DE ASSIS E SILVA (coord.), e FERNANDO GUSTAVO KNOERR e ANDREA MARIGHETTO (org.), **Direito Tributário e Filosofia**, p. 258.

de la tierra, sino también, por los méritos objetivos que es posible verificar en dicha obra..." E o Prof. Paolinelli conclui sua avaliação: "*...un autor cuyo aporte a la moderna filosofía jurídica* ***ha sido comparado, con justicia, al que Kant****, por su parte, realizó respecto de la filosofía general*"[8].

Justificam-se plenamente, pois, as palavras de TÉRCIO SAMPAIO FERRAZ JR., da USP e da PUC/SP: "*Hans Kelsen... foi* ***um divisor de águas*** *para toda a teoria jurídica contemporânea*" (grifamos)[9]; palavras, aliás, no mesmo sentido das de MIGUEL REALE: "*...Kelsen... a sua contribuição filosófico-jurídica funciona como* ***uma espécie de Meridiano de Greenwich*** *para determinar a posição dos nossos pensadores. É-se isto ou aquilo conforme se está mais perto ou mais longe de Kelsen*" (grifamos)[10].

Em suma, são **das mais eloquentes as apreciações** de alguns dos mais respeitados juristas, sobre HANS KELSEN. ADRIAN SGARBI: "*...um dos maiores nomes da teoria jurídica do século XX*"[11]. NORBERTO BOBBIO: "*... un jurista de la estatura de Kelsen – estatura, quiérase o no, imponente...*"[12]. ROSCOE POUND: "*...incuestionablemente el principal jurista de su tiempo*"[13]. MIGUEL REALE: "*...maior jurisconsulto ou... maior jurisfilósofo do nosso século*"[14]. HORST DREIER: "***...o jurista do século***"[15].

Contudo, como todos os juristas de muito relevo, ele não escapou de controvérsias e censuras, é claro, mercê das teses que defendeu, das polêmicas que provocou e das **críticas que atraiu**. Entre elas, alguns nítidos excessos, como o de ALEXANDER HOLD-FERNECK: "*...sumo sacerdote do 'culto monoteísta do dever-ser'*"; ou como o de CARL SCHMITT: "*beato de um*

[8] *Palabras del Decano de la Facultad, in* CLAUDIO OLIVA (ed.), **Estudios sobre**..., *op. cit.*, p. 15.

[9] Prólogo: Por Que Ler Kelsen, Hoje ?, *in* FÁBIO ULHOA COELHO, **Para Entender Kelsen**, p. 13.

[10] O Terceiro Kelsen (A Propósito da Teoria Geral das Normas, obra póstuma de Hans Kelsen), *in* **Nova Fase do Direito Moderno**, p. 195-196.

[11] Hans Kelsen (Teoria Pura do Direito), *in* **Clássicos**..., *op. cit.*, p. 31.

[12] *La Teoría Pura del Derecho y sus Críticos, in* CLAUDIO OLIVA (ed.), **Estudios sobre**..., *op. cit.*, p. 379.

[13] *Apud* AGUSTÍN SQUELLA NARDUCCI, *Palabras Preliminares*..., *op. cit.*, p. 9.

[14] O Terceiro Kelsen..., *op. cit.*, p. 195.

[15] *Apud* JOSÉ ANTONIO DIAS TOFFOLI e OTAVIO LUIZ RODRIGUES JUNIOR, Hans Kelsen, o Jurista e suas Circunstâncias (Estudo Introdutório para a Edição Brasileira da "Autobiografia" de HANS KELSEN), HANS KELSEN, *in* **Autobiografia**..., *op. cit.*, p. XIV, nota nº 1.

normativismo cego"[16]; e outros que chegaram a motivar RUDOLF ALADAR MÉTALL, seu discípulo, amigo e biógrafo, a apontar, entre os *"...enemigos del pensamiento de Kelsen..."*, *"...algunos trogloditas racistas empedernidos"*[17]. Mas a maior parte dos seus críticos é composta por aqueles que se aproximam dele, como registra BOBBIO, *"...con desconfianza preconcebida..."*, inclusive, sem mesmo lê-lo, ou fazendo-o de modo superficial, e assim, por óbvio, não o compreendendo[18].

Interessam-nos, porém, aqueles que, seguindo-o ou combatendo--o, o fazem de forma consciente, ou seja, refletindo e criticando-o. É exatamente o caso de BOBBIO, para quem *"...la teoria pura del derecho resiste a las críticas..."*, desde que *"...la mayor parte... es el resultado de confusión mental..."* Luminosa é, no particular, a sugestão do filósofo do direito italiano: *"Para limitarnos a indicar las direcciones en las que creo que una crítica a Kelsen sería fructífera y constructiva, sugiero... la relación entre teoría pura del derecho e investigación del contenido de las normas..."*[19]. Em outras palavras, **BOBBIO recomenda explorar a conexão entre Teoria Pura e Interpretação Jurídica**.

2. Interpretação Jurídica Kelseniana

2.1 Incômodo

Essa sugestão bobbiana vai precisamente ao encontro das nossas inclinações.

Há três décadas, em nosso livro de 1993, ***"A Regra-Matriz de Incidência do IPI: Texto e Contexto"***, fruto de nossa dissertação de mestrado, dentro do segundo capítulo, relativo às *"Perspectivas"*, quando enunciamos nossas *"Primeiras Intenções"*, mencionamos nossos apelos intelectuais, declarando-nos guiados *"...pelas penas inspiradas de filósofos e juristas como..."* E o primeiro dos nomes lembrado foi exatamente o de KELSEN[20]. Logo

16 *Apud* MATTHIAS JESTAEDT, Introdução, *in* HANS KELSEN, **Autobiografia...**, *op. cit.*, p. 3.

17 *Hans Kelsen y su Escuela Vienesa de la Teoría del Derecho*, *in* CLAUDIO OLIVA (ed.), **Estudios sobre...**, *op. cit.*, p. 24.

18 *La Teoría Pura...*, *op. cit.*, p. 378.

19 *Ibidem*, p. 405.

20 **A Regra-Matriz de Incidência do IPI: Texto e Contexto**, p. 27.

no item seguinte, ao providenciarmos a *"Demarcação do Objeto Científico"*, seguimos o modelo kelseniano no *"...delimitar com precisão o objeto de suas cogitações científicas..."*, com o intuito inspirado por ele de produzir *"...um conhecimento apenas dirigido ao Direito..."*[21].

Essa ascendência kelseniana, que nos induziu fortemente na direção do normativismo, já encontrava, então, **um estorvo altamente incômodo no capítulo VIII da Teoria Pura**, dedicado à ***"Interpretação"***, que sempre se nos afigurou frustrante. E segue assim: razão mais do que suficiente para que acatemos a recomendação de Bobbio.

2.2 Proposta Kelseniana

O filósofo denomina de "Interpretação Autêntica" aquela levada a cabo pelo órgão que aplica o Direito. E chama de "Interpretação Não Autêntica" aquela realizada por uma pessoa, inclusive pela Ciência do Direito[22].

A **Interpretação Científica** redunda na *"...**fixação da moldura** que representa o Direito a interpretar e, conseqüentemente, o **conhecimento das várias possibilidades**..."* (*sic*) significativas, todas elas soluções que se apresentam com *"...igual valor..."*[23]. **Não cabe ao intérprete da ciência identificar a possibilidade correta**, pois isso constituiria um ato de vontade, enquanto a interpretação do cientista não passaria de um ato de conhecimento[24]. Não é da competência do cientista tal identificação porque este *"...não é um problema de teoria do Direito, mas um problema de política do Direito"*[25]. Com essa atitude, o cientista cruzaria a fronteira entre o jurídico e o político (Guilherme Moro DomingoS[26]), determinando a *"...perda da cientificidade..."* do seu trabalho (Wilson Engelmann[27]). Eis que, na óptica de Kelsen, não é lícito ao jurista lançar-se nessa aventura *"...a título de la ciencia del derecho como con frecuencia se hace"* (Antonio Bas-

[21] *Ibidem*, p. 29. **Teoria Pura do Direito**, p. 1.

[22] **Teoria Pura...**, *op. cit.*, p. 388.

[23] *Ibidem*, p. 390.

[24] *Ibidem*, p. 394-396.

[25] *Ibidem*, p. 393.

[26] A Teoria da Interpretação em Hans Kelsen, *in* Katya Kozicki e Vera Karam De Chueiri (coord.), **Estudos em Direito, Política e Literatura: Hermenêutica, Justiça e Democracia**, p. 21.

[27] **Crítica ao Positivismo Jurídico: Princípios, Regras e o Conceito de Direito**, p. 60.

CUÑAN V.[28]), porque se trata de tarefa política. Ademais, não lhe é permitido, uma vez que apontar a interpretação correta constitui uma ficção apenas *"...para consolidar o ideal da segurança jurídica"*[29]; que, como adverte BASCUÑAN, se torna ilusório[30].

Tão somente a **Interpretação Autêntica**, levada a efeito pelo órgão oficial, quando realiza *"...o processo de aplicação do Direito no seu progredir de um escalão superior para um escalão inferior..."* é que, **num verdadeiro ato de vontade, seleciona a interpretação certa**, após haver estabelecido a moldura, com todas as alternativas possíveis, num ato de conhecimento que o antecede[31]. Razão seja dada, pois, a MARIO G. LOSANO, da Universidade de Turim: *"...la interpretación científica es uno de los presupuestos para que pueda realizarse la interpretación auténtica..."*[32]. De sorte que a contraposição entre as duas espécies interpretativas não é assim *"...tan radical como KELSEN sostiene"*[33]. Depois de asseverar, com toda logicidade, *"...que é conforme ao Direito todo ato que se mantenha dentro deste quadro ou moldura..."*, o filósofo admite, incompreensível e surpreendentemente, que, *"...pela via da interpretação autêntica... não somente se realiza uma das possibilidades reveladas pela interpretação cognoscitiva da mesma norma, como também se pode produzir uma norma que se situe completamente fora da moldura que a norma a aplicar representa"*[34]. Posicionamo-nos, aqui, completamente de acordo com MARIO LOSANO: *"...él órgano que aplica la norma no puede más que atenerse a los posibles significados de ella, puestos en claro por la interpretación científica"*[35].

[28] *La Función Judicial en la Teoría Pura del Derecho*, *in* CLAUDIO OLIVA (ed.), **Estudios sobre...**, *op. cit.*, p. 313.

[29] **Teoria Pura...**, *op. cit.*, p. 396.

[30] *La Función Judicial...*, *op. cit.*, p. 318.

[31] **Teoria Pura...**, *op. cit.*, p. 387.

[32] ***Teoría Pura del Derecho: Evolución y Puntos Cruciales***, p. 117.

[33] *Ibidem*, p. 118.

[34] H. KELSEN, **Teoria Pura...**, *op. cit.*, p. 390 e 394. Confirmam-no DIMITRI DIMOULIS, **Positivismo Jurídico: Teoria da Validade e da Interpretação do Direito**, p. 131-132; FÁBIO ULHOA COELHO, **Para Entender...**, *op. cit.*, p. 63; e *Idem*, Hermenêutica Kelseniana, *in* BEATRIZ DI GIORGI, CELSO FERNANDES CAMPILONGO e FLÁVIA PIOVESAN (coord.), **Direito, Cidadania e Justiça: Ensaios sobre Lógica, Interpretação, Teoria, Sociologia e Filosofia Jurídicas**, p. 54.

[35] ***Teoría Pura...***, *op. cit.*, p. 119. BASCUÑAN parece acompanhar LOSANO – *La Función Judicial...*, *op. cit.*, p. 311.

2.3 Apreciação Científica

Há mais de oitenta anos, já se apontava a originalidade da concepção interpretativa kelseniana, como em Eduardo García Máynez, o professor mexicano da UNAM: *"Entre las teorías modernas sobre la interpretación de la ley, una de las más originales es, sin duda, la de Kelsen"*[36]. Originalidade que segue sendo indicada, em anos bem mais recentes, há pouco mais de uma década, como em Adrian Sgarbi, que a refere dizendo-a *"...uma ideia toda particular..."*[37]

Originalidade, todavia, nem sempre é algo positivo. Parte considerável dos estudiosos espanta-se com a brevidade que Kelsen dedica ao tema, reprovando-lhe a opção. Sgarbi chama a atenção para o *"...número reduzido de páginas"*[38]; *"...menos de 3% da obra"*, acrescenta Dimitri Dimoulis[39]; determinando que o tema tenha sido "passado por alto" (Mario Losano[40]); com *"...escasa ponderación..."* do problema interpretativo (Wolfgang Schild[41]); e com a consequência de que a teorização kelseniana, neste ponto, tenha sido *"...sucinta a ponto de desapontar..."* (Dimoulis[42]). Daí a avaliação de Cesar Antonio Serbena, o filósofo do direito da UFPR: *"Kelsen anteviu o problema da interpretação jurídica, porém sua postura cética não lhe permitiu que desenvolvesse uma teoria completa da interpretação jurídica"*[43] Indubitavelmente, **o estudo da interpretação jurídica, por parte do mestre de Viena, foi quase lacônico.**

Ponha-se de lado, porém, o dado formal, e **concentremo-nos na substância da questão**. Mesmo que insuficiente, esse exame, tendo sido levado a cabo por quem foi, o "jurista do século", poderia muito bem ter exibido a virtude da síntese e primado pela consistência. Veremos, no entanto, que isso não aconteceu.

[36] ***Introducción al Estudio del Derecho***, p. 351. Consultamos a 27ª edição, de 1977, mas a original é de 1940.

[37] **Clássicos...**, *op. cit.*, p. 32.

[38] **Hans Kelsen (Ensaios Introdutórios)**, p. 89; **O Mundo de Kelsen**, p. 77.

[39] **Positivismo...**, *op. cit.*, p. 127.

[40] ***Teoría Pura...***, *op. cit.*, p. 112.

[41] ***Las Teorías Puras del Derecho (Reflexiones sobre Hans Kelsen y Robert Walter)***, p. 32.

[42] **Positivismo...**, *op. cit.*, p. 130.

[43] **Novas Perspectivas do Realismo Jurídico**, p. 124.

Qual a **razão** pela qual KELSEN nega à ciência tudo que vá além da mera identificação das significações normativas cabíveis na moldura, recusando-lhe qualquer remoto resquício do ato de assinalar uma direção interpretativa? Responde-o SGARBI, o professor da PUC/Rio: ***"Como o papel da ciência é 'descrever', isso o induz a excluir... toda interpretação que implique algum processo de escolha*** *dentre os sentidos pensáveis... Kelsen, desse modo, relaciona o ato de 'escolha' de um dos 'sentidos' da norma à valoração, e, por conseguinte, à política jurídica"*[44]. Em idêntico sentido o raciocínio de SCHILD, o antigo professor vienense: *"...la teoría pura del derecho debe evitar 'dar prelación... Así, cualquier resultado determinado de interpretación significa la decisión propia del intérprete, y con ello deja de ser ciencia para convertirse en actitud política"*[45]. Daí a conclusão de DIMOULIS: *"A proposta kelseniana é de perfeita lógica e dificilmente pode ser contestada por um juspositivista..."*[46]

De nossa parte, tomamos a liberdade para sublinhar que a lógica desse modelo interpretativo é tão pobre quanto a estreita e acanhada largueza do verbo "descrever" que se lhe esconde por trás; podendo; melhor, devendo; melhor ainda, necessitando urgentemente de uma contestação que outorgue um mínimo de amplitude à **nossa concepção de ciência** e ao **respectivo exercício de interpretação**, que, **por ora**, apresenta-se intensa e veementemente **insatisfatória**[47].

Antes, porém, dessa crítica de fundo, cabe perfeitamente uma censura preliminar, que salta à vista. Por mais restrito e indigente que seja o alcance que se atribua à acepção do "descrever" científico, não se há, em sã consciência, de atrever-se a negar que a atitude do intérprete que não progride além do tão só apontar as alternativas de entendimento possíveis está cumprindo um trabalho interpretativo muitíssimo aquém do minimamente razoável ! Contentar-se com a penúria de apenas indicar as possibilidades de compreensão adequadas à moldura, renunciando conscientemente à busca da melhor alternativa, corresponde a um descrever mais do que tímido ou medroso, corresponde, indubitavelmente,

[44] **HANS KELSEN...**, *op. cit.*, p. 92.

[45] ***Las Teorías Puras...***, *op. cit.*, p. 33-34.

[46] **Positivismo...**, *op. cit.*, p. 128.

[47] Tal é o que afirma, por exemplo, GUILHERME MORO, e o faz reiteradamente – A Teoria da Interpretação..., *op. cit.*, p. 29-32.

a **um descrever omisso e lacunoso**, ao qual só se pode chegar pela via da negligência ou do desleixo! Este **o primeiro motivo de insatisfação**!

Mergulhemos, contudo, para deparar, de chofre, o **segundo motivo de insatisfação**, na **latitude conferida ao verbo "descrever"** e, por decorrência, ao **âmbito da ciência jurídica e da interpretação**. Senão, vejamos: o **Direito Positivo** constitui uma linguagem que se direciona à conduta humana intersubjetiva, com intuito prescritivo. A **Ciência do Direito**, a seu turno, voltada para o conjunto das normas postas, tem índole cognoscitiva e "descritiva". Pensamos, pois, que a reflexão científica se faz por uma linguagem de sobrenível que elege o discurso normativo como seu objeto. Assim, na esteira de HANS KELSEN, as lições de LOURIVAL VILANOVA, LUÍS ALBERTO WARAT e PAULO DE BARROS CARVALHO[48].

Convém esclarecer, todavia, que não entendemos o **descrever** típico da ciência jurídica num sentido estrito, como *"expor, contar minuciosamente..."*, do latim *"describere"*, mas num sentido lato, como **explicar**, como *"tornar inteligível, interpretar..."*, do latim *"explicare"* (ANTÔNIO GERALDO DA CUNHA)[49]; como *"tornar claro o que até então estava obscuro, porque envolvido, encoberto"*, como retirar das plicas (dobras) – *"ex-plicare"* – o que ali se encontrava oculto; de conformidade com a lição competente de JOSÉ SOUTO MAIOR BORGES[50]. Convém ainda esclarecer mais: não se entenda essa ideia de retirar a norma jurídica das dobras do direito positivo como implicando afirmar que ela já ali estava pronta e acabada, apenas escondida em suas pregas. Debruçando-se sobre o direito posto, investigando todos os ângulos de sua linguagem (sintático, semântico e pragmático), conhecendo-o, descrevendo-o e explicando-o, em verdade,

[48] HANS KELSEN, **Teoria Pura...**, *op. cit.*, p. 363-366; LOURIVAL VILANOVA, **As Estruturas Lógicas e o Sistema do Direito Positivo**, p. 113-115; LUÍS ALBERTO WARAT, **O Direito e sua Linguagem**, p. 48-52; PAULO DE BARROS CARVALHO, **Curso de Direito Tributário**, p. 37-40.

[49] **Dicionário Etimológico Nova Fronteira da Língua Portuguesa**, p. 252 e 343.

[50] O Direito como Fenômeno Lingüístico, o Problema de Demarcação da Ciência Jurídica, sua Base Empírica e o Método Hipotético-Dedutivo (*sic*), **Anuário do Mestrado em Direito**, n. 4, p. 11-16, itens 1.1 a 1.10; **Ciência Feliz (Sobre o Mundo Jurídico e Outros Mundos)**, p. 123-128, itens 1.1 a 1.10 – A partir da segunda edição dessa obra primorosa – **Ciência Feliz**, 2.ed. – este, como todos os demais estudos jurídicos, foram suprimidos do texto, para lhe conferir unidade, explica o autor – *ibidem*, p. 13.

ao cientista do direito cabe, isso sim, **construir a norma jurídica**. Com razão Miguel Reale: *"...o trabalho do intérprete... representa um trabalho construtivo..."*[51]. Não é por outro motivo que Paulo De Barros Carvalho, que antes expunha o labor científico do jurista como o *"...desvelar o conteúdo, sentido e alcance da matéria legislada"*, passou a referi-lo como o *"... construir o conteúdo, sentido e alcance da matéria legislada"*[52].

"A interpretação...", diz Eros Roberto Grau, *"...é atividade que se presta a transformar disposições (textos, enunciados) em normas... Por isso as normas resultam da interpretação"*[53]. *"A norma jurídica..."*, completa Paulo De Barros Carvalho, *"...é exatamente o juízo (ou pensamento) que a leitura do texto provoca em nosso espírito"*, *"...é a significação que obtemos a partir da leitura dos textos do direito positivo"*[54]. Em linguagem clássica, o texto é o dado, a norma o construído. Nós não interpretamos normas jurídicas, mas os textos do direito positivo, pois **a norma não é o objeto da interpretação, mas o seu resultado**.

O **terceiro motivo de insatisfação** reside no **embaraço imposto ao intérprete, visando a impedi-lo de ter acesso ao campo dos valores**. Não estamos, por óbvio, aludindo a uma região axiológica apartada das normas, nem à escala de valores do próprio intérprete, mas, desde que o legislador consagra valores nos textos legais que edita, estamos referindo-nos a uma axiologia interna às normas, exclusivamente intranormativa, que, com as diferentes cargas de valores depositadas nesta ou naquela norma, concede-lhes, em maior ou menor grau, uma correspondente condição principiológica[55]. Atente-se para a lição de Karl Larenz, tendo em conta, novamente, os valores estabelecidos pelo legislador,

[51] **Lições Preliminares de Direito**, p. 287.

[52] **Curso...**, 7.ed., 1995, p. 5; **Curso...**, 29.ed., 2018, *op. cit.*, p. 41.

[53] **O Direito Posto e o Direito Pressuposto**, p. 39.

[54] **Curso...**, *op. cit.*, p. 43. Já assumimos essa visão, no passado: **A Regra-Matriz de Incidência...**, *op. cit.*, p. 38.

[55] Em sentido análogo o reclamo de Guilherme Moro, de 2007, reivindicando um trabalho interpretativo que tome em consideração os valores *"...veiculados pelos princípios informadores de determinado sistema jurídico"* – A Teoria da Interpretação..., *op. cit.*, p. 29 e 31; bem como seus protestos de 2014: *"Não há como desconsiderar os 'valores' impregnados nas normas"*; *"Não há como extrair o significado de um texto positivado sem considerar a sua posição hierárquica e as suas relações de subordinação e coordenação com outros enunciados e normas jurídicas, a partir*

intranormativamente: *"...tanto a interpretação como a aplicação de uma norma a um caso concreto requerem... antes de tudo, actos de julgamento, que se fundam, entre outras coisas... na compreensão dos valores..."* (*sic*)[56].

O **quarto e derradeiro motivo de insatisfação** do padrão interpretativo kelseniano proposto é **a incomensurável distância que ele guarda da realidade do quotidiano científico**. Veja-se o depoimento do cientista nacional: *"Nenhum doutrinador, na literatura nacional ou estrangeira, é fiel adepto da hermenêutica kelseniana"*; *"Não há, a rigor, nas letras jurídicas brasileiras, nenhum doutrinador kelseniano, isto é, que apresente a relação de significados atribuíveis às normas jurídicas, sem se definir por um deles a partir de fundamentos que entende científicos"* (FÁBIO ULHOA COELHO[57]). E confira-se o testemunho do cientista estrangeiro: *"...estudiosos, lejos de proponer listas que no valoran los significados equivalentes de una norma general – emplean sus desarrollos según el princípio opuesto, tratando de demostrar que todas las interpretaciones están equivocadas, menos una: la propia"* (MARIO LOSANO[58]). A absoluta falta de correspondência entre a prática científica do dia a dia e o modelo interpretativo advogado, torna este último artificial e postiço.

Para o jurista que encara o "descrever" científico numa acepção lata, equivalente ao "explicar", **a hermenêutica kelseniana soa como um despropósito**. Para o intérprete que vê o "descrever" da ciência de modo largo, envolvendo a consideração ampla dos textos, de sorte a conjugá-los na construção da norma jurídica, **esse entendimento de KELSEN ressoa como uma insensatez**. Para o cientista jurídico que reconhece os diferentes pesos dos valores assentados nas normas, atribuindo-lhes maior ou menor índole principiológica e, consequentemente, maior ou menor influência interpretativa, **a proposta kelseniana recende a uma inconsequência**. Para o operador do direito que tem consciência da realidade jurídica, a exigir, todo dia, que as compreensões interpretativas

de uma perspectiva sistemática..."; e a partir, *"...necessariamente dos princípios e regras alojados no altiplano do Texto Constitucional..."* – Fundamentos Filosóficos..., *op. cit.*, p. 267, 270 e 277.

[56] **Metodologia**..., *op. cit.*, p. 95. O *"...esforço 'construtivo' do jurista..."* estará *"...sempre adstrito à natureza sistemático-principiológica do direito"*; *"A par da descrição das possibilidades significativas de uma regra, deve o intérprete identificar aquela que melhor se coaduna com a carga axiológica do sistema jurídico de referência"* – G. MORO, Fundamentos Filosóficos..., *op. cit.*, p. 270 e 277.

[57] **Para Entender**..., *op. cit.*, p. 70; Hermenêutica Kelseniana, *op. cit.*, p. 60.

[58] ***Teoría Pura***..., *op. cit.*, p. 127.

sejam sopesadas, selecionadas e escolhidas, **o modelo de Kelsen trescala uma absurdidade.**

Em uma iniciativa feliz, Tércio Sampaio Ferraz JR. designou essa proposta interpretativa como o "desafio kelseniano"[59]. Urge enfrentar tal desafio, para afastar o modelo proposto, abrindo os horizontes hermenêuticos ao rico e fecundo instrumental da linguagem, como o faremos adiante. Afinal, é mais do que conveniente e propícia a recomendação de Mario Losano quanto à **teoria kelseniana da interpretação: *"...parece oportuna su revisión"***[60].

3. Ronald Dworkin: Prestígio e Polêmica

Após debruçarmo-nos detidamente sobre a proposta kelseniana da interpretação como tarefa de somente identificar todas as alternativas de significação contidas na moldura de uma norma, sem arriscar um passo sequer além desse ponto; e rejeitá-la com firmeza, escudados, sobretudo, como deixaremos claro adiante, nos aportes para a atividade hermenêutica oriundos da Teoria da Linguagem, que nos permitem levar a termo opções seguras entre as significações disponíveis; é, agora, o momento de indagar se se pode **cogitar de novos passos avante, no sentido de uma e única eventual "resposta correta"**. Por isso imprescindível dirigir nossa atenção para Dworkin.

Ronald Myles Dworkin, nascido em Worcester, EUA, em 11.12.1931; e falecido em Londres, Reino Unido, em 14.02.2013, aos 81 anos; foi filósofo e jurista; tendo ocupado o cargo de professor nas Universidades de Yale, de Oxford, de Nova Iorque e de Londres[61].

Antonio Castanheira Neves, o ex-professor de Coimbra, refere-se a Dworkin como essa *"...referência do pensamento jurídico contemporâneo"*[62]. Mais incisivo foi Herbert Hart, seu antecessor na Universidade de

[59] **Introdução ao Estudo do Direito – Técnica, Decisão, Dominação**, p. 238-239.

[60] ***Teoría Pura...***, *op. cit.*, p. 125.

[61] Adrian Sgarbi, Ronald Dworkin (Levando os Direitos a Sério) – Nota Biográfica, **Clássicos de Teoria do Direito**, p. 194; Ronaldo Porto Macedo Junior, Ronald Dworkin – Teórico do Direito, **Enciclopédia Jurídica da PUC/SP**, disponível em <https://enciclopediajuridica.pucsp.br>, acesso em 25.10.2021.

[62] **O Actual Problema Metodológico da Interpretação Jurídica** (*sic*), v. I, p. 349.

Oxford e seu principal polemista, que o classificou como *"...**el más importante filósofo del derecho americano actual**"*[63]; assim como ALBERT CALSAMIGLIA, o antigo professor espanhol da Universidade Pompeu Fabra, e autor do prólogo à edição espanhola do seu *"Los Derechos en Serio"*, apresentando-o como *"...uno de los principales representantes de la filosofia jurídica anglosajona"*[64].

Quanto às **suas maiores preocupações**, VERA KARAM DE CHUEIRI e KATYA KOZICKI, professoras da UFPR, apontam: *"...é um dos filósofos do direito contemporâneo e intelectual público que, entre outras virtudes, recolocou a discussão do direito na filosofia e da filosofia no direito..."*[65]. Já CARLOS PEÑA GONZÁLEZ, o professor chileno da Universidade Diego Portales, registra que *"...el pensamiento de Ronald Dworkin es uno de los más agudos y penetrantes intentos de revalidar el modelo exegético... del ideal del 'Estado de Derecho' y de la 'respuesta correcta'"*[66].

No que diz respeito ao seu livro mais relevante para o tema que faz nosso interesse, ***"Los Derechos en Serio"***, ALBERT CALSAMIGLIA, seu prologuista para o espanhol, adverte: *"...no hay que olvidar que si esta obra há producido tan importante literatura es porque la merecia"*[67]. E THOMAS PERRY completa, asseverando que se trata do **livro *"...más importante de filosofía del derecho de esta década*** *y, seguramente, uno de los más interessantes de este siglo"*[68].

E no que concerne à **sua obra em geral**, comecemos pelo comentário genérico de RONALDO PORTO MACEDO JUNIOR, o professor da USP e da FGV/SP: *"...Dworkin apresenta uma contribuição efetiva e importante para o debate contemporâneo..."*[69]; aprofundado por MARSHALL COHEN: "...

[63] *Apud* RODOLFO LUIS VIGO, *El Anti-Positivismo Jurídico de Ronald Dworkin*, ***Perspectivas Iusfilosóficas Contemporáneas***, p. 207.

[64] *Ensayo sobre Dworkin, in* ***Los Derechos en Serio***, p. 7.

[65] Dworkin, A Leitura Moral da Constituição e a Unidade do Valor, *in* ANGELA COUTO MACHADO FONSECA e THIAGO FREITAS HANSEN (org.), **Grandes Debates Jurídicos da Teoria e Filosofia do Direito: A Consolidação de um Campo de Pesquisa**, p. 47.

[66] *Discreción e Interpretación Judicial: Las Tesis de Dworkin, in* JAIME IRARRAZABAL COVARRUBIAS *et al.*, ***Interpretación, Integración y Razonamiento Jurídicos***, p. 229.

[67] *Ensayo sobre Dworkin, op. cit.*, p. 25.

[68] *Apud* RODOLFO LUIS VIGO, *El Anti-Positivismo Jurídico..., op. cit.*, p. 207.

[69] **Do Xadrez à Cortesia: Dworkin e a Teoria do Direito Contemporânea**, p. 49.

la mejor contribución hecha hasta ahora por un escritor americano a la filosofía del derecho"[70]. E para algo de maior especificidade, retornemos a PORTO MACEDO: *"...a maior novidade de sua contribuição... não se refere à mera* ***revalorização do papel dos princípios na interpretação do direito****, mas sim à formulação de uma poderosa teoria da controvérsia teórica, capaz de explicar a* ***prática jurídica argumentativa*** *e justificar a* ***teoria interpretativa do direito***"[71].

Independentemente dos acertos e desacertos das propostas dworkinianas, e das adequações e acomodações necessárias para as suas teses, não há que duvidar da **procedência, ao menos parcial, de parte considerável dos seus questionamentos.** *"Cuál será el futuro de la filosofía jurídica es incierto, pero..."*, obtempera JOSÉ JUAN MORESO, da Universidade Pompeu Fabra, *"...no cabe duda que las cuestiones planteadas..."* por DWORKIN ao positivismo, bem como suas reações, *"...ocuparán um lugar prevalente en las discusiones que el porvenir nos depare"*[72].

Assim como se deu com KELSEN, **também DWORKIN ficou marcado pela polêmica, notadamente porque ele construiu suas teses lançando críticas ao Positivismo.** ALBERT CALSAMIGLIA faz um bom resumo disso no seu prólogo, começando, nas primeiras linhas, por reconhecê-lo um crítico implacável e exigente das escolas positivistas[73]. Logo na segunda página, identifica a finalidade maior da sua ofensiva: *"La crítica del presupuesto de la distinción rígida entre el derecho y la moral es el objetivo fundamental de su ataque al positivismo"*[74]. E como, diante da textura aberta do direito, alegada por HART, os juízes recorreriam à discricionariedade para suas decisões[75]; *"Dworkin atacará la teoría de la función discrecional de*

[70] *Apud* RODOLFO LUIS VIGO, *El Anti-Positivismo Jurídico..., op. cit.*, p. 207.

[71] **Do Xadrez...**, *op. cit.*, p. 14. PORTO MACEDO desfruta, neste ponto, do apoio explícito de VERA KARAM DE CHUEIRI e de KATYA KOZICK, A Leitura Moral..., *op. cit.*, p. 52.

[72] *La Teoría del Derecho en el Siglo XX: Kelsen, Ross y Hart – Introducción, in* POMPEU CASANOVAS e JOSÉ JUAN MORESO (eds.), ***El Ámbito de lo Jurídico: Lecturas de Pensamiento Jurídico Contemporáneo***, p. 360.

[73] *Ensayo sobre Dworkin, op. cit.*, p. 7.

[74] *Ibidem*, p. 8.

[75] MELANIE MERLIN DE ANDRADE, Cindindo o Positivismo Jurídico: O Ataque de Dworkin ao Positivismo de Hart, *in* **Entre a Moral e o Direito: A Contribuição de Kelsen, Dworkin, Hart e Maccormick**, p. 68-69.

los jueces enunciando la tesis de la respuesta correcta"[76]; que se tornará uma das suas *"...principales herramientas de crítica al positivismo"*[77].

Procedente, assim, a afirmativa de RODOLFO LUIS VIGO: *"No caben dudas que **Dworkin es un pensador polémico**"* (grifamos)[78] !

4. Casos Difíceis

4.1 Princípios

Nos casos difíceis (*"hard cases"*), para que se afaste a discricionariedade judicial, que os aproxima da condição de legisladores, os juízes devem recorrer aos princípios, valendo-se daqueles que exibirem maior peso[79]. Por isso é que a obra de DWORKIN aponta no sentido de que *"...**las decisiones judiciales se limiten a una 'cuestión de principios'**..."*, como explica RODOLFO VIGO[80].

Problema é identificar **a natureza desses "princípios"**.

RONALDO PORTO MACEDO JR., grande especialista em DWORKIN, aponta-o como defensor da incorporação dos princípios jurídicos e morais na interpretação jurídica, razão pela qual, muitas vezes, ele é visto como um *"paladino da moralidade do direito"*[81]. Sua intenção é a de **construir as pontes entre o Direito, a Moral e a Política**, aquelas mesmas que teriam sido postas abaixo pelas escolas analíticas[82]. Segundo o filósofo, o juiz Hércules revela a influência da Moralidade Política sobre suas decisões[83]. Sua tese ataca a ideia positivista de que não há outros direitos além dos previstos nas normas, e sustentará *"...la existencia de derechos preexistentes o derechos naturales"* (RODOLFO VIGO[84]).

[76] *Ensayo sobre Dworkin, op. cit.*, p. 13.

[77] *Ibidem*, p. 15.

[78] *El Anti-Positivismo Jurídico..., op. cit.*, p. 206.

[79] A. CALSAMIGLIA, *Ensayo sobre Dworkin, op. cit.*, p. 14.

[80] *El Anti-Positivismo Jurídico..., op. cit.*, p. 181. R. DWORKIN, *Realmente no hay Respuesta Correcta en los Casos Difíciles?, in* POMPEU CASANOVAS e JOSÉ JUAN MORESO (ed.), ***El Ámbito de lo Jurídico: Lecturas de Pensamiento Jurídico Contemporáneo***, p. 475-512, *passim*.

[81] **Do Xadrez...**, *op. cit.*, p. 44 e 43.

[82] A. CALSAMIGLIA, *Ensayo sobre Dworkin, op. cit.*, p. 25.

[83] R. DWORKIN, ***Los Derechos en Serio***, p. 490.

[84] *El Anti-Positivismo Jurídico..., op. cit.*, p. 181.

Aceitar princípios não só jurídicos, mas oriundos também da Moral e da Política, implicaria a **desistência do primeiro compromisso kelseniano, de *"...libertar a ciência jurídica de todos os elementos que lhe são estranhos"***[85]. Ademais, tentar evitar a discricionariedade judicial decorrente da textura aberta dos textos legais, mas acatar um feixe amalgamado de "princípios" morais e políticos indefinidos, e um feixe informe e disforme, parece-nos clara incongruência[86]; além de **exalar odores jusnaturalistas**. Confirma-o VIGO, ao invocar *"...la inequívoca filiación iusnaturalista de la teoría jurídica dworkiniana..."*[87].

Nada que impeça que princípios morais e/ou políticos sejam, gradual e historicamente, incorporados ao ordenamento, "juridicizando-os" e positivando-os, à exata medida dos desejos e manifestações da legítima representação popular. Nunca por força de uma autoridade judicial, à revelia do mandato que não possui e do qual indevidamente se apossa. ANA CAROLINA LOPES OLSEN, jurista paranaense, fundamenta-se em raciocínios similares de SUZANNA POZZOLO, professora italiana da Universidade de Gênova, para acusar o risco de que **tal juiz se torne *"...um novo 'rei' acima do Direito"***[88].

4.2 Resposta Correta

Debruçado sobre a Teoria do Direito norte-americana, HERBERT HART diagnostica que ela *"...ha oscilado entre dos extremos... respectivamente, la Pesadilla y el Noble Sueño"*[89]. Partindo da imagem de um juiz que não se confunde com a do legislador, HART identifica **o Pesadelo** ao declarar que essa imagem é uma ilusão, desde que ***"...los jueces crean el derecho que***

[85] H. KELSEN, **Teoria Pura...**, *op. cit.*, p. 1.

[86] ANA CAROLINA LOPES OLSEN: *"...a noção de uma moral objetiva capaz de balizar a interpretação jurisdicional pode se tornar bastante perigosa"* – Atividade Jurisdicional e o Princípio da Dignidade da Pessoa Humana – Diálogo com a Obra de Ronald Dworkin, *in* KATYA KOZICKI e VERA KARAM DE CHUEIRI (coord.), **Estudos em Direito, Política e Literatura: Hermenêutica, Justiça e Democracia**, p. 62.

[87] *El Anti-Positivismo Jurídico...*, *op. cit.*, p. 205.

[88] Atividade Jurisdicional..., *op. cit.*, p. 63.

[89] *Una Mirada Inglesa a la Teoría del Derecho Norteamericana: La Pesadilla y el Noble Sueño, in* POMPEU CASANOVAS e JOSÉ JUAN MORESO (eds.), ***El Ámbito de lo Jurídico: Lecturas de Pensamiento Jurídico Contemporáneo***, p. 329.

***aplican** a los litigantes y no son imparciales y objetivos promulgadores del derecho existente"* (grifamos)[90]. No outro extremo, deparamos **o Nobre Sonho**, de conformidade com o qual, *"...**los jueces deben aplicar a sus casos el derecho existente** y no hacer para ellos leyes nuevas..."* (grifamos)[91].

Para DWORKIN, *"...incluso en el más difícil de los casos difíciles..."*, o juiz nunca cria o direito, nem mesmo quando as regras padeçam de indeterminação, e nem mesmo "intersticialmente", como pretendia OLIVER WENDELL HOMES. Por isso HART refere *"La versión contemporánea del Noble Sueño del profesor Ronald Dworkin..."*, justificando: *"**Dworkin es**, si él y Shakespeare me permitem decirlo, **el soñador más noble de todos**, puesto que dispone de una amplia y más experta base filosófica que sus predecesores..."* (grifamos)[92].

Imaginada para se contrapor à discrição judicial, a **tese dworkiniana da resposta correta já foi, desde o início, problemática**. Confira-se o vaticínio de HART: *"Mas, si se me permite aventurar una profecía, pienso que el principal punto al que se dirigirá la crítica a su obra será su insistencia en que, incluso en el supuesto que no haya forma de demostrar cuál de dos soluciones en conflicto, igualmiente bien fundamentadas en el derecho existente, es correcta, siempre habrá una respuesta correcta en concreto a la espera de ser descubierta"*[93].

O próprio DWORKIN, aqui e acolá, parece pôr em dúvida a tese, revelando alguma possível hesitação. Por exemplo, nas duas últimas sentenças do texto original do livro *"Los Derechos en Serio"* – antes do *Apendice: Réplica a los Críticos* – ele principia referindo a crença de que *"...en un caso difícil hay una única respuesta correcta..."*, e **designando-a como "um mito"**! Em seguida, afirma que esse mito *"...es tan recalcitrante como afortunado"*. E acrescenta que ambas as condições podem ser invocadas como argumentos para demonstrar que **tal crença *"...no es un mito"***[94].

[90] *Ibidem*, p. 330-331.

[91] *Ibidem*, p. 336.

[92] *Ibidem*, p. 342 e 341.

[93] *Ibidem*, p. 343-344. Eis a tradução que propõe RONALDO PORTO MACEDO JR.: *"Mas se posso arriscar uma profecia, acredito que a principal crítica que receberá será quanto à sua insistência de que, mesmo que não haja modo de se demonstrar qual de duas soluções conflitantes, ambas igualmente bem fundamentadas na lei existente, é correta, ainda assim deve haver uma única resposta certa à espera de descoberta"* – **Do Xadrez...**, *op. cit.*, p. 44, nota nº 73.

[94] ***Los Derechos en Serio***, p. 411.

E em alguns casos, ditos "muito especiais", DWORKIN reconhece explicitamente a inexistência da resposta certa: "*...puede sin embargo ser judicioso decir que no hay respuesta correcta para una cuestión jurídica en determinados casos muy especiales*"[95].

Muito **dificilmente a proposta da resposta certa seria compatível com essa cogitação de DWORKIN**: "*...ninguna proposición puede ser verdadera a menos que exista, por lo menos en principio, algún procedimiento para demostrar su verdad de manera tal que cualquier persona racional deba conceder que es válida*"[96]. Em idêntica direção o pensamento de RODOLFO VIGO[97].

Ora, a ninguém é dado julgar-se no domínio de verdades firmes e perduráveis, desde que todas elas são, inevitavelmente, passageiras e precárias. Cabe, aqui, explorar brevemente essa ideia, no que tange especificamente ao quintal científico. Para tal, recorramos à límpida palavra nitzschiana: "***Na ciência as convicções não têm direito de cidadania***...: *apenas quando elas decidem rebaixar-se à modéstia de uma hipótese... pode lhes ser concedida a entrada... no reino do conhecimento – embora ainda com a restrição de que permaneçam sob vigilância policial, a vigilância da suspeita...*" (grifamos)[98]. Ora, quando se admite reduzir uma convicção ao estado hipotético, afasta-se-lhe a certeza, retirando-lhe o caráter de convicção. E não pode ser diferente, desde que **nosso conhecimento só comporta "verdades aproximadas" ou "quase verdades"**, como nos advertiu NEWTON DA COSTA, o soberbo lógico paranaense contemporâneo, hoje na UFSC[99]; **nosso conhecimento só avança a partir de "conjecturas", só progride a partir de "palpites"**, como nos advertiu KARL POPPER, o filósofo da ciência austríaco-britânico do século passado[100]. E a tese da resposta correta não se harmoniza com as humildes conjecturas ou palpites da ciência dos homens! A menos que se admitam aqueles casos, não muito infre-

95 *Realmente no hay Respuesta...*, *op. cit.*, p. 507.

96 ***Los Derechos***..., *op. cit.*, p. 40.

97 *El Anti-Positivismo Jurídico...*, *op. cit.*, p. 180.

98 **A Gaia Ciência**, p. 234-235, aforismo nº 344.

99 **O Conhecimento Científico**, p. 54-55 e 130-133. NEWTON DA COSTA chama-as, ainda, de "verdades pragmáticas".

100 **Conjecturas e Refutações (O Progresso do Conhecimento Científico)**, p. 17.

quentes, em que **a resposta certa é inalcançável e indemonstrável, por se encontrar encerrada no "céu dos juristas"**, como ironiza HART![101]

4.3 O Juiz Hércules

A proposta da resposta certa requer – quase que exige ! – a presença de um juiz filósofo, que DWORKIN batizou "Hércules"[102]. Explica CASTANHEIRA NEVES que se trata de *"...um modelo de jurista que, pelas suas excepcionais qualidades... estaria hipoteticamente à altura daquela tarefa"*[103].

Caracterizemos Hércules nas palavras do seu próprio criador: *"... he inventado un abogado dotado de habilidade, erudición, paciencia y perspicacia sobrehumanas, a quien llamaré Hércules..."*[104]; *"...Hércules, que tiene capacidades sobrehumanas y por consiguiente trabaja con suma rapidez..."*[105]; *"...Hércules, alguien que por hipótesis tiene gran penetración moral..."*[106]; *"...heroico juiz Hércules..."*[107].

Seja ou não apresentado **Hércules como um modelo de juiz**, ou como um modelo de comportamento a ser perseguido, será inevitável que, ainda que de modo implícito, ele seja assim encarado e seguido. A própria doutrina o fará, como em MELANIE MERLIN DE ANDRADE, que pinçamos a título de exemplo: *"Os juízes da vida real, digamos assim, devem buscar o comportamento do juiz Hércules"*[108].

E repetiremos a **censura imaginada pelo próprio DWORKIN**, que a põe na boca de um crítico – por ele classificado como "menor" – mas que nos parece exprimir bem a situação em que Hércules, não obstante a recusa do seu criador e a ausência de apresentação explícita nesse sentido, dificilmente deixará de ser considerado um modelo: *"Hércules es un*

[101] *"...hay una única respuesta correcta... aunque la respuesta correcta se halle recluída en el cielo de los juristas y nadie pueda demostrar cuál es"* – *Una Mirada Inglesa...*, *op. cit.*, p. 344.

[102] RODOLFO VIGO, *El Anti-Positivismo Jurídico...*, *op. cit.*, p. 174.

[103] **O Actual Problema**..., *op. cit.*, p. 360.

[104] ***Los Derechos***..., *op. cit.*, p. 177.

[105] *Ibidem*, p. 485-486.

[106] *Ibidem*, p. 207.

[107] **A Justiça de Toga**, p. 78.

[108] Cindindo o Positivismo Jurídico..., *op. cit.*, p. 93.

mito. Ningún juez verdadero posee sus poderes y es absurdo considerarlo un ejemplo que otros debem seguir"[109].

Seja como for, independentemente da tentativa ou não de lhe seguir os passos, reprisa-se, uma vez mais, **outra crítica que o próprio autor antecipou**, uma vez que propícia: *"...no mundo real os juízes não são Hércules"*[110]. E mesmo que o fossem, adequada e oportuna a conclusão de EROS ROBERTO GRAU: ***"Nem mesmo o juiz Hércules... estará em condições de encontrar, para cada caso, a única resposta correta"***[111].

5. Interpretação Jurídica e Linguagem

As insatisfações kelsenianas apontadas, bem como as insuficiências dworkinianas referidas, podem encontrar, acreditamos, boa perspectiva de sobrepujamento e superação no recurso à Teoria da Linguagem para a interpretação jurídica.

Firmando o propósito de realizar um trabalho exegético que vá do texto ao contexto do Direito Positivo, ou seja, integralmente vertido sobre o discurso das prescrições normativas, é conveniente demorar-se um tanto na ideia de **interpretação do Direito como um corpo de linguagem**. Bons autores e bons textos o fazem[112].

MARTIN HEIDEGGER, este pensador instigante, cujo filosofar é uma inquisição contínua, empreende algumas reflexões acerca da **Linguagem**, no seu trabalho "Sobre o 'Humanismo' – Carta a Jean Beaufret,

[109] ***El Imperio de la Justicia***, p. 190.

[110] **A Justiça de...**, *op. cit.*, p. 80.

[111] **Ensaio e Discurso sobre a Interpretação/Aplicação do Direito**, p. 97.

[112] Mencionem-se, entre eles: JUAN-RAMON CAPELLA, ***El Derecho como Lenguaje – Un Análisis Lógico***, p. 27-41; ROBERTO JOSÉ VERNENGO, ***Curso de Teoría General del Derecho***, p. 35-61; GEORGES KALINOWSKI, ***Introducción a la Lógica Jurídica***, p. 35-65. ENRIQUE R. AFTALIÓN e JOSÉ VILANOVA, ***Introducción al Derecho***, p. 77-107; e RICARDO A. GUIBOURG, ALEJANDRO M. GHIGLIANI e RICARDO V. GUARINONI, ***Introducción al Conocimiento Jurídico***, p. 19-113. Entre nós: TÉRCIO SAMPAIO FERRAZ JR., **Teoria da Norma Jurídica: Ensaio de Pragmática da Comunicação Normativa**, p. 5-12; LUÍS ALBERTO WARAT, **O Direito e sua Linguagem**, p. 37-62; e MARIA HELENA DINIZ, **Compêndio de Introdução À Ciência do Direito**, p. 149-176.

Paris", de 1947, descrevendo-a, num rasgo de genialidade, como a ***casa do ser***[113].

Também o ser do Direito habita a casa da sua linguagem, revelando--se a nós pelo seu intermédio. E só nos é dado alcançá-lo pela via dessa camada linguística interposta.

Se a **linguagem** é a capacidade do ser humano para comunicar-se por meio de signos, e se a **língua** é o sistema de signos em vigor numa dada comunidade, então temos no **signo** a unidade primeira do sistema, e o objeto da **Semiótica** de Charles Sanders Peirce, o filósofo e matemático norte-americano, e da **Semiologia** de Ferdinand Saussure, o linguista suíço que é dado como o fundador da Linguística como ciência da linguagem[114]. A tradição do termo "Semiótica" estaria ligada, segundo Winfried Nöth, a John Locke, o filósofo empirista inglês dos séculos XVII e XVIII; e ganhou certa oficialidade, a partir de 1969, por iniciativa do linguista russo, radicado nos EUA, Roman Jakobson, e pela adoção por parte da Associação Internacional de Semiótica[115].

Tomando a definição de Peirce para **signo** – *"tudo aquilo que, aos olhos de* ***alguém****, está no lugar de* ***alguma ou outra coisa*** *sob algum aspecto ou capacidade"* (grifamos)[116] – torna-se clara sua conclusão de que: *"O signo é, pois, uma relação trinitária entre o próprio signo, seu objeto e quem interpreta"*[117]. Por isso o falar-se, em terminologia husserliana, em **suporte físico** (a palavra falada ou escrita, em termos linguísticos), **significado** (o objeto do mundo) e **significação** (a noção que nos é suscitada); nomenclatura que definitivamente não é uniforme, mas onde reina acentuado desacordo, de que se encontra boa recensão em Paulo De Barros Carvalho[118].

É cabível **a analogia com o Direito**, e não deixou de fazê-la este cientista, precursor, entre nós, das preocupações linguísticas na região do jurídico[119]: do exame dos **textos legais** (suportes físicos); que se voltam

[113] Sobre o "Humanismo" – Carta a Jean Beaufret, Paris, p. 347.

[114] Paulo De Barros Carvalho, **Direito Tributário: Linguagem e Método**, p. 32-33.

[115] Winfried Nöth e Lúcia Santaella, **Semiótica**, p. 57-58.

[116] *Apud* Umberto Eco, **Conceito de Texto**, p. 7. No original inglês: *"everything which stands to somebody for something else in some respect or capacity"*.

[117] *Apud* Nicola Abbagnano, **Dicionário de Filosofia**, p. 862.

[118] **Direito Tributário...**, *op. cit.*, p. 33-34.

[119] **Curso...**, *op. cit.*, p. 42-44.

para um objeto do mundo – **a conduta humana intersubjetiva** (significado) – buscando discipliná-la, extraímos os juízos que correspondem às **normas jurídicas** (significações).

Ora, se é próprio do Direito ser norma, como cremos, e se norma é a significação que se obtém cientificamente a partir da linguagem dos textos legais, então é indubitável: **a Linguagem do Direito é a casa do seu ser**. E razão seja dada a HEIDEGGER, também no jurídico!

Daí o acerto de tomarmos a afirmativa ousada de LUDWIG WITTGENSTEIN, em seu *"Tratado Lógico-Filosófico"* – *"Os limites da minha linguagem significam os limites do meu mundo"*[120] – e adaptá-la para o Direito, numa visão dogmática: **Os limites da linguagem normativa significam os limites do mundo jurídico!**

E cuidemos de explicitar tais limites.

A filosofia contemporânea aceita, sem maiores disceptações, a divisão dos **três planos das investigações semióticas**, que se deve basicamente a CHARLES W. MORRIS, filósofo pragmatista norte-americano, a partir da sugestão de PEIRCE e com a colaboração posterior de RUDOLF CARNAP: o **sintático**, que MORRIS descreve como *"...combinações de signos"*, fixando as relações dos signos entre si; o **semântico**, que, para MORRIS, *"...trata da relação dos signos com... os objetos que eles designam"*, estabelecendo as relações dos signos com os seus significados; e o **pragmático**, que, segundo MORRIS, versa a *"...relação dos signos com os seus intérpretes"* ou com os seus usuários[121].

"O signo...", explica WARAT, primando pela síntese, *"...mantém três tipos de vinculações: com os outros signos; com os objetos que designa; com os homens que o usam. A primeira vinculação é chamada 'sintaxe'; a segunda, 'semântica'; a terceira, 'pragmática'"*[122].

CESAR A. SERBENA, professor da UFPR, assevera que ***"Devemos a Alf Ross a primeira abordagem dos problemas interpretativos do Direito a partir destas três dimensões"*** (*sic*) (grifamos)[123]. De fato, no capítulo 4 do seu *"Sobre el Derecho y la Justicia"* – denominado *"El Método Jurídico*

[120] **Tratado Lógico-Filósofico e Investigações Filosóficas**, p. 114.

[121] **Fundamentos da Teoria dos Signos**, p. 27-28, 38 e 50.

[122] **O Direito e...**, *op. cit.*, p. 39.

[123] **Novas Perspectivas...**, *op. cit.*, p. 109-110.

(Interpretación)" – obra publicada originalmente em 1958, esse professor dinamarquês, da Universidade de Copenhague, examina problemas sintáticos de interpretação, *"...que se refieren a la conexión de las palabras en la estructura de la frase..."*, bem como *"...a las relaciones de una expresión con otras expresiones dentro de un contexto"*, que, embora ele identifique como problemas lógicos, seguem no nível da sintaxe; trata de problemas semânticos, *"...que se refieren al significado de las palabras individuales o de las frases"*; e estuda os problemas pragmáticos, que ele conecta com valorações e com a técnica de argumentação[124].

Toda a análise de linguagem, inclusive prescritiva do Direito, deve ser vazada nessas três dimensões, se se quer inteira e suficiente. Este o motivo da avaliação rigorosa de PAULO DE BARROS CARVALHO quanto à **figura do jurista**: *"...nada mais é do que o lógico, o semântico e o pragmático da linguagem do direito..."*[125].

Examinando os textos legais, haveremos de ter os olhos postos nas estruturas normativas; nas vinculações dos vocábulos, locuções e frases legais; nas relações horizontais das normas de mesmo nível hierárquico; nas conexões verticais de regras de diferentes degraus do ordenamento, formulando, por exemplo, juízos de adequação constitucional. E outras tantas verificações, todas de **caráter sintático ou lógico**. Inevitáveis, porque se *"A lógica enche o mundo"*, como assevera WITTGENSTEIN, satura também o mundo jurídico[126].

Noutro plano, o da **semântica**, iremos perquirir o sentido dos signos utilizados pelo legislador para regular o comportamento dos homens em sociedade. E estaremos às voltas com as perturbadoras questões das vaguezas e ambiguidades, inerentes à textura aberta da linguagem, referida em HERBERT L. H. HART, GENARO R. CARRIÓ e LUÍS ALBERTO WARAT[127]. ALFREDO AUGUSTO BECKER vai ao ponto de encarar o jurista

[124] ***Sobre el Derecho y la Justicia***, p. 119, 124, 130, 140, 142 e 146-149.

[125] **Curso...**, *op. cit.*, p. 127.

[126] **Tratado...**, *op. cit.*, p. 115.

[127] H. L. H. HART, **O Conceito de Direito**, p. 115; G. R. CARRIÓ, ***Notas sobre Derecho y Lenguaje***, p. 35-36; L. A. WARAT, **O Direito e...**, *op. cit.*, p. 76-77.

como *"...o semântico da linguagem jurídica"*, num julgamento que, apesar de parcial, exprime a relevância deste plano para o Direito[128].

Já o **nível pragmático** da linguagem jurídica é o que se nos afigura **de maior complexidade** no traçado dos seus contornos.

Primeiro, pela desatenção que o tornou negligenciado, em face dos demais níveis. CRISTIANO CARVALHO afirma que essa incúria teve início com MORRIS e CARNAP, que já o teriam relegado a um segundo plano[129]. Há mais de meio século, JUAN-RAMON CAPELLA declarava que o desenvolvimento dos seus estudos ainda se achava na sua infância[130]. E o panorama não parece ser muito diverso hodiernamente, dada a parcimônia da sua exploração[131]. O ambiente linguístico pragmático ainda recende a algo um tanto virgem e inexplorado.

Segundo, pela sua indeterminação e amplitude. Há mais de três décadas, TÉRCIO SAMPAIO FERRAZ JR. apresentava a noção de pragmática como *"...deveras imprecisa... porque lhe falta ainda um delineamento definitivo ou, pelo menos, mais definido..."*; e é na esteira dessa inexatidão que propõe diversos tipos de análises cabíveis como pragmáticas: teoria do uso de sinais, linguística do diálogo, teoria da ação locucionária e princípio da interação[132]; com o quê se põe de acordo CARLOS RENATO CUNHA, embora acrescentando que há *"...uma grande aproximação, também, com a retórica"*[133]. Recentíssima, acrescente-se, é a proposição de CESAR A. SER-

[128] *Apud* PAULO DE BARROS CARVALHO, **A Regra Matriz do ICM**, p. 81 e 187; ICMS, **Revista de Direito Tributário**, nº 48, p. 177.

[129] **Teoria da Decisão Tributária**, p. 53, nota nº 29.

[130] ***El Derecho***..., *op. cit.*, p. 154: *"...el análisis pragmático como tal... se halle todavia en su infancia"*.

[131] C. CARVALHO, **Teoria da Decisão**..., *op. cit.*, p. 53, nota nº 29: *"A pragmática da comunicação, ramo da Teoria Geral dos Signos, foi tardiamente explorada, ao contrário dos dois outros ramos, a Sintaxe, ou lógica da linguagem, e a Semântica"*. CESAR A. SERBENA, **Novas Perspectivas**..., *op. cit.*, p. 110: *"As dimensões sintática e semântica da linguagem jurídica apresentam um histórico já avançado de estudos... Contudo, a formalização da dimensão pragmática é mais recente"*.

[132] **Teoria da Norma Jurídica**, p. 1-4.

[133] **Praticabilidade Tributária: Eficiência, Segurança Jurídica e Igualdade**, p. 115. Em trabalho mais antigo, TÉRCIO SAMPAIO caminhava nessa mesma trilha – **Direito, Retórica e Comunicação**, de 1973, p. 174 e 8-14 – como, aliás, o declarou, mais de uma dúzia de anos depois: *"...em trabalho publicado em 1973, tentamos esboçar uma pragmática do discurso jurídico... mas analisada apenas no que tange os seus aspectos argumentativos no sentido da retórica"* (*sic*) – **Teoria da Norma**..., *op. cit.*, p. 10.

BENA, de explorar a órbita pragmática da linguagem jurídica pelo recurso à Teoria da Quase Verdade de NEWTON DA COSTA, profundamente interessante, extremamente simpática e fartamente promissora[134].

Terceiro, pelo perigo da investigação pragmática, como advertira TÉRCIO SAMPAIO[135]. Qual perigo? Aqui, sendo o patamar que versa as relações dos signos com os seus usuários, é onde reside o mais amplo risco de ultrapassarmos as fronteiras da linguagem normativa. Já se poderia intuir tal ameaça da manifestação larga de MORRIS, que data de mais de oitenta anos[136]. Fronteiras que, diante dessa ameaça ampla e indeterminada, *"...aqui, se abrem, talvez demasiadamente..."*, diz, hoje, CUNHA; e *"... podemos resvalar em análises de cunho sociológico, psicológico, político, econômico, ideológico etc."*, porque *"A delimitação de uma análise estritamente jurídica passa a ser tênue..."*[137]. Estaríamos, então, abandonando o direito posto, que constitui, para nós, o objeto científico demarcado, e invadindo o terreno extralinguístico. Estaríamos, em verdade, renunciando ao jurídico só; e admitindo o infeliz concubinato da Ciência do Direito Tributário com outras ciências.

Mas se apontamos a Pragmática como alvo de negligência, tanto por parte dos linguistas quanto dos juristas que a tomam como instrumento de análise, conferindo-lhe, ainda, ares de algo misterioso e ignoto, devemos, aqui, uma segunda palavra sobre a obra de CARLOS RENATO CUNHA, há pouco citada – **Praticabilidade Tributária: Eficiência, Segurança Jurídica e Igualdade** – recente e excelente: ao mergulhar, como nenhuma outra da nossa literatura jurídica, na região penosa da Praticabilidade Tributária, desvelando-a, mergulha também, pela sua opção

134 **Novas Perspectivas**..., *op. cit.*, p. 110-111 e 116-124.

135 **Teoria da Norma**..., *op. cit.*, p. 1: *"A empresa de realizar, ainda que em esboço, uma pragmática da comunicação jurídico-normativa supõe certa audácia e grande risco"*; de que se declara alertado CARLOS RENATO CUNHA – **Praticabilidade Tributária**..., *op. cit.*, p. 120-121.

136 CHARLES W. MORRIS: *"...a pragmática também trata... de todos os fenômenos psicológicos, biológicos e sociológicos que ocorrem no funcionamento dos signos"* – **Fundamentos da Teoria**..., *op. cit.*, p. 50. Não obstante estejamos consultando uma tradução de 1976, a edição original é de 1938.

137 **Praticabilidade Tributária**..., *op. cit.*, p. 121.

metodológica, na zona pantanosa da pragmática da linguagem jurídica, igualmente desvendando-a, pela senda da retórica e da argumentação[138].

Todavia, assim como *"Na casa de meu Pai há muitas moradas"* (Jo. 14, 2), também nas casas da Ciência do Direito e da Linguística deparamos numerosas habitações[139]. E inclinamo-nos por buscar alojamento para nossa crença jurídico-linguística em domicílio diverso. Apressemo-nos, pois, em aclarar o alcance da nossa postura científica na dimensão pragmática da linguagem das normas.

Lourival Vilanova adverte-nos para a fatalidade de uma *"...parcela de atitude prático-valorativa"* na relação científica sujeito-objeto[140]; propugnando, contudo, uma *"atitude a-valorativa"*, que só venha a atentar para os valores objetivados no sistema[141].

[138] Misabel Derzi, a jurista da UFMG, é reconhecida como a desbravadora da literatura nacional sobre o assunto – inclusive pelo próprio autor (**Praticabilidade**..., *op. cit.*, p. 32) e por nós (O IRPF e o Direito Fundamental à Igualdade: Um Tributo de Dupla Personalidade !, p. 184-185) – uma literatura, aliás, que é *"...praticamente inexistente..."*, como sustenta Regina Helena Costa, da PUC/SP, outra das raras estudiosas do tema – **Praticabilidade e Justiça Tributária: Exeqüibilidade de Lei Tributária e Direitos do Contribuinte** (*sic*), p. 22. Realidade que levou o autor às suas primeiras incursões na área, em 2011, conclamando, então, a doutrina, a aprofundá-las – **O Simples Nacional, a Norma Tributária e o Princípio Federativo: Limites da Praticabilidade Tributária**, p. 179-216, especificamente p. 216. Provavelmente insatisfeito com o quê se produziu desde então, além de ainda motivado pelo desafio, defendeu tese, em 2019, na UFPR, agora transformada na obra recém-lançada pela Editora Almedina, respondendo à sua própria conclamação. Mas aquilo que, de fato, nos interessa, aqui, não é propriamente sua contribuição – que, no entanto, é admirável – para o estudo da Praticabilidade Tributária, mas, isso sim, o caminho escolhido – *"Nosso trabalho... partirá do substrato semiótico de análise do Direito como um fenômeno linguístico..."* (p. 52) – privilegiando o ângulo pragmático, como bem o percebeu Lucas Galvão De Brito, da PUC/SP, seu prefaciador, ao observar que o trabalho enfatiza *"...o exame pragmático da comunicação jurídica como o melhor âmbito para surpreender seu objeto..."* – Prefácio, *in* **Praticabilidade**..., *op. cit.*, p. 11. Admitindo a grande variação de recortes possíveis, o autor escolhe aproximar-se do plano pragmático, por uma via muito específica da linguagem: *"Interessa-nos, agora, perquirir... nesse âmbito pragmático, o estudo das teorias retóricas e da argumentação jurídica"* (p. 127 e 127-139). Com isso, Carlos Renato Cunha produziu *"...um livro originalíssimo"* (Galvão De Brito, Prefácio, *op. cit.*, p. 11) e, em resumo, como registrado acima, um livro que excele.

[139] R. De Vaux *et al.* (dir.), **A Bíblia de Jerusalém**, p. 1404.

[140] **O Problema do Objeto da Teoria Geral do Estado**, p. 14.

[141] **Norma Jurídica/Proposição Jurídica – Significação Semiótica**, p. 23-25.

Já reconhecemos que o legislador imprime valores nas normas que edita, **objetivando uma ideologia que se faz intranormativa**[142]. Não poderia ser de outra forma, pois, como lembra PAULO DE BARROS CARVALHO, o Direito é um objeto cultural – produzido pelo homem, modificando a natureza e visando determinado fim – e como tal é portador de valores[143].

Sublinhe-se uma vez mais, a bem da nitidez, que não há lugar para uma ideologia extranormativa, do intérprete a valorar, quando lhe cabe somente se ocupar da que já está posta, entranhada no normativo. É questão, aliás, que, do ângulo da ciência jurídica em sentido estrito, nem deveria ser considerada, como avisa EDUARDO GARCÍA MÁYNEZ: *"...el problema estimativo no debe siquiera ser planteado"*[144].

Ora, esses valores assentados na ordem jurídica positiva é que terminarão por identificar os princípios do sistema, quando sobrecarregam axiologicamente determinados dispositivos. E o **reconhecer-lhes a condição de princípios** implica ideologia, assim como implica ideologia o **reconhecer o primado de alguns** sobre outros deles (PAULO DE BARROS)[145].

Aqui, **nesta função ideológica centrada no contexto linguístico das normas é que situamos a porção pragmática da interpretação jurídica.**

Convergente o raciocínio de UMBERTO ECO quando, meditando sobre o âmbito de certos problemas interpretativos, conclui que *"...concernem à pragmática porque impõem, da parte do intérprete desse texto, intervenções e decisões"*[146]. **Intervenções e decisões** que se consubstanciam nos **reconhecimentos e hierarquizações axiológicas** que mencionamos.

[142] Sozinhos – **A Regra-Matriz...**, *op. cit.*, p. 36; e juntos com MAURÍCIO DALRI TIMM DO VALLE – Direitos Fundamentais Tributários: Em Busca dos Fundamentos da sua Fundamentalidade, *in* PAULO DE BARROS CARVALHO (coord.) e PRISCILA DE SOUZA (org.), **Texto e Contexto no Direito Tributário**, p. 779-780.

[143] Sobre os Princípios Constitucionais Tributários, **Revista de Direito Tributário**, nº 55, p. 144-145 e 148; ICMS..., *op. cit.*, p. 177.

[144] ***Introducción...***, *op. cit.*, p. 124.

[145] Sobre os Princípios..., *op. cit.*, p. 150.

[146] **Conceito de...**, *op. cit.*, p. 17

Já pouco além da metade do século passado, em 1958, ALF ROSS cuidava das valorações ao meditar sobre os fatores pragmáticos da hermenêutica jurídica[147]. Quase duas décadas depois, em 1976, era LUIS ALBERTO WARAT que indicava a ideologia, na esfera pragmática da linguagem[148]. Mais uma década e pouco, em 1989, e também TÉRCIO SAMPAIO FERRAZ JR, ao versar questões pragmáticas da interpretação no direito, cogitava dos princípios e suas implicações axiológicas[149].

Mas o apoio decisivo encontramos em CARLOS VOGT, professor da UNICAMP e introdutor da Semântica Argumentativa no Brasil, para quem parece legítimo falar de *"...uma ideologia interna à própria linguagem"*, como vimos falando no tocante ao Direito Positivo; e onde exatamente mora, para o autor, **o objeto da pragmática**, definido como **o domínio das relações entre linguagem e ideologia**[150].

Lançadas luzes sobre como pensamos a linguagem jurídica e sua interpretação, podemos bater, instrumentados, à porta da casa do ser do Direito, de modo a lograr a visita aos aposentos do Direito que nos interessarem. E agora podemos fazê-lo devidamente equipados, caso contrário, como nos adverte KARL POPPER, na segunda epígrafe que adotamos, arriscamo-nos a ser precipitados pelo deus da linguagem, sem misericórdia e compaixão, na confusão e na obscuridade.

6. Métodos de Interpretação Jurídica

É tradicional na doutrina – e útil ao presente trabalho – a breve menção aos **métodos, meios, técnicas ou processos de interpretação**. Desde a interpretação literal, gramatical ou filológica, passando pelos métodos histórico, lógico e teleológico, até chegar à interpretação sistemática.

Trata-se, em rigor, de mais **uma tentativa de correção de rumo à hermenêutica kelseniana**, que sempre foi refratária a esses métodos[151].

[147] ***Sobre el Derecho***..., *op. cit.*, p. 140 e 142.

[148] **O Direito e**..., *op. cit.*, p. 46.

[149] **Introdução**..., *op. cit.*, p. 265-266.

[150] **Linguagem, Pragmática e Ideologia**, p. VII, VIII, 130 e 139. Embora sem lhe conceder destaque, CUNHA reconhece a possibilidade desse prisma da análise pragmática – **Praticabilidade**..., *op. cit.*, p. 115, nota nº 265.

[151] Do passado, para exemplificar, a observação de KARL LARENZ: *"...métodos cujo valor de conhecimento KELSEN contesta..."* – **Metodologia**..., *op. cit.*, p. 95. Da atualidade, para ilustrar,

De fato, KELSEN não os vê com bons olhos[152]; a despeito das críticas que lhe foram e são dirigidas[153].

É antiga a ideia, na **doutrina estrangeira**, de que **essa pluralidade de técnicas interpretativas se encontra superada**, como se vê, por exemplo, em LUIS RECASÉNS SICHES, o filósofo mexicano[154]. Já em meados do século XIX, FRIEDRICH VON SAVIGNY, o romanista alemão, negava-se a vê-las como diversas *"...espécies de interpretação... mas diversas actividades que devem intervir conjuntamente para que se possa chegar a uma interpretação bem lograda"* (*sic*)[155]; com o apoio, a título ilustrativo, de FRANCESCO FERRARA, o civilista italiano, cedo, no século passado: *"Não há várias espécies de interpretação. A interpretação é única: os diversos meios empregados ajudam-se uns aos outros, combinam-se e controlam-se recìprocamente, e assim todos contribuem para a averiguação do sentido legislativo"* (*sic*)[156]; e com a anuência, mais adiante, de juristas alemães respeitados, como o filósofo e constitucionalista FRIEDRICH MÜLLER: *"...'as regras tradicionais de interpretação' não podem ser individualizadas como 'métodos' independentes... Ao invés, manifestam-se no*

as de GUILHERME MORO: *"...Kelsen afasta a utilização de quaisquer 'métodos de interpretação', pois os mesmos não seriam indicados pelo Direito positivo..."* – A Teoria da Interpretação..., *op. cit.*, p. 27 e 31; *"Os denominados 'métodos' de interpretação... não são aceitos, a menos que tenham sido devidamente positivados"* – Fundamentos Filosóficos..., *op. cit.*, p. 267.

152 *"Não há absolutamente qualquer método – capaz de ser classificado como de Direito positivo – segundo o qual, das várias significações verbais de uma norma, apenas uma possa ser destacada como 'correta'..."*; *"Todos os métodos de interpretação até ao presente elaborados conduzem sempre a um resultado apenas possível, nunca a um resultado que seja o único correto"* – **Teoria Pura**..., *op. cit.*, p. 391-392.

153 DIMITRI DIMOULIS: *"O problema está no silêncio do autor em relação aos 'métodos' interpretativos que permitem... traçar a moldura"*; *"A metáfora da moldura perde seu sentido se afirmarmos que pode ser traçada livremente... pela autoridade competente"*; *"...quando não são indicados os 'métodos' que permitem a cognição, a atividade interpretativa se transforma em 'ato de vontade'... (eu quero interpretar 'assim')"*; *"...a afirmação da objetividade da interpretação... não está acompanhada em Kelsen da indicação dos métodos interpretativos que garantiriam a objetividade, dando sólido fundamento ao ato de aplicação"*; *"...a ausência de estudos construtivos sobre os métodos que permitem conhecer o conteúdo do material normativo compromete a credibilidade da abordagem positivista"* (*sic*) – **Positivismo**..., *op. cit.*, p. 128, 131, 132 e 133.

154 ***Nueva Filosofía de la Interpretación del Derecho***, p. 184.

155 *Apud* KARL ENGISH, **Introdução ao Pensamento Jurídico**, p. 145.

156 **Interpretação e Aplicação das Leis**, p. 131.

processo de concretização... complementando-se e apoiando-se umas às outras..."[157]; e como o filósofo e penalista KARL ENGISH: "*...só através da combinação dos métodos... se podem obter decisões seguras*"[158].

Não é outra a realidade da **doutrina nacional**, que, já no primeiro quarto do século XX, afirmava, pela pena de CARLOS MAXIMILIANO: "***os vários processos completam-se** reciprocamente...*"[159]; tese mais tarde confirmada por ALÍPIO SILVEIRA: "*É uma verdade incontestável, na ciência jurídica, que a interpretação das leis é uma síntese de vários processos afins...*"[160]; ratificada por TÉRCIO SAMPAIO FERRAZ JÚNIOR: "*...na medida em que os diferentes processos interpretativos devam se complementar e se exigir mutuamente*"[161]; e corroborada por MIGUEL REALE: "*...os diferentes processos necessàriamente se implicam e se completam*" (*sic*); pensador que sublinha a ideia de sequencialidade temporal: "*...as diversas formas de exegese devem ser discriminadas como momentos, e não mais como técnicas autônomas*"; e também grifa a noção de unidade metodológica: "*A interpretação das normas jurídicas tem sempre caráter **unitário**, devendo as suas diversas formas ser consideradas momentos necessários de uma **unidade de compreensão***", "*...como **simples momentos** do processo global interpretativo, em si uno e concreto*"[162].

Embora conjuntamente aplicáveis, é possível identificar a etapa e as providências que correspondem a cada uma dessas técnicas; e, a despeito de insistentemente advertidos, por CHRISTIANO JOSÉ DE ANDRADE, de que "*...a pretensão de hierarquizar os diversos métodos interpretativos têm resultado em fracasso...*" (*sic*)[163]; por MARIA HELENA DINIZ, de que "*Realmente,*

[157] *Apud* KARL LARENZ, **Metodologia...**, *op. cit.*, p. 395; FRIEDRICH MÜLLER, **Métodos de Trabalho do Direito Constitucional**, p. 80. Preferimos a tradução de José Lamego à de Peter Naumann.

[158] **Introdução...**, *op. cit.*, p. 183.

[159] **Hermenêutica e Aplicação do Direito**, p. 127.

[160] **Hermenêutica Jurídica: Seus princípios fundamentais no Direito Brasileiro**, v. 1, p. 77; e *ibidem*, v. 2, p. 134.

[161] **O Conceito de Sistema no Direito: Uma investigação histórica a partir da obra jusfilosófica de Emil Lask**, p. 2.

[162] **O Direito Como Experiência (Introdução à Epistemologia Jurídica)**, p. 257 e 255; **Estudos de Filosofia e Ciência do Direito**, p. 81; **Lições...**, *op. cit.*, p. 288.

[163] **Hermenêutica Jurídica no Brasil**, p. 34.

há impossibilidade de se estabelecer uma hierarquia desses processos..."[164]; e por MIGUEL REALE, que entende "*...descabidas certas polêmicas que se travam ainda sôbre a excelência dêste ou daquele processo hermenêutico...*" (*sic*)[165]; julgamos indispensável ao presente estudo, estabelecer, ao menos, uma radical hierarquia, apontando **o método literal como o mais pobre, mísero e estéril deles**, e identificando **o método sistemático como o mais opulento, fértil e fecundo de todos.**

A **interpretação literal** é inevitável como início do processo hermenêutico (ENNECCERUS e KARL LARENZ)[166], pois os textos legais correspondem ao ponto de partida necessário da atividade interpretativa (JOSÉ DE OLIVEIRA ASCENÇÃO e TÉRCIO SAMPAIO FERRAZ JÚNIOR)[167], constituem a "*...porta de entrada para... vontade da lei*" (PAULO DE BARROS CARVALHO)[168]. **Nada mais do que isso, porém: ponto de partida e porta de entrada.** Se nela nos detivermos, satisfazendo-nos com a literalidade textual, nossa corrida hermenêutica não terá ido além da linha de saída, nossa aventura exegética não terá ultrapassado os limiares do acesso, não terá transposto os umbrais do pórtico da terra da interpretação, que principia efetivamente dali em diante, do texto avante. Por isso a interpretação meramente literal é classificada como "*...ilusória*" (TÉRCIO SAMPAIO)[169], "*...inferior...*", "*Retrógrada e indefensável...*", caracterizando "*...a falta de maturidade do desenvolvimento intelectual*" (CARLOS MAXIMILIANO)[170].

Já a **interpretação sistemática**, ancha e larga, compreende os métodos literal e lógico, no plano sintático da linguagem, bem como os métodos histórico e teleológico, nos planos semântico e pragmático da linguagem; ou seja, a visão sistemática não só percorre todos os níveis da

[164] **Compêndio de Introdução...**, *op. cit.*, p. 391.
[165] **O Direito...**, *op. cit.*, p. 256.
[166] ENNECCERUS, ***apud*** KARL ENGISH, **Introdução...**, *op. cit.*, p. 137; KARL LARENZ, **Metodologia...**, *op. cit.*, p. 385.
[167] J. O. ASCENSÃO, **O Direito: Introdução e Teoria Geral – Uma perspectiva Luso-Brasileira**, p. 326; TÉRCIO S. F. JR., **Introdução...**, *op. cit.*, p. 261; **Função Social da Dogmática Jurídica**, p. 148.
[168] **Curso...**, *op. cit.*, p. 106.
[169] **Função Social...**, *op. cit.*, p. 148.
[170] **Hermenêutica...**, *op. cit.*, p. 120, 123 e 121.

linguagem do direito posto, como também demanda e pressupõe todos os demais métodos interpretativos (Paulo De Barros Carvalho)[171]. Nessa técnica, não só ingressamos por inteiro no país hermenêutico, mas examinamos todos os seus cantos, analisamos todos os seus recantos, perscrutamos todas as suas sombras; passamos pelo texto sim, mas, muito além, mergulhamos, fundo e demoradamente no seu contexto. Por isso, no dizer forte de H. J. Wolff, *"A Ciência do Direito ou é sistemática ou não existe"*[172]. Por isso, nas palavras vigorosas de Juarez Freitas, *"...a interpretação jurídica é interpretação sistemática ou não é interpretação"*[173]. Por isso, na expressão autorizada de José Souto Maior Borges, esse é o método *"...característico da doutrina moderna"*[174]; na afirmação convicta de Juarez Freitas, essa é *"...a interpretação jurídica, por essência"*[175]; na sentença definitiva de Paulo De Barros, esse é ***"...o método por excelência"***[176].

7. Primeiras Conclusões

7.1 Adaptação Dworkiniana

Uma forte contribuição dworkiniana para a revisão normativista, no que diz respeito à estrutura do direito, foram seus questionamentos acerca da distinção entre regras e **princípios** e do **elevado papel** desempenhado por estes últimos, **especialmente no que tange à interpretação jurídica**[177]. Rejeitamos, aqui, é evidente, numa primeira adaptação impostergável, todos os princípios que não forem estritamente jurídicos, desprezando aqueles que exibirem a condição de puramente morais ou políticos.

171 **Curso...**, *op. cit.*, p. 100.

172 *Apud* Claus-Wilhelm Canaris, **Pensamento Sistemático e Conceito de Sistema na Ciência do Direito**, p. 5; ***El Sistema en la Jurisprudencia***, p. 17.

173 **A Interpretação Sistemática do Direito**, p. 175.

174 **O Contraditório no Processo Judicial (uma visão dialética)**, p. 19.

175 **A Interpretação...**, *op. cit.*, p. 188.

176 **Curso...**, *op. cit.*, p. 100.

177 José Juan Moreso adverte: *"Dworkin sostiene que tal vez el error más importante del positivismo jurídico sea no haber percibido que el derecho no es sólo un sistema de reglas, sin lugar en él para los 'principios'" – La Teoría del Derecho..., op. cit.*, p. 359.

Conquanto tenhamos descartado a tese da única resposta correta, em face da realidade humana, que só admite "quase verdades" e que não formula mais do que "conjecturas", donde não há como cravar o resultado da resposta certa; ainda assim, parece-nos possível certo aproveitamento razoável das reflexões de DWORKIN. Se não para chegar à única resposta, certamente para **conjecturar daquela(s) que mais se aproxima(m) da verdade normativa, buscando, entre elas, a que, nas circunstâncias, mais nos satisfizer**. Processo esse que será enormemente facilitado pelo recurso à Interpretação do Direito como Linguagem, nos seus três planos semióticos.

Estamos a considerar, aqui, **uma versão moderada da tese**. É verdade que, quando PORTO MACEDO também a tomou em conta, terminou por condená-la, observando que *"Essa 'redução ao razoável'... não leva em consideração o quanto tal esforço é contrário às intenções teóricas... desse autor"*[178]. Não nos preocupamos, porém, com os propósitos originais do construtor da tese, mas, isso sim, com o grau de precisão e consistência científicas que demonstra a construção ao seu final.

Não estamos sendo originais nesta proposta, desde que **outros, antes de nós, já cogitaram dessa alternativa**. Mas, igualmente, não nos preocupa a originalidade, senão a lógica estrutural da construção doutrinária e a coerência e harmonia dos seus diversos segmentos.

Aproxima-se de três décadas já o lançamento de uma obra de VERA KARAM DE CHUEIRI, acerca de DWORKIN, em 1995, na qual, ao versar esse tema, a professora da UFPR deu-lhe o seguinte título: *"Há sempre uma resposta certa: a melhor possível"*, assumindo também uma versão comedida[179]. E mais recentemente, em 2006, ao redigir verbete sobre o filósofo do direito norte-americano para um dicionário filosófico, tornou a referir-se à *"...tese de que sempre haverá uma 'resposta certa', a melhor possível..."*[180].

178 **Do Xadrez...**, *op. cit.*, p. 47.

179 **Filosofia do Direito e Modernidade: Dworkin e a Possibilidade de um Discurso Instituinte de Direitos**, p. 92.

180 Ronald Dworkin, *in* VICENTE DE PAULO BARRETO (coord.), **Dicionário de Filosofia do Direito**, p. 260.

É semelhante a opção de RODOLFO VIGO: *"...la alternativa más confiable y más justa"*[181]; de JUAREZ FREITAS: *"...a viabilidade da melhor interpretação, embora não a única correta..."*[182]; e de DIMITRI DIMOULIS: *"...escolha da melhor solução para o caso concreto"*[183].

Acatamos, desse modo, **certa parte dessa tese dworkiniana, relativa à melhor resposta possível**, conjugando-a com uma **visão normativista** e com a **Interpretação do Direito como Linguagem**[184].

7.2 Fidelidade Kelseniana

Quando nos aproximamos do tema da interpretação jurídica em KELSEN, declarando-nos incomodados com essa concepção, mencionamos também que, há já quase três décadas, sofremos robusta influência kelseniana, conduzindo-nos, desde então, para as sendas do normativismo. Contudo, quando refutamos a proposta de KELSEN para a interpretação jurídica, abraçando, conquanto parcialmente e com adaptações uma tese razoavelmente dworkiniana da melhor resposta possível, **não traímos a adesão normativista e não omitimos a respectiva fidelidade?**

Cumpre recordar, aqui, a visita que KELSEN fez ao México, em abril de 1960, quando foi recebido por LUÍS RECASÉNS SICHES, professor de Filosofia do Direito da UNAM. Na data de uma palestra de KELSEN na respectiva Faculdade de Direito, reuniram-se cerca de 3.000 pessoas ávidas por escutar ao mestre, motivando o deslocamento da conferência para o auditório da Faculdade de Medicina, que era o maior da cidade universitária. E quando KELSEN demonstrou surpresa pelos 3.000 interessados na Teoria Pura do Direito, RECASÉNS SICHES explicou-lhe que, no México, tal como na América Latina como um todo, haviam, entre esses interessados, três grupos muito bem definidos de juristas, sendo que dois

[181] *El Anti-Positivismo Jurídico...*, *op. cit.*, p. 180.

[182] A Melhor Interpretação Constitucional *versus* A Única Resposta Correta, **Revista Latino-Americana de Estudos Constitucionais** nº 2, p. 285 e 313.

[183] **Positivismo**..., *op. cit.*, p. 158.

[184] JOSÉ RENATO GAZIERO CELLA, o pensador do direito do Paraná, já anunciara, no passado, uma surpreendente compatibilidade da teoria de DWORKIN com o positivismo jurídico, excetuando exata e curiosamente a tese da resposta correta, pela qual justamente estabelecemos essa conexão parcial, embora com adaptações – *apud* MELANIE MERLIN DE ANDRADE, Cindindo o Positivismo Jurídico..., *op. cit.*, p. 95.

deles muito numerosos. O primeiro, numeroso, de kelsenianos fanáticos, integrais devotos da Teoria Pura. O segundo, igualmente numeroso, de antikelsenianos convictos, que combatem encarniçadamente a Teoria Pura, numa oposição sem quartel. E o terceiro, reduzido, composto por discípulos críticos, que aprenderam muito com você, dizia RECASÉNS, mas que aspiram sempre por ângulos novos, buscando incessantemente superar as atuais perspectivas da Teoria Pura. E RECASÉNS acrescentou: pela frequência das nossas conversas, você sabe muito bem que eu pertenço a esse terceiro grupo, dos discípulos críticos, não? Ao que KELSEN lhe sorriu amistosamente, e disse, não sem uma fina expressão de humor: Você sabe? Creio que, pensando bem, **eu também pertenço a esse terceiro grupo de discípulos críticos!**[185]

A adesão a uma corrente doutrinária qualquer nunca será incondicional, mas sempre subordinada às contas que devemos prestar, solitariamente, diante do altar da nossa consciência. Tão somente assim será uma adesão consciente, de um discípulo permanentemente atento e crítico, tal como o foi KELSEN em relação à sua própria Teoria Pura do Direito.

A exemplo do próprio mestre de Viena, também integramos aquele terceiro grupo, dos seus discípulos críticos. E **não faltamos com nossa fidelidade, porque nenhuma fidelidade científica é permanente, integral e absoluta**. Felizmente, aprendemos com mestre SOUTO MAIOR BORGES que a fidelidade ao pensamento de alguém ou de certa corrente doutrinária não se pode converter numa infidelidade ao próprio pensar[186].

8. Simbologias em Questão

8.1 A Simbologia do Juiz Hércules

Como já mencionado, DWORKIN idealizou um juiz de excepcional capacidade de julgar, ao qual chamou "Hércules"[187].

[185] ITALO PAOLINELLI MONTI, *Palabras del Decano de la Facultad*, *in* CLAUDIO OLIVA (ed.), **Estudios sobre...**, *op. cit.*, p. 18-19.

[186] **Ciência Feliz**, p. 11.

[187] ***Los Derechos...***, *op. cit.*, p. 177.

Hércules ou *"Hercules"* constitui um empréstimo latino, com o intermediário etrusco *"Hercle"*, do original grego *"Heraklês"*, com o **sentido etimológico de a "glória de Hera" – a deusa e esposa de Zeus**, sua mãe adotiva, como esclarece JUNITO BRANDÃO, o especialista em Mitologia[188].

Conta-se que Zeus queria dar ao mundo *"...um herói como jamais houvera outro..."*, para o quê escolheu Alcmena, *"...a mais bela das habitantes de Tebas para ser mãe de criatura tão privilegiada"*; mas, sabedor da sua fidelidade a Anfitrião, seu marido, travestiu-se dele, para *"...três noites de um amor ardente..."*[189].

Na verdade, quando criança, Hércules deveria ser nomeado apenas como Alcides, pois somente após a realização completa dos Doze Trabalhos que lhe foram impostos, é que se tornaria *"Heraklês"* (a glória de Hera)[190].

Aos 8 meses, deitado no seu berço, agarrou em cada mão duas gigantescas serpentes que lhe foram maldosamente enviadas, estrangulando-as. Aos 18 anos, sua altura chegava a 3 metros![191] E **depois dos Doze Trabalhos**, ele teria chegado à luz, *"...onde, despindo a mortalidade..."*, revestiu-se *"...do homem novo,* ***recoberto com a indumentária da imortalidade****"*[192].

Sua imagem mitológica, contudo, sempre foi a de Hércules ou *"Héracles, o Forte"* ![193]

Conquanto conheçamos manifestações respeitáveis, como, por exemplo, a de HERBERT HART, no sentido de que a tarefa de um juiz ideal seria *"...una tarea hercúlea y el profesor Dworkin denomina correctamente Hércules al juez..."*[194]; assim, definitivamente, não nos parece.

Um símbolo é um *"...sinal visível de uma realidade invisível"*[195]. Se a realidade invisível constitui um juiz *"...dotado de habilidade, erudición, paciencia*

[188] **Dicionário Mítico-Etimológico da Mitologia e da Religião Romana**, p. 160; **Dicionário Mítico-Etimológico da Mitologia Grega**, v. I, p. 515.

[189] **Dicionário... Mitologia Grega**, v. I, p. 516.

[190] *Ibidem*, p. 515.

[191] *Ibidem*, p. 517-518.

[192] *Ibidem*, p. 519-520.

[193] *Ibidem*, p. 539.

[194] *Una Mirada Inglesa..., op. cit.*, p. 343.

[195] MANFRED LURKER, **Dicionário de Simbologia**, p. 656.

y perspicacia sobrehumanas...", como descreve DWORKIN[196]; então, **o sinal visível seria uma figura que correspondesse à imagem de erudição jurídica e perspicácia intelectual, nunca "Hércules, o Forte", símbolo exclusivo de força física!**

É verdade que, no patamar da linguagem expressiva, maior é a liberdade de imaginação; e nada impede que se faça alusão à "força hercúlea", atribuindo-se ao adjetivo o significado de "possante", e não de "fisicamente", mas de "intelectualmente" possante. Todavia, a metáfora que não se sustenta por si só, demandando uma explicação adicional, carece de força simbólica e falece de robustez significativa.

Mesmo cientes de que se deve respeito à liberdade criativa da imaginação alheia, **sempre nos perguntamos o motivo pelo qual o filósofo não optou pela força natural e superior da imagem do "juiz Salomão"?!** Trata-se do filho de Davi e de Betsabá, a quem Davi, atendendo aos pedidos de Betsabá e do profeta Natã, nomeou rei de Israel[197].

Quando Salomão vai a Gabaon, **Deus lhe aparece em sonho, oferecendo-lhe um pedido**, ao que **Salomão responde: *"Dá, pois, a teu servo, um coração cheio de sabedoria***, *para governar teu povo, para discernir entre o bem e o mal..."* (1 Rs. 3, 9)[198]. Tal sabedoria é frequentemente ilustrada com **a conhecida história das duas mulheres que reivindicavam ser a mãe de uma mesma criança**. Salomão ordenou a um soldado que, com sua espada, dividisse a criança em duas, dando metade a cada mãe; situação em que, enquanto a pretensa mãe concordava, a verdadeira mãe defendeu o filho diante da ameaça do soldado, dizendo preferir vê-lo ficar com a falsa mãe a ser sacrificado daquela forma; apelo da alma que permitiu a Salomão identificar qual era, de fato, a mãe da criança (1 Rs. 3, 16-27)[199].

Salomão foi *"...o mais sábio... dos monarcas hebreus"*. *"O renome de sua inteligência e de sua sabedoria encheu a sua época e chegou à posteridade"*. Ele teria

[196] ***Los Derechos...***, *op. cit.*, p. 177.

[197] BARRY J. BEITZEL (cons.), O Rei Salomão, *in* **Bíblica: O Atlas da Bíblia – Uma Viagem Histórica e Social pelas Terras Bíblicas**, p. 240-241.

[198] *Ibidem*, p. 242; HENDRIK WILLEM VAN LOON, **A História da Bíblia**, p. 115-116.

[199] B. J. BEITZEL (cons.), O Rei Salomão, *op. cit.*, p. 242; H. W. VAN LOON, **A História...**, *op. cit.*, p. 116; DANIELLE FOUILLOUX *et al.*, **Dicionário Cultural da Bíblia**, p. 234; ROBERT ALTER e FRANK KERMODE (org.), **Guia Literário da Bíblia**, p. 170-171.

proferido 3.000 máximas e composto 1.005 cânticos. São-lhe atribuídas as composições do "Cântico dos Cânticos", do "Eclesiastes" e de parte dos "Provérbios", na lição de Hugo Schlesinger e Humberto Porto[200].

Fiquemos com a sentença bíblica definitiva: ***"O rei Salomão superou... em sabedoria todos os reis da terra"*** (2 Cr. 9, 22).

Seja como for, o fato é que Dworkin optou pelo símbolo do "Juiz Hércules", com suas limitações.

8.2 A Simbologia do Jurista Davi

Ademais de construir, imaginativamente, a figura do "juiz Hércules", Dworkin foi além, criando ainda, noutro momento, um segundo juiz: *"Imaginemos otro juez, a quien llamaremos Herbert..."*[201]; quiçá aludindo a Hart, seu oponente preferido de polêmicas.

Assumindo tal liberdade criativa, o filósofo confere-nos, igualmente, liberdade semelhante para eleger uma figura-símbolo da interpretação jurídica que estamos aqui a adotar. Um dos pontos positivos de termos lembrado de um olvidado "juiz Salomão", como alternativa que pensamos mais rica do que a do "juiz Hércules", é que tocamos, de passagem, no nome do pai de Salomão, **Davi**, este sim, **um símbolo perfeito para a nossa visão da hermenêutica do Direito.**

Tratava-se de um momento da história de Israel em que os israelitas se encontravam em guerra contra os filisteus. E o líder dos inimigos, Golias, os desafiava, todos os dias, a apresentar um representante de Israel que o enfrentasse numa luta em que o povo do vencido se tornaria escravo do povo do vencedor. Acontece, porém, que, para o temor israelense, a aparência de Golias era petrificante: cerca de 3 metros de altura, usando uma proteção de bronze no corpo inteiro – capacete, couraça e perneiras – sua armadura e seus armamentos não tinham comparação, e só a ponta de ferro da sua lança pesava em torno de 9 kg ![202]

Davi era um pequeno pastor, que apascentava o rebanho de Jessé, seu pai, de Belém, enquanto seus irmãos integravam o exército de Saul, rei de Israel. Quando ele se ofereceu para enfrentar Golias, o rei Saul mostrou-

200 **Líderes Religiosos da Humanidade**, T. 2, p. 1197-1198.

201 ***Los Derechos...***, *op. cit.*, p. 201.

202 Barry J. Beitzel (cons.), O Rei Davi, *in* **Bíblica: O Atlas da Bíblia...**, *op. cit.*, p. 228.

-se incrédulo, mas Davi alegou que, em defesa das suas ovelhas, já havia encarado um urso e um leão, e Golias seria tão somente mais um animal. Tendo dispensado espada e armadura, Davi levou consigo seu cajado, sua atiradeira e 5 pedras. E, diante da atitude zombeteira de Golias, acertou-o com uma pedra na cabeça, e quando ele caiu, soltando sua espada, Davi a tomou e cortou-lhe a cabeça, provocando a fuga dos filisteus (1 Sm. 17, 1-58) e determinando a sua celebridade: afinal, trata-se da *"...**incrível aventura de um garoto que derruba um gigante**"* (grifamos)[203]. Ungido pelo profeta Samuel, já em seus verdes anos[204]; mais tarde, seria coroado rei de Israel.

Sua origem de pastor, no entanto, como **alguém essencialmente simples** – como sublinha JOÃO MOHANA[205] – **é simbolicamente rica**, para se contrapor à erudição e perspicácia sobre-humanas daquele outro juiz, correspondendo adequadamente à figura de **um não mais que operador do direito**; dotado da coragem de Davi para fazer o necessário, quando necessário, incluindo o estudo do que for demandado, mas **sem que lhe seja preciso galgar uma condição acima dos demais humanos**, distanciando-o da realidade e aproximando-o da ficção.

Um segundo dado a considerar é o fato de que não atribuímos maior relevância à interpretação judicial, como o faziam tanto KELSEN quanto DWORKIN, razão pela qual **batizamos a figura simbólica de Davi apenas como "jurista"**, alcançando e compreendendo a atividade hermenêutica dos juristas em geral sim, como dos juízes em particular também[206].

E há que adicionar **um terceiro e definitivo dado**, tornando **a imagem de Davi simbolicamente perfeita para a representação do fenômeno interpretativo no jurídico**. É que, como o grande salmista que foi, foi músico, tocando harpa, e **sobretudo, poeta; exibindo profunda intimidade com a Teoria da Linguagem**, cuja relevância para a interpretação no direito vimos de expor e desenvolver, pouco atrás.

[203] FRÉDÉRIC BOYER e SERGE BLOCH, **Bíblia: As Histórias Fundadoras, Do Gênesis ao Livro de Daniel**, p. 305; D. FOUILLOUX, **Dicionário Cultural...**, *op. cit.*, p. 74.

[204] R. ALTER e F. KERMODE (org.), **Guia Literário...**, *op. cit.*, p. 141.

[205] **Salmos de Todos os Tempos**, p. 44.

[206] Esclarece VAN LOON que, *"Como rei dos judeus, cabia-lhe também o papel de juiz supremo da nação"* – **A História...**, *op. cit.*, p. 116.

A pergunta relativa à **época da composição dos Salmos encontra respostas diversas**. Aproximadamente, *"...entre o oitavo e o segundo século antes de Cristo"*, para SANTOS BENETTI[207]; enquanto para CARLOS MESTERS, *"...começou em torno do ano 1000 antes de Cristo (tempo de Davi) e terminou, ao que parece, em torno do ano 300"*[208].

Segundo a tradição e os títulos do **texto hebraico, dos 150 salmos, 73 são atribuídos a Davi**; ao passo que o texto grego lhe atribui entre 82 e 85 salmos[209]. No último versículo do Salmo 71, o texto hebraico registra: *"Fim dos salmos de Davi, filho de Jessé"*. Todavia, MESTERS adverte que *"...há salmos não davídicos antes do 71, e há salmos de Davi depois do salmo 71"*[210].

Como acontece com quase todos os livros bíblicos, a **autoria dos Salmos** *"...constitui* ***enigma ainda mais insolúvel que a datação****"* (grifamos). E ROBERT ALTER traz duas informações importantes de apoio: primeiro, *"...o sobrescrito 'um salmo de Davi', que encabeça muitos dos poemas, é obra de um editor tardio..."*; segundo, *"...não está absolutamente claro que esses sobrescritos se destinavam a afirmar autoria, pois a partícula hebraica 'le' em tais fórmulas, geralmente traduzida como 'de', não implica necessariamente um 'por' autoral e poderia, pelo contrário, indicar 'à maneira de', 'segundo o padrão de', ou às vezes 'para o uso de'"*[211].

Seja qual for o número correto dos salmos de sua autoria, do que não resta dúvida é de que ***"Davi é o autor da maioria dos salmos..."*** (grifamos); e *"...quando usamos a expressão 'o salmista', quem primeiro se apresenta ao nosso espírito é Davi"*; ele é *"...o rei dos salmistas..."*, *"...o rei dos poetas..."* (JOÃO MOHANA)[212]. Por isso *"Os salmos que Davi compôs sob inspiração divina... estão entre as mais belas orações em uso na Igreja"*[213].

[207] **Salmos: Verso e Reverso**, p. 11.

[208] **Deus, Onde Estás ?**, p. 110.

[209] R. DE VAUX, Introdução – Salmos, *in* R. DE VAUX *et al.* (dir.), **A Bíblia de Jerusalém**, p. 649-650; C. MESTERS, **Deus...**, *op. cit.*, p. 113; D. FOUILLOUX, **Dicionário Cultural...**, *op. cit.*, p. 74.

[210] **Deus...**, *op. cit.*, p. 112.

[211] Salmos, *in* R. ALTER e F. KERMODE (org.), **Guia Literário...**, p. 164.

[212] **Salmos de Todos...**, *op. cit.*, p. 44-45.

[213] No original inglês: *"The psalms which David composed under divine inspiration...are among the most beautiful prayers in use in the Church"* – OMER ENGLEBERT, ***Lives of the Saints***, p. 494.

E saque-se um ponto final no item, com a observação judiciosa que escolhemos como nossa terceira epígrafe, de E. AMADO LEVY-VALENSI, para quem **Davi é uma figura sobre a qual *"...sempre se diz muito mas não o bastante"***[214].

9. Última Conclusão: O Cientista como Náufrago

Inconformados com a descomunal lassidão da **moldura kelseniana**, com seu irresponsável compromisso de tão só identificar as alternativas de interpretação possíveis, e com sua resistência aos métodos de interpretação, enveredamos pelas trilhas desbastadas por DWORKIN, seduzidos, de início, pela tentação atraente da única resposta certa. Quase que de imediato frustrados pela irrecusável realidade humana, que só nos permite as conjecturas, que só nos enseja as quase verdades, **vimo-nos constrangidos a adaptar a proposta dworkiniana à da mais aproximada resposta correta possível.**

Acatamos, portanto, somente em parte, a simbologia do **Juiz Hércules, de quem bebemos um pouco**, quanto à resposta que mais se acerca da verdade possível, bem como **valorizando seu recurso à função superior dos princípios**, muito embora restringindo-os aos estritamente jurídicos, e reconhecendo a inafastabilidade do comando kelseniano de depurar a ciência jurídica dos elementos morais e políticos, pela sua condição de estraneidade ao direito.

E aderimos, com energia e vigor, à simbologia do **Jurista Davi, de quem nos embebedamos**, primeiro, pela sua aproximação da simples realidade dos homens; segundo, e **sobretudo, pelo seu** avizinhamento da poesia e consequente **achego à Teoria da Linguagem**, com as abundantes e opulentas perspectivas que ela descortina para a interpretação jurídica.

Por fim, se necessitamos, aqui e acolá, abandonar teorizações e refazer posicionamentos, atente-se para a mais adequada descriçao da vida da ciência que, há quase vinte e cinco séculos, ainda é a de Platão, contida na primeira de nossas epígrafes a este trabalho. **Todos nós, cientistas, inclusive do direito, somos autênticos náufragos, que nos agarra-**

[214] Davi ou Do Itinerário, *op. cit.*, p. 215.

mos ao melhor pedaço de madeira (teoria) que encontramos entre os restos de um naufrágio, e seguimos navegando com ele vida afora. Enquanto ele nos oferece oportunidades de resistir às tentativas de refutação e alguma segurança científica, impedindo o afogamento, seguimos com ele. Até que, num momento futuro qualquer, deparamos com outro fragmento de madeira, maior e mais seco, que se nos afigura mais promissor, e fazemos uma nova opção científica... Não vai aqui mágoa ou melancolia alguma nessa descrição, apenas o realismo platônico, ao narrar com precisão e crueza **uma boa e saudável vida de cientista !**

Curitiba, 29 de dezembro de 2021 – Dia de **S. Davi** (séculos XI e X aC).
Filho de Jessé e pai de Salomão, foi pastor, guerreiro, músico, poeta e rei
de Israel, e como tal, jurista e juiz. Uma das maiores
personagens do Antigo Testamento, que
contou, entre seus descendentes,
com a Virgem Maria
e com S. José[215].

Referências

1. Obras Jurídicas

AFTALIÓN, Enrique R. e VILANOVA, José. ***Introducción al Derecho***. 13.ed. Buenos Aires: Abeledo-Perrot, 1988.

ANDRADE, Christiano José de. **Hermenêutica Jurídica no Brasil**. São Paulo: RT, 1991.

ANDRADE, Melanie Merlin. Cindindo o Positivismo Jurídico: O Ataque de Dworkin ao Positivismo de Hart. *In:* **Entre a Moral e o Direito: A Contribuição de Kelsen, Dworkin, Hart e Maccormick**. São Paulo: Almedina, 2022. (Coleção UCB).

[215] Mario Sgarbossa, **Os Santos e os Beatos da Igreja do Ocidente e do Oriente**, p. 734; Carlos Mesters e Francisco Orofino, **Gente como Nós: Os Santos e as Santas da Bíblia para Todos os Dias do Ano**, p. 411; Omer Englebert, ***Lives of the Saints***, p. 494; Jacopo De Varazze, **Legenda Áurea: Vidas de Santos**, p. 746, 750 e 782; e Laura Aceti, ***Grande Libro dei Santi***, p. 71.

ASCENÇÃO, José de Oliveira. **O Direito: Introdução e Teoria Geral – Uma perspectiva Luso-Brasileira**. 4.ed. Lisboa: Verbo, 1987.

BASCUÑAN V., Antonio. *La Función Judicial en la Teoría Pura del Derecho. In:* OLIVA, Claudio (ed.). **Estudios sobre Hans Kelsen**. Valparaíso-Chile, *Universidad de Valparaíso – Facultad de Derecho y Ciencias Sociales*, 1996, p. 305-318.

BOBBIO, Norberto. *La Teoría Pura del Derecho y sus Críticos. In:* OLIVA, Claudio (ed.). **Estudios sobre Hans Kelsen**. Valparaíso-Chile, *Universidad de Valparaíso – Facultad de Derecho y Ciencias Sociales*, 1996, p. 377-405.

BORGES, José Souto Maior. O Direito como Fenômeno Lingüístico, o Problema de Demarcação da Ciência Jurídica, sua Base Empírica e o Método Hipotético-Dedutivo (*sic*). **Anuário do Mestrado em Direito**. Recife, Universidade Federal de Pernambuco, n. 4, 1988, p. 11-58.

—. O Direito como Fenômeno Lingüístico, o Problema de Demarcação da Ciência Jurídica, sua Base Empírica e o Método Hipotético-Dedutivo (*sic*). *In:* **Ciência Feliz (Sobre o Mundo Jurídico e Outros Mundos)**. Recife: Fundação de Cultura Cidade do Recife, 1994, p. 123-171.

—. **O Contraditório no Processo Judicial (uma visão dialética)**. 2.ed. São Paulo: Malheiros, 2013.

—. **Ciência Feliz**. 2.ed. São Paulo: Max Limonad, 2000.

BRITO, Lucas Galvão de. Prefácio. *In:* CUNHA, Carlos Renato. **Praticabilidade Tributária: Eficiência, Segurança Jurídica e Igualdade**. São Paulo: Almedina, 2021, p. 11-13. (Direito Tributário UFPR).

CALSAMIGLIA, Albert. *Ensayo sobre Dworkin. In:* ***Los Derechos en Serio***. *Traducción:* Marta Guastavino. Barcelona: Ariel, 1999, p. 7-29.

CANARIS, Claus-Wilhelm. **Pensamento Sistemático e Conceito de Sistema na Ciência do Direito**. Tradução: A. Menezes Cordeiro. Lisboa: Gulbenkian, 1989.

—. ***El Sistema en la Jurisprudencia***. Tradução: Juan Antonio García Amado. Madrid: *Fundación Cultural del Notariado*, 1998.

CAPELLA, Juan-Ramon. ***El Derecho como Lenguaje – Un Análisis Lógico***. Barcelona: Ariel, 1968.

CARRIÓ, Genaro R. ***Notas sobre Derecho y Lenguaje***. 4.ed. Buenos Aires: Abeledo-Perrot, 1990.

CARVALHO, Cristiano. **Teoria da Decisão Tributária**. São Paulo: Saraiva, 2013.

CARVALHO, Paulo de Barros. **A Regra-Matriz do ICM**. Tese (Livre Docência em Direito Tributário) – Faculdade de Direito, Pontifícia Universidade Católica de São Paulo – PUC/SP. São Paulo, 1981.

—. ICMS. **Revista de Direito Tributário**. São Paulo, RT, nº 48, abr./jun. 1989, p. 176-185.

—. Sobre os Princípios Constitucionais Tributários. **Revista de Direito Tributário**. São Paulo, RT, nº 55, jan./mar. 1991, p. 143-155.

—. **Curso de Direito Tributário**. 7.ed. São Paulo: Saraiva, 1995.

—. **Direito Tributário: Linguagem e Método**. 5.ed. São Paulo: Noeses, 2013.

—. **Curso de Direito Tributário**. 29.ed. São Paulo: Saraiva, 2018.

CASTANHEIRA NEVES, Antonio. **O Actual Problema Metodológico da Interpretação Jurídica** (*sic*). V. I. Coimbra: Coimbra, 2003.

CHUEIRI, Vera Karam de. **Filosofia do Direito e Modernidade: Dworkin e a Possibilidade de um Discurso Instituinte de Direitos**. Curitiba: JM, 1995.

—. Ronald Dworkin. *In:* BARRETO, Vicente de Paulo (coord.). **Dicionário de Filosofia do Direito**. São Leopoldo-RS: UNISINOS, 2006, p. 259-263.

—. e KOZICKI, Katya. Dworkin, A Leitura Moral da Constituição e a Unidade do Valor. *In:* FONSECA, Angela Couto Machado e HANSEN, Thiago Freitas (org.). **Grandes Debates Jurídicos da Teoria e Filosofia do Direito: A Consolidação de um Campo de Pesquisa**. Curitiba: NEFIT, 2022, p. 46-72.

COELHO, Fábio Ulhoa. Hermenêutica Kelseniana. *In:* DI GIORGI, Beatriz; CAMPILONGO, Celso Fernandes; e PIOVESAN, Flávia (coord.). **Direito, Cidadania e Justiça: Ensaios sobre Lógica, Interpretação, Teoria, Sociologia e Filosofia Jurídicas**. São Paulo: RT, 1995, p. 44-60.

—. **Para Entender Kelsen**. 2.ed. São Paulo: Max Limonad, 1996.

COSTA, Regina Helena. **Praticabilidade e Justiça Tributária: Exeqüibilidade de Lei Tributária e Direitos do Contribuinte** (*sic*). São Paulo: Malheiros, 2007.

CUNHA, Carlos Renato. **O Simples Nacional, a Norma Tributária e o Princípio Federativo: Limites da Praticabilidade Tributária**. Curitiba: Juruá, 2011.

—. **Praticabilidade Tributária: Eficiência, Segurança Jurídica e Igualdade**. São Paulo: Almedina, 2021. (Direito Tributário UFPR).

DIAS TOFFOLI, José Antonio e RODRIGUES JUNIOR, Otavio Luiz. Hans Kelsen, o Jurista e suas Circunstâncias (Estudo Introdutório para a Edição Brasileira da “Autobiografia” de KELSEN, Hans). KELSEN, Hans. *In:* **Autobiografia de Hans Kelsen**. 4.ed. Tradução: Gabriel Nogueira Dias e José Ignácio Coelho Mendes Neto. Rio de Janeiro: Forense Universitária, 2012, p. XIII-LXIII.

DIMOULIS, Dimitri. **Positivismo Jurídico: Teoria da Validade e da Interpretação do Direito**. 2.ed. Porto Alegre: Livraria do Advogado, 2018.

DINIZ, Maria Helena. **Compêndio de Introdução à Ciência do Direito**. São Paulo: Saraiva, 1988.

DOMINGOS, Guilherme Moro. A Teoria da Interpretação em Hans Kelsen. *In:* KOZICKI, Katya e CHUEIRI, Vera Karam de (coord.). **Estudos em Direito, Política e Literatura: Hermenêutica, Justiça e Democracia**. Curitiba: Juruá, 2007, p. 17-32.

—. Fundamentos Filosóficos de Hans Kelsen na Teoria da Interpretação de Normas Tributárias. *In:* MACEI, Demetrius Nichele e SILVA, Francisco de Assis e (coord.); e KNOERR, Fernando Gustavo e MARIGHETTO, Andrea (org.). **Direito Tributário e Filosofia**. Curitiba: Instituto Memória, 2014, p. 257-278.

DWORKIN, Ronald. ***El Imperio de la Justicia***. 2.ed. Barcelona: Gedisa, 1992.

—. *Realmente no hay Respuesta Correcta en los Casos Difíciles ? In:* CASANOVAS, Pompeu e JOSÉ JUAN MORESO, José Juan (eds.). ***El Ámbito de lo Jurídico: Lecturas de Pensamiento Jurídico Contemporáneo***. Barcelona: Crítica – Grijalbo-Mondadori, 1994, p. 475-512.

—. ***Los Derechos en Serio***. *Traducción:* Marta Guastavino. Barcelona: Ariel, 1999.

—. **A Justiça de Toga**. Tradução: Jeferson Luiz Camargo. São Paulo: Martins Fontes, 2010. (Biblioteca Jurídica WMF).

ENGELMANN, Wilson. **Crítica ao Positivismo Jurídico: Princípios, Regras e o Conceito de Direito**. Porto Alegre: Fabris, 2001.

ENGISH, Karl. **Introdução ao Pensamento Jurídico**. 6.ed. Tradução: João Baptista Machado. Lisboa: Gulbenkian, 1988.

FERRARA, Francesco. **Interpretação e Aplicação das Leis**. 4.ed. Tradução: Manuel A. Domingues de Andrade. Coimbra: Arménio Amado, 1987.

FERRAZ JR., Tércio Sampaio. **O Conceito de Sistema no Direito: Uma investigação histórica a partir da obra jusfilosófica de Emil Lask**. São Paulo: RT e USP, 1976.

—. **Teoria da Norma Jurídica: Ensaio de Pragmática da Comunicação Normativa**. 2.ed. Rio de Janeiro: Forense, 1986.

—. **Introdução ao Estudo do Direito – Técnica, Decisão, Dominação**. São Paulo: Atlas, 1989.

—. Prólogo: Por Que Ler Kelsen, Hoje ? *In:* COELHO, Fábio Ulhoa. **Para Entender Kelsen**. 2.ed. São Paulo: Max Limonad, 1996, p. 13-20.

—. **Direito, Retórica e Comunicação**. 2.ed. São Paulo: Saraiva, 1997.

—. **Função Social da Dogmática Jurídica**. 2.ed. São Paulo: Max Limonad, 1998.

FREITAS, Juarez. **A Interpretação Sistemática do Direito**. São Paulo: Malheiros, 1995.

—. A Melhor Interpretação Constitucional *versus* A Única Resposta Correta. **Revista Latino-Americana de Estudos Constitucionais**. Belo Horizonte, Del Rey, nº 2, jul./dez. 2003, p. 279-316.

GARCÍA MÁYNEZ, Eduardo. ***Introducción al Estudio del Derecho***. 27.ed. México: Porrúa, 1977.

GRAU, Eros Roberto. **Ensaio e Discurso sobre a Interpretação/Aplicação do Direito**. 2.ed. São Paulo: Malheiros, 2003.

—. **O Direito Posto e o Direito Pressuposto**. 7.ed. São Paulo: Malheiros, 2008.

GUIBOURG, Ricardo A.; GHIGLIANI, Alejandro M. e GUARINONI, Ricardo V. ***Introducción al Conocimiento Jurídico***. Buenos Aires: Astrea, 1984. (*Filosofía y Derecho*, 11).

HART, Herbert L. H. **O Conceito de Direito**. Tradução: Armindo Ribeiro Mendes. Lisboa: Gulbenkian, 1986.

—. *Una Mirada Inglesa a la Teoría del Derecho Norteamericana: La Pesadilla y el Noble Sueño*. *In:* CASANOVAS, Pompeu e MORESO, José Juan (eds.). ***El Ámbito de lo Jurídico: Lecturas de Pensamiento Jurídico Contemporáneo***. Barcelona: Crítica – Grijalbo-Mondadori, 1994, p. 327-350.

JESTAEDT, Matthias. Introdução. *In:* KELSEN, Hans. **Autobiografia de Hans Kelsen**. 4.ed. Tradução: Gabriel Nogueira Dias e José Ignácio Coelho Mendes Neto. Rio de Janeiro: Forense Universitária, 2012, p. 1-22.

KALINOWSKI, Georges. ***Introducción a la Lógica Jurídica***. *Traducción:* Juan A. Casaubon. Buenos Aires: EUDEBA, 1973.

KELSEN, Hans. **Teoria Pura do Direito**. 2.ed. Tradução: João Baptista Machado. São Paulo: Martins Fontes, 1987.

—. **Autobiografia de Hans Kelsen** . 4.ed. Tradução: Gabriel Nogueira Dias e José Ignácio Coelho Mendes Neto. Rio de Janeiro: Forense Universitária, 2012.

KOZICKI, Katya e CHUEIRI, Vera Karam de. Dworkin, A Leitura Moral da Constituição e a Unidade do Valor. *In:* FONSECA, Angela Couto Machado e HANSEN, Thiago Freitas (org.). **Grandes Debates Jurídicos da Teoria e Filosofia do Direito: A Consolidação de um Campo de Pesquisa**. Curitiba: NEFIT, 2022, p. 46-72.

LARENZ, Karl. **Metodologia da Ciência do Direito**. 2.ed. Tradução: José Lamego. Lisboa: Gulbenkian, 1989.

LOSANO, Mario G. ***Teoría Pura del Derecho: Evolución y Puntos Cruciales***. *Traducción:* Jorge Guerrero R. Bogotá-Colombia: Temis, 1992.

MAXIMILIANO, Carlos. **Hermenêutica e Aplicação do Direito**. 11.ed. Rio de Janeiro: Forense, 1991.

MÉTALL, Rudolf Aladar. *Hans Kelsen y su Escuela Vienesa de la Teoría del Derecho. In:* OLIVA, Claudio (ed.). **Estudios sobre Hans Kelsen**. Valparaíso-Chile, *Universidad de Valparaíso – Facultad de Derecho y Ciencias Sociales*, 1996, p. 21-29.

MORESO, José Juan. *La Teoría del Derecho en el Siglo XX: Kelsen, Ross y Hart – Introducción. In:* CASANOVAS, Pompeu e MORESO, José Juan (eds.). ***El Ámbito de lo Jurídico: Lecturas de Pensamiento Jurídico Contemporáneo***. Barcelona: Crítica – Grijalbo-Mondadori, 1994, p. 351-360.

MÜLLER, Friedrich. **Métodos de Trabalho do Direito Constitucional**. 2.ed. Tradução: Peter Naumann. São Paulo: Max Limonad, 2000.

OLSEN, Ana Carolina Lopes. Atividade Jurisdicional e o Princípio da Dignidade da Pessoa Humana – Diálogo com a Obra de Ronald Dworkin. *In:* KOZICKI, Katya e CHUEIRI, Vera Karam de (coord.). **Estudos em Direito, Política e Literatura: Hermenêutica, Justiça e Democracia**. Curitiba: Juruá, 2007, p. 55-78.

PAOLINELLI MONTI, Italo. *Palabras del Decano de la Facultad. In:* OLIVA, Claudio (ed.). **Estudios sobre Hans Kelsen**. Valparaíso-Chile, *Universidad de Valparaíso – Facultad de Derecho y Ciencias Sociales*, 1996, p. 15-19.

PEÑA GONZÁLEZ, Carlos. *Discreción e Interpretación Judicial: Las Tesis de Dworkin. In:* IRARRAZABAL COVARRUBIAS, Jaime *et al.* ***Interpretación, Integración y Razonamiento Jurídicos***. Santiago de Chile: Jurídica, 1992, p. 229-242.

PORTO MACEDO JUNIOR, Ronaldo. **Do Xadrez à Cortesia: Dworkin e a Teoria do Direito Contemporânea**. 2.ed. São Paulo: Saraiva, 2014.

—. Ronald Dworkin – Teórico do Direito. **Enciclopédia Jurídica da PUC/SP**, nº 1, São Paulo, PUC/SP, abr./2017. Disponível em: <https://enciclopediajuridica.pucsp.br>. Acesso em: 25.10.2021.

REALE, Miguel. **Estudos de Filosofia e Ciência do Direito**. São Paulo: Saraiva, 1978.

—. **Lições Preliminares de Direito**. 17.ed. São Paulo: Saraiva, 1990.

—. O Terceiro Kelsen (A Propósito da Teoria Geral das Normas, obra póstuma de Hans Kelsen). *In:* **Nova Fase do Direito Moderno**. São Paulo: Saraiva, 1990, p. 195-208.

—. **O Direito Como Experiência (Introdução à Epistemologia Jurídica)**. 2.ed. São Paulo: Saraiva, 1992.

RECASÉNS SICHES, Luis. ***Nueva Filosofía de la Interpretación del Derecho***. 2.ed. México: Porrúa, 1973.

ROSS, Alf. ***Sobre el Derecho y la Justicia***. *Traducción:* Genaro R. Carrió. Buenos Aires: EUDEBA, 1963.

SCHILD, Wolfgang. ***Las Teorías Puras del Derecho (Reflexiones sobre Hans Kelsen y Robert Walter)***. Bogotá-Colombia: Temis, 1983. (*Monografías Jurídicas*, 32).

SERBENA, Cesar Antonio. **Novas Perspectivas do Realismo Jurídico**. Rio de Janeiro: *Lumen Juris*, 2022.

SGARBI, Adrian. Hans Kelsen (Teoria Pura do Direito). *In:* **Clássicos de Teoria do Direito**. Rio de Janeiro: Lumen Juris, 2006.

—. **HANS KELSEN (Ensaios Introdutórios)**. Rio de Janeiro: Lumen Juris, 2007.

—. **O Mundo de Kelsen**. São Paulo: Marcial Pons, 2019. (Filosofia e Direito).

SILVEIRA, Alípio. **Hermenêutica Jurídica: Seus princípios fundamentais no Direito Brasileiro**. V. 1 e 2. 2.ed. São Paulo: Brasiliense, [198?].

SQUELLA NARDUCCI, Agustín. *Palabras Preliminares. In:* OLIVA, Claudio (ed.). **Estudios sobre Hans Kelsen**. Valparaíso-Chile, *Universidad de Valparaíso – Facultad de Derecho y Ciencias Sociales*, 1996, p. 9-13.

VALLE, Maurício Dalri Timm do e VIEIRA, José Roberto. Direitos Fundamentais Tributários: Em Busca dos Fundamentos da sua Fundamentalidade. *In:* CARVALHO, Paulo de Barros (coord.) e SOUZA, Priscila de (org.). **Texto e Contexto no Direito Tributário**. São Paulo: Noeses e IBET, 2020, p. 757-794.

VASCONCELOS, Arnaldo. **Teoria Pura do Direito: Repasse Crítico de seus Principais Fundamentos**. 2.ed. Rio de Janeiro: GZ, 2010.

VERNENGO, Roberto Jose. ***Curso de Teoría General del Derecho***. 2.ed. Buenos Aires: Depalma, 1988.

VIEIRA, José Roberto. **A Regra-Matriz de Incidência do IPI: Texto e Contexto**. Curitiba: Juruá, 1993.

—. O IRPF e o Direito Fundamental à Igualdade: Um Tributo de Dupla Personalidade ! *In:* BRANCO, Paulo Gonet; MEIRA, Liziane Angelotti; e CORREIA NETO, Celso de Barros (coord.). **Tributação e Direitos Fundamentais conforme a Jurisprudência do STF e do STJ**. São Paulo: Saraiva, 2012, p. 164-226. (IDP).

—. e VALLE, Maurício Dalri Timm do. Direitos Fundamentais Tributários: Em Busca dos Fundamentos da sua Fundamentalidade. *In:* CARVALHO, Paulo de Barros (coord.) e SOUZA, Priscila de (org.). **Texto e Contexto no Direito Tributário**. São Paulo: Noeses e IBET, 2020, p. 757-794.

VIGO, Rodolfo Luis. *El Anti-Positivismo Jurídico de Ronald Dworkin*. *In*: ***Perspectivas Iusfilosóficas Contemporáneas: Ross, Hart, Bobbio, Dworkin, Villey***. Buenos Aires: Abeledo-Perrot, 1991, p. 167-208.

VILANOVA, Lourival. **O Problema do Objeto da Teoria Geral do Estado**. Recife: Imprensa Oficial, 1953.

—. **As Estruturas Lógicas e o Sistema do Direito Positivo**. São Paulo: RT e EDUC, 1977.

—. **Norma Jurídica/Proposição Jurídica - Significação Semiótica**. São Paulo: IBET e SEC Pernambuco, 1981.

WARAT, Luís Alberto. **O Direito e sua Linguagem**. 2.ed. Porto Alegre: Fabris, 1984.

2. Obras Não Jurídicas

ABBAGNANO, Nicola. **Dicionário de Filosofia**. Tradução: Alfredo Bosi (coord.). 2.ed. São Paulo: Mestre Jou, 1982.

ACETI, Laura. ***Grande Libro dei Santi***. Roma: Rusconi, 2013.

ALTER, Robert e KERMODE, Frank (org.). **Guia Literário da Bíblia**. Tradução: Raul Fiker. São Paulo: UNESP, 1997. (Prismas).

BEITZEL, Barry J. (cons.). **Bíblica: O Atlas da Bíblia - Uma Viagem Histórica e Social pelas Terras Bíblicas**. Tradução: Mathias de Abreu Lima Filho, Eliana Chiochetti e Rodrigo Popotic. Barueri-SP: Girassol, 2009.

BENETTI, Santos. **Salmos: Verso e Reverso**. Tradução: Isabel Fontes Leal Ferreira. São Paulo: Paulinas, 1978.

BORGES, José Souto Maior. **Ciência Feliz**. 4.ed. São Paulo: Noeses, 2021.

BOYER, Frédéric e BLOCH, Serge. **Bíblia: As Histórias Fundadoras, Do Gênesis ao Livro de Daniel**. Tradução: Bernardo Ajzenberg. São Paulo: 34, 2022.

BRANDÃO, Junito. **Dicionário Mítico-Etimológico da Mitologia e da Religião Romana**. Petrópolis-RJ: Vozes, 1993.

—. **Dicionário Mítico-Etimológico da Mitologia Grega**. V. I. 4.ed. Petrópolis-RJ: Vozes, 2000.

COSTA, Newton da. **O Conhecimento Científico**. 2.ed. São Paulo: Discurso, 1999.

CUNHA, Antônio Geraldo da. **Dicionário Etimológico Nova Fronteira da Língua Portuguesa**. 2.ed. Rio de Janeiro: Nova Fronteira, 1996.

ECO, Umberto. **Conceito de Texto**. Tradução: Carla de Queiroz. São Paulo: T. A. Queiroz e EDUSP, 1984.

ENGLEBERT, Omer. ***Lives of the Saints***. *Translation:* Christopher e Anne Fremantle. New York: Barnes & Noble, 1994.

FARMER, David Hugh. ***The Oxford Dictionary of Saints***. 5.ed. New York: *Oxford University Press*, 2004.

FOUILLOUX, Danielle *et al.* **Dicionário Cultural da Bíblia**. Tradução: Marcos Bagno. São Paulo: Loyola, 1998.

HEIDEGGER, Martin. Sobre o "Humanismo" – Carta a Jean Beaufret, Paris. *In:* **Conferências e Escritos Filosóficos**. Tradução: Ernildo Stein. São Paulo: Abril Cultural, 1973. (Os Pensadores, XLV).

LEVY-VALENSI, E. Amado. Davi ou Do Itinerário. *In:* BRUNEL, Pierre (org.). **Dicionário de Mitos Literários**. Tradução: Carlos Sussekind, Jorge Laclette, Maria Thereza Rezende Costa e Vera Whately. Rio de Janeiro-Brasília: José Olympio e UnB, 1997, p. 212-216.

LURKER, Manfred (ed.). **Dicionário de Simbologia**. Tradução: Mario Krauss e Vera Barkow. 2.ed. São Paulo: Martins Fontes, 2003.

MESTERS, Carlos. **Deus, Onde Estás ?** 5.ed. Belo Horizonte: Vega, 1976.

—. OROFINO, Francisco. **Gente como Nós: Os Santos e as Santas da Bíblia para Todos os Dias do Ano**. Aparecida-SP: Santuário, 2017.

MOHANA, João. **Salmos de Todos os Tempos**. Rio de Janeiro: Agir, 1978.

MORRIS, Charles W. **Fundamentos da Teoria dos Signos**. Tradução: Paulo Alcoforado e Milton José Pinto. Rio de Janeiro e São Paulo: Eldorado e EDUSP, 1976.

NIETZSCHE, Friedrich. **A Gaia Ciência**. Tradução: Paulo César de Souza. São Paulo: Companhia das Letras, 2001.

NÖTH, Winfried e SANTAELLA, Lúcia. **Semiótica**. São Paulo: Experimento, 1999.

POPPER, Karl. **Conjecturas e Refutações (O Progresso do Conhecimento Científico)**. Tradução: Sérgio Bath. Brasília: UnB, 1980. (Pensamento Científico).

SCHLESINGER, Hugo e PORTO, Humberto. **Líderes Religiosos da Humanidade**. T. 2. São Paulo: Paulinas, 1986.

SGARBOSSA, Mario. **Os Santos e os Beatos da Igreja do Ocidente e do Oriente**. Tradução: Armando Braio Ara. São Paulo: Paulinas, 2003.

VAN LOON, Hendrik Willem. **A História da Bíblia**. Tradução: Monteiro Lobato. Rio de Janeiro: Nova Fronteira, 2020.

VARAZZE, Jacopo. **Legenda Áurea: Vidas de Santos**. Tradução: Hilário Franco Júnior. São Paulo: Companhia das Letras, 2003.

VAUX, R. de *et al.* (dir.). **A Bíblia de Jerusalém**. Tradução: Gilberto da Silva Gorgulho *et al.* (coord.). São Paulo: Paulinas, 1981.

VOGT, Carlos. **Linguagem, Pragmática e Ideologia**. 2.ed. São Paulo: Hucitec, 1989. (Linguagem e Cultura, 4).

WITTGENSTEIN Ludwig. **Tratado Lógico-Filósofico e Investigações Filosóficas**. Tradução: M. S. Lourenço. Lisboa: Gulbenkian, 1987.

10.
A IDEIA DE JUSTIÇA EM KELSEN

ANA LUCIA PRETTO PEREIRA

1. Justiça: conceitos, teorias e ideias

Conceitos, ideias e teorias da justiça diferem seja no que diz respeito à sua formulação, seja no que diz respeito ao seu objetivo. Conceitos consistem na enunciação – normativa? Empírica? – de uma dada compreensão sobre um objeto, a partir de análise e exame sobre os seus – possíveis – elementos constitutivos. A ideia traduz formulação a ser realizada, a ser alcançada, e que pode ou não ser estatuída normativamente. Teorias, por seu turno, contemplam conceitos e ideias, na medida em que, ao mesmo tempo em que comportam um conteúdo normativo, também reúnem com coerência elementos conceituais que se destinam a servir como ferramentas para uma melhor identificação e manejo do objeto principal sob estudo.

Justiça, desde tempos imemoriais, remete a virtude, a valor. [1] Virtude ou valor que interage com o ser humano em alguma medida. Pode-se

[1] Conforme explica Felix Oppenheim, em Platão, justiça e virtude podem ser entendidos como sinônimos. Em Aristóteles, a justiça poderia ser vista como "completa virtude e como excelência no verdadeiro sentido da palavra." Com Herbert Hart, o autor pontua que "Nesse sentido mais restrito e mais comum, falamos de justo e de injusto 'quando nos ocupamos não da conduta de um determinado indivíduo, mas do como tratamos *classes* de indivíduos quando temos que distribuir entre eles ônus e benefícios'". (OPPENHEIM, Felix. Justiça [Verbete]. In: BOBBIO, Norberto; MATTEUCCI, Nicola; PASQUINO, Gianfranco.

compreender a justiça como inerente ou afeta ao comportamento do homem, ou não. Em caso negativo, então será possível visualizar justiça em algo posto, como o direito positivo (porém, não para Kelsen).

À justiça, com o passar do tempo, têm sido atribuídas diferentes roupagens. Alguns autores têm-se ocupado de conceituá-la, teorizá-la ou idealizá-la, por diferentes perspectivas. Sendo a justiça um elemento de valor que se destina a servir como critério para a solução de disputas sobre bens (tempo, riqueza, recursos humanos, recursos tecnológicos), [2] pode ser entendida como liberdade, [3] igualdade,[4] equidade, [5] imparciali-

Dicionário de Política. v. 1, 13. ed., 5. imp.. Trad.: Carmen Varriale *et alii*. Brasília: Editora Universidade de Brasília, 2010. p. 661.

[2] Oppenheim afirma, com Hume, que "os problemas relativos à Justiça surgem nas comunidades porque os homens estão essencialmente interessados em si mesmos e os bens são essencialmente escassos. 'É apenas no egoísmo e na limitada generosidade dos homens – juntamente com os escassos recursos que a natureza colocou à disposição para suas necessidades que a Justiça tem suas origens... Aumentai a bondade dos homens ou a abundância da natureza em grau suficiente e tereis tornado útil a Justiça, substituindo-a com virtudes mais nobres e com bênçãos mais preciosas'". (*Op. cit.*, p. 661-662.)

[3] A ideia remete a Kant. Trata-se de compreender a justiça como a possibilidade de liberdade conforme leis universais. Cf. Martin-Calero, José Luis Colomer. *La teoría de la justicia de Immanuel Kant*. Madrid: Centro de Estudios Constitucionales, 1995. p. 122-128, 147-197 e 360-377. Vide, também: Kant, Immanuel. *Political writings* [Coleção]. Cambridge; New York: Cambridge University Press, 1991; Milovic, Miroslav. Kant, Emmanuel [Verbete]. In: Barreto, Vicente de Paulo (Org.). *Dicionário de Filosofia do Direito* (Coord). São Leopoldo/Rio de Janeiro: Unisinos/Renovar, 2006.

[4] Bruce Ackerman formula uma noção de justiça que trabalha com princípios informadores de um critério geral, a saber, igualdade. Um desses princípios é a *racionalidade*, que impõe o dever de não suprimir o questionador, mas explicar por que suas razões/direitos devem prevalecer. Outro princípio é a *neutralidade*, na medida em que nenhuma razão é boa se se requer que aquele que a profere afirme ser a sua razão melhor ou superior a outras. O autor aponta, também, nesse conjunto, a *coerência*, e então se teria a "perfeita tecnologia da justiça" (Ackerman, Bruce. *La justicia social en el Estado liberal*. Madrid: Centro de Estudios Constitucionales, 1993. p. 35-141; 367-414.).

[5] A formulação teórica de John Rawls representa um marco no campo das reflexões filosóficas sobre justiça, por apresentar uma proposta política, transcendente às proposições do eu, e separada de concepções metafísicas ou epistemológicas, como afirma o próprio autor. Em Rawls encontra-se a noção de justiça como equidade, e também um discurso precursor de valorização das instituições políticas, como mecanismo eficiente para a realização de exigências. (Rawls, John. *Liberalismo político*. Trad. Dinah de Abreu Azevedo.

dade, [6] equilíbrio ou ponto médio [7] e, ainda, desenvolvimento. [8] Caberia a Kelsen identificá-la como virtude que integra condutas, não se admitindo a valoração de normas jurídicas como justas ou injustas. [9]

Rev. Álvaro de Vita. São Paulo: Ática, 2000. p. 46-92 e 180-309; VITA, Álvaro. *A justiça igualitária e seus críticos*. São Paulo: Martins Fontes. 2007. p. 29-77 e 201-297. Também: RAWLS, John. *Uma teoria da justiça*. Trad. Jussara Simões. Rev. técnica. Álvaro de Vita. São Paulo: Martins Fontes, 2008. p. 65-141; VITA, Álvaro de. *As teorias da justiça depois de Rawls*. Um breve manual de filosofia política. São Paulo: Martins Fontes, 2008. p. 33-62; 137-182).

[6] Brian Barry defende a ideia de que um ideal de justiça poderá ser alcançado se tiver como objetivo a imparcialidade de instituições, e não de homens. O autor trabalha com as ideias de *reciprocidade* e *base consensual* para a regulação da vida em sociedade, pressupondo a impossibilidade de uma concepção de bem que seja imposta à sociedade. Barry rejeita a racionalidade individual como critério de determinação do conteúdo de regras de justiça. Cf. BARRY, Brian. *Teorías de la justicia*. Trad. Cecilia Hidalgo, com Clara Lourido. Barcelona: Gedisa, 2001. p. 17-159.

[7] É o que se compreende do pensamento de Michael Sandel, nitidamente inspirado em Aristóteles. A justiça, para Sandel, consiste em fazer o que seja devido para que se possa alcançar o ponto arquimédico que permite fazer girar a estrutura básica das instituições. Cf. SANDEL, Michael. *El liberalismo y los límites de la justicia*. Trad. María Luz Melon. Barcelona: Gedisa, 2000. p. 31-135.

[8] Amartya Sen (2009) oferece a proposta de compreender a justiça em termos concretos. O autor parte do pressuposto de que, embora não haja um consenso em torno do que seja justo, é possível confiar às pessoas que tomam decisões públicas uma compreensão sensata acerca do que seria *injusto*. Sen reconhece que emoções, instintos e aspectos psicológicos do agente são fontes de valoração inescapáveis para a tomada de decisões políticas. Contudo, tais fontes de valoração não seriam independentes, pois dependeriam, afinal, de uma justificação racional (*reasoning*). Daí o autor alinhar a sua ideia de justiça com uma teoria da democracia: *injusto* seria "não dar a alguém aquilo que lhe seja de direito sem uma justificação racional", sendo que essa justificação seria controlável através do escrutínio sobre decisões públicas. Cf. SEN, Amartya. *The idea of justice*. Cambridge: Harvard University Press, 2009. p. 225-317. Vide, também: SEN, Amartya. *Development as freedom*. New York: Anchor Books, 2000; PEREIRA, Ana Lucia Pretto. *Atividade política judicial:* ensaio de fundamentação. Brasília: Editora Universidade de Brasília, no prelo.

[9] O pensamento do autor pode ser encontrado em: KELSEN, Hans. *A Justiça e o Direito Natural*. Trad. João Baptista Machado. Coimbra: Arménio Amado-Editor, Sucesso, 1979. As conclusões alcançadas neo presente estudo dialogam com outras duas obras do autor: *¿Quién debe ser el defensor de la Constitución?* Madrid: Editorial Tecnos, 1995 e *Teoria Pura do Direito*. São Paulo: Martins Fontes, 2006.

Nesse caminho, surge importante conferir de que se trata a ideia de justiça em Kelsen, e onde se posiciona em relação ao direito, no pensamento do autor.

2. A justiça em kelsen

2.1 Positivismo jurídico em Kelsen

Para uma melhor compreensão da ideia de justiça em Kelsen, é importante traçar alguns elementos fundamentais da Teoria Pura do Direito, concebida pelo autor. [10]

De início, Kelsen pontua que ciência jurídica se refere ao que é o direito, ao passo que a política diz como deve ser o direito. [11] Nesse caminho, percebe-se que o autor empreende um esforço no sentido de analisar cientificamente o direito; em outras palavras, Kelsen busca dissociar o direito de todos os demais objetos dados a conhecimento para um investigador. A dificuldade surge a partir do momento em que Kelsen recusa o direito como dado pelo divino ou por uma espécie de direito natural, para admitir ser o conhecimento jurídico, e o direito propriamente dito, fruto da produção humana, construído intersubjetivamente e argumentativamente. Dessa forma, o direito não pode ser considerado como um objeto dado, mas, sim, construído.

Para a construção de sua Teoria Pura, a Kelsen interessa identificar as características/propriedades elementares do fenômeno jurídico e, nessa toada, atribuir-lhe categorias conceituais próprias, não emprestadas desde outros ramos do saber. É aí que surgem conceitos fundamentais trazidos pelo autor, a exemplo de sentido objetivo e sentido subjetivo de normas, norma hipotética fundamental, moldura normativa, dentre outros.

A afirmação do autor no sentido de que a ciência jurídica diz o que é o direito, ao passo que a política diz como deve ser o direito, carrega subs-

[10] Utilizaremos, aqui, indistintamente as noções de ideia e conceito, para referir ao pensamento do autor.

[11] Kelsen, *Teoria Pura do Direito*, p. 1. O princípio metodológico fundamental de Kelsen consiste em depurar a ciência jurídica de todos os elementos que lhes sejam estranhos, a saber, valores não objetivados positivamente.

trato conceitual que será retomado posteriormente em seu Teoria Pura do Direito, quanto o jurista vem a definir o que enuncia como campo do ser e campo do dever ser, no mundo jurídico.

Desde logo, é importante observar que Kelsen identifica o direito com o Estado. Nesse caminho, durante sua estada na Universidade de Harvard, concebeu o seu Teoria Geral do Estado e do Direito.[12] Afinal, a nota de coercitividade, inerente ao Estado, é compartilhada com o direito para distingui-lo de todas as demais modalidades de normas morais.[13] Assim, Kelsen afirma que o Estado não é fenômeno social ou fenômeno jurídico; segundo o autor, desde a perspectiva da Teoria Pura do Direito, o Estado *é*, ele mesmo, ordem jurídica. Nas palavras do jurista, o direito "é uma ordem normativa da conduta humana, ou seja, um sistema de normas que regulam o comportamento humano." [14]

Portanto, direito é Estado, e tudo aquilo que seja produzido no âmbito estatal corresponde a fenômeno jurídico. O oposto também é válido, na medida em que a nota de coercitividade permeia todo e qualquer ato jus-normativo. Dessa forma, nada que seja estranho ao produto estatal pode ser reconhecido como *direito* ou *de direito*. O Estado nasce como direito, morada do elemento democrático que, somente ele, pode informar o nível de legitimidade de uma organização tida como estatal.

[12] Vide Albuquerque, Paulo Antônio de Menezes. Kant, Emmanuel [Verbete]. In: Barreto, Vicente de Paulo (Org.). *Dicionário de Filosofia do Direito* (Coord). São Leopoldo/Rio de Janeiro: Unisinos/Renovar, 2006.

[13] O autor afirma que apenas o encadeamento de normas é que faz com que a liberdade seja restringida coercitivamente de maneira *válida*. De acordo com Kelsen, uma norma, isoladamente, não coage ninguém a agir desta ou daquela maneira; ela precisa de outra norma para que possa valer. Por isso é que a norma singularmente considerada não é direito, não se dirige à conduta humana coercitivamente e com conteúdo de dever ser. Apenas o conjunto de normas é capaz disso, e eis o direito. O direito só existe porque há este ordenamento normativo, essa ordem normativa, segundo a qual para que algo valha como norma, ou seja, para que seja obrigatório enquanto dever ser, deve ser validado por outra norma superior. Como explica Kelsen, "o sentido subjetivo dos atos do costume somente pode ser interpretado como norma objetivamente válida se o costume é assumido como fato produtor de normas por uma norma superior". (Kelsen, *Teoria Pura...*, p. 4).

[14] Kelsen, *Teoria Pura...*, p. 5.

2.2 Sentido objetivo e sentido subjetivo das normas

As noções de sentido objetivo e sentido subjetivo de normas são categorias conceituais trazidas por Kelsen que se relacionam diretamente com a conduta humana. Possuem, pelo menos, um objetivo imediato e outro consequente: trata-se de, num primeiro momento, demonstrar que atos de vontade, informados por conteúdos morais, somente terão relevância jurídica se objetivados positivamente no ordenamento. E, por consequência, dessa demonstração surge a conclusão sobre a validade ou invalidade de um ato normativo em referência à ordem juridicamente posta.

A conduta humana pode expressar algo que seja jurídico, ou, de direito. [15] Todavia, trata-se de uma possibilidade, pois se o indivíduo aponta algo subjetivamente como sendo de direito, pode ser que, objetivamente, não o seja. [16] Eis uma diferença fundamental entre a regra moral e a regra jurídica, no pensamento de Kelsen. Por exemplo: é proibido furar filas. Se o sistema jurídico não comportar nenhuma previsão proibitiva nesse mesmo sentido, então, trata-se de uma regra válida apenas para a moral subjetiva do indivíduo que a enuncia.

Relacionando o tema à ideia de justiça em Kelsen, é importante observar o seguinte: para Kelsen, a justiça é um valor que pode vir a ser densificado normativamente. A justiça como valor torna-se norma a partir do momento em que informa condutas. Como desdobramento, a justiça, enquanto norma moral, poderá informar a conduta de um indivíduo singularmente considerado, ou de uma coletividade de indivíduos. [17] Se essa norma moral informar a conduta de um único indivíduo, consistirá em nada mais do que a sua própria moral subjetiva. Diversamente, se uma coletividade entender aquela norma como válida, e informadora de condutas, então abre-se um espaço para o que se convencionou chamar de moral objetiva.

[15] Kelsen explica ser jurídico aquilo que corresponda a algo como de direito, sendo o direito, propriamente, o objeto em si. Kelsen, *Teoria Pura...*, p. 3.

[16] Kelsen, *Teoria Pura...*, p. 3.

[17] "Como as normas da moral são normas sociais, isto é, normas que regulam a conduta de indivíduos em face de outros indivíduos, a norma da justiça é uma norma moral; e assim, também sob esse aspecto o conceito da justiça se enquadra no conceito da moral." (Kelsen, *A Justiça e o Direito...*, p. 2).

Como o próprio autor coloca, em mais de uma oportunidade,

Já a outro propósito fizemos notar que, do facto de um salteador de estradas nos ordenar que lhe demos nosso dinheiro, não concluímos de forma alguma que devamos dar-lhe o nosso dinheiro, que devamos obedecer ao seu comando; e não o fazemos porque, na verdade, não pressupomos qualquer norma por força da qual o sentido subjectivo do acto do salteador de estradas seja também o seu sentido objetivo. O fundamento de validade de uma norma positiva, isto é, de uma norma posta através de um acto de vontade, não é o acto que põe esta norma ou põe uma norma superior, quer dizer, o acto sujo sentido objectivo é a norma inferior ou a norma superior, mas a norma superior que é pressuposta como objectivamente válida e que opera a fundamentação de validade da norma inferior precisamente pelo facto de legitimar o sentido subjectivo do acto que põe esta norma como seu sentido objectivo, isto é, como norma objectivamente válida. [18]

O sentido subjetivo, portanto, pode – ou não – vir a coincidir com o sentido objetivo de uma norma. Nesse caminho, tem-se que o ato de vontade tem participação importante no reconhecimento de um ato como jurídico ou não. Afinal, pontua Kelsen, o juízo que declara a juridicidade de um ato é resultado da interpretação do ato segundo uma norma posta e válida. [19]

O sentido subjetivo do ato de vontade consiste no ponto de vista do indivíduo que põe o ato. Conforme exemplo posto por Kelsen, "um indivíduo quer (ato de vontade, no plano do ser) que o outro de conduza de maneira x (norma, no plano do dever ser). O dever ser, como se percebe, não corresponde a um querer. O querer, afinal, é um ato de vontade." [20]

O sentido objetivo da norma é o que lhe confere validade, pertencimento ao ordenamento jurídico. É desse sentido objetivo que o ato pre-

[18] Kelsen, *A Justiça e o Direito* ..., p. 16.

[19] Kelsen, *Teoria Pura...*, p. 4. Nas palavras do autor: "A norma que empresta ao ato o significado de um ato jurídico (ou antijurídico) é ela própria produzida por um ato jurídico que, por seu turno, recebe a sua significação jurídica de outra norma."

[20] É possível que exista uma correspondência entre o ser e o dever ser. Trata-se da *conduta*: entre os enunciados "a porta será fechada" (ser) e "a porta deve ser fechada" (dever ser), a conduta fechar a porta é comum.

cisa para constituir uma norma juridicamente válida. O ponto de vista subjetivo é insuficiente para que à norma seja reconhecida a adjetivação de juridicidade. A objetivação é resultante da concordância intersubjetiva quanto à imposição daquele enunciado com nota de coercitividade. Trata-se da objetivação positiva de comandos moralmente válidos em uma comunidade política. Eis um elemento democrático seminal da teoria jurídica de Hans Kelsen.

2.3 Normas de justiça e normas de direito

Para que se possa adentrar na distinção entre normas de justiça e normas de direito em Kelsen, é importante traçar apontamentos fundamentais quanto à noção de justiça, tal qual formulada pelo autor.

Ao refletir sobre o tema da justiça, Kelsen explica que as categorias justo e injusto correspondem a juízos de valor que resultam do exame de condutas à luz de uma norma que preceitue o que seja justo ou injusto. Analisando a reflexão mediante categorias conceituais da Teoria Pura do Direito, tem-se que a conduta é um fato da ordem do ser, ao passo que a norma de justiça reside no plano do dever ser. [21]

Lembre-se, no ponto, que o plano do dever ser contempla tanto normas jurídicas quanto normas não jurídicas, sendo determinante para a conceituação dessas últimas a nota de coercitividade, justificada, conforme Kelsen, sobre o potencial descumprimento de acordos originários pelos concernidos. [22]

A justiça enquanto virtude, pontua Kelsen, é exteriorizada na conduta dos indivíduos. Nessa medida, e seguindo a lógica da Teoria Pura do Direito, uma norma de justiça somente poderá ser identificada como norma jurídica se aquilo que se reputa como justo assim estiver enunciado em uma norma positivamente válida.[23] De acordo com Kelsen, a

[21] Kelsen, *A Justiça e o Direito* ..., p. 3.

[22] A coercitividade é a nota fundamental que distingue as normas jurídicas de outras normas moralmente válidas. Todavia, admitido como pressuposto o potencial cumprimento de acordos originários, então a coercitividade deixa de ser um elemento determinante para a constituição do jurídico. Cf. Pereira, *Atividade política judicial*, cit..

[23] Kelsen, *A Justiça e o Direito Natural*, cit.

conduta será objetivamente considerada como justa quando corresponder a uma norma que prescreva essa conduta, impondo-a como devida.[24]

Sendo a justiça uma virtude, a norma de justiça é uma norma de tratamento, segundo Kelsen, e que se exterioriza por meio de uma conduta.[25] Norma de tratamento que, pontue-se, pode ser emanada por uma autoridade competente ou não. Se essa norma de tratamento partir de uma autoridade competente, então o que se tem é uma situação peculiar, e que traduz crítica recorrente à Teoria Pura: independentemente do conteúdo dessa norma (justa ou injusta, desde um ponto de vista subjetivo), então ela será considerada válida, porque pronunciada por uma autoridade competente.

A crítica pode ser respondida com base na própria Teoria Pura. Isso porque, ao propor que uma norma de justiça assim o seja porque positivamente válida, então a conduta que exterioriza um valor de justiça também deverá, ela mesma, ser pautada sobre uma norma igualmente objetivada no ordenamento positivo. Em outras palavras, há duas normas igualmente válidas aqui: primeiro, a norma positiva que atribui um universo de condutas possíveis à autoridade competente. Segundo, a norma de justiça – também positiva – de que se vale a autoridade competente para o exercício de suas atribuições.

Evidentemente, a crítica persiste. Afinal, convicções morais, valores éticos e diferentes tipos de subjetividade integrariam a construção da norma jurídica no momento de sua interpretação e aplicação a um caso concreto. Trata-se da possibilidade, dentro do espaço – limitado – da moldura normativa kelseniana, de decisão política por parte do intérprete.[26] Nada obstante, a Teoria Pura preserva identidade e força não apenas em vista das categorias jurídicas que sofisticadamente desenvolveu, como, sobretudo, se levado em conta o contexto histórico no qual foi produzida. Vejam-se as palavras do autor nesse sentido:

[24] Kelsen, *A Justiça e o Direito...*, p. 1.

[25] Kelsen, *A Justiça e o Direito...*, p. 2. Por esse motivo, explica o autor, existem normas morais que não configuram normas de justiça, porque inexistente qualquer elemento de tratamento em seu comando deôntico. Ex.: a norma moral "não devemos nos suicidar".

[26] Cf. apontado em Pereira, *Atividade política judicial...*, no prelo.

Relativamente às ciências sociais falta ainda [...] uma força social que possa contrabalancear os interesses poderosos que, tanto aqueles que detêm o poder como também aqueles que ainda aspiram ao poder, têm uma teoria à medida dos seus desejos, quer dizer, numa ideologia social. E isto sucede particularmente na nossa época, que a guerra mundiais e as suas consequências fizeram verdadeiramente saltar dos eixos, em que as bases da vida social foram profundamente abaladas e, por isso, as oposições dentro dos Estados se aguçaram até o extremo limite. O ideal de uma ciência objetiva do Direito e do Estado só num período de equilíbrio social pode aspirar a um reconhecimento generalizado. [...] Se, no entanto, ouso apresentar nesta altura o resultado do trabalho até agora realizado, faço-o na esperança de que o número daqueles que prezam mais o espírito do que o poder seja maior do que hoje possa parecer; faço-o sobretudo com o desejo de que uma geração mais nova não fique, no meio do tumulto ruidoso dos nossos dias, completamente destituída de fé numa ciência jurídica livre, faço-o na firme convicção de que os seus frutos não se perderão para um futuro distante. [27]

No que diz respeito às reflexões em torno das distinções entre normas de justiça e normas de direito, é importante destacar, inicialmente, que, concorda Kelsen, ambas possuem um conteúdo deôntico que é externalizado por meio de um ato de vontade. Trata-se de compreender que, tanto normas jurídicas, quanto normas de justiça, carregam um conteúdo de dever ser. A diferença fundamental entre umas e outras reside em que normas jurídicas são objetivadas positivamente, em um sistema dotado de coercitividade, segundo o autor. Afinal, admitindo-se que algo *pode ser* da maneira como *deve ser*, tem-se aberta a possibilidade de descumprimento da norma, e eis o elemento coercitivo do direito. [28] O conteúdo deôntico da norma jurídica pode consistir em uma prescrição, uma permissão ou uma atribuição de competência, de acordo com o autor.

Linhas atrás, afirmou-se serem, as normas de justiça, normas de tratamento em relação aos homens. Nesse ponto, é importante ir mais adiante com o autor, divisando juízo de valor sobre condutas de juízo de valor sobre normas. De acordo com Kelsen, somente pode ser admitido

[27] Kelsen, *Teoria Pura...*, p. 14-15.
[28] Kelsen, *Teoria Pura...*, p. 6.

juízo de valor – justo ou injusto – sobre condutas, e não sobre normas. Normas não podem ser consideradas justas ou injustas; condutas, sim. E as condutas, segundo Kelsen, serão justas ou injustas se concordes ou contrárias a prescrições normativas enunciadas pelo ordenamento positivo. Em outras palavras, e conforme mencionado anteriormente, justo ou injusto remete a conteúdo normativo já prescrito pelo ordenamento jurídico, sendo que todo e qualquer juízo de valor estranho a essa ordem será estranho, também, ao direito.

Nesse caminho, Kelsen pontua a diferença entre "a doutrina" do direito natural e o positivismo jurídico. De acordo com o autor, normas de direito natural possuem validade tendo como referencial um parâmetro próprio, que não o ordenamento positivo. Dessa forma, impossível um conflito de validade entre normas de direito natural e normas de direito positivo. [29] Todavia, caso a norma de direito natural seja posta positivamente, então essa norma de direito natural passará a fazer parte do ordenamento positivo, e não mais haverá conflito em termos de validade.

Ao diferenciar normas jurídicas de normas morais, surge nítida a preocupação de Kelsen em depurar o ordenamento jurídico de conteúdos morais não resultantes de um acordo intersubjetivo entre os concernidos. [30] Trata-se de combater a malfadada imposição de subjetividades pela via de atos jurídicos emanados de autoridades. A atitude de Kelsen surge em um contexto no qual se tornava cada vez mais imprescindível a oposição ao exercício autoritário e arbitrário do poder político. A Teoria Pura de Kelsen persiste em validade e dinâmica como bandeira de luta e também discurso intelectual que contribui na construção do conhecimento sobre o que é o direito, para que ele serve, de onde vem, como pode ser utilizado (i)legitimamente e que categorias conceituais lhes são

[29] KELSEN, *A Justiça e o Direito* ..., p. 10.

[30] Trata-se de preocupação que informa o pensamento de diferentes teóricos sobre a justiça, conforme apontado em notas anteriores. Uma concepção objetivada sobre o justo, ou o que Habermas viria a chamar de "conteúdo cognitivo da moral", é discutido sobretudo no que diz respeito à concordância sobre um possível conteúdo essencial da dignidade humana. Cf. HABERMAS, Jürgen. *A inclusão do outro*. Estudos de teoria política. São Paulo: Loyola, 2002. p. 7-18.

próprias para um melhor trabalhar no cotidiano de estudos acadêmicos e de prática forense.

Nesse caminho, a distintiva de Kelsen entre normas de justiça e normas jurídicas assume relevo ao abrir caminho para outros debates em torno de critérios de aferição de validade de discursos morais. Habermas,[31] Dworkin [32] e Alexy [33] são jusfilósofos importantes, que se debruçaram sobre o tema e contribuíram, de diferentes formas, para as reflexões iniciadas por Kelsen em torno do que se entenda como direito. A partir de, pelo menos, meados da década de 70, desdobramentos teóricos apontam para um repensar sobre a validade objetiva de conteúdos morais.

Esses estudos desenvolveram-se com intensidade no momento histórico posterior às duas grandes guerras mundiais, período este que sucede a proposta teórica construída por Hans Kelsen. Nada obstante, já Kelsen é contemporâneo ao conflito bélico, e também a este momento do constitucionalismo em que impera a necessidade de construção de um discurso constitucional e constituinte, valorizando cartas e documentos constitucionais e, por consequência, de órgãos políticos especiais legitimados para exercer o controle jurídico sobre a normatividade e a efetividade dessas constituições. É de Kelsen a contribuição fundamental para a construção do que se viria a conhecer posteriormente como

[31] Habermas, ao discutir a legitimidade das decisões judiciais que operam uma leitura de acordos morais com pretensão de definitividade, por exemplo, reflete sobre a racionalidade de decisões que eventualmente desbordem da aplicação ordinária de acordos moralmente válidos. A teoria do direito de Habermas é informada pela perspectiva da teoria do discurso, dentro de um paradigma procedimental. A visão procedimental do autor sobre a racionalidade da atividade de interpretação e aplicação do direito pressupõe um espaço de deliberação onde todos os argumentos podem ser livremente apresentados e discutidos, a fim de que se assegure "idealmente que todas as razões e informações relevantes, das quais em um determinado momento se possa dispor com relação a um tema, possam se fazer ouvir sem exceção". (Habermas, Jürgen. *Facticidad y validez.* Sobre el derecho y el Estado democrático de derecho en términos de teoría del discurso. 6. ed.. Madrid: Trotta, 2010. p. 299. Excerto extraído de Pereira, *Atividade política judicial*, cit.)

[32] As contribuições teóricas do autor nesse respeito podem ser consultadas em DWORKIN, Ronald. *O Império do Direito.* Trad. Jefferson Luiz Camargo. São Paulo: Martins Fontes, 1999. p. 213-231; 271-332.

[33] Consulte-se Alexy, Robert. *Teoria dos Direitos Fundamentais.* Trad. Virgílio Afonso da Silva. São Paulo: Malheiros, 2008.

uma "corte constitucional", enquanto resultado vitorioso do conhecido embate entre o autor e Carl Schmitt sobre quem deveria ser o guardião da Constituição.[34]

No que diz respeito a normas morais e normas jurídicas, uma diferença importante é aquela que procura distribui-las entre as categorias conceituais normas-regra e normas-princípio. Trata-se de um esforço analítico que se coloca sobretudo no plano argumentativo, essencialmente levando à conclusão de que o gênero norma contempla as espécies regra e princípio, sob diferentes roupagens.

Ronald Dworkin, jusfilósofo norte-americano, aponta, em sua proposta de distinção, que as regras consistem em enunciados aplicáveis à maneira de tudo ou nada, ao passo que os princípios, diversamente, traduzem a densificação normativa de valores morais relevantes para uma determinada comunidade política. Argumentos de princípio, deduz o autor, distinguem-se de argumentos de política na medida em que esses últimos consistem em escolhas de circunstância, não necessariamente

[34] Sobre o tema: KELSEN, *¿Quién debe ser el defensor de la Constitución?*, cit. e SCHMITT, Carl. *O Guardião da Constituição*. Trad. Geraldo de Carvalho. Belo Horizonte: Del Rey, 2007. Segundo Gilmar Ferreira Mendes, seria possível identificar, em ambos os pensadores, um mesmo ponto de partida, embora as conclusões alcançadas tenham sido diametralmente opostas. Explica Gilmar Mendes, na apresentação à citada tradução brasileira: "No que concerne à jurisdição constitucional, tanto Schmitt como Kelsen atingiram conclusões bem distantes de seus pontos de partida. Enquanto Kelsen, que se reconhecia como herdeiro da tradição labandiana, projetara e desenvolvera um sistema concentrado de controle de constitucionalidade que contrariava frontalmente os princípios do positivismo legal do século XIX, Schmitt, que sempre construía suas obras em contraposição a uma imagem de teoria positivista liberal, acabara por chegar justamente ao posicionamento defendido por Laband cinquenta anos antes: a revisão dos atos legislativos por um tribunal independente é uma afronta clara à soberania estatal." Mendes também colaciona excerto de conferência proferida por Kelsen, que bem sintetiza a proposição do jurista alemão: "[...] Se se considera que a essência da democracia reside não no império absoluto da minoria, mas exatamente no permanente compromisso entre maioria e minoria dos grupos populares representados no Parlamento, então representa a jurisdição constitucional um instrumento adequado para a concretização dessa ideia. A simples possibilidade de impugnação perante a Corte Constitucional parece configurar instrumento adequado para preservar os interesses da minoria contra lesões, evitando a configuração de uma ditadura da maioria, que, tanto quanto a ditadura da minoria, se revela perigosa para a paz social." MENDES, Gilmar Ferreira. Apresentação. In: SCHMITT, *O Guardião da Constituição*, p. xiv.

decorrentes de uma construção histórica que resulta na enunciação – jurídica – de valores moralmente relevantes.[35]

Robert Alexy, jurista alemão, por seu turno, concebe uma diferença estrutural entre princípios e regras, entendendo os princípios jurídicos enquanto normas dotadas de maior dose de sofisticação. Preceitos normativos que enunciam direitos fundamentais, reflete o autor, amoldam-se melhor à estrutura de princípios, na medida em que essa espécie normativa contém um mandamento deôntico de maior realização possível, frente a circunstâncias fáticas e jurídicas presentes em situações concretas.[36]

As proposições teóricas apontadas compartilham da preocupação inicial de Kelsen, no sentido de identificar o espaço e modo adequados, no cenário jurídico, para enunciação de valores morais subjetivos, tendo em vista conferir maior estabilidade, previsibilidade e segurança ao sistema jurídico.

2.4 A ideia de justiça em Kelsen

Finalmente, a ideia de justiça em Kelsen. Como visto, Kelsen não se propõe a construir uma teoria da justiça, ou a defini-la conceitualmente. Trata-se de identificar a posição da justiça em relação ao direito. A posição da justiça, nesse caso, e como observado, é tangencial, haja vista consistir em norma de tratamento exteriorizada mediante condutas. Em adição, Kelsen não admite a valoração justo ou injusto sobre normas, haja vista que eventual conclusão pela injustiça de uma norma juridicamente posta consistiria ou em um mero ato de vontade, ou em um conflito de validade.

A originalidade do pensamento de Kelsen e o vigor democrático que informa toda a sua obra, agregados à profundidade analítica com que empreendeu seus estudos sobre o direito, resultaram em uma produção teórica particularmente diversificada e dotada de elevado nível de sofisticação. Obra esta que, sobre persistir em atualidade e singular relevância nos dias de hoje, faz do brilhante jurista, *com justiça* – em sentido subjetivo

[35] *Idem, ibidem.*

[36] *Op. cit.*, p. 85-144.

mas também, e sobretudo, objetivo –, o autor de um dos maiores legados no campo da filosofia e da teoria do direito na contemporaneidade.

3. Referências

ACKERMAN, Bruce. *La justicia social en el Estado liberal.* Madrid: Centro de Estudios Constitucionales, 1993.

ALBUQUERQUE, Paulo Antônio de Menezes. Kant, Emmanuel [Verbete]. In: BARRETO, Vicente de Paulo (Org.). *Dicionário de Filosofia do Direito* (Coord). São Leopoldo/Rio de Janeiro: Unisinos/Renovar, 2006.

ALEXY, Robert. *Teoria dos Direitos Fundamentais.* Trad. Virgílio Afonso da Silva. São Paulo: Malheiros, 2008.

BARRY, Brian. *Teorías de la justicia.* Trad. Cecilia Hidalgo, com Clara Lourido. Barcelona: Gedisa, 2001.

DWORKIN, Ronald. *O Império do Direito.* Trad. Jefferson Luiz Camargo. São Paulo: Martins Fontes, 1999.

HABERMAS, Jürgen. *Facticidad y validez.* Sobre el derecho y el Estado democrático de derecho en términos de teoría del discurso. 6. ed.. Madrid: Trotta, 2010. Madrid: Trotta, 1998.

—. *A inclusão do outro.* Estudos de teoria política. São Paulo: Loyola, 2002.

KANT, Immanuel. *Political writings* [Coleção]. Cambridge; New York: Cambridge University Press, 1991.

KELSEN, Hans. *A Justiça e o Direito Natural.* Trad. João Baptista Machado. Coimbra: Arménio Amado-Editor, Sucesso, 1979.

—. *¿Quién debe ser el defensor de la Constitución?* Madrid: Editorial Tecnos, 1995.

—. *Teoria Pura do Direito.* São Paulo: Martins Fontes, 2006.

MARTIN-CALERO, José Luis Colomer. *La teoría de la justicia de Immanuel Kant.* Madrid: Centro de Estudios Constitucionales, 1995.

MENDES, Gilmar Ferreira. Apresentação. In: SCHMITT, Carl. *O Guardião da Constituição.* Trad. Geraldo de Carvalho. Belo Horizonte: Del Rey, 2007.

MILOVIC, Miroslav. Kant, Emmanuel [Verbete]. In: BARRETO, Vicente de Paulo (Org.). *Dicionário de Filosofia do Direito* (Coord). São Leopoldo/Rio de Janeiro: Unisinos/Renovar, 2006.

OPPENHEIM, Felix. Justiça [Verbete]. In: BOBBIO, Norberto; MATTEUCCI, Nicola; PASQUINO, Gianfranco. *Dicionário de Política.* v. 1, 13. ed., 5. imp. Trad.: Carmen Varriale *et alii.* Brasília: Editora Universidade de Brasília, 2010.

PEREIRA, Ana Lucia Pretto. *Atividade política judicial:* ensaio de fundamentação. Brasília: Editora Universidade de Brasília, no prelo.

RAWLS, John. *Liberalismo político.* Trad. Dinah de Abreu Azevedo. Rev. Álvaro de Vita. São Paulo: Ática, 2000.

—. *Uma teoria da justiça.* Trad. Jussara Simões. Rev. técnica. Álvaro de Vita. São Paulo: Martins Fontes, 2008.

SANDEL, Michael. *El liberalismo y los límites de la justicia.* Trad. María Luz Melon. Barcelona: Gedisa, 2000.

SCHMITT, Carl. *O Guardião da Constituição.* Trad. Geraldo de Carvalho. Belo Horizonte: Del Rey, 2007.

SEN, Amartya. *Development as freedom.* New York: Anchor Books, 2000.

—. *The idea of justice.* Cambridge: Harvard University Press, 2009.

VITA, Álvaro. *A justiça igualitária e seus críticos.* São Paulo: Martins Fontes. 2007.

—. *As teorias da justiça depois de Rawls.* Um breve manual de filosofia política. São Paulo: Martins Fontes, 2008.

SEGUNDA PARTE

11.
O ANARQUISMO JURÍDICO DE HANS KELSEN

ANDITYAS SOARES DE MOURA COSTA MATOS[1]

Introdução

Depois de sessenta anos de publicação da segunda e definitiva edição da *Teoria pura do direito*, talvez já não seja escandaloso tentar lê-la de acordo com as indicações do próprio Hans Kelsen e nela reconhecer os elementos fundamentais para uma teoria anarquista do direito. Essa proposta pode chocar muitos que veem em Kelsen um autor que teria maximizado o poder do direito positivo e do Estado em detrimento de uma visão mais "holística" – como se costuma detestavelmente dizer hoje em dia – do direito. O fato inegável, contudo, é que Kelsen sempre criticou a ideia de autoridade e sempre esteve comprometido com uma saudável distinção entre direito, política e moral, termos que ontem e hoje são consciente-

[1] Graduado em Direito, Mestre em Filosofia do Direito e Doutor em Direito e Justiça, todos pela Faculdade de Direito e Ciências do Estado da Universidade Federal de Minas Gerais (UFMG). Pós-Doutor em Filosofia do Direito pela *Universitat de Barcelona* (Catalunya), com bolsa da CAPES. Doutor em Filosofia pela Universidade de Coimbra (Portugal). Professor Associado de Filosofia do Direito e disciplinas afins na Faculdade de Direito e Ciências do Estado da UFMG. Membro do Corpo Permanente do Programa de Pós-Graduação em Direito da Faculdade de Direito e Ciências do Estado da UFMG. Professor Visitante na *Facultat de Dret de la Universitat de Barcelona* entre 2015 e 2016. Professor Residente no Instituto de Estudos Avançados Transdisciplinares – IEAT/UFMG entre 2017 e 2018. *E-mails*: vergiliopublius@hotmail.com e andityas@ufmg.br Mais artigos em: https://ufmg.academia.edu/AndityasSoares

mente confundidos de maneira que um reforce e legitime o outro. Por exemplo: a palavra "direito" costuma evocar, até mesmo em uma dimensão puramente etimológica, aquilo que é justo, correto e reto.

Desde seus primeiros textos de fôlego, muito antes da publicação da primeira edição da *Teoria pura do direito* em 1934, Kelsen lançava as bases do que seria sua mais conhecida criação, consciente da dificuldade do projeto a que se dedicava e da necessidade de deixá-lo repousar, como a boa massa e o bom vinho. Nada obstante, Kelsen sabia desde o início que seu projeto apresentaria um caráter completamente iconoclasta em relação às teorias jurídicas tradicionais, já que se tratava, segundo suas próprias palavras, de elevar o pensamento jurídico a um grau de modernidade similar àqueles já existentes na Física e na Psicologia, isto é, operar uma completa reconstrução do direito a partir de ideias funcionais capazes de superar as velhas noções substanciais e antropomórficas que infestavam o que se chamava impropriamente de "jurisprudência", ou seja, uma "ciência do direito" que, de fato, até Kelsen nada tinha de minimamente científico.

Em um texto de 1922-1923 chamado *Deus e Estado*, que ataca argumentos que o *inimicus* Schmitt então usava com grande êxito em sua *Teologia política*, Kelsen potencializa seu projeto de desontologização radical do direito ao se voltar contra seu "Deus", isto é, o Estado. Com efeito, até aquele momento todas as teorias jurídicas, inclusive algumas próximas à de Kelsen como às de Laband e Jellinek, não eram mais do que teorias do Estado que o tomavam enquanto entidade substancial, seja em sentido sociológico, histórico ou filosófico. Tal se deve, em grande medida, ao ambiente de completo domínio do pensamento austríaco-alemão, no final do século XIX e no início do século XX, pela filosofia hegeliana. Hegel via no Estado uma forma de objetivação do Espírito (*Geist*) na história, ou seja, o resultado de longos, contraditórios e dolorosos processos dialéticos de contínua suprassunção que trariam à luz essa estrutura capaz de objetivar a liberdade. É tão forte o influxo do estatismo no pensamento hegeliano que tanto seus seguidores de direita quanto os de esquerda não abrem mão do Estado para construir seus próprios pensamentos, ainda que alguns, a exemplo de Marx, pretendam que a humanidade se desembarace da forma estatal quando estiver pronta para isso no idílico e irreal mundo comunista.

Dentre todas as correntes filosóficas então existentes na tradição da cultura de língua alemã, somente uma delas rechaçava o Estado de modo decidido: o anarquismo. Ainda que os autores do anarquismo teórico sejam muito diversos entre si – indo do terrorismo de um Nechayev ao humanismo de um Kropotkin, do coletivismo de um Bakunin ao egoísmo individualista de um Stirner –, a característica que os irmana e ao mesmo tempo os contrapõe a outros autores "radicais" da época ligados à social-democracia, ao socialismo e ao comunismo é a intransigente denúncia e negação do Estado. De modo esquemático, pode-se dizer que o anarquismo é aquela corrente de pensamento que declara a possibilidade imediata da revolução proletária sem a necessidade de uma fase de transição entre o capitalismo e o comunismo, forma final e livre de produção que a humanidade adotará.

A áspera polêmica de Lênin e de outros marxistas ortodoxos contra os anarquistas sempre se centrará no rechaço ao Estado, que seria uma das muitas "doença infantis" do pensamento de esquerda e que consiste em negar a necessidade de uma fase intermediária entre o capitalismo e o comunismo, a qual será chamada de socialismo e, longe de abolir o Estado, irá maximizá-lo para impor as duras transformações econômicas e sociais necessárias à superação do capitalismo e ao surgimento do comunismo. Nada mais natural em um pensamento derivado do hegelianismo, que aposta em evoluções graduais e contraditórias e nunca abandona seus conceitos te(le)ológicos substanciais. A tão decantada teoria do fenecimento do Estado, que iria se apagar lentamente como uma lâmpada da qual já não se tem mais necessidade com o eminente alvorecer do comunismo, foi construída ao longo de décadas por figuras como Engels e Lênin para justificar teoricamente – no caso de Lênin, em sentido prático – a permanência do Estado depois da iminente revolução proletária. Quanto a esse ponto, a posição dos anarquistas é intransigente, pois julgavam que a manutenção da forma estatal tornaria impossível a revolução. De fato, se a revolução pretende construir as condições para a libertação da humanidade dos seus fetiches, tais como Deus e o Mercado, é preciso começar a derrubar de uma vez por todas um dos mais perigosos e atuantes, qual seja, o Estado. O próprio Kelsen, em sua crítica às teorias da justiça que originalmente acompanhou a segunda edição da

Teoria pura do direito como uma espécie de apêndice,[2] demonstrou como era contraditório o pensamento marxista, que pretendia fazer nascer o não-Estado comunista do super-Estado socialista, usando uma argumentação em muitos pontos solidária com os pressupostos anarquistas. A história demonstrou que tanto Kelsen quanto os anarquistas tinham razão, dado que o Estado socialista inaugurado pelos bolcheviques russos mostrou em poucos anos que vinha para ficar, tendo se tornado uma máquina mais opressora do que qualquer outro Estado capitalista, com exceção de seu congênere nazista. O fato de Stalin ter declarado por decreto na União Soviética a chegada do comunismo é apenas um tragicômico detalhe adicional a confirmar a suspeita dos anarquistas diante de toda forma estatal.

Retornando ao texto *Deus e Estado*, é interessante perceber que nele Kelsen traça as principais características de uma ciência jurídica autonomizada do Estado, ou seja, uma ciência que trata o Estado não como ente substancial, separado do direito e imune aos seus controles, mas simplesmente como um outro nome do direito, ou seja, uma realidade puramente funcional e não substancial. Trata-se da famosa tese da identidade por meio da qual Kelsen funde direito e Estado ao sustentar que este último consiste apenas na centralização de funções jurídicas. Dessa maneira, Kelsen inverte a relação hierárquica entre ambas as realidades, apresentando a moderna forma do Estado de Direito como aquela em que o Estado se submete ao direito – a Constituição é o símbolo central dessa nova configuração – e não mais o contrário, que ocorria nos tempos do Estado absolutista, visto como criador superior à sua criatura – o direito – ao não se sujeitar aos seus comandos, colocando-se em uma dimensão de exceção que para Schmitt se mantém ao longo do tempo sob a forma da soberania, palavra que, por seu turno, não tem nenhum sentido para Kelsen, já que nela ele via uma mera ideologia e não um conceito científico.

Para esclarecer o sentido da desontologização jurídica que impõe ao Estado, Kelsen não titubeia e nos diz que pretende criar algo como um

[2] No Brasil esse texto foi publicado de forma autônoma com o título **O problema da justiça**, tendo sido o objeto privilegiado de análise do meu livro **Filosofia do direito e justiça na obra de Hans Kelsen**.

anarquismo jurídico, ou seja, uma teoria do direito sem Estado. É óbvio que Kelsen não está se referindo aqui a uma destruição revolucionária do Estado tal como pregavam os anarquistas clássicos. O anarquismo de Kelsen é, antes de tudo, de natureza epistemológica, no sentido de banir da ciência qualquer concepção de substância em favor de noções funcionais, tal como ensinava na época o neokantiano Ernst Cassirer e de uma maneira que poderia ser aproximada do anarquismo metodológico de pensadores mais atuais como Paul Feyerabend. Ademais, em sede de posturas políticas, Kelsen sempre foi moderado, adotando posições características do liberalismo político, apesar de ter flertado bastante com a socialdemocracia austríaca e ter escrito importantes estudos críticos dedicados ao pensamento de Marx e Pachukanis, o que inclusive lhe valeu uma honrosa perseguição pelos macarthistas nos EUA já em seus anos de exílio. De qualquer maneira, é revelador o fato de Kelsen comparar a sua nascente teoria pura do direito com um tipo de anarquismo. É essa afinidade eletiva que irei explorar nas próximas páginas de modo a sublinhar seus pontos fortes, suas debilidades e o sentido ético que pode ter em um mundo como o nosso, que parece retomar a fé cega no Estado e em outras noções substanciais e "primitivas" como Deus, Pátria e Nação.

2. O dualismo Estado/Direito e a tese da identidade

Muito antes da primeira edição da *Teoria pura do direito* em 1934, Kelsen já havia exposto seus pressupostos centrais. Um deles – talvez o principal, ao lado da noção de norma fundamental – reside no desnudamento do dualismo Estado/direito, entes que no sistema kelseniano representam uma única realidade lógica e ontológica, de sorte que o Estado passa a ser visto na teoria pura do direito como ordem jurídica centralizada.

Nessa perspectiva, é surpreendente ler o verbete "Kelsen, Hans" na edição de 1939 do dicionário de Meyer, uma espécie de enciclopédia popular do pensamento nazista.[3] Depois de apresentar alguns dados biobibliográficos – o segundo deles, antes mesmo da data de nascimento de Kelsen, se limita à palavra "judeu" –, Meyer acusa Kelsen de ser um radical defensor da teoria pura do direito, "produto típico do corrosivo

[3] Tradução inglesa disponível em ENGLARD, Nazi criticism against the normativist theory of Hans Kelsen, n. 1, p. 183.

espírito judeu". Seu maior crime seria a negação de todo e qualquer conteúdo real ao direito e ao Estado, limitando-os à forma. Além disso, Kelsen seria uma niilista em termos políticos, comprometido com a implosão do comunitarismo que fundamenta a concepção política própria do nacional-socialismo. Em poucas linhas Meyer identifica – ainda que as julgue de modo negativo – as principais características da teoria de Kelsen – seu anticomunitarismo e formalismo[4] –, as quais lhe permitirão criticar e dissolver o dualismo ideológico Estado/direito. Claro, aos que lidam com o poder e auferem suas vantagens é necessário manter uma visão do direito distorcida, amorfa, aceitável e intelectualmente desprovida de qualquer carga revolucionária. Por isso nenhum dualismo jurídico é tão ferrenhamente defendido como aquele que opõe direito e Estado enquanto instâncias diversas, embora relacionáveis. E, de maneira sintomática, nenhum dualismo foi tão criticado e tão engenhosamente desconstruído por Kelsen.

A cruzada kelseniana contra os dualismos do direito permanece atual, pois se mostra capaz de revelar, tal como faz o anarquismo, a verdadeira face da experiência jurídica, desmistificando-a, dessacralizando-a e expondo a essência do direito: violência organizada e estabilizada, quer gostemos ou não dessa conclusão. De fato, Kelsen vê no poder o epicentro originário do direito,[5] constatação que o leva a deslocar o problema da justiça da seara metafísica, onde sempre esteve confortável e acriticamente instalado, para o turbulento terreno da política concreta, real e contraditória.[6] Além disso, ao destruir o dualismo ideológico que separa Direito Público e Direito Privado, fazendo com que este seja englobado por aquele, Kelsen nos possibilita compreender que tudo no direito é política,[7] ou seja, poder. Entender o Direito Privado como espaço do direito *stricto sensu* e o Direito Público enquanto campo do poder – com o que se pressupõe sub-repticiamente sua imunidade em face da regulação jurídica – revela uma ideologia absolutista e autoritária que se cristaliza

[4] ENGLARD, Nazi criticism against the normativist theory of Hans Kelsen, pp. 183-184.

[5] CORREAS, Presentación, p. 10.

[6] CORREAS, Presentación, p. 8.

[7] HERRERA, Schmitt, Kelsen y el liberalismo, 1998, p. 208.

nos "conceitos barrocos" de "poder estatal" e "polícia".[8] Não é por acaso que a crítica kelseniana aos dualismos do direito tenha encontrado tão pouco eco na tradição universitária. A maioria dos juristas e profissionais do direito continua a se referir, a ensinar em sala de aula e a fundar suas práticas jurídicas em crenças dualistas, acreditando que há um Direito Público e um Direito Privado, um sujeito e um objeto do direito e assim sucessivamente.

Lucidamente, Hans Lindahl aponta Kelsen como um dos mais importantes autores da Filosofia Política do século XX, por ter sido capaz de expressar com perfeição a relação do Estado com o direito no mundo contemporâneo. Segundo a leitura de Lindahl, a teoria pura do direito representaria um esforço sistemático no sentido de aplicar ao campo jurídico a teoria da prioridade moderna das funções sobre as substâncias, tal e qual fez Ernst Cassirer no campo das ciências naturais. Compreender o Estado enquanto ente – uma substância, portanto – diferente do direito significa incorrer no erro do substancialismo ontológico, que pressupõe um dualismo essencial entre uma ordem real, autônoma e dada de maneira imediata – o Estado – e uma ordem abstrata e conceitual – o direito – que reproduz a primeira. Construções assim – que pressupõem, segundo Cassirer, um "mundo duplo", próprio do substancialismo ontológico medieval – entendem que o pensamento representa o ser e enxergam a presença como algo superior à representação.[9] Contrariamente a tal visão, Kelsen cria uma teoria funcionalista do direito e do Estado, propondo-se a efetivar na ciência jurídica algo análogo ao que Cassirer realizou com os conceitos das ciências naturais: transformar noções substanciais em ideias puramente funcionais.[10]

De acordo com Vittorio Frosini, o Estado para Kelsen não corresponde a uma forma concreta da experiência humana, representando antes uma fórmula do discurso jurídico, um meio sintético de apresentar o ordenamento enquanto sistema racional e unitário. Trata-se de uma projeção derivada da exigência sistemática que permeia a mentalidade jurídica,

[8] Jabloner, La crítica de Kelsen a la ideología, pp. 210-211.

[9] Lindahl, El pueblo soberano, p. 65.

[10] Kelsen, Das Verhaltnis von Staat und Recht im Lichte der Erkenntniskritik, p. 105.

quer dizer, o Estado é uma utopia da razão jurídica,[11] uma metáfora conveniente – especialmente para o poder. A pressuposição de um Estado separado do direito corresponde a uma hipóstase totalmente não-científica, um poderoso resquício do pensamento mítico-teológico que ainda hoje perpassa as ciências sociais. Com efeito, o sentido ideológico da distinção entre Estado e direito nos leva a conceber o primeiro enquanto um *makroânthropos* imune à ação reguladora do segundo.[12] Assim, a função do dualismo Estado/direito é clara, servindo para justificar a obediência cega à autoridade, vista às vezes como o pai tribal – ao mesmo tempo temido e adorado – e em outras oportunidades confundida – ou fundida – com a ideia de Deus. Em alguns artigos do início dos anos 20, Kelsen explorou esses paralelismos com o objetivo de desmontar a farsa e expor a verdadeira natureza unificada do direito e do Estado, propondo sua famosa tese da identidade. No trabalho *O Estado como integração* (*Der Staat als Integration. Eine prinzipielle Auseinandersetzung*) publicado em 1930, Kelsen sintetizou sua crítica contra o dualismo tradicionalmente aceito pela ciência jurídica, reafirmando a tese da identificação que inspirou os textos da década de 20, conferiu fundamento à sua *Teoria geral do Estado* de 1925 e se tornou a espinha dorsal da *Teoria pura do direito* de 1934 e 1960. Nas palavras de Somek:

> [...] *their concept of state is nothing but the methodically impermissible substantion of unity, a hypostatisation, in other words; and that there does not and cannot exist, as the state, a collective subject qua "bearer" of power that is different from human subjects, external to and beyond them as a kind of space-filling, soul-body substance.*[13]

Para muitos, percorrer a argumentação kelseniana brilhantemente desenvolvida nos ensaios dos anos 20 equivale a encontrar um novo Kelsen. Nada mais errôneo. Segundo Mario Losano, a obra de Kelsen representa um *opus perpetuum* em três sentidos: é um monumento da cultura jurídica, um *perpetuum mobile* que se transforma sem cessar e, por fim, uma construção densa e unitária que se fragmenta em várias edições e

[11] Frosini, Kelsen y las interpretaciones de la soberanía, p. 65.

[12] Somek, Statesless law, p. 754.

[13] Somek, Stateless law, p. 753.

textos devido a contingências externas.[14] Desse modo, a vigorosa crítica de Kelsen dedicada ao dualismo Estado/direito é central para se compreender a teoria pura do direito, razão pela qual seus escritos da década de 20 não me parecem dissociados da obra máxima, configurando a necessária preparação para o salto que permitiu transformar a alquimia jusnaturalista em química juspositivista. Os temas políticos tratados nos ensaios críticos de Kelsen só não são encontráveis na *Teoria pura do direito* se o leitor não quiser procurá-los. O Kelsen pensador político sempre foi o Kelsen jurista e o Kelsen filósofo do direito. Há um único Kelsen, integral, ainda que o último Kelsen californiano tenha adotado um discurso mais monofônico, diferente dos seus inícios polifônicos em Viena.[15] Se Correas se refere a um "outro" Kelsen é porque se trata de um Kelsen distinto do escolar.[16] Na verdade, a questão do poder e a sua crítica perpassam todos os escritos de Kelsen, inclusive os da senectude. É emocionante surpreendermos o velho Kelsen, já octogenário, discutindo com Ulrich Klug.[17] Este acreditava na possibilidade de programar computadores para efetivar decisões judiciais, dado que a Lógica Jurídica não seria diversa da Lógica Formal. Kelsen rebate tais argumentos ao sustentar que a Lógica Jurídica não tem qualquer compromisso com o princípio da não-contradição, sendo, em larga medida, caótica. Ademais, normas jurídicas são atos de vontade. Expressam, portanto, uma forma de poder. Escondê-las por trás de computadores é inútil porque sempre há uma vontade humana que os programa. Nas saborosas palavras de Correas:

> *Kelsen no murió estudiando lógica. Murió peleando contra el Estado, denunciando el poder, contra quienes quieren ocultarlo, ahora tras las máquinas o fórmulas matemáticas. Si antes luchaba contra Dios, la naturaleza, la sociedad, el partido, la clase, la raza, la nación, que justificaban un derecho, un poder, ocultando al dominador, ahora luchaba contra las máquinas que pretenden hacernos creer que una norma puede ser "lógica".*[18]

14 Losano, La teoría pura del derecho del logicismo al irracionalismo, pp. 55-57.
15 Losano, Kelsen y Freud, p. 99.
16 Correas, El otro Kelsen, p. 55.
17 Esse rico debate epistolar está disponível em Kelsen, **Normas jurídicas e análise lógica**.
18 Correas, El otro Kelsen, p. 52.

Não se pode negar o caráter técnico e até mesmo dogmático de certas passagens da *Teoria pura do direito*, características que levaram muitos – alguns de boa-fé, outros, a maioria, de má-fé – a enfeixar todo o pensamento político de Kelsen no perigoso rótulo do apolitismo ou, o que é pior, no da apologética ao Estado burguês.[19] Contudo, para além das leituras equivocadas, o rigor conceitual tão caro a Kelsen, que o levou a propor uma metodologia na qual se destaca a pureza da mirada – não do objeto, pois o direito é uma das coisas mais impuras deste mundo –, acabou se revelando enquanto limite à crítica. Tal parece inevitável em uma obra que está se construindo. Ao contrário, quando se trata de aplainar o terreno para posterior edificação, ou seja, quando Kelsen destrói as mitologias jurídicas que impediam – e ainda impedem – uma visão realista do direito, a sua virulência crítica e seu "anarquismo" se mostram com muito mais vigor. Se a *Teoria pura do direito* representa um momento positivo de criação e, como tal, envolve certas simplificações e compromissos, os momentos negativos que a possibilitaram são altamente destrutivos e nos revelam, dialeticamente, não um Kelsen diferente, mas a outra face de um Kelsen integral, que é e sempre será "[...] *un constante denunciador, un crítico del poder. De todo poder*".[20]

Pode soar paradoxal citar aqui o inimigo por excelência, mas não resisto à tentação de justificar Kelsen com base em uma percepção importante de Schmitt, para quem toda vontade de negação – como a do Kelsen iconoclasta, "anarquista" e crítico do Estado – se mostra enquanto vontade criadora, pois tem condições de produzir do nada o que é negado e assim (re)construí-lo dialeticamente.[21] O desconstrutivismo político-filosófico desenvolvido por Kelsen nos ensaios dos anos 20 me permite desvendar certas posições que se chocam com as leituras estereotipadas e desonestas dedicadas à sua obra mais conhecida. Assim, bem ao contrário da imagem estrita, estatocêntrica e – por que não dizer? – algo tola que comumente se liga a Kelsen, vejo surgir nesses textos um Kelsen rebelde, inquisitivo e que se aproxima muito do anarquismo. Há autores que endeusam o Estado – *v.g.*, Hegel, Hobbes e Rousseau – e outros que

[19] Correas, El otro Kelsen, p. 27.

[20] Correas, El otro Kelsen, p. 31.

[21] Schmitt, **Teologia política**, p. 67.

o veem como um mal necessário. Kelsen se encontra entre estes, ao lado dos anarquistas. Na sua doutrina não há uma gota de concessão. Mesmo o Estado democrático é criticado por se colocar contrariamente ao desejo primordial de liberdade.[22]

O ataque de Kelsen ao Estado enquanto personificação não conhece limites. Ele encontra no dualismo Estado/direito a expressão mais acabada da ideologia de colorido teológico que impossibilita qualquer aproximação minimamente científica do fenômeno jurídico. O Estado, conforme compreendido pela doutrina tradicional, é uma expressão antropomórfica da unidade funcional do direito,[23] concepção diretamente derivada do organicismo estatal que inspirou as propostas políticas autoritárias de Platão e Hegel. Além disso – talvez por causa disso –, a concepção de um Estado que antecede o direito supõe um convite à obediência irrestrita, dado que a criatura precisa se submeter ao criador. Cumpre, portanto, superar tal posição. Kelsen prepara o campo de batalha, cava inúmeras trincheiras e se posta contra o Estado em diferentes *fronts*, prenunciando a grande guerra contra a mitologia e a má-fé dos juristas que se declarará em 1934 com o lançamento da primeira edição da *Teoria pura do direito*. Mas o problema não é apenas de caráter científico. A submissão que se apodera da ciência jurídica tem raízes mais profundas: está na psique dos seres humanos, em sua incontornável vontade de obedecer. Não se deve esquecer as amargas palavras com as quais Kelsen abre seu estudo de 1933 sobre forma de Estado e visão de mundo, plenamente aplicáveis ao mundo atual, especialmente no Brasil: "[..] *en el oscuro horizonte de nuestra era nace un nuevo sol hacia el que convergen todas las esperanzas, no sólo de la burguesía, sino de una parte de las masas proletarias, esperanzas tanto más fervientes cuanto más cegadores son sus rayos: la dictadura*".[24]

Hoje parece que a causa kelseniana está irremediavelmente perdida. A ciência jurídica, uma vez mais, está de joelhos; agora não diante do poder político, mas do econômico, o que recorda a polêmica que Kelsen

[22] Correas, El otro Kelsen, p. 40.

[23] Kelsen, Dios y estado, p. 253.

[24] Kelsen, Forma de estado y visión del mundo, p. 223.

manteve com Stammler.[25] Nos dias atuais nega-se à ciência jurídica *status* teórico, pretendendo-se reduzi-la, como nos anos que viram surgir a *opus magna* de Kelsen, a mera dogmática similar à Teologia cujo objeto seria o estudo de regras para a interpretação de textos, transformando o direito em uma simples hermenêutica ou em um conjunto de *topói* argumentativos.[26] Por isso mesmo é urgente revisitar as batalhas iniciais e compreender por que esta é uma guerra que vale a pena ser lutada.

3. Da substância à função

Após denunciar o dualismo Estado/direito com base no instrumental teórico da Sociologia e da Psicologia Social em vários textos dos anos 20, Kelsen atinge o cerne do problema em 1923 em um de seus ensaios mais ambiciosos dessa época: *Deus e Estado*. Nele Kelsen demonstra haver inúmeros paralelismos entre os pseudoproblemas da Teologia e os da Teoria do Estado. Em ambas as disciplinas se sustenta a existência de dualismos fundamentais que servem não para explicar a realidade, mas para legitimar propósitos políticos autoritários.

Se, como quer Schmitt, a imagem metafísica que certa época traça do mundo é o resultado da duplicação de sua organização política,[27] é preciso desvendar os vínculos entre o político e o religioso – bem como suas formas de ruptura –,[28] o que Claude Lefort faz ao utilizar o conceito de símbolo, elemento central para a compreensão da genealogia sagrada do político. Cabe ao filósofo e ao cientista político, mediante a utilização do conceito de símbolo, desnudar as continuidades e as descontinuidades que marcam a transição do poder político-jurídico da Idade Média até os dias de hoje, relativizando a autodescrição da Modernidade enquanto começo absoluto e incondicionado. Nessa perspectiva, Kelsen prenuncia

[25] Stammler concebia o sistema social global como uma junção espúria entre direito e economia, esta representando o conteúdo e aquele a forma dessa experiência, proposta que jamais poderia ser aceita por uma teoria pura do direito. Com efeito, Kelsen não enxerga o direito enquanto forma, pretendendo apenas estudá-lo de maneira formal. A díade que caracteriza seu pensamento não é forma/conteúdo, mas sim ser/dever-ser. Para mais detalhes, cf. Bobbio, Kelsen y Max Weber, 1989, pp. 61-63.

[26] Bobbio, Kelsen y Max Weber, pp. 63-64.

[27] Schmitt, **Teologia política**, p. 43.

[28] Lefort, **Essais sur le politique**, p. 277.

o trabalho de clarificação epistemológica realizado por Lefort, para quem tanto o político quanto o religioso deslocam o pensamento filosófico para a esfera do simbólico, governando e mediatizando com suas articulações internas o nosso acesso ao mundo.[29]

Da mesma maneira que a Teologia medieval fundou suas mistificações autoritárias sobre o dualismo Deus/natureza, a Teoria do Estado de feição tradicional insiste em compreender Estado e direito como instâncias separadas. Tal semelhança revela profundas ligações entre o social e o religioso, realidades que se assentam firmemente nas camadas mais recônditas da psique humana. Assim como o indivíduo se sente uma parte não-autônoma do todo social ao qual deve obediência, crença que faz brotar em seu íntimo o sentimento de dependência, da mesma maneira ele é levado a acreditar em autoridades transcendentes instituidoras da realidade em que vivemos. Partindo desse esquema inicial, Kelsen conclui que tanto a sociedade quanto Deus exigem do indivíduo obediência absoluta, preenchendo o espaço psíquico que deveria ser ocupado pela consciência individual.[30]

A essência da vivência religiosa configura um momento social e a essência da vivência social, um momento religioso,[31] ambos fundados em bases autoritárias. Friedrich Engels compreendeu essa verdade evidente ao concluir que: "a essência do Estado, assim como da religião, é o medo da humanidade de si mesma".[32] Por isso Émile Durkheim pôde identificar Deus e sociedade em seu famoso estudo *As formas elementares da vida religiosa* (*Les formes élémentaires de la vie religieuse*). Assim, a sociedade é uma expressão de Deus, ou seja, da vivência religiosa e autoritária que caracteriza o campo do social.[33] Tal constatação confirma-se pela sempre citada passagem da *Filosofia do direito* de Hegel: "O Estado é o caminhar de Deus no Mundo".[34] Da mesma maneira que Hegel, Platão demonstra possuir uma aguda compreensão dos fundamentos místi-

[29] LEFORT, **Essais sur le politique**, p. 261.
[30] KELSEN, Dios y estado, p. 244.
[31] KELSEN, Dios y estado, p. 246.
[32] *Apud* SCHMITT, **Teologia política**, p. 47.
[33] KELSEN, Dios y estado, p. 247.
[34] HEGEL, **Grundlinien der Philosophie des Rechts**, § 258, p. 336,.

cos da autoridade. Ele expulsa os poetas de seu Estado perfeito porque conhece o poder corrosivo que a arte exerce em prejuízo dos absolutos.[35] O poeta representa um fator desestabilizador de crenças e de certezas na república autoritária de Platão. Capaz de ridicularizar e ironizar os deuses, o artista mina a autoridade política e torna os indivíduos menos suscetíveis à desmobilização de suas consciências individuais. Se Platão e Hegel coincidem na identificação entre Deus e Estado, valorando-a, contudo, como algo positivo e necessário, Kelsen encontrará um inesperado aliado em Nietzsche, que vê no Estado um novo ídolo a ocupar o lugar do Deus assassinado pelos modernos. Agora, cansados da luta, os vencedores do velho Deus servem à novel divindade, que tudo lhes dará desde que eles – os muitos-demais, os supérfluos – a adorem.[36] Urra o Estado: "Nada há na terra maior do que eu; eu sou o dedo ordenador de Deus".[37] É famoso o seguinte trecho de Nietzsche, no qual se refere à identificação entre Estado e povo:

> Ainda há povos e rebanhos, em algum sítio, mas não entre nós, meus irmãos: aqui, há Estados. Estado? Que é isto? Pois seja! Abri bem os ouvidos, porque, agora, vou dizer-vos a minha palavra sobre a morte dos povos. Chama-se Estado o mais frio de todos os monstros frios. E, com toda a sua frieza, também mente; e esta mentira sai rastejando da sua boca: "Eu, o Estado, sou o povo!"

Ao contrário dos atuais opositores de Kelsen, Schmitt lia suas obras cuidadosamente para criticá-las. Dessa feita, ele reconhece que "a Kelsen se deve a identificação, desde 1920, com o seu sotaque próprio, do parentesco metódico entre teologia e direito".[38] Ainda que as consequências dessa percepção sejam diferentes em Kelsen e Schmitt, parece-me surpreendente que ambos os teóricos – antípodas em tudo mais – compartam uma tese tão polêmica. Em *Teologia política* (*Politische Theologie*) – artigo de 1922 que intitularia anos depois um de seus mais conhecidos

[35] Platão, **A república**, pp. 449-474.
[36] Nietzsche, **Assim falou Zaratustra**, p. 76.
[37] Nietzsche, **Assim falou Zaratustra**, p. 75.
[38] Schmitt, **Teologia política**, p. 38.

livros –, Schmitt afirma que todos os conceitos da moderna Teoria do Estado são, na verdade, conceitos teológicos secularizados. Tal conclusão é válida se considerarmos não só a gênese histórica do Estado, nascido graças à transferência da onipotência de Deus para o legislador, mas principalmente a sua estrutura sistemática.[39] O Estado moderno interfere em todos os âmbitos, nota Schmitt. Em certas ocasiões, age como um *deus ex machina*, transformando milagrosamente conceitos e normas; às vezes se assemelha a um rei todo-poderoso, demonstrando sua superioridade diante do indivíduo ao suprimi-lo, mediante indultos e anistias, do campo da ação normativa.[40] Ademais, a noção jurídica de estado de exceção é paralela ao conceito de milagre da Teologia. Tendo em vista que o milagre representa um rompimento das leis naturais, pode-se ler o mesmo fenômeno juridicamente enquanto quebra das regras normais de organização do Estado, o que dá lugar ao estado de exceção. Em ambos os casos uma intervenção direta restabelece a ordem: vinda de Deus, quando se trata do domínio teológico, ou do ditador, no que concerne à seara jurídica.[41] Todavia, aqui cessam as semelhanças entre Schmitt e Kelsen, pois aquele critica este por pretender construir um sistema jurídico-estatal imune à ação do "milagre" jurídico, ou seja, incapaz de descrever e vivenciar momentos de exceção, eis que Kelsen praticaria, pelo menos aos olhos de Schmitt, uma ciência jurídica comprometida com o racionalismo iluminista e a lógica matemática, modalidades de saber que repudiam o excepcional em nome do geral e do universal.[42]

Como já havia sido demonstrado por Freud – a quem Kelsen lia avidamente –, a identidade psicológica que unifica a atitude religiosa e a vivência social deriva de uma fonte comum, qual seja, a ambígua relação entre pai e filho. O Estado só obtém a submissão do indivíduo – inclusive em detrimento de seus interesses privados – porque é capaz de se mostrar enquanto pai simbólico e assim favorecer emoções que convertem adultos em crianças destituídas de vontade e opinião própria.[43] Aí

[39] SCHMITT, **Teologia política**, p. 35.
[40] SCHMITT, **Teologia política**, pp. 36-37
[41] SCHMITT, **Teologia política**, p. 35.
[42] SCHMITT, **Teologia política**, pp. 39-40.
[43] KELSEN, Dios y estado, p. 248.

está um dos equívocos de Weber, que limitou a coação característica do Estado ao seu aspecto físico, reservando a coação psíquica às associações de domínio do tipo hierocrático, tais como as igrejas.[44] Na verdade, por conter elementos sacrais, majestáticos e autoritários, o Estado lança mão da coação psíquica que faz nascer no indivíduo o amor à obediência. Ora, esse "amor à obediência", cuja ambígua justificativa se liga às necessidades infantis de segurança e de expiação do ódio que se sente pelo pai, somente se mantém atuante em contextos coletivos. Por isso as religiões são fenômenos sociais. Uma religião individualista, como aquela do Zaratustra de Nietzsche, é impraticável. Tanto na sociedade quanto na religião não basta que o indivíduo se submeta. É preciso que outros também o façam. De fato, o desejo de se submeter representa apenas uma face da moeda. A outra se radica na ânsia de submeter os demais.[45] Nenhuma religião atual – talvez com exceção do budismo – se limita a regular as relações do crente com suas crenças. Todas pressupõem a necessidade de submeter outras pessoas a tais crenças. O indivíduo escravizado pela alienação religiosa quer sufocar todo o orbe para que não haja ninguém que lhe seja superior. Assim, todos serão igualmente servos. Fenômeno similar ocorre na sociedade, pois se reprime o eu individual em troca da repressão de todos os demais, de maneira a construir um grupo que só encontra realização plena na glorificação do todo, seja ele chamado de Deus ou de Estado. E para realizar tal intento a violência é o meio mais efetivo. Kelsen compara a situação do fanático que luta por seu Estado, seu deus e sua nação com o primitivo que, uma vez revestido pela máscara do animal totêmico, dá livre curso a sua selvageria, praticando atos que normalmente lhe parecem vedados.[46] Toda a história humana não é mais do que a eterna luta entre a ambição de submeter e o desejo de autodeterminação, o que se reflete não apenas na seara política, mas também na da história das ideias.[47]

Religião, Estado e nação são máscaras totêmicas, *i. e.*, ideologias que encobrem fatos reais. Não é o Estado que destroça corpos humanos na

[44] Ordóñez, El concepto del derecho en las teorías de Weber y de Kelsen, p. 178.
[45] Kelsen, Dios y estado, p. 248.
[46] Kelsen, Dios y estado, p. 249.
[47] Kelsen, Forma de estado y visión del mundo, p. 224.

guerra. Isso é trabalho sujo dos seres humanos, em especial daqueles que costumamos celebrar nos livros de História chamando-os de vencedores. Não é Deus quem prende e tortura dissidentes políticos, mas o general X e seus asseclas. Kelsen discordaria de Luhmann, para quem a sociedade não é formada por pessoas, mas por comunicações. Kelsen é um pensador ultrarrealista e iconoclasta que entende não haver realidade para além do indivíduo real de carne e osso. Inevitável a comparação com Nietzsche: "Destruidores, são os que preparam armadilhas para muitos e as chamam Estado; e suspendem por cima deles uma espada e cem cobiças".[48] É contra mistificações assim que se erguem de um lado o irracionalismo nietzschiano e, de outro, a ciência positivista, que pretende destruir as máscaras totêmicas e enxergar os movimentos desnudos das almas e dos corpos em sua determinação causal,[49] levando os seres humanos a compreender que: "*La apariencia del Estado como persona inmaterial oculta el hecho del dominio del hombre sobre el hombre*".[50]

Segundo Kelsen, o direito configura uma técnica social que lida com normas jurídicas, elementos que levam os dominados a se comportarem como querem os dominadores.[51] São, portanto, atos de vontade que conferem sentido à conduta, representando, em sua essência, formas de dominação.[52] Eis o que ensina a teoria pura do direito. Nada mais, nada menos. E por isso é tão odiada. Por nos mostrar nossa verdadeira face, que não é nem um pouco atraente. Por sua vez, a doutrina tradicional personifica o Estado ao concebê-lo enquanto unidade capaz de plasmar a multiplicidade própria das relações jurídicas. Assim como Deus funda o mundo e o unifica, o Estado cria o ordenamento jurídico e o centraliza.[53] Ambos – Deus e Estado – são incontroláveis e podem se dar razões que não constam dos códigos do mundo ou do direito, que lhes são anteriores.

A ideia de absoluto, da qual deriva a noção de soberania entendida como poder ilimitado, se liga à pressuposição de um Deus todo-pode-

[48] Nietzsche, **Assim falou Zaratustra**, p. 75.
[49] Kelsen, Dios y estado, p. 250.
[50] Kelsen, Esencia y valor de la democracia, p. 26.
[51] Correas, Presentación, p. 11.
[52] Correas, Presentación, p. 13.
[53] Kelsen, Dios y estado, p. 252.

roso. Segundo Lindahl, Kelsen enxerga no conceito de soberania popular a indisfarçável continuidade entre a política medieval e a moderna. Deus e a abstração chamada de "povo soberano" cumprem as funções básicas do símbolo descritas por Cassirer: aproximação e distanciamento.[54] É o trabalho mediador do símbolo que torna possível nosso estar significativo no mundo. De fato, os seres humanos travam relações porque retrocedem diante da realidade e de seu absolutismo ao mesmo tempo em que dela se aproximam. Tal se dá por intermédio do símbolo.[55] Essa tese é comprovada pela noção de soberania oferecida por Laband e Jellinek, que a descrevem enquanto representação simbólica do poder unificado do governante, fazendo do Estado, nas palavras de Schmitt, "[...] quase que um indivíduo abstrato, um '*unicum sui generis*' com seu monopólio de poder oriundo da 'produção mística'".[56]

Por serem símbolos do absoluto, tanto Deus quanto a soberania admitem apenas conceituações negativas. É impossível definir Deus utilizando predicações positivas, pois tal pressuporia Seu conhecimento integral, algo vedado aos seres humanos. Assim, a suas criaturas só resta dizer o que Deus não é, como ensina a teologia negativa dos neoplatônicos. Também a soberania se define negativamente como poder não subordinado a qualquer outro.[57] A soberania, ideologia mediante a qual se garante a absolutização e a deificação do Estado, se revela assim enquanto construto jurídico característico de uma concepção de mundo que enxerga no Estado uma realidade supraindividual e irredutível aos seres humanos que lhe dão realidade. Nessa perspectiva, o Estado não é uma simples forma de organização social e sim uma entidade mística realizadora de valores absolutos.[58] Do mesmo modo que a noção de soberania preenche o *locus* original da liberdade dos indivíduos a pretexto de protegê-la,[59] Deus se põe como possibilidade de realização da liberdade humana por meio do livre arbítrio – e também como seu negador, ao exigir a submissão abso-

[54] LINDAHL, El pueblo soberano, p. 70.
[55] LINDAHL, El pueblo soberano, pp. 54-55.
[56] SCHMITT, **Teologia política**, p. 38.
[57] KELSEN, Dios y estado, p. 254.
[58] KELSEN, Forma de estado y visión del mundo, p. 235.
[59] KELSEN, Esencia y valor de la democracia, p. 27.

luta de sua criatura. De acordo com Frosini, Kelsen se afasta da leitura teológica da soberania porque define esse fenômeno enquanto simples hipótese legislativa, quer dizer, uma abstração ideológica típica de juristas que, a exemplo de Schmitt, nela veem uma "situação de fato".[60]

Os paralelismos entre a Teoria do Estado e a Teologia são infindáveis. Apresentarei mais alguns. A Teologia deve lidar com o problema do erro de avaliação por parte de seus cultores assim como o Estado precisa explicar a injustiça. Em ambos os casos se recorre a um conceito final capaz de transformar erro em verdade e decisão arbitrária em decisão juridicamente válida. De acordo com Adolf Merkl, no campo teológico a "mágica" se opera graças ao dogma da infalibilidade papal e, no terreno jurídico, em razão do instituto da coisa julgada.[61] Paralelamente, o indivíduo é tratado pela Teologia e pela Teoria do Estado como ser insubstancial. Sua concretude física é escamoteada e ele passa a integrar a ordem dos conceitos. Uma alma imortal criada à imagem e à semelhança de Deus é um construto que corresponde àquela especial ideologia social que opera com a noção de pessoa no sentido jurídico.[62] Ambas as ficções tornam muito mais fácil desconsiderar as condições reais de existência do ser humano que, como conceito, não sofre, nem sangra ou morre. Essas mistificações abstraem o que realmente somos – unidades biopsicológicas – e nos enxergam enquanto almas e pessoas jurídicas, permitindo à Teoria do Estado e à Teologia conceberem de modo idêntico as relações entre indivíduo e sociedade por um lado e, de outro, indivíduo e Deus. Tal dá lugar ao universalismo e ao individualismo, posturas comuns às teorias políticas e teológicas que pregam que o indivíduo deve se dissolver no todo – posição dos nazifascismos e do teísmo absoluto – ou se afirmar enquanto essência particular diante do todo – tese característica do liberalismo e do cristianismo ortodoxo.[63]

As consequências práticas do dualismo teórico Estado/direito são da maior importância, dado que fundamentam sistemas sociais em que há "razões de Estado" invocáveis pelos governantes quando as normas

[60] Frosini, Kelsen y las interpretaciones de la soberanía, p. 66.

[61] Kelsen, Dios y estado, p. 263.

[62] Kelsen, 1989b, p. 324.

[63] Kelsen, Dios y estado, p. 264.

jurídicas não lhes parecem vantajosas. É observável uma tendência psíquica geral, comum tanto a seres humanos primitivos quanto a civilizados, consistente em buscar no interesse coletivo a justificação de interesses individuais.[64] Construtos como "vontade coletiva" e "interesse público" são apenas eufemismos utilizados pelos detentores do poder para se furtarem à obediência devida ao direito. Todo ordenamento jurídico, mesmo o mais despótico, expressa em maior ou menor grau certos compromissos,[65] podendo assim gerar sérias limitações aos interesses dos governantes, que então utilizam personificações sem qualquer realidade – Deus e Estado – para lhes imputar as ações antijurídicas que praticam. Ao caracterizar em termos político-teológicos os séculos XVII e XVIII, momentos específicos do Estado absolutista, Schmitt aduz que a noção de transcendência de Deus diante do mundo integra o conceito de divino do mesmo modo que a transcendência do monarca em face do Estado – ou do direito, no linguajar kelseniano – faz parte da filosofia estatal própria desses séculos.[66]

Converter um ato de força em ato jurídico e fazer surgir direito do não-direito. Eis a metamorfose que os donos do poder precisam realizar. Para tanto, há certas palavras mágicas a serem entoadas à semelhança de cânticos sacramentais: "Direito Público", "fato do príncipe", "interesse coletivo", "paz social", "ordem pública", "cidadãos de bem" e quejandos. A doutrina jurídica tradicional ensina que o poder político capta o interesse coletivo difuso na sociedade e o traduz em normas jurídicas que garantem a felicidade social possível. O processo, contudo, parece-me bem diferente. Na verdade, os governantes pretendem assegurar seus próprios interesses, motivo pelo qual os travestem com conceitos vagos e imprecisos ao mesmo tempo em que impõem normas jurídicas capazes de garantir seus anseios. Claro que a desculpa sempre renovada reside na nebulosa felicidade coletiva a ser garantida paternalisticamente pelo Estado.

Há duas claríssimas – porém inconfessáveis – funções para o dualismo Direito Público/Direito Privado: além de isolar as relações privadas do

64 Kelsen, El alma y el derecho, p. 321.

65 Kelsen, Dios y estado, p. 260.

66 Schmitt, **Teologia política**, pp. 45-46.

domínio sócio-político, fortalecendo assim ideias como as de autonomia da vontade e de ilimitação da autoridade paternal – arquétipo central para a construção do "amor à obediência" –, o citado dualismo justifica os atos políticos antijurídicos do governo,[67] que se vê livre de qualquer normatividade convencional ao se proteger sob o manto diáfano do Direito Público. Ora, um Direito Público radicalmente distinto do Direito Privado porque deduzido da especial natureza do Estado personificado representa tão só certos postulados políticos que, por expressarem desejos e interesses privados não admitidos pela ordem jurídica, precisam se revestir de juridicidade.[68] Um exemplo entre muitos: a distinção romanística entre Direito Público e Direito Privado foi adotada pela ciência jurídica alemã com o intuito de beneficiar os príncipes reinantes, retirando-os do âmbito de qualquer controle jurídico mediante o uso da fórmula: "*princeps legibus solutus est*".[69]

No que diz respeito à concepção de um Deus separado de sua criação, é preciso reconhecer que tal seria incompreensível para um grego ou um romano ou até para um pensador moderno consequente e radical como Spinoza, que costumava se referir a *Deus sive natura* – Deus, *ou seja*, a natureza.[70] O dualismo Deus *e* a natureza é uma concepção própria da Teologia medieval arquitetada para tentar explicar o problema do Mal. Com efeito, por que existe o Mal em um universo criado por um ser não apenas onipotente, mas também infinitamente bondoso? De modo similar, os que creem em um Estado personificado se questionam por que ele permite a existência da injustiça. A questão teológica foi resolvida pelo gnosticismo e pela cabala judaica de maneira extrema, ora negando a autoria do universo por parte de Deus, já que o mundo material seria produto de um demiurgo caído – tese central do gnosticismo[71] –, ora explicando, a exemplo do cabalista medieval Isaac Luria, que para preservar a liberdade humana Deus se exilou do mundo após tê-lo criado, não sendo

[67] Kelsen, **Teoría comunista del derecho y del estado**, p. 140.

[68] Kelsen, Dios y estado, p. 261.

[69] Manero, Sobre la crítica de Kelsen al marxismo, p. 143.

[70] Spinoza, **Ethics**, I, prop. 29, esc.

[71] Mais sobre o gnosticismo em **The gnostic religion**, 1963; **As escrituras gnósticas**, 2002 e **Um obscuro encanto**, 2010.

responsável pelos desmandos de suas criaturas.[72] A resposta oferecida pela Teologia medieval de recorte ortodoxo é diferente e pressupõe o dualismo intransponível entre Deus e o mundo, o qual se reforça graças à noção de milagre.[73] O conceito de milagre desenvolvido pela Teologia pretende traduzir a liberdade de Deus diante das leis naturais por ele criadas, assim como as noções de "Direito Público" e "razões de Estado" existem para libertar as autoridades políticas de qualquer obrigação jurídica que lhes seja inconveniente.[74] Originariamente, Deus e Estado são concebidos enquanto instâncias onipotentes que em certo momento se autolimitaram.[75] Daí surgiram as leis naturais e a Constituição, entidades externas, diversas e, em substância, inferiores às realidades que regulam, podendo ser, a qualquer tempo, negadas pelos milagres e pelas razões de Estado. Por seu turno, a teoria pura do direito não aceita nenhum dualismo. Nela Estado é ordem jurídica centralizada, nada mais.[76] Nas palavras de Kelsen:

> *El dualismo Estado-derecho se convierte en un dualismo de dos sistemas normativos diferentes, mutuamente opuestos: el uno, bajo el nombre de "Estado", razón de Estado, interés de Estado (también: bien público, "derecho" público), viene valorado positivamente cada vez que el otro, el derecho "positivo", acarrea una consecuencia indeseable para los gobernantes, quienes en realidad son idénticos a este "Estado". [...] el concepto de Estado ha conservado sin embargo su significado profundamente antijurídico y continúa encubriendo, desde numerosos puntos de vista, los postulados políticos orientados contra el derecho positivo; y en la oposición de Estado y derecho se ha mantenido el dualismo de dos sistemas con los cuales opera simultáneamente la teoría, utilizando ora uno, ora otro, según las necesidades políticas.*[77]

[72] Sobre o tema, cf. Scholem, **Cabala**.
[73] Schmitt, **Teologia política**, p. 35.
[74] Kelsen, Dios y estado, p. 262.
[75] Somek, Stateless law, p. 766.
[76] Tal constatação não é válida apenas para as ordens jurídicas democráticas, pois mesmo o Estado mais despótico do planeta ainda é uma ordem jurídico-normativa. Cf. Kelsen, Dios y estado, p. 259.
[77] Kelsen, Dios y estado, pp. 259-261.

De acordo com os adeptos da teoria tradicional, a transformação do Estado em direito é similar a um mistério religioso. Dizem que ele antecedeu o direito e apenas com a Revolução Francesa a criatura pôde controlar o criador. A unidade Estado-direito – conceito essencial para o juspositivismo – passa a ser entendida como expressão meramente histórica.[78] Para explicar essa curiosa metamorfose lança-se mão da teoria da auto-obrigação,[79] segundo a qual o Estado se autolimitaria ao dividir as funções do poder e ao se submeter a uma codificação especial de natureza constitucional. A Teologia medieval utilizou procedimentos semelhantes para explicar a encarnação de Cristo, figura que expressaria a unidade mundo-Deus tenazmente negada pela ortodoxia, para quem a vinda de Cristo ao mundo seria apenas um fato histórico que em nada afetaria a absoluta separação entre os seres humanos e seu criador. É sabido, contudo, que certas seitas heréticas panteístas acreditavam que Deus habita no interior de cada ser humano. Assim, a unidade Deus-mundo se afirmaria constantemente, não havendo que se falar em alienação da criatura em face do criador, mas na progressiva revelação de nossa essência divina, o que obviamente não interessa à autoridade da Igreja, ciosa na manutenção de seus privilégios de mediadora necessária entre os seres humanos e Deus.

Da mesma maneira que o conceito de Deus se dissipa na noção de natureza total proposta pelo panteísmo, um Estado independente do direito é impensável na teoria kelseniana, dado que aquele se liquefaz na tessitura normativa deste.[80] A teoria pura do direito – monista e antimetafísica por vocação – representa um papel semelhante, no que concerne à doutrina jurídica, àquele característico das heresias combatidas pela Igreja Romana. Sim, eis é uma bela imagem: a teoria pura do direito enquanto heresia. E não há heresia maior do que o ateísmo, cujo símile na Teoria do Estado se encontra na noção de anarquismo. Ambos – ateu e anarquista – não acreditam na existência dos absolutos que oprimem a humanidade.[81] Surpreendentemente, Kelsen se qualifica como um anar-

[78] Kelsen, Dios y estado, p. 258.

[79] Kelsen, Dios y estado, p. 257.

[80] Bobbio, Kelsen y Max Weber, p. 73.

[81] Kelsen, Dios y estado, p. 264.

quista no sentido da crítica do conhecimento, pois reconhece que "*Dios y el Estado sólo existen si y en la medida en que uno cree en ellos, y quedan aniquilados, junto con su imenso poder que llena la historia universal, cuando el alma humana se libera de esta creencia*".[82] É quase inacreditável para aqueles que se limitam a leituras superficiais da obra de Kelsen encontrar tais palavras impressas sob o seu nome. Para eles o substantivo próprio "Hans Kelsen" sempre evocou, de modo quase automático, laivos políticos autoritários, cegueira jurídica e insensibilidade ética. Apesar de absurda, tal "interpretação" de Kelsen não é inesperada se tivermos em conta o testemunho de Correas, para quem o êxito jusnaturalista contra Kelsen se assenta não nas cátedras de Filosofia do Direito, mas nas de Direito Civil e outras disciplinas "profissionalizantes", sendo difícil imaginar um ser mais despreparado para o pensamento filosófico do que um advogado, seja na posição de professor ou de aluno.[83] Durma-se agora com um barulho desses: um Kelsen anarquista... Não é que Kelsen negue a existência de ordens jurídico-estatais e pretenda que vivamos fora do manto das formas sócio-organizacionais. De modo similar, um rematado ateu não é obrigado a negar a existência de ideias morais que governam o mundo. Na verdade, Kelsen vê no direito um produto provisório da política, interpretando-o enquanto um mecanismo ordenador e sem se deixar seduzir por ingenuidades anarquistas que simplifiquem seu pensamento.[84]

Transformar uma função – centralização da pluralidade normativa – em uma personificação – Estado *e* direito – constitui um procedimento que tem servido ao longo da história para anestesiar as consciências e manter as divisões sociais. Assim procedem as religiões e seus deuses iracundos. Como já havia feito no ensaio dedicado a compreender o Estado por meio das construções teóricas da Psicologia-Social, Kelsen conclui que para se construir uma ciência pura do direito – ou do Estado, para ele dá no mesmo – é imprescindível superar as hipóstases substanciais que a infestam, a exemplo do conceito de alma imortal característico da antiga Psicologia[85] e o de força, próprio da primeira Física. De fato, um

[82] Kelsen, Dios y estado, p. 265.

[83] Correas, Presentación, pp. 7-8.

[84] Correas, Presentación, p. 13.

[85] Kelsen, El alma y el derecho, p. 320.

dos traços mais característicos do pensamento primitivo é a necessidade de encontrar substratos materiais para ideias abstratas,[86] o que se verifica até hoje na maioria das ciências humanas e sociais. Na ciência jurídica cabe à noção personificada de Estado cumprir o papel substancial da alma na Psicologia e o da força na Física. Por isso a ideia de Estado precisa ser eliminada e substituída por uma noção funcional. Assim como a nova Física é uma Física sem forças e a nova Psicologia é uma Psicologia sem almas, cabe à ciência jurídica construir um conhecimento do direito sem pressupor o Estado personificado típico da doutrina tradicional. Por isso sustento que a teoria pura do direito é radicalmente anarquista e humanista. A evidência textual, ainda que longa, me parece insofismável:

> [...] *el anarquismo como mera crítica del conocimiento – si es que así puede calificarse la reducción del concepto de Estado al concepto de derecho – no carece de todo efecto ético-político; pues descarta la representación del Estado como realidad absoluta con la cual el individuo tendría que enfrentarse fatalmente, como si se tratase de algo ya dado de antemano e independiente de él. Al ensenãrle a concebir al Estado como el simple orden jurídico, este tipo de anarquismo despierta en el indivíduo la conciencia de que este Estado es obra humana, hecha por hombres para hombres y que de la esencia del Estado, por consiguiente, no puede deducirse nada que vaya en contra del hombre. Si siempre han sido los detentadores del poder según el orden estatal vigente quienes se han opuesto a todo intento por modificar este orden esgrimiendo argumentos extraídos de la esencia del Estado, y quienes han declarado absoluto ese fruto contingente de la historia que es el contenido del orden estatal, porque estaba acorde a sus intereses, esta teoría, en cambio, que declara al Estado como orden jurídico cuyo contenido es variable según los casos y siempre susceptible de ser modificado, esta teoría que por lo tanto no deja al Estado más que el criterio formal de supremo orden coactivo, descarta uno de los obstáculos políticos más poderosos que en todas las épocas han servido para trabar cualquier reforma del Estado en beneficio de los gobernados. Pero es precisamente por ello que esta teoria se revela como teoria pura del derecho, pues sólo arruina la abusiva utilización política de una seudoteoría del Estado. Esta teoría jurídica pura del Estado, que desintegra el concepto de un Estado distinto del derecho, es una teoría del Estado... sin Estado. Y por más paradójica que parezca, sólo de esta manera la teoría del dere-*

[86] Kelsen, El alma y el derecho, p. 327.

cho y del Estado abandona el nivel de la teología para acceder al rango de la ciencia moderna.[87]

A pureza metodológica da teoria kelseniana se revela na exigência de descrever seu objeto mediante pontos de vista científicos, ou seja, perspectivas que superem as mitologias jurídicas sustentadas por 2.500 anos de domínio das doutrinas do direito natural. Da mesma maneira, a ciência moderna combate o método teológico que supõe um deus criador da natureza, mas que ao mesmo tempo a supera, a contradiz e é totalmente independente dela. Raciocínio similar caracteriza a teoria do Estado conservadora, que enxergando o Estado enquanto instância supra ou meta-jurídica, pretende tornar compreensível o que é juridicamente incompreensível, levando os seres humanos a crer no "milagre jurídico".[88] Contra essa alienação das consciências jurídicas se ergue o edifício da teoria pura do direito, uma teoria anarquista do Estado sem Estado e, ademais, contrária ao autoritarismo. Ainda que seja pura, quer dizer, capaz de descrever qualquer contexto jurídico – autocrático ou democrático –, a teoria kelseniana, por representar uma expressão do conhecimento objetivo descomprometido com ideologias e mitologias sociais, só pode florescer em ambientes democráticos. Como admite o próprio Kelsen, a democracia – com sua confiança em procedimentos técnicos, sua racionalização dos vínculos sociais e sua aposta na segurança jurídica – se conecta a cenários positivistas, *i. e.*, aqueles nos quais a realidade é entendida enquanto conjunto de fatos empiricamente postos e quantificáveis.[89] Por seu turno, as autocracias precisam se rodear de ideologias místico-religiosas.[90] Nas autocracias não se crê na possibilidade de uma ciência livre de interesses políticos e o ideal da objetividade do conhecimento é abandonado em favor de outros, tal como o de domínio.[91] Ao tentar se afastar das ideologias – ainda que para tanto tenham que se tornar ideologias sem ideologias – e se aproximar do conhecimento

[87] KELSEN, Dios y estado, pp. 265-266.

[88] KELSEN, Dios y estado, p. 262.

[89] KELSEN, Forma de estado y visión del mundo, p. 231.

[90] KELSEN, Forma de estado y visión del mundo, p. 232.

[91] KELSEN, Forma de estado y visión del mundo, p. 230.

objetivo, as teorias de matriz democrática, a exemplo da teoria pura do direito, passam a ser simples narrativas sociais desvestidas de toda e qualquer justificação metafísica. Ao contrário, teorias jurídicas autocráticas – como as de Platão e de Schmitt – tratam a sociedade e o conhecimento mediante metodologias fundamentalmente teológicas.[92]

Conclusão: desontologização inacabada

Neste ponto é possível perguntar se Kelsen concebeu a teoria pura do direito enquanto uma teoria anarquista. A resposta simples seria "não". Curiosamente, no prefácio à edição de 1960 da *Teoria pura do direito* o próprio Kelsen, ao defender o caráter puro e descomprometido com a política de sua teoria, disse que ela já foi tida por alguns como um tipo de anarquismo velado, avaliação com a qual ele não pode concordar.[93] De fato, o principal objetivo de Kelsen não era expor e criticar o caráter violento do direito e do Estado como faria uma teoria anarquista. Tais circunstâncias são tomadas enquanto pressupostos que comparecem como pano de fundo indiscutido em sua teoria jurídica. A hipótese deste artigo é que, independentemente da intenção original de Kelsen, a teoria pura do direito pode sim ser lida como um anarquismo jurídico. Talvez Kelsen não tenha percebido que o pressuposto anárquico do qual

[92] Kelsen, Forma de estado y visión del mundo, p. 237.

[93] "Como se mantém completamente alheia a toda a política, a Teoria Pura do Direito afasta-se da vida real e, por isso, fica sem qualquer valor científico. É esta uma das objeções mais frequentemente levantadas contra ela. Porém, ouve-se também com não menos frequência: a Teoria Pura do Direito não tem de forma alguma possibilidade de dar satisfação ao seu postulado metodológico fundamental e é mesmo tão-só expressão de uma determinada atitude política. Mas qual das afirmações é verdadeira? Os fascistas declaram-na liberalismo democrático, os democratas liberais ou os sociais-democratas consideram-na um posto avançado do fascismo. Do lado comunista é desclassificada como ideologia de um estatismo capitalista, do lado capitalista-nacionalista é desqualificada, já como bolchevismo crasso, já como anarquismo velado. O seu espírito – asseguram muitos – é aparentado com o da escolástica católica; ao passo que outros creem reconhecer nela as características distintivas de uma teoria protestante do Estado e do Direito. E não falta também quem a pretenda estigmatizar com a marca de ateísta. Em suma, não há qualquer orientação política de que a Teoria Pura do Direito se não tenha ainda tornado suspeita. Mas isso precisamente demonstra, melhor do que ela própria o poderia fazer, a sua pureza" (Kelsen, **Teoria pura do direito**, pp. IX-X).

partiu determinou toda sua teoria, quer dizer, todo seu intento analítico tendente a apresentar de maneira pura o objeto chamado “direito”, com expressa desconsideração de sua dimensão genética. Todavia, como toda origem, a dimensão genético-violenta do direito não é um ponto cronológico do qual se parte, mas sim *tempo genealógico* em que se fundem passado, presente e futuro. De qualquer modo, tenha ou não atentado para essa peculiaridade de sua teoria pura, o certo é que se Kelsen admitisse caracterizá-la como uma teoria estritamente anarquista, seria obrigado a abrir mão do projeto de descrever o direito em sentido puro, já que, determinado pela hipótese anarquista, ele teria criado uma teoria do direito sem direito. É esse, aliás, o resultado extremo a que se chega, caso as teses que embasam a teoria pura do direito sejam levadas às últimas consequências, e por isso sustento que tal teoria pode ser compreendida sob o viés do anarquismo. Talvez por isso Kelsen tenha comparado sua embrionária teoria jurídica a uma espécie de ateísmo, como discuti na seção anterior, jogando ironicamente com o conceito de teologia política, então pronto para conhecer uma estranha e fascinante floração na obra de Carl Schmitt.

Que a teoria pura do direito possa ser entendida como uma teoria anarquista do direito sem direito é algo que me parece bastante plausível. Para tanto, é preciso levar a sério a polêmica tese kelseniana segundo a qual direito e Estado são uma única e mesma realidade – e não uma “forma-de-dois-lados”, como queria Georg Jellinek –, de sorte que o Estado representaria apenas uma primitiva antropomorfização que, uma vez superada em sua substancialidade, se resumiria a indicar a função centralizadora e monopolizadora da força a que ora se dá o nome de “direito”, ora de “poder”. A crítica de Kelsen às teorias tradicionais que veem no Estado uma entidade autônoma e aos autores[94] que as sustentavam nos anos 20 e 30 equivale, conforme bem se expressa Alexander Somek, a uma tentativa de desontologização estatal. Todavia, trata-se de um projeto que permaneceu inacabado.

[94] Tome-se Carl Schmitt como exemplo. Apesar de nos seus primeiros escritos neokantianos ele ter defendido a prioridade do direito em relação ao Estado, muda radicalmente de posição a partir da publicação de **Teologia política**, eis que o Estado antecederia o direito, visto que só nele se poderia tomar a decisão sobre a exceção, fundadora da ordem jurídica.

Com efeito, Kelsen não poupa argumentos para desconstruir o Estado--substância, demonstrando tanto histórica quanto conceitualmente que essa "forma" não passa de um outro nome do direito. Apesar disso, a tese da identidade acaba se resolvendo em um nominalismo estatal que pressupõe um essencialismo jurídico.[95] De fato, a consequência lógica do projeto iconoclasta e anárquico kelseniano – que nega realidade ao Estado, compreendido apenas como um conjunto de relações, ou seja, um sistema compartilhado de significados – seria aplicar a mesma conclusão à outra face do Estado, que é exatamente o direito. Entretanto, esse ousado passo não é dado por Kelsen, que concede às formas jurídicas um *status* ontológico que elas não possuem.[96]

Desconsiderando seu pressuposto filosófico básico, segundo o qual só o indivíduo existe, Kelsen vê nas pessoas – jurídicas ou naturais, tal dualismo não faz sentido – pontos de imputação criados pelo sistema jurídico para garantir sua auto-operacionalidade.[97] Mas esse "esquema de interpretação" que identifica pessoas de carne e osso com centros funcionais não seria, ele próprio, uma ficção? Se radicalizadas, as teses kelsenianas levam à compreensão de que o direito é tão fantasmagórico quanto o Estado, é tão metafórico e tão "linguístico" como qualquer outra convenção social, conforme já ensinava na primeira metade do século passado o jusfilósofo mineiro Carlos Campos, para quem "[...] o direito, como os demais fatos sociais mais ou menos organizados, não é senão projeção, superestrutura aparente, técnica de expressão e realização dos interesses vitais dominantes em dada civilização".[98] Para além dos símbolos míticos (Estado) e linguísticos (direito) existe apenas a luta dos seres humanos uns contra os outros, há somente violência organizada e estabilizada sob forma jurídica. Segundo me parece, esta é a mensagem final da teoria

[95] Somek, **Stateless law**, p. 762-763.

[96] "*Kelsen stopped short of radical deontologization. Only the state is eliminated from the 'two-sided thing', while 'the law' stays in place. Contrary to his own insight, Kelsen presents the legal system as if it were an institutional fact, wich is composed of valid norms.* [...] *This interpretation of the legal system overlaps with, and is reinforced by, the view of the norm as an abstract object. It is more than merely ironic that Kelsen, in his attempt to avoid the hypostatisation, resorted to the crudest hypostatisations of all: the ontological supposition of the realm of 'norms'*" (Somek, **Stateless law**, p. 773).

[97] Somek, **Stateless law**, p. 764.

[98] Campos, **Sociologia e filosofia do direito**, p. 32.

pura do direito, em especial quando ela exige a eficácia global do primeiro ordenamento jurídico enquanto condição para se pressupor a norma fundamental, momento inicial – e não terminal – da cadeia de validação objetiva necessária para a descrição científica do direito. Não tenho dúvida de que dessa visão sombria da realidade social pode emergir uma leitura anarquista da teoria pura do direito.

Se descrever o direito funcionalmente é mais importante do que buscar sua inexistente substância, entendo que Estado e direito coincidem, revelando-se ambos como expressões de um monismo funcional que se nega a reconhecer a existência de qualquer ordem real autônoma – ou "concreta", como dizia Schmitt – na qual se fundamente, em última instância, o ordenamento jurídico. Por estarem ligados, os conceitos kelsenianos de Estado e direito levam às mesmas conclusões. A exemplo do Estado, o direito não tem substância, sendo antes um símbolo, visto que "[...] *la funcionalización del estado implica que hay* un solo orden – *una sociedad política – que tiene al derecho por forma simbólica*".[99]

Hans Lindahl se refere ao caráter puramente simbólico do direito com base na doutrina kelseniana, que enxerga na norma jurídica um simples "esquema de interpretação". De acordo com Kelsen, cabe ao juízo jurídico relacionar certo ato ou fato imanente a uma ordem de significados transcendentais (no sentido kantiano), conferindo-lhe inteligibilidade. Assim, o ato "matar alguém" pode ser lido juridicamente como crime de homicídio ou aplicação de uma sanção capital, dependendo do contexto jurídico-significacional em que for praticado. Para Lindahl, não é possível falar nas três tradicionais funções do direito – instrumental, garantidora e simbólica –, dado que o ordenamento jurídico possui uma única função, a simbólica, das quais as demais são meras modalidades.[100] A norma fundamental é um bom exemplo disso, pois ao cumprir a função de norma inicial, ela garante uma compreensão monista da ordem jurídica. Tal se dá em prejuízo do dualismo metafísico-substancialista típico do jusnaturalismo, cuja finalidade é transformar todos os problemas de sentido (ou função) em problemas de ser (ou substância). Segundo a metafísica dualista, todo processo funcional pode ser reduzido a uma questão

[99] Lindahl, **El pueblo soberano**, p. 66.
[100] Lindahl, **El pueblo soberano**, p. 67-68.

ontológica. Para tanto, todo sentido precisa se inserir no ser, ainda que se trate de um ser forjado pela górgona do poder. Ao contrário, deixando de subordinar a validade a elementos fáticos, a norma fundamental reconhece e assegura o caráter puramente simbólico dos conceitos e das relações jurídicas,[101] fundadas em última e em primeira instância na experiência da violência, tanto a violência histórica que põe o ordenamento jurídico quanto a atual que o mantém, conforme a pertinente distinção de Walter Benjamin.[102]

A dogmática jurídica de perfil autoritário que não reconhece esse pressuposto básico não passa de ideologia jurídica incapaz de compreender a impossibilidade de se construir "visões reais" de um objeto que, em si mesmo, não apresenta concretude fora do mundo dos valores e da linguagem. Ao desconsiderar a vacuidade do direito, que é só símbolo e linguagem, Kelsen se aproximou perigosamente da doutrina tradicional que pretendeu vencer. Julgo que tal ocorreu porque ele não desenvolveu de maneira consequente a intuição anarquista que está na base de sua teoria pura. Nessa perspectiva, a teoria pura do direito falhou. Ao se propor a criticar as ideologias tradicionais do direito, ela se tornou ideológica,[103] visto que se recusou a renunciar ao conceito ontológico de direito, enxergando-o como "coisa real"; mas tal conceito não é mais do que *cosa mentale*.

Contudo, entendo que o projeto maior de Kelsen – o crítico-iconoclasta-anarquista, do qual a teoria pura do direito é apenas uma pequena e, afinal, nem tão importante parte – é atual e urgente, apontando ainda hoje para a tarefa própria de kelsenianos críticos, qual seja: desvelar o caráter irreal, ideológico e profundamente desmobilizador, característico não apenas do direito, mas também de sua cognição "científica". Mais ainda: cabe ao kelseniano crítico trazer à luz a inexistência de padrões científicos capazes de legitimar a aplicação do direito, desmascarando a natureza particularista, e até mesmo mitológica, das tentativas cada vez mais insistentes de reduzir a violência do direito a tábuas ideais de raciocínio e justificação, bem ao gosto dos jusmoralismos e das corren-

[101] LINDAHL, **El pueblo soberano**, p. 66, n. 20.

[102] BENJAMIN, Para uma crítica da violência.

[103] JABLONER, **La crítica de Kelsen a la ideología**, p. 205.

tes "argumentativas" atuais. Não se trata, por óbvio, de incensar e enaltecer a violência enquanto face necessária do direito. Aqui permanece válido o propósito descritivo e não prescritivo propugnado por Kelsen. Todavia, responder à importantíssima pergunta que autores como Walter Benjamin e Giorgio Agamben se põem – se é possível ou não uma vivência coletiva que abra mão da violência jurídica, seja desativando-a, seja dando-lhe novos usos – só me parece possível se, antes de tudo, o direito for encarado como ele é. Nessa perspectiva, a teoria jurídica de Hans Kelsen permanece insuperável. Construir a mais perfeita teoria do direito do século XX e sacrificá-la no altar da crítica me parece ser o mais forte argumento a favor de uma reabilitação do pensamento iconoclasta de Kelsen, cujas virtualidades anarquistas julgo recomendáveis neste novo século assombrado por antigos demônios.

Referências

BENJAMIN, Walter. Para uma crítica da violência. In: BENJAMIN, Walter. *Escritos sobre mito e linguagem (1915-1921)*. Org., apresentação e notas Jeanne Marie Gagnebin. Trad. Susana Kampff Lages e Ernani Chaves. São Paulo: Duas Cidades/ Editora 34, pp. 121-156, 2011.

BOBBIO, Norberto. Kelsen y Max Weber. In: CORREAS, Óscar (org.). *El otro Kelsen*. México: Universidad Nacional Autónoma de México, pp. 57-77, 1989.

CAMPOS, Carlos. *Sociologia e filosofia do direito*. 3. ed. Belo Horizonte: Del Rey, 1995.

CORREAS, Óscar. El otro Kelsen. In: CORREAS, Óscar (org.). *El otro Kelsen*. México: Universidad Nacional Autónoma de México, pp. 27-55, 1989.

CORREAS, Óscar. Presentación. In: CORREAS, Óscar (org.). *El otro Kelsen*. México: Universidad Nacional Autónoma de México, pp. 7-14, 1989.

ENGLARD, Izhak. Nazi criticism against the normativist theory of Hans Kelsen: its intellectual basis and post-modern tendencies. In: *Israel Law Review*, v. 32, pp. 183-249, 1998.

FROSINI, Vittorio. Kelsen y las interpretaciones de la soberanía. In: *Revista Española de Derecho Constitucional*, v. 11, n. 31, pp. 61-74, 1991.

HEGEL, Georg Wilhelm Friedrich. *Grundlinien der Philosophie des Rechts*: uber Naturrecht und Staatswissenchaft im Grundrisse. 3. Aufl. Stutgart: Fr. Frommanns, 1952.

HERRERA, Carlos Miguel. Schmitt, Kelsen y el liberalismo. In: *Doxa: Cuadernos de Filosofía del Derecho*, v. 21-II, pp. 201-218, 1998.

JABLONER, Clemens. La crítica de Kelsen a la ideología. In: *Biblioteca Jurídica Virtual del Instituto de Investigaciones Jurídicas de la UNAM*, pp. 203-214, s./d. Disponível em: www.juridicas.unam.mx.

JONAS, Hans. *The gnostic religion*: the message of the alien god & the beginnings of christianity. Boston: Beacon, 1963.

KELSEN, Hans. Das Verhaltnis von Staat und Recht im Lichte der Erkenntniskritik. In: KLECATSKY, Hans (org.). *Die Wiener rechtstheoretische Schule*: Schriften von Hans Kelsen, Adolf Merkl, Alfred Verdross. Vol. II. Wien: Europa, 1968.

KELSEN, Hans. Dios y estado. In: CORREAS, Óscar (org.). *El otro Kelsen*. México: Universidad Nacional Autónoma de México, pp. 243-266, 1989.

KELSEN, Hans. El alma y el derecho. In: CORREAS, Óscar (org.). *El otro Kelsen*. México: Universidad Nacional Autónoma de México, pp. 319-331, 1989.

KELSEN, Hans. Esencia y valor de la democracia. Trad. Rafael Luengo Tapia e Luis Legaz y Lacambra. México: Nacional, 1974.

KELSEN, Hans. Forma de estado y visión del mundo. In: CORREAS, Óscar (org.). *El otro Kelsen*. México: Universidad Nacional Autónoma de México, pp. 223-241, 1989.

KELSEN, Hans. *Normas jurídicas e análise lógica*. Trad. Paulo Bonavides. Rio de Janeiro: Forense, 1984.

KELSEN, Hans. *O problema da justiça*. Trad. João Baptista Machado. São Paulo: Martins Fontes, 2003.

KELSEN, Hans. *Teoría comunista del derecho y del estado*. Trad. Alfredo J. Weiss. Buenos Aires: Emecé, 1957.

KELSEN, Hans. *Teoria pura do direito*. Vol. 1. Trad. João Baptista Machado. Coimbra: Arménio Amado, 1962.

LAYTON, Bentley (org.). *As escrituras gnósticas*. Trad. Margarida Oliva. São Paulo: Loyola, 2002.

LEFORT, Claude. *Essais sur le politique*: XIXe-XXe siècles. Paris: Seuil, 1986.

LINDAHL, Hans. El pueblo soberano: el régimen simbólico del poder político en la democracia. In: *Revista de Estudios Políticos* (Nueva Época), n. 94, pp. 47-72, 1996.

LOSANO, Mario G. Kelsen y Freud. In: CORREAS, Óscar (org.). *El otro Kelsen*. México: Universidad Nacional Autónoma de México, pp. 99-110, 1989.

LOSANO, Mario G. La teoría pura del derecho del logicismo al irracionalismo. In: *Doxa: Cuadernos de Filosofía del Derecho*, n. 2, 1985.

MANERO, Juan Ruiz. Sobre la crítica de Kelsen al marxismo. In: CORREAS, Óscar (org.). *El otro Kelsen*. México: Universidad Nacional Autónoma de México, pp. 111-161, 1989.

MATOS, Andityas Soares de Moura Costa. *Filosofia do direito e justiça na obra de Hans Kelsen*. 2. ed. com apresentação de Danilo Zolo. Belo Horizonte: Del Rey, 2006.

NIETZSCHE, Friedrich Wilhelm. *Assim falou Zaratustra*: um livro para todos e para ninguém. Trad. Mário da Silva. 9 ed. Rio de Janeiro: Civilização Brasileira, 1998.

ORDÓÑEZ, Ulises Schmill. El concepto del derecho en las teorías de Weber y de Kelsen. In: CORREAS, Óscar (org.). *El otro Kelsen*. México: Universidad Nacional Autónoma de México, pp. 163-193, 1989.

PLATÃO. *A república*. Trad., introdução e notas Maria Helena da Rocha Pereira. 9. ed. Lisboa: Calouste Gulbenkian, 2001.

SCHMITT, Carl. *Teologia política*. Trad. Elisete Antoniuk. Belo Horizonte: Del Rey, 2006.

SCHOLEM, Gershom. Cabala. Trads. Hinda Burlamaqui, Júlio Cesar Castañon Guimarães e Maria Lúcia White Pereira Braga. Rio de Janeiro: A. Koogan, 1989.

SOMEK, Alexander. Stateless law: Kelsen's conception and its limits. In: *Oxford Journal of Legal Studies*, v. 26, n. 4, pp. 753-774, 2006.

SPINOZA, Baruch. *The collected works of Spinoza*. Vol. I: Ethica. Trad. and edition E. Curley. Princeton: Princeton University, 1985.

WILLER, Claudio. *Um obscuro encanto*: gnose, gnosticismo e poesia moderna. Rio de Janeiro: Civilização Brasileira, 2010.

12.
A DISPUTA ENTRE HANS KELSEN E ALF ROSS SOBRE O REALISMO JURÍDICO

CESAR ANTIONIO SERBENA

Introdução

A ocasião do cumprimento dos 60 anos da publicação da 2ª edição da *Teoria Pura do Direito* de Hans Kelsen revela a longevidade dessa obra, assim como o seu status de obra clássica e obrigatória para a leitura e formação de qualquer jurista, pelo menos na tradição dos sistemas jurídicos da *Civil Law* ou sob influência do Direito Continental Europeu, como é o caso do Brasil e dos países latinoamericanos. Porém, mesmo que seja a obra jurídica mais conhecida e traduzida no século XX, e talvez a mais citada, estudada e criticada, ainda existem questões em aberto que merecem ser objeto do debate contemporâneo.

Uma dessas questões é o caráter realista da *Teoria Pura do Direito* (doravante TPD). É curioso observar que os adjetivos mais frequentes para o teórico Kelsen, a partir da TPD, é de que ele seja um positivista, normativista, formalista, mas pouquíssimo é adjetivado como um realista. Uma das explicações iniciais é que Kelsen conhecia a literatura do realismo escandinavo e a dos realistas norte-americanos, e a eles ele fez questão de se contrapor e ressaltar as diferenças da sua TPD. Uma das consequências deste debate, assim configurado, é que a característica realista da obra de Kelsen e igualmente da TPD foram eclipsadas e perderam-se de vista no debate da jusfilosofia durante a segunda metade do século XX.

Tomemos, por exemplo, a seguinte citação de Kelsen em sua crítica à obra *On law and Justice* de Alf Ross:

> "Una ciencia es 'empírica' en contraposición a 'metafísica' no solamente si describe hechos que suceden en el tiempo y en el espacio sino también si describe el sentido de ciertos actos humanos. Una teoría del derecho continúa siendo empírica si se limita a describir normas que son el sentido de actos empíricos, realizados en el tiempo y en el espacio, realizados por hombres, sin referirse a normas que emanen de instancias sobrehumanas, tales como Dios o una naturaleza creada por Dios, en tanto que el 'deber ser' de las normas que describe no es el deber ser de una justicia metafísica. Dado que la Teoría Pura del Derecho llena estos requisitos, dado que ella, como casi ninguna otra teoria del derecho lo hace, elimina de su ámbito con la mayor energía todo elemento metafísico, puede reclamar ser considerada como una teoría no menos empírica, y en este sentido 'realista', que la teoría 'realista' del derecho sosteninda por Ross."[1].

A partir dessas afirmações de Kelsen, fica claro que ele considerava sua teoria tão empírica e tão anti-metafísica quanto a teoria de Ross, e neste sentido sua teoria era tão ou mais "realista" que a de Ross.

Tendo como premissas essas colocações iniciais, interessa-me no presente trabalho recuperar o debate entre Kelsen e Alf Ross, mas sobretudo fazê-lo a partir do pressuposto de que Kelsen concebia a sua própria teoria como sendo uma teoria realista. Os elementos do realismo kelseneano podem ser encontrados nas obras anteriores à 2ª edição da TPD, bem como internamente à própria TPD[2].

Do balanço dos aspectos realistas das teorias de Kelsen e Ross, teremos que esclarecer, para além de um embate sobre etiquetas, que espécie de realismo ambos concebiam, e quais eram as suas semelhanças e diferenças. Certamente não será possível investigar exaustivamente a ques-

[1] Kelsen, Hans. Una teoria "realista" y la teoria pura del derecho. In **Contribuciones a la teoría pura del derecho.** Trad. Eduardo Vásquez. México: Ed. Fontamara, 1991. 5ª reimp. 2008 (p. 7-46), p. 15-16. Original: "Eine 'Realistische' und di Reine Rechtslehre (Bemerkingen zu Alf Ross: on Law and Justice)". **Österreichische Zeitschrift für offentliches Recht**. Tomo X, vol. 1. 1959, Viena.

[2] Para mais detalhes sobre o realismo jurídico de Kelsen, cf. o trabalho do autor do presente artigo: Serbena, Cesar A. **Três argumentos sobre o Realismo Jurídico Europeu-Continental.** Tese de Professor Titular. Setor de Ciências Jurídicas, Universidade Federal do Paraná, Curitiba, 2019.

tão, do ponto de vista teórico e bibliográfico, no espaço de um artigo, portanto examinarei apenas os pontos principais do debate entre Kelsen e Ross.

1. O realismo interno à teoria pura do direito (TPD)

Kelsen concebia sobretudo sua teoria como uma teoria oposta ao Direito Natural, o qual era identificado como a presença constante da metafísica na história do pensamento filosófico e jurídico, e nesse sentido, sendo o Direito Natural uma doutrina jurídica idealista, a TPD seria uma teoria jurídica não-idealista[3]. Já podemos antecipar que a chave interpretativa para o Realismo kelseneano é edificada sobre conceitos negativos ou de forte oposição, ou seja, a TPD é uma teoria não-metafísica ou antimetafísica, não-idealista ou anti-idealista, e assim por diante. Como veremos adiante, o núcleo central do debate e da divergência entre Kelsen e

[3] "La doctrina del derecho natural es – en contraposición al positivismo jurídico como doctrina *realista* – una doctrina jurídica *idealista*. Porque el derecho natural aceptado al lado del derecho real, el positivo, criado por el arbitrio humano y por lo tanto variable, es un derecho ideal, invariable, identificable con la *justicia*. Pero la doctrina del derecho natural no es 'la' doctrina idealista del derecho. Se distingue de otras doctrinas jurídicas idealistas – como lo indica su nombre – en que considera a la 'naturaleza' como fuente de las normas del derecho ideal y justo. Esta naturaleza es la naturaleza en general, la totalidad de la realidad, o la naturaleza del hombre en especial. Ella funciona como la autoridad normativa, es decir, autoridad creadora de normas. Aquel que obedece sus mandamientos actúa correcta o justamente. Estos mandamientos, esto es, las normas de la conducta justa, son *inmanentes a la naturaleza,* pero transcendentes al derecho positivo. Mediante un análisis cuidadoso ellas pueden ser halladas, o, por así decir, descubiertas en la naturaleza, y por lo tanto deducidas de la misma. Si esta naturaleza fuera la realidad *empírica* y la naturaleza humana la condición *fáctica* del hombre, no sería admisible calificar a la doctrina jusnaturalista de metafísica del derecho, en tanto que la metafísica implica justamente trascender esa realidad. Pero es fácil mostrar que ni la realidad empírica en general ni la naturaleza fáctica del hombre en particular pueden ser aquella naturaleza de la cual se deducen las normas del derecho natural. Es una 'naturaleza' *transcendente* la que funciona como fuente del derecho natural." La doctrina del derecho natural y el positivismo jurídico. In **Contribuciones a la teoría pura del derecho.** Trad. Eduardo Vásquez. México: Ed. Fontamara, 1991. 5ª reimp. 2008. p. 121-122. Original: Naturrechtslehre und Rechtspositivismus. Revista Jurídica de Buenos Aires, IV, 1961. Ed. bilíngue. Trad. Eugenio Bulygin.

Ross está justamente na inclusão ou não do elemento empírico na teoria jurídica.

Recordemos sinteticamente as operações conceituais que Kelsen opera na TPD (ainda em sua primeira edição) ao combater diversos dualismos, os quais são reduzidos a um conceito único. A TPD também introduz novos dualismos, o que foi identificado por Ross, porém, examinaremos as críticas de Ross mais adiante.

O primeiro dualismo que Kelsen ataca é a dicotomia entre direito subjetivo e direito objetivo, reduzindo o primeiro ao segundo e incorporando-o à categoria de dever jurídico como um dever que, se não obedecido, gera um ato estatal de coerção.

O dever jurídico é constituído pela norma jurídica individualizada em relação à conduta estatuída e concreta de determinado indivíduo. Um homem está juridicamente obrigado a determinada conduta enquanto a conduta contrária está contida na norma jurídica como condição para um ato coercitivo antijurídico qualificado. Com isso, o dever jurídico é reconhecido como a única função essencial do direito objetivo, e exatamente aqui não caberiam considerações morais[4].

Kelsen sintetiza sua posição identificando a categoria de direito subjetivo como uma categoria ideológica originada no direito de propriedade, e na sequência conclui que o direito subjetivo é o próprio direito objetivo: "Com essa ótica da Teoria Pura do Direito, na essência do que se denomina direito, em sentido subjetivo, fica superado o dualismo do direito subjetivo e objetivo. O direito subjetivo não é diverso do objetivo: é o próprio direito objetivo, enquanto se dirige, com a consequência jurídica por ele estabelecida, contra um sujeito concreto (dever) ou se lhe coloca à disposição (autorização)."[5]

Na sequência da argumentação da 1ª edição da TPD, Kelsen opera a mesma operação intelectual de eliminação do aspecto metafísico do

[4] Cf. Kelsen, Hans. **Teoria Pura do Direito: introdução à problemática científica do Direito.** Trad. J. Cretella Jr. e Agnes Cretella. 5ª ed. Rev. São Paulo: Editora Revista dos Tribunais, 2007 (tradução para o português da 1ª edição da **Teoria Pura do Direito** em alemão de 1934), p. 84.

[5] Kelsen, Hans. **Teoria Pura do Direito: introdução à problemática científica do Direito**, p. 86.

conceito jurídico de pessoa. Passados 86 anos da 1ª edição da TPD e 60 anos da 2ª edição, muitos ainda acreditam que a pessoa física, tal como é entendida pelo Direito, é uma entidade real, existente. Kelsen sempre afirmou que a "pessoa" entendida como "homem" é um conceito biológico, não jurídico. Para Kelsen a pessoa física é um conceito auxiliar da teoria jurídica que unifica um feixe de deveres e autorizações, assim como a pessoa jurídica, e nesse sentido a pessoa "física" é tão jurídica quanto a pessoa jurídica:

> "Com isso está livre o caminho para reconhecer no conceito de direito subjetivo, ou de pessoa, apenas um recurso mental artificial, um conceito auxiliar, que para o objetivo do conhecimento jurídico conseguiu uma apresentação clara do material dominado, sob a pressão de uma linguagem jurídica antropomórfica-personalizadora. 'Pessoa' é apenas uma expressão unitária personalizadora para um feixe de deveres e autorizações jurídicas, isto é, para um complexo de normas: um entendimento, que por ser falso, o direito, como objeto do conhecimento, confirma como hipostase duplicadora.
> A pessoa 'física'
> Somente agora a antiga exigência da teoria positivista do direito pode conceituar a pessoa física e jurídica como idênticas. 'Pessoa física' não é – como afirma a teoria tradicional – o homem. Isso não é um conceito jurídico, e sim biológico-psicológico. (...)
> A pessoa 'jurídica'
> Assim como a pessoa física, também a denominada pessoa jurídica é apenas a expressão unitária de um complexo de normas, isto é, de um ordenamento jurídico, e exatamente daquele que regula a conduta de uma pluralidade de homens."[6]

Por fim, e na mesma linha de pensamento, Kelsen opera na TPD a dissolução da dualidade Estado/Direito a partir de uma identidade entre os dois conceitos. O Estado, nessa concepção, também não é "uma realização do Espírito", segundo a acepção de Hegel, ou a concretização histórica do "espírito do povo alemão", tal como as teorias do Estado predominantes

[6] Kelsen, Hans. **Teoria Pura do Direito: introdução à problemática científica do Direito**, p. 88-89.

no final do século XIX após a unificação alemã, e que eram ensinadas nas universidades alemãs quando Kelsen era um estudante universitário[7]. Cabe observar que os primeiros trabalhos de Kelsen foram justamente sobre a teoria do Estado e esse aspecto também foi incorporado na TPD:

> "Um conhecimento do Estado, livre de ideologias e liberto de toda a metafísica e mística, não pode apoderar-se de sua essência de outro modo senão concebendo essa formação social como um ordenamento da conduta humana. Exame mais pormenorizado mostra que é um ordenamento coercitivo social e que este ordenamento coercitivo deve ser idêntico ao ordenamento jurídico, já que os mesmos atos coercitivos carcterizam ambos e a mesma coumunidade social não pode ser constituída por dois ordenamentos distintos.
> O Estado é um ordenamento jurídco. Mas nem todo ordenamento jurídico pode ser designado como Estado; só o é quando o ordenamento jurídico estabelece, para a produção e execução das normas que o integram, órgãos que funcionam de acordo com a divisão do trabalho. Estado significa ordenamento jurídico quando já alcançou certo grau de centralização."[8]

Uma vez que identificamos sinteticamente a reforma conceitual que Kelsen opera nas categorias jurídicas, eliminando os dualismos de origem metafísica, podemos passar às críticas de Alf Ross à TPD de Kelsen e a outros aspectos da sua teoria.

2. As críticas realistas de Ross a Kelsen

Alf Ross, em sua juventude, estudou com Hans Kelsen durante o seu doutoramento na Faculdade de Direito da Universidade de Viena, Áustria, e a ele dedica a sua tese *Theorie der Reehtsquellen. Ein Beitrag zur Theorie des positiven Rechts auf Grundlage dogmenhistorischer Untersuchungen.*[9]

[7] Cf. o conjunto de trabalhos de Kelsen reunidos em KELSEN, Hans. **Ensayos sobre Jurisprudencia y Teologia.** México: Fontamara, 2003.

[8] KELSEN, Hans. **Teoria Pura do Direito: introdução à problemática científica do Direito,** p. 133.

[9] Leipzig, 1929. Trad. Espanhola: **Teoría de las fuentes del Derecho. (Una contribución a la teoría del derecho positivo sobre la base de investigaciones histórico-dogmáti-**

Assim como Hans Kelsen foi um grande professor, Alf Ross foi também um grande discípulo, que em suas críticas à teoria kelseneana, elaborou uma teoria original e que o coloca no patamar dos grandes filósofos do Direito do século XX.

A teoria de Ross incorpora muitos aspectos da obra kelseneana, como a dura crítica à metafísica nas teorias jurídicas, mas o cerne da disputa entre os dois será o elemento empírico das teorias jurídicas, pois Kelsen não o admitia, e este era um elemento essencial para Ross.

Para a crítica de Ross a Kelsen, consideraremos três obras essenciais do seu programa de uma teoria jurídica realista: *Towards a realistic jurisprudence. A criticism of the dualism in law*[10], *On Law and Justice*[11]e *Lógica de las normas*[12].

A tradução e publicação das obras de Ross em inglês demoraram poucos anos após a sua publicação em dinamarquês, o que tornou Ross um autor conhecido na cultura anglo-saxã. Ao mesmo tempo, Ross também conhecia bem os autores realistas norte-americanos, e desde a sua obra *Towards a realistic jurisprudence*, ele estabeleceu bem as diferenças da sua teoria realista com a dos realistas norte-americanos. Exatamente nessa obra, Ross estabelece um dualismo entre as teorias realistas do realismo norte-americano e o que ele denominou como a ciência normativa de Kelsen. Na seguinte citação já podemos perceber a crítica de Ross à categoria de *validez*, a qual é central na TPD:

> "Quedan las dos escuelas críticas [as teorías puramente sociológicas ou *realistas* e a ciência normativa pura do direito de Kelsen[13]]. Pero un examen de las mismas nos muestra la presencia de un factor sobremanera extraño, que podría llamarse *la trágica ley de la proporción inversa de la coherencia lógica y del*

cas). Madrid: Centro de Estudios Políticos y Constitucionales, 2007.

10 Copenhage, 1946. Trad espanhola: **Hacia una ciencia realista del derecho. Crítica del dualismo en el derecho.** Trad. Julio Barboza. Buenos Aires: Ed. Abeledo-Perrot, 1961.

11 Londres: Stevens, 1958. Berkeley: Univ. of California Press, 1959. Trad espanhola: **Sobre el derecho y la justicia**. Trad. Genaro Carrió. 2ª ed. Buenos Aires: Eudeba, 1997. 1ª ed. 1962.

12 Ross, Alf. **Logica de las normas.** Trad. J. S.-P. Hierro. Madrid: Editorial Tecnos, 1971. Original: **Directives and Norms.**

13 Nota do autor.

> *valor de verdad simbólica en el derecho* en cuanto la relación del a última con las categorías realidad y validez. De acuerdo con esta ley, que tendré frecuente ocasión de ilustrar con ejemplos concretos más adelante, pareciera que cuanto más coherentemente se desarrolla una teoría jurídica a este respecto, menos sirve como base teorética para la ciencia del derecho. (...)
> La *validez* no es para nada algo objetivo, o concebible, sino apenas un término común usado para las expresiones por las cuales se racionalizan ciertas vivencias emocionales. No hay concepciones de validez de ninguna especie, sino meras vivencias de validez conceptualmente racionalizadas, vale decir, ciertas vivencias revestidas de una peculiar ilusión de objetividad. Por tanto, las manifestaciones sobre validez práctica, por esemplo, acerca de valores o de obligación, carecen de todo significado o objeto, aunque sin embargo y debido a su existencia poseen un valor emblemático como símbolos de ciertos fenómenos psicofísicos." [14]

O estágio seguinte da crítica de Ross consiste em atacar a dicotomia da TPD entre o *Sein* (ser) e o *Sollen* (dever). Ross interpreta o *Sollen* da teoria de Kelsen como uma categoria meramente formal e vazia em si mesma, sem conteúdo algum e apartado a realidade social, tal como podemos visualizar na seguinte citação:

> "Kelsen determina el derecho como pura validez, *Sollen*. Con esto no quiere él decir que el derecho es una validez racional *a priori*; Kelsen es un positivista definido. Al mismo tiempo, como el derecho es colocado enteramente en la categoría de *Sollen*, éste es privado de todo contenido *a priori* y se transforma meramente en una forma categórica, o modo de pensar completamente vacío en sí mismo. El verdadero significado de la teoría kesleniana será comprendido mejor si se consideran sus factores genéticos. Estos son:
> 1. La idea positivista prevalente de que existe una dogmática jurídica diferente de una teoría social. (...)
> 2. El punto de vista tradicional tanbién prevalente de que el derecho es un sistema de reglas vinculatorias, obligatorias (válidas).

[14] Ross, Alf. **Hacia una ciencia realista del derecho: critica del dualismo em el derecho,** p. 16-17.

> 3. La prevalente posición kantiana de que hay una *disparidad metódica absoluta entre Sein y Sollen,* definida más precisamente en la doctrina de Windelband de que el *Sollen* es uma forma *a priori* pura, pero vacía, que deriva su contenido de la realidad cultural a mano en cualquier tempo.
> 4. Una inconmovible voluntad de ser científicamente coherente, sin que importe la mayor o menor armonía o falta de armonía del resultado con nociones tradicionales.
> (...) Así Kelsen se confronta con la alternativa: el derecho es *Sein* o *Sollen*, una realidad social, o una validez normativa.
> Finalmente, el tercer factor – enlazado a un general punto de vista positivista y relativista – debe excluir cualquier tentativa de desarrollar la teoría del derecho en un idealismo conceptual *a priori.* La doctrina pura del derecho debe ser formalista y positiva.
> Se llega así al resultado de que el derecho es un *Sollen,* absolutamente un *Sollen* y solamente tal, sin *Sein* ni realidad social."[15]

O cerne da crítica de Ross à TPD, como já afirmado, é a ausência do elemento empírico em sua análise. Ross introduz no conceito de norma jurídica o fato social e o valor, recuperando o conceito de *fato normativo,* conceito este que para Kelsen era contraditório em si mesmo. No exame das obras posteriores à *Towards a realistic jurisprudence,* Ross não mantém a categoria de *fato normativo.* O fato social, para Ross, é um elemento essencial da norma jurídica:

> "Del mismo modo, si el derecho se concibe como algo puramente normativo, como un puro *debe ser (devoir être, Sollen)* se olvida que el derecho que no es realmente efectivo no es más derecho, sino un mero postulado; y lo que es peor, que una norma pura sólo puede tener un contenido *a priori,* mientras que la norma jurídica tiene un indudable contenido empírico. Por otra parte, si el derecho ha de ser concebido como un hecho social y nada más, se descuida la cuestión de que la norma es esencialmente una regla de valor, y que es imposible hallar tal criterio en los simples hechos. Debe, por tanto, admitirse que el derecho pertenece a una tercera esfera que supera este contraste:

[15] Ross, Alf. **Hacia una ciencia realista del derecho: critica del dualismo em el derecho**, p. 46-47.

la realidad cultural como una *realité spiritualisée*. Aquí se nos lleva de nuevo a la idea del *fait normatif*.

El contraste clásico entre derecho y poder lleva al mismo resultado. Reconocer el derecho del más fuerte es abolir el derecho. Pero tampoco es el derecho divorciado de todo poder un derecho real. El derecho mismo pretende ser un poder. Es necesario, por lo tanto, distinguir el poder del derecho del poder desnudo, lo que nos lleva nuevamente al *fait normatif*, un hecho penetrado de valores morales y jurídicos supratemporales, y que en su esencia representa una materializacíon de las ideas espirituales y objetivas que se han convertido en hechos sociales."[16]

O programa realista de Ross concebido em *Towards a realistic jurisprudence* identificará duas grandes antinomias na teoria jurídica, e a sua proposta central consistira em dissolver essas antinomias e reconstruir o conceito de Direito. O mesmo método será aplicado às fontes do direito, ao direito subjetivo, às obrigações e permissões, e aos direitos reais e pessoais. Sinteticamente falando, este é basicamente a primeira fase do realismo de Ross.

A primeira antinomia no conceito de Direito, segundo Ross, consiste nas seguintes tese e antítese:

Primeira antinomia
Tese: a validez do direito como direito está determinada com relação a certos fenômenos históricos relevantes
Antítese: os fenômenos históricos relevantes estão determinados com relação à validez do direito como direito.[17]

Segundo Ross, esta dicotomia é insolúvel na TPD de Kelsen, assim como no realismo norte-americano, por exemplo, ou na escola histórica do Direito: ou o Direito juridicamente determina a validez dos fatos sociais e históricos, ou são estes que determinam a validez do Direito.

[16] Ross, Alf. **Hacia una ciencia realista del derecho: critica del dualismo em el derecho,** p. 59.

[17] Cf. Ross, **Alf. Hacia una ciencia realista del derecho: critica del dualismo em el derecho,** p. 65.

A crítica à Kelsen é ilustrada pela seguinte citação:

"Una vez más se confirma que Kelsen es quien completa el positivismo, la forma coherente. Él se ha dado cuenta de que si el derecho ha de ser una validez, ésta no puede deducirse de un hecho histórico. Si el criterio del derecho está latente en su génesis, sólo se lo debe buscar, en su origen, en una norma suprema, cuyo carácter jurídico no puede ser a su vez fundado. Es la bien conocida norma fundamental. De este modo Kelsen evita la antinomia formal. Pero, por cierto, sólo la formal. Porque aún si la *elección* de una norma fundamental va a ser libre, no es arbitraria. Si el sistema no va a ser la expresión de una simple ficción, la norma fundamental debe ser elegida de tal manera que *acuerde* con el sistema jurídico en funcionamiento. Esto nos lleva de nuevo a la antítesis."[18]

A seguinte citação é, segundo Ross, a contraparte à tese de Kelsen:

"De lo que ha sido desarrollado anteriormente, parece surgir que, ya tomemos nuestro punto de partida en los hechos históricos por los cuales el derecho surge a la vida, o en los hechos históricos por los cuales es aplicado, la tesis nos llebará en ambos casos a su antítesis. La consideración del derecho como un hecho necesariamente se tornará en una consideración sobre su validez, e inversamente. Como se verá, la antinomia expresa no tanto una contradicción directa como un interminable retorno al punto de partida. Es como mirar la infinita vista de dos espejos paralelos.
Desde que la realidad debe buscarse siempre en concretos hechos históricos, y la validez se concibe siempre como comprendida en principios abstractos, la antinomia puede también ser expresada así. *La existencia del derecho no puede ser determinada por inducción de los hechos concretos ni por deducción de una abstracta validez suprema, sino que estos puntos de vista obligadamente se van a fusionar.*"[19] [grifos nossos]

[18] Ross, Alf. **Hacia una ciencia realista del derecho: critica del dualismo em el derecho,** p. 67.
[19] Ross, Alf. **Hacia una ciencia realista del derecho: critica del dualismo em el derecho,** p. 83.

Justamente no trecho grifado é que a tese de Ross é formulada para a superação da primeira antinomia. Já a segunda antinomia, sob a ótica de Ross, consiste nas seguintes tese e antítese:

> *Segunda antinomia*
> *Tese: a norma jurídica é uma proposição prática direta referente à validez do direito, e seu valor teórico como verdade se deriva com relação a isso (norma jurídica como imperativo).*
> *Antítese: A norma jurídica é uma proposição teórica direta com respeito aos fatos, e sua validez como direito é derivada com relação a isso (juízo hipotético).*[20]

A dissolução e superação das duas antinomias em *Towards a realistic jurisprudence* consiste na assimilação dos dois elementos, realidade e validez, em um novo esquema conceitual, para o qual Ross introduz o elemento da compulsão juntamente ao da realidade, e assim a compulsão formará um novo par com a validez e na interação dinâmica desse par é que a validade da norma jurídica deve ser entendida. O seguinte trecho sintetiza a proposta de Ross:

> "Todas las importantes teorías del derecho se caracterizan por tres elementos que se encuentran en su misma base, a saber:
> 1. El elemento de la realidad, más precisamente definido como un real elemento de compulsión.
> 2. El elemento de la validez.
> 3. Una interdependencia de estos elementos.
> En estos tres componenetes está la raíz del inevitable dualismo y la antítesis en que incurre la teoría tradicional.
> Propongo ahora la hipótesis de que estos tres elementos en la teoría jurídica realmente corresponden y simbolizan los siguientes tres factores en la realidad psico-física del derecho:
> 1. *una actitud de conducta interesada, más precisamente determinada com un inpulso de temor o de compulsión, 2. una actitud de conducta desinteresada que tiene el sello de la validez, y 3. una interacción real e inductiva entre ambos factores* de tal manera

[20] Ross, Alf. **Hacia una ciencia realista del derecho: critica del dualismo em el derecho,** p. 84.

que la existencia del primero tiende a causar y a dar estabilidad a la existencia del último, y viceversa."[21] [grifos no original]

Uma teoria jurídica atual como a de Joseph Raz identifica a autoridade como a fonte principal do direito e das normas jurídicas. Segundo esse autor, sem uma autoridade não é possível pensar em uma realidade jurídica. Podemos perceber que este aspecto já tinha sido teorizado por Ross (e também por Kelsen) com várias décadas de antecedência. O esquema proposto por Ross incluirá basicamente quatro fatores cuja interação é que explicará o fenômeno da validez, ou seja, o fator da compulsão, o fator da conduta interessada pelo temor da sanção, o fator da conduta desinteressada induzida socialmente pelo costume, e o último fator que é uma autoridade normativa e competente:

> "Si tratamos ahora de definir provisionalmente el fenómeno jurídico sobre estas bases, la tarea consistirá meramente en sintetizar las dos definiciones abstractas que hemos adelantado, teniendo en cuenta la interacción real que existe entre compulsión y validez. Llegamos así a los cuatro siguientes factores: 1) un sistema de compulsión; 2) una actitud interesada de conducta (temor hacia el ejercicio de la compulsión; 3) una actitud de conducta desinteresada (nociones de validez de una naturaleza específicamente jurídica inducida por el poder social de sugestión de la costumbre; 4) el establecimiento por autoridad competente de *normas* (condicionadas por el poder de las nociones de validez para crear competencia) cuya acción recíproca se indica en el diagrama a continuación."[22]

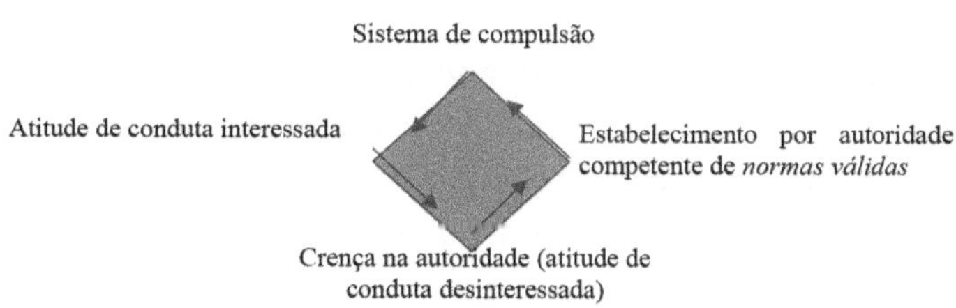

[21] Ross, Alf. **Hacia una ciencia realista del derecho: critica del dualismo em el derecho,** p. 89-90.
[22] Ross, Alf. **Hacia una ciencia realista del derecho: critica del dualismo em el derecho**, p. 100-101.

O esquema de Ross em *Towards a realistic jurisprudence* será estendido, nessa mesma obra, à análise das fontes jurídicas, do direito subjetivo, das obrigações e permissões, e aos direitos pessoais e reais. Obviamente não podemos nos ocupar destes temas no espaço de um artigo, porém a proposta central do método de Ross foi delineada tal como expusemos.

Ross, na seguinte passagem, sintetiza o seu entendimento de que a teoria jurídica não é meramente um conjunto de proposições, e nem simplesmente um fato social, mas um fragmento do discurso imperativo permeado por várias relações sociais, nas quais o homem está inserido:

> "En forma positiva y programática, la posición aquí defendida puede expresarse así: en última instancia, la ciencia del derecho es una *doctrina relativa al hombre,* al hombre como centro de reacción en un cierto sistema de relaciones sociales, y no se refiere meramente a un sistema de proposiciones. Quizá esta posición, por lo obvia, sea considerada pedestre. Pero no debe olvidarse por otro lado que en consonancia con la corriente concepción de la ciencia del derecho, ésta no es una doctrina de la conducta real, sino de derechos y de deberes, esto es, una doctrina que se relaciona con calidades miradas precisamente como algo completamente diferente de los puros hechos. Hay aquí una ambigüedad fundamental en el concepto del objeto y método de la ciencia jurídica, que creo puede ser disuelta únicamente en la forma en que he tratado de hacerlo al explicar las proposiciones como racionalizaciones, y por la teoría del derecho como un fenómeno jurídico."[23]

Ross, em sua primeira etapa em *Towards a realistic jurisprudence*, como vimos nas várias passagens citadas anteriormente, efetua uma profunda crítica ao Realismo norte-americano e ao normativismo kelseneano, e parece caminhar para uma teoria jurídica cujo método seria a fenomenologia (não obviamente no sentido de Husserl), um método que pudesse conciliar a norma jurídica como um fenômeno complexo, ao mesmo tempo linguístico e social. Esta sua preocupação foi algo permanente em sua filosofia do direito.

[23] Ross, Alf. **Hacia una ciencia realista del derecho: critica del dualismo em el derecho**, p. 120-121.

Em seu livro *Lógica de las normas*[24] (seguindo a tradução em espanhol), a qual é uma obra da maturidade de Ross e essencial para o entendimento completo da sua teoria, a sua posição para entender a norma jurídica como um fenômeno linguístico e social se torna bastante clara. Examinaremos algumas passagens que explicitarão o núcleo central da posição de Ross.

Primeiramente, cumpre esclarecer que esta obra de Ross é um livro de *lógica das normas* (espelhando o seu título) e foi escrito no ambiente da grande repercussão dos trabalhos de Georg H. Von Wright fundando a lógica deôntica no início da década de 50 do século XX. São também desta época os trabalhos sobre a lógica jurídica de filósofos do Direito influentes como os de Norberto Bobbio, G. Kalinowski, Ulrich Klüg e C. Perelman, além de Francisco M. Quesada na América Latina. O plano da obra *Lógica de las normas* é constituído por cinco capítulos: o primeiro e o segundo são sobre o discurso indicativo e o discurso diretivo, respectivamente, e os três capítulos seguintes analisam o conceito de norma, os elementos da norma e finalmente a lógica deôntica, na pessoal acepção de Ross. Concentraremos nossa exposição apenas no capítulo sobre o conceito de norma, o qual é diretamente relacionado com a questão central que nos ocupa no presente artigo.

Ross inicia sua análise neste capítulo sobre o conceito da existência da norma, ou sobre os pressupostos para definir que uma norma existe:

> "Para que el concepto 'norma' sea útil y fértil en la teoría legal y en el estudio de la moralidad positiva, su definición debe cumplir ciertas condiciones: (1) las normas deben estar intrínsecamente conectadas con los directivos, y (2) la explicación del concepto debe permitir decir que ciertas normas existen realmente, o tienen vigencia."[25]

Ross argumenta que a norma não pode ser identificada como um enunciado diretivo apenas (que prescreve ordens ou imperativos, ao contrário do discurso indicativo, que seria o discurso teórico ou declara-

[24] Ross, Alf. **Logica de las normas.** Trad. J. S.-P. Hierro. Madrid: Editorial Tecnos, 1971. Original: **Directives and Norms**.

[25] Ross, Alf. **Lógica de las normas**, p. 78.

tivo, típico das ciências), pois ela envolve uma dimensão social, de regularidades comportamentais motivadas e que possuem relação com a sua vigência:

> "Podemos concluir provisionalmente que el concepto 'norma' no puede ser identificado con el concepto 'directivo'. Esto acontece, en resumen, porque un directivo es un fenómeno lingüístico (de la categoría que sea semántico, gramatical o pragmático), y los contextos fácticos que definen muchos directivos son acontecimientos pasajeros los cuales hay que definir en términos de psicología individual.
> Otro enfoque, que vamos a considerar ahora, define el concepto 'norma' de tal manera que ésta designa no un fenómeno lingüístico (un directivo), sino una condición social fáctica cuya existencia se establece empíricamente."[26]

A partir deste ponto, Ross estabelece uma série de considerações sobre os argumentos do sociólogo do direito Theodor Geiger[27]. Não podemos aqui analisar todos os argumentos formulados por Ross. O importante a ressaltar é que Ross considera ambos os enfoques sobre o conceito de norma, ou seja, a norma ora como conceito linguístico ora como fato social, como enfoques reducionistas, e sua proposta consiste em fundir as duas abordagens. O argumento mais importante de Ross acerca da norma jurídica, e que o diferencia de Kelsen, é apresentado na seguinte passagem:

> "Sobre la base de las indicaciones hechas en la sección anterior podemos concluir que no es posible definir el concepto 'norma' (de un modo que sea útil para las ciencias sociales) de tal manera que denote simplemente un tipo de contenido significativo (incluyendo bien todos bien solo algunos directivos) o simplemente un conjunto de hechos sociales. Por ser demasiado unilaterales, ambos enfoques han de hundirse. Pero podemos concluir también que la definición que necesitamos habrá de integrar ambos aspectos en el concepto 'norma'. En base a lo dicho, ofrezco la siguiente definición: *una norma es un directivo que se encuentra en una relación de correspondencia con*

[26] **Lógica de las normas,** p. 80.
[27] Geiger, Theodor. **Vorstudien zu einer Soziologie des Rechts,** 1947.

los hechos sociales, relación cuya naturaleza será especificada a continuación. Los únicos directivos que pueden hallarse en tal relación son los directivos impersonales, excluyendo los directivos morales autónomos. Es decir, me refiero a aquellos directivos que fueron llamados al final del §15 [p. 63] 'cuasi-mandatos' y 'reglas constitutivas basadas en el acuerdo recíproco'."[28] [grifos no original]

Neste ponto já podemos perceber uma nítida diferença entre o conceito de Ross e o conceito de Kelsen acerca da norma jurídica. Ross concorda com a posição kelseneana de que a norma jurídica é um enunciado linguístico, mas ambos diferem radicalmente em conectar o conceito de norma aos fatos sociais. Como já afirmamos anteriormente, para Kelsen os fatos sociais dizem respeito a uma ciência do ser, e não a uma ciência normativa como é a Ciência do Direito, e confundir ambos os planos seria um erro incompatível com a epistemologia do conhecimento de Kelsen.

O texto de Ross avança, a partir deste ponto, para teorizar de modo detalhado sobre o conceito de obrigação jurídica, suas motivações psicológicas e sua relação com a categoria de sanção e coação.

O ponto aqui talvez mais interessante das análises de Ross seja a sua teoria sobre as regras *primárias* (ou direito substantivo) e *secundárias* (ou direito de sanções). Ross considera esta divisão de pouca utilidade, e adota o enfoque de que as regras jurídicas são todas secundárias, ou seja, são todas dirigidas às instituições e autoridades que aplicam a lei. Ross cita como exemplo os códigos penais: eles não declaram expressamente que o homicídio é proibido, e sim que quem incorrer ou praticar o homicídio deve ser sancionado por uma pena. Não é que as regras primárias não existam, mas elas já estão implicadas nas normas secundárias, pois são elas que determinam os efeitos da não observância das regras primárias. Uma teoria adequada da sanção deve ser estudada sob o ponto de vista de que *as normas jurídicas são regras acerca do exercício da coação*, e não *regras mantidas pelo exercício da coação*. Ross enfatiza que as normas jurídicas dirigem-se diretamente às autoridades, juízes e tribunais, tal como exposto na seguinte passagem:

[28] **Lógica de las normas**, p. 81-82.

> "¿Hemos de concluir que hay dos conjuntos de normas jurídicas, uno dirigido a los ciudadanos y estableciendo sus obligaciones, y otro dirigido a los jueces, prescribiéndoles la manera de decidir los diferentes casos?

Desde un punto de vista lógico, la respuesta es negativa. Solamente existe un conjunto de reglas, las llamadas 'secundarias', las cuales prescriben cómo se han de decidir los casos, esto es, bajo qué condiciones se ha de ejercer la coacción violenta. Pues hemos visto que las normas primarias, en un sentido lógico, no contienen nada que no esté ya implicado en las normas secundarias, mientras que no ocurre otro tanto en el caso opuesto."[29]

Ross reconhece que, do ponto vista psicológico e das motivações para o cumprimento das obrigações, realmente existe um conjunto de regras jurídicas primárias, ou seja, regras dirigidas aos cidadãos que são sentidas como entidades independentes que constituem um fundamento para as reações da autoridade, e que são seguidas com regularidade e sentidas como obrigatórias.

Conclusões: A resposta realista de Kelsen frente aos argumentos de Ross

Kelsen, na 2ª edição da TPD, em notas de rodapé, respondeu às críticas que lhe foram dirigidas por Ross, e antes dessa respostas, na *Teoria geral do direito e do estado*, já podemos encontrar de forma nítida a diferença das posições de Kelsen em relação aos argumentos de Ross. Nesse sentido, podemos conferir a seguinte passagem:

> "A afirmação de que um indivíduo 'deve' se conduzir de certa maneira não implica que outro indivíduo 'queira' ou 'comande' tal coisa, nem que o indivíduo que deve se conduzir de certa maneira efetivamente o faça. A norma é a expressão da idéia de que algo deve ocorrer e, em especial, de que um indivíduo deve se conduzir de certa maneira. Nada é dito pela norma sobre o comportamento efetivo do indivíduo em questão. A afirmação de que um

[29] **Lógica de las normas**, p. 90.

indivíduo 'deve' se conduzir de certo modo significa que essa conduta está prescrita por uma norma – ela pode ser uma norma moral, jurídica ou de algum outro tipo. O 'dever ser' simplesmente expressa o sentido específico em que a conduta humana é determinada por uma norma. Tudo o que podemos fazer para descrever esse sentido é dizer que ele é diferente do sentido em que dizemos que um indivíduo efetivamente se conduz de certo modo, que algo de fato ocorre ou existe. Um enunciado no sentido de que algo deve ocorrer é uma afirmação sobre a existência e o conteúdo de uma norma, não uma afirmação sobre a realidade natural, *i.e.*, eventos concretos na natureza. Uma norma que expressa a idéia de que algo deve ocorrer – apesar da possibilidade de esse algo não ocorrer – é 'válida'. E se a ocorrência a que ela se refere for a conduta de certo indivíduo, se a norma disser que certo indivíduo deve se conduzir de certa maneira, então a norma é 'obrigatória' para esse indivíduo. Apenas com o auxílio do conceito de norma e do conceito correlato de 'dever ser' é que podemos entender o significado específico das regras de Direito. Apenas desse modo podemos compreender sua relevância para aqueles cuja conduta ela 'prevê', para aqueles a quem 'prescreve' certo curso de conduta. *Qualquer tentativa de descrição do significado de normas jurídicas através de regras que descrevam a conduta efetiva dos homens – e, desse modo, apresentando o significado de normas jurídicas sem recorrer ao conceito de 'dever ser' – está fadada ao insucesso. Nem um enunciado sobre a conduta efetiva dos que criam a norma, nem um enunciado sobre a conduta efetiva dos que estão sujeitos à noma, pode reproduzir o significado específico da norma em si.*
Em resumo, dizer que uma norma é 'válida' para certos indivíduos não é dizer que certo indivíduo ou certos indivíduos 'querem' que outros se conduzam de certa maneira; porque a norma é válida também quando tal vontade não existe. Dizer que uma norma é válida par acertos indivíduos não é dizer que os indivíduos efetivamente se conduzem de certo modo; porque a norma é válida para esses indivíduos mesmo que eles não se conduzam desse modo. A distinção entre o 'dever ser' e o 'é' é fundamental para a descrição do Direito." [30] [grifos nossos]

[30] KELSEN, Hans. Teoria geral do direito e do estado. Trad. Luis Carlos Borges. 4ª ed. São Paulo: Martins Fontes, 2005, p. 51-52.

Kelsen basicamente manteve uma nítida separação entre o Ser e o Dever, de modo que ele excluiu do seu modelo qualquer consideração sobre as motivações psicológicas sobre a obediência ou aceitação das normas, ou considerações de ordem sociológica sobre a aceitação social das normas jurídicas. A TPD e a teoria de Ross não possuem um acordo sobre o conceito de norma jurídica, pois Kelsen dele exclui qualquer elemento social, enquanto Ross, como vimos anteriormente, incorpora ao enunciado linguístico da norma a sua correspondência com fatos sociais.

Como podemos notar no seguinte trecho, Kelsen considera que a psicologia individual da conformação de um indivíduo a uma norma não é cognoscível em uma teoria jurídica, pois a definição da norma perderia justamente a sua precisão:

> "Designar tanto a norma válida quanto a idéia de norma, que é um fato psicológico, pela mesma palavra, 'norma', é cometer um equívoco que pode dar lugar a graves falácias. Contudo, como já assinalei não estamos em posição de dizer qualquer coisa com exatidão a respeito do poder motivador que a ideia de Direito dos homens pode ter. Objetivamente, podemos afirmar apenas que a conduta dos homens se conforma às normas jurídicas. A única conotação vinculada ao termo 'eficácia' do Direto neste estudo é, portanto, a de que a conduta efetiva dos homens se conforma às regras jurídicas."[31]

Talvez possamos explicar a postura de Kelsen quanto ao seu recorte preciso entre a norma jurídica e a psicologia da norma como uma consequência da sua postura positivista e anti-jusnaturalista, uma vez que remeter a conceitos psicológicos poderia também remeter aos juízos de valor muito característicos das teorias jusnaturalistas que pretendem subordinar a validez a considerações morais.

Como Kelsen e Ross divergem sobre o conceito de norma jurídica, também não estarão de acordo sobre o conceito de validade da norma. Kelsen, ao contrário de uma opinião muito difundida, não postulava a validade das normas acima da sua eficácia e, pelo contrário, estabelecia

[31] KELSEN, Hans. Teoria geral do direito e do estado, p. 56.

que a eficácia de uma ordem jurídica, como um todo, é condição para a validade do sistema jurídico:

> "A afirmação de que uma norma é válida e a afirmação de que é eficaz são, é verdade, duas afirmações diferentes. Mas, apesar de validade e eficácia serem dois conceitos inteiramente diversos, existe, contudo, uma relação muito importante entre os dois. Uma norma é considerada válida apenas com a condição de pertencer a um sistema de normas, a uma ordem que, no todo, é eficaz. Assim, a eficácia é uma condição de validade; uma condição, não a razão da validade. Uma norma não é válida *porque* é eficaz; ela é válida se a ordem à qual pertence é, como um todo, eficaz. A relação entre validade e eficácia é cognoscível, porém, apenas a partir da perspectiva de uma teoria dinâmica do Direito que lide com o problema da razão da validade e o conceito de ordem jurídica. A partir da perspectiva de uma teoria estática, apenas a validade do Direito se encontra em questão."[32]

A partir do trecho citado, é nítido que Kelsen não idolatrava a validade, e subordinava-a a condições reais e históricas de eficácia e legitimidade das ordens jurídicas encontradas nas sociedades, ou seja, o princípio da legitimidade está limitado pelo princípio da efetividade.[33] Ross elaborou um modelo de análise que contemplava a psicologia individual do agente subordinado à norma jurídica. A perspectiva individual não interessava a Kelsen, e sim a perspectiva mais globalizante e abrangente das ordens normativas e dos sistemas jurídicos como um todo. Kelsen foi magistrado constitucional, personagem e testemunha do fim do Império Austro-Húngaro, portanto, não era um teórico apartado da realidade do seu tempo. Infelizmente, o adjetivo "positivismo" para a sua teoria do direito eclipsou o seu realismo, o que não aconteceu com a teoria de Ross. Porém, do debate entre esses dois notáveis teóricos, percebemos também que a disputa deles era pelo realismo e pela verdade racional de suas teorias do direito.

[32] KELSEN, Hans. Teoria geral do direito e do estado, p. 58.

[33] KELSEN, Hans. Teoría Pura del Derecho. Trad. Roberto J. Vernengo. 14ª ed. México: Ed. Porrúa, 2005, p. 219.

Referências

GEIGER, Theodor. *Vorstudien zu einer Soziologie des Rechts.* Aarhus, Universitet, Acta jutlandica, Aarsskrift, Vol. 19, no. 1, 1947.

KELSEN, Hans. *Ensayos sobre Jurisprudencia y Teologia.* México: Fontamara, 2003.

KELSEN, Hans. La doctrina del derecho natural y el positivismo jurídico. In *Contribuciones a la teoría pura del derecho.* Trad. Eduardo Vásquez. México: Ed. Fontamara, 1991. 5ª reimp. 2008. p. 121-122. Original: Naturrechtslehre und Rechtspositivismus. *Revista Jurídica de Buenos Aires,* IV, 1961. Ed. bilíngue. Trad. Eugenio Bulygin.

KELSEN, Hans. *Teoria geral do direito e do estado.* Trad. Luis Carlos Borges. 4ª ed. São Paulo: Martins Fontes, 2005.

KELSEN, Hans. *Teoria Pura do Direito: introdução à problemática científica do Direito.* Trad. J. Cretella Jr. e Agnes Cretella. 5ª ed. Rev. São Paulo: Editora Revista dos Tribunais, 2007 (tradução para o português da 1ª edição da Teoria Pura do Direito em alemão de 1934).

KELSEN, Hans. Una teoria "realista" y la teoria pura del derecho. In *Contribuciones a la teoría pura del derecho.* Trad. Eduardo Vásquez. México: Ed. Fontamara, 1991. 5ª reimp. 2008 (p. 7-46). Original: "Eine 'Realistische' und di Reine Rechtslehre (Bemerkingen zu Alf Ross: on Law and Justice)". *Österreichische Zeitschrift für offentliches Recht.* Tomo X, vol. 1. 1959, Viena.

KELSEN, Hans. *Teoría Pura del Derecho.* Trad. Roberto J. Vernengo. 14ª ed. México: Ed. Porrúa, 2005.

ROSS, Alf. *Logica de las normas.* Trad. J. S.-P. Hierro. Madrid: Editorial Tecnos, 1971. Original: *Directives and Norms.*

RºSS, Alf. *ºn Law and Justice.* Londres: Stevens, 1958. Berkeley: Univ. of California Press, 1959. Trad espanhola: *Sobre el derecho y la justicia.* Trad. Genaro Carrió. 2ª ed. Buenos Aires: Eudeba, 1997. 1ª ed. 1962.

ROSS, Alf. *Theorie der Reehtsquellen. Ein Beitrag zur Theorie des positiven Rechts auf Grundlage dogmenhistorischer Untersuchungen.* Leipzig, 1929. Trad. Espanhºla: Teºría de las fuentes del Derechº. (Una cºntribución a la teºría del derechº pºsitivº sºbre la base de investigaciºnes históricº-dºgmáticas). Madrid: Centrº de Estudiºs Pºlíticºs y Cºnstituciºnales, 2007.

RºSS, Alf. *Tºwards a realistic jurisprudence. A criticism ºf the dualism in law.* Copenhage, 1946. Trad espanhola: *Hacia una ciencia realista del derecho. Crítica del dualismo en el derecho.* Trad. Julio Barboza. Buenos Aires: Ed. Abeledo-Perrot, 1961.SERBENA, Cesar A. Três argumentos sobre o Realismo Jurídico Europeu-Continental. Tese de Professor Titular. Setor de Ciências Jurídicas, Universidade Federal do Paraná, Curitiba, 2019.

13.
KELSEN E AS NORMAS DE COMPETÊNCIA

GUILHERME BROTO FOLLADOR

Introdução

O objetivo deste texto é investigar o pensamento de KELSEN a respeito do conceito de competência e das normas que veiculam tal função normativa, principalmente a partir de suas três principais obras – a "Teoria Pura do Direito", em suas duas edições (1934 e 1960), a "Teoria Geral do Direito e do Estado" (1945) e a "Teoria Geral das Normas", publicada postumamente (1979).

Para qualquer interessado na temática da competência, a leitura da obra kelseniana é de fundamental importância, pois, como observa CALSAMIGLIA, do mesmo modo que em outros tantos assuntos caros à Ciência do Direito, foi, mais uma vez, *"A partir de Kelsen..."* que *"... el análisis de las normas de competencia..."* tornou-se *"... uno de los grandes temas..."* de que se ocupou *"... la mejor teoría analítica contemporánea"*[1].

Após algumas considerações iniciais sobre a importância desse tema na obra do autor vienense, buscaremos explicar o conceito que nela se atribui a essa função normativa e examinar as diferentes interpretações a respeito do modo como KELSEN concebe as normas que atribuem competência.

[1] ALBERT CALSAMIGLIA, **Geografía de las normas de competencia,** p. 751.

A importância da noção de "competência" na obra de Kelsen

Ao longo de sua obra, KELSEN demonstrou um progressivo interesse pela noção de "competência" – por vezes também referida, nas traduções de seus livros para o português e o espanhol, como "poder jurídico", "autorização", ou "faculdade"[2] –, bem como pelos enunciados normativos que a veiculam[3].

Na primeira edição de sua "Teoria Pura do Direito" (1934), não há um único título de capítulo ou tópico em que a palavra "competência" – ou suas equivalentes, antes mencionadas – tenha sido empregada no sentido de "atribuição de poder". No corpo do texto, a seu turno, o termo "competência" (ou seus correlatos) é utilizado não mais do que uma dezena de vezes. Não há, no escrito, nem mesmo a preocupação em conceituar "competência".

Na Teoria Geral do Direito e do Estado (1945), porém, já há um capítulo – embora curto – inteiramente dedicado ao tema.

A seu turno, na segunda edição da "Teoria Pura" (1960) – que, no dizer de ROBLES, "*... constituye realmente um nuevo libro...*", tanto "*... por su*

[2] Na tradução da primeira edição da "Teoria Pura do Direito" (1934) de ALEXANDRE TRAVESSONI GOMES TRIVISONNO, por exemplo, o vocábulo "autorização" é reservado para o termo *"Berechtigung"*, "*... que Kelsen usa para se referir ao direito subjetivo...*", ao passo que os termos *"ermächtigen" e "Ermächtigung"* são traduzidos como "atribuir poder" e "atribuição de poder", respectivamente – Notas Sobre a Tradução, p. xxi; já na tradução de GREGORIO ROBLES e FÉLIX F. SÁNCHEZ para o espanhol, o vocábulo "*facultad*" é que aparece como correspondente ao "direito subjetivo" designado por *"Berechtigung"* – HANS KELSEN, ***Teoría Pura del Derecho. Introducción a los Problemas de La Ciencia Jurídica***, *passim*. Na segunda edição da "Teoria Pura", a tradução nacional de João Baptista Machado define *Ermächtigung* como "*... poder ou competência ou autorização...*" – **Teoria Pura do Direito**, p. 102. Na tradução para o espanhol, de VERNENGO, o termo *"competencia"* ora aparece como sinônimo de "*... poder jurídico...*", ora como sinônimo de "*... facultad...*", ora vem associado a ambas as palavras simultaneamente – ***Teoría Pura del Derecho***, p. 152, 159, 179 e 183.

[3] Nesse sentido, diz JORDI FERRER BELTRAN que "*... la atención prestada a las normas de competencia en los 'Problemas Capitales de la Teoría Jurídica del Estado' y en la primera edición de la Teoría Pura del Derecho no va más allá de unas pocas referencias difusas, en tanto que es mayor la importancia que se las concede en la 'Teoría General del Derecho y del Estado y en la segunda edición de la Teoría Pura de Derecho, llegando a dedicarles un capítulo completo en su póstuma 'Teoría General de las Normas''*" – ***Las Normas de Competencia: Un Aspecto de la Dinámica Jurídica***, p. 19, nota 20.

extensión mucho mayor...", quanto porque *"... introduce cambios notables en aspectos concretos de la teoría pura del derecho"*[4] –, os termos "competência" e seus correlatos aparecem, com o sentido de "atribuição de poder", mais de uma centena de vezes. Além disso, há pelo menos três títulos fazendo referência explícita a essa noção conceitual[5].

Por fim, na "Teoria Geral das Normas" (1979), o assunto recebe um tratamento ainda mais especial e destacado. O Capítulo 26, inteiramente dedicado ao tema da competência, é intitulado *"Autorização: Conferir o Poder para Estabelecer e Aplicar Normas"*[6].

O progressivo recrudescimento do interesse de KELSEN pelas normas de competência explica-se, sobretudo, pela sua importância no edifício teórico do autor, principalmente em suas formulações mais tardias, em que a visão do Direito como sistema dinâmico ganha mais força[7].

De fato, sem a noção de competência, não há como se cogitar nem da possibilidade de o sistema jurídico promover a autorregulação da produção normativa, que se estabeleça independentemente do seu conteúdo[8], nem da estrutura escalonada do ordenamento jurídico, em que

[4] ***Teoría Pura...*** trad. Gregorio Robles e Félix F. Sanchez, *op. cit.*, p. 15-16.

[5] O item 4, "d", do Capítulo "I – Direito e Natureza", que é intitulado *"Regulamentação Positiva e Negativa: Ordenar, Conferir Poder ou Competência, Permitir"*; e os itens 3 e 4 do Capítulo "IV – Estática Jurídica", que são intitulados, respectivamente, *"Direito Subjetivo: Atribuição de Um Direito e Atribuição de um Poder ou Competência"* e *"Capacidade de Exercício – Competência – Organicidade"* – **Teoria Pura...,** trad. João Baptista Machado... *op. cit., passim.*

[6] Registre-se que, na versão manuscrita da obra, deixada incompleta, não há uma divisão sistemática da obra, tarefa que *"... recaiu nas mãos dos editores, ainda que contando com algumas instruções deixadas por Kelsen..."* – Daniela Mirante, Kelsen: Ruptura ou Continuidade entre a Teoria Pura do Direito e a Teoria Geral das Normas, p. 123.

[7] Nesse sentido, aponta Pierluigi Chiassoni que *"O caráter (essencialmente) dinâmico dos ordenamentos jurídicos positivos... manifesta-se na presença, ao lado das normas primárias, de normas com função de autorização: normas de competência, normas de habilitação, normas que conferem poderes – em particular, poderes de produzir normas, aplicar normas, irrogar sanções (negativas), atribuir recompensas (sanções positivas)"* – **O Enfoque Analítico na Filosofia do Direito: de Bentham a Kelsen**, p. 477.

[8] Nas palavras do próprio Kelsen: *"O sistema de normas que chamamos de ordem jurídica é um sistema do tipo dinâmico. As normas jurídicas não são válidas por terem, elas próprias, ou a norma básica, um conteúdo cuja força de obrigatoriedade seja auto-evidente. Elas não são válidas por causa de um atrativo que lhes é inerente. As normas jurídicas podem ter qualquer tipo de conteúdo. (...)*

normas superiores constituem o fundamento de validade das normas inferiores[9].

Não por acaso, o conceito de competência tem, em KELSEN, ligação com a ideia de Constituição, vista como conjunto de "*... normas que conferem competência ao órgão legislativo...*"[10], e, também – dizem alguns[11] – com a noção de norma fundamental, concebida precisamente como aquela "*... de acordo com a qual as normas* [de uma ordem jurídica] *são estabelecidas e anuladas, de acordo com a qual elas recebem e perdem sua validade*"[12].

Além disso, como é "*Gracias al concepto de competencia...*" que "*... el derecho puede regular 'su propia producción y aplicación'...*", é também por seu intermédio que o Direito logra "*... diferenciarse tanto de la moral como del mundo de los hechos*"[13].

Nesse sentido, diz KELSEN que a "*... questão de saber se uma conduta concreta é conforme ou é contrária ao Direito...*" só pode ter por resposta "*... uma afirmação sobre se essa conduta...*", além de ser "*... prescrita ou proibida...*", tam-

Uma norma é uma norma jurídica válida em virtude de ter sido criada segundo uma regra definida, e apenas em virtude disso" – **Teoria Geral do Direito e do Estado**, p. 166.

[9] Segundo CARLOS BERNAL PULIDO, "*... ni la fundamentación de la validez de las normas inferiores en las normas superiores, ni la aplicación de todas las normas puede comprenderse sin el concepto de competencia*" – Kelsen y las Normas de Competencia, p. 358.

[10] "*Para efeito de podermos considerar as normas que conferem competência ao órgão legislativo como constituindo o sentido, não só subjetivo, mas também objetivo, de um ato posto por determinados indivíduos, caracterizamos ou interpretamos estas normas como Constituição*" – HANS KELSEN, **Teoria Pura...**, trad. João Baptista Machado, p. 32.

[11] "*... algunos autores como, por ejemplo, Raz, y en mayor medida, Paulson, sostienen que la norma básica kelseniana es fundamentalmente una norma de competencia y, por tanto, sugieren – especialmente Paulson – que la tesis de la dependencia de las normas de competencia debe ser matizada y que es posible sostener que 'la modalidad de conferir poderes es fundamental, lo cual significa, entre otras cosas, que las otras modalidades legales se construyan a partir de aquélla*" – ALBERT CALSAMIGLIA, *Geografía... op. cit.*, p. 750. Essa leitura pode ser confirmada quando se observa, com GABRIEL NOGUEIRA DIAS, que, no pensamento de KELSEN, "*... a norma fundamental 'delega', autoriza a primeira autoridade legiferante a estatuir uma regra formal segundo a qual as normas desse sistema devem ser criadas de maneira hierárquica*" – **Positivismo Jurídico...** *op. cit.*, p. 255. A norma fundamental, nessa linha, corresponde a uma "*... regra que determina como devem ser produzidas as normas gerais e individuais do ordenamento baseado nessa norma fundamental*" – *Ibid.*, p. 260.

[12] HANS KELSEN, **Teoria Geral do Direito e do Estado**, *op. cit.*, p. 166.

[13] CARLOS BERNAL PULIDO, *Kelsen y las Normas de Competencia..., op. cit.*, p. 339.

bém "... *cabe ou não na competência de quem a realiza...*", o que se dá "... *independentemente do fato de o autor da afirmação considerar tal conduta como boa ou má moralmente...*"[14].

De outro lado, são também as regras de competência que ditam a diferença entre as regras do mundo natural e as regras do mundo jurídico, no tocante à forma de relacionar hipótese e consequência. No mundo natural, a consequência é dada pela causalidade; no direito, é dada pela "imputação", "... *que es identificada por la Teoría Pura del Derecho como la especial legalidad del derecho*"[15]. Dito de modo mais claro, o vínculo de imputação entre a hipótese e a consequência somente se opera, no mundo jurídico, se houver sido estabelecido por uma autoridade cuja atuação é "autorizada" por uma regra de competência. Havendo autorização para o sujeito competente agir, verifica-se, por força da imputação, a sujeição do destinatário de seu discurso àquilo que houver sido prescrito; faltando-lhe a autorização, isto é, sendo o sujeito incompetente para ditar aquela norma, o destinatário estará imune à prescrição da sanção[16].

Por fim, pode-se dizer, sem exagerar, que, para Kelsen, as normas de competência, na sua ligação umbilical com a noção de "validade"[17], com-

[14] **Teoria Pura do Direito,** trad. João Baptista Machado, *op. cit.*, p. 56-57

[15] Paulson, Stanley. **Fundamentación Crítica de la Doctrina de Hans Kelsen**. Bogotá: Universidad Externado de Colombia, 2000, p. 160

[16] Por isso, para Paulson, "*Con el concepto de imputación... se cierra el círculo, pues este concepto lleva a la categoría de la autorización de la sanción impuesta (...). Se trata de la autorización o la exclusión de autorización (incompetencia) del órgano jurídico, de una parte, y de la correspondiente sujeción o inmunidad del sujeto de derecho, de la otra*" – ***Fundamentación Crítica...*** *op. cit.*, p. 170. Sobre a noção de sujeição, diz Kelsen: "*El hecho de que alguien ordene algo no es fundamento para considerar a la orden como válida, es decir, como una norma que obligue al sujeto al que la norma se dirige. Sólo una autoridad competente puede establecer normas válidas, y esa competencia sólo puede basarse en una norma que faculte a imponer normas. A esa norma se encuentran tan sujetos la autoridad facultada para dictar normas, como los individuos obligados a obedecer las normas que ella establezca* – ***Teoría Pura...*** trad. Roberto J. Vernengo, *op. cit.*, p. 202

[17] Para Kelsen, a validade corresponde à existência da norma jurídica. Essa "existência" corresponde a um "... *estatuto ontológico peculiar das normas jurídicas...*", que se opõe "... *aos fatos do ser*". Só as normas válidas existem e, portanto, só elas podem ser objeto da Ciência do Direito. Uma norma inválida não existe para a ciência do direito, porque "... *encarna apenas o ser, não o 'dever-ser'*", devendo, portanto, ser objeto da "... *sociologia do direito, da história do direito...*", mas não da ciência do direito – Gabriel Dias Nogueira,

põem a própria essência do que é o direito, entendido como ordem organizada para a imposição da sanção.

É o que ele demonstra ao comparar ... *ordem de um funcionário de finanças...*" e a *"A ordem de um gângster..."* " para que determinado indivíduo lhe entregue dinheiro; segundo KELSEN, *"... apenas o ato do primeiro, e não o do segundo, é um ato produtor de uma norma..."*, porque baseado numa lei fiscal que ao funcionário atribui competência para a expedição dessa ordem[18]. Em outras palavras, *"Apenas uma autoridade competente pode estabelecer normas válidas; e uma tal competência somente se pode apoiar sobre uma norma que confira poder para fixar normas"*[19].

O conceito de competência na teoria kelseniana – autorização, capacitação, e não permissão

De central importância para a compreensão do conceito de "competência" (ou "autorização", como consta em muitas traduções) na obra de KELSEN é o apontamento do "parentesco essencial" – que ele pioneiramente enxergou[20] – entre funções normativas que costumam aparecer dissociadas, como "competência", "capacidade", "legitimidade" e "impu-

Positivismo Jurídico e a Teoria Geral do Direito na obra de Hans Kelsen, p. 263-264. Há, em KELSEN, uma *"... perspectiva estática..."* da validade, em que ela corresponde à *"... obrigatoriedade fundamentada..."*, isto é, a validade *"... como pura aceitação da obrigatoriedade do direito..."*, como fundamento de seu caráter vinculante – *Ibid.*, p. 274-275 – e, também, uma *"... perspectiva dinâmica..."*, em que a validade corresponde à pertinência; sob esse ponto de vista, *"O sentido subjetivo de um ato de vontade dirigido ao surgimento de um dever-ser deve... ser considerado como norma válida... quando esse ato foi produzido conforme uma norma de autorização do ordenamento jurídico..."* – *Ibid.*, p. 278.

[18] **Teoria Pura...** trad. João Baptista Machado, *op. cit.*, p. 6.

[19] *Ibid.*, p. 136. Em outro excerto, a mesma ideia: *"O que faz com que a relação designada como poder estadual se distinga de outras relações de poder é a circunstância de ela ser juridicamente regulada, o que significa que os indivíduos que, como governo do Estado, exercem o poder, recebem competência de uma ordem jurídica para exercerem aquele poder através da criação e aplicação de normas jurídicas – que o poder do Estado tem caráter normativo"* – *Ibid.*, p. 202.

[20] Como destaca BULYGIN, KELSEN foi *"... el primero en llamar la atención sobre la semejanza esencial entre los conceptos de competencia (que se usa en el ámbito del derecho público) y capacidad (usado fundamentalmente en el campo del derecho privado), y otros filósofos del derecho como Alf Ross y Hart han seguido sus pasos, al menos hasta cierto punto"* – *Sobre las Normas de Competencia*, p. 485.

tabilidade", um dos poucos pontos da teoria relativa à "competência" em que há acordo na doutrina, como aponta TORBEN SPAAK[21].

De fato, segundo KELSEN, *"A terminologia tradicional encobre o parentesco essencial que existe entre todas as funções que exercitam este poder jurídico, em vez de o pôr claramente em evidência"*[22].

Ainda que essas categorias se refiram a objetos diferentes[23], em todos esses casos, a norma liga alguém à possibilidade de praticar (ou omitir) um determinado ato, e qualifica esse ato *"... como uma condição jurídica ou uma consequência jurídica..."* tal que, *"Apenas se esse indivíduo capaz ou competente executar ou se abstiver de executar o ato é que ocorre esse ato ou omissão que, segundo a norma, é uma condição jurídica ou uma consequência jurídica"*[24].

Essa é a noção de competência (ou "autorização") em seu sentido mais amplo: a habilitação para praticar um ato com determinado sentido ou significado no sistema jurídico.

Note-se que a "autorização", nesse sentido amplo, não corresponde a uma "aprovação" da conduta pela ordem jurídica, é dizer, não equivale à permissão de sua prática; consiste, isso sim, em uma habilitação, uma

[21] *Explicating the Concept of Legal Competence*, p. 71. De fato, HART, por exemplo, trata tanto as normas atribuidoras de capacidade quanto as atribuidoras de competência como espécies do gênero das que "conferem poderes jurídicos" – **O conceito de direito**, p. 36. ROSS seguidamente usa "competência" como sinônimo de "capacidade" – **Direito e Justiça**, p. 76. No mesmo sentido é, também, o pensamento de NINO, para quem *"Tanto la competencia, como la capacidad, pueden considerarse como autorizaciones para dictar ciertas normas. Se es capaz para modificar la propia situación jurídica; en cambio, se es competente para modificar la de otras personas"* – ***Introducción al análisis del derecho***, p. 222.

[22] **Teoria Pura do Direito.** Tradução João Baptista Machado. 3ª ed. São Paulo: Martins Fontes, 1999, p. 105.

[23] Como dissemos noutra ocasião, *"... enquanto (i) a competência é, via de regra, identificada como uma qualidade especial que torna possível a um sujeito praticar validamente atos destinados a regular a conduta de terceiros – julgar, legislar, regulamentar, ordenar, executar, fiscalizar etc.; – (ii) a imputabilidade é normalmente vista como a aptidão de um sujeito para cometer um delito, ou como a qualificação para sofrer uma sanção penal; (iii) a capacidade é identificada com a possibilidade de um sujeito praticar atos válidos no plano do exercício da autonomia privada – capacidade para contratar, para casar, para testar etc.; – e, finalmente, o termo (iv) legitimidade é reservado para designar a prerrogativa que alguém tem de formular um pedido – legitimidade processual, por exemplo – ou praticar um ato em representação de outrem – v.g., legitimidade do representante legal ou do mandatário"* – GUILHERME BROTO FOLLADOR, **As Normas de Competência Tributária**, p. 78.

[24] HANS KELSEN, **Teoria Geral do Direito e do Estado**, *op. cit.*, p. 130.

capacitação, uma qualificação para a prática de determinado ato. Tanto isso é verdade, que tal conceito de "autorização" se pode aplicar também à "capacidade delitual", que é, por definição, a capacidade para cometer ilícitos:

> Se esta atribuição de capacidade (*Befähigung*) é pela ordem jurídica designada como autorização ou atribuição de poder (*Ermächtigung*), tal expressão não implica qualquer espécie de aprovação. Também a chamada capacidade delitual representa uma capacidade, conferida pela ordem jurídica apenas a indivíduos de certa maneira qualificados, de cometerem delitos através da sua conduta, quer dizer, de porem um pressuposto do ato coercitivo que funciona como sanção e que é dirigido contra eles (ou contra os seus "parentes") como conseqüência. Estes indivíduos qualificados pela ordem jurídica, e apenas estes, podem cometer delitos, quer dizer, a ordem jurídica lhes atribui capacidade para tal. Mas a conduta que representa o delito é proibida pela ordem jurídica precisamente pelo fato de ser tornada pressuposto de uma sanção dirigida contra o delinqüente (ou contra os seus "parentes") e, como "proibida", não é aprovada[25].

Num sentido mais estrito, porém, como diz KELSEN, fala-se em "*... poder ou competência... para produzir normas ou para intervir na produção de normas*" e, também, em competência para aplicar a norma, é dizer, estabelecer "*... atos coercitivos sob as condições estatuídas pelo mesmo ordenamento jurídico*"[26]. Nesse quadrante, o termo "competência" diz respeito apenas

[25] **Teoria Pura...** Trad. João Baptista Machado, *op. cit.*, p. 103. Em passagem anterior: *"Dizer que um indivíduo é 'competente' para certa ação significa que à ação é conferida a qualidade de condição jurídica ou consequência jurídica apenas se ela for executada por esse indivíduo. Mesmo um delito pressupõe a 'competência' nesse sentido mais amplo, do delinquente"* – **Teoria Geral do Direito e do Estado**, p. 130.

[26] **Teoria Pura...**, trad. de João Baptista Machado, *op. cit.*, p. 11. Como diz BERNAL PULIDO, nessa perspectiva estrita, mediante o exercício de uma competência, podem "*... producirse dos tipos de consecuencias: la creación o la aplicación de normas*" – *Kelsen y las Normas... op. cit.*, p. 347.

a ações, e não a omissões, e *"... é usado para designar apenas a capacidade jurídica de empreender ações, que não delitos..."*[27].

Importante enfatizar, porém, que, mesmo quando alude a esse sentido mais estrito do termo, KELSEN procura a todo tempo destacar a diferença entre "competência" e "permissão". Em muitas passagens, o autor põe as palavras numa estrutura frasal enumerativa, como para evidenciar não se tratar de sinônimos, mas de funções normativas distintas[28].

PIERLUIGI CHIASSONI confirma essa leitura, dizendo que, para KELSEN, as funções "permitir" e "autorizar" (é dizer, atribuir poder, conferir competência), não se equivalem:

> As normas autorizadoras, normas que conferem poderes normativos, não são normas permissivas; a produção e aplicação de normas jurídicas por parte de legisladores, juízes e funcionários administrativos, contrariamente a uma opinião difundida, não é 'permitida', mas 'autorizada'; e o que age *ultra vires*, além dos poderes conferidos, produz normas nulas (...)[29].

Aliás, KELSEN faz explícita a diferença entre a atribuição da competência e a sua regulação como conduta permitida ou obrigatória, ao afirmar que o juiz pode tanto estar meramente autorizado (caso em que ele apenas "pode"), como também pode estar compelido a (caso em que ele "não só pode, como deve") aplicar uma sanção[30]. A autorização ou ine-

[27] Teoria Geral do Direito e do Estado... *op. cit.*, p. 131. Em outra passagem, KELSEN afirma que *"... apenas uma ação positiva, e não uma omissão, pode ser objeto de uma atribuição de competência (autorização), enquanto que uma ordem ou comando se pode referir tanto a uma ação como a uma omissão..."* – *Ibid.*, p. 83.

[28] Por exemplo: *"... uma norma pode não só comandar mas também permitir e, especialmente, conferir a competência ou o poder de agir de certa maneira"* – **Teoria Pura...** trad. João Baptista Machado, *op. cit.*, p. 4. No mesmo texto: *"... se a proposição jurídica é formulada com o sentido de que, sob determinadas condições ou pressupostos, deve intervir um determinado ato de coação, a palavra 'deve' nada diz sobre a questão de saber se a aplicação do ato coercitivo constitui conteúdo de um dever jurídico, de uma permissão positiva ou de uma atribuição de competência (autorização); antes, as três hipóteses são igualmente abrangidas"* – *Ibid.*, p. 83.

[29] **O Enfoque Analítico**... *op. cit.*, p. 478.

[30] *"... podemos ser juridicamente obrigados a fazer uso de uma competência: uma ação para a qual a ordem jurídica atribui competência a um indivíduo pode, ao mesmo tempo, ser prescrita ou ordenada, isto é, pode ser tornada conteúdo do seu dever. Ao juiz é conferida competência (isto é, ele tem o poder*

xistência de autorização para aplicar a sanção condicionam unicamente a validade ou invalidade da atuação do juiz e, correlatamente, a sujeição ou imunidade do destinatário da norma por ele emitida/aplicada. A atuação *extra* ou *ultra vires* não constitui, *per se,* um ilícito. Pode representar, simplesmente, um irrelevante jurídico.

KELSEN confirma-o ao dizer, na "Teoria Geral das Normas", que a inobservância das normas de competência não gera sanção, a menos que haja outra norma – de conduta – proibindo sua inobservância, e vinculando a essa hipótese uma sanção:

> A função normativa da autorização significa: conferir a uma pessoa o poder de estabelecer e aplicar normas (...).
> Uma pessoa não autorizada para este fim não pode produzir Direito ou aplicar Direito. Seus atos não têm, objetivamente, o caráter de produção do Direito ou aplicação do Direito, mesmo que eles, nesta intenção, subjetivamente, se realizem. Estes atos não têm – como se diz – nenhuma efetividade jurídica; são nulos, i. e., juridicamente não existentes. Por conseguinte, também não "transgridem" uma norma jurídica válida (...).
> Pois nem todo ato que uma pessoa fixa sem ser para isto autorizada e na intenção de estabelecer com isso uma norma obrigatória tem de ser proibido[31].

Verifiquemos, agora, como KELSEN concebe as normas de competência sob o ponto de vista formal[32].

jurídico, que pelo Direito lhe é atribuído, a ele próprio e a mais ninguém) para aplicar uma pena sob determinadas condições. Ele pode também ser obrigado – embora não tenha necessariamente de o ser – a aplicar esta pena; e é juridicamente obrigado a proceder assim quando a omissão de tal agir é pela ordem jurídica sujeita a uma sanção" – **Teoria Pura...** trad. João Baptista Machado, *op. cit.*, p. 83.

[31] Segundo NINO, KELSEN, ao examinar a questão de se é possível equiparar a nulidade à sanção, "*...responde negativamente a esta pregunta, sobre la base de su identificación de las sanciones con actos coactivos y el rechazo de la idea de que la nulidad sea un acto coactivo, y sostiene, en consecuencia, que las normas que disponen nulidades no son normas autónomas, sino parte de otras normas que prescriben sanciones"* – ***La validez del Derecho***, p. 198-199. Na verdade, a crítica pioneira de HART à equiparação entre invalidade e sanção dirige-se menos à proposta kelseniana e mais à proposta de AUSTIN, que, de fato, concebe a invalidade como um tipo de sanção.

[32] **Teoria Geral das Normas**, p. 129-130.

A forma das normas de competência em Kelsen

Segundo FERRER BELTRÁN, não há "*... grandes cambios teóricos*" na visão kelseniana acerca das normas de competência. A seu ver, "*Más bien puede detectarse una evolución en el examen de las mismas, consistente en una progresiva minuciosidad en la elaboración de los argumentos*"[33].

KELSEN formulou, de modo mais expresso, duas perspectivas para a noção de "norma de competência". Uma em que as vê como "fragmentos" ou "partes" de normas; outra, em que as concebe como "normas não independentes".

Na primeira perspectiva, presente de maneira mais evidente na Teoria Geral do Direito e do Estado (1945), ele parte da premissa de que, "*Se a 'coerção'... é um elemento essencial do Direito, então as normas que formam uma ordem jurídica devem ser normas que estipulam um ato coercitivo, i.e, uma sanção*"[34].

Assim, para que um enunciado seja uma norma jurídica, não basta que seja criado de acordo com determinado procedimento; ele só será uma efetiva norma jurídica "*... se pretende regular a conduta humana e se regula a conduta humana estabelecendo um ato de coerção como sanção*"[35].

Portanto, nessa construção teórica, o enunciado que não contiver a prescrição de uma sanção, constituindo apenas uma das condições de sua aplicação, será mera parte, simples fragmento da "norma completa"[36].

A partir da segunda edição da Teoria Pura (1960), em vez de aludir a "partes de normas" e a "normas completas", o autor austríaco passou a falar em normas "independentes", assim consideradas as que regulam condutas mediante a imposição de sanções, e em normas "dependentes", assim consideradas aquelas que não prescrevem comportamentos, ficando na dependência das normas sancionadoras para efetivamente

[33] ***Las Normas de Competencia...*** *op. cit.*, p. 19

[34] HANS KELSEN, **Teoria Geral do Direito e do Estado**, p. 62.

[35] *Ibid.*, p. 180.

[36] Segundo NINO, KELSEN não toma as normas de competência como "normas", mas como "... partes de normas genuínas..." – ***Introducción al análisis del derecho***, p. 86.

regular condutas[37]. Foi no grupo destas últimas que o autor inseriu as normas de competência[38].

Alchourrón e Bulygin veem, nessa alteração, uma mudança na forma como Kelsen concebe o critério de identidade das normas jurídicas, que já não estaria mais na natureza coativa de cada norma, mas no seu pertencimento a um ordenamento jurídico, caracterizado pela coercibilidade. Isto é, a sanção não seria mais um elemento necessário de cada norma jurídica, mas apenas uma nota do ordenamento como um todo[39].

[37] Segundo Calsamiglia, *"... la mayoría de los autores tratan de ver en el planteamiento kelseniano un prototipo de normas de competencia como normas dependientes de las normas de conducta"*; nessa perspectiva, *"... las normas de competencia forman parte de una norma jurídica completa que incluye una sanción" – Geografía... op. cit.*, p. 751-752. No mesmo sentido: Pierluigi Chiassoni, **O Enfoque Analítico...** *op. cit.* p. 479.

[38] *"São ainda normas não-autônomas as normas jurídicas que conferem competência para realizar uma determinada conduta, desde que por "conferir competência" entendamos conferir a um indivíduo um poder jurídico, ou seja, conferir-lhe o poder de produzir normas jurídicas. Com efeito, elas fixam apenas um dos pressupostos aos quais – numa norma autônoma – se liga o ato de coação. Trata-se das normas que conferem competência para a produção de normas jurídicas gerais, as normas da Constituição que regulam o procedimento legislativo ou põem o costume como fato produtor de Direito, e das normas que regulam os procedimentos jurisdicional e administrativo nos quais as normas gerais produzidas através da lei ou do costume são aplicadas, pelas autoridades jurisdicionais ou administrativas para o efeito competentes, nas normas individuais a produzir por estes órgãos"* – Kelsen, Hans. **Teoria Pura...** *op. cit.*, p. 40. A ideia, porém, já estava presente na Teoria Geral do Direito e do Estado, em que a competência é vista como uma das condições de uma sanção: *"A conduta humana que não é qualificada nem como um dever nem como um direito surge também entre as condições de uma sanção... Quando uma norma qualifica o ato de certo indivíduo como uma condição jurídica ou uma consequência jurídica, isso significa que apenas esse indivíduo é 'capaz' de executar ou de se abster de executar esse ato, apenas ele é 'competente'"* – **Teoria Geral do Direito e do Estado**, *op. cit.*, p. 129-130.

[39] *"En los escritos de Kelsen se pueden rastrear dos respuestas distintas al problema que nos ocupa. La primera es considerar todos los enunciados que no responden a la forma canónica como normas incompletas o fragmentos de normas. (...) Kelsen mismo admite tácitamente la insuficiencia de la teoría de la norma incompleta al sustituirla en la última versión de la Teoría Pura por lo que vamos a denominar de 'teoría de la norma no independiente'. Esta teoría constituye una respuesta mucho más refinada al problema planteado, pero... lleva a conclusiones sorprendentes y totalmente incompatibles con la tesis originaria de Kelsen". (...) Kelsen se ve obligado a reconocer que no todas las normas que integran un orden jurídico establecen sanciones y las que no lo hacen sólo reciben su carácter jurídico por el hecho de formar parte del orden coactivo, esto es, un sistema que contiene – además – normas sancionadoras"* – ***Introducción a la Metodología de las Ciencias Jurídicas y Sociales.*** Buenos

Para FERRER BELTRÁN, porém, apesar da mudança de terminologia, não houve nenhuma alteração substancial nesse ponto da teoria kelseniana. Ele justifica sua posição citando trechos em que o próprio KELSEN, refutando tal interpretação, reitera a tese de que a característica interna da norma jurídica está em estabelecer um ato coercitivo, sendo a juridicidade, portanto, primeiramente um atributo da norma – que só é uma norma completa e genuína se estiver sancionada, – e, só depois, do sistema que ela integra[40].

E é justamente por manter, ao longo de toda a sua obra, a definição da norma jurídica a partir da noção de sanção, e não a partir do seu pertencimento ao sistema jurídico, que, tanto na primeira concepção como na segunda, as normas de competência seguiram sempre sendo entendidas por KELSEN como meras condições para a aplicação da sanção[41].

Isso significa que a perspectiva que as focaliza como "partes de normas" e a que as descreve como "normas dependentes" são apenas dois modos diversos de representar o mesmo objeto, duas maneiras diferentes de explicar a caracterização das normas de competência como estabelecedoras de obrigações indiretas.

Em outras palavras, as normas de competência, na perspectiva kelseniana, são enunciados que têm uma ligação indireta com a sanção; justamente por isso, consideradas isoladamente, sequer podem ser transgredidas[42].

Aires: Astrea, 1987, p. 104-105. Mesmo assim, em outra obra BULYGIN acaba, de certo modo, reconhecendo que não há distinção conceitual entre as duas perspectivas, ao dizer que, em KELSEN, *"Las normas de competencia han de ser interpretadas como fragmentos de las normas jurídicas y no como normas independientes y completas" – Sobre las Normas de Competencia*, op. cit., p. 488.

[40] FERRER BELTRÁN, ***Las Normas de Competencia...***, *op. cit.*, p. 23.

[41] Também DANIEL MENDONCA considera que, para KELSEN, as normas de competência são fragmentos de normas, normas não independentes, pois, ao conferirem a alguém o poder de produzir normas jurídicas, *"... sólo determinan una de las condiciones a las cuales, una norma independiente, enlaza el acto coactivo"*. Não são *"... auténticas normas jurídicas sino fragmentos de normas o normas no independientes"* – ***Las Claves del Derecho***, p. 132.

[42] Como aponta FERRER BELTRÁN, KELSEN atribui às normas de competência as funções de (i) autorizar a criação de novas normas e (ii) prescrever obediência às normas que sejam criadas. E *"... en cualquiera de sus dos funciones, autorizante y prescriptiva, no están acom-*

Críticas à teoria das normas de competência como partes de normas, ou como normas não independentes[43]

A primeira crítica que se dirige à concepção das normas de competência como partes de normas, ou como normas dependentes, é a seguinte: se as normas que regulam condutas, mediante o estabelecimento de sanções (N_1), já são consideradas "normas completas", então como se pode conceber que as suas condições de validade – entre as quais as normas de competência (N_2), – que não dizem respeito nem à regulação da conduta, nem ao estabelecimento da sanção, mas aos pressupostos de validade dos enunciados que regulam condutas ou impõem sanções, sejam "partes" delas?

É dizer, se as normas que regulam a conduta e a sanção contêm partes que não integram o seu conceito estrito, então é forçosa a conclusão de que também elas são, a seu turno, "pedaços" de uma norma ainda mais complexa (N_3), que corresponde justamente à integração de N_1 e N_2 – isto é: $N_3 = N_1 + N_2$.

Vê-se, então, que existem pelo menos duas noções distintas de "norma completa", entre as quais, no entanto, KELSEN não toma o cuidado de distinguir claramente. Num primeiro sentido, a norma é completa quando regula condutas mediante a imposição de sanções, dando razões plenas para a ação, caso em que "*... las nociones de norma y de norma completa son absolutamente sinónimas*"[44]; num segundo sentido, uma norma é completa se, além de regular a aplicação da sanção, também inclui em seu antecedente todas as suas condições de validade[45].

pañadas de sanciones para el caso de incumplimiento de la conducta regulada" – ***Las Normas de Competencia...***, *op. cit.*, p. 31.

[43] Reproduzimos, neste tópico, com algumas adaptações, o texto dos itens 2.4.2 e 2.4.3 de obra anterior de nossa lavra – **As Normas de Competência Tributária**, *op. cit.*, p. 109-115

[44] FERRER BELTRÁN, ***Normas de Competencia...***, *op. cit.*, p. 25.

[45] Um exemplo de norma completa nesse segundo sentido é dado por NINO: *"Si la mayoría simple de un cuerpo integrado por los representantes electos del pueblo ha establecido un enunciado que dice 'el que mata será castigado con prisión de 8 a 25 años'; si otro cuerpo integrado por los representantes de las provincias ha formulado un enunciado similar; si un funcionario elegido por el cuerpo electoral lo ha promulgado y hecho publicar; si alguien ha matado; ...si se da todo eso, el acusado debe ser condenado por el juez a cumplir entre 8 y 25 años de prisión"* – ***Introducción...***, *op. cit.*, p. 86.

Esta é a primeira objeção que se dirige à interpretação das normas de competência como "partes" de normas: ela não indica com clareza a que "todo" essa "parte" pertenceria.

Um segundo grupo de críticas investe justamente contra a concepção em que as normas de competência são chamadas a integrar um antecedente extremamente complexo de uma norma prescritiva.

Segundo RAZ, não há utilidade em visualizar um sistema jurídico composto de normas tão complexas, pois simplesmente não há "*... ocasião nenhuma em que seja possível fazer referência a uma norma completa*"[46].

Argumenta-se, nesse ponto, que o conceito de "norma completa" é absolutamente indeterminado, pois não há um critério que permita identificar que enunciados deveriam ser acrescidos às disposições reguladoras de condutas e estabelecedoras de sanções para obter essa "norma-tipo".

Ademais, essa proposta provoca diversas redundâncias no sistema jurídico, porque muitas normas diferentes passam a ter como subpartes os mesmos enunciados constitucionais, as mesmas regras de direito processual *etc.*

Noutros termos, de acordo com esse segundo grupo de objeções, reduzir as normas de competência a partes do antecedente das normas de conduta é gerar um conceito de "norma" indeterminado, inútil e não independente (redundante).

A terceira crítica contra a teoria das partes de normas diz respeito à incompatibilidade das ideias de norma "completa" e "incompleta" com a noção de validade do próprio KELSEN.

A questão que aqui se põe é a seguinte: se, num sistema dinâmico, a relação de validade está fundada numa relação hierárquica de subordinação e derivação, em que cada norma busca sua validade numa norma superior, que possibilita a sua criação, então, como pode uma dessas normas – inferior/superior – ser parte da outra? A relação entre "parte" e "todo" é incompatível com a relação entre "inferior" e "superior", que só se poderia estabelecer, logicamente, entre duas coisas distintas – dois "todos" sobrepostos – ou entre duas "partes", uma inferior e uma superior, de uma mesma coisa.

[46] JOSEPH RAZ, **O Conceito de Sistema Jurídico: Uma Introdução à Teoria dos Sistemas Jurídicos**, p. 155.

Em quarto ponto, como argumenta HART, quem busca reduzir todos os tipos de enunciados normativos ao esquema geral das normas que regulam condutas mediante a imposição de sanções, acaba pagando um preço muito caro para obter uma uniformidade agradável, porém artificial. É que, ao se considerar que apenas as normas que estabelecem deveres dão razões para a ação, acabam-se desprezando outros elementos que são, no mínimo, tão característicos do direito como o dever, e tão valiosos para a sociedade como ele. Para o autor inglês, as regras que conferem poderes, *"... para serem compreendidas, hão de ser vistas na perspectiva daqueles que os exercem..."*, uma vez que, *"... são concebidas, designadas e usadas na vida social de forma diferente das regras que impõem deveres e são valorizadas por razões também diversas"*. O arremate do raciocínio é uma pergunta provocativa: *"Que melhor teste para a diferença de natureza entre elas poderia haver?"* [47].

Em outras palavras, se as normas que outorgam poderes são concebidas e usadas de forma completamente diferente das que cominam deveres, por que pensá-las do mesmo modo? Por que pensá-las exclusivamente a partir da perspectiva de quem está sujeito a elas, e não sob o ponto de vista de quem tem a prerrogativa de delas valer-se para satisfazer seus próprios desígnios?

Parece ser mais acertada a conclusão de RAZ, segundo a qual *"...há leis que conferem poderes; e elas são normas, pois guiam a conduta humana ao fornecer aos indivíduos os meios para a realização de seus desejos"*[48].

Não há como discordar, ademais, de que conceber as normas de competência como "partes de normas", ou como "normas dependentes", subtrai completamente a sua importância no sistema normativo. Faz delas algo secundário e, pior, desprovido de eficácia própria, contrariando o unânime reconhecimento de sua posição central nos sistemas jurídicos.

Também não se pode perder de vista que definir as normas atribuidoras de competência a partir do conceito de norma de conduta é, em rigor, nada dizer sobre as próprias normas de competência. Afinal, para dizer o que são as normas de competência, e de que maneira se estruturam, não basta apontar sua relação com as normas de conduta.

[47] **O Conceito de Direito...**, *op. cit.*, p. 50.
[48] **O Conceito de Sistema Jurídico...**, *op. cit.*, p. 210.

Além de tudo, portanto, essa forma de ver a competência é de reduzida utilidade para a tradução dos fenômenos normativos que com ela estão relacionados.

Ademais, se a norma atribuidora da competência é apenas uma condição necessária para a existência do dever de aplicar uma norma de conduta, então são forçosas – e espantosas! – as conclusões de que: (i) a norma de competência não terá nenhuma eficácia no sistema normativo até o momento em que se tenha feito uso da autorização que ela confere; e (ii) deixará de irradiar efeitos no momento em que derrogadas as normas prescritivas ditadas com base na autorização por ela veiculada, ainda que a autorização propriamente dita permaneça intacta.

Em outras palavras, nessa perspectiva, até o momento em que a competência vier a ser exercida, com a criação da norma de conduta, a norma de competência, em rigor, não seria norma, pois não regularia conduta alguma, sequer indiretamente. Por outro lado, no exato instante em que fosse aplicada, a norma que estatui a "obrigação indireta" passaria a ser totalmente supérflua, pois já haveria outra a regular, diretamente, a conduta[49].

Assim, por um viés, se uma norma "N_1" estabelecer a obrigação de obedecer às normas ditadas pelo órgão x, e se o órgão x editar uma norma "N_2" estabelecendo que "é proibido fumar", então a conduta de fumar implicará desobediência a ambas as normas, o que significa que a norma "N_1" será absolutamente supérflua ou redundante. Por outro, uma vez revogada "N_2", "N_1" ficará como que paralisada, latente, inerte[50].

Para FERRER BELTRÁN, isso é uma evidência de que, embora KELSEN ponha em destaque o caráter "dinâmico" dos sistemas jurídicos, apontando que, pela notável característica de regular sua própria criação, o direito positivo está sempre em movimento, sempre passível de trans-

[49] FERRER BELTRÁN, ***Las Normas de Competencia...***, *op. cit.*, p. 39.

[50] RAZ já havia observado, neste mesmo sentido, que *"Segundo Kelsen, não há leis que tenham conferido poderes legislativos antes que os poderes que elas conferem tenham sido usados. Este é apenas um fenômeno, e há vários outros semelhantes. Todos eles provam que Kelsen não explica adequadamente o conceito de poderes legislativos. Pelas mesmas razões, uma lei que confere poderes legislativos deixa de existir quando todas as leis criadas com base nela até o momento deixam de existir, embora a autoridade legislativa ainda tenha o poder de elaborar novas leis"* – **O Conceito de Sistema...**, *op. cit.*, p. 156.

formação, ao examinar as normas de competência, contraditoriamente, pensa nelas segundo a lógica de um sistema "estático", isto é, pensa nelas sempre num momento temporal concreto, em que existem tanto "N_1" como "N_2"[51].

Não se pode aceitar a teoria das normas de competência como "normas dependentes" se se concebe o sistema jurídico como um sistema normativo dinâmico, em que a existência e a eficácia das normas de competência pode perfeitamente coexistir com a inexistência de qualquer norma de conduta que tenha sido criada sob seu amparo.

Ademais, a tese das "partes de normas", ou das "normas dependentes", convive mal com o fato de que as normas de competência podem servir também para orientar a edição de normas não-prescritivas. Carece de sentido falar no estabelecimento de uma obrigação indireta quando as normas ditadas com amparo na regra atribuidora da competência não estabelecem comandos, mas sim permissões, definições ou regras técnicas, por exemplo.

Uma alternativa de interpretação, desde fora da esfera deôntica

A despeito de a formulação explícita das normas de competência em KELSEN ter sido feita em função das normas que impõem deveres sob a ameaça de sanção, o que a sujeita a todas as críticas acima versadas, CALSAMIGLIA aponta que "*.... la teoría kelseniana puede interpretarse también como una teoría que concede un estatus independiente a las normas de competencia*"[52]. Aliás, como observa HERNÁNDEZ MARÍN, a própria existência de uma distinção entre normas jurídicas dependentes e independentes "*... revela que se es consciente de que, por lo menos aparentemente, no todo discurso jurídico es prescriptivo*"[53].

[51] ***Las Normas de Competencia...*** *op. cit.*, p. 18. Segundo GABRIEL NOGUEIRA DIAS, o ponto de vista estático visualiza o ordenamento jurídico "*... no seu estado de repouso...*", "*... como um grupo fechado e inerte de normas jurídicas que ordenam e proíbem*" – GABRIEL NOGUEIRA DIAS, **Positivismo Jurídico...** *op. cit.*, p. 263-264. O ponto de vista dinâmico, a seu turno, analisa o ordenamento no transcurso do tempo, com os sucessivos ingressos e saídas das normas do sistema.

[52] *Geografía... op. cit.* p. 756.

[53] ***Introducción a la Teoría...***, *op. cit.*, p. 228

De fato, apesar de a visão kelseniana explícita acerca das normas de competência ser, realmente, aquela consignada em tópico anterior, há quem vislumbre, nos últimos escritos de KELSEN, a possibilidade de interpretar as normas que conferem poderes (*"empowering norms"*) a partir *"... de fora da esfera deôntica"*[54].

PAULSON reconhece que faz tal afirmação com caráter hiperbólico, dado que KELSEN não formulou essa ideia de forma sistemática ou completa, mas sustenta que, na última das concepções do autor vienense acerca da norma jurídica, a norma que outorga o poder – e não mais a que comina a sanção – é que figura como norma essencial[55].

Nessa perspectiva mais tardia, o auxiliar modal *"ought"* (dever) não seria mais interpretado em termos de um comando, mas em termos não deônticos. Seria, assim, uma expressão variável, que abrange as expressões modais específicas[56]; um sentido "fraco" do "dever", em que ele é concebido como uma força inerente ao laço de imputação, em contraposição ao sentido forte, que é aquele do dever como "comando"[57]. Para PAULSON, essa versão "fraca" do "dever" está presente em qualquer caso, tanto sozinha quanto como uma pressuposição para a interpretação forte do sentido do "dever"[58], presente quando a conduta decorrente do exercício da norma de competência corresponder efetivamente a um comando. Isso, a seu ver, revelaria o caráter secundário do comando em face da *"empowerment norm"*[59].

[54] *On Ideal Form, Empowering Norms, and "Normative Functions"*, p. 86.

[55] *An Empowerment Theory of Legal Norms*, p. 59-60.

[56] *"In his later work Kelsen departs from the familiar interpretation of the modal auxiliary 'ought' as a deontic modality. Rather, he now uses 'ought' as akin to a variable expression, ranging over the specific modal expressions 'should' or 'must', 'may' and 'can', marking commanding, permissory and empowering norms respectively" – An Empowerment Theory... op. cit.* p. 67.

[57] Em obra mais recente, PAULSON reitera esse entendimento: *"El 'deber' en la obra de Kelsen, a partir de los comienzos de la década de los cuarenta, es una clave, similar a una posición variable..." – Facultad, Responsabilidad y la Teoría Pura del Derecho*, p. 119.

[58] *"... this weak interpretation of the 'ought' applies in each and every case, either alone (weak interpretation 'simpliciter') or as a presupposition of the strong interpretation" – An Empowerment Theory..., op. cit.*, p. 69.

[59] *"Thus, Kelsen thinks that the 'command' to impose a sanction is derivative, the empowerment modality itself primitive" – An Empowerment Theory... op. cit.*, p. 70.

Para BERNAL PULIDO, na mesma linha, ainda que KELSEN não ofereça uma concepção bem desenvolvida das noções de "competência" e "norma de competência", sob o marco teórico da teoria dos "atos de fala", ainda assim, é possível identificar *"... algunos de sus elementos... en ciertos escritos de este autor"*. Realmente, é possível *"... reconocer en la teoría de Kelsen la **naturaleza constitutiva** de las normas de competencia, por cuanto crean las posibilidades jurídicas de que se expida una norma válida mediante el ejercicio de la competencia que ellas establecen"*. Na noção kelseniana, *"... la creación de una nueva norma mediante el ejercicio de una competencia tiene por lo menos una gran semejanza con – si no es idéntica a – el acaecimiento de un **hecho institucional**"* (os destaques são nossos); e a natureza constitutiva das normas de competência resta ainda mais nítida pela afirmação da propriedade *"... de que ellas no pueden ser violadas o cumplidas..."*[60]. Isso nos parece ficar claro quando KELSEN afirma que:

> Quando uma norma qualifica o ato de certo indivíduo como uma condição jurídica ou uma consequência jurídica, isso significa que apenas esse indivíduo é capaz de executar ou de se abster de executar esse ato, apenas ele é competente (o termo sendo usado em seu sentido mais amplo). Apenas se esse indivíduo capaz ou competente executar ou se abstiver de executar o ato é que ocorre esse ato ou omissão que, segundo a norma, é uma condição jurídica ou uma consequência jurídica[61].

As normas de competência apartam-se ainda mais de uma estrutura deôntica, no pensamento kelseniano, quando se atenta para a absoluta independência que ele predica entre a invalidade, decorrente de uma atuação *ultra* ou *extra vires*, e a proibição, decorrente da violação de uma norma de conduta. É o que KELSEN registra ao dizer que *"O desempenho não-autorizado de funções, o qual, se autorizado, seriam funções judiciais, pode, mas não precisa ser proibido e, portanto, ilegal..."*[62].

O exemplo fornecido por KELSEN para ilustrar essa situação é o do *"... chamado Tribunal Secreto Medieval...* [que] *... condena à morte um homem,*

[60] *Kelsen y las Normas..., op. cit.*, p. 349-350.

[61] **Teoria Geral do Direito e do Estado**, *op. cit.*, p. 130.

[62] **Teoria Geral das Normas**, *op. cit.*, p. 130.

o qual ele tem na conta de traidor da pátria...", e executa a sentença. O que ocorre, nesse caso, não é a violação a uma proibição; simplesmente esse ato não constitui um "*... julgamento judicial e a execução de uma pena de morte, mas objetivamente crime de conspiração de assassínio e de homicídio qualificado*". Não é o fato de o Tribunal Secreto carecer de competência para atuar que faz os seus atos proibidos. Nas palavras de KELSEN: "*O não-ser-autorizado não os faz atos proibidos*". O que os faz serem proibidos é o fato de que estão definidos "*Como crime...*". O "*... Tribunal Secreto Medieval... não lesa o Direito porque sua ação não é autorizada, mas porque ela é proibida como conspiração de assassínio e homicídio qualificado*"[63]. Em outras palavras, a regra de competência participa da própria definição de "julgamento judicial"; na sua ausência, o que se tem não é um julgamento, mas um ato que possui outra qualificação e que, por acaso, é capitulado como crime.

É notável a semelhança do raciocínio com a visão dos que defendem que as normas de competência são definições ou normas constitutivas.

Defensores dessa visão frequentemente fazem um paralelo com as regras do jogo de xadrez, para dizer que aquele que deixar de observar normas tais como as que definem (ou constituem) o jogo de xadrez, isto é, as regras que descrevem os movimentos possíveis, a posição das peças no tabuleiro *etc.*, em rigor, não as estará violando, não estará praticando condutas contrárias às regras do jogo de xadrez, mas, antes, pura e simplesmente, não estará jogando xadrez[64], e sim, praticando outra conduta,

[63] *Ibid.*, p. 130-131.

[64] BULYGIN, *Sobre las Normas de Competencia...*, *op. cit.*, p. 490. Em outras palavras, um enxadrista que desprezasse a regra segundo a qual o cavalo só se pode mover em "L", movimentando-o em diagonal, na horizontal, na vertical ou de qualquer outro modo, não estaria, em rigor, descumprindo a norma enxadrística que rege o movimento do cavalo; antes, simplesmente não estaria jogando xadrez. Afinal, jogadas como essa não são "proibidas" no jogo de xadrez, mas, sim, jogadas "nulas", que simplesmente não têm sentido naquele sistema normativo. A consequência de um movimento como o descrito acima seria, dentro do jogo, absolutamente nenhuma; o tempo para que esse enxadrista fizesse sua jogada seguiria fluindo, como se nada houvesse acontecido, até porque, na linguagem daquele jogo, nada teria efetivamente acontecido. Poder-se-ia até imaginar, é bem verdade, a hipótese de a Federação Internacional de Xadrez, ou outro órgão com a atribuição de ditar as regras do jogo, criar outra regra, que determinasse, por exemplo, a eliminação do campeonato de um jogador que cometesse a "ousadia" de (tentar) mover o cavalo em diagonal, ou efetuar qualquer outro movimento impertinente ao jogo. Nesse caso,

que, eventualmente, pode até estar proibida e sancionada, mas não necessariamente estará. Da mesma forma, o "Tribunal Secreto Medieval" a que alude KELSEN, ao julgar e condenar à morte uma pessoa, e bem assim ao executar a sanção, em rigor não estará promovendo um "julgamento", mas, sim, cometendo conspiração de assassínio e homicídio – condutas que, por acaso, são proibidas. Daí a conclusão de BERNAL PULIDO, no sentido de que

> "... el concepto de sujeción parece ser más adecuado que el de obligación jurídica para expresar cuál es la posición correlativa a la competencia. La sujeción enfatiza también en la naturaleza constitutiva de la norma de competencia y en la necesidad del ejercicio del poder jurídico para crear normas jurídicas y para modificar posiciones jurídicas. De esta manera, la posición del titular no se esconde tras otros fenómenos. En este sentido, puede decirse con mayor precisión que la competencia no implica un mandato ni una obligación jurídica, sino una sujeción"[65].

O próprio KELSEN vincula a noção de competência à noção de "sujeição" ao dizer que *"... apenas uma autoridade competente pode estabelecer normas válidas; e uma tal competência somente se pode apoiar sobre uma norma que confira poder para fixar normas"*. E arremata: *"A esta norma se encontram sujeitos tanto a autoridade dotada de poder legislativo como os indivíduos que devem obediência às normas por ela fixadas"*[66].

Há, portanto, uma vinculação do sujeito destinatário da competência com o sujeito titular da competência, mas é uma vinculação débil (sujeição) e não forte (obrigação ou dever).

Embora se deva reconhecer que essa leitura contradiz as afirmações de KELSEN a respeito da possibilidade de reduzir a função normativa a

sim, poder-se-ia dizer que tal conduta, além de não dar ensejo a um movimento válido, estaria, também, proibida no sistema normativo do jogo. Contudo, a regulação deôntica da conduta que a norma de competência "define" como um movimento "válido" – com aquele específico sentido institucional – ou como um movimento "nulo", é puramente contingente e independente da norma de competência mesma".

[65] *Kelsen y las Normas...*, *op. cit.*, p. 353.

[66] **Teoria Pura...**, trad. João Baptista Machado, *op. cit.*, p. 136

uma função de mandato, a tese da competência como correlata da sujeição *"... es compatible con la formulación kelseniana de la norma fundamental..., que establece el carácter vinculante que el orden jurídico tiene para el sujeto"*. Nessa norma fundamental, o dever-ser da imputação da consequência jurídica *"... no corresponde a una obligación jurídica, sino a una sujeción del individuo a la creación de una norma inferior, como resultado del ejercicio potencial de una competencia"*[67].

Em resumo, nas suas obras primeiras, *"... Kelsen parece que usa el 'deber' para dar expresión a la obligación"*, ou seja, o dever, *"... en la hipotéticamente formulada norma-sanción es entendido como para servir para imponer una obligación condicional al agente jurídico"*. Contudo, nas suas obras derradeiras, KELSEN defende um ponto de vista distinto, afirmando, *"... aunque no de forma clara, que el 'deber' no necesita coincidir con el concepto de obligación jurídica"*. O "dever" presente *"... en la norma primaria sirve como un referente, que indica que bajo ciertas condiciones determinadas una sanción puede ser impuesta, esto es, un órgano aplicador de derecho está facultado para imponer una sanción"*[68].

Conclusões

Em resumo, na visão explicitada por KELSEN: (i) as normas de competência estabelecem obrigações indiretas, o que permite vê-las ou como "partes" das "normas completas", que regulam condutas mediante a imposição de sanções, ou como "normas dependentes" dessas "normas completas"; (ii) a função das normas de competência é "autorizar" a criação de novas normas e prescrever obediência às que sejam criadas nos limites da autorização; (iii) como o traço da "juridicidade" está na característica, própria das ditas "normas completas", de cominar uma sanção, pode-se dizer que as normas de competência, precisamente por não veicularem sanções, dependem delas para serem consideradas jurídicas; (iv) as normas de competência não estão acompanhadas de sanções para o caso de descumprimento da conduta regulada, de modo que sua inobservância deve redundar, pura e simplesmente, na invalidade da norma produzida, conceito que o autor equipara ao da inexistência no sistema

[67] CARLOS BERNAL PULIDO, *Kelsen y las Normas..., op. cit.*, p. 353-354.
[68] *Ibid.*, p. 361.

normativo; (v) a prática de um ato nulo pode ou não ser proibida; mas a nulidade, em si, não é uma sanção.

Essa visão é criticável principalmente por não conceder *status* independente às normas de competência, não servindo a explicar os casos em que não existe nenhuma norma de conduta que tenha sido criada sob o pálio da norma de competência, ou em que os enunciados criados sob o seu amparo não correspondem a prescrições respaldadas por sanções.

Isso ocorre, principalmente, porque KELSEN agarra-se com todas as forças à premissa de que as normas jurídicas se distinguem das normas morais pelo fato de estarem resguardadas pela sanção, em lugar de se caracterizarem pelo pertencimento a um sistema organizado para aplicação da sanção, o que o obriga a descrever todos os demais institutos a partir dessa noção muito estrita de norma jurídica.

Por isso, estamos de inteiro acordo com CALSAMIGLIA quando afirma que *"Ha sido mérito indudable de Kelsen el poner énfasis en que el derecho no es sólo norma coactiva aunque la conceptualización de las normas de competencia es cuanto menos confusa en su teoría"*[69]. No entanto, é possível vislumbrar, a partir do que o próprio KELSEN escreveu, qual seria a forma lógica que ele lhes atribuiria, caso abandonasse a premissa de que só é norma jurídica (completa) aquela voltada a regular a aplicação da sanção.

De fato, se, em lugar de definir as normas jurídicas a partir da noção de sanção, KELSEN as houvesse definido em função de seu pertencimento ao sistema jurídico, na linha preconizada por BOBBIO[70], o resultado dessa operação hipotética, a nosso sentir, seria o de atribuir às normas de competência uma estrutura muito similar à desenhada pelos teóricos que as concebem como definições, ou como normas constitutivas.

O que talvez mais tenha faltado, na obra de KELSEN, a respeito das normas de competência – como apontaram, entre outros, HART e RAZ – foi

[69] *Geografía..., op. cit.*, p. 751.

[70] *"(...) quando falamos de uma sanção organizada como elemento constitutivo do direito, referimo-nos não às normas singulares, mas ao ordenamento normativo considerado no seu todo, razão pela qual dizer que a sanção organizada distingue o ordenamento jurídico de qualquer outro tipo de ordenamento não implica que todas as normas desse sistema sejam sancionadas, mas apenas que a maior parte o seja. Quando me coloco diante de uma norma singular e me pergunto se é ou não uma norma jurídica, o critério da juridicidade certamente não é a sanção, mas a pertinência ao sistema, ou seja, sua validade"* – NORBERTO BOBBIO, **Teoria Geral do Direito**, p. 147.

tratá-las, de modo mais minucioso, a partir da perspectiva do sujeito que pretende exercer uma competência, em lugar da perspectiva do destinatário dos enunciados normativos emanados pelo sujeito (in)competente.

Em certa medida, porém, pode-se dizer que até mesmo isso está pressuposto no pensamento kelseniano, desde que, como aponta PAULSON:

> "*... el potencial de producción jurídica que lleva consigo la norma de autorización 'antes' del hecho de expedición de una norma, y la validez jurídica 'después' del hecho de expedición de esta norma, son sólo dos aspectos de una misma cosa. Cuando en consecuencia una norma de rango elevado es entendida 'ex – post' como criterio de validez jurídica, la misma norma ha de entenderse 'ex – ante' correctamente como norma de autorización, la cual confiere una competencia cuyo ejercicio conduce a la expedición de la norma de rango inferior*"[71].

Isso equivale, de algum modo, à disputa que existe entre a concepção das normas de competência como normas constitutivas – em sentido institucional – e como normas técnicas. A diferença é mais de perspectiva, e menos de fundo.

Independentemente dessas especulações, o que de mais importante resulta da análise do pensamento kelseniano acerca do conceito e das normas de competência é que KELSEN apontou os principais caminhos para bem interpretá-los, ao destacar: **(i)** a sua diferença para com as normas permissivas, isto é, a diferença entre as funções normativas "permitir" e "atribuir poder"; **(ii)** a independência entre a habilitação jurídica para a edição ou aplicação de uma norma e o *status* deôntico (permitido, obrigatório ou proibido) dessa conduta de editar ou aplicar a norma; **(iii)** que a competência do sujeito emissor ou aplicador da norma é condição para que haja a sujeição do destinatário da norma criada ou aplicada; **(iv)** que, correlatamente, a ausência de competência do emissor da norma induz a não-sujeição (isto é, a imunidade) do destinatário às normas emitidas; **(v)** que a nulidade não se confunde com uma sanção; e **(vi)** que o exercício irregular de poderes jurídicos não caracteriza, necessariamente, a violação de uma proibição.

Trata-se, sem dúvida, de um expressivo legado.

[71] **Fundamentación Crítica...** *op. cit.* p. 160.

Referências

ALCHOURRÓN, Carlos Eduardo; BULYGIN, Eugenio. ***Introducción a la Metodología de las Ciencias Jurídicas y Sociales***. Buenos Aires: Astrea, 1987.

BERNAL PULIDO, Carlos. *Kelsen y las Normas de Competencia*. *In*: BERNAL, Carlos; PORCIUNCULA, Marcelo (ed.). ***Kelsen para erizos: ensayos en honor a Stanley L. Paulson.*** Bogotá: Universidad Externado de Colombia, 2017, p. 337-362.

BOBBIO, Norberto.**Teoria Geral do Direito.** Tradução de: Denise Agostinetti. São Paulo: Martins Fontes, 2007.

BULYGIN, Eugenio. *Sobre las Normas de Competencia*. *In*: **Análisis Lógico y Derecho.** Madri: Centro de Estudios Constitucionales, 1991, p. 485-498.

CALSAMIGLIA, Albert. *Geografía de las normas de competencia*. ***Doxa: Cuadernos de Filosofía del Derecho***, Alicante, nº. 15-16, p. 747-767, 1994.

CHIASSONI, Pierluigi. **O Enfoque Analítico na Filosofia do Direito: de Bentham a Kelsen.** São Paulo: Contracorrente, 2017, p. 477.

DIAS, Gabriel Nogueira. **Positivismo Jurídico e a Teoria Geral do Direito na obra de Hans Kelsen.** São Paulo: Revista dos Tribunais, 2010.

FERRER BELTRÁN, Jordi. ***Las Normas de Competencia: Un Aspecto de la Dinámica Jurídica***. Madri: Centro de Estudios Políticos y Constitucionales, 2000.

FOLLADOR, Guilherme Broto. **As Normas de Competência Tributária.** Dissertação (Mestrado em Direito) – Setor de Ciências Jurídicas, Universidade Federal do Paraná – UFPR. Curitiba, 2013.

HART, Herbert. **O Conceito de Direito.** Tradução de A. Ribeiro Mendes. 3. ed. Lisboa: Calouste Gulbenkian, 2001

KELSEN, Hans. **Teoria Geral do Direito e do Estado**. 3ª ed. São Paulo: Martins Fontes, 2000.

—. **Teoria Pura do Direito: Introdução à Problemática Jurídico-Científica.** Trad. Alexandre Travessoni Gomes Trivisonno. Rio de Janeiro: Forense Universitária, 2021.

—. **Teoria Pura do Direito.** Tradução João Baptista Machado. 3ª ed. São Paulo: Martins Fontes, 1999.

—. ***Teoría Pura del Derecho.*** *Traducción de la Segunda Edición en Alemán, por Roberto J. Vernengo*. México: Universidad Nacional Autónoma de México, 1982.

—. ***Teoría Pura del Derecho. Introducción a los Problemas de La Ciencia Jurídica***. Trad.: Gregorio Robles e Félix F. Sánchez. Madri: Trotta, 2011.

MENDONCA, Daniel. ***Las Claves del Derecho***. Barcelona: Gedisa, 2000.

MIRANTE, Daniela. Hans Kelsen: Ruptura ou Continuidade entre a Teoria Pura do Direito e a Teoria Geral das Normas. **Direito e Práxis**, Vol. 5, n. 8, 2014, p. 120-151.

NINO, Carlos Santiago. ***Introducción al análisis del derecho***. 2. ed. Buenos Aires: Astrea, 2003.

—. ***La validez del derecho***. Buenos Aires: Astrea, 2006.

PAULSON, Stanley L. *An Empowerment Theory of Legal Norms*. ***Ratio Juris***, v. 1, n. 1, p. 58-72, mar. 1988.

—. ***Facultad, Responsabilidad y la Teoría Pura del Derecho***. Cidade do México: Fontanamara, 2014

—. ***Fundamentación Crítica de la Doctrina de Hans Kelsen***. Bogotá: Universidad Externado de Colombia, 2000.

—. *On Ideal Form, Empowering Norms, and "Normative Functions"*. ***Ratio Juris***, v. 3, n. 1, p. 84-88, mar. 1990.

RAZ, Joseph. **O Conceito de Sistema Jurídico: Uma Introdução à Teoria dos Sistemas Jurídicos**. Tradução de Maria Cecília Almeida. São Paulo: Martins Fontes, 2012.

ROSS, Alf. **Direito e Justiça**. Tradução de: Edson Bini. Bauru: EDIPRO, 2000.

SPAAK, Torben. *Explicating the Concept of Legal Competence. In:* HAGE, Jaap C.; PFORDTEN, Dietmar von (org.). ***Concepts in Law***. Londres: Springer, 2009.

TRIVISONNO, Alexandre Travessoni Gomes. Notas Sobre a Tradução. *In:* KELSEN, Hans. **Teoria Pura do Direito: Introdução à Problemática Jurídico-Científica.** Rio de Janeiro: Forense Universitária, 2021, p. vii-xxv.

14.
DEBATES SOBRE A TEORIA PURA DO DIREITO NO BRASIL (1934-1949)[1]

GUSTAVO SILVEIRA SIQUEIRA

Considerações iniciais

Quando a Teoria Pura do Direito (*Reine Rechtslehre*), de Hans Kelsen, "chegou" ao Brasil? Para responder a essa pergunta, é fundamental entender a diferença entre o livro *Teoria Pura do Direito* e a Teoria Pura do Direito em si. Antes de lançar a obra, em 1934, Kelsen já havia publicado diversos elementos da Teoria Pura do Direito[2]. Para distingui-los, citarei o livro sempre em itálico e a teoria sem marcação.

O presente capítulo tentará analisar a recepção do livro e da Teoria Pura do Direito no Brasil e alguns dos seus impactos nos anos seguintes à publicação. Entre a primeira edição da *Reine Rechtslehre*, publicada na Europa em 1934[3], a "tradução" brasileira publicada em 1939 e a visita do autor ao Rio de Janeiro em 1949[4], a Teoria Pura do Direito, de Hans Kel-

[1] Para Mario Losano, com amizade e admiração, pelas sugestões, críticas e pelo constante aprendizado. Agradeço à Mayara de Carvalho pelo debate e pelo carinho ao ler os primeiros rascunhos do texto.

[2] KELSEN, Hans. **Juristischer Formalismus und Reine Rechtslehre**. [*S. l.*]: Brandstetter, 1929; KELSEN, Hans. Methode und Grundbegriff der reinen Rechtslehre. *In*: KELSEN, Hans. **Annalen der critische Philosophie**. Assen: 3 Band, 1933. p. 69-90.

[3] KELSEN, Hans. **Reine Rechtslehre: Einleitung in die rechtswissenschaftliche Problematik**. Leipzig und Wien: Franz Deuticke, 1934.

[4] SIQUEIRA, Gustavo S.; RIBEIRO, Pedro M. C.; DIAS, Eini R.; FERREIRA, Marina R. S. B. A visita de Kelsen ao Rio de Janeiro (1949). **Culturas Jurídicas**, Niterói, v. 4, n. 7, p. 158-188, jan./abr. 2017.

sen, foi citada e debatida por diversos autores brasileiros. Sendo assim, pretendo demonstrar como a "recepção" brasileira a tal teoria foi rápida e amplamente debatida no cenário nacional. Como fontes, utilizarei livros e periódicos publicados no período e tentarei reconstruir alguns fragmentos da história do direito e da filosofia do direito no Brasil.

1. Fragmentos da teoria pura do direito entre 1935 e 1939

Em 28 de março de 1935, Clóvis Beviláqua, em palestra ministrada no Centro Oswald Spengler, fez menção ao trabalho de Kelsen. Beviláqua fazia uma análise dos "sistemas de filosofia jurídica", e Kelsen, com sua Teoria Pura do Direito, aparecia ao lado de autores como Del Vecchio, Geny, Duguit, Kohler, Stammler, Hauriou e Gurvitch:

> Em Kelsen muda a orientação idealista até aqui transparente nas lucubrações dos autores mencionados, não obstante as divergências mais ou menos acentuadas nas respectivas doutrinas. O egrégio criador da escola vienense, considerando a disciplina jurídica ciência autônoma, destaca a ciência pura do direito, a qual se contenta com a validade objetiva da ordem jurídica e considera todo o direito como expressão da vontade do Estado, que o realiza por seus órgãos.
>
> A teoria pura do direito, difere, essencialmente, da sociologia. Aquela se ocupa com as normas do direito em suas formas possíveis, esta tem por objetivo o estudo do homem na vida de relação social.[5]

Beviláqua parecia expor uma teoria que já era conhecida por todos e que precisava de poucas explicações. Esse foi o primeiro registro que encontrei de uma citação da Teoria Pura do Direito no Brasil.

Em 1939, a Livraria Acadêmica, em parceria com a Saraiva, publicou *Teoria Pura do Direito*, com tradução de Fernando de Miranda (licenciado em Direito pela Universidade de Coimbra) e prefácio de Fernando Pinto Loureiro (estudante do quarto ano de Direito da mesma universidade). No livro, não se informam a língua e a edição estrangeira a partir das

[5] Bevilaqua, Clóvis. O momento jurídico no mundo e perspectivas do direito brasileiro. **Nação Brasileira**, Rio de Janeiro, ano XIII, p. 2, abr. 1935.

quais a obra foi traduzida[6]. O livro aparentemente é uma edição feita para Portugal e que as editoras resolveram também publicar no Brasil. De qualquer forma, a edição foi impressa e distribuída pela editora Saraiva da cidade de São Paulo.[7]

Comparei o sumário da edição brasileira de 1939 com o da edição alemã de 1934, publicada pela editora Franz Deuticke[8], e percebi algumas diferenças, em especial a ausência do último capítulo ("Staat und Völkerrecht") na tradução portuguesa. A versão alemã tem nove capítulos divididos em 50 itens, ao passo que a versão brasileira tem 8 capítulos e 50 itens. Aparentemente, o igual número de itens indicaria que a versão brasileira condensou um capítulo em dois, mas não foi isso que aconteceu.

Além da ausência do último capítulo, existem pequenas diferenças: os títulos dos três primeiros capítulos são iguais nas duas versões, mas, no capítulo 4, o subitem 25 f ("Die ideologische Bedeutung der Antinome von Individuum und Gemeinschaft") da obra alemã vira um item (26) na versão brasileira ("A significação ideológica da antinomia de indivíduo e comunidade"). Nos capítulos 5, 6 e 7, não existe diferença entre os sumários. O problema maior está no capítulo 8 da edição brasileira.

O capítulo 8 da edição alemã tem 3 itens, os quais constam da edição brasileira, que também transformou o subitem 48 f ("Die Auflosung der Legitimitatsideologie") em um quarto item. Logo, o capítulo 8 da edição brasileira tem quatro itens, enquanto o original tem três itens. E o capítulo 9 (Staat und Völkerrecht) não existe na edição brasileira de 1939.

Consequentemente, há uma perda substancial na tradução da obra. Não se trata de uma versão resumida do *Teoria Pura do Direito* de 1934, mas sim de uma versão deste sem um capítulo.

Não encontrei, na obra ou na imprensa da época, uma justificativa para esse corte. A exclusão do capítulo "Estado e Direito Internacional"

[6] KELSEN, Hans. **Teoria Pura do Direito**. Tradução de Fernando de Miranda. Prefácio de Fernando Pinto de Loureiro. São Paulo: Livraria Acadêmica; Saraiva, 1939.

[7] A edição portuguesa: KELSEN, Hans. **Teoria Pura do Direito**. Coimbra: Arménio Amado, 1939.

[8] KELSEN, Hans. **Reine Rechtslehre**: Einleitung in die rechtswissenschaftliche Problematik. Leipzig und Wien: Franz Deuticke, 1934.

("Staat und Völkerrecht") deixa uma lacuna na edição brasileira. Não podemos esquecer que tanto Portugal quanto Brasil viviam suas ditaduras do Estado Novo, coincidência infeliz. De qualquer forma, Kelsen, um professor de Direito Internacional, defendia, como no parecer que fez em 1934[9] para a Constituinte brasileira, a prevalência do Direito Internacional sobre o Direito Nacional, o que talvez não fosse do agrado de muitos teóricos daquele período, mas essa é apenas uma hipótese, que precisa de mais pesquisa[10].

Para Carlos Eduardo de Abreu Boucault, autor de "Hans Kelsen – A recepção da 'Teoria Pura' na América do Sul, particularmente no Brasil"[11], a "difusão" da obra de Kelsen na América do Sul, "se deve ao apoio de seus ex-alunos que fugiram do regime nazista" e, no caso brasileiro, ao trabalho de Hans Klinghoffer e Rudolf Métall[12].

Boucault acredita que a "existência de uma única tradução" em português da primeira edição da *Teoria Pura do Direito* pode ter reduzido a circulação e o conhecimento do texto do país. Nesse sentido, é interessante notar que Clóvis Beviláqua mencionava a Teoria Pura do Direito antes de qualquer tradução do livro e que Sobral Pinto, como vou expor abaixo, citava a tradução em espanhol da obra. Ou seja, eram diversas as formas como os juristas brasileiros tinham contato com a Teoria Pura do Direito nos anos 1930 e 1940.

Contrariando Boucault, Paula Pimenta Velloso afirma que o texto publicado no Brasil em 1939 "não representa a tradução original de 1934, mas uma tradução portuguesa de um ensaio publicado por Kelsen em

[9] "A concepção da soberania, no verdadeiro sentido da palavra, de nenhum modo pode ser enquadrada no domínio do direito positivo. Nem mesmo o Estado como tal é soberano, pois acima dele se encontra o direito das gentes, que lhe confere direitos e obrigações". KELSEN, Hans. A competência da Assembleia Nacional Constituinte. **Política: Revista de Direito Público, Legislação Social e Economia**, Rio de Janeiro, v. 1, n. 1, p. 36, jan. 1934.

[10] SIQUEIRA, Gustavo Silveira. O parecer de Kelsen sobre a Constituinte brasileira de 1933-1934. **Direito e Práxis**, Rio de Janeiro, v. 6, n. 2, p. 348-374, jun. 2015. p. 358.

[11] BOUCAULT, Carlos Eduardo de Abreu. Hans Kelsen – A recepção da "Teoria Pura" na América do Sul, particularmente no Brasil. **Sequência**, Florianópolis, n. 71, p. 95-106, dec. 2015.

[12] *Ibid.*, p. 99.

1933"[13]. O ensaio, segundo a autora, "traçava as linhas gerais do que, no ano seguinte, sairia como a primeira edição da Teoria Pura"[14].

Kelsen era um autor em constante construção. O livro *Teoria Pura do Direito*, de 1934, é homônimo da Teoria Pura do Direito, que já vinha sendo esboçada e publicada antes de tal ano.

Pela diferença entre os sumários e entre o conteúdo dos livros, como afirma Paula Velloso, acredito que ela tenha razão. A versão publicada no Brasil em 1939 ainda não era a edição final da Teoria Pura do Direito de 1934, mas uma versão incompleta com partes ausentes, como relatado acima. Não obstante essas incertezas, o livro e a Teoria Pura do Direito seriam referências em diversos debates jurídicos no país.

2. A *teoria pura do direito* nos anos 1940

Em 1942, Heráclito Sobral Pinto[15] publicou o artigo "Pelos domínios do Direito" no *Jornal do Commercio*, do Rio de Janeiro. Sobral Pinto citava a versão em espanhol da *Teoria Pura do Direito*[16] e a acusava de "monstruosidades", de invadir "os quadros da política partidária de vários países, e se transformou em nazismo, fascismo, comunismo, e suas múltiplas variedades".

Sobral Pinto praticamente acusava a Teoria Pura do Direito de fomentar os movimentos bélicos que aconteciam no Japão, na Alemanha e na Itália. Ao final, ainda acusava a Teoria Pura do Direito de tentar destruir a civilização cristã:

[13] Velloso, Paula Pimenta. Edição e recepção de Kelsen no Brasil. **Escritos**, Rio de Janeiro, ano 8, n. 8, p. 199-230, 2014. p. 199.

[14] *Ibid.*, p. 201.

[15] Nascido em 1893, formou-se em Direito pela Universidade do Brasil em 1918. Foi procurador criminal entre 1924 e 1928 e membro da Liga Eleitoral Católica. É descrito como um católico fervoroso e ficou famoso por defender presos políticos durante o Estado Novo e durante a Ditadura Militar. Mais dados podem ser consultados no site do CPDOC da FGV: http://www.fgv.br/cpdoc/acervo/dicionarios/verbete-biografico/heraclito-fontoura-sobral-pinto.

[16] Não há a referência completa no artigo de Sobral Pinto. Acredito que ele tenha citado: Kelsen, Hans. **La Teoría Pura del Derecho**. Tradução de Jorge Tijerina. Buenos Aires: Posada, 1941.

> Tal é, em última análise, a consequência direta da teoria pura do Direito, que suprime, como preconiza Kelsen, os dois dualismos, que eram, até bem poucos anos atrás, o mais alto símbolo da civilização humana: Direito e Estado; Deus e Mundo. Identificado, porém, o Direito e o Estado, Deus e o Mundo, a filosofia materialista dos nossos dias vem destruindo inconscientemente o mais fecundo produto do labor de milhares de gerações humanas que se têm sucedido no decorrer de séculos: a civilização cristã do ocidente.[17]

O argumento central de Sobral Pinto era que Kelsen negava a dualidade entre Estado e Direito e entre Deus e o mundo, mas confesso que não consegui entender claramente como ele pôde fazer essa ligação com os regimes fascistas que se apresentavam naquele momento. Para Thiago Hansen[18], Sobral Pinto culpava o "ceticismo ético" e os "conceitos destruidores de paz" do positivismo jurídico pelas catástrofes globais.

De qualquer forma, acredito que Sobral Pinto sobrevalorizou o peso de uma teoria jurídica e talvez não tenha tido contato com outros doutrinadores. Aqui, vale lembrar que Kelsen, como judeu, não poderia nem sequer ser citado na Alemanha nazista. Pelo contrário, Kelsen foi perseguido e fugiu da Europa para escapar do nazismo. A acusação de Sobral, que parece defender que a Teoria Pura do Direito aceitaria até mesmo o "direito nacional-socialista", me parece ser infundada, como dito acima.

Por outro lado, mesmo durante o nazismo, parece ser claro que a doutrina de Carl Schmitt foi muito mais importante para o sistema jurídico nazista do que a Teoria Pura do Direito. Ricardo Campos, por exemplo, defende tal tese e, comentando a pesquisa de Michael Stolleis sobre o nazismo, lembra os mitos relacionados a este e ao positivismo e as conclusões das pesquisas mais qualificadas:

> Uma delas refere-se à desmistificação de um mito já consolidado na teoria do direito (especialmente no Brasil), que de certa forma, mesmo após longos e reconhecidos trabalhos dentro da história do direito, ainda é tomado

[17] SOBRAL PINTO, Heráclito. Pelos domínios do Direito. **Jornal do Commercio**, Rio de Janeiro, p. 2, 2/3 jan. 1942.

[18] HANSEN, Thiago. A visita e as recepções de Hans Kelsen no Brasil (1942-1949). *In*: COSTA, Varlei; VALLE, Maurício Timm do. **60 anos da Teoria Pura do Direito**. No prelo.

> quase como um consenso: o positivismo jurídico foi responsável pelo regime nazista.
>
> [...]
>
> a barbárie não veio em nome da lei, pelo contrário, ela se estabilizou e se concretizou fora da lei. Stolleis demonstra historicamente, dentre outros vários outros argumentos, como dentro de poucas semanas, entre janeiro até maio de 1933, os principais direitos fundamentais perderam validade; a estrutura partidária e sindical foi aquilada...[19]

Ademais, textos de Kelsen já circulavam no Brasil nos anos 1930[20], e, pelo parecer que o autor fez sobre a Constituinte brasileira em 1933, fica evidente que o seu pensamento jamais poderia ser relacionado com o nazismo. Para Kelsen, o Estado não era soberano para decidir todos os direitos, pois o direito do Estado deveria necessariamente respeitar o direito internacional.

Interessante notar que, em janeiro de 1942, quando Sobral Pinto escreveu o artigo, Hans Kelsen estava refugiado nos Estados Unidos, fugindo da ameaça nazista. Kelsen tentava conseguir, ainda sem sucesso, uma posição fixa em uma universidade estadunidense. Diretor da Faculdade de Direito da Harvard University entre 1916 e 1936, Roscoe Pound era um dos contatos do austríaco e tentava lhe ajudar a obter uma posição. A carta abaixo, enviada para Eric Bellquist, da University of California, em Berkeley, mostra uma das tentativas de Pound:

> Understanding that the appointment of a Professor of International Law, who is to be prepared also to teach Constitution Law and the History of Legal Institutions, is under contemplation at the University of California sometime in the future, may I be permitted to recommend to you as highly as I know how Dr. Hans Kelsen, formerly Professor at Vienna and now Research Associate in Comparative Law at Harvard Law School. Dr. Kelsen

[19] Campos, Ricardo. O direito na história e o (neo)constitucionalismo tupiniquim. *In*: Stolleis, Michael. **O direito público na Alemanha**: uma introdução a sua História do Século XVI ao XXI. São Paulo: Saraiva, 2018. p. 15-17.

[20] Siqueira, Gustavo Silveira. O parecer de Kelsen sobre a Constituinte brasileira de 1933-1934. **Direito e Práxis**, Rio de Janeiro, v. 6, n. 2, p. 348-374, jun. 2015. p. 358.

> was Professor of Constitutional Law and Jurisprudence at the University of Vienna, and afterward at the University of Cologne, and later at Geneva was Professor of International Law. He was the draftsman of the Austrian Constitution after the first world war, and has written books on public law, on jurisprudence and on international law. [...]
> I might add that he was the first Holmes Lecturer at Harvard Law School under the lectureship established by the will of Mr. Justice Holmes.
> Dr. Kelsen is outstanding among the refugees who have come to this country from Continental Europe and is in every way worthy of a position in one of our best institutions of learning. Personally, he is an agreeable gentleman who would be acceptable in any academic community.[21]

Por ironia do destino, a carta foi escrita poucos dias depois da publicação do texto de Sobral Pinto. É provável que o texto do brasileiro tenha ficado desconhecido por Kelsen e outros autores da época. Não encontrei qualquer resposta ou questionamento às acusações feitas por Sobral Pinto.

No dia 19 de abril de 1942, o *Jornal do Commercio* publicava a palestra "Positivismo jurídico e direito natural", ministrada por José Saboia Viriato de Medeiros, no dia 7 daquele mês, na Ordem dos Advogados do Brasil[22]. Deputado federal e advogado, Medeiros também explicava o direito do nacional-socialismo[23], tema que obviamente estava em voga na época, mas dedicou grande parte do texto ao positivismo jurídico e

[21] POUND, Roscoe. [**Correspondência**]. Destinatário: Eric Bellquist. Cambridge, 8th Jan. 1942. Roscoe Pound Papers, Harvard Law Library, Historical & Special Collections, Box 140, Folder 7.

[22] MEDEIROS, José Saboia Viriato de. Positivismo jurídico e direito natural. **Jornal do Commercio**, Rio de Janeiro, 19 abr. 1942, s/p. O texto também pode ser consultado em outra publicação: MEDEIROS, José Saboia Viriato de. Positivismo jurídico e direito natural. **Revista Forense**, v. XCII, n. 474, dez. 1942.

[23] "O direito, na doutrina nacional-socialista, não é teoricamente ditado pelo Führer. É um produto do Volksgeist. Não poderia modificar-se ao arbítrio do governante porque tem um carater natural, orgânico e espontâneo. [...] O Volksgeist tem necessidade de uma direção, e esta lhe é dada pelas ordens do Führer, pela vontade de Adolf Hitler. A lei, segundo a definição nazista é uma ordem do Führer revestida de uma certa forma." MEDEIROS, José Saboia Viriato de. Positivismo jurídico e direito natural. **Jornal do Commercio**, Rio de Janeiro, s/p, 19 abr. 1942. A visão de Medeiros sobre o direito nazista não é corroborada por

ao "notável" representante Hans Kelsen. Sem citar nenhuma publicação especificamente, Medeiros mencionava e criticava a Teoria Pura do Direito e outros elementos do pensamento de Kelsen:

> A teoria pura do direito, diz ele (Kelsen), é uma teoria do direito positivo, porque não há outro direito senão o que emana do Estado: é pura porque procura eliminar do conhecimento do direito positivo todos os elementos estranhos ao mesmo, a saber, a ideia de justiça (questão da filosofia do direito) e a da experiência e conhecimento da realidade social (questão da sociologia). O direito é uma ciência normativa, o sollen, do dever ser, que se contrapõe às ciências do ser, do sein. É um sistema de normas hierárquicas sobrepostas, em que a inferior em categoria se justifica por sua conformidade com a imediatamente superior, e, de degrau em degrau, chegamos até a constituição que conferiu certos direitos aos órgãos legislativos e executivos. Se se indagar donde a constituição atual tira a sua validade, poder-se-á remontar a uma constituição anterior e a outra ainda mais antiga ou norma fundamental, admitida como originária, mas que não faz parte do ordenamento jurídico [...].

Medeiros aprofundava na discussão e também citava a norma fundamental:

> [...] mas esta norma fundamental hipotética, pura categoria do espírito nos dá apenas o porque da validade da norma de direito positivo ditada pelo legislador. Esta norma será valida desde que a constituição ou norma fundamental investiu o legislador do poder de a decretar.

Medeiros, que foi procurador-geral do estado do Rio de Janeiro por diversas vezes, não era um professor universitário destacado, mas demonstrava, em 1942, um amplo conhecimento do debate jurídico de Kelsen e do positivismo jurídico. Medeiros, que estava presente em uma das pales-

outros autores, vide Macedo Júnior, Ronaldo Porto. **Carl Schmitt e a fundamentação do direito**. São Paulo: Saraiva, 2012.

tras de Kelsen no Rio de Janeiro[24], é mais um indício da rápida e grande difusão da Teoria Pura do Direito no Brasil.

Em 26 de novembro de 1943, José Pedro Galvão de Souza, professor universitário e fundador da Faculdade de Direito da Pontifícia Universidade Católica de São Paulo, publicou, no jornal *Gazeta de Notícias*, o artigo "A organização jurídica da paz"[25]. Kelsen era a principal referência do artigo e foi assim introduzido no texto: "Entre as utopias que se renovam e as ilusões que ameaçam reviver, é agradável e proveitoso ouvir-se a lição de um mestre da ciência do direito cuja obra assinala um novo marco na história do pensamento filosófico-jurídico: Hans Kelsen."

Souza demonstrava ser conhecedor da obra de Kelsen, citando diversos trabalhos do austríaco e a Teoria Pura do Direito. O artigo explicita suas referências e discutia as relações entre Estado, direito e paz. Aqui é interessante destacar a familiaridade do autor brasileiro com os debates de Kelsen nos anos 1940 e a preocupação do artigo com a organização internacional para manutenção da paz. Souza utilizava o pensamento de Kelsen em todo o seu debate e também informava o refúgio do austríaco nos Estados Unidos. Em 1943, a Segunda Guerra já estava em um novo rumo: os Aliados já haviam expulsado as tropas alemãs e italianas do Norte da África e desembarcado na Sicília, e os russos já tinham vencido a Batalha de Stalingrado.

Tomo a liberdade de citar também as últimas frases do artigo, que manifestam a admiração que o brasileiro nutria por Kelsen:

> Que a lição do jurista vienense não seja esquecida quando os canhões silenciarem e quando tiver chegado a hora de restabelecer o predomínio do direito sobre a força. Entretanto, por mais valiosa que seja tal lição, é preciso não esquecer que ela focaliza o problema sob o prisma do direito positivo, devendo ser completada pela aplicação dos princípios da ordem moral fora dos quais será impossível encontrar qualquer solução definitiva para o problema.

[24] Siqueira, Gustavo S.; Ribeiro, Pedro M. C.; Dias, Eini R.; Ferreira, Marina R. S. B. A visita de Kelsen ao Rio de Janeiro (1949). **Culturas Jurídicas**, Niterói, v. 4, n. 7, p. 158-188, jan./abr. 2017.

[25] Souza, José Pedro Galvão de. A organização jurídica da paz. **Gazeta de Notícias**, Rio de Janeiro, p. 2, 26 nov. 1943.

Em 23 junho de 1945, quando Hitler e Mussolini já estavam derrotados e mortos e a Segunda Guerra continuava no Pacífico, Nelson Hungria escreveu o artigo "Direito e Liberdade", publicado n'*O Jornal*, do Rio de Janeiro. O texto, que era descrito como a palestra dada por Hungria no Tribunal de Apelação de Goiás, cita Kelsen, mas tem uma interpretação completamente diferente da de Sobral Pinto[26].

Para Hungria, que também comentava o fenômeno da Segunda Guerra Mundial, "um dos grandes males do mundo contemporâneo foi e continua sendo a ausência de fé no direito". Essencialmente, o problema daquelas décadas era atribuído ao Estado – "intoxicado até a medula pela filosofia hegeliana, o Estado foi atacado de gigantismo e empenhou-se em abstrair ou anular o indivíduo"[27]. Hungria, negando a existência do direito natural, defendia que "não há outro direito senão o que se encerra na lei do Estado e que a fórmula de Kelsen era incontestável: o Estado é o direito". Para o brasileiro, a solução para a "reabilitação" da democracia estava centrada no "princípio pitagórico da proporção" (*sic*), o que, para ele, era uma mediação entre "autoridade do Estado e liberdade do indivíduo, não como forças mutuamente hostis, mas como interesses coincidentes e aglutinados numa síntese orgânica"[28].

Aqui, convém perceber como dois destacados juristas daquele período chegam a conclusões completamente diferentes sobre as teorias de Kelsen. É importante notar que, em 1934, na primeira edição da *Teoria Pura do Direito*, Kelsen já anunciava as críticas que os debates anteriores da sua teoria suscitavam:

> Os fascistas declaram-na liberalismo democrático, os democratas liberais ou os sociais-democratas consideraram-na um posto avançado do fascismo. Do lado comunista é desclassificada como ideologia de um estatismo capitalista, do lado capitalista-nacionalista é desqualificada, já como bolchevismo crasso, já como anarquismo velado. O seu espírito é – asseguram muitos – aparentado com o da escolástica católica; ao passo que outros crêem reconhecer nela as características distintivas de uma teoria protestante do Estado

[26] Hungria, Nelson. Direito e liberdade. **O Jornal**, Rio de Janeiro, p. 4, 23 jun. 1945.
[27] *Ibid.*
[28] *Ibid.*

> e do Direito. E não falta também quem a pretenda estigmatizar com a marca de ateísmo. Em suam, não há qualquer orientação política de que a Teoria Pura do Direito não se tenha ainda tornado suspeita. Mas isso precisamente demonstra, melhor do que ela própria o poderia fazer, a sua pureza.[29]

Já no prefácio à segunda edição do livro, em 1960, Kelsen explicou que a obra *Hauptprobleme der Staatsrechtslehre*, de 1911, já tinha as bases da Teoria Pura do Direito, o que confirma como as ideias centrais do livro de 1934 já circulavam bem antes da publicação.

Em 1946, quando Kelsen já era professor em Berkeley, a *Revista de Direito Administrativo* publicou o texto "Formas da organização estatal: centralização e descentralização", que seria, segundo informação da revista, uma tradução de *General Theory of Law and State*[30].

Segundo Kelsen, também no prefácio à segunda edição da *Teoria Pura do Direito*, as alterações da sua teoria já poderiam ser vistas no livro *General Theory of Law and State*, que fora publicado nos Estados Unidos em 1945. Sendo assim, é fundamental não só perceber que o entendimento da Teoria Pura do Direito não se limita a suas publicações de 1934 e 1960, mas também acompanhar o pensamento de Kelsen antes de 1934 e entre 1934 e 1960 para se entender como a teoria foi se construindo. Ou seja, a *Teoria Pura do Direito* não é uma obra única, publicada em 1934 e revisada em 1960. Ela é o processo e está contida em textos de Kelsen de 1911 até 1960; ela é uma construção de décadas de pensamento do autor.

É importante notar que Rudolf Métall, que traduziu obras de Kelsen no Brasil e se tornou o biógrafo do autor[31], recebeu agradecimentos na segunda edição da Teoria Pura.

[29] KELSEN, Hans. **Teoria Pura do Direito.** Tradução de João Baptista Machado. São Paulo: Martins Fontes, 2003. p. XIII-XIV. Na versão original: KELSEN, Hans. **Reine Rechtslehre**: Einleitung in die rechtswissenschaftliche Problematik. Leipzig und Wien: Franz Deuticke, 1934. p. VII-VIII.

[30] KELSEN, Hans. Formas da organização estatal: centralização e descentralização. Tradução de Rudolf Metáll. **Revista de Direito Administrativo**, v. 4, p. 48-72, 1946. A tradução é de um trecho do livro.

[31] MÉTALL, Rudolf Aladár. **Hans Kelsen** – Leben und Werk. Wien: Deuticke, 1969.

Por outro lado, é interessante perceber que a obra de Kelsen adentrou rapidamente no Brasil. Um exemplo muito interessante vem do estado do Pará. Em julgamento de mandado de segurança de 23 de outubro de 1947, o desembargador Antonino Melo, em voto vencido no acórdão 19.759, do Tribunal de Justiça do Pará, cita o livro *Teoria Pura do Direito* publicado em 1939:

> O respeitável Acórdão parece haver observado o modo de interpretação da lei a que se refere Kelsen (Teoria Pura do Direito. São Paulo, 1939, p. 88), quando o intérprete se detém diante do que supõe ser uma lacuna técnico--legislativa, ou seja, a diferença entre o direito positivo e uma ordem considerada melhor e mais justa, isto é – entre o direito existente e o que devia ser. Daí o ter legislado contra a norma constitucional, fugindo à realidade jurídica, para cair na ficção. Para nós, porém, o texto legal em analise não comporta a interpretação desejada e dada pelo venerado Acórdão.[32]

O desembargador criticava a sentença que indeferira o pedido de um servidor. Na sua opinião, os outros magistrados haviam decidido dentro daquilo que supunham ser uma lacuna, o que seria, de acordo com a interpretação do desembargador, possível segundo a teoria de Kelsen. Entretanto, Antonino Melo acreditava que não havia lacuna e que a decisão não levou em conta a existência de outras leis e, por isso, teria sido errónea.

Infelizmente, o Tribunal de Justiça do Pará não encontrou em seus arquivos essa decisão – apenas as decisões entre 1982 e 2019 estão digitalizadas –, e o único fragmento que encontrei foi a publicação dos acórdãos no jornal *O Liberal*.

De qualquer forma, é interessante perceber como o livro *Teoria Pura do Direito*, na edição publicada no Brasil, era citado por um tribunal no Norte do país. Ou seja, não era apenas no Parlamento brasileiro[33] e entre

[32] **O Liberal**, Belém, ano II, 8 nov. 1947, p. 3.

[33] Vide Siqueira, Gustavo Silveira; Ferreira, Bruna Mariz Bataglia; Lima, Douglas de Lacerda de. Kelsen na Constituinte brasileira de 1933-1934. **Revista da Faculdade de Direito da UERJ**, Rio de Janeiro, n. 30, p. 248-265, dez. 2016.

acadêmicos nacionais que Kelsen era uma referência: na Região Amazônica, em 1947, sua Teoria Pura era citada[34].

Em 20 de dezembro de 1948, o juiz José Frederico Marques, que se tornaria professor titular da Faculdade de Direito da Universidade de São Paulo na década de 1950, em processo que discutia remuneração de juízes no Brasil, citava a *Teoria Pura do Direito*:

> Na escala normativa do direito, a regra constitucional, como preceito condicional, obriga à promulgação de uma norma de lei ordinária, como regra condicionada, estendendo o aumento aos juízes inferiores. Não a criando o Estado, a norma condicionante funcionará como preceito de conteúdo (Kelsen – Teoria Pura do Direito).[35]

Marques não fazia remissão aos detalhes da obra ou às páginas citadas, mas a sua sentença é outra decisão judicial no país que referenciava a publicação. Veja-se que Kelsen e a *Teoria Pura do Direito* pareciam ser lugar-comum não apenas entre os acadêmicos, mas também entre os profissionais do direito no Brasil.

Em 1949, ano em que o austríaco visitou o Rio de Janeiro[36], José Sette Camara Filho, cujo livro *The ratification of internacional treaties*[37] teve pre-

[34] Aparentemente, citar Hans Kelsen não era algo incomum nas sentenças judiciais brasileiras. Em 30 de abril de 1945, o juiz da 2ª Vara da Fazenda Pública do Distrito Federal, Artur de Souza Marinho, também citou a obra de Kelsen em francês (**La Garantie juridictionnelle de la constitution**). Curiosamente, José Saboia Viriato de Medeiros foi o advogado que atuou no processo. A sentença pode ser lida na Biblioteca Virtual da FGV, nos downloads na **Revista de Direito Administrativo**: http://webcache.googleusercontent.com/search?q=cache:7nXmdKL19w0J:bibliotecadigital.fgv.br/ojs/index.php/rda/article/download/8692/7425+&cd=1&hl=pt-PT&ct=clnk&gl=br.

[35] A decisão foi publicada em forma de notícia de jornal em Marques, José Frederico. Ganho de causa dos juízes de direito. **Correio Paulistano**, São Paulo, p. 2, 30 dez. 1948.

[36] Siqueira, Gustavo S.; Ribeiro, Pedro M. C.; Dias, Eini R.; Ferreira, Marina R. S. B. A visita de Kelsen ao Rio de Janeiro (1949). **Culturas Jurídicas**, Niterói, v. 4, n. 7, p. 158-188, jan./abr. 2017.

[37] Sette Câmara, José. **The ratification of international treaties.** Toronto: The Ontario Publishing Company Limited, 1949.

fácio de Kelsen[38], publicou o artigo "Hans Kelsen e a Teoria Pura do Direito Internacional"[39] na *Revista da Faculdade de Direito da Universidade Federal de Minas Gerais*. Mesmo sem citar diretamente o livro, Camara Filho fez uma defesa da teoria de Kelsen diante das críticas que se apresentavam naquele momento.

Veja-se que, de 1935 até 1949, livro e teoria ocuparam espaço nos debates entre importantes juristas do Brasil. De norte a sul, o conhecimento da teoria de Kelsen circulava pelo país. Sendo assim, não é exagero escrever que talvez ela seja a teoria do Direito que mais se discutiu no Brasil no século XX.

Conclusões

É possível afirmar que a Teoria Pura do Direito e seu livro homônimo, publicado em 1934, "chegaram" rápido ao Brasil, com caminhos e interpretações diferentes, da mesma forma que Kelsen, até hoje, é pensado no país como um autor complexo e multitemático.

As citações da *Teoria Pura do Direito* em espanhol, a "tradução" para o português e as referências à Teoria Pura do Direito em 1935 mostram como foram diversos esses caminhos. Sendo assim, embora não chegue ao Brasil uma única Teoria Pura do Direito, mas sim versões desta, são compreensíveis as confusões em torno da obra.

Seja pelo parecer que fez da Constituinte brasileira de 1933-1934, seja pelas inúmeras citações ao seu trabalho na mesma Constituinte[40] e pelos

[38] "Mr. José Sette Câmara has asked me to write a preface to his thesis on THE RATIFICATION OF INTERNATIONAL TREATIES. After having read the manuscript, I am glad to comply with his wish. This does not mean, of course, that I subscribe to all the opinions expressed in his book; it means that I agree with the tendency prevailing in this study of treating a special topic of international law without losing contact with the fundamental principles which are at the basis of this legal order and especially with the general problem of the relationship which exists between international law and national law." KELSEN, Hans. Preface. *In*: SETTE CÂMARA, José. **The ratification of international treaties.** Toronto: The Ontario Publishing Company Limited, 1949.

[39] CAMARA FILHO, José Sette. Hans Kelsen e a teoria pura do direito internacional. **Revista da Faculdade de Direito da UFMG**, Belo Horizonte, v. 1, p. 77-113, out. 1949.

[40] SIQUEIRA, Gustavo Silveira; FERREIRA, Bruna Mariz Bataglia; LIMA, Douglas de Lacerda de. Kelsen na Constituinte brasileira de 1933-1934. **Revista da Faculdade de Direito da UERJ**, Rio de Janeiro, n. 30, p. 248-265, dez. 2016.

diversos trabalhos e textos que chegavam ao país, quando Kelsen visitou o Rio de Janeiro em 1949, já era muito conhecido por aqui, o que nunca impediu que sua obra fosse criticada e mal compreendida, como ele mesmo já previa em 1934.

Sendo assim, o que se pode concluir é que Kelsen foi um autor muito presente e debatido na cultura jurídica brasileira. Dos anos 1930 até hoje, suas obras são leituras constantes para todos os estudantes de Direito. A *Teoria Pura do Direito*, talvez sua principal obra nas leituras atuais, já era conhecida no país em 1935 e, nas diversas versões e formas em que foi lida, ainda é tema fundamental no debate jurídico nacional.

15.
A RECEPÇÃO DO PENSAMENTO DE KELSEN NO BRASIL E A DESNECESSIDADE DE POSTULAÇÃO DA NORMA FUNDAMENTAL

José Renato Gaziero Cella

1. Recepção do pensamento de kelsen no brasil

Comemora-se, com a publicação da presente obra, os 60 anos da cultuada 2ª edição da *Reine Rechtslehre*, de Hans Kelsen (1960), porém, segundo o que se depreende das publicações dos historiadores do direito[1], além das percepções trazidas pelos filósofos do direito do Brasil, do Uruguai e da Argentina[2], talvez seja possível afirmar que o pensamento de Kelsen que tem sido objeto de análise no Brasil ainda é o anterior a 1960 e que, talvez por isso, a comemoração que aqui se deva fazer tenha a função maior de exortar os estudiosos brasileiros para que finalmente leiam o autor austríaco pós 1960.

Ao contrário da recepção do pensamento de Kelsen na Itália (cf. Losano, 1992) e na Argentina (cf. Luna, 2020), em que seus estudiosos foram, inclusive, os grandes responsáveis pelas traduções dos originais aos vernáculos locais, no Brasil o autor austríaco foi referido, desde o início, como artífice de uma teoria a respeito da qual se deveria criticar em razão de falhas em sua estrutura, em especial por conta da presença de um certo reducionismo a que se convencionou denominar *normativismo lógico*.

[1] Especialmente Gustavo Silveira Siqueira.

[2] Com destaque para João Maurício Adeodato, Oscar Sarlo e Diego Luna, respectivamente.

Talvez o grande artífice desse modo crítico de se ler Hans Kelsen deva ser Miguel Reale, especialmente em razão da defesa de sua tese de concurso à cátedra de Filosofia do Direito da Universidade de São Paulo, intitulada *Fundamentos do Direito*, em 1940 (REALE, 2014), em que discordava do entendimento kelseniano de que, segundo o filósofo brasileiro, "o Direito é pura norma"[3].

Ao discordar desse modo de entender o pensamento de Hans Kelsen, Miguel Reale preferiu dizer (1994, p. 118-119):

> (...) não, a norma jurídica é a indicação de um caminho, porém, para percorrer um caminho, devo partir de determinado ponto e ser guiado por certa direção: o ponto de partida da norma é o *fato*, rumo a determinado *valor*. Desse modo, pela primeira vez, em meu livro "*Fundamentos do Direito*" eu comecei a elaborar a tridimensionalidade. Direito não é norma, como quer Kelsen, Direito não é só fato como rezam os marxistas e economistas do Direito, porque Direito não é economia. Direito não é produção econômica, mas envolve a produção econômica e nela interfere; o Direito não é principalmente *valor*, como pensam os adeptos do Direito Natural tomista, por exemplo, porque o Direito ao mesmo tempo é norma, é fato e é valor.

Miguel Reale enquadra o pensamento de Hans Kelsen num tipo de reducionismo teórico a que denominará *Normativismo Jurídico*, que teria sido concebido com o objetivo de fugir do pensamento jurídico do final do século XIX, que, segundo Reale, era predominantemente influenciado por psicólogos, economistas, políticos e sociólogos[4], razão por que Hans Kelsen, na segunda década do século XX, "desfraldou a bandeira da Teoria Pura do Direito" (REALE, 1993, p. 455).

Para Reale, Kelsen concebe a norma jurídica como entidade lógico-hipotética capaz de constituir juridicamente a experiência social, com abrangência desde as normas fundamentais das constituições até os preceitos dos contratos e das sentenças judiciais (REALE, 1993, p. 457):

[3] "Se se perguntasse a Kelsen o que é Direito, ele responderia: Direito é norma jurídica e não é nada mais do que norma" (REALE, 1994, p. 118).

[4] Cada uma dessas *ciências* procurava transpor os muros da Jurisprudência a fim de torná-la sua e incluí-la em seus domínios.

> O Direito é visto como *um sistema escalonado e gradativo de normas, as quais atribuem sentido objetivo dos atos de vontade.* Elas se apoiam umas nas outras, formando um todo coerente: recebe umas das outras a sua vigência (*validade*), todas dependendo de uma *norma fundamental*, suporte lógico da integralidade do sistema. As normas jurídicas não são comandos ou imperativos, no sentido psicológico do termo, como se atrás de cada preceito houvesse alguém a dar ordens, mas sim *enunciados lógicos que se situam no plano do dever ser*.

Dessa forma a ciência jurídica, segundo a teoria pura kelseniana na forma em que foi lida por Miguel Reale, seria uma ciência do *dever ser* e, assim, sua natureza seria puramente normativa. O plano moral, destinado à jurisprudência sociológica, não possuiria nenhuma conexão e interesse para o plano normativo, pois aquela preocupa-se com o *ser* e este com o *dever ser*.[5]

O fato é que, muito embora Hans Kelsen fosse "um jurista com notoriedade no Brasil na década de 40" (SIQUEIRA et. alii, 2017, p. 158), haja vista que, desde os anos 1930, costumava "ser citado como o maior constitucionalista contemporâneo" (SIQUEIRA, 2016, p. 58), essa fama se devia muito mais em virtude das suas atuações em temas de dogmática jurídica do que em razão das suas formulações filosóficas.

Quando, no ano de 1949, Hans Kelsen deu um giro entre Buenos Aires, La Plata, Montevidéu e Rio de Janeiro, vê-se que em terras portenhas e uruguaia os temas debatidos foram predominantemente filosóficos, em especial em virtude do célebre debate mantido na ocasião com Carlos Cossio (cf. LUNA, 2020), sendo que, na sua estada no Rio de Janeiro, apesar de ter repetido duas das conferências que havia proferido na Argentina, nas suas demais falas ateve-se a temas afetos à dogmática jurídica, de tal modo que no Brasil esteve muito mais o Kelsen jurista que o Kelsen na faceta teórico-filosófica.

[5] "A norma jurídica não traduz, diretamente, nenhum comando ou imperativo, (...) porque a norma é logicamente *indicativa* e de estrutura hipotética, pois se limita a ligar um fato condicionante a uma consequência (*a sanção*), sem enunciar qualquer juízo a respeito do valor moral ou político dessa conexão" (REALE, 1993, p. 459).

Ademais, disso, a passagem de Kelsen pelo Brasil se deu sem a benção do maior expoente brasileiro da filosofia do direito de então, Miguel Reale, que "dessa viagem [teve] conhecimento tão somente pelos jornais" (Siqueira et. alii, 2017, p. 162), razão pela qual chegou mesmo a fazer uma viagem de São Paulo ao Rio de Janeiro para dirigir pessoalmente um convite a Kelsen a fim de que fosse debater suas ideias no Largo de São Francisco, tal qual o fizera com Carlos Cossio na Universidade de Buenos Aires; porém Kelsen declinou do convite.

Muito provavelmente essa ausência de Kelsen na Universidade de São Paulo tenha feito com que Miguel Reale reduzisse a importância da visita de Kelsen ao Brasil, tendo minimizado os compromissos de sua estadia a uma única "conferência no Rio" que "em nada contribuiu para aumentar a já imensa projeção de seu pensamento nos meios jurídicos nacionais" (Siqueira et. alii, p. 162), quando, em verdade, houve bem mais que um único evento com a presença do filósofo austríaco.

Sobre essa espécie característica de vaidade acadêmica, João Maurício Adeodato menciona (2020, p. 210):

> Cossio era mais velho que Reale. Um pouco mais velho, embora da mesma geração. Havia uma disputa entre Eduardo García Máynez, kelseniano da Universidade Autônoma do México, Cossio na Argentina e Reale no Brasil.

A falta de abertura ao debate nessa ocasião fez com que a leitura de Kelsen no Brasil permanecesse aquela objeto das críticas até então existentes e sem que os refinamentos teóricos que culminariam na *Reine Rechtslehre* de 1960 pudessem ser analisadas com profundidade, ao contrário da teoria egológica, que mereceu menção de Kelsen na festejada segunda edição da teoria pura do direito no ponto em que se reafirma a distinção entre *estática* e *dinâmica* do direito e, com isso, diverge do pensamento de Cossio, conforme trecho extraído da tradução vertida ao espanhol por Roberto J. Vernengo (Kelsen, 1979, p. 83):

> En la evidente afirmación de que el objeto de la ciência del derecho es el derecho, se encuentra – menos evidentemente – incluida la afirmación de que el objeto de la ciencia del derecho lo constituyen las normas jurídicas, y también la conducta humana, pero sólo en la medida en que está deter-

minada en las normas jurídicas como condición o efecto; en otras palabras, en cuanto la conducta humana es contenido de las normas jurídicas. Las relaciones entre los hombres sólo interesan, como objeto de la ciencia del derecho, en cuanto, como relaciones jurídicas, constituyen el objeto de un conocimiento jurídico, vale decir, en cuanto son relaciones constituidas mediante las normas jurídicas. La ciencia del derecho intenta concebir "jurídicamente" su objeto, esto es, concebirlo desde el punto de vista del derecho. Pero concebir algo como jurídico no puede querer decir otra cosa sino concebir algo como derecho, y ello implica como norma jurídica, o como contenido de una norma jurídica; como determinado por uma norma de derecho (...). Ésta es la posición frente a la llamada teoría "egológica" del derecho, que sostiene que el objeto de la ciencia del derecho no son las normas sino la conducta humana (...). Depende de cómo se acentúe uno u otro elemento em esta alternativa: las normas que regulan la conducta humana, o la conducta humana regulada a través de las normas, que el conocimiento se oriente hacia las normas jurídicas producidas, aplicadas o acatadas mediante actos de conducta humana, o bien a determinados actos de producción, aplicación o acatamiento, determinados por normas, pudiendo distinguirse entre uma teoría estática y una teoría dinámica del derecho.

Dessa feita, ao contrário do que se passou na Argentina, no Brasil a obra de Kelsen, quando citada, comumente vinha em segunda mão e em conformidade com o viés crítico que sobre ela se fazia; e tendo-se como referência os aportes teóricos anteriores a 1960, de tal modo que, embora exaustivamente citado, o pensamento de Kelsen foi pouco estudado no Brasil e, menos ainda, os refinamentos trazidos pela 2ª edição da *Reine Rechtslehre.*

E mesmo posteriormente, quando as diversas teorias críticas aportaram no Brasil, a obra de Kelsen, tida como uma das inimigas pelo pensamento crítico mundo afora, não precisou ser esmiuçada, posto que o trabalho de demolição já se encontrava pronto desde os seus primórdios, posto que Kelsen não tinha sido lido e, portanto, seu pensamento não havia sido recepcionado pela academia brasileira.

Há, portanto, uma lacuna de conhecimento entre os juristas brasileiros, cujo hiato necessita preenchimento a fim de que se possa produzir conhecimento adequado às contextualizações teóricas acerca do positivismo jurídico, que tem muito a enriquecer ao debate.

Dentre os refinamentos teóricos havidos no cerne do pensamento kelseniano está a demonstração de Eugenio Bulygin quanto à desnecessidade de postulação da norma fundamental, tema esse que sempre foi o *calcanhar de Aquiles* da teoria pura do direito e que será o objeto central do presente capítulo.

2. Desnecessdidade de postulação da norma básica fundamental

Eugenio Bulygin, em um de seus primeiros trabalhos publicados, datado de 1965 (*Der Begriff der Wirkamkeit*), tece considerações sobre o conceito de eficácia, em que se desenvolve uma crítica à teoria da Alf Ross e, com o intuito de aclarar essa crítica, analisa a concepção de Hans Kelsen sobre a eficácia do direito.

A partir daquele momento se deu um debate efetivo entre Bulygin e Ross, porém não se teve notícia, até o ano de 2002, quase 20 anos após o falecimento de Kelsen (1881-1973), de alguma resposta deste a Bulygin relativamente àquele seu artigo de 1967, até que o Instituto Hans Kelsen de Viena localizou um manuscrito, provavelmente redigido entre 1967 e 1970, em que Kelsen polemiza com Bulygin acerca do tema da validade e eficácia do direito, de maneira que apenas mais recentemente Bulygin pôde apresentar a sua tréplica no debate em questão.

O presente capítulo trata desse debate entre Bulygin e Kelsen, em que se trata de temas como a justificação da decisão judicial e a dedutibilidade lógica das normas jurídicas; a ideia de aptidão judicial; a aplicabilidade; a distinção entre sistema e ordem jurídicos, em que se vê a desnecessidade de postulação da norma básica ou fundamental.

Enfim, tem-se a partir desse debate uma importante chave para o refinamento da teoria pura do direito, de suas relações lógicas, das suas premissas básicas intangíveis como sendo o positivismo jurídico, o ceticismo ético, a separação entre ser e dever e a neutralidade científica.

3. Premissas intangíveis no pensamento de Eugenio Bulygin

Não há verdades morais.[6].

[6] David Hume, ao final do Livro III, Parte I, Seção I, § 27, do Tratado da Natureza Humana,

Essa é uma das principais hipóteses que Bulygin mantém para o refinamento dos postulados da teoria pura do direito.

Se houvesse verdades morais para determinar a conduta humana, as normas de direito positivo seriam supérfluas (Kelsen, 1998, p. 18-19):

> Caso se pudesse ter conhecimento da ordem absolutamente justa, cuja existência é postulada pela doutrina do Direito natural, o Direito positivo seria supérfluo, ou melhor, desprovido de sentido. Confrontada com a existência de uma ordenação justa da sociedade, inteligível em termos de natureza, razão ou vontade divina, a atividade dos legisladores equivaleria a uma tola tentativa de criar iluminação artificial em pleno sol.

A separação entre o direito e a moral decorrente da relatividade desta última é um traço característico do positivismo jurídico lapidado no século XX. Gustav Radbruch, que chegou a ser um dos mais ferrenhos defensores do positivismo jurídico durante a década de 1930, dava clara preferência ao direito em caso de conflito com a justiça, "...pois é mais importante a existência da ordem jurídica que a sua justiça, já que a justiça é a segunda grande missão do direito, sendo a primeira, a segurança jurídica, a paz" (Radbruch, 1930, p. 34).

A razão pode levar ao conhecimento da verdade? A resposta cética, que nega uma tal possibilidade à razão, embora esteja presente desde a Antiguidade clássica, acentua-se sobremaneira a partir do século XX.

Segundo Aristóteles, a filosofia nasce do espanto causado em face dos acontecimentos do mundo (Aristóteles, 2002, A 2, 982 a 29 – b 22,

ao tratar das relações lógicas entre o domínio do dever e o domínio do ser, apresenta o excerto que passou a ser conhecido como a Lei ou Guilhotina de Hume: "Em todo sistema de moral que até hoje encontrei, sempre notei que o autor segue durante algum tempo o modo comum de raciocinar, estabelecendo a existência de Deus, ou fazendo observações a respeito dos assuntos humanos, quando, de repente, surpreendo-me ao ver que, em vez das cópulas proposicionais usuais, como é e não é, não encontro uma só proposição que não esteja conectada a outra por um deve ou não deve. Essa mudança é imperceptível, porém da maior importância. Pois, como esse deve ou não deve expressa uma nova relação ou afirmação, esta precisaria ser notada e explicada; ao mesmo tempo, seria preciso que se desse uma razão para algo que parece inteiramente inconcebível, ou seja, como essa nova relação pode ser deduzida de outras inteiramente diferentes" (2009, p. 509).

p. 11), daquilo que é imprevisível, do devir. Em um primeiro momento o homem cria o mito para que este dê conta do caos existente, buscando um sentido de ordem. Porém, os mitos sobrevivem de crenças que facilmente podem ser destruídas e não possuem a radicalidade que a filosofia, desde o início, propôs-se a buscar, ou seja, "a ideia de um saber que seja irrefutável; e que seja irrefutável não porque a sociedade e os indivíduos nele tenham fé ou vivam sem dele duvidar, mas porque ele próprio é capaz de rebater todos os seus adversários. A ideia de um saber que não pode ser negado nem por homens nem por deuses, nem por mudança dos tempos ou dos costumes. Um saber absoluto, definitivo, incontroverso, necessário, indubitável." (Severino, 1986, p. 29).

Por meio da episteme, prevendo e antecipando o devir da vida, o homem liberta-se do terror, tornando previsível o que antes era imprevisível. A episteme surge como o grande remédio contra o terror da vida.

É justamente contra a ideia da filosofia como episteme que, desde a antiguidade, passando pela Idade Média e pela modernidade, que vão se insurgir os pensadores contemporâneos, dentre os quais o niilismo de Nietzsche parece ser o mais radical.

O niilismo é justamente a recusa de resposta aos porquês metafísicos, pois percebe que não há um fim a ser atingido.

Com efeito, as tentativas dogmáticas de se fundar conhecimentos ficaram abaladas. Os dogmáticos passaram a ser acusados de absolutistas, fundamentacionistas, objetivistas. Em contrapartida os céticos e seu relativismo ganham um novo fôlego e passam a resgatar toda a sua tradição milenar.

O pensamento de Kelsen, por exemplo, em consonância com o relativismo dos céticos, extrai a ideia de que a ciência deve ser neutra, o que leva à busca de uma pureza metodológica que se baseia na ausência de juízos de valor.

Porém, conforme aduz Bulygin (Kelsen, Bulygin, Walter, 2005, p. 99), Kelsen é perfeitamente consciente dos perigos que ameaçam a sua teoria, haja vista que "uma teoria positivista do direito se encontra ante a tarefa de buscar entre dois extremos, ambos insustentáveis, o meio termo correto. Um extremo é a tese de que entre a validade, como o devido, e a eficácia, como um fato real, não existe relação nenhuma; de que a validade do direito é inteiramente independente de sua eficácia. O outro extremo é a tese de que a validade do direito é idêntica a sua eficácia" (KELSEN, 1960, p. 215).

A fim de se afastar dos dois extremos que reputa insustentáveis – o direito natural, para o qual a validade do direito não tem nenhuma relação com a sua eficácia; e o realismo jurídico, para o qual a validade do direito coincide com a sua eficácia – Kelsen propõe a tese da separação, que afirma não haver relação conceitual entre o direito e a moral; e a tese da normatividade, que afirma a separação entre o direito e os fatos, posto que o direito consiste em normas irredutíveis a fatos.

Não poucos autores trataram de apontar o fracasso de Kelsen na busca do caminho médio por ele almejado. Mário G. Losano, por exemplo, discorre que a norma básica não é uma norma em sentido kelseniano, fato esse que, segundo esse autor, estaria diretamente ligado aos limites da teoria pura do direito (1996, p. XIX-XX):

> Hans Kelsen afirma que a teoria pura do direito tem por objeto a normatividade e não o valor; e com esse argumento rebate as críticas que lhe foram dirigidas pelas teorias jusnaturalistas. Porém, se percorrermos de volta toda a estrutura hierárquica das normas que delegam validade uma à outra, chegaremos à norma fundamental, ou seja, àquela em que se baseia a construção kelseniana: ela é a fonte primeira da validade de toda a ordenação jurídica. O próprio Kelsen, porém, deve admitir que essa não é uma norma jurídica no sentido definido pela teoria pura do direito. Para esta, de fato, são jurídicas apenas as normas estatuídas pelo legislador; a norma fundamental, ao contrário, "deve ser pressuposta, porquanto não pode ser posta por uma autoridade, cuja competência deveria repousar sobre uma norma ainda mais elevada". O jogo de palavras não resolve o problema de fundo: se a norma fundamental não é uma norma jurídica positiva, é alguma coisa que o jurista aceita com base em sua avaliação de justiça ou de oportunidade, ou seja, com base numa escolha que, para Kelsen, é não-científica porquanto irracional (ou melhor, subjetiva). Se, porém, a norma fundamental é um expediente gnoseológico para encerrar em sistema unitário os vários níveis normativos, estamos diante de um elemento teórico (pertencente ao mundo da natureza, do "ser") que condiciona a existência de uma norma (pertencente ao mundo do direito, do "dever-ser"); passagem que Hans Kelsen considera inconciliável com o pressuposto de pureza metodológica. No entanto, respondendo

> aos seus adversários, ...Kelsen apontara sem hesitar para as colunas de Hércules de toda a teoria jurídica, a fronteira extrema do direito, além da qual se abre um mundo diferente: "O problema do direito natural é o eterno problema daquilo que está por trás do direito positivo. E quem procura uma resposta encontrará – temo – não a verdade absoluta de uma metafísica nem a justiça absoluta de um direito natural. Quem levanta esse véu sem fechar os olhos vê-se fixado pelo olhar esbugalhado da Górgona do poder.

Nessa mesma linha crítica está o pensamento de Celano (1999), segundo o qual tanto a tese da separação quanto a tese da normatividade resultam insustentáveis no interior da teoria pura.

Bulygin, por sua vez, reconhece que não há dúvidas de que muitas das formulações kelsenianas são, de fato, incompatíveis com o seu positivismo normativista, razão pela qual a sua proposta é a de reconstruir a teoria pura do direito, com a assunção de sua defesa, inclusive contra Kelsen nos pontos em que suas afirmações resultem incompatíveis com as teses seguintes, que são postuladas como intangíveis (Kelsen, Bulygin, Walter, 2005, p. 101-102):

> a) *Positivismo jurídico.* Todo direito é direito positivo, isto é, ele consiste em normas criadas e revogadas mediante atos humanos.
>
> b) *Ceticismo ético.* Não há normas verdadeiras, de tal modo que as normas em geral e as normas morais em particular não são nem verdadeiras, nem falsas, haja vista que não há fatos normativos que tornem as normas verdadeiras, já que, particularmente, não há fatos morais que correspondam a normas morais, e, portanto, não é possível um conhecimento objetivo da moral, ao passo que, por outro lado, como a existência das normas jurídicas positivas depende de atos humanos, é possível um conhecimento objetivo do direito, um conhecimento não das normas jurídicas, mas sim das proposições que afirmam a existência de tal e qual norma jurídica, que podem ser, nesse sentido, objetivamente verdadeiras ou falsas, o que torna possível uma ciência do direito.
>
> c) *Separação entre ser e dever.* Daquilo que é não se segue que deva ser e do fato de que algo deva ser não se segue que o seja.
>
> d) *Ciência jurídica avalorativa.* A ciência jurídica consiste na descrição do direito positivo e não na sua valoração, posto que a valoração de ordens jurídicas positivas como justas ou injustas é tarefa da política e não da ciência.

Tendo-se como intangíveis as premissas acima, Bulygin tratará de refinar a teoria pura do direito no que se refere ao problema da validade e da eficácia, o que lhe permitirá salvar essa teoria das críticas formuladas por Losano, Celano e, especialmente, das armadilhas que o próprio Kelsen armou para si.

4. Propostas de Eugenio Bulygin para a reconstrução da teoria pura do direito

As conclusões mais importantes a que Bulygin chegou no seu refinamento da teoria pura do direito (cf. Kelsen, Bulygin, Walter, 2005, p. 117-118) são as de que o termo *validade* é ambíguo em Kelsen. Cabe distinguir pelo menos dois conceitos muito diferentes que figuram com essa acepção: pertinência e obrigatoriedade.

Pertinência é um conceito descritivo. O enunciado *a norma* N *pertence ao sistema* S expressa uma proposição verdadeira ou falsa.

Obrigatoriedade, por sua vez, é um conceito normativo. O enunciado *a norma* N *tem força obrigatória* expressa uma norma, que não é nem verdadeira, nem falsa.

Se pertinência é interpretada como existência de uma norma, então é necessário distinguir entre sistema e ordem. Um sistema normativo é um conjunto de normas referidas a um momento temporal. Uma ordem normativa é um conjunto (sequência temporal) de sistemas normativos. Isso obriga a distinguir entre a pertinência de uma norma a um sistema e a pertinência de um sistema a uma ordem.

Dada a ambiguidade do termo *validade*, o problema da relação entre validade e eficácia há de ser tratado separadamente; entre pertinência e eficácia não há nenhuma conexão.

Para a definição de pertinência, a hipótese da norma fundamental resulta completamente desnecessária. Somente para a validade como força obrigatória é que Kelsen necessita da norma fundamental.

O conceito de força obrigatória é interpretado por muitos autores (Ross, Raz, Nino, Losano, Celano) como dever moral de obedecer o direito, o que resulta incompatível com o positivismo de Kelsen.

Mas a obrigatoriedade pode ser interpretada como uma obrigação jurídica, para a qual Bulygin propõe o termo *aplicabilidade*. Uma norma é aplicável quando uma norma jurídica positiva (chamada *norma de* aplicação) estabelece o dever (ou a faculdade) do juiz de a aplicar a um determinado caso.

Aplicabilidade não pode ser confundida com *pertinência*. Os juízes podem estar obrigados ou autorizados a aplicar normas que não pertencem ao seu sistema e nem sequer à sua ordem jurídica.

A análise da estrutura formal de ambos os conceitos mostra que a aplicabilidade é muito distinta da obrigatoriedade naquela acepção ambígua, tal como a entende Kelsen. Sua definição de obrigatoriedade relativa pressupõe a obrigatoriedade absoluta, o que o leva à pressuposição da norma fundamental. A hipótese de tal norma fundamental resulta desnecessária para a aplicabilidade.

5. Relações lógicas e direito

O juiz cria direito?

Os teóricos do direito, ao responderem a essa pergunta, tradicionalmente apresentam duas opiniões extremas e conflitantes, em que uma delas acentua o papel das normas e limita a decisão judicial a uma operação mecânica, a que Bulygin denomina de *teoria do silogismo judicial* (Kelsen, Bulygin, Walter, 2005, p. 35); e a outra teoria quase nega toda a importância das normas e enfatiza a função criadora do juiz.

Segundo Bulygin já havia notado em 1965 (cf. Kelsen, Bulygin, Walter, 2005, p. 36), ambas as concepções compartilham de um erro comum, qual seja o de não distinguirem problemas lógicos e psicológicos (Kelsen, Bulygin, Walter, 2005, p. 37-38):

> Uma decisão jurídica está fundada normativamente se puder ser derivada de forma lógica a partir de determinadas normas (juntamente com as proposições descritivas dos fatos). A fundamentação ou justificação normativa é, portanto, uma questão de lógica. A relação lógica entre as normas e a decisão é a de implicação lógica; as normas implicam a decisão ou (o que é o mesmo) a decisão é dedutível mediante leis lógicas.
>
> A vinculação do juiz à "lei e ao direito" [...] consiste justamente em que o juiz deve justificar suas decisões mediante normas jurídicas. Em quase todos os ordenamentos jurídicos modernos os juízes estão obrigados a fundamentar suas sentenças, isto é, justificá-las expressamente.

> No entanto, essa relação lógica entre as normas que justificam a decisão e esta última é confundida, amiúde, com a motivação causal do juiz. Quais são os motivos que determinam a decisão do juiz é uma questão psicológica que não incide, em absoluto, na fundamentação da sentença.
> Ao se ter presente essa diferença entre problemas lógicos e psicológicos, resultará claro que as duas teorias esboçadas mais acima são apenas aparentemente antagônicas, pois se movem em planos distintos.

Assim, por um lado, "do fato de que a sentença seja dedutível das normas não se segue, em absoluto, que a atividade do juiz seja mecânica" (Kelsen, Bulygin, Walter, 2005, p. 38), e, por outro lado, a crítica realista está equivocada ao pretender dissociar a lógica dedutiva da aplicação do direito. O erro consiste no fato de que o realismo não conseguiu distinguir o que vem a ser explicar e justificar uma decisão e, ainda, que há uma diferença entre justificação interna e justificação externa. A distinção entre explicar e justificar é trazida por Manuel Atienza (1993, p. 125):

Para esclarecer o primeiro par de conceitos [explicar e justificar], pode-se lançar mão de uma distinção que procede da filosofia da ciência, entre o contexto de descobrimento e o contexto de justificação das teorias científicas. Assim, por um lado a atividade consistente em descobrir ou enunciar uma teoria e que, segundo a opinião generalizada, não é suscetível a uma análise de tipo lógico; a única coisa que cabe aqui é mostrar como se gera e se desenvolve o conhecimento científico, o que constitui uma tarefa que compete ao sociólogo e ao historiador da ciência. Mas, por outro lado, está o procedimento consistente em justificar ou validar a teoria, isto é, em confrontá-la com os fatos a fim de mostrar sua validade; esta última tarefa requer uma análise de tipo lógico (ainda que não só lógico) e está regida pelas regras do método científico (que, portanto, não são de aplicação no contexto de descobrimento).

Vale dizer que essa distinção pode ser utilizada no campo da aplicação do direito, daí por que é possível concluir que uma coisa é o procedimento mediante o qual se estabelece uma determinada premissa ou conclusão, o que é bem diferente do procedimento que consiste em justificar referida premissa ou conclusão.

Saliente-se que, em geral, os órgãos jurisdicionais não têm que explicar os motivos pelos quais decidiram dessa ou daquela forma, devendo apenas justificar suas decisões.[7]

Portanto, tendo em vista a distinção é fácil verificar o equívoco em que incorrem as teorias realistas que reduzem validade a eficácia, de maneira que para elas o processo de tomada de decisão dos órgãos jurisdicionais não se efetua segundo um modelo lógico.[8]

O segundo aspecto que as teorias realistas não levaram em conta foi o fato de não terem percebido, conforme mencionado acima, que há uma diferença entre justificação interna e justificação externa.

A justificação interna é o caminho que vai da premissa normativa (premissa maior), na qual deve ser subsumida a premissa fática (premissa menor), até ser deduzida uma conclusão válida.[9]

Nenhuma decisão jurídica pode prescindir desse tipo de justificação.

Pois bem, a justificação interna só é suficiente quando nem a norma, nem a comprovação dos fatos suscitam dúvidas razoáveis.

Ocorre que em inúmeros casos o estabelecimento da premissa normativa e/ou da premissa fática implica uma questão problemática, fazendo-se necessário o uso de argumentos adicionais em favor das premissas que se pretende utilizar, argumentos esses que provavelmente não serão puramente dedutivos. Esse tipo de argumentação é o que se denomina justificação externa.

Nessa linha de raciocínio, Bulygin demonstra que as conclusões a que chegam as duas posições opostas – teoria do silogismo judicial e realismo

[7] Dizer que o juiz tomou sua decisão devido a fortes crenças religiosas ou por razões políticas e ideológicas significa enunciar uma razão explicativa, ao passo que dizer que o juiz se baseou em determinada interpretação de um dispositivo legal significa enunciar uma razão justificativa.

[8] "O erro consiste, precisamente, em haver confundido o contexto de descobrimento e o contexto de justificação. É muito possível que, de fato, as decisões se tomem precisamente como eles [os realistas] sugerem, isto é, que o processo mental do juiz vá da conclusão às premissas e não ao revés, e inclusive cabe pensar que a decisão (ao menos em alguns casos) é, sobretudo, fruto de juízos prévios; mas isso não anula a necessidade de justificar a decisão, nem tampouco converte essa tarefa em algo impossível" (Atienza, 1993, p. 126).

[9] Quem aceita as premissas deve aceitar também as conclusões, ou, dito de outro modo, para quem aceita as premissas a conclusões delas decorrente está justificada.

jurídico – não são incompatíveis entre si, ainda que amiúde sejam consideradas como teses opostas e, inclusive contraditórias (Kelsen, Bulygin, Walter, 2005, p. 38, nota 31):

> É um preconceito muito difundido e arraigado entre os juristas o que relaciona a relação lógica de fundamentação com a doutrina da atividade mecânica do juiz. Tanto os partidários quanto os adversários da teoria do silogismo cometem amiúde o mesmo erro ao argumentarem da seguinte forma: "a sentença é dedutível das normas, portanto, o juiz é um autômato" ou "o juiz não é um autômato, portanto, a sentença não é dedutível das normas".

Com efeito, "o conhecimento dos fatores que motivam o juiz é de muita importância para o advogado prático que pretende influenciar o juiz e predizer a sentença; o conhecimento das normas é indispensável para o juiz ou para o jurista que trata de justificar ou de criticar a sentença" (KELSEN, BULYGIN, WALTER, 2005, p. 39).

Casos há em que a eleição das premissas que serão objeto de dedução pode conduzir a resultados distintos, fato que não se coaduna com a lógica clássica e impõe a utilização de alguma outra lógica subjacente, posto que há uma lógica subjacente por traz de qualquer raciocínio, ainda que aplicada de forma intuitiva.

Bulygin, conforme se viu acima, ao tratar do conceito normativo de validade, apresenta a ideia de *aplicabilidade* de tal modo que "se evitem tanto a sobreposição entre força obrigatória e os deveres jurídicos quanto a conotação moral. A validade normativa pode ser concebida como um dever jurídico, não um dever moral (...). Uma norma é aplicável quando um juiz a deve aplicar em um determinado caso" (Kelsen, Bulygin, Walter, 2005, p. 110).

Conclusões

A 2ª edição da teoria pura do direito, de Hans Kelsen, foi muito pouco estudada no Brasil, sendo que essa lacuna precisa ser preenchida a fim de que os debates acadêmicos possam ser contextualizados adequadamente, inclusive para que as contribuições teóricas trazidas pelo positivismo jurídico sejam aproveitadas. Um dos refinamentos teóricos do positivismo jurídico foi proposto pelo filósofo do direito Eugenio Bulygin ao demonstrar a desnecessidade de postulação da norma fundamental.

Bulygin assume como suas hipóteses intangíveis: a) o *positivismo jurídico*, isto é, todo direito é direito positivo, isto é, ele consiste em normas criadas e revogadas mediante atos humanos; b) o *ceticismo ético*, isto é, não há normas verdadeiras, de tal modo que as normas em geral e as normas morais em particular não são nem verdadeiras, nem falsas, haja vista que não há fatos normativos que tornem as normas verdadeiras, já que, particularmente, não há fatos morais que correspondam a normas morais, e, portanto, não é possível um conhecimento objetivo da moral, ao passo que, por outro lado, como a existência das normas jurídicas positivas depende de atos humanos, é possível um conhecimento objetivo do direito, um conhecimento não das normas jurídicas, mas sim das proposições que afirmam a existência de tal e qual norma jurídica, que podem ser, nesse sentido, objetivamente verdadeiras ou falsas, o que torna possível uma ciência do direito; c) A *separação entre ser e dever*, ou seja, daquilo que é não se segue que deva ser e do fato de que algo deva ser não se segue que o seja; e d) uma *ciência jurídica avalorativa*, isto é, a ciência jurídica consiste na descrição do direito positivo e não na sua valoração, posto que a valoração de ordens jurídicas positivas como justas ou injustas é tarefa da política e não da ciência.

A partir dessas premissas, Bulygin reconstrói a teoria pura do direito e, no que se refere ao problema da validade, faz ver que este termo é ambíguo em Kelsen, pois ele enquadra no mesmo rótulo da validade os conceitos de pertinência e obrigatoriedade, que são muito distintos, posto que pertinência é um conceito descritivo e obrigatoriedade é um conceito normativo. Por essa razão, com a demonstração da desnecessidade da norma básica ou fundamental, Bulygin propõe o termo *aplicabilidade*.

Referências

ADEODATO, J.M. **A retórica realista na filosofia do direito: entrevista com João Maurício Adeodato**. [Entrevista concedida] a Cesar Antonio Serbena. *In*: Revista da Faculdade de Direito, Curitiba: Universidade Federal do Paraná, v. 65, n. 2, p. 207-216, maio/ago.2020.

ARISTÓTELES. **Metafísica**. Tradução de Marcelo Perine, São Paulo: Loyola, 2002.

ATIENZA, M. **Tras la justicia: una introducción al derecho y al razonamiento jurídico**. Barcelona: Ariel, 1993.

CELANO, B. **La teoria del diritto di Hans Kelsen: una introduzione critica**. Bologna: Il Mulino, 1999.

HUME, D. **Tratado da natureza humana**. 2. ed. Tradução de Déborah Danowski, São Paulo: UNESP, 2009.

KELSEN, H. **Reine rechtslehre**. 2.ed., Wien: Franz Deuticke, 1960.

KELSEN, H. **Teoria geral do direito e do estado**. 3. ed. Tradução de Luís Carlos Borges, São Paulo: Martins Fontes, 1998.

KELSEN, H. **Teoría pura del derecho**. Traducción de Roberto José Vernengo, México: UNAM, 1979.

KELSEN, H., BULYGIN, E., WALTER, R. **Validez y eficacia del derecho**. Buenos Aires: Astrea, 2005.

LOSANO, M.G. Prefácio à edição italiana da obra *o problema da justiça*. *In*: KELSEN, H. **O problema da justiça**. 2. ed. Tradução de João Baptista Machado, São Paulo: Martins Fontes, 1996, p. VII-XXXIII.

LOSANO, M.G. **Teoría pura del derecho: evolución y puntos cruciales**. Tradução de Jorge Guerrero R., Bogotá: Temis, 1992.

LUNA, D. **La polémica kelsen-cossio: teoría pura del derecho versus teoría egológica del derecho**. Santiago: Olejnik, 2020.

RADBRUCH, G. **Introducción a la ciencia del derecho**. Tradução de Luis Recasens Siches, Madrid: Revista de Derecho Privado, 1930.

REALE, Miguel. **Filosofia do Direito**. 15. ed., São Paulo: Saraiva, 1993.

REALE, M. **Fundamentos do direito**. 4. ed., Ribeirão Preto: Migalhas, 2014.

REALE, M. **Teoria tridimensional do direito**. 5. ed., São Paulo: Saraiva, 1994.

SEVERINO, E. **A filosofia antiga**. v. 1. Tradução de José Eduardo Rodil, Lisboa: Edições 70, 1986.

SIQUEIRA, G.S. **O parecer de Kelsen sobre a constituinte brasileira de 1933-1934**. *In:* LOIS, Cecilia Caballero, SIQUEIRA, Gustavo Silveira. *Da teoria da norma à teoria do ordenamento: o positivismo jurídico entre Kelsen e bobbio*. Belo Horizonte: Arraes, p. 55-69, 2016.

SIQUEIRA, G.S., RIBEIRO, P.M.C., DIAS, E.R., FERREIRA, M.R.S.B. **A visita de Hans Kelsen ao rio de janeiro (1949)**. *In*: Revista Culturas Jurídicas, Rio de Janeiro: Universidade Federal Fluminense, v. 4, n. 7, p. 158-188, jan./abr.2017.

16.
OS TRÊS NÍVEIS METAÉTICOS DA TEORIA PURA DO DIREITO

LENIO STRECK
ARTHUR M. FERREIRA NETO

Introdução

No mundo da dogmática jurídica, o Século XX ficou marcado como sendo aquele em houve uma espécie de levante hegemônico da corrente de pensamento que pretendeu captar e descrever o fenômeno do direito por meio de suposto viés científico, o qual exigiria do teórico do direito a adoção de atitude cognitiva avalorativa e que se concentrasse, exclusivamente, na análise formal das estruturas normativas que regulam coercitivamente a ação humana, bem como nos mecanismos de produção e de validação interna dessas normas jurídicas.

De outro lado, esse objetivo científico traçado para uma compreensão firme e segura do direito somente poderia se efetivar se o estudioso desse fenômeno aceitasse a posição retraída de um observador externo que se dedicasse apenas à tarefa de descrever o direito positivo válido e vigente em determinada sociedade, sem ter qualquer pretensão de se extrair ou de se atribuir algum conteúdo moral, político ou ideológico às normas jurídicas em vigor. Essa metodologia jurídica de compreensão e aplicação "*despoluída*" do direito deveria, portanto, impor uma completa suspensão nos possíveis juízos de valor acerca de questões de certo/errado e bom/ruim que poderiam ser atribuídos às normas jurídicas e ao seu contexto de aplicação, as quais, desse modo, somente deveriam ser cumpridas, aceitas e consideradas legítimas conforme a sua validade e não de acordo com a sua possível retidão prática ou moral.

Com efeito, de acordo com essa tradição jurídica – que assumiu predomínio teórico no século passado –, somente em se adotando esses cuidados epistemológicos seria possível transformar a experiência jurídica em uma verdadeira ciência, especialmente considerando o fato de o modelo científico tradicional não assumir a tarefa de valorar o seu objeto de estudo, mas apenas o de conhecê-lo e descrevê-lo com determinada pretensão de objetividade formal, sendo, assim, irrelevante ou até equivocado o esforço de se justificar considerações valorativas substanciais, as quais seriam, invariavelmente, questões emocionais, subjetivas, pessoais e opinativas.

Como é sabido por qualquer estudante de primeiro semestre de curso de direito, esse marcante movimento teórico recebeu a designação genérica de ***positivismo jurídico***, tendo em vista a tendência dos seus defensores em priorizar o estudo das fontes do direito positivo, da estrutura lógico-formal do respectivo sistema normativo, bem como do processo de validação que cria e modifica as normas jurídicas cogentes.

O positivismo jurídico é um fenômeno complexo, que, dificilmente, poderia ser explicado com base apenas na remissão a uma única ideia agregadora. Há diversos autores que trabalham e se autodenominam "positivistas jurídicos". Quando alguém fala em positivismo não imagina a diversidade que foi se forjando ao longo dos séculos[1]. Na verdade, a ampla escola do positivismo jurídico possui diversas vertentes e inúmeras diferenças teóricas que impede seja ela caracterizada com base em um esquema explicativo comum.

Mesmo que assim seja, no centro desse movimento teórico complexo, apresenta-se, como uma espécie de Sumo Sacerdote do positivismo jurídico[2], a figura do jurista austríaco **Hans Kelsen** (1881-1973), o qual,

[1] STRECK, Lenio. **Dicionário de Hermenêutica: quarenta temas fundamentais de Teoria do Direito à luz da Crítica Hermenêutica do Direito.** Belo Horizonte: Casa do Direito, 2a edição, 2020, p. 263-328.

[2] **"Manche sahen in ihm den Hohepriester eines 'monotheistischen kultus des Sollen" (Alexander Hold-Fereck), einen 'Zeloten eines blinden Normativismus' (Carl Schmitt)."** (estudo introdutório de Matthias JESTAEDT, *in* KELSEN, Hans. **Reine Rechtslehre**. Alemanha: Mohr Siebeck, 2008, p. XIV). Em sentido semelhante, HOLD-FERNECK, Alexander. **Der Staat als Übermensche. Zugleich eine Auseinandersetung mit der Rechtslehre Kelsens**, Jena, 1926, p. 30.

indubitavelmente, foi um dos principais responsáveis por fixar e delimitar os cânones dessa escola de pensamento[3]. E, no coração da produção intelectual de Kelsen, encontramos a obra ***Reine Rechtslehre***[4] (traduzida para o português como ***Teoria Pura do Direito***[5]), a qual surge como uma espécie de manifesto de coroamento do movimento positivista. A sua primeira edição foi publicada em Genebra em maio de 1934, tendo ela recebido uma segunda edição, em abril de 1960, a qual, segundo o próprio Kelsen, já vivendo nos Estados Unidos da América, seria uma *"completa reelaboração dos assuntos versados na primeira edição e um substancial alargamento das matérias tratadas"*, tendo ele pretendido, nessa revisão, *"resolver os problemas mais importantes de uma teoria geral do Direito de acordo com os princípios da pureza metodológica do conhecimento científico-jurídico"*[6]. Como se vê, portanto, neste ano de 2020, a 2ª edição da ***Reine Rechtslehre*** atinge a marca dos 60 anos de sua publicação, o que, certamente, é motivo de celebração e de reflexão acerca da influência que as suas ideias exerceram na teoria e na prática do direito.

Mesmo que o positivismo jurídico não tenha hoje o mesmo prestígio teórico que já manifestou outrora, tendo ele sofrido contundentes críticas que abalaram suas principais premissas, bem como muitas das suas conclusões, de nenhum modo se poderia afirmar que o estudo dessa escola de pensamento jurídico tenha hoje caído a um patamar de irrelevância. Em verdade, as divergências teóricas e a polaridade de visões acerca do papel que o direito exerce ou deve exercer na organização da sociedade só se intensificaram nestes últimos 60 anos.

Exatamente por isso, neste artigo de comemoração, os autores, valendo-se dos importantes avanços teóricos trazidos pela disciplina filosófica da Metaética, pretendem identificar os diferentes níveis explicativos da *Teoria Pura do Direito* desenvolvida por Kelsen, visando, com isso, a analisar os fundamentos morais, normativos e epistemológicos do pensamento kelseniano, por meio da invocação de conceitos metaéticos

[3] KAUFMANN, Arthur; HASSEMER, Winfried; NEUMANN, Ulfrid. **Einfürung in Rechtsphilosophie und Rechtstheorie der Gegenwart**. Alemanha: C.F. Müller, 2011, p. 124.
[4] KELSEN, Hans. **Reine Rechtslehre**. Alemanha: Mohr Siebeck, 2008.
[5] KELSEN, Hans. **Teoria Pura do Direito**. São Paulo: Martins Fontes, 2000.
[6] KELSEN, Hans. **Teoria Pura do Direito**. São Paulo: Martins Fontes, 2000, p. XVII.

que devem (ou deveriam) ser compreensíveis por tanto por defensores do positivismo, como por aqueles que compartilham de visões teóricas rivais e não-positivistas. O objetivo central deste texto, portanto, é o de, por meio da Metaética, construir pontes de comunicação entre as mais distintas tradições jurídicas.

Exatamente em razão da absoluta atualidade e relevância desse tipo de aprofundamento teórico é que temos muito a agradecer aos Professores Maurício Timm do Valle e Valterlei da Costa, coordenadores da presente obra coletiva, os quais merecem nossa mais efusiva congratulação por terem escolhido esta oportunidade de comemoração dos 60 anos de publicação da 2ª edição da *Reine Rechtslehre* para reabrir o debate acerca dos pressupostos do positivismo jurídico e a influência que esse ainda pode exercer hoje em dia.

1. A pluralidade axiológica contemporânea e a importância da metaética

Uma inegável marca do mundo contemporâneo é a pluralidade de visões éticas que disputam espaço nos debates públicos sobre questões normativas, o que, invariavelmente, leva ao aumento dos desacordos acerca do que pode e deve ser considerado certo e errado. Diante disso, muitas vezes é necessário recuar um pouco, para identificar os diferentes pressupostos assumidos por cada debatedor, as condições de inteligibilidade, de tradução entre teorias e os pontos eventualmente incomensuráveis entre elas.

Diante desse aparentemente insuperável cenário de divergência, surge a relevância teórica e a utilidade didática da disciplina filosófica que recebeu a denominação de M*etaética*, a qual assume uma função propedêutica na compreensão das diferentes teorias que pretendem explicar e identificar critérios de fundamentação da ação humana, visando, com isso, a analisar, a partir de parâmetros teóricos comuns, as diferentes alternativas que justificam as mais variadas propostas éticas que se encontram em posição de divergência nos debates morais e jurídicos concretos.

SMITH[7] é frequentemente lembrado como sendo o autor que expôs com precisão o objeto próprio da metaética, enquanto ramo autônomo

[7] Smith, Michael. **The Moral Problem**. Estados Unidos da América: Blackwell Publishers, 2005, p. 2.

da filosofia moral. Para ele, essa disciplina filosófica mais ampla deve ser dividida em dois níveis distintos de teorização, quais seja: a *ética normativa* e a *metaética*. A primeira é dedicada à análise das perguntas elaboradas pelos filósofos e as respostas por eles apresentadas em relação a questões práticas substanciais, o que significa dizer que este campo do conhecimento abarca as possíveis teses e as propostas de solução para os problemas práticos envolvendo aborto, eutanásia, pena de morte etc. Já o segundo sub-ramo da filosofia moral está focado no esclarecimento e na sistematização dos pressupostos teóricos preliminares que qualquer indivíduo que deseje racionalmente ingressar nesse tipo de debate precisará formular, na medida em que determinados conceitos básicos comuns necessitam ser, minimamente, entendidos e compartilhados por todos os participantes desse mesmo tipo de discussão, independentemente da tradição ética que seja, particularmente, adotada por um ou outro dos seus interlocutores.

A metaética, portanto, pretende desenvolver uma superestrutura da razão prática[8], representando uma espécie de *teoria sobre teorias éticas* e permitindo, assim, a identificação mais clara e segura dos enunciados teóricos primários que fundamentam as mais variadas e distintas propostas éticas substanciais[9], as quais, segundo WALDRON, acabam formando uma *torre de babel da ética*[10]. Com efeito, enquanto a ética normativa pretende responder e justificar *"o que é correto/bom/justo a ser fazer no caso X?"*, ou seja, o conteúdo do fenômeno moral, a metaética busca esclarecer *"o que é ou o que forma um juízo correto/bom/justo?"*, ou seja, qual a estrutura fundamental

[8] Audi, Robert. **The Architecture of Reason – The Structure and Substance of Rationality**. Estados Unidos da América: Oxford University Press, 2001, p. 13.

[9] *"Der Auftrag der Metaethik ist es, linguistische Strukturen und Eigenschaften ethischer Propositionen zu überprüfen. Sie befasst sich mit der Abtrennung von moralischen von nicht-moralischen Erscheinungen und mit dem Fundament sittlicher Ansichten bezüglich der Erkenntnistheorie, der Ontologie und der Sprachphilosophie. Eine wichtige Grundfragstellung der Metaethik ist die, ob sittliche Ansichten in der Lage sind, einen allgemeinen Geltungsanspruch zu stellen. Die Metaethik gehört nicht zum Obergriff der Ethik, sondern is eine Art Abzweigung, die insbesondere Bezug auf die ethischen Propositionen einen neutralen Standpunkt ausübt."* (Hilber, Wolfgang (Coord.). **Lexicon der Philosophie**. Alemanha: 7Hill, pp. 269-70)

[10] Waldron, Jeremy. **The Irrelevance of Moral Objectivity**. In **Natural Law Theory – Contemporary Essays.** Estados Unidos da América: Oxford University Press,1994, p. 166.

do fenômeno moral e a sua metalinguagem específica[11]. Enquanto a ética normativa se ocupa do estudo do que é certo ou errado em relação a problemas práticos concretos, a *meta*ética sobe um nível de abstração, para discutir questões sobre o que é possível conhecer a respeito de valores, como conhecer, como demonstrar tal conhecimento, etc[12]. Na comparação de Wilson Mendonça, *"[a] metaética está para a deliberação ético-normativa assim como a filosofia da ciência está para a atividade científica."*[13] Por isso, segundo FRANKENA, a maioria das propostas éticas desenvolvidas pelas diferentes tradições filosóficas pode até encontrar grande concordância em relação ao que é certo e errado em termos de ética normativa, mas cada uma manterá grandes divergências fundamentais no que diz respeito ao desenvolvimento dos seus respectivos *"esquemas de moralidade"*[14].

É por essa razão que a metaética tem se mostrado uma disciplina relevante para todas as ciências que lidam com questões humanas que pretendem extrapolar o plano da empiria, ganhando, assim, nos últimos anos, grande força no campo jurídico[15].

Mesmo sem saber, todo jurista que se dedica ao estudo sério do Direito sempre assume uma posição sobre a cognoscibilidade dos valores que fundamenta e motivam o agir humano, de modo que tal pressuposição invariavelmente acaba exercendo alguma espécie de influência epistêmica na teoria que será por ele proposta. Assim, tira-se grande proveito da metaética para discutir Teoria do Direito, dogmática jurídica e decisões judiciais, explicitando os *critérios de veracidade* que subjazem à sua fundamentação, tornando-a mais abertas ao controle público.

[11] Birnbacher, Dieter. **Analytische Einführung in die Ethik**. Alemanha: Walter de Gruyter, 2ª edição, 2007, p. 58.

[12] Streck, Lenio. **Dicionário de Hermenêutica: quarenta temas fundamentais de Teoria do Direito à luz da Crítica Hermenêutica do Direito**. Belo Horizonte: Casa do Direito, 2a edição, 2020, p. 47.

[13] Mendonça, Wilson. **Questões metaéticas**. *In:* Brum Torres, João Carlos (Org.). **Manual de ética:** questões de ética teórica e aplicada. Petrópolis: Vozes; Caxias do Sul: Educs; Rio de Janeiro: Bndes, 2014, p. 154.

[14] Frankena, William. **Moral Philosophy at Mid-Century. In The Philosophical Review**, n. 60, 1951, p. 44-55.

[15] Para trabalho pioneiro, no Brasil, com esse objetivo, vide Ferreira Neto, Arthur Maria. **Metaética e a fundamentação do direito**. São Paulo: Almedina, 2ª edição, 2020.

Portanto, trazendo a metaética para o diálogo com o Direito, torna-se possível não apenas ampliar o grau de inteligibilidade da nossa prática, mas também aprimorar os elementos de controlabilidade das decisões judiciais, mesmo que seja apenas para destacar a presença de fundamentos não cognitivistas, os quais pressupõem que questões de certo e errado são meras expressões de subjetividade, de emoção ou de vontade do julgador.

Exatamente por isso, neste estudo pretende-se submeter o pensamento teórico de Kelsen, em seu *Teoria Pura do Direito*, a uma análise metaética de três níveis, quais sejam: *(i)* o plano do conhecimento moral, que pretende definir o status epistêmico dos juízos de bom/correto/justo que assumem; *(ii)* o plano do conhecimento científico-jurídico, voltado aos juízos de verdade e falsidade que o teórico produz quando se reporta ao fenômeno jurídico, em termos de teoria do direito; e *(iii)* o plano do conhecimento aplicativo-decisório, voltado à análise dos juízos de consistência na aplicação do direito, ou seja, às avaliações sobre *como* o Direito é aplicado por parte dos seus operadores. É o que será analisado no último capítulo deste artigo.

2. O não-cognitivismo e o cognitivismo moral e sua relevância no estudo da dogmática jurídica

Conforme destacado no tópico anterior, a pluralidade (meta)ética contemporânea pode dificultar o debate direto sobre questões normativas, sendo necessário recuar um pouco para identificar os diferentes pressupostos assumidos por cada debatedor, as condições de inteligibilidade de seu discurso, a possibilidade de tradução de conceitos entre diferentes teorias, bem como a identificação dos eventuais pontos incomensuráveis entre elas. Por isso, cada vez mais, multiplicam-se as posições metaéticas, seja por meio da defesa explícita por alguns filósofos, seja mediante sua identificação como implícitas a algumas teorias éticas normativas ou mesmo em "ciências valorativas". Uma ciência valorativa, como o Direito, sempre assume (ou inconscientemente pressupõe) uma posição metaética na sua produção de conhecimento[16].

[16] Streck, Lenio. **Dicionário de Hermenêutica: quarenta temas fundamentais de Teoria do Direito à luz da Crítica Hermenêutica do Direito**. Belo Horizonte: Casa do Direito, 2a edição, 2020, p. 47.

Daí a relevância didática das propostas de classificação que são elaboradas dentro do campo da metaética, as quais pretendem organizar e relacionar essas diferentes teorias éticas, tendo em vista os elementos epistêmicos comuns e divergentes que possam ser atribuídos a elas.

Dentro desse amplo cenário de debate, duas etapas de divisão ordenam as classificações que, normalmente, são elaboradas por aqueles que se dedicam ao estudo da metaética.

A primeira e mais importante divisão metaética diferencia o **cognitivismo** do **não cognitivismo**, posturas essas que pretendem fornecer respostas – ainda genéricas – quanto à possibilidade (ou não) de haver conhecimento no campo dos valores, permitindo, assim, o estudo dos fundamentos e das propriedades dos juízos morais enquanto juízos morais, de modo a definir se há ou não uma "realidade moral", *i.e.*, uma instância – criada ou real – em que juízos de certo e errado sobre a ação humana podem ser produzidos e comunicados com inteligibilidade e objetividade[17]. Assim, as linhas de pensamento que se adequam ao cognitivismo moral defendem ser possível acessar, emitir, conhecer e comunicar, com alguma objetividade, juízos de certo e errado referentes à ação humana. O cognitivista assume, portanto, que os predicados morais que normalmente utilizamos em nossa linguagem ordinária possuem algum significado objetivo, já que se reportam a objeto que é referível a algum ponto da nossa realidade de convivência, seja esse objeto de referência fruto de construção social, de um processo hermenêutico ou de alguma dimensão ontológica de experiência humana. Já para o não cognitivista, não há qualquer sentido em se falar em fatos morais ou verdades relevantes ao campo da ação humana, pois, para ele, esse tipo de juízo é, invariavelmente, falso ou representa apenas a expressão de sentimentos ou atitudes emocionais que motivam uma pessoa a agir de determinado modo, inexistindo qualquer critério objetivo prévio que permita avaliar o conteúdo dessa ação[18].

[17] Ferreira Neto, Arthur Maria. **Metaética e a fundamentação do direito**. São Paulo: Almedina, 2ª edição, 2020, p. 34.

[18] Ferreira Neto, Arthur Maria. **Metaética e a fundamentação do direito**. São Paulo: Almedina, 2ª edição, 2020, p. 137-138.

Ainda, deve-se lembrar que a separação em cognitivismo e não cognitivismo tem ligações com o importante debate sobre as relações entre fato e valor[19]. No texto seminal *Tendências da metaética*, Stephen Darwall, Allan Gibbard e Peter Railton advertem que *"[o] não cognitivismo é ameaçado não somente pela tentativa de endurecer os valores para fazê-los parecer com os fatos concretos, mas também pela tentativa de amolecer os fatos a fim de fazê-los parecer mais com os valores emotivos. Frequentemente, os oponentes do não cognitivismo tentam preencher a lacuna fato/valor desde ambas as extremidades."*[20]

De outro lado, uma segunda divisão – que representa um desdobramento e uma especificação da primeira – permite a categorização daquelas conhecidas tradições éticas mais específicas, tendo em vista os fundamentos particulares que assumem quando justificam a maior ou menor pretensão de objetividade que atribuem a juízos morais. Neste quadrante classificatório, portanto, é comum contrastarem-se, a partir desse parâmetro comparativo, as posturas **niilistas, emotivistas, subjetivistas, relativistas, construtivistas e realistas**[21].

É importante lembrar que a metaética não é uma teoria vinculada a apenas um autor, mas é uma disciplina, um esforço metateórico de uma comunidade de filósofos e cientistas. Portanto, suas classificações não são estipuladas por apenas uma pessoa, sendo sempre abertas a variações e controvérsias[22]. Dessa maneira, é possível encontrar conceitos mais abrangentes ou mais restritivos de cognitivismo, que poderão incluir ou deixar de fora algumas subdivisões. Por isso, uma forma bastante útil de trabalhar com as classificações é não se ater dogmaticamente a conceitos fixos, mas imaginar um contínuo entre posturas cada vez mais não cognitivistas e posturas cada vez mais cognitivistas. A metaética fornece, pois,

[19] STRECK, Lenio. **Dicionário de Hermenêutica: quarenta temas fundamentais de Teoria do Direito à luz da Crítica Hermenêutica do Direito**. Belo Horizonte: Casa do Direito, 2a edição, 2020, p. 49

[20] DARWALL, Stephen; GIBBARD, Allan; RAILTON, Peter. **Metaética**: algumas tendências. Tradução de Janine Sattler. Florianópolis: Editora UFSC, 2013, p. 51-52.

[21] FERREIRA NETO, Arthur Maria. **Metaética e a fundamentação do direito**. São Paulo: Almedina, 2ª edição, 2020, pp. 145-184.

[22] STRECK, Lenio. **Dicionário de Hermenêutica: quarenta temas fundamentais de Teoria do Direito à luz da Crítica Hermenêutica do Direito**. Belo Horizonte: Casa do Direito, 2a edição, 2020, p. 48.

um didático *"termômetro"* ou *"régua de medida"*, o qual *"é capaz de medir – metaforicamente – o grau de objetividade que é almejado por diferentes tradições éticas, tendo em vista critérios comuns e comparáveis entre si"*[23]. Por isso, essa segunda etapa classificatória parte do extremo não cognitivista (amoralismo ou niilismo), passando por um não cognitivismo moderado (emotivismo), depois por classificações híbridas e intermediárias (subjetivismo e relativismo), passando por cognitivismos moderados (construtivismo), chegando, enfim, ao ponto mais intenso de cognitivismo (realismo).

No âmbito do Direito, as posturas não cognitivistas seriam aquelas correntes ou posições céticas, que defendem não ser possível qualquer forma de cognição objetiva ou intersubjetiva acerca do conteúdo de juízos de valor, razão pela qual é inviável que se exerça, por meio delas, qualquer controle racional de decisões tomadas no campo jurídico[24]. Direito, por exemplo, será aquilo que a decisão judicial disser que é. E isso resultará de um ato de verificação empírica, um ato de poder e de vontade. Para essa postura, decisões jurídicas sempre podem ser variadas, não havendo como se sustentar a existência de respostas corretas para problemas jurídicos, mas apenas decisões que sejam eventualmente tomadas por alguém investido de poder que está autorizado a conformar a motivação do conteúdo decisório adotado ao seu conjunto de preferências. Precisamente por isso, o decisionismo também é uma forma não cognitivista. Aliás, para o não cognitivista jurídico, tampouco existe a melhor resposta ou uma resposta melhor que outra, já que esse indivíduo, aproximando-se do relativismo, não concebe a possibilidade de existir qualquer forma de realidade moral objetiva, sendo impossível ou impraticável dizer que uma coisa é boa ou ruim em qualquer lugar. Somente a dimensão empírica é capaz de influenciar a formação do direito. Real e existente é aquilo que o agente pode manejar e dispor.

De outro lado, um cognitivista moral no Direito tende a acreditar na possibilidade de controlar decisões judiciais e analisar com alguma obje-

[23] Ferreira Neto, Arthur Maria. **Metaética e a fundamentação do direito**. São Paulo: Almedina, 2ª edição, 2020, p. 145.

[24] Streck, Lenio. **Dicionário de Hermenêutica: quarenta temas fundamentais de Teoria do Direito à luz da Crítica Hermenêutica do Direito**. Belo Horizonte: Casa do Direito, 2a edição, 2020, p. 50.

tividade as nossas práticas jurídicas. Ele acredita que é possível que um discurso moral seja verdadeiro ou possa ser analisado por meio de critérios de veracidade, na medida em que o cognitivismo admite ser possível fazer juízos de certo e errado sobre um determinado agir e que estes juízos podem ser transmitidos, com algum sentido, a outras pessoas. Há, assim, uma crença em um grau de objetividade, de modo que acreditar na possibilidade de se alcançar respostas corretas é um modo de se dizer cognitivista.

Fazer essa distinção é relevante para que possamos identificar determinados discursos adotados no Direito. É bom saber que um decisionista não se importa com juízos de certo ou errado, mesmo que ele diga que sim. Mas, se decide como quer, naquilo que, em seu íntimo acha justo, agirá de forma não cognitivista. Se alguém se diz pragmático no direito, querendo assim dizer que cada decisão deve levar em conta só aquele caso, só aquele problema, está diante de um não cognitivista, porque é uma espécie de nominalista ou neonominalista. Portanto, os conceitos de cognitivismo e não cognitivismo também são úteis para mostrar que uma dogmática jurídica, que não se preocupa com critérios ou em buscar discursos de verdade, é igualmente não cognitivista. O não cognitivismo pretende defender que o intérprete não se preocupa com respostas verdadeiras, pois transforma o Direito em um jogo de poder[25].

É precisamente nesse ponto que a divisão cognitivismo/não cognitivismo fixa uma intersecção fundamental na análise dos pressupostos metaéticos que inspiram, em geral, o positivismo jurídico e, de modo particular, o pensamento kelseniano. Isso porque Kelsen, principalmente em sua obra ***Reine Rechtslehre***[26], não pode ser rotulado, de modo simplório, como sendo apenas um não cognitivista. Em verdade, apreciando-se a sua proposta de purificação do Direito em toda a sua extensão e complexidade, verifica-se que ela manifesta elementos pontuais que a enquadram tanto no espectro do não cognitivismo, quanto do cogniti-

[25] Streck, Lenio. **Dicionário de Hermenêutica: quarenta temas fundamentais de Teoria do Direito à luz da Crítica Hermenêutica do Direito**. Belo Horizonte: Casa do Direito, 2a edição, 2020, p. 51.
[26] Kelsen, Hans. **Reine Rechtslehre**. Alemanha: Mohr Siebeck, 2008.

vismo[27]. De fato, o esforço de purificação científica do fenômeno jurídico manifesta aspectos teóricos que o enquadram em algumas facetas do não cognitivismo, em especial no que tange à pressuposição de que juízos de valor são sempre e invariavelmente subjetivos ou no momento em que sustenta que a interpretação judicial é apenas um ato de vontade de preenchimento discricionário de uma moldura vazia deixada pelo legislador. No entanto, isso não quer dizer que, no plano da identificação do que seja direito, Kelsen não adote uma tendência também cognitivista. Ele trilha, sim, uma forma de cognitivismo epistêmico, na medida em que, para ele, há uma hierarquia jurídica a ser observada e um processo formal de validação das normas jurídicas que necessitará ser cumprido para que os comandos sejam considerados vinculantes.

É precisamente diante dessa atitude metaética híbrida de Kelsen que, no último tópico deste artigo, a Teoria Pura do Direito será analisada a partir dos seus aspectos não cognitivistas e cognitivistas.

3. Genealogia do positivismo jurídico e as suas influências filosóficas[28]

Conforme antes referido, o Positivismo Jurídico não pode ser encapsulado em apenas uma ideia que tenha se mantido imutável desde a sua primeira formulação. Na verdade, temos diferentes correntes do Positivismo Jurídico, as quais, a cada dia, apresentam um número maior de vertentes e ramificações. Exatamente por isso, antes de se adentrar na análise dos pressupostos metaéticos do pensamento kelseniano, mostra-se relevante e pertinente uma pequena digressão no tempo para se identificar as influências filosóficas dessa tradição jurídica, bem como a forma como essa evoluiu, modificou-se e fragmentou-se com o passar dos anos.

[27] Por óbvio, não se pretende aqui defender que essa dualidade metaética esteja, ela própria, imune à crítica, na medida em que, com razão, algum opositor do pensamento kelseniano poderá invocar essa duplicidade de posições como sendo sinal de incoerência e inconsistência interna da teoria sendo por ele proposta.

[28] Para a versão completa e detalhada dessa Genealogia do Positivismo Jurídico, vide Streck, Lenio. **Dicionário de Hermenêutica: quarenta temas fundamentais de Teoria do Direito à luz da Crítica Hermenêutica do Direito**. Belo Horizonte: Casa do Direito, 2a edição, 2020, p 263-271.

3.1. O positivismo antes de Kelsen

O juspositivismo clássico, embora cada uma das vertentes contenha diversas peculiaridades, apresenta traços definidos em todas elas. Trata-se de um movimento em que o material jurídico é estabelecido por alguma autoridade humana legitimada: na França, a lei produzida pelo legislador racional, de inspiração iluminista (positivismo exegético); na Alemanha, os conceitos gerais e abstratos deduzidos pelos juristas-professores (jurisprudência dos conceitos); na Inglaterra, os precedentes proferidos pela autoridade política competente (jurisprudência analítica). Veja-se que é isto que o positivismo posteriormente chamaria de (tese dos) "fatos sociais", embora nesse momento histórico não seja da simples caracterização como "fato social" que derive a legitimidade do Direito, mas da sua relação com a autoridade criadora (legislador, professor ou juiz).

Além disso, o positivismo jurídico tem em sua genealogia o positivismo científico, para o qual só há fatos. Tais influências do positivismo jurídico podem ser resgatadas, em um primeiro momento, no positivismo científico de Auguste COMTE (1798-1857) e, mais adiante, no chamado *neopositivismo lógico*, fundado pelo Círculo de Viena, ainda no início do Século XX[29]. Mesmo que não se possa generalizar tal influência em relação a todas as vertentes do positivismo jurídico, não há dúvidas de que o Círculo de Viena representou um ambiente intelectual que causou grande impacto na formação da proposta positivista que veio a ser de moldada por Hans Kelsen. Assim, pode-se dizer que o primeiro autor influenciou Kelsen, de forma difusa e indireta, possivelmente, em relação às suas considerações ontológicas e epistemológicas, fornecendo-lhe a base para suas definições de realidade, ciência e filosofia. Já a segunda escola de pensamento, influenciou-o, diretamente, em relação às suas considerações sobre o fenômeno jurídico, garantindo-lhe as bases para o seu projeto científico positivista[30].

[29] AYER, A.J. **Logical Positivism.** EUA: The Free Press, 1959.

[30] KELSEN, Hans. **Reine Rechtslehre**. Alemanha: Mohr Siebeck, 2008, estudo introdutório, p. XIX.

COMTE, em seu *Curso de filosofia positiva*[31], fixou os princípios básicos do pensamento positivista (influenciando, inclusive, o próprio positivismo jurídico) nos seguintes termos:

a) Não existe outro conhecimento senão o empírico, ou seja, o que se funda nos fatos e se baseia nas leis de coexistência e sucessão dos fenômenos;
b) Somente é possível conhecer os fenômenos, *i.e.*, a aparência física das coisas;
c) O único método válido é aquele adotado por ciências experimentais; e
d) Toda pretensão metafísica é inútil e estéril, sendo inviável buscarem-se as causas – primeiras ou últimas – de alguma coisa.

Por sua vez, as premissas teóricas defendidas pelo *Neopositivismo* foram sintetizadas por meio de um *manifesto positivista* editado por Otto NEURATH, Hans HANH, Rudolf CARNAP, tendo recebido o título de *"A Concepção Científica do Mundo"*[32], cujos pressupostos fundamentais – que reproduzem, em grande medida, o positivismo de COMTE – podem ser resumidos por meio das seguintes ideias:

(i) a concepção científica do mundo tem como objetivo a construção de uma *"ciência unificada"*, com um método de investigação idêntico para todos os objetos;
(ii) pretende-se elaborar *(2.1) "um sistema de fórmulas neutro, de um simbolismo livre das impurezas, das linguagens históricas"* e *(2.2)* um *"sistema global de conceitos"*;
(iii) possui ela duas propriedades: *(3.1) "ela é empirista e positivista: há apenas conhecimento empírico, que repousa sobre o dado imediato"*, sendo essa *"a fronteira do conteúdo da ciência legítima"*; e *(3.2)* a ela aplica-se *"um método de análise lógica"*, de modo que, na *"descrição*

[31] COMTE, Auguste. Editora Magisterio Casals, 1987.
[32] NEURATH, Otto; HANH, Hans; CARNAP, Rudolf; GOMES, Nelson (tradutor) **A Concepção Científica do Mundo.** Apud. FERREIRA NETO, Arthur Maria. **Metaética e a fundamentação do direito**. São Paulo: Almedina, 2ª edição, 2020, pp. .

científica, considera-se apenas a estrutura (forma de ordem) dos objetos, não a sua 'essência"; e

(iv) em nome de uma clareza descritiva, recusa-se valor às *"complexidades obscuras e profundidades impenetráveis"*, já que na *"ciência, nada é 'profundo', tudo é superfície"*, de modo que todos os *"problemas filosóficos tradicionais"* devem ser livrados das considerações *"metafísicas"*, inexistindo qualquer dimensão ontológica que possa exercer influência objetiva no conhecimento da realidade[33], sendo que tais questões deverão ser *"desmascaradas"* como *"pseudoproblemas"* ou transformadas *"em questões empíricas, sobre as quais cabe um juízo por parte das ciências da experiência"*.

Tais pressupostos serão aqueles que demarcarão, com clareza, os fundamentos metaéticos que estão na base do positivismo jurídico de Kelsen, conforme se pretende demonstrar no último tópico deste estudo.

Eis, assim, a questão empírica fundamental, o que levou Nietzsche a se contrapor e dizer que "[...] contra o positivismo que diz que só há fatos, eu digo: fatos não há; só há interpretações." *Só há fatos* está na origem da questão positivista do "fato social". Esse fato é construção humana. Ao jurista só cabe o papel de descrever esse fato. Com isto também fica evidente uma busca por certezas, por uma objetividade na aplicação do Direito. Este espaço de um conhecimento objetivo, que pode ser verdadeiro ou falso, sempre acompanhou o positivismo jurídico, seja na aplicação e/ou na ciência em suas mais variadas versões.

Aqui a conexão com os paradigmas filosóficos fica absolutamente clara. Trata-se de reflexos do paradigma da filosofia da consciência, em que a razão humana *põe* o sentido das coisas. Ou, no plano da discussão aqui posta, a razão "põe o Direito". Daí a raiz do positivismo jurídico: Direito é um fato social posto pela razão humana. Como veremos, esse fato posto pode ser uma lei, um julgamento, um conceito (como uma pandecta, por exemplo). No entanto, em um segundo momento, esse Direito posto (positivo) precisa ser conservado/preservado por razões

33 *"As qualidades subjetivamente vivenciadas – o vermelho, a alegria – enquanto tal, são apenas vivências, não conhecimentos. Na óptica, leva-se em conta apenas aquilo que, em princípio, pode ser também entendido por um cego."*

políticas e sociais (a desconfiança da burguesia francesa com os juízes do *ancient regime*; a unificação do Direito alemão sob o império de Bismarck; a limitação do poder dos juízes frente às imposições consuetudinárias).

Esse segundo momento faz com que o Direito não seja criado ou reconhecido em critérios exógenos aos fatos originários, isto é, aquilo que essas autoridades determinaram como sendo Direito. E por isso a referência dada com a nomenclatura "positivismo". A interpretação dos juízes está "amarrada" à legislação, aos conceitos dos professores e aos precedentes. França, Alemanha e Inglaterra, respectivamente. O juiz conhece o Direito positivado pela autoridade e faz uma dedução ao caso concreto, como uma adequação da coisa ao intelecto, uma verdade correspondencial. Essa questão é fundamental para entendermos a relação do positivismo com os dois paradigmas filosóficos (clássico e moderno): põe-se o Direito (fato social); na sequência, a partir de um olhar externo, este Direito é descrito/aplicado. Uma mixagem heterodoxa entre metafísicas clássica e moderna.

Assim, ainda que o positivismo jurídico não seja – *stricto sensu* – herdeiro filosófico da metafísica clássica por não acreditar em essências (ideia, *ousía*, Deus) e apenas limitar o Direito aos meros fatos (aqui a herança do positivismo científico, em que só há fatos), a sua manifestação prática acaba se tornando muito próxima do modo como a filosofia compreendia a realidade nesse paradigma: a partir de um olhar externo, em que a realidade está dada – uma espécie de mito do dado adaptado ao Direito (desnecessário lembrar dos mitos da vontade da lei e da vontade do legislador, ainda presentes no imaginário dos juristas).

Na pré-modernidade, tratava-se de uma essência, algo que independe do homem; já a partir da modernidade, o objeto continua "objeto", só que, agora, é produzido pelo homem, como um fato social. Aliás, é nesse exato sentido que emerge a ligação antes referida do positivismo científico com o positivismo jurídico, nas suas mais variadas formas.

Com efeito, em face do fim da Idade Média, o homem teve que buscar novos caminhos diante de um mundo não mais dogmaticamente prefixado. O mundo deixa de ser uma cartografia pré-definida. Assim, a garantia de um conhecimento verdadeiro passou a ser assegurada pela Razão por intermédio do método (científico). A verdade tornou-se somente aquilo que poderia ser comprovado num processo empírico de observação e experimentação. Do exterior passou-se ao "interior", lugar do sujeito moderno.

O positivismo, desse modo, partia daquilo que estava posto, positivado, o que aponta para a sua raiz etimológica, originado do latim *positivus* (*positus*: particípio passado de *ponere* – "colocar", "botar" + *tivus*: que designa uma relação ativa ou passiva), que se refere a algo existente de modo explícito, estabelecido e/ou aceito convencionalmente.

Por isso, é possível afirmar que nos Sofistas (sécs. IV-V a. C.) e em Thomas Hobbes (1558-1679) já se anunciava o positivismo ou ao menos é perceptível o seu gérmen. Para os primeiros, o *nomos* seria apenas uma expressão cultural e contingente, isto é, não estaria predeterminada no cosmos. O *nomos* estaria sujeito ao homem, e não o inverso. Já para o segundo, o Direito seria meramente o produto do soberano, sem que estivesse ligado a qualquer onto(teo)logia, a qualquer tipo de valores transcendentes. Ou seja, o Direito seria aquilo que o soberano dis-[e]*põe*. Afinal, *auctoritas non veritas facit legem* – eis o lema mais fiel ao positivismo, o que se pode constatar fortemente em John Austin.

Assim, apresenta-se uma das principias ênfases do positivismo jurídico, que diz respeito a "natureza" convencional do Direito, ou seja, que esta se limita a uma construção social historicamente situada (que pode ser uma lei, uma decisão judicial, uma súmula). Esta convenção é tomada enquanto um fato objetivo, que, num primeiro momento, daria conta da aplicação concreta do Direito e, depois, foi restringindo-se a aspectos formais que definiriam a estrutura, a "natureza" do fenômeno jurídico.

É nessa exata direção que Juan Carlos Bayón sustenta que o convencionalismo seria como uma espécie de código genético que une todas as versões do juspositivismo. Assim, corretamente o jurista espanhol argumenta que *"[...] a decomposição da tese das fontes sociais em elementos logicamente independentes abre a possibilidade da postulação de diferentes versões da mesma. Se nos perguntarmos então pelo denominador comum de todas elas, acredito que obteremos um núcleo básico que chamarei de 'tese convencionalista'.*[34]"

[34] BAYÓN, J. C. El contenido mínimo del positivismo jurídico. *In:* ZAPATERO, V. (Org.). **Horizontes de la Filosofía del Derecho**. Homenaje a Luis García San Miguel, Universidad de Alcalá de Henares, v. 2, Alcalá: Universidad de Alcalá, 2002.

Em termos históricos, é possível observar que, a partir do final do séc. XVIII, o juspositivismo começa a se projetar como paradigma jurídico dominante. Neste momento, apesar de possuir traços comuns, apresentou versões diferentes em virtude do recorte epistemológico daquilo que se poderia compreender como "positivo", isto é, aquilo que garantia objetividade ao conhecimento jurídico.

Deste modo, observa-se o desenvolvimento de movimentos na Inglaterra com a Jurisprudência Analítica (Bentham e Austin), na França com a Escola da Exegese (Blondeau e Duraton) e na Alemanha com a Jurisprudência dos Conceitos (Puchta e Windscheid). O traço comum é o objeto a ser descrito e ao mesmo tempo aplicado pelo juiz. O juiz é a boca que pronuncia as palavras da lei. O jurista-doutrinador e o juiz devem lidar com o Direito como algo posto, imitando-se o mito do dado. De novo, facilmente perceptível a mistura de paradigmas.

No ambiente anglo-saxão, o positivismo recebeu as primeiras teorizações. Jeremy Bentham (1748-1832) defendia que o Direito deveria ser analisado assim como ele é, em distinção as apreciações de como deveria ser. O caráter científico do Direito estaria em considerá-lo como um "fato" e não como um "valor". Em consequência, estaria a teoria jurídica separada da moral, pois esta era entendida com um campo de valorações. Fato não tem valor. Fato deve apenas ser descrito. Portanto, a positividade do Direito não estaria numa complexa realidade social. Diferentemente, esta era compreendida nas relações lógico-sistemáticas das premissas jurídicas.

John Austin (1790-1859), que estudou com Bentham, caminhou nesta mesma direção. Acreditava que a existência do Direito seria independente de seus (de)méritos morais/valorativos. Sustentou, em *The Province of Jurisprudence Determined*, que "[...] a existência da lei é uma coisa; o seu mérito ou demérito é outra."[35]. O Direito seria constituído de comandos proferidos pelo soberano para uma comunidade específica (*autorictas non veritas facit legis*). Austin defendia a codificação, pois entendia ser o Direito legislado uma forma superior em relação ao Direito judiciário. Todavia, estando no *Common Law*, também considerava que os juízes

[35] Austin, John. **The Province of Jurisprudence Determined.** Cambridge: Cambridge University Press, 1995, p. 157.

criavam Direito, de modo particular, por delegação legislativa diante da impossibilidade de as regras darem conta de forma absoluta de todas as hipóteses fáticas. Portanto, juiz põe "fato". Positiva.

É importante notar que em Austin se encontra o germe do positivismo descritivo. Conforme bem observa Thomas Bustamante[36], em Bentham há uma divisão entre *expository jurisprudence e censorial jurisprudence*. A primeira estaria preocupada, com base no utilitarismo, em apontar como o Direito deve ser; a segunda seria a teoria do Direito preocupada em apenas descrever o Direito, de forma objetiva e neutra. Como Austin era um conservador político, a *censorial jurisprudence* lhe foi de pouca utilidade e praticamente desapareceu em suas obras.

Outro ponto que acaba distanciando Bentham e Austin é a questão do *judge-made law*. Bentham era um ferrenho crítico do modo como os juízes decidiam na Inglaterra. Chamou o Direito inglês de Direito para cachorro (*Dog Law*). Explicou que o modo como se aprendia o Direito Inglês era do mesmo modo que um cachorro aprendia a não fazer algo: apanhando. Por isso Bentham foi um defensor da codificação buscando uma maior segurança jurídica. Por outro lado, Austin[37] não só aceitava a *judge-made law* como a achava positiva, ao ponto de afirmar que "[...] as partes das leis que, nos países, foram produzidas pelos juízes têm sido muito melhores do que as partes que foram aprovadas pelos estatutos do

[36] Isso fica claro – isto é, o conservadorismo austiniano – em alguns de seus escritos, como, por exemplo, quando se opôs claramente a reformas parlamentares que hoje seriam tidas como mais 'progressistas'. *Cf.* Austin, John. A Plea for the Constitution. In: Scarrow, Susan E. **Perspectives on Political Parties:** Classic Readings. Nova York: Palgrave Macmillan, 2002, pp. 135-139. Esse ponto específico, sobre o conservadorismo austiniano como fator que anima sua ênfase nos aspectos "expositórios" da *jurisprudence*, foi exposto de maneira convincente por Michael Lobban (e, no Brasil, o ponto também é bem levantado por Thomas Bustamante). *Cf.* Lobban, Michael. Pattaro, Enrico (ed.). **A Treatise of Legal Philosophy and General Jurisprudence**, vol. 08. A History of the Philosophy of Law in The Common Law World, 1600-1900. Nova York: Springer, 2016, p. 173. Bustamante, Thomas da Rosa de. A breve história do positivismo descritivo: O que resta do positivismo jurídico depois de H. L. A. Hart? **Novos Estudos Jurídicos**, Itajaí, ano 1, jan./abr. 2015. Disponível em: http://siaiap32.univali.br/seer/index.php/nej/article/view/7204. Acesso em: 23 jan. 2020.

[37] Austin, John. **The Province of Jurisprudence Determined**. Cambridge: Cambridge University Press, 1995, p. 163.

legislativo." Isso, todavia, não significa que Austin repudiava a codificação[38]. Pelo contrário, entendia como necessária, pois todas "[...] as decisões judiciais que não aplicam os estatutos são meramente arbitrárias", na medida em que confundem a *judge-made law* com a arbitrariedade. Este é o ponto fundamental: para Austin, há uma diferença entre arbitrariedade e a *judge-made law*. De qualquer forma, observa-se que antes mesmo de Hart a questão da discricionariedade já era reconhecida e aceita, ainda que com ressalvas. Austin foi um dos principais nomes da Jurisprudência Analítica, que procurava pensar o Direito a partir de critérios lógico-descritivos a fim de identificar seus conceitos e categorias, que seriam deduzidos de modo empírico e factual dos ordenamentos positivos e da prática judiciária.

No que tange às experiências francesas e alemãs, é notória a forte influência que o Direito Romano exerceu na formação de seus respectivos direitos privados, não em virtude do que comumente se pensa – de que os romanos "criaram as leis escritas" –, mas, sim, em virtude do modo como o Direito Romano era estudado e ensinado. Isso que se chama de exegetismo tem sua origem aí: havia um texto específico em torno do qual giravam os mais sofisticados estudos jurídicos. Este texto era – no período pré-codificação – o *Corpus Juris Civilis*. A codificação efetuou a seguinte "marcha": antes dos códigos, havia uma espécie de função complementar atribuída ao Direito Romano. Aquilo que não poderia ser resolvido pelo Direito Comum seria resolvido segundo critérios oriundos da autoridade dos estudos sobre o Direito Romano – dos comentadores ou glosadores. O movimento codificador incorporou de alguma forma as discussões romanísticas e acabou "criando" um novo dado: os Códigos Civis (França, 1804, e Alemanha, 1900).

Naquele contexto, a função de complementaridade do Direito Romano desapareceu totalmente. Toda argumentação jurídica deveria tributar seus méritos aos Códigos, que passaram a deter, a partir de então, a estatura de verdadeiros "textos sagrados". Códigos como "fatos". Isso porque eles seriam o dado positivo com o qual deveria lidar a Ciência do Direito.

[38] AUSTIN, John. **Lectures on Jurisprudence.** Nova Jersey: The Lawbook Exchange, 2005, p. 664.

Com o passar do tempo, desenvolveu-se a percepção acerca da incapacidade de os Códigos abarcarem toda a realidade circundante, principalmente em virtude dos embates teóricos acerca da existência de lacunas legislativas. Mas, então, como controlar o exercício da interpretação do Direito para que essa obra não fosse "destruída"? E, do mesmo modo, como excluir da interpretação do Direito os elementos metafísicos que não eram bem quistos pelo modo positivista de ler a realidade?

A principal característica desse "primeiro momento" do positivismo jurídico, no que tange ao problema da interpretação do Direito, será a realização de uma análise que, nos termos propostos por Rudolf Carnap, poderíamos chamar de sintático. Neste caso, a simples determinação rigorosa da conexão lógica dos signos que compõem a "obra sagrada" (Código, precedentes, textos jurídicos, glosas etc.) seria o suficiente para resolver o problema da interpretação do Direito. Assim, consequentemente, conceitos como o de analogia e princípios gerais do Direito devem ser encarados também nessa perspectiva de construção de um quadro conceitual rigoroso que representariam as hipóteses – extremamente excepcionais – de inadequação dos casos às hipóteses legislativas.

Nesse contexto, uma das características marcantes e que também é perceptível nas fases posteriores do positivismo, foi/é o formalismo, tanto no recorte do objeto de estudo como no modo de exposição. A preocupação se concentra na "estrutura" do Direito, em distinguir analiticamente a sua normatividade, longe da sua prática concreta. Assim, seria possível descrevê-lo em manuais, compêndios, sistemas, ou seja, dogmatizá-lo, abstraindo dele a temporalidade.

Importante destacar que, no positivismo primevo (clássico, nas suas três versões já explicitadas), assentou-se claramente a tese da separação (conceitual) entre Direito e Moral[39]. Esta característica se perpetua até a contemporaneidade, apesar de ter sido abrandada pelo positivismo inclusivo, como será exposto mais adiante. Em síntese, esta tese afirma que a existência/validade do Direito se dá independente de quaisquer constrangimentos de índole moral.

[39] Sobre a tese da demarcação do Direito e Moral, vide FERREIRA NETO, Arthur Maria. **Metaética e a fundamentação do direito**. São Paulo: Almedina, 2ª edição, 2020, pp. 43-74.

Cada uma das três modalidades do positivismo novecentista teve a sua antítese: a Livre Investigação Científica na França, a doutrina do segundo Ihering, a Escola do Direito Livre e a Jurisprudência dos Interesses na Alemanha e o realismo jurídico na Inglaterra e nos Estados Unidos. Aos poucos, o *ló*cus do sentido da lei foi sendo transferido para o subjetivismo do juiz e para a decisão judicial, mantendo-se assim o aspecto empírico. Do positivismo legal ocorria a migração para o positivismo axiologista-valorativo e/ou fático, no caso das posturas realistas/empiristas. Assim, pensando em superar o formalismo clássico que identifica o positivismo em suas versões primeiras, passa-se a apostar na vontade do intérprete, ainda que seja pelo reconhecimento de sua inexorabilidade.

Em termos gerais, é possível afirmar que, no plano da teoria do Direito, não existem mais do que dois "lados" ou "posturas": os positivismos diversos e as posturas que estão do outro lado. Quem admite uso da Moral (de forma inclusiva, como o positivismo inclusivo) ou de forma diversa, como por exemplo, quando o juiz não se considera vinculado moralmente à lei (fato social posto democraticamente), está enquadrado, de algum modo, no positivismo.

Com efeito, o positivismo (jurídico), na sua radical separação, cisão, entre *is* e *ought,* do ponto de vista epistêmico, vai visualizar um Direito a partir do qual as proposições jurídicas são passíveis de uma verificação factual.

Resumindo: tanto para o positivista científico, quanto para o positivista jurídico, *só há fatos.* E sua abordagem, porque empírica por essência, vai ser inevitavelmente picada pelo aguilhão semântico. Todas essas posturas compartilham de uma dicotomia *ser/dever-ser,* em uma separação do que *é* daquilo que *deve ser*; todos seus critérios de verificação e falsibilidade estão ancorados na esfera dos fatos. Desse modo, positivismo jurídico e positivismo científico: cada um à sua maneira, cada um com seu propósito, todos atrelados ao paradigma dicotômico que cinde fato e valor (e fica com o primeiro).

3.2. A pureza do direito kelseniana

Na tentativa de construir uma ciência do Direito sob outros pressupostos e que resistisse a crítica ao racionalismo, Hans Kelsen (1881-1973) inaugura um segundo momento do juspositivismo. O jurista reconhecia a inexorabilidade do elemento subjetivo no *jus dicere*, seja em virtude das influências externas, inclusive da Moral, ou da plurivocidade dos signos linguísticos. Logo, foi necessário cindir o Direito da ciência do Direito e nisto é possível identificar, em Kelsen, a influência antes identificada do neopositivismo lógico do Círculo de Viena (Wittgenstein I, Moritz Schlick, Rudolf Carnap, Otto Neurath, Herbert Feigl, Philipp Frank, Friedrich Waissman, Hans Hahn)[40], sobretudo em face da impossibilidade de fazer ciência sem que houvesse respeito ao uso de linguagem rigorosa, uma vez que a linguagem natural estaria eivada de expressões ambíguas, metafísicas e/ou vazias de sentido.

Para compreender adequadamente esse conceito, é necessário insistir em um ponto: em Kelsen, há uma cisão entre Direito e Ciência do Direito que irá determinar, de maneira crucial, seu conceito de interpretação. A "pureza", em Kelsen, é da Ciência do Direito e não do Direito. Por isso, a interpretação, em Kelsen, será fruto de uma cisão: interpretação como ato de vontade e interpretação como ato de conhecimento. A interpretação como ato de vontade produz, no momento de sua "aplicação", normas. Já a descrição das normas jurídicas deve ser feita de forma objetiva e neutral, a que Kelsen chamará de ato de conhecimento, a que produz proposições.

Ademais, Kelsen também sofreu influência do Neokantismo, tanto da Escola de Marburgo como da Escola de Baden, sobretudo, dentre outros aspectos, no dualismo metódico (ser/dever-ser) e na premissa básica de que o conhecimento teria a capacidade de constituir e criar seu objeto de estudo, que decorreria logicamente de um princípio basilar. Abstendo-se do conteúdo concreto das normas ou das concepções de justiça, a teoria pura do Direito erige-se como se fosse uma geometria jurídica, em que se delineiam as formas, as estruturas, em que os preceitos deontológicos se dariam, como condições necessárias. Acerca da influência neokantiana

[40] *"Kelsen entstammte dem Wiener Kreis des Neupositivismus oder logischen Positivismus um Rudolf Carnap. Nach dieser philosophischen Richtung ist sinnvoll und verstehbar nur das, was logisch 'verifiziert' werden kann. Aussagen metaphysicher Art, insbesondere solche über Inhalte von Werten und Normen, sind daher sinnlos, Bewertungen warden nur als Ausdruck von Gefühlen angesehen."* (Kaufmann, Arthur; Hassemer, Winfried; Neumann, Ulfrid. **Einfürung in Rechtsphilosophie und Rechtstheorie der Gegenwart**. Alemanha: C.F. Müller, 2011, p. 124)

na *Teoria pura do Direito*, esta pode ser vista sobre vários ângulos. Dentre eles, Stefan Hammer[41] destaca:

1. A pressuposição que a filosofia teórica de Kant confinada as ciências naturais poderia ser colocada em disciplinas normativas, ou seja, parte da premissa que todo o conhecimento dos objetos depende, formalmente, das condições constitutivas da cognição teórica;
2. A preocupação com a pureza teórica;
3. A norma fundamental que estabelece a imputação, e esta, por sua vez, conecta os fatos sensíveis, materialmente perceptíveis, não de modo causal, mas normativamente, possibilitando assim uma interpretação normativa destes. A norma fundamental é, portanto, um esquema do Direito e da normatividade, é a corporificação formal das imputações, em outras palavras, seu princípio unificador.

Para Kelsen, a interpretação científica é um ato de conhecimento, pura determinação cognoscitiva do sentido das normas jurídicas. No âmbito da *Rechtswissenschaft*, ao intérprete caberia apenas apresentar, aprioristicamente, com neutralidade e imparcialidade as significações normativas possíveis. Este é, pois, o nível da ciência do Direito (uma metalinguagem sobre a linguagem objeto – o Direito), do conhecimento puro que produziria seu próprio objeto. Entretanto, ao lado desta, também existiria a interpretação enquanto um ato de vontade. Este é o lado pessimista da *Teoria pura do Direito*.

Kelsen, consciente da – para ele – impossibilidade de controlar o subjetivismo (moral, ideologia etc.) na aplicação do Direito a ser feita pelos juízes, rende-se e faz essa distinção entre ciência do Direito e Direito. A primeira, cindida da Moral. O segundo, transformado em política jurídica. O juiz, ao fazer política jurídica, não descreveria, não reproduziria acriticamente as normas, ao revés, criaria Direito que, somente *a posteriori*, seria sistematizado cientificamente. Portanto, o juiz não faria um simples exercício analítico de subsunções e silogismos. Ao contrário, sua

[41] HAMMER, Stefan. **A Neo-kantian Theory of legal knowledge in kelsen's Pure Theory of Law?** Normativity and norms: critical perspectives on kelsenian themes. Oxford: Clarendon Press, 1998.

escolha seria influenciada por fatores externos ao Direito e outros de caráter subjetivo.

Assim, Kelsen entendia ser um exercício de política jurídica, que pode ou não constar em uma das hipóteses presentes na moldura normativa. Esta distinção entre a interpretação científica e aquela realizada pelo intérprete autêntico presente em Kelsen faz parte de toda a tradição analítica juspositivista de cindir juízos de fato de juízos de valor, descrições de prescrições, *sein* e *sollen*. Este modo dicotômico de compreender garantiria, pretensamente segurança e previsibilidade científica.

Deste modo, observamos que o positivismo primevo influenciado pelo cientificismo tentava alcançar uma objetividade afastando qualquer juízo de caráter pessoal, que seria sempre contingente, isto, por intermédio de uma interpretação literal e uma racionalidade matematizante.

Outro predicado importante do positivismo jurídico encontrado em Kelsen é o relativismo moral. O jurista austríaco defendia a ideia de que os valores absolutos estariam além do conhecimento racional e que a moralidade social seria mutável de indivíduo para indivíduo, sem qualquer possibilidade de resolução racional desse tipo de conflito axiológico[42]. Como consequência, diante da pluralidade de visões de mundo, a decisão judicial, tarefa de política jurídica, não poderia espelhar uma perspectiva unitária. Devido à característica relativista da moral kelseniana, as normas – que exsurgem de um ato de vontade (do legislador e do juiz na sentença) – terão sempre um espaço de mobilidade sob o qual se movimentará o intérprete. Esse espaço de movimentação é derivado, exatamente, do problema semântico que existe na aplicação de um signo linguístico – por meio do qual a norma superior se manifesta – aos objetos do mundo concreto, que serão afetados pela criação de uma nova norma.

[42] *"Das Problem der Wert ist vor allem und in erster Linie das Problem der Wertkonflikte. Und dieses Problem kann nicht mit den Mitteln rationaler Erkenntnis gelöst werden. Die Antwort auf die sich hier ergebenden Fragen ist stets ein Urteil, das in letzter Linie von emotionalen Faktoren bestimmt wird und daher einen höchst subjektiven Charakter hat. Das heisst, dass es gültig nur ist für das urteilende Subjekt und in diesem Sinn relativ. Es ist, letzten Endes, unser Gefühl, unser Wille, nicht unser Verstand, das emotionale, nicht das rationale Element unseres Bewusstseins, das den Konflikt löst."* (KELSEN, Hans. **Was ist Gerechtigkeit?**. Alemanha: Philipp Reclam, 2000, p. 15/16).

Além do mais, como na atividade jurisdicional há um atravessamento de razões não jurídicas, inclusive da Moral, esta não poderia ser controlada previamente. Isto está bem claro no oitavo capítulo da sua *Teoria pura do Direito*, no qual a interpretação judicial é tratada como um apêndice do seu projeto teórico, sendo apresentado apenas para auxiliar a diferenciação entre a interpretação que o cientista do Direito realiza e aquela que os órgãos jurídicos proferem em suas decisões. Daí as conclusões de todos conhecidas: a interpretação dos órgãos jurídicos (dos tribunais, por exemplo) é um problema de vontade (interpretação como ato de vontade), no qual o intérprete sempre possui um espaço que poderá preencher no momento da aplicação da norma (é a chamada "moldura da norma", que, no limite, pode até ser ultrapassada); mas a interpretação que o cientista do Direito realiza é um ato de conhecimento que pergunta – logicamente – pela validade dos enunciados jurídicos.

3.3. Críticas ao positivismo kelseniano

Tendo em vista as influências filosóficas que compuseram o positivismo jurídico de KELSEN, algumas críticas ao seu Teoria Pura do Direito tornam-se recorrentes, as quais auxiliam não apenas a identificar os limites, lacunas e incoerências do seu projeto teórico, como também permitem uma compreensão mais profunda e plena do seu pensamento.

Tais críticas, em regra, alcançam: ***(a)*** a sua atitude de formalização do fenômeno jurídico, a qual acaba incorrendo em um reducionismo simplista que equaciona o direito às suas fontes sociais e ao sistema normativo que é, a partir delas, produzido e que é obedecido apenas por força dos seus instrumentos de coerção; ***(b)*** as deficiências da metodologia científica que propõe, em especial a intenção de apenas descrever o seu objeto de estudo e a aceitação acrítica de uma artificial objetividade jurídica que coloca tanto o teórico do direito, quanto o operador do direito em uma posição de completa passividade ou indiferença do direito posto; ***(c)*** as insuficiências do seu modelo de interpretação, o qual acaba dando margem a um voluntarismo judicial incontrolável, na medida em que pressupõe que qualquer juízo de valor é subjetivo e irracional, de modo a impor uma separação completa entre os planos do *ser* e *dever-ser*, sem jamais conseguir fixar qualquer ponte de conexão entre esses diferentes universos cognitivos; e ***(d)*** a falsa legitimação do direito que busca a fundamentação última do sistema normativo a ser obedecido em uma norma pressuposta e hipotética que, em si, não é vinculante nem em termos jurídicos nem em termos morais.

Esclareçamos com maior clareza tais críticas.

No que tange à interpretação do Direito, Kelsen amplia os problemas semânticos da interpretação, acabando por ser picado fatalmente pelo "aguilhão semântico" de que fala Ronald Dworkin[43]. No fundo, Kelsen estava convicto de que não era possível fazer ciência sobre uma casuística razão prática. Desse modo, todas as questões que exsurgem dos problemas práticos que envolvem a cotidianidade do Direito são menosprezados por sua teoria na perspectiva de extrair da produção desse manancial jurídico algo que possa ser cientificamente analisado. Aqui reside o ponto fulcral, cujas consequências podem ser sentidas mesmo em "tempos pós-positivistas": um dos fenômenos relegados a esta espécie de "segundo nível" foi exatamente o problema da aplicação judicial do Direito. Não há uma preocupação de Kelsen nem com a interpretação, nem com a aplicação do Direito.

É nesse segundo nível, o da aplicação, que reside o cerne do paradigma da filosofia da consciência. É também nesse nível – o da aplicação a ser feita pelos juízes – que faz morada a discricionariedade positivista. Kelsen jamais negou que a interpretação do Direito (e não da ciência do Direito) está eivada de subjetivismos provenientes de uma razão prática solipsista. Para ele, esse "desvio" era impossível de ser corrigido. O único modo de corrigir essa inevitável indeterminação do sentido do Direito somente poderia ser realizado a partir de uma terapia lógica – da ordem do *a priori* – que garantisse que o Direito se movimentasse em um solo lógico rigoroso. Esse campo seria o lugar da teoria do Direito ou, em termos kelsenianos, da ciência do Direito. E isso possui uma relação direta com os resultados das pesquisas levadas a cabo pelo Círculo de Viena.

[43] STRECK, Lenio. **Dicionário de Hermenêutica: quarenta temas fundamentais de Teoria do Direito à luz da Crítica Hermenêutica do Direito**. Belo Horizonte: Casa do Direito, 2a edição, 2020, p. 18. Para uma boa síntese do argumento do *semantic sting*, desenvolvido anteriormente em *Law's Empire*, ver DWORKIN, Ronald. **Justice in Robes**. Cambridge: The Belknap Press, 2006, p. 225.

Kelsen tem um tributo epistemológico principalmente com Rudolf Carnap e isso fica muito claro quando escolhe fazer ciência apenas na ordem das proposições jurídicas (ciência), deixando de lado o espaço da "realização concreta do Direito". Com efeito, para Carnap, apenas a sintaxe e a semântica eram as dimensões da linguagem que interessavam ao labor filosófico. A pragmática, lócus dos valores e da ideologia, estava excluída da filosofia. Kelsen, portanto, privilegiou, em seus esforços teóricos, as dimensões semânticas e sintáticas dos enunciados jurídicos, deixando a pragmática para um segundo plano: o da discricionariedade do intérprete. Indubitavelmente, Kelsen já havia superado o positivismo exegético, mas abandonou o principal problema do Direito: a interpretação concreta, no nível da "aplicação". E nisso reside a "maldição" de sua tese. Não foi bem entendido quando ainda hoje se pensa que, para ele, o juiz deve fazer uma interpretação "pura da lei". Esta, talvez, seja a parte mais mal compreendida da *Teoria Pura do Direito*. A sua pureza nunca esteve na lei e, sim, na ciência descritiva do Direito.

Na verdade, Kelsen é o corifeu radical do normativismo jurídico, porque concebe o Direito como um conjunto de normas jurídicas. Eleva a imputação ao seu mais alto grau. Reelabora, desse modo, a tradição positivista dominante até então. O Direito não está composto somente de leis (normas), mas é um conceito mais amplo. Por isso ele faz uma concessão, deixando de lado a preocupação com a interpretação e com a decisão, rendendo-se ao fato de que o juiz também produz normas. Na teoria kelseniana, isso se torna lógico e evidente: para manter a separação entre Direito e Ciência do Direito, ele tem de aceitar que a aplicação do Direito é um ato de política jurídica, envolvendo moral, política, ideologia, enfim, admitindo que, no plano da aplicação, o juiz realiza um ato de vontade.

É preciso compreender, em síntese, que, enquanto as demais teorias positivistas tratavam diretamente da lei, Kelsen deu um salto e preferiu tratar do discurso científico sobre a lei e o Direito.

Com efeito, o positivismo jurídico de Kelsen, enquanto método de compreensão do fenômeno jurídico, pretendeu criar uma ciência – emulando a metodologia das ciências empíricas tradicionais – que garantisse objetividade e certeza na aplicação de normas jurídicas, impondo, assim, fosse o direito purificado daqueles elementos caracterizados como ideológicos, morais ou filosóficos, os quais representariam, para ele, mera apreciação subjetiva, individual e contingente de como a conduta humana deveria ou poderia ser regulada na perspectiva pré-jurídica de cada pessoa. De outro lado, ele assume que o conteúdo de determinada norma jurídica é sempre concretizado por meio da manifestação de um ato de vontade daquele autorizado (i.e., competente) para a produção do dever-se particular que atribuirá sentido objetivo à conduta humana[44]. Portanto, deve-se compreender, aqui, a norma jurídica como uma espécie de moldura[45], dentro da qual, aquele investido de competência, poderá preencher o seu conteúdo específico por meio de um ato de vontade, não existindo qualquer opção interpretativa que possa ser definida como sendo, aprioristicamente, correta[46].

Ocorre que, ao considerar a interpretação de normas jurídicas que deverão ser aplicadas a casos concretos, Kelsen reconhece, expressamente, a possibilidade de o aplicador do direito, por meio do seu ato de vontade, concretizar o direito fora da moldura normativa que deveria regular objetivamente a conduta humana. Tal fato, empiricamente considerado, por óbvio, não se pode negar que seja possível de ocorrer (*i.e.*, é possível, empiricamente, que o juiz julgue determinado caso de modo contrário aos limites textuais de determina a lei e é possível que seja eficaz tal decisão particular contrária aos significados mínimos que podem ser extraídos de um dispositivo legal). No entanto, tal decisão judicial que foi tomada *"fora da moldura normativa"* e que veio a ser, concretamente, eficaz, deverá ser considerada como parte integrante da ordem jurídica,

[44] *"Der vollziehende Rechtsakt kann so gestaltet werden, dass er der einen oder der anderen der verschiedenen sprachlichen Bedeutungen der Rechtsnorm, dass er dem irgendwie festzustellenden Willen des Normsetzers oder aber dem von ihm gewählten Ausdruck, dass er der einen oder der anderen der beiden einander widersprechenden Normen gegenseitig aufgehoben hätten."* (KELSEN, Hans. **Reine Rechtslehre**. Alemanha: Mohr Siebeck, 2008, p. 104).

[45] *"Dass ein richterliches Urteil im Gesetz begründet ist, bedeutet in Wahrheit nichts anderes, als dass es sich innerhalb des Rahmens halt, den das Gesetz darstellt, bedeutet nicht, dass es die, sondern nur, dass es eine der individuellen Normen ist, die innerhalb des Rahmens der generellen Norm möglich sind."* (KELSEN, Hans. **Reine Rechtslehre**. Alemanha: Mohr Siebeck, 2008, p. 105).

[46] *"Die Frage, welche der im Rahmen einer Norm gegebenen Möglichkeiten die 'richtige' ist, ist ... überhaupt keine Frage der auf das positive Recht gerichteten Erkenntnis, ist kein rechtstheoretisches, sondern ein rechtspolitisches problem."* (KELSEN, Hans. **Reine Rechtslehre**. Alemanha: Mohr Siebeck, 2008, p. 108.

considerada, pois, como válida e como compatível com a norma fundamental. Temos, desse modo, o direito sendo legitimado por meio de atos individuais arbitrários e incontroláveis por qualquer critério racional, o que acaba legitimando todo e qualquer tipo de exercício de poder que seja dotado de eficácia, conforme vemos no seguinte excerto representativo do pensamento kelseniano:

> *"Segundo o Direito dos Estados totalitários, o governo tem poder para encerrar em campos de concentração, forçar a quaisquer trabalhos e até matar indivíduos de opinião, religião ou raça indesejável. Podemos condenar com a maior veemência tais medidas, mas o que não podemos é considerá-las como situando-se fora da ordem jurídica desses Estados."* [47]

Como se vê, portanto, o positivismo de Kelsen acaba quebrando a sua promessa de fornecer uma metodologia de aplicação do direito que garantiria certeza, segurança e previsibilidade, frustrando, assim, as expectativas daqueles que poderiam esperar a concretização de um ideal de objetividade jurídica, mesmo que formal, e que estivessem dispostos a abrir mão de qualquer compreensão do fenômeno jurídico que tivesse alguma pretensão axiológica.

Por fim, para Kelsen, a validade objetiva do ordenamento jurídico está, em última instância, absolutamente apegada à ideia de uma norma fundamental (*Grundnorm*), a qual, em seus próprios termos, é pressuposta, hipotética, meramente intelectual e condicional à aceitação daquele que deseja especular sobre a vinculação do sistema jurídico vigente[48]. Ocorre que a norma fundamental tem a sua própria validade definida não por um conteúdo jurídico que pudesse ser considerado predeterminado ou

[47] **Teoria Pura do Direito**, op. cit., p. 44.

[48] Impõe-se destacar, porém, que a norma fundamental não possui definição uniforme dentro da própria obra kelseniana, já que, em uma primeira fase do pensamento de KELSEN, é considerada como pressuposta (**Teoria Pura do Direito**: São Paulo, Martins Fontes, 2000, p. 222), passando, porém, a ser definida, em um segundo momento, como mera ficção (**Teoria Geral das Normas**. Porto Alegre: Sergio Antonio Fabris, 1986, p. 328). Para uma compreensão mais aprofundada sobre o tópico, vide: BARZOTTO, Luis Fernando. **O Positivismo Jurídico Contemporâneo**: Uma introdução a Kelsen, Ross e Hart. São Leopoldo/RS, Unisinos, 1999.

pré-convencional, mas apenas pela pressuposição de que a Constituição vigente em uma comunidade específica deve ser obedecida por aqueles submetidos a esse sistema jurídico, sendo essa a primeira norma jurídica em sentido pleno (*i.e*, considerada como norma positivada) que garantiria um sentido objetivo a todas as demais normas jurídicas inferiores, válidas e vigentes naquele contexto jurídico. Com efeito, toda legitimação do Direito fiar-se-ia apenas na hipótese de uma validade objetiva da ordem jurídica vigente, a qual, por sua vez, se sustentaria na mera pressuposição de que a Constituição deveria ser obedecida pelos seus respectivos destinatários. Assim apresentada a última instância de legitimação e de objetivação do direito, só restaria a Kelsen sustentar que qualquer ordenamento coercitivo eficaz deveria ser considerado como direito válido, na medida em que a aceitação de uma norma hipotética induziria, de modo intransponível, aquele que acatasse tal ideia normativa a proposição de que "a Constituição deve ser cumprida" e, por consequência, todas as demais normas jurídicas dela derivadas. Desse modo, a suposição da norma fundamental exigiria apenas a constatação e a averiguação de quais normas jurídicas já teriam sido produzidas conforme o sistema jurídico e que já estariam sendo obedecidas em realidade. Ocorre que, com isso, *"cai-se na circularidade apontada: a norma fundamental é válida, e portanto, jurídica, se fundar um ordenamento já considerado como jurídico, e portanto, válido."*[49]

Como se vê, portanto, toda a busca por uma resposta objetiva à pergunta *"porque cumprimos normas jurídicas que estão em vigor em um determinado contexto jurídico"* acaba culminando em uma argumentação circular, na medida em que o primeiro pressuposto de tal justificação é representado por uma petição de princípio que exige a aceitação de uma norma hipotética que simplesmente afirma que *"devemos cumprir os comandos que hoje já são cumpridos"*, mesmo que isso se dê por imposição de força por parte de um ente estatal.

[49] Barzotto, Luis Fernando. **O Positivismo jurídico contemporâneo – Uma introdução a Kelsen, Ross e Hart.** Unisinos: 2000, p. 71.

4. A complexidade metaética da teoria pura do direito

4.1. Fases do pensamento kelseniano

O objetivo central deste artigo é o de identificar os diferentes níveis metaéticos que se fazem presentes no positivismo jurídico elaborado por KELSEN, em especial na sua obra *Reine Rechtslehre.* Ocorre que, conforme já destacado, o pensamento kelseniano não pode ser definido apenas por meio do seu enquadramento genérico nas categorias metaéticas do não cognitivismo ou do cognitivismo moral. Isso porque a **proposta teórica de Kelsen não se desenvolveu de modo homogêneo e linear no tempo, tendo ela recebido a influência de múltiplas tradições filosóficas (como já analisado no tópico 3), as quais, gradualmente, foram sendo incorporadas em seu pensamento, de acordo com cada fase de sua produção intelectual.**

Stanley Paulson, um dos mais conhecidos e respeitados intérpretes de Kelsen, organiza, de forma bastante didática, as três fases que dividiriam o pensamento kelseniano, tendo em vista, precisamente, as influências filosóficas que inspiraram a construção da sua versão de positivismo jurídico[50], sendo elas[51]:

- ***(a) Fase do construtivismo crítico* (1911-21), na qual predomina a demonstração de que é inviável toda tentativa de se fundamentar o fenômeno jurídico com base em meros fatos brutos ou em um sistema moral específico ou, ainda, em Deus;**
- ***(b) Fase clássica* (1921-1960): período amplo no qual são formulados os conceitos que dão formato ao pensamento kelseniano, na versão em que esse, normalmente, é conhecido. Nessa fase, formula KELSEN, com maior clareza, as suas conhecidas teses da normatividade, da unidade do sistema jurídico e da separação do direito em relação à moral, as quais formam um período de forte inspiração kantiana. Nessa mesma fase,**

[50] **PAULSON, Stanley L. *Normativity and Norms: Critical Perspectives on Kelsenian Themes.* Reino Unido: Oxford University Press, 1999, pp. XXV-XXXV.**

[51] Para detalhamento desse ponto vide FERREIRA NETO, Arthur Maria. **Metaética e a fundamentação do direito.** São Paulo: Almedina, 2ª edição, 2020, pp. 212/226.

porém, identifica PAULSON um período híbrido mais tardio, no qual KELSEN, sem abandonar a influência kantiana, flerta com o empirismo de HUME – como, por exemplo, na adoção da sua doutrina da causalidade – e com as posturas analíticas – como se vê, no seu interesse pelo estudo das proposições jurídicas (*Rechtssatz*) e da influência da lógica no Direito –; e

(c) *Fase cética* (1960-1973): período em que KELSEN abandona toda a inspiração kantiana que estava presente nas fases anteriores, abdicando de qualquer tipo de busca por objetividade no direito e assumindo uma postura, eminentemente, voluntarista de justificação do fenômeno jurídico.

É precisamente a partir dessa complexa (mas não necessariamente coerente) evolução de pensamento, a qual apresenta diferentes camadas de explicação e justificação do fenômeno jurídico, é que se torna possível identificar os pressupostos metaéticos presentes na Teoria Pura do Direito.

Segundo Paulson, o positivismo jurídico kelseniano, em razão da sua já referida complexidade, somente pode ser adequadamente compreendido a partir de uma dupla dimensão metaética. Isso porque a teoria kelseniana conviveria com uma dualidade de influências filosóficas que direcionariam a sua compreensão sobre juízos morais e sobre juízos teóricos, sendo que os primeiros seriam explicados seguindo inspiração nietzschiana[52], enquanto que os segundos trilhariam definição de viés kantiana. É por isso que, de acordo com a tese da normatividade sustentada por Kelsen, a moralidade não pode ser jamais objeto de conhecimento científico (*i.e.*, verificável empiricamente), na medida em que valores seriam sempre subjetivos, emocionais ou arbitrários. De outro lado, a estrutura normativa

[52] Segundo FINNIS, os defensores do positivismo são, mesmo que inconscientemente, seguidores de NIETZSCHE, já que reduzem a ética, a política e o direito à busca por uma *"genealogia"*, ou seja, o resgate histórico ou psicológico das fontes que dão origem aos padrões éticos, políticos e jurídicos (FINNIS, John. **A Grand Tour of Legal Theory.** In Philosophy of Law – Collected Essays: Volume IV. Reino Unido: Orxford University Press, 2011, p. 99).

do direito vigente pode, sim, ser passível de cognição objetiva, desde que os dados que são relevantes ao direito (*e.g.*, as lei positivas, as decisões judiciais etc...) sejam analisados apenas com base nas condições formais do seu conhecimento (aí localizada a forte inspiração kantiana de Kelsen), ou seja, a estruturação normativa que esses dados podem revelar[53]. Com base em tais considerações iniciais de Paulson, o positivismo jurídico de Kelsen pode ser compreendido, em termos metaéticos, como sendo uma forma de não cognitivismo em relação a juízos morais e, simultaneamente, uma forma de cognitivismo em relação ao conhecimento objetivo e descritivo das normas jurídicas positivas e vigentes.

Ocorre que, em se apreciando com maior atenção os elementos que compõem as principais teses defendidas por Kelsen em seu Teoria Pura do Direito, percebe-se que essa dualidade metaética deixa sem adequada consideração a dimensão interpretativa e aplicativa do pensamento kelseniano. Exatamente por isso, indo além da proposta de Paulson, pretendemos aqui identificar três distintos níveis metaéticos que fixam os pressupostos do pensamento de Kelsen, quais sejam:

- ***(a)*** **morais (relacionados à natureza dos juízos de valor que, invariavelmente, penetram no Direito, dando conteúdo às normas jurídicas);**
- ***(b)*** **epistêmico-teóricos (relacionados à natureza dos juízos de cognição teórica do Direito, enquanto objeto de estudo da ciência jurídica); e**
- ***(c)*** **aplicativo-decisórios (relacionados à natureza dos juízos de interpretação contingente do Direito, envolvendo a definição concreta do sentido normativo que irá regular o caso concreto).**

Pois bem, vejamos, em detalhes, cada um desses níveis metaéticos.

53 *"Die Rechtstheorie wird so zu einer von allem ethisch-politischen Werturteil befreiten, möglichst exakten Strukturanalyse des positive Rechts."* (Kelsen, Hans. **Reine Rechtslehre**. Alemanha: Mohr Siebeck, 2008, p. 72).

4.2. Os três níveis metaéticos da teoria pura do direito

4.2.1. Não cognitivismo moral

Como visto no tópico 2, o não cognitivismo moral nega ser possível ao ser humano conhecer, produzir e comunicar juízos de valor que possam ser considerados – em qualquer sentido relevante – verdadeiros e objetivos, na medida em que a ação humana é sempre motivada por meio de expressões de sentimentos ou atitudes emocionais que cada indivíduo internamente possui, inexistindo qualquer critério objetivo (ou mesmo intersubjetivo) que possa ser invocado para controlar, prever ou mensurar esses sentimentos morais. Exatamente por isso, qualquer juízo de valor (*i.e.*, enunciações que se valham de termos morais como certo/errado, bom/ruim ou justo/injusto) somente pode ser definido e compreendido como sendo fruto de manifestações irracionais do arbítrio do agente, razão pela qual o conteúdo concreto da ação humana somente será passível de descrição e será considerado mero produto gerado a partir de tendências socioculturais ou das preferências psicológicas daquele sujeito que está agindo aqui e agora. Assim, para o não cognitivista, a ação humana não pode jamais ser analisada nem avaliada no seu mérito – como sendo boa ou ruim nem como melhor ou pior –, mas apenas pode ser atestada como tendo sido desejada por alguém, o que, por isso só, já justificaria o fato dela ter sido praticada.

Partindo-se dessas considerações, percebe-se, com clareza, que o não-cognitivismo moral seria uma marca distintiva do positivismo jurídico de Kelsen, seja enquanto uma pressuposição teórica, ou como uma consequência prática de uma teoria apenas descritiva. Kelsen não acreditava na possibilidade de juízos morais objetivos, assim, tão somente seria possível fazer ciência no Direito, se a moralidade fosse apartada. Dessa forma, o seu relativismo moral teve repercussões na construção do seu empreendimento teórico. Contudo, como à ciência caberia apenas descrever de modo não valorativo os fenômenos, ele desenvolveu a sua Teoria Pura como se o Direito não sofresse qualquer influxo necessário de elementos da moralidade e sem maiores preocupações com a racionalidade prática ínsita ao fenômeno jurídico. Precisamente por isso, a sua descrição do fenômeno jurídico acaba revelando a sua tendência emotivista/expressivista em termos metaéticos, o que pode ser reconduzido a uma concepção nietzschiana de valores morais. Dois famosos excertos da obra de Kelsen permitem identificar os seus elementos emotivistas na definição do conteúdo valorativo que uma norma jurídica irá, de modo contingente, receber:

> *"Na medida em que as normas constituem o fundamento dos juízos de valor são estabelecidas por atos de uma vontade humana, e não de uma vontade supra-humana, os valores através delas construídos são* ***arbitrários****. (...) Por isso, as normas legisladas pelos homens – e não por uma autoridade supra-humana – apenas constituem valores relativos (...) A tese, rejeitada pela Teoria Pura do Direito, mas muito espalhada na jurisprudência tradicional, de que o Direito, segundo a sua própria essência, deve ser moral, de que uma ordem social imoral não é Direito,* ***pressupõe, porém, uma Moral absoluta, isto é, uma Moral válida em todos os tempos e em toda a parte****."*[54] (grifou-se)

> *"O problema dos valores é, antes de tudo, o problema dos conflitos de valores. E esse problema não poderá ser solucionado com os meios do conhecimento racional. A resposta às questões que aqui se apresenta é sempre um juízo, o qual, em última instância, é determinado por* ***fatores emocionais e possui, portanto, um caráter subjetivo****. Isso significa que o juízo só é válido para o sujeito que julga, sendo, nesse sentido, relativo. (..) É pura e simplesmente impossível decidir de modo racional-científico entre dois juízos de valor em que se fundamentam essas concepções contraditórias. Em última análise, é nosso sentimento, nossa vontade e não nossa razão, é o elemento emocional e não o racional de nossa atividade consciente que soluciona o conflito."*[55] (grifou-se)

O não cognitivismo moral de Kelsen, porém, não pode passar imune à crítica.

[54] **Teoria Pura do Direito:** São Paulo, Martins Fontes, 2000, pp. 19 e 78.

[55] KELSEN, Hans. **O que é a Justiça?** São Paulo: Martins Fontes, 2001, p. 4/5. *"Das Problem der Wert ist vor allem und in erster Linie das Problem der Wertkonflikte. Und dieses Problem kann nicht mit den Mitteln rationaler Erkenntnis gelöst werden. Die Antwort auf die sich hier ergebenden Fragen ist stets ein Urteil, das in letzter Linie von emotionalen Faktoren bestimmt wird und daher einen höchst subjektiven Charakter hat. Das heisst, dass es gültig nur ist für das urteilende Subjekt und in diesem Sinn relative."* (KELSEN, Hans. **Was ist Gerechtigkeit?**. Alemanha: Philipp Reclam, 2000, p. 15).

Isso porque, se juízos de valor que estarão presentes na formação do conteúdo das normas jurídicas não podem ser compreendidos nem comunicados com base em qualquer elemento minimamente objetivo, nada pode ser feito para impedir ou mesmo criticar o ingresso no sistema jurídico de eventual conteúdo axiológico manifestamente perverso ou absurdo. Até se poderia identificar esse tipo de ocorrência como a manifestação de um fenômeno empírico, o qual poderia ser tido, por alguém, como algo até indesejável ou desagradável, mas, uma vez absorvido pelo direito tal conteúdo de valor por meio de ato de vontade de uma autoridade competente, nada restaria ao operador do direito efetivamente fazer. A sua reprovação acerca do mérito de norma jurídica perversa ou absurda não passaria de uma manifestação emocional, a qual não seria capaz de fornecer nenhuma real inteligibilidade a essa prática jurídica absurda ou perversa.

Tal leitura é expressamente acolhida por Kelsen no seu Teoria Pura[56], sendo que, para ele, o problema de normas jurídicas com conteúdo manifestamente injusto não deveria ser preocupação do profissional do direito, já que representaria elemento estranho ao objeto de uma teoria, verdadeiramente, científica aplicada ao direito.

Diante disso, o não cognitivismo moral, aplicado ao conhecimento dos valores que fornecem conteúdo material ao direito, acaba pavimentando o caminho para um outro tipo de não cognitivismo, mas agora relacionado à intepretação e à aplicação concreta do direito, o que se dá por meio dos atos decisórios tomados por aqueles agentes públicos investidos de poder para a resolução de conflitos concretos surgidos na sociedade. Essas decisões jurídicas, porém, sendo gestadas em um ambiente de não cognitivismo moral, também estarão fundamentadas em puros atos de vontade desses indivíduos, os quais assumem a tarefa de atribuir sentido particular às normas jurídicas por meio do seu arbítrio ou das suas preferências pessoais, o que, ao fim e ao cabo, acaba privando a prática jurídica de qualquer elemento de controlabilidade e de inteligibilidade. Aqui,

[56] *"Eine norm kann auch einen sinnlosen Inhalt haben. Dann ist aber keine Interpretation imstande, ihr einen Sinn abzugewinnen. Denn durch Interpretation kann aus seiner Norm nicht herausgeholt werden, was nicht schon vorher in ihr enthalten war."* (KELSEN, Hans. **Reine Rechtslehre**. Alemanha: Mohr Siebeck, 2008, p. 114).

portanto, encontraremos o terceiro nível metaético do Teoria Pura do Direito, o qual será analisado no último tópico deste artigo.

4.2.2. Cognitivismo científico-normativo

Já no nível da ciência jurídica, Kelsen é um cognitivista epistêmico, porque acredita na possibilidade de conhecermos aquilo que as normas jurídicas prescrevem.

O cognitivismo epistêmico pressupõe que o fenômeno jurídico possa ser fundamentado de forma objetiva, exclusivamente, com base na sua dimensão deontológica, de modo que o fundamento último do direito exigiria apenas a compreensão do papel que a norma – estruturalmente considerada – exerce sobre as nossas práticas. O fenômeno jurídico torna-se inteligível tão somente com base na forma como se justifica a produção válida de uma norma jurídica, a qual se legitima tão somente com base na compatibilidade que essa manifesta perante outra norma ou diante do sistema normativo como um todo[57]. De acordo com essa concepção, juridicidade é sinônimo de normatividade positiva[58].

Em uma concepção normativista, portanto, o direito representa todo e qualquer agregado de comandos que são produzidos por meio de um determinado procedimento que atribui a eles o *status* vinculante no que diz respeito à ação humana, justificando-os, por meio desse processo, como partes integrantes de um único sistema normativo também considerado, em si, válido. O direito compreendido como mero catálogo de regras não possui, pois, qualquer dimensão material nem ontológica que fundamente, de modo necessário, a sua existência[59].

É exatamente por causa desse pressuposto cognitivista – referente apenas às normas jurídicas – que Kelsen define o direito como sendo uma

[57] *"Die Rechtsnorm wird zum Rechtssatz, der die Grundform des Gesetzes aufweist."* (KELSEN, Hans. **Reine Rechtslehre**. Alemanha: Mohr Siebeck, 2008, p. 34).

[58] *"The only source of normativity, and therefore of the normativity of a particular norm, is positivity, that is, the actual willing of that norm by a superior; reason, even the rationality of logic and uncontroversial legal reasoning by subsumption of facts under rules, can never substitute for will".* (FINNIS, John. **A Grand Tour of Legal Theory.** In Philosophy of Law – Collected Essays: Volume IV. Reino Unido: Orxford University Press, 2011, p. 100)

[59] VOEGELIN, Eric. **The nature of Law and related legal writings, in The Collected works of Eric Voegelin – Volume 27**. EUA: Lousiana State University Press: 1991, p. 30.

ordem normativa que atribui sentido objetivo à conduta humana, sendo que a norma não será captada por meio de um juízo prático compreendido por meio da sua função de representação de uma realidade nem com base na sua função de afetação do agente submetido a tal comando. Na verdade, para Kelsen, a estrutura da norma projeta apenas algo que DEVE-ser (*Sollen*), ou seja, ela não é a mera representação de um fato que se manifesta na realidade e que impõe aceitação nem é um elemento, em si, motivador do agente a buscar realizar determinado plano de ação, na medida em que apenas projeta uma prescrição que é capaz de direcionar o agente a uma consequência possível e desejada pelo legislador[60]. O que motiva o agente não é o conteúdo prescritivo da norma, mas, na verdade, o receio de receber a carga sancionatória que está atrelada à prescrição desejada pelo legislador[61].

Assim, para KELSEN, *"a sua conduta tem um valor positivo ou negativo, **não por ser desejada ou querida** – ela mesma ou a conduta oposta –, mas porque é conforme a uma norma ou a contradiz."*

Em termos metaéticos, isso significa dizer que, para o cognitivismo científico-normativo, apenas a estrutura da norma pode ser conhecida e compreendida em sentido objetivo, tendo em vista, exclusivamente, a função de direcionamento do juízo prático que analisará a ação a ser realizada com base em tal comando positivado por outrem.

Com efeito, o que atribui objetividade a determinado sentido subjetivo de um ato de vontade (a dimensão não cognitivista do positivismo jurídico, como se viu) é o fato de existir uma norma jurídica que preveja, abstratamente, um determinado fato, agregando a ele determinado conteúdo valorativo, o qual deverá prescrever como o agente deve se comportar naquele contexto (caso realize com sucesso um juízo prático que

[60] *"... so bedeutet dieses 'Sollen' – als Kategorie des Rechts – nur den spezifischen Sinn, in dem Rechtsbedingung und Rechtsfolge im Rechtssatz zusammengehören. Diese Kategorie des Rechts hat... eine rein formalen Charakter. Sie bleibt anwendbar, welchen Inhalt immer die so verknüpften Tatbestände haben, welcher Art immer die als Recht zu begreifenden Akte sein mögen. Keiner gesellschaftlichen Wirklichkeit kann wegen ihrer inhaltlichen Gestaltung die Vereinbarkeit mit dieser Rechtskategorie bestritten werden."* (KELSEN, Hans. **Reine Rechtslehre**. Alemanha: Mohr Siebeck, 2008, p. 36).

[61] Vide item **Das Recht als Zwangsnorm.** (KELSEN, Hans. **Reine Rechtslehre**. Alemanha: Mohr Siebeck, 2008, p. 37)

o direciona àquele resultado). Diante disso, uma conduta humana que pode ser percebida como o sentido subjetivo de um ato de vontade por ser compreendida como dotada de objetividade quando seu conteúdo for concordante com aquele previsto em uma norma jurídica

Por fim, a adoção do cognitivismo científico normativo assume como corolário natural do seu projeto teórico a adoção de um formalismo metodológico que é aplicado na fundamentação e na objetivação do direito. De acordo com tal postura, a análise do fenômeno jurídico pressupõe tão somente seja compreendido o processo de feitura dos atos normativos, exigindo, para a análise de sua legitimação, apenas a averiguação da compatibilidade da norma sendo produzida com aquelas que já se encontram em vigor. Conforme já destacado, relega-se a um segundo plano – ou, talvez, ao esquecimento – os problemas relacionados com propósitos materiais que se buscam promover por meio do direito.

Para sustentar tal projeto, como já se viu, o normativismo tende a fragmentar o espaço social no qual age o ser humano, separando a realidade (o plano do ser) do espaço intelectual em que deve ser pensada a coletânea de normas válidas (o plano do dever-ser) que serão aplicadas na regulação dos conflitos, sendo que, nesse processo, uma esfera não pode predeterminar a outra, sendo a faticidade mero elemento hipotético – totalmente manipulável – da estrutura normativa[62]. O direito, em si considerado, portanto, não possui fins materiais a serem promovidos, mas possui apenas *"pontos de imputação abstratos"*[63], os quais são, autonomamente, indicados pela norma jurídica, independentemente de fins que subjazem tais relações jurídicas.

Portanto, é o dever ser que dá sentido ao ser. Não há mal em si, diz Kelsen. Matar não é bom, nem ruim. É apenas proibido ou permitido. A norma fundamental proposta por Kelsen é o fundamento último do seu cogniti-

[62] *"Normatividade e faticidade são 'planos inteiramente distintos'; o dever-ser permanece intocado pelo ser e conserva a sua esfera inviolável para o pensamento normativista, ao passo que na realidade concreta todas as distinções de direito e não-direito, ordem e desordem se transformam, do ponto de vista normativista, em pressupostos materiais da aplicação da norma."* (Schmitt, Carl. **Sobre os três tipos de pensamento jurídico**. *In* Macedo Jr., Ronaldo Porto. **Carl Schmitt e a fundamentação do Direito**. São Paulo: Max Limonad, 2001, p. 173)

[63] Schmitt, Carl. **Sobre os três tipos de pensamento jurídico**. *In* Macedo Jr., Ronaldo Porto. **Carl Schmitt e a fundamentação do Direito**. São Paulo: Max Limonad, 2001, p. 177.

vismo epistêmico. Esse cognitivismo – epistêmico – está assentado em uma imputação, e não em uma relação de causalidade. Para ingressar no ordenamento, uma norma tem de passar por esse filtro. Mas uma vez incorporado como Direito, já não haverá juízo moral por parte do cientista. Como a própria realidade já é um conglomerado entre descrição e prescrição (ex.: uma briga entre duas pessoas não é apenas o braço em direção ao rosto do outro), Kelsen fugiu da realidade para construir uma ciência jurídica. Isto é, construiu seu próprio objeto de conhecimento – a ciência jurídica.

4.2.3. Não cognitivismo aplicativo-decisório

Como já visto, sendo a validade do Direito verificada por meio de um critério fático amoral – em termos de metaética, ou seja, um não cognitivismo –, mesmo que certos imperativos jurídicos contenham padrões morais, a sua normatividade seria decorrente dos fatos sociais e não de seu conteúdo.

Para o positivismo de Kelsen, a separação entre a "Moral" e o "Direito" seria justamente a necessidade de se diferenciar juízos jurídicos válidos, dotados de objetividade e passíveis de verificação (e objeto de descrição) de juízos morais, que não seriam dotados de qualquer força cogente e que seriam, necessariamente, manifestações pessoais ou meramente opinativas. Seria apenas por meio da demarcação precisa dessas duas esferas que se tornaria possível o desenvolvimento, com segurança, de uma ciência do Direito. Isso porque a "Moral", diferentemente do "Direito", não seria capaz de atribuir sentido objetivo para a conduta humana, na medida em que, conceitualmente, um juízo moral representaria apenas projeção de uma crença subjetiva sobre o mundo. E não prezar por esse tipo de objetividade – defendem os separatistas – é aceitar o risco anárquico de termos uma completa inobservância das proposições jurídicas válidas, na medida em que o Direito poderia ser, constantemente, desobedecido ao simples argumento de que ele estaria sempre aquém do que seria, verdadeiramente, moral ou justo, conclui.

Assim, ainda que houvesse uma autorização normativa para que uma pauta moral fosse utilizada como fundamento de uma determinada decisão jurídica, esta, excepcionalmente, apenas possibilitaria que num caso específico o juiz possa ir além do próprio Direito. Deste modo, inexistiria qualquer vinculação conceitual necessária entre Direito e Moral. As normas jurídicas seriam entendidas como razões excludentes, isto é, em seu cumprimento afastariam razões provenientes de outros sistemas normativos como o da Moral, por exemplo.

Por essa razão, em um terceiro nível metaético, Kelsen pode ser considerado um não-cognitivista em termos de política jurídica, ou seja, no plano da interpretação e da aplicação do Direito pelos juízes (em que o positivismo jurídico se aproxima bastante do empirismo jurídico). Isto porque, no ato de interpretação de um órgão aplicador, a definição de sentido vincula-se a um ato de vontade suspenso no espaço e no tempo. Essa definição, diz Kelsen, é produto de um ato de vontade. Nesse ponto, Ferraz Jr. complementa, com precisão, que se trata de um "eu quero" e não de um "eu sei"[64]. E sua força vinculante, a capacidade de o sentido definido ser aceito por todos, repousa na competência do órgão (que pode ser o juiz, o próprio legislador quando interpreta o conteúdo de uma norma constitucional, as partes contratantes, quando num contrato interpretam a lei etc.). Havendo dúvidas sobre o sentido estabelecido, recorre-se a uma autoridade superior até que uma última e decisiva competência o estabeleça definitivamente. A sequência é de um ato de vontade para outro de competência superior.

No entanto, se juízos de valor não podem ser racionalmente analisados nem controlados por meio de nenhum critério objetivo, torna-se impossível explicar qual seria a razão de os operadores do direito insistirem em emitir juízos de valor – sempre com alguma pretensão de objetividade (nunca invocando apenas um "eu quero") – quando pretendem justificar a legitimidade ou a ilegitimidade de uma norma jurídica positiva. Ora, se um juízo de valor não pudesse, em si, agregar qualquer objetividade seria necessário, no mínimo, explicar porque as pessoas insistiriam numa prática ilusória e sem sentido.

Na verdade, mesmo que existam casos periféricos em que determinado raciocínio jurídico seja nebuloso ou de difícil objetivação, na grande maioria das disputas judiciais os argumentos jurídicos que são apresentados pelas partes que estão em polos adversos do litígio jamais são emitidos nem recebidos como sendo mera manifestação sentimental daquele

[64] FERRAZ JR., Tercio Sampaio. Miguel Reale: o filósofo da teoria tridimensional do Direito. **Revista Brasileira de Filosofia**, v. 59, n. 235, p. 39-52, jul./dez. 2010, p. 228.

que o enuncia. Assim, quando um advogado defende que *"o infanticídio é errado e deve ser punido"* ou que *"os prazos processuais devem ser observados pelas partes"*, tais enunciados jamais são pronunciados nem recebidos como sendo apenas a manifestação de uma preferência, sentimento ou opinião daquele profissional do direito. Mesmo que alguém possa discordar desses juízos acerca do direito em vigor, tal discordância jamais será vista como uma preferência subjetiva do advogado que atua como patrono da parte adversa.

Com efeito, esse não cognitivismo aplicativo-decisório no direito simplesmente não dá conta de explicar como utilizamos, ordinariamente, a linguagem jurídica, na qual o sentido concreto que atribuímos às normas jurídicas é sempre evocado e recebido com alguma pretensão de objetividade pelas partes. Portanto, essa postura metaética desconsidera as expectativas legítimas que são geradas àqueles que interpretam e argumentam no Direito, uma vez que sempre que um profissional do direito justifica uma determinada pretensão jurídica esse tem a confiança (ou a esperança) de que seus argumentos possam ser, ao menos, compreendidos e analisados com base em algum tipo de criteriologia objetiva, mesmo por aquele que esteja em uma posição adversa dentro do processo judicial. Se assim não for, toda a prática jurídica não passa de uma fraude ou de uma grande perda de tempo.

Para ilustrar tal ponto, pode-se mencionar o hoje famoso voto do Min. Dias Toffoli no HC 103412/SP em que, por meio de fundamentação de estilo emotivista, recorre à *astrologia* (!) para justificar a necessidade de se conceder liberdade ao paciente naquele caso[65]. Esse exemplo, aliás, não é escolhido de modo aleatório neste artigo que pretende celebrar a obra *Reine Rechtslehre,* uma vez que Kelsen é sempre lembrado como um dos principais jusfilósofos a abertamente defender que

[65] O Senhor Ministro Dias Toffoli: *"Também cumprimento a eminente Relatora pelo profundo voto trazido, e digo que penalizar a cogitação, ou a imaginação ou o pensamento, só Deus pode fazer, e não o homem. Nós não estamos nesta esfera de cognição. Mas verifico, já falando em Deus, que* ***os astros hoje estão alinhados pela concessão das ordens.*** *(...) É por isso que* ***eu acredito em Deus, mas eu acredito também na astrologia. Os astros hoje estão alinhados, em uma conjugação favorável aos pacientes.****"* (STF, HC 103412/SP, Rel. Ministro Dias Toffoli, 19/06/2012 – grifou-se)

o processo de interpretação judicial deve ser entendido como um ato de vontade[66] por meio do qual o juiz preenche, de modo livre e discricionário, o vazio de uma moldura normativa deixada pelo legislador[67], o que, ao final, apenas demonstra que a segurança jurídica não passa de uma ilusão teórica[68].

Conclusões

A Teoria Pura do Direito de Hans Kelsen é um daqueles clássicos da literatura jurídica que merece ser lido e relido infinitas vezes, não só por aqueles interessados em filosofia do direito, mas, especialmente, pelos estudantes dos dias de hoje, tão acostumados a manusearem apenas resumos, manuais e livros que prometem "descomplicar o direito". Exatamente por isso, há um inegável dever de releitura desse clássico, não apenas pela sua importância histórica, mas sim pela constante renovação dos problemas jurídicos que estão postos por Kelsen e que são, por ele, enfrentados com bastante clareza e sistematização, algo cada vez mais raro na dogmática jurídica contemporânea. Esses méritos, ao mesmo tempo, levam alguns a aderirem, com facilidade, a sua proposta teórica, precisamente em razão da simplicidade elegante das estruturas e conceitos desenvolvidos por Kelsen, bem como levam outros a criticá-lo de forma veemente e rigorosa, exatamente porque suas premissas e conclusões estão apresentadas de modo direto e transparente, sem qualquer tipo de artifícios intelectuais que possam obscurecer suas ideias e bloquear o seu acesso àqueles que venham a contrapô-las.

Admirando-se ou não o pensamento kelseniano, ele está longe de ser um artefato arqueológico a ser apreciado, com curiosidade, como se fosse resquício de uma cultura jurídica ultrapassada. Em verdade, os problemas por ele trazidos, envolvendo a objetividade, a validação, a interpre-

[66] Vide item *"38. Die Interpretation als Erkenntnis oder Willensakt"* (Kelsen, Hans. **Reine Rechtslehre**. Alemanha: Mohr Siebeck, 2008, p. 107).

[67] Vide item *"36. Die Norm ein Rahmen, innerhalb dessen mehrere Möglichkeiten der Vollziehung."* (Kelsen, Hans. **Reine Rechtslehre**. Alemanha: Mohr Siebeck, 2008, p. 104).

[68] Vide item *"39. Die Illusion der Rechtssicherheit"* (Kelsen, Hans. **Reine Rechtslehre**. Alemanha: Mohr Siebeck, 2008, p. 109).

tação e a valoração do direito continuam tão (ou mais) problemáticos do eram no século passado.

Por isso, os autores do presente artigo entendem que os avanços mais recentes da Metaética permitem uma reconstrução do positivismo de Kelsen que garantirá uma compreensão mais plena e articulada das suas ideias, especialmente ao dividir esse projeto teórico de purificação do direito em três diferentes níveis metaéticos, quais sejam: o do não cognitivismo moral, o do cognitivismo epistêmico-teórico e o do cognitivismo aplicativo-decisório.

Não há, pois, melhor forma de se celebrar o aniversário de 60 anos de publicação da 2ª edição do *Reine Rechtslehre* do que dar a essa obra um novo verniz teórico, o qual, caso bem sucedido este estudo, pode levar a uma releitura mais aprofundada desse clássico do Direito.

17. O ESTADO FEDERAL NO PENSAMENTO DE KELSEN: NOMODINÂMICA E DESCENTRALIZAÇÃO

LEONAM BAESSO DA SILVA LIZIERO

Aspectos introdutórios

o normativismo defendido por Kelsen em *Teoria Pura do Direito* (*Reine Rechtslehre*) é base de seu pensamento e é sustentado de diversas formas em sua extensa obra. No esmero de conceber o entendimento do direito como ciência, entendimento este que fosse além da atribuição de valores subjetivos na interpretação do jurista, Kelsen propôs diversos aspectos necessários para tornar mais sólido o rigor analítico de seu normativismo.

É incorreto isolar em apenas um aspecto a teoria de Kelsen; sua análise da norma isolada deve ser analisada sempre tendo em vista uma concepção do que era definido por ordenamento jurídico. Em uma visão mais abrangente de seu pensamento, direito e Estado são objetos de conhecimento idênticos. Apesar desta equivalência ficar evidente apenas no Capítulo VI de *Teoria Pura do Direito*, é um conceito essencial para a compreensão de seu normativismo. Deste modo, a concepção de Estado na teoria kelseniana está contida dentro de um campo meramente normativista.

Kelsen, ao negar o dualismo entre Estado e direito (presente em diversas correntes jusnaturalistas e em teoria do positivismo jurídico anteriores a ele), precisou elaborar uma teoria que pudesse explicar os limites do poder estatal sem que isso levasse diretamente a uma fundamentação não jurídica do direito. Neste caso, a concepção que Kelsen trabalha sobre o que é o Estado em sua teoria apresentou rupturas com a então tradicional teoria do Estado.

Dentre os grandes problemas tratados por Kelsen está a definição do Estado como um ordenamento jurídico complexo, bem como diferenciá-lo de outros ordenamentos jurídicos. Especialmente está a proposta de diferenciar o Estado do direito internacional, que não é um Estado, mas nem por isso deixa de ser reconhecido como direito. Este é um dos pontos mais sensíveis e interessantes em sua teoria, que remete diretamente ao desafio de como considerar o direito como não meramente a expressão da vontade do Estado. Apesar de um fator necessário e pretensamente neutro na ordem interna, conceber o direito como resultado de ato de vontade produzido por autoridades do Estado, torna-se ideológico na ordem internacional e cai na dualidade rejeitada pelo autor.

Estática jurídica e dinâmica jurídica

Os conceitos de estática jurídica (*Rechtsstatik*) e dinâmica jurídica (*Rechtsdynamik*) (ou respectivamente, nomoestática e nomodinâmica) são essenciais para a compreensão do pensamento de Hans Kelsen. Ao definir o direito como um conjunto de normas vinculadas entre si em uma relação de validade, Kelsen procura responder à questão entre identificá-lo como uma ordem estática ou dinâmica, dentro de sua classificação sobre as chamadas ordens sociais, dentre as quais o direito seria uma delas dotada de uma técnica coercitiva específica[1].

De acordo com o que Kelsen desenvolve ainda no primeiro capítulo de sua *Teoria Pura do Direito*, há diversas ordens sociais de caráter normativo, que são abstrações e se situam em um plano diverso da realidade percebida por sentidos. Enquanto ser vivente entre semelhantes, o ser humano está sempre regido por uma ou mais ordens sociais. As ordens sociais podem ser entendidas como conjuntos de normas com alguma

[1] Kelsen, Hans. **Teoria Pura do Direito**. Trad. João Baptista Machado. São Paulo: Martins Fontes, 2006, p. 37. Ver também o original em alemão, Reine Rechtslehre. Kelsen escreve expressamente, de modo a não restar dúvidas na tradução brasileira utilizada: "Als Zwangsordnung unterscheidet sich das Recht von anderen Gesellschaftsordnungen. Das Zwangsmoment, das ist der Umstand, daß der von der Ordnung als Folge eines für gesellschaftsschädlich angesehenen Sachverhaltes statuierte Akt auch gegen den Willen des davon betroffenen Menschen und – im Falle des Widerstandes – mit Anwendung physischer Gewalt zu vollstrecken ist, ist das entscheidende Kriterium" (Kelsen, Hans. **Reine Rechtslehre**. Studienausgabe der 2. Tübingen: Mohr Siebeck, 2013, p. 78).

vinculação entre si e que tem como objetivo a geração de expectativa de comportamentos aos seus destinatários. Segundo Kelsen, "a função de qualquer ordem social consiste em obter uma determinada conduta por parte daquele que a esta ordem está subordinado [...] Esta função motivadora é exercida pelas representações das normas que prescrevem ou proíbem determinadas ações humanas"[2].

As ordens sociais formam nesse sentido um conjunto complexo normativo, que podem ou não ser interconectados entre si. A moral e a religião são exemplos de ordens sociais, assim como o direito. Estes três tipos de ordem social são conjuntos de normas que comunicam uma conduta desejável a algum destinatário. Estas normas necessariamente possuem vinculação enquanto conjunto.

O que Kelsen procura demonstrar é a razão pela qual o direito é um tipo de ordem social específica que conceitualmente não se mistura com outras. O direito, por ser uma ordem social com características próprias, requer que ser analisado por uma metodologia específica, de modo a possibilitar a cientificidade de seu conhecimento. Portanto, para ser conhecido cientificamente, a análise do direito não pode ser baseada em subjetividades do intérprete ou mesmo em confusões analíticas com outras ordens.

Veja-se o objetivo da *Teoria Pura do Direito*: a pretensão de "libertar a ciência jurídica de todos os elementos que lhe são estranhos. Esse é o seu princípio metodológico fundamental"[3]. O que pretende o autor é estabelecer uma metodologia de compreensão do direito tendo como o objeto de sua ciência o direito em si, para "evitar um sincretismo metodológico que obscurece a essência da ciência jurídica"[4]. Desta forma, Kelsen não nega uma conexão do direito com outras disciplinas como a ética e a teoria política, o que ele nega é a compreensão do direito com

[2] Kelsen, Hans. **Teoria Pura do Direito**. Trad. João Baptista Machado. São Paulo: Martins Fontes, 2006, p. 26.

[3] Kelsen, Hans. **Teoria Pura do Direito**. Trad. João Baptista Machado. São Paulo: Martins Fontes, 2006, p. 1.

[4] Kelsen, Hans. **Teoria Pura do Direito**. Trad. João Baptista Machado. São Paulo: Martins Fontes, 2006, p. 2.

pressupostos de outros campos do conhecimento. O objeto da ciência jurídica são as normas jurídicas e as relações oriundas dessas normas[5].

Que fique evidente este aspecto da teoria de Kelsen, uma vez que no Brasil por décadas tem sido mal lido e compreendido:

> Quando a Teoria Pura empreende delimitar o conhecimento do Direito em face destas disciplinas, fá-lo não por ignorar ou, muito menos, por negar essa conexão, mas porque intenta evitar um sincretismo metodológico que obscurece a essência da ciência jurídica e dilui os limites que lhe são impostos pela natureza do seu objeto[6].

O conhecimento jurídico destina-se a compreender como o direito é e não como deveria ser. A proposta de Kelsen é bem clara neste quesito: uma compreensão por uma metodologia específica exige, dentro de sua concepção de conhecimento científico, o afastamento das ideologias que obscureceriam o resultado e comprometeriam a identificação do direito em relação a outros campos do conhecimento e, consequentemente, a outras ordens sociais.

A ideologia neste sentido não seria um conhecimento objetivo, mas sim uma expressão baseada em valores subjetivos. Tais valores desviam a atenção do objeto e permitiriam a compreensão de como o sujeito gostaria que ele fosse compreendido e não efetivamente como ele é. A compreensão de um objeto baseada em valores levaria a um conhecimento final falho e, portanto, não científico. Neste ponto, Kelsen determina que o objeto da ciência jurídica deve ser necessariamente o direito positivo

[5] Kelsen, Hans. **Teoria Pura do Direito**. Trad. João Baptista Machado. São Paulo: Martins Fontes, 2006, p. 79.

[6] Kelsen, Hans. **Teoria Pura do Direito**. Trad. João Baptista Machado. São Paulo: Martins Fontes, 2006, p. 2. Para não restar dúvidas acerca dos propósitos da Teoria Pura do Direito, transcreve-se também o mesmo parágrafo no idioma original da obra: "Wenn die Reine Rechtslehre die Erkenntnis des Rechts gegen diese Disziplinen abzugrenzen unternimmt, so nicht etwa darum, weil sie den Zusammenhang ignoriert oder gar leugnet, sondern darum, weil sie einen Methodensynkretismus zu vermeiden sucht, der das Wesen der Rechtswissenschaft verdunkelt und die Schranken verwischt, die ihr durch die Natur ihres Gegenstandes gezogen sind". (Kelsen, Hans. *Reine Rechtslehre*. Studienausgabe der 2. Tübingen: Mohr Siebeck, 2013, p. 22)

(*positiven Rechts*)[7], uma vez que é direito o que efetivamente há no plano do dever-ser (*Sollen*). O dever-ser, segundo Kelsen, "é o sentido subjetivo de todo o ato de vontade de um indivíduo que intencionalmente visa a conduta de outro"[8]. Todavia, nem todo ato de vontade terá objetivamente este sentido. Assim, "somente quando esse ato tem também objetivamente o sentido de dever-ser é que designamos o dever-ser como norma"[9].

Prontamente há uma rejeição da ideia de direito natural ou de justiça como objetos da ciência jurídica porque são juízos que qualificam axiologicamente uma ordem jurídica em detrimento de outra. Kelsen deixa isto evidente já no Prefácio à segunda edição da *Teoria Pura do Direito* de 1960: "O problema da justiça, enquanto problema valorativo, situa-se fora de uma teoria do Direito que se limita à análise do Direito positivo como sendo a realidade jurídica"[10]. Ao se conferir um caráter objetivo ao conhecimento jurídico, há o impedimento de que "se confira ao direito positivo um valor mais elevado do que o que ele possui, identificando-o com um direito ideal, com um direito justo"[11]. Atrelar uma ideologia ao conhecimento do direito resulta necessariamente na justificação política de uma ordem jurídica melhor (ou mais justa) que a outra, ou ainda, sob outra ótica, condicionar a identificação do direito enquanto ordem social à um valor, que dirá o que é e o que não é jurídico. Há uma subjetividade nesta compreensão que a *Teoria Pura do Direito* rejeita prontamente:

> A ciência tem, como conhecimento, a intenção imanente de desvendar o seu objeto. A "ideologia", porém, encobre a realidade enquanto, com a intenção de a conservar, de a defender, a obscurecer ou, com a intenção de a atacar, de

[7] Kelsen, Hans. **Teoria Pura do Direito**. Trad. João Baptista Machado. São Paulo: Martins Fontes, 2006, p. 1.

[8] Kelsen, Hans. **Teoria Pura do Direito**. Trad. João Baptista Machado. São Paulo: Martins Fontes, 2006, p. 8.

[9] Kelsen, Hans. **Teoria Pura do Direito**. Trad. João Baptista Machado. São Paulo: Martins Fontes, 2006, p. 8.

[10] Kelsen, Hans. **Teoria Pura do Direito**. Trad. João Baptista Machado. São Paulo: Martins Fontes, 2006, p. XVIII.

[11] Kelsen, Hans. **Teoria Pura do Direito**. Trad. João Baptista Machado. São Paulo: Martins Fontes, 2006, p.118.

a destruir e de a substituir por outra, a desfigura. Tal ideologia tem sua raiz na vontade, não no conhecimento[12].

O conhecimento jurídico, definido então como o conhecimento que tem como objeto apenas o direito positivo, tem duas teorias básicas: dinâmica e da estática jurídicas. A dinâmica jurídica tem como objeto o movimento do direito, suas regras de criação e modificação. A dinâmica jurídica compreende o direito enquanto objeto em constante transmutação, com normas que estabelecem um procedimento para sua criação e aplicação. Basicamente, o conhecimento necessita da compreensão do ordenamento jurídico como um todo e das relações entre as normas deste ordenamento. Kelsen pormenoriza o estudo da dinâmica jurídica no Capítulo V de sua *Teoria Pura do Direito* e na segunda metade da primeira parte de sua *Teoria Geral do Direito e do Estado.*

Por sua vez, o conhecimento estático se destina à percepção do direito como um sistema de normas que vigoram e seus elementos intrínsecos, como sanção, responsabilidade, direito subjetivo e objetivo, pessoa jurídica etc. Independentemente da ordem em vigor, esses elementos estarão presentes no estudo do direito. Kelsen trata desse assunto no Capítulo IV da *Teoria Pura do Direito* e na primeira metade da primeira parte da *Teoria Geral do Direito e do Estado*, obra na qual ele trabalha esses elementos de forma mais analítica.

O conhecimento jurídico, todavia, não se confunde com seu objeto. O conhecimento jurídico tem os campos estático e dinâmico. O direito em si, como ordem social, não comporta estas duas características, a nonoestaticidade e a nomodinamicidade.

Todas as ordens sociais são constituídas por normas e necessitam estabelecer um sistema entre elas. Não basta um mero aglomerado de normas para quer uma ordem social seja definida como tal; é imprescindível que haja uma compreensão lógica e harmônica entre suas disposições normativas. Do contrário haveria apenas uma massa normativa amorfa que apenas proporcionaria o caos aos seus destinatários. Uma situação de anomia não é causada apenas pela ausência de normas como também

[12] Kelsen, Hans. **Teoria Pura do Direito**. Trad. João Baptista Machado. São Paulo: Martins Fontes, 2006, p.118-119.

pela ausência de um sistema que possa dar a esse conjunto de normas um sentido de ordem.

Todo sistema estabelece relações entre suas normas e, em razão disto, tende a se manter coeso. As ordens sociais são compostas de normas que por sua vez estão vinculadas por algum tipo de relação necessária entre elas. Uma ordem moral e uma ordem jurídica, em suas essências diferentes, não são meros aglomerados normativos, mas efetivos sistemas com normas relacionadas entre pela validade.

Portanto, sistemas de normas, no tocante ao seu fundamento, podem se caracterizar por serem estáticos ou dinâmicos. A validade das normas do primeiro tipo é condicionada pelo seu conteúdo, pelo o que materialmente prescrevem: "porque a sua validade pode ser reconduzida a uma norma cujo conteúdo pode ser subsumido o conteúdo das normas que forma o ordenamento, como o particular ao geral"[13].

Uma ordem social estática é definida como um conjunto de normas em que a relação hierarquizada de validade entre elas se dá em razão de seu conteúdo, do mais particular ao mais geral. Deste modo, uma norma poderia ter sua validade aferida dentro da ordem se for materialmente adequada a um comando mais geral e superior. Um comando com uma determinação qualquer necessitaria de que seu teor estivesse de acordo com uma norma mais geral no sistema para ser considerada como válida. Sua validade é aferível por meio de uma operação intelectual, na qual a norma inferior mais particularizada é extraída de uma norma superior mais geral. A moral é uma ordem social estática. Ela é um conjunto de normas que são válidas porque se coadunam com o conteúdo de uma norma mais geral, sempre com comandos absolutos, não passiveis de modificações dentro do próprio sistema.

A ordem social dinâmica por sua vez é caracterizada por sua mutabilidade em uma perspectiva de o fundamento de validade possibilitar tais alterações, conforme suas próprias previsões. O critério para a validade de um sistema dinâmico é o ato de vontade que produz a norma; mais precisamente, se o emissor da norma é investido como autoridade pelo próprio sistema. A norma é válida, neste caso, porque determinada auto-

[13] Kelsen, Hans. **Teoria Pura do Direito**. Trad. João Baptista Machado. São Paulo: Martins Fontes, 2006, p. 217.

ridade a criou, não porque tem um conteúdo mais particular derivado de uma norma de caráter mais geral. A norma fundamental de uma ordem dinâmica tem a função apenas de fornecer a autoridade para a criação de uma norma hierarquicamente superior ao restante. Para Kelsen, "o tipo dinâmico é caracterizado pelo fato de a norma fundamental não ter por conteúdo senão a instituição de um fato produtor de normas"[14]. Tal dinamicidade é explicada por Simone de Goyard-Fabre:

> Kelsen repete à exaustão: apenas o direito é criador do direito. Em páginas impressionantes, a Teoria pura do direito mostra que o direito não é fruto das volições humanas, mas que cabe às normas do sistema jurídico dar à vontade uma qualificação jurídica e um sentido normativo[15].

Nesse sentido, uma ordem dinâmica tem suas normas validadas em razão da autoridade que as produz, não pelo conteúdo que contém. Uma norma será válida se for produzida por uma autoridade e essa criação normativa precisa ser realizada dentro das especificações de outra norma preexistente que determine o procedimento e a autoridade competente para tal ato. De acordo com Kelsen, o direito seria uma ordem dinâmica, uma vez que sua validade não depende de seu conteúdo e sim da criação da norma por quem tenha o poder jurídico[16]. Desta forma, independentemente do conteúdo da norma jurídica, ela será válida se seu processo de criação estiver devidamente amparado pelo sistema.

A determinação da diferenciação entre uma ordem estática e dinâmica está crucialmente relacionada ao fundamento dessas ordens. O direito, como dinâmico, não pode ter sua validade, condição que permite a harmonia sistêmica, apoiada em fatores externos a ele. Seria no mínimo incongruente que o objeto da ciência jurídica não pudesse ser isolado e identificado como tal, com a validade fundamentada em outro sistema.

[14] KELSEN, Hans. **Teoria Pura do Direito**. Trad. João Baptista Machado. São Paulo: Martins Fontes, 2006, p. 129.

[15] GOYARD-FABRE, Simone. **Os Princípios Filosóficos do Direito Político Moderno**. Tradução de Irene Paternot. São Paulo: Martins Fontes, 1999, p. 257.

[16] KELSEN, Hans. **Teoria Pura do Direito**. Trad. João Baptista Machado. São Paulo: Martins Fontes, 2006, p. 221.

Se seu fundamento não fosse jurídico, haveria a ocorrência de uma abertura do sistema e, consequentemente, uma compreensão não específica do direito pelo método proposto pela Teoria Pura.

Kelsen – fortemente influenciado pelo criticismo kantiano – propõe uma norma fundamental como uma pressuposição epistemológica, cuja função é "fundamentar a validade objetiva de uma ordem jurídica positiva, isto é, das normas postas através de atos de vontade humanos, de uma ordem globalmente eficaz"[17]. Desta forma, esta norma fundamental torna pensável os Constituintes com autoridade necessária para criar a Constituição, norma posta superior que permite a validade de todas as outras normas do ordenamento. Sobre este aspecto da teoria kelseniana, explica Alexy que "uma norma fundamental é uma norma que fundamenta a validade de todas as normas de um sistema jurídico, salvo a própria"[18].

Ao refletir sobre natureza da norma fundamental no direito, Kelsen esclarece que, ao contrário do restante do sistema, a norma fundamental não pode ser posta, uma vez que toda norma posta necessariamente precisa ser produzida por um ato de vontade que por sua obedece a um procedimento estabelecido por outra norma. Isso levaria a um regresso ao infinito, ao se procurar que norma estabeleceria a autoridade para a Constituição de um Estado. Esclarece Kelsen que a busca é "limitada por uma norma mais alta que é o fundamento último de validade de uma norma dentro de um sistema normativo, ao passo que uma causa última ou primeira não tem lugar dentro de um sistema de realidade neutral"[19].

Para tanto, a norma fundamental de um sistema jurídico, que permite uma interpretação objetiva do sentido subjetivo dos atos de vontade, é nada mais que uma pressuposição logico-transcendental, ou seja, não está posta no sistema. Sua função é "fundamentar a validade objetiva de uma ordem jurídica positiva, isto é, das normas, postas através de atos de

[17] KELSEN, Hans. **Teoria Pura do Direito.** Trad. João Baptista Machado. São Paulo: Martins Fontes, 2006, p. 226.

[18] ALEXY, Robert. **Conceito e Validade do Direito**. Trad. Gercélia Mendes. São Paulo: Martins Fontes, 2009, p.114.

[19] KELSEN, Hans. **Teoria Geral do Direito e do Estado**. Trad. Luiz Carlos Borges. São Paulo: Martins Fontes, 2005, p.163.

vontade humanos, de uma ordem coerciva globalmente eficaz, quer dizer: interpretar o sentido subjetivo destes atos como seu sentido objetivo"[20].

Essa concepção do direito enquanto ordem dinâmica se coaduna com a necessária separação conceitual entre direito e moral habitual nas teorias juspositivistas, inclusive o normativismo kelseniano. O direito, compreendido como objeto isolado de outros conhecimentos em uma verificação científica, precisa ser analisado sem juízos de valor e como tal, não pode ter seu fundamento de validade integrado diretamente em um conteúdo determinado[21]. Caso isso ocorresse, não seria possível compreender o direito sem que sua juridicidade estivesse vinculada a um determinado valor político ou ideológico.

A validade de uma norma, conforme o desenvolvimento da argumentação de Kelsen, "não pode ser questionada a pretexto de seu conteúdo ser incompatível com algum valor moral ou político. Uma norma é uma norma jurídica válida em virtude de ter sido criada segundo uma regra definida, e em apenas virtude disso"[22].

O direito, enquanto ordem social constituída por um sistema do tipo dinâmico, tem sua validade condicionada por uma norma fundamental lógica e pressuposta. O dever-ser jurídico está um plano diverso do da realidade do ser vivente. Como abstração, o direito cria todo seu próprio sistema, assim como ele próprio estabelece como deve ser modificado e aplicado. Tais ações jurídicas são possíveis com uma ficção, que no pensamento de Kelsen é equivalente ao próprio direito e que se organiza como uma pessoa em uma relação necessária com a ordem jurídica: o Estado.

Negação da dualidade entre direito e estado no pensamento de Kelsen

Além de toda a importância em Teoria do Direito, Kelsen foi um grande pensador do direito internacional e constitucional, disciplinas que se coadunam umbilicalmente com a Teoria do Estado. Kelsen, entre tantos

[20] KELSEN, Hans. **Teoria Pura do Direito**. Trad. João Baptista Machado. São Paulo: Martins Fontes, 2006, p. 226.

[21] KELSEN, Hans. **Teoria Pura do Direito**. Trad. João Baptista Machado. São Paulo: Martins Fontes, 2006, p. 114.

[22] KELSEN, Hans. **Teoria Pura do Direito**. Trad. João Baptista Machado. São Paulo: Martins Fontes, 2006, p. 166.

paradigmas questionados e rompidos, propõe uma inédita compreensão do Estado como um ente que não pode ser separado do direito; não é uma pessoa moral-artificial que produz o direito e mantém suas atividades políticas dentro de suas diretrizes.

Nesse sentido, Estado (*Staat*) e direito (*Recht*) não são objetos essencialmente diversos ou separáveis, com uma compreensão própria de cada; de encontro às teorias do Estado moderno desenvolvidas desde Hobbes, Kelsen entende que direito e Estado são em essência o mesmo objeto. Estado e direito são um só. O Estado é a ordem jurídica estatal; está contido nela e somente nela, não existe fora do direito, mas apenas nele, porque nele se contém por inteiro.

A separação entre direito e Estado, conforme demonstra Kelsen, tem uma função puramente ideológica: a justificação do Estado pelo direito. O Estado, enquanto pessoa moral, constitui-se em um ser metajurídico que impõe sua legitimidade pelo direito. Seja na justificação de ordens jurídicas liberais ou autoritárias, a separação entre os dois termos constitui pura ideologização da figura estatal. Desta forma, "o Estado é transformado, de um simples fato de poder, em Estado de Direito que se justifica pelo fato de fazer o direito"[23]. Tal paradigma moderno contraria a pluralidade jurídica e concentra a produção e aplicação do direito no Estado, desde Hobbes às teorias do Século XX.

Baseada naquela nova forma de organização política, Hobbes procurou explicá-la como resultado de um contrato hipotético, com pressuposição de uma situação na qual todos os homens eram iguais e viviam em uma constante guerra de todos contra todos, de forma a exercer sua natural liberdade. Com o pacto de submissão de todos os homens com todos os homens, foi possível definir o Estado como uma pessoa "instituída por cada um como autora, de modo a ela poder usar a força e os recursos de todas as maneiras que considerar conveniente, para assegurar a paz e a defesa comum"[24]. Percebe-se que Hobbes, apesar de clamar "direitos naturais" em seus fundamentos, acaba por legitimando uma concepção

[23] Kelsen, Hans. **Teoria Pura do Direito**. Trad. João Baptista Machado. São Paulo: Martins Fontes, 2006, p. 316.

[24] Hobbes, Thomas. **Leviatã**. Tradução de João Paulo Monteiro. São Paulo: Abril Cultural, 1983, p. 106.

de Estado defendido pelos defensores do positivismo jurídico cerca de duzentos anos depois. Ainda o direito legislado para Hobbes nada mais é do que a vontade expressa do Estado.

Montesquieu define o Estado como uma reunião de vontades individuais, sob uma perspectiva geral[25]. Essa ideia também foi desenvolvida por Rousseau, para quem o Estado era formado por "um corpo moral e coletivo, composto de tantos membros quantos são os votos da assembleia, que, por esse mesmo ato, ganha sua unidade, seu eu comum, sua vida e sua vontade"[26]. Por sua vez, o direito enquanto ordem jurídica, chamado de legislação por Rousseau é aquilo que dá o movimento e vontade ao corpo político criado; "as leis não são, propriamente, mais do que as condições da associação civil"[27].

Kelsen demonstra o interesse ideológico contido nessa compreensão desta concepção contratualista: "na verdade, a população de um Estado é está dividida em vários grupos de interesses mais ou menos opostos entre si. A ideologia de um interesse coletivo de estado é usada para ocultar esse inevitável conflito de interesses"[28]. O Estado não pode ser estudado cientificamente com esses pressupostos ideológicos que somente mascaram um interesse de dominação dos grupos mais fracos com uma tendência à uniformização pela ideia de igualdade formal em participação volitiva nas decisões de soberania.

Especialmente na Alemanha novecentista, o conceito de Estado que se justifica pela produção legislativa dá ensejo ao desenvolvimento do caráter formal do Estado de Direito, segundo o qual a legitimidade é condicionada pela ação do poder público apenas nos limites impostos por leis que ele próprio produz, independentemente do conteúdo. Esta concepção reforça o entendimento do ente estatal como única fonte do direito.

[25] MONTESQUIEU, Charles Louis de Secondat, Baron de la Brède et de. **O Espírito das Leis**. Trad. Fernando Henrique Cardoso. Brasília: Editora UnB, 1995, p. 6.

[26] ROUSSEAU, Jean-Jaques. **Do Contrato Social**. Trad. Lourdes Santos Machado. São Paulo: Abril Cultural, 1978, p.33.

[27] ROUSSEAU, Jean-Jaques. **Do Contrato Social**. Trad. Lourdes Santos Machado. São Paulo: Abril Cultural, 1978, p.55.

[28] KELSEN, Hans. **Teoria Geral do Direito e do Estado**. Trad. Luiz Carlos Borges. São Paulo: Martins Fontes, 2005, p. 266.

Na clássica definição de Weber, o Estado "é aquela comunidade humana que, dentro de determinado território – este, o 'território', faz parte da qualidade característica –, reclama para si (com êxito) o monopólio da coação física legítima"[29]. Essa definição contém aqueles elementos que permitem identificar determinada ordem política como um Estado; o monopólio sobre o uso da força, que retirou do ser humano a faculdade da autotutela e a transferiu para os órgãos estatais que exercem a soberania, além do monopólio de criação do direito.

Em conformidade com a teoria weberiana, o direito faz parte de um dos três tipos de legitimidade, o domínio legal, que "tem por fundamento a crença na validade dos regulamentos estabelecidos racionalmente e na legitimidade dos chefes designados pela lei"[30].

Kelsen critica tal compreensão de que o ente estatal é uma personificação separada da ordem jurídica. Em sua crítica à esta concepção sociológica de Estado, é necessário considerar que não há Estado como um fenômeno social: "o conceito sociológico de um padrão efetivo de conduta, orientado para a ordem jurídica, não é um conceito de Estado; ele pressupõe o conceito de Estado, que é um conceito jurídico"[31]. O Estado não pode ser uma pessoa separada da ordem jurídica porque apenas como regulamentação o Estado consegue ser identificado como tal. Não há um ente metafísico superior que é fonte do direito: o próprio direito cria o direito na estrutura estatal, que somente existe quando regulada pelo direito.

Direito e Estado devem ser compreendidos como uma única ordem. A ordem jurídica italiana, por exemplo, não é diferente da Itália enquanto Estado. Não é porque é produzido pela Itália que a ordem jurídica italiana se configura como uma ordem nacional; a Itália em si é sua própria ordem jurídica. O Estado e o direito, enquanto ordem jurídica nacional, não podem ser separados em sua existência. O Estado é formado pelo

[29] WEBER, Max. **Economia e Sociedade**: Fundamentos da Sociologia Compreensiva. Tradução de Régis Barbosa. Brasília: Editora UnB, 1999. p. 526.

[30] FREUND, Julien. **Sociologia de Max Weber**. Rio de Janeiro: Forense Universitária, 2003, p. 167.

[31] KELSEN, Hans. **Teoria Geral do Direito e do Estado**. Trad. Luiz Carlos Borges. São Paulo: Martins Fontes, 2005, p. 272.

direito e precisa ser compreendido enquanto fenômeno normativo antes de uma compreensão sociológica.

Qualquer possiblidade de averiguação científica do comportamento humano em sociedade necessita que seja considerado um determinado critério que oriente suas ações. Ao se questionar o fenômeno social que forma um determinado Estado, antes é necessário supor a existência de uma ordem com caráter coercitivo. Uma vez que o Estado é o ente que detém para si o monopólio do uso da força, o caráter regulamentador deste uso é uma questão a ser considerada previamente ao se pensar no Estado enquanto organização política.

Kelsen, dessa forma, defende que o caráter político desta ordem está contido "no fato de ser uma ordem coercitiva. O Estado é uma organização política por ser uma ordem que regula o uso da força, porque ela monopoliza o uso da força"[32]. E conclui o raciocínio ao afirmar que "o Estado é uma sociedade politicamente organizada porque é uma comunidade constituída por uma ordem coercitiva, e essa ordem é o Direito"[33].

A dualidade entre direito e Estado é categoricamente rejeitada por Kelsen. Ao identificar o Estado como uma ordem jurídica, há necessariamente um ponto seguinte a se considerar: Como é possível explicar o direito como Estado se existe um direito internacional que regulamenta as condutas estatais, mas não constitui um Estado em si? Ou ainda: como explicar a diferença entre essas duas ordens, uma vez que direito e Estado a princípio na teoria de Kelsen são equivalentes?

Tais questões são respondidas pelos conceitos de centralização (*Zentralisation*) e descentralização (*Dezentralisation*) das ordens jurídicas, que permitem um entendimento mais completo de como o Estado é seu próprio ordenamento. Todavia, nem toda ordem jurídica necessariamente se constitui como Estado. Essa ideia permitiu que Kelsen desenvolvesse sua compreensão dos elementos formadores do Estado, que em certa medida, se diferencia dos elementos identificados pela tradicional Teoria Geral do Estado – principalmente por grande influência de Jellinek –,

[32] Kelsen, Hans. **Teoria Geral do Direito e do Estado**. Trad. Luiz Carlos Borges. São Paulo: Martins Fontes, 2005, p. 273.

[33] Kelsen, Hans. **Teoria Geral do Direito e do Estado**. Trad. Luiz Carlos Borges. São Paulo: Martins Fontes, 2005, p. 273.

sendo soberania, território e povo. Kelsen reconfigura tais elementos e os explica por meio do que ele chama de esferas de validade.

O Estado, enquanto ordem jurídica, é possuidor de vigência. Assim como uma norma é caracterizada como jurídica por ter validade, uma ordem jurídica que constitui um Estado também vale em determinados aspectos. O Estado vale em um território, sobre pessoas que são destinatárias de suas normas, normas essas que expressam expectativas esperadas de conduta e em um determinado lapso temporal. Estes aspectos correspondem às quatro esferas de validade do Estado nomeadas por Kelsen como esfera territorial, esfera pessoal, esfera material e esfera temporal. As quatro esferas de validade são igualmente importantes para a formação do Estado, mas para fins deste texto, o que terá mais relevância é a esfera territorial – assunto diretamente ligado à compreensão do Estado Federal por Kelsen.

Estado Federal, Federação e Estados Componentes: a questão da relativa descentralização dinâmica

O Estado é uma ordem jurídica consideravelmente centralizada. Esta é uma das principais características que o diferenciam da ordem jurídica internacional, que é descentralizada, mas nem por isso deixa de se constituir como um conjunto de normas válidas.

O direito internacional é uma ordem com descentralização estática e dinâmica. A primeira se refere ao complemento entre a ordem internacional – que é geral para a comunidade jurídica dos Estados – e as diversas ordens jurídicas estatais (os próprios Estados), constituindo a ordem jurídica universal. A segunda, em relação aos entes produtores, significa que o direito internacional não é produzido por nenhum órgão específico, mas sim pelos próprios Estados, sejam nas duas principais fontes: os costumes e os tratados.

A criação e aplicação basicamente se dá pela técnica de inciativa individual, que permite que um sujeito violado tome providências diretamente contra o Estado violador. Este era um pressuposto de se explicar o direito internacional ainda pelo antigo paradigma de Westphalia, mas que atualmente tem algumas atenuações, apesar da análise de Kelsen de que a ordem internacional descentralizada possa continuar ser defendida.

Por sua vez o direito nacional – conceito que é equivalente ao de Estado – "é uma ordem jurídica relativamente centralizada. Especialmente característica de uma ordem jurídica que constitui um Estado é a centralização da aplicação do Direito"[34].

O Estado normalmente tem por característica uma relativa centralização estática e dinâmica. A descentralização estática é diretamente ligada à esfera de validade territorial. As normas jurídicas do direito nacional são direcionadas para a população em geral, mas em certos casos para um número menor de pessoas, dependendo de seu conteúdo ou do local onde esses destinatários estejam. Há ordens locais que complementam uma ordem geral na formação da ordem jurídica nacional, em conformidade com a lição de Kelsen:

> Se a legislação e a execução forem parcialmente centralizadas ou parcialmente descentralizadas, a esfera material de validade da ordem jurídica, a competência da comunidade total, é dividida entre a ordem central (e a comunidade jurídica central constituída por essa ordem) e as ordens locais (ou as comunidades jurídicas locais constituídas por essas ordens locais)[35].

Nenhuma ordem jurídica pode ser totalmente centralizada ou descentralizada. O que principalmente diferencia o direito nacional do direito internacional é o grau de descentralização. Enquanto o primeiro é caracterizado normalmente por uma centralização estática e necessariamente uma centralização dinâmica, o segundo é caracterizado por uma descentralização nos dois sentidos.

O Estado é uma ordem jurídica, composta por quatro esferas de validade, produzida e aplicada de forma relativamente centralizada. O quanto centralizador uma ordem jurídica estatal será dependerá de sua organização territorial e sua distribuição de competências. A centralização de produção e aplicação do direito definirá a forma do Estado, unitário ou federal.

[34] Kelsen, Hans. **Teoria Geral do Direito e do Estado**. Trad. Luiz Carlos Borges. São Paulo: Martins Fontes, 2005, p. 463.

[35] Kelsen, Hans. **Teoria Geral do Direito e do Estado**. Trad. Luiz Carlos Borges. São Paulo: Martins Fontes, 2005, p. 438.

Conforme justifica Kelsen, "todos os problemas de centralização e descentralização são problemas referentes às esferas de validade das normas jurídicas e dos órgãos que as criam e aplicam"[36]. A questão de se pensar a descentralização da ordem jurídica está diretamente relacionado ao campo territorial de validade do Estado. É perfeitamente possível a existência de normas dentro de uma mesma ordem jurídica que sejam aplicáveis a âmbitos territoriais diferentes. Tais normas podem regulamentar uma mesma matéria, mas com manifestações diferentes dependendo da região dentro do Estado. Quanto maior for a descentralização de uma ordem jurídica, maior é a heterogeneidade dos conteúdos normativos. O grau de centralização ou de descentralização é determinado pelo quanto forte forem as normas centrais ou locais desta ordem.

Em tais Estados, que podem ser identificados por uma única ordem jurídica sob uma mesma soberania, é possível diferenciar os Estados unitários dos federais por algumas características básicas de cada, cujo critério de centralização/descentralização kelseniana possibilita um entendimento de cada um desses tipos sob o ponto de vista da ciência do direito, conforme a proposta da *Teoria Pura do Direito*.

O Estado unitário é a forma de Estado mais simples e que surge diretamente com a emergência da modernidade jurídica e política. Seus pressupostos básicos são a concentração da produção e aplicação do direito em órgãos localizados territorialmente no poder central. Apesar de ser observável alguma descentralização, ainda é bem fraca, uma vez que as subdivisões territoriais não são autônomas o suficiente para conseguirem manter com o poder central uma relação de coordenação, além de uma de subordinação.

Com o primeiro Estado federal da história, os Estados Unidos da América, observa-se que, por uma situação peculiar da época nas treze repúblicas recém-independentes, foi necessária a elaboração de uma nova forma de Estado que ao mesmo tempo pudesse garantir a autonomia dos Estados e proporcionar uma grande força para proteção contra invasões externas e contra as turbulências políticas internas. Além do mais,

[36] KELSEN, Hans. **Teoria Geral do Direito e do Estado**. Trad. Luiz Carlos Borges. São Paulo: Martins Fontes, 2005, p. 433.

outras preocupações envolvidas eram a garantia da soberania popular e um desenho institucional de maneira a evitar a concentração do poder.

Em todo caso, mostrou-se um novo Estado configurado de forma a não ser centralizado como um país existente (como os da Europa) e não ser descentralizado de forma a continuar configurando uma Confederação, modelo de associação de Estados soberanos para determinada finalidade que, conforme a análise de Hamilton, nunca havia dado certo na história. De modo direto, Kelsen observa que "a finalidade primordial da confederação, em sentido estrito, é a defesa externa"[37].

O Estado federal, nesse sentido, é uma forma de organização estatal que reúne diversas unidades políticas em um mesmo território e sob uma mesma soberania. É uma configuração descentralizada em muitos aspectos, apesar de um necessário poder central que mantenha a federação unida. Neste sentido, é possível observar uma constância de tensões de interesses entre o poder federal e os Estados federados, que não são soberanos, mas possuem pela própria lógica da federação uma relativa autonomia. Desta forma, Kelsen entende que "a ideia do Estado federal é justamente que a existência, isto é, a esfera jurídica dos estados-membros, seja garantida, bem como a do assim chamado Estado central (federal)"[38].

A tensão constante entre centralização e descentralização é algo essencial no direito de um Estado. Para Kelsen inexistem ordens totalmente parciais ou totalmente centrais no direito positivo, apenas em um plano ideal. O direito positivo trabalha com a possiblidade de sempre as ordens terem centralização ou descentralização parciais, sendo que "pelo menos uma norma, a saber, a norma fundamental, deve ser válida para o território inteiro, já que, do contrário, este não seria o território de uma ordem jurídica única"[39].

[37] No original em alemão, "Als Zweck des Staatenbundes im engeren Sinne kommt in erster Linie der Schutz nach außen in Betracht". (Kelsen, Hans. **Allgemeine Staatslehre**. Wien: Österreichische Staatsdruckerei, 1993, p. 207)

[38] Kelsen, Hans. **Jurisdição Constitucional**. Trad. Alexandre Krug et al. São Paulo: Martins Fontes, 2007, p. 93.

[39] Kelsen, Hans. **Teoria Geral do Direito e do Estado**. Trad. Luiz Carlos Borges. São Paulo: Martins Fontes, 2005, p. 437.

A visão que Kelsen tem a respeito do Estado Federal se coaduna com as apresentadas, mas é necessário enxergá-la com os pressupostos de sua teoria normativista. Inicialmente o autor define um estágio de descentralização entre o Estado unitário e uma união internacional. O Estado federal "apresenta um grau de descentralização ainda compatível com uma comunidade jurídica constituída por Direito nacional, isto é, com um Estado, e um grau de centralização não mais compatível com uma comunidade jurídica internacional"[40].

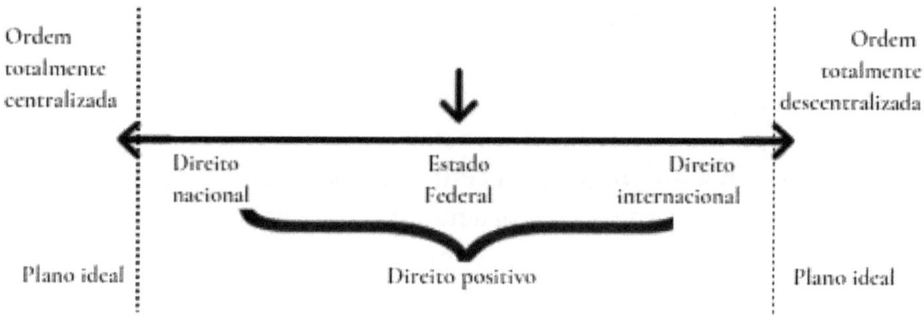

FIGURA: Escala centralização/descentralização de ordens jurídicas

O Estado federal é formado por dois tipos de ordens jurídicas complementares: as normas centrais ou federais que vigoram sobre todo o território do Estado e as normas locais que são validas apenas para partes delimitadas do território. As normas centrais são produzidas por órgãos legislativos centrais, chamada de legislatura da federação, enquanto os Estados federados possuem um órgão legislativo próprio que emitira a ordem jurídica local correspondente. A esfera material do Estado federal como um todo é formada pela competência legiferante entre o poder federal e os poderes federados.

As normas federais têm como destinatários todas as pessoas que vivem naquele Estado enquanto as ordens jurídicas parciais de destinam apenas

[40] KELSEN, Hans. **Teoria Geral do Direito e do Estado**. Trad. Luiz Carlos Borges. São Paulo: Martins Fontes, 2005, p. 451.

a regulamentar a conduta dos que se encontram em seu território. Desta forma, todo indivíduo dentro de um Estado federal está submetido ao mesmo tempo a duas ordens jurídicas: à central, abrangente a todo território e à parcial. No sentido de indivíduo na teoria kelseniana, é possível dizer que cada qual constitui uma esfera de competências e ações na ordem federal e nas estaduais.

O Estado federal é formado então pela composição entre a ordem jurídica federal, produzida e aplicada pelos órgãos federais e as locais ou parciais, que são as ordens jurídicas de cada Estado que compõe o Estado federal, que Kelsen às vezes denomina por Estado federal total para diferenciar da ideia de comunidade jurídica central parcial, que se refere apenas à ordem federal.

Esse é um ponto bem interessante na explicação do Estado federal em Kelsen: para o autor, federação não se refere à composição inteira do Estado e sim à ordem jurídica central ou federal. Assim, "essa comunidade parcial constituída pela ordem jurídica central é a federação. Ela é parte do Estado federal total, assim como a ordem jurídica central é parte da ordem jurídica total do Estado federal"[41]. Esta visão se mostra compatível com sua teoria normativa, já que o que o Estado Federal nada mais é do que a composição da federação, a ordem jurídica federal – que é parcial, apesar de abranger todo o território – e as ordens jurídicas estaduais, que compõem os próprios Estados.

Tal entrelaçamento de ordens jurídicas do Estado federal se explica pelo sistema formado pela ideia de Constituição desta forma de Estado. Se há diversas ordens parciais e uma ordem da federação que totalizam o Estado federal, faz-se necessário entender o conceito de Constituição total (*Gesamtverfassung*). Esta Constituição total, em uma ordem relativamente descentralizada como a do Estado federal, é "que distribui competências, ou seja, o âmbito de validade objetivo, e em virtude desta, vigoram duas espécies de ordenamentos parciais: um ordenamento parcial

[41] KELSEN, Hans. **Teoria Geral do Direito e do Estado**. Trad. Luiz Carlos Borges. São Paulo: Martins Fontes, 2005, p. 452.

com validade para todo o território; e vários ordenamentos parciais com validade apenas para partes do território"[42].

Uma vez que Kelsen define que o Estado é sua própria ordem jurídica, o Estado federal é sua ordem jurídica também, mas por ser um tipo composto de Estado, sua ordem jurídica também é composta, formada pela união da ordem federal e das ordens jurídicas estatais. Os estados federados, segundo este raciocínio, são ordens jurídicas parciais que são acrescidas à uma ordem jurídica comum a todas elas – a federação (também uma ordem parcial, por ter competência relacionada a um âmbito parcial objetivo), que somadas foram o Estado federal. A relação entre tais ordens, a União (*Bund*) e os Estados-membros, não se trata de "subordinação ou superioridade, pois não se trata de uma relação de delegação, mas, ao contrário, de uma relação de coordenação"[43].

Assim, segundo Kelsen, no Estado federal há três âmbitos normativos que são compostos da seguinte forma, conforme suas Constituições[44]:

1) a Constituição total, que contém a Constituição federal e diretrizes fundamentais das Constituições dos Estados federados;
2) a ordem jurídica da União, que é composta por normas de direito material no âmbito da competência federal objetiva;
3) a ordem jurídica de cada um dos Estados federados, formada pela Constituição estadual.

O conceito de nomodinâmica é imprescindível para esta compreensão: a ordem jurídica é compreendida em um dinamismo em que a própria ordem jurídica regulamenta o processo de criação e modificação das normas que condiciona sua validade. Um Estado unitário tem uma relação entre suas normas jurídicas um tanto quanto simples, dentro do modelo mais comum proposto por Kelsen: as normas tornam mais gerais até a

[42] KELSEN, Hans. **Jurisdição Constitucional**. Trad. Alexandre Krug et al. São Paulo: Martins Fontes, 2007, p.53.
[43] KELSEN, Hans. **Jurisdição Constitucional**. Trad. Alexandre Krug et al. São Paulo: Martins Fontes, 2007, p. 53.
[44] KELSEN, Hans. **Jurisdição Constitucional**. Trad. Alexandre Krug et al. São Paulo: Martins Fontes, 2007, p. 58.

totalidade do Estado, que é regido por uma norma maior, a Constituição, que por sua vez é validada pela norma fundamental daquele Estado.

No Estado federal, a cadeia de validade funciona de forma um pouco mais difundida, uma vez que se trata de uma ordem jurídica mais descentralizada. Como são diversas ordens jurídicas coordenadas por uma ordem comum a todas, há uma estrutura jurídica hierarquizada em cada uma delas que, posteriormente, irão compor junto à federação a ordem jurídica total daquele Estado federal. Do mesmo modo em que um Estado unitário tem uma Constituição, cada um dos Estados federados deve ter uma Constituição, que por sua vez são subordinadas à Constituição da federação. Explica Kelsen:

> Cada uma das comunidades parciais, a federação e os Estados componentes, baseia-se na sua própria constituição, a constituição da federação, e a constituição do Estado componente. Porém a constituição da federação, a "constituição federal" é, simultaneamente, a constituição do Estado federal inteiro[45].

O grau de descentralização que permite caracterizar um Estado como federal é a medida de autonomia constitucional que cada Estado federado tem para produzir normas jurídicas, de forma que a ordem jurídica estadual possa regulamentar seu processo legislativo e o procedimento para a aplicação de suas normas. Além disso, cada Estado federado tem poder para ter uma constituição própria, que possibilita estruturar uma ordem jurídica parcial com relações de validade entre suas normas. Porém não é o suficiente para se pensar numa justificativa perfeitamente válida para a criação e aplicação do direito, uma vez que é necessário pensar no ordenamento da federação.

Toda Constituição de um Estado federado necessita obedecer a diretrizes emanadas pela Constituição Federal. Por isso, a autonomia constitucional de cada um deles é limitada. E essa autonomia constitucional limitada, que determina o grau de descentralização, é uma das principais

[45] Kelsen, Hans. **Teoria Geral do Direito e do Estado**. Trad. Luiz Carlos Borges. São Paulo: Martins Fontes, 2005, p. 453.

características que permitem a identificação de um Estado Federal e que o diferencia de um Estado unitário.

Além disso, Kelsen também menciona que o legislativo bicameral limita a centralização do Estado Federal, servindo como um mitigador do alcance das normas centrais federais que, tendo um grande alcance, destruiria a autonomia constitucional limitada dos Estados federados e, consequentemente, a própria estrutura do Estado federal. A Câmara dos Deputados é composta por membros são eleitos diretamente pelo povo do Estado federal e tem uma representatividade com essa totalidade dos eleitores. O Senado por sua vez é composto por representantes dos Estados componentes, escolhidos pelo órgão legislativo ou pelo povo de cada uma dessas unidades.

O Estado federal será ideal se cada Estado federado for igualmente representado no Senado, independentemente de sua extensão ou número de habitantes. Kelsen observa que: "essa composição da Casa dos Estados, ou Senado, garante que os Estados componentes, as comunidades locais, 'como tais', tomem parte no processo central de legislação, o que equivale a um elemento de descentralização"[46].

No tocante à execução das normas, o Estado federal também tem distribuídas suas competências judiciária e administrativa. A distribuição da competência judiciária é feita entre tribunais federais, tribunais estaduais e um supremo tribunal federal, que "é competente não apenas para resolver certos conflitos e para punir certos crimes de indivíduos privados, mas também para a decisão de conflitos entre os Estados componentes"[47].

Sobre a função administrativa, também cada unidade federativa tem um governo próprio. Comum a todos os Estados federados, há um governo federal, que tem poderes para promover as execuções das sanções contra pessoas e também contra os Estados. Este fator também é uma característica definidora do Estado federal porque possibilita um instrumento jurídico de promover a estabilidade de acordo com o critério da autonomia constitucional limitada de cada um dos Estados componentes. Essa

[46] KELSEN, Hans. **Teoria Geral do Direito e do Estado**. Trad. Luiz Carlos Borges. São Paulo: Martins Fontes, 2005, p. 454.

[47] KELSEN, Hans. **Teoria Geral do Direito e do Estado**. Trad. Luiz Carlos Borges. São Paulo: Martins Fontes, 2005, p. 456.

chamada execução federal, ou intervenção deve ser utilizada sempre que seus órgãos "violarem a constituição da federação, que é – como foi assinalado –, ao mesmo tempo, a constituição do Estado federal inteiro"[48].

Veja-se que o Estado Federal então é constituído por dois tipos de ordens jurídicas, a federação e os Estados componentes, que apesar de serem diferentes, são conectadas por uma norma superior comum a todos: a Constituição Federal, que por sua vez é validada pela norma fundamental do Estado. Apesar de não se configurar um como uma ordem jurídica simples, o Estado federal contém o mesmo fundamento de validade para toda sua ordem composta: a norma fundamental que valida sua Constituição. Desta forma, a autonomia constitucional limitada que os Estados componentes têm para elaborar sua própria Constituição é proveniente da competência dada aos seus órgãos pela Constituição Federal. A normatividade constitucional constitui o Estado Federal e sua composição múltipla de federação e Estados componentes.

Esta visão se coaduna com a inseparabilidade entre Estado e direito: O Estado federal encontra seu limite de existência na norma jurídica constitucional: não existe em um plano realístico ou como um ente metajurídico que produz o direito; mas sim é previsto por ele; é a previsão constitucional de organização do Estado em federação e Estados federados, a distribuição de competências legislativas e executivas que possibilita a existência no plano do dever-ser de um Estado federal. Um Estado deste tipo deve ser federal porque sua Constituição assim determina, por meio de toda uma complexa multiplicidade de normas e órgãos que garantem por meio da aplicação da força a coercibilidade de tal ordem.

É possível, nesses termos, dizer que o Estado federal é uma ordem jurídica centralizada – pois é um Estado – mas com um grau de descentralização suficiente para comportar dois tipos de ordem, além da própria ordem total que é o próprio Estado federal: a federação, ou ordem jurídica federal parcial, que tem abrangência em todo território composto pela união dos Estados componentes; e as ordens jurídicas estatais – os próprios Estados componentes – que possuem autonomia constitucional limitada, de forma a constituir sua própria ordem jurídica e sua atividade

[48] KELSEN, Hans. **Teoria Geral do Direito e do Estado.** Trad. Luiz Carlos Borges. São Paulo: Martins Fontes, 2005, p. 456.

de aplicação das normas, mas subordinadas à Constituição da federação. A ordem jurídica da federação somada com todas as ordens jurídicas estaduais forma o que Kelsen denomina por Estado federal.

Referências

ALEXY, Robert. *Conceito e Validade do Direito*. Trad. Gercélia Mendes. São Paulo: Martins

Fontes, 2009.

FREUND, Julien. *Sociologia de Max Weber*. Rio de Janeiro: Forense Universitária, 2003.

GOYARD-FABRE, Simone. *Os Princípios Filosóficos do Direito Político Moderno*. Tradução deIrene Paternot. São Paulo: Martins Fontes, 1999.

HAMILTON, Alexander; MADISON, James; JAY, John. *O Federalista*. Trad. Leônidas Gontijo de Carvalho et al. São Paulo: Abril Cultural, 1983.

HOBBES, Thomas. *Leviatã*. Tradução de João Paulo Monteiro. São Paulo: Abril Cultural, 1983.

KELSEN, Hans. *Allgemeine Staatslehre*. Wien: Österreichische Staatsdruckerei, 1993.

—. *Jurisdição Constitucional*. Trad. Alexandre Krug et al. São Paulo: Martins Fontes, 2007.

—. *Reine Rechtslehre*. Studienausgabe der 2. Tübingen: Mohr Siebeck, 2013.

—. *Teoria Geral do Direito e do Estado*. Trad. Luiz Carlos Borges. São Paulo: Martins Fontes, 2005.

—. *Teoria Pura do Direito*. Trad. João Baptista Machado. São Paulo: Martins Fontes, 2006.

MONTESQUIEU, Charles Louis de Secondat, Baron de la Brède et de. *O Espírito das Leis*. Trad. Fernando Henrique Cardoso. Brasília: Editora UnB, 1995.

ROUSSEAU, Jean-Jaques. *Do Contrato Social*. Trad. Lourdes Santos Machado. São Paulo: Abril Cultural, 1978.

18.
A DELIMITAÇÃO DA CIÊNCIA JURÍDICA E A DEFINIÇÃO DE NORMA JURÍDICA NA TEORIA PURA DO DIREITO[1]

RODRIGO BORGES VALADÃO

En forma desprovida de todo espíritu crítico, ha mezclado la jurisprudencia con la psicología y la biología, con la ética y la teología. Hoy en día no hay ciencia especial en cuyo recinto el jurisperito se considere incompetente para penetrar. Desde luego, él cree puder realzar su prestígio científico precisamente tomando en préstamo de otras disciplinas, con la que está perdida, naturalmente, la verdadeira ciencia jurídica.[2]

HANS KELSEN

Introdução

A Teoria Pura do Direito – empreitada teórica colaborativa[3] iniciada pelo austríaco Hans Kelsen em 1911[4] e para a qual ele iria dedicar toda a sua

[1] Publicado originariamente na revista Quaestio Iuris, vol. 10, nº. 04, Rio de Janeiro, 2017. pp. 2692-2711 DOI: 10.12957/rqi.2017.30807. A presente versão possui, no entanto, algumas correções pontuais e uma ampliação significativa do item 2.

[2] KELSEN, Hans [1933]. **La Teoría Pura del Derecho**. Trad. Jorge G. Tijerina. 2ª ed., Buenos Aires: Posada, 1941, p. 25-26.

[3] Registre-se, aqui, que a "Teoria Pura do Direito", mais do que um livro ou um projeto individual, é o resultado colaborativo de Kelsen e diversos dos seus alunos em Viena, como Adolf Merkl, Alfred Verdross, Fritz Sander, dentre outros. Para mais detalhes: CADORE, Rodrigo Garcia. A Teoria Pura do Direito como Produto da Escola Jurídica de Viena: o

vida – é normalmente apontada por iniciar uma versão *normativista* do Positivismo Jurídico.

Que a *norma jurídica* desempenha um papel fundamental na construção e no desenvolvimento da Teoria Pura do Direito é por demais óbvio. Menos óbvio, no entanto, é o *trajeto epistemológico* percorrido por Kelsen para a *delimitação* da norma jurídica como objeto da Ciência do Direito.

O presente trabalho se propõe, num primeiro momento, a demonstrar o caminho percorrido por Kelsen para a delimitação da *norma jurídica* como o objeto da sua Ciência Jurídica. Num segundo momento, será demonstrado, de forma panorâmica, a evolução conceitual da norma jurídica na Teoria Pura do Direito. Ao final, será apresentada uma definição de norma jurídica compatível com as sucessivas alterações conceituais sofridas em meio século de contínuo desenvolvimento.

1 Hans Kelsen: um homem da sua época

Embora nascido em Praga, Hans Kelsen teve sua educação e formação acadêmica em Viena, na Áustria.[5] Mudou-se para lá com sua família em 1884, aos 3 (três) anos de idade e por lá permaneceu, salvo por pequenos períodos, até 1930, aos 49 (quarenta e nove) anos.[6]

Exatamente neste período desenvolvia-se ali uma sociedade peculiar, culturalmente brilhante, havendo quem a considere como "a Atenas do século XX".[7] Num ambiente permeado por música e arte, brotavam cor-

período inaugural da Reine Rechtslehre (1911-1930. In: SOLON, M. A.; PERRONE-MOISÉS, C.; BOITEUX, Elza Antonia Pereira Cunha; ALMEIDA, F. M. de; Monaco, Gustavo Ferraz de Campos; RANIERI, N. (Org.). **Múltiplos Olhares sobre o Direito:** Homenagem aos 80 anos do Professor Emérito Celso Lafer. Volume I, São Paulo: Quartier Latin, 2022, p. 335-385; WALTER, Robert (Org). **Der Kreis um Hans Kelsen**. Viena: Manzsche Verlag, 2008.

4 As bases fundamentais da Teoria Pura do Direito foram lançadas por Kelsen em seu trabalho de Habilitação, denominado **Hauptprobleme der Staatsrechtslehre, entwickelten aus der Lehre vom Rechtssatze**. Tübingen: JCB Mohr, 1911.

5 Na verdade, Viena era a capital do Império Austro-Húngaro, uma Monarquia Parlamentarista de cunho político eminentemente liberal, entre os anos de 1867 e 1918.

6 Para maiores detalhes. *Cf.* MÉTALL, Rudolf Aladár [1976]. **Hans Kelsen – Vida y Obra**. Trad. Javier Esquivel. Mexico DF: Instituto de Investigaciones Jurídicas – UNAM, 1976, p. 10 a 64.

7 SCHMILL, Ulises [1976]. Prólogo. *In:* MÉTALL, Rudolf Aladár [1976]. **Hans Kelsen – Vida**

rentes filosóficas e científicas que alimentaram a cultura ocidental por todo o século.[8] Em linhas gerais, esta cultura era baseada na luta pela objetividade, pelo empirismo e pela depuração dos conceitos, em síntese, pela desmistificação da vida e do pensamento.[9]

Pode-se dizer que Kelsen foi um legítimo produto de sua época. Num dos primeiros parágrafos de sua Teoria Pura do Direito, de 1934, ao expor a "pureza" de seu projeto teórico,[10] encontra-se expressa a tensão histórica, sociológica e epistemológica da Europa no início do século XX, com especial ênfase na Teoria do Direito. Segundo Kelsen,

> una mirada sobre la ciencia jurídica tradicional, tal como se ha desenvuelto en el curso de los siglos XIX y XX, mostra claramente cuán distante se halla de corresponder a la exigencia de la pureza. En forma desprovida de todo espíritu crítico, ha mezclado la jurisprudencia con la psicología y la biología, con la ética y la teología. Hoy en día no hay ciencia especial en cuyo recinto el jurisperito se considere incompetente para penetrar. Desde luego, él cree puder realzar su prestígio científico precisamente tomando en préstamo de otras disciplinas, con la que está perdida, naturalmente, la verdadeira ciencia jurídica.[11]

Com base neste horizonte crítico, Kelsen iria dedicar toda sua vida ao projeto de desenvolver uma teoria jurídica pura, isto é, purificada de toda a ideologia política e de todos os elementos da ciência natural.[12] Seu objetivo era elevar a teoria jurídica

y Obra. Trad. Javier Esquivel. Mexico DF: Instituto de Investigaciones Jurídicas – UNAM, 1976, p. 1.

[8] *Idem*, p. 2.

[9] *Ibidem*, p. 4.

[10] *"Si ella se califica como teoría 'pura' del derecho, es porque pretende garantizar uno conocimiento dirigido solamente hacia el derecho, y porque pretende eliminar de este conocimiento todo lo que no pertenece al objeto exactamente señalado como derecho. Es decir: quiere liberar a la ciencia jurídica de todos los elementos estraños."* KELSEN, Hans [1933]. **La Teoría Pura del Derecho**. Trad. Jorge G. Tijerina. 2ª ed., Buenos Aires: Posada, 1941, p. 25.

[11] *Idem*, p. 25-26.

[12] KELSEN, Hans [1960]. **Teoria Pura do Direito**. Trad. João Baptista Machado. 6ª ed., São Paulo: Martins Fontes, 1998, p. XI.

> à altura de uma genuína ciência, de uma ciência do espírito (...) explica[ndo] não as suas tendências endereçadas à formação do Direito, mas as suas tendências exclusivamente dirigidas ao conhecimento do Direito, e aproximar o tanto quanto possível os seus resultados do ideal de toda a ciência: objetividade e exatidão.[13]

Para alcançar este objetivo, deparou-se com um duplo desafio. Em primeiro lugar, teve que lançar as bases epistemológicas e metodológicas de sua ciência jurídica. E, aqui, o desafio consistia, basicamente, em (i) estabelecer o *status* das ciências culturais, em contraposição às ciências naturais, bem como seus princípios de regência e (ii) definir, neste quadrante, o *lugar* ocupado pelo Direito, distinguindo-o de outros fenômenos sociais. Em segundo lugar, uma vez que, segundo Kelsen, a teoria jurídica deveria ser consciente de sua especificidade,[14] foi preciso delimitar o *objeto* de sua ciência jurídica. É justamente este percurso que voltamos a percorrer.

2 O direito como técnica social específica

A história do pensamento humano sempre foi marcada por diversas formas de dualismo. Céu e inferno, noite e dia, calor e frio, enfim, diversos dualismos apresentam-se como categorias fundamentais da construção do nosso conhecimento. Todavia, o reconhecimento de alguns destes dualismos não foi sempre algo de *per si* evidente. E o reconhecimento de um deles, essencial para o pensamento científico, seguiu, durante milênios, a mesma sorte: o dualismo existente entre natureza e sociedade.

De fato, o homem primitivo sempre entendeu que a natureza era regulada pelas mesmas leis que regulavam a sociedade. A idéia de retribuição era aplicada indistintamente aos fatos naturais e aos fatos sociais, pois a natureza era vista como parte intrínseca de sua sociedade.[15]

Quando a natureza é interpretada conforme o princípio da retribuição, os seus fenômenos, na medida em que requerem explicação, são

[13] Idem, p. XI.

[14] Ibidem, p. XI.

[15] Kelsen, Hans [1946]. **Society and Nature: a Sociological Inquiry**. New Jersey: The Lawbook Exchange, 2000, p. vii.

relacionados com os indivíduos ou com o grupo a que pertencem. Em alguns casos, o próprio grupo podia ser coletivamente responsável pela conduta de um ou mais indivíduos.[16] Assim, um desastre natural, por exemplo, era explicado da mesma forma que a reação social imputada a um ilícito: uma punição divina dirigida contra aquele que praticou uma conduta socialmente indesejada.

Somente a partir do século XVIII é que a natureza passou a ser explicada em termos distintos. Em contraposição aos fatos sociais, a explicação dos fenômenos naturais enquanto efeitos passam a ser relacionados a outros fatos naturais enquanto causas. Neste passo, estes fenômenos deixam de ser mero reflexo da conduta dos indivíduos contrária ou conforme às normas sociais.[17] A conduta humana deixa de ser a base da explicação do mundo natural e a idéia de retribuição perde seu sentido.

Assim, embora formem uma única realidade fática, verificou-se que natureza e sociedade correspondem a diferentes sistemas e, por isso, são objetos que demandam a construção de um instrumental teórico específico. De um lado, o *mundo natural* é entendido como o plano existencial (mundo físico) determinado pela ocorrência de um nexo necessário (princípio da causalidade), o qual o pensamento humano meramente constata. De outro lado, o *mundo cultural*, de caráter normativo, explicável pelo princípio da imputação (relação de condição e conseqüência atribuída pelo homem), quando há descrição de uma relação específica estabelecida entre dois fatos diferenciados dos acontecimentos causais, em virtude de ser essa relação alheia aos fatos que descreve.[18]

Conectados por meio do princípio da causalidade, os elementos fáticos formam o sistema natural (natureza); conectados por um princípio diverso, o princípio da imputação, estes mesmos elementos formam um sistema cultural (sociedade).[19] Assim, ao contrário da causalidade natural, a "causalidade cultural" (leia-se: a imputação) encontra sua razão de

[16] Idem, p. 263 e 264.

[17] Ibidem, p. 263 e 264.

[18] SGARBI, Adrian [2007]. **Hans Kelsen – Ensaios Introdutórios (2001-2005)**. Rio de Janeiro: Lumen Iuris, 2007, p. 7.

[19] KELSEN, Hans [1946]. **Society and Nature: a Sociological Inquiry**. New Jersey: The Lawbook Exchange, 2000, p. vii.

ser apenas nas normas que transformam as ações humanas, enquanto fatos naturais, em ações humanas normativamente qualificadas,[20] ou seja, dotadas de um *sentido* autônomo, socialmente reconhecido. O que qualifica o fato natural como um fato social não é a sua facticidade, não é o seu ser natural, isto é, o seu ser tal como determinado pelo princípio da causalidade e encerrado no sistema da natureza, mas o sentido objetivo que está ligado a este ato, a significação que ele possui.[21]

Desta forma, a simples convivência entre os indivíduos assume uma dupla dimensão: em si um fenômeno *natural*, esta convivência torna-se um fenômeno *social* pelo simples fato de ser regulamentada. A sociedade é a convivência ordenada ou, mais exatamente, a sociedade é o próprio ordenamento da convivência dos indivíduos.[22]

Portanto, a sociedade nada mais é do que um complexo de regras que determinam como o indivíduo deve conduzir-se em relação a outros indivíduos. Se a função de toda ordem social é ocasionar certa conduta recíproca dos indivíduos, ou seja, induzi-los a certa conduta positiva (ação) ou negativa (omissão), é justamente através destas regras que o grupo social confere um determinado *sentido* a determinas condutas desejadas ou indesejadas. Tais regras são chamadas normas.[23]

Estas normas, entretanto, não pertencem a um único sistema. Na verdade, a sociedade é composta por diversas ordens distintas, que, em sua totalidade, formam a ordem social. Cada ordem parcial[24] distingue-se das demais em 2 (dois) pontos específicos: i) pela forma que cada uma

[20] Kelsen. Hans [1945]. **Teoria Geral do Direito e do Estado**. Trad. Luís Carlos Borges. 3ª ed., São Paulo: Martins Fontes, 1998, p. 64.

[21] Kelsen, Hans [1960]. **Teoria Pura do Direito**. Trad. João Baptista Machado. 6ª ed., São Paulo: Martins Fontes, 1998, p. 4.

[22] Kelsen, Hans [1941]. O Direito como Técnica Social Específica. *In:* KELSEN, Hans [1957]. **O que é Justiça?**. Trad. Luis Carlos Borges. São Paulo: Martins Fontes, 1998, p. 225.

[23] Idem, p. 225.

[24] Impõe-se, aqui, esclarecer o seguinte: no que diz respeito à configuração das ordens normativas que compõem a sociedade, Kelsen nunca utilizou o termo "ordem parcial", valendo-se do termo ordem ("*order*") para referir-se tanto às ordens normativas parciais (direito, moral, regilião) e quanto à ordem normativa total (sociedade). *Cf.* Kelsen, Hans [1941]. The Law as Specific Technique. *In:* KELSEN, Hans [1957]. **What is Justice? – Justice, Law and Politics in the Mirror of Science**. New Jersey: The Lawbook Exchange, 2000, p. 231.

busca realizar a conduta socialmente desejada; ii) pelo grau de organização da sanção institucionalizada por cada uma destas ordens.

De fato, num primeiro momento, uma ordem normativa pode indicar ao indivíduo que a conduta conforme suas prescrições será retribuida com certas vantagens e que a conduta contrária às mesmas prescrições será retribuída com certas desvantagens. Esta promessa de retribuição funciona como um motivo para a conduta, pois o indivíduo pode nutrir um desejo pela vantagem que se promete ou um temor da desvantagem com que se ameaça.[25]

Por sua vez, estas motivações para a realização de determinada conduta podem ser diretas ou indiretas. São diretas quando a simples prática do ato ou da omissão aparece como retribuição suficiente ao indivídio. Nestes casos, quaisquer outras promessas ou ameaças são desnecessárias, pois a mera idéia de uma norma que decreta esta conduta é suficiente para a conduta em conformidade com a norma. Este seria o caso, por exemplo, dos sistemas morais altamente desenvolvidos.[26]

Todavia, na realidade social, a motivação direta, isto é, a prática pelo indivíduo da ação socialmente desejada diante da simples existência da norma, raramente é encontrada de forma pura.[27] Em alguma medida, toda obediência à norma está associada à aprovação dos semelhantes e a desobediência à desaprovação.[28] Esta reação do grupo à conduta do indivíduo, desejada ou repudiada, denomina-se *sanção*.

Assim é que, num segundo momento, a sanção estipulada pela ordem assume uma importância decisiva para sua caracterização. Isto porque, sob o ponto de vista realista, a diferença decisiva entre as diversas ordens

[25] KELSEN, Hans [1941]. O Direito como Técnica Social Específica. *In:* KELSEN, Hans [1957]. **O que é Justiça?**. Trad. Luis Carlos Borges. São Paulo: Martins Fontes, 1998, p. 225.

[26] Idem, p. 226.

[27] Nota-se, aqui, uma leve contradição no discurso kelseniano. Num primeiro momento, Kelsen sustenta, ao menos de maneira implícita, que: "*conforme a maneira como a conduta socialmente desejada é ocasionada, podem-se distinguir vários tipos de ordens*". Logo após, Kelsen afirma que "*na realidade social (a) motivação direta raramente é encontrad(a) de forma pura. (...) A única diferença é que certas ordens sociais proveêm sanções definidas, ao passo que, em outras, as sanções consistem na reação automática da sociedade, não expressamente provida pela ordem.*" Ibidem, p. 225 e 226.

[28] Ibidem, p. 226.

não repousa na presença ou ausência de sanções. Todo e qualquer ordenamento social recorre à técnica de motivação indireta para se fazer eficaz,[29] sendo, em certa medida, 'sancionado' pela reação específica da comunidade à conduta de seus membros que corresponde à norma ou que diverge dela.

Deste modo, em que pese a natureza da motivação a que recorrem as diversas ordens, a principal diferença entre as ordens normativas é a organização e a natureza das respectivas sanções. Em primeiro lugar, enquanto no Direito a sanção aparece na forma de uma coerção socialmente organizada, a reação contra a conduta equívoca prevista por outros sistemas normativos, principalmente a moral,[30] não é provida pela ordem normativa nem é, se provida, socialmente organizada.[31]

[29] Neste particular, nota-se uma imprecisão no discurso kelseniano. Em sua obra inalgural, Kelsen refere-se às normas jurídicas como normas heterônomas e às normas morais como normas autônomas (sem fazer distinção entre a *moral individual* e a *moral positiva*), chegando a dizer que "*tratándose de normas morais, [perdese] de vista la diferencia formal entre el ser y el deber ser*". Mais tarde, Kelsen reconhece que *todos* os sistemas normativos são, em certa medida, heterônomos, porque garantidos através de sanções. Ao que parece, não há propriamente uma alteração ou contradição no pensamento de Kelsen, e sim uma imprecisão conceitual, por não ter sido feito, neste ponto, uma necessária distinção entre a *moral individual* (esta sim *autônoma*) e a *moral positiva* (esta, em certa medida "garantida" através de sanções), uma vez que esta distinção pode ser encontrada em outros escritos, como, por exemplo, no seu livro "*Teoria Geral do Direito e do Estado*", de 1945, ou, ainda, no livro "*Teoria Geral das Normas*", de 1979. *Cf.*, respectivamente, KELSEN, Hans [1911]. **Problemas Capitales de la Teoría Jurídica del Estado**. Trad. Wenceslao Roces. 2ª ed., Mexico DF: Editorial Porua, 1987, p. 30-40; KELSEN, Hans [1941]. O Direito como Técnica Social Específica. *In:* KELSEN, Hans [1957]. **O que é Justiça?**. Trad. Luis Carlos Borges. São Paulo: Martins Fontes, 1998, p. 230; KELSEN, Hans [1945]. **Teoria Geral do Direito e do Estado.** Trad. Luís Carlos Borges, 3ª ed., São Paulo: Martins Fontes, 1998, p. 12 et KELSEN, Hans [1979]. **General Theory of Norms**. Oxford: Clarendon Press, 1991, p. 4.

[30] Noutros sistemas normativos, como a maioria dos sistemas normativos religiosos, esta reação é fortemente institucionalizada, não havendo, *neste particular*, grande distinção entre estas técnicas de controle social. Todavia, quanto a natureza da sanção, os sistemas normativos religiosos são de caráter *transcendental*, não havendo o uso da ameaça da força física para tutelar sua efetividade.

[31] KELSEN, Hans [1941]. O Direito como Técnica Social Específica. *In:* KELSEN, Hans [1957]. **O que é Justiça?**. Trad. Luis Carlos Borges. São Paulo: Martins Fontes, 1998, p. 230.

Em segundo lugar, o Direito viabiliza sua sanção por meio da ameaça de coerção, isto é, da ameaça do uso da força física contra o indivíduo que praticar a conduta contrária àquela prescrita pelo Direito.[32] Em síntese: o Direito é uma ordem social parcial que, através da ameaça de coerção (motivação indireta), isto é, da ameaça de uso da força física monopolizada por uma instituição (Estado), garante a conduta socialmente desejada dos seus indivíduos.[33]

Por todo o exposto, conclui Kelsen que

> há um elemento comum que justifica essa terminologia, que permite à palavra 'Direito' surgir como a expressão de um conceito com um significado social muito importante. Pois a palavra refere-se à técnica social específica de uma ordem coercitiva, que, apesar das enormes diferenças entre o Direito da antiga Babilônia e o dos Estados Unidos de hoje, entre o Direito dos ashantis da África Ocidental e o Direito da Suíça, na Europa, é essencialmente a mesma para todos esses povos que diferem tão amplamente em tempo, lugar e cultura – a técnica social que consiste em ocasionar a conduta social desejada dos homens por meio de ameaça de coerção no caso da conduta contrária.[34]

Logo, em que pese a extraordinária diferença no espaço e no tempo entre todas as ordens sociais registradas pela história, há em todas elas um elemento comum. É justamente este elemento que permite uma caracterização teórica do Direito, permitindo que todas as ordens jurídicas sejam descritas a partir de categorias gerais. E a análise destas categorias gerais deve ser feita de sorte a garantir uma pureza metodológica que exclua todos os elementos estranhos à sua descrição.

[32] Idem, p. 231.

[33] KELSEN, Hans [1944]. **Peace Through Law**. 3ª ed., New Jersey: The Lawbook Exchange, 2000, p. 3.

[34] KELSEN, Hans [1941]. O Direito como Técnica Social Específica. *In:* KELSEN, Hans [1957]. **O que é Justiça?**. Trad. Luis Carlos Borges. São Paulo: Martins Fontes, 1998, p. 230.

3 Entre fatos e valores: o caminho percorrido pela teoria pura do direito para a delimitação do seu objeto

Como visto, Kelsen sempre reconheceu a realidade complexa assumida por esta técnica social, denominada Direito. Isto explicaria, até certo ponto, a confusão entre a ciência do Direito e outras ciências, como a psicologia e a sociologia, como a ética e a teoria política, pois estas ciências se referem a objetos que indubitavelmente têm uma estreita conexão com o Direito.[35] Não obstante, uma teoria jurídica consciente de sua especificidade deve partir do pressuposto que o Direito possui, nesta complexidade, uma realidade própria e um objeto bem definido: a legalidade autônoma de uma esfera de sentido.[36] De certo modo, é possível dizer que o Direito está *conectado* com a realidade social sem, no entanto, *pertencer* a ela.[37]

Entretanto, por dezenas de séculos, a teoria jurídica seguiu caminhos seguros e bem definidos, ignorando por completo a especificidade do seu objeto e imiscuindo-se nos domínios de outras ciências. De um lado, acompanhando a tradição metafísica, a escola do Direito Natural indicava o fundamento do Direito na *razão* humana. De outro lado, amparado nas lições da filosofia cética, o Positivismo Jurídico apontava a *vontade* como o seu fundamento. Cada uma destas posições era reforçada diante da resposta dada a outras 02 (duas) questões.[38]

A primeira delas diz respeito à relação entre Direito e Moral. Para o Direito Natural, uma vez que a *razão* poderia acessar os princípios universais que devem pautar a conduta humana, os sistemas normativos (incluindo-se, aqui, o Direito) somente poderiam ser considerados válidos se fossem compatíveis com tais princípios.[39] Se todos os sistemas

[35] Kelsen, Hans [1960]. **Teoria Pura do Direito**. Trad. João Baptista Machado. 6ª ed., São Paulo: Martins Fontes, 1998, p. 3.

[36] Idem, p. 113.

[37] Hartney, Michael [1991]. Introduction. *In:* Kelsen, Hans [1979]. **General Theory of Norms**. Oxford: Clarendon Press, 1991, p. xxi.

[38] Paulson, Stanley [1998]. Introduction. *In:* Paulson, Stanley *et* Paulson, Bonnie L. (Org). **Normativity and Norms. Critical Perspectives on Kelsenian Themes**. Oxford: Clarendon Press, 1998, p. xxxi.

[39] Struchiner, Noel [2005]. Algumas “Proposições Fulcrais” Acerca do Direito: O Debate Jusnaturalismo vs. Positivismo. *In:* Maia, Antonio Cavalcanti *et alli* (Org.). **Perspectivas**

normativos podem ser identificados pela razão humana, ou seja, se todos eles decorrem de um único fundamento último, entre os sistemas jurídico e moral – e, portanto, entre o Direito e a Moral –, deve ser reconhecida uma conexão conceitual necessária (*morality thesis*), sendo artificial qualquer visão dualista.

Já para o Positivismo Jurídico, a validade de uma norma jurídica independeria de sua compatibilidade com outros sistemas normativos, em geral, e com a Moral, em particular. Deste modo, uma vez que os sistemas normativos são construções arbitrárias da *vontade* humana,[40] o sistema jusnormativo deve ser identificado através de suas fontes sociais,[41] e não pela sua compatibilidade com outros sistemas normativos (*separation thesis*), devendo ser afirmada a autonomia conceitual do Direito em relação a outros sistemas normativos.

Atuais da Filosofia do Direito, Rio de Janeiro: Lumen Iuris, 2005, p. 400.

[40] Neste ponto, convém esclarecer que o objeto de estudo da filosofia moral divide-se, basicamente, em 03 (três) ramos: i) a *ética normativa*, que busca identificar construções filosóficas que estruturam sistemas normativos destinados a nortear a conduta humana; ii) a *ética aplicada*, que se ocupa de questões concretas e vitais da ação humana, forçando uma adaptação ou modificação dos sistemas éticos identificados pela ética normativa; e iii) a *metaética*, que tem por finalidade discutir se os fundamentos da moral são racionais ou sentimentais, isto é, se estamos veiculando conhecimento verdadeiro ou se estamos simplesmente dando vazão aos nossos sentimentos, emoções ou preferências. Note-se que o reconhecimento de sistemas éticos (ética normativa), ou de seu desenvolvimento (ética aplicada), não depende de uma postura metaética positiva (ou cognitivista). Assim sendo, embora seja possível identificar, em qualquer sociedade, determinado sistema normativo ético (objeto da ética normativa), ou mesmo analisar seu desenvolvimento prático (ética aplicada), o fundamento último da moral, para os não-cognitivistas (e, também, para a maioria dos positivistas), é sempre de caráter irracional (postura metaética negativa). O ceticismo da posição positivista, como bem nota Alf Ross, "(...) *não se refere à moral, mas sim à lógica do discurso moral; não se refere à ética, mas sim à metaética.*" Respectivamente: Carvalho, Maria Cecília Maringoni de [2004]. Ética: uma Questão de Invenção ou de Descoberta?. *In:* Rouanet, Luiz Paulo *et alli* (Org.). **Razão Mínima**. São Paulo: Unimarco, 2004, p. 12 e 13 et Ross, Alf [1969]. **El Concepto de Validez y Otros Ensayos**. México DF: Distribuiciones Fontamara, 2001, p. 21.

[41] Struchiner, Noel [2005]. Algumas "Proposições Fulcrais" Acerca do Direito: O Debate Jusnaturalismo vs. Positivismo. *In:* Maia, Antonio Cavalcanti *et alli* (Org.). **Perspectivas Atuais da Filosofia do Direito**, Rio de Janeiro: Lumen Iuris, 2005, p. 410.

A segunda, por sua vez, diz respeito à natureza do Direito. Para o Direito Natural, a natureza do Direito era, sem dúvida, normativa. Uma vez que a razão poderia conhecer as normas que regulam a conduta humana, não seria admissível que esta (conduta) contrariasse aquela (norma). A norma é uma verdadeira *ordem* (leia-se: imperativo), coagindo a vontade humana a escolher o que a razão reconhece como praticamente necessário, ou seja, como bom.[42] As regras do dever-ser obtidas pela razão configuravam verdadeiros imperativos, e estas *normas* eram, justamente, o seu objeto (*normativity thesis*).

Em sentido contrário, o Positivismo Jurídico anterior à Kelsen, ainda não completamente emancipado da Escola Histórica do Direito,[43] reduzia o Direito à faticidade vigente nas relações sociais e negava sua dimensão normativa. Em última instância, toda ciência baseia-se no estudo de *fatos* e, portanto, para o Positivismo Jurídico, a ciência do Direito deveria ter por objeto o comportamento do homem em sociedade (fatos empíricos) e nada mais.[44] A definição do Direito dependeria, assim, exclusivamente da análise dos fatores sociais que permitiram sua criação, e não

[42] ABBAGNANO, Nicola [1971]. **Dicionário de Filosofia**. Trad. Alfredo Bosi. 2ª ed., São Paulo: Martins Fontes, 1998, p. 545.

[43] A Escola Histórica do Direito surgiu na Alemanha no início do século XIX como uma resposta conservadora aos ideais das revoluções liberais do século XVIII. Este movimento afirmava o sentido irracional da história (em contraposição à interpretação racionalista e universalista dos iluministas, em geral, e dos jusnaturalistas, em particular) e concentrava seus estudos na produção normativa de seu país. Suas vigorosas críticas contra o jusnaturalismo iluminista serviram de base epistemológica ao Positivismo Jurídico, embora apresente teses incompatíveis com este, como a crítica da centralização normativa nas mãos do Estado, a defesa do papel determinante dos costumes específicos da cultura de cada país (*Volksgeist* ou "espírito do povo") e o papel central da doutrina na sistematização do Direito. *Cf.* BOBBIO, Norberto [1969]. **O Positivismo Jurídico – Lições de Filosofia do Direito**. Trad. Márcio Pugliesi, Edson Bini e Carlos E. Rodrigues. São Paulo: Ícone, 1995, p. 45; DIMOULIS, Dimitri [2006]. **Positivismo Jurídico – Introdução a uma Teoria do Direito e Defesa do Pragmatismo Jurídico-Político**. São Paulo: Método, 2006, p. 70.

[44] KELSEN, Hans [1959]. Uma Teoria "Realista" y la Teoria Pura Del Derecho. *In:* **Contribuiciones a la Teoría Pura del Derecho**. México DF: Distribuciones Fontamara, 2003, p. 10.

de considerações valorativas sobre a conduta do homem em sociedade (*facticity thesis*).[45]

Estas posições sempre foram consideradas incompatíveis entre si. Ou o Direito era considerado (i.a.) um sistema normativo (i.b.) intrinsecamente relacionado com a Moral (posição jusnaturalista), ou (ii.a.) o encadeamento de fatos sociais (ii.b.) sem qualquer conexão necessária com os demais sistemas normativos (posição positivista). Qualquer busca por uma terceira via estava fadada ao insucesso.

Eis, justamente, o desafio lançado por Kelsen. De um lado, sua Teoria Pura do Direito vai aceitar a tese da separação, afirmando, em consonância com a tradição positivista, que o Direito não mantém qualquer relação necessária com a Moral. Este é, sem dúvida, o seu ponto de partida. Todavia, em frontal ruptura com esta mesma tradição, Kelsen vai assumir uma posição até então exclusivamente jusnaturalista: a de que o Direito *possui* uma dimensão normativa.[46]

Para Kelsen,[47] esta dimensão normativa do Direito encontra o seu fundamento filosófico o dualismo metodológico[48] da Escola Neo-Kantiana de Marburg,[49] mais especificamente na distinção entre (i) mundo

[45] Estes 2 (dois) pares de teses também podem ser descritos nos termos da distinção entre *ser* (*is, Sein*) e *dever-ser* (*ought, Sollen*). Segundo Stanley Paulson, "*the distinction is systematically ambiguous; on one reading, 'is' and 'ought' take their values from the first pair of thesis, on another reading, from the second pair. Thus, from the standpoint of the separation and morality theses, norms of the law belong to 'is', and norms or morality, to 'ought', while, from the standpoint of the normativity and facticity theses, legal norms belong to 'ought', and concatenations of fact, which are constrasted with legal norms, to 'is'.*" Paulson, Stanley [1998]. Introduction. *In:* PAULSON, Stanley *et* PAULSON, Bonnie L. (Org). **Normativity and Norms. Critical Perspectives on Kelsenian Themes**. Oxford: Clarendon Press, 1998, p. xxxi.

[46] Todavia, enquanto Kelsen entendia que o Direito *possui* uma dimensão normativa, a tradição jusnaturalista afirmava que o Direito *é* um sistema normativo.

[47] KELSEN, Hans [1933]. The Pure Theory of Law, "Labandism" and Neo-Kantianism. A Letter to Renato Treves. *In:* PAULSON, Stanley *et* PAULSON, Bonnie L. (Org). **Normativity and Norms. Critical Perspectives on Kelsenian Themes**. Oxford: Clarendon Press, 1998, p. 27-33.

[48] Esta dualidade entre natureza e sociedade foi, justamente, o objeto de análise do item precedente, para o qual, diante de eventuais dúvidas, remete-se o leitor.

[49] A denominada Escola Neo-Kantiana de Marburg tinha como seu maior expoente o filósofo Hermann Cohen (1842-1918). Inclusive, ao que parece, um dos seus livros, *Ética da*

dos fatos (*ser*), objeto das ciências naturais e explicados nos termos da causalidade, e (ii) mundo dos valores (*dever-ser*), objeto das ciências do espírito (leia-se: culturais) e explicados nos termos da imputação de sentido aos atos ou fatos naturais pela vontade humana.

Faz-se necessário aqui abrir um parêntese. A ideia de que a esfera do *ser* e a esfera *cultural*, ou seja, as esferas do *ser* (*Sein*) e o *dever-ser* (*Sollen*) não se confundem é uma pressuposição comum aos neokantianos. O que é peculiar à Escola Neokantiana de Marburg[50] é o *método transcendental*.

Assim, para executar o seu *"programa da limpeza"*,[51] Kelsen opta por delimitar as condições de possibilidade do conhecimento científico, fazendo com que a reflexão filosófica se limite a explicitar as suas próprias condições *lógicas*.[52] Partindo desse *método transcendental*,[53] Kelsen concebia que a sociedade, entendida como uma representação da coe-

Vontade Pura ("*Ethik des reinen Willens*") serviu de inspiração para a denominação da teoria jurídica de Hans Kelsen. *In:* MÉTALL, Rudolf Aladár [1976]. **Hans Kelsen – Vida y Obra**. Trad. Javier Esquivel. Mexico DF: Instituto de Investigaciones Jurídicas – UNAM, 1976, p. 15.

[50] A denominada Escola Neo-Kantiana de Marburg tinha como seu maior expoente o filósofo Hermann Cohen (1842-1918) e funcionou como grande inspiração de Kelsen na edificação da Teoria Pura do Direito. KELSEN, Hans [1933]. The Pure Theory of Law, "Labandism" and Neo-Kantianism. A Letter to Renato Treves. *In:* PAULSON, Stanley *et* PAULSON, Bonnie L. (Org). **Normativity and Norms. Critical Perspectives on Kelsenian Themes**. Oxford: Clarendon Press, 1998, p. 171. Para conhecer as implicações da Escola de Marburg para a Filosofia do Direito, confira-se: MÜLLER, Claudius. **Die Rechtsphilosophie des Marburger Neukantianismus**, Tübingen: J.C.B. Mohr, 1994.

[51] STOLLEIS, Michael. **Der Methodenstreit der Weimarer Staatsrechtslehre**. Frankfurt: Frank Steiner Verlag, 2001, p. 6

[52] PORTA, Mario Ariel González. **Estudos Neokantianos**. Rio de Janeiro: Loyola, 2011, p. 47 s.

[53] Aqui deve ser aberto um parêntese. A relação entre a Teoria Pura do Direito e o método transcendental da Escola de Marburg jamais foi feita por Kelsen de forma sistemática e exaustiva. Nos seus primeiros trabalhos, Kelsen sequer fez uso consciente das teorias neokantianas. A primeira menção a Cohen surge apenas no prefácio da 2a edição do "*Hauptprobleme*" (publicada em 1923), onde Kelsen aponta certas similaridades com a sua teoria. Depois disso, Kelsen sempre manteve uma posição ambivalente face a filosofia de Cohen. De qualquer forma, a capacidade da epistemologia neokantiana de lidar com alguns problemas criados pelas teses básicas da Teoria Pura do Direito explica as razões que levaram Kelsen a se apropriar dela. *Cf.* HAIDEMANN, Carsten. **Hans Kelsen and the Transcendental Method**. *In:* N. Ir. Legal Q. 55 (2004), p. 362 s.

xistência real dos seres humanos, faz parte da própria natureza, e desse mesmo destino compartilha o Direito. Exatamente por isso, a divisão entre *ciências* naturais e sociais seria artificial. Existe um só mundo e um só conhecimento, de modo que toda ciência se ocupa, em última instância, do mesmo conjunto de fatos.[54]

Não obstante, a análise das questões jurídicas (*Rechtliches Tatbestand*) revela duas dimensões claramente distinguíveis, a saber, o ato sensorial do comportamento humano, que ocorre no tempo e no espaço e que pode ser descrito com base nas leis da natureza (*causalidade*), e o seu significado especificamente *jurídico*, que é o *sentido* atribuído pela *vontade humana* a esses atos ou fatos naturais, mas que não existem por si só, de forma autônoma, explicáveis nos termos da *imputação* (*Zurechnung*).[55]

Assim, por exemplo, uma lei aprovada pelo Parlamento, uma sentença judicial ou um contrato são sem dúvida eventos naturais, fatos da realidade que ocorrem num determinado lugar do tempo e do espaço. No entanto, afirmar que esses fatos existem enquanto *fatos naturais* é apenas uma descrição de parte da realidade.[56] Uma norma jurídica, que sempre deve sua existência a uma decisão, obviamente começa a existir no momento em que a decisão foi tomada, mas a partir daí passa a "existir" de forma autônoma, sem ser necessário (ou possível, dependendo do caso) levar em consideração a vontade efetiva daqueles que a produziram.

Do ponto de vista jurídico, a existência de uma norma jurídica não pode ser reduzida a um fenômeno psicológico. A partir do momento em que uma norma jurídica é criada (um *ser*), sua "existência" assume sob o ponto de vista jurídico uma forma determinada: a validade.[57] A *validade* de uma norma jurídica nada mais é, portanto, do que sua *existência especí-*

[54] KELSEN, Hans [1959]. **Eine ‚realistische' und die ‚reine' Rechtslehre.** *In:* ÖstZöffR 10 (1959), p. 2

[55] KELSEN, Hans [1934]. **Reine Rechtslehre. Einleitung in die rechtswissenschaftliche Problematik.** Tübingen: Mohr Siebeck, 2008, p. 16 s.

[56] KELSEN, Hans [1942]. **Absolutism and relativism in philosophy and politics.** *In:* What is Justice? – Justice, Law and Politics in the Mirror of Science. New Jersey: The Lawbook Exchange, 2000, p. 206 s.

[57] *Idem*, p. 208.

fica no âmbito do Direito.[58] Especificamente sobre este ponto, é possível distinguir não apenas a fundamentação filosófica marburgueana da Teoria Pura do Direito, como torna-se possível distingui-la das demais versões do *Positivismo Jurídico* vigentes à época, que limitavam suas análises à vontade da pessoa que criou a norma jurídica e ignoravam essa dimensão específica do fenômeno jurídico.[59]

Fecha-se parênteses.

Assim, para a Teoria Pura do Direito, o ato que cria uma norma jurídica é, sem dúvida, um fato (*"is-fact", Seinstatsache*).[60] Todavia, o sentido objetivo deste ato, isto é, a norma jurídica (*dever-ser*), possui uma realidade autônoma na esfera cultural (*ser*). Ao conciliar a separação entre o Direito e a Moral (*separation thesis*) com a dimensão normativa do Direito (*normativity thesis*), sua Teoria Pura do Direito funcionou como um meio termo[61] entre as tradições jusnaturalistas e juspositivistas, tornando possível a explicação do Direito de forma independente dos fatos e dos valores que lhe deram origem.[62]

Através destas referências metodológicas, Kelsen acaba por instaurar uma "dupla pureza"[63] na ciência do Direito. De um lado, a adesão à tese da separação entre o Direito e a Moral permite uma pureza *axiológica* (ou *valorativa*) da ciência do Direito: ao assumir uma posição exclusivamente descritiva do Direito, a ciência do Direito passa a ter por objeto específico

[58] KELSEN, Hans [1934]. **Reine Rechtslehre. Einleitung in die rechtswissenschaftliche Problematik.** Tübingen: Mohr Siebeck, 2008, p. 21

[59] UNRUH, Peter. **Weimarer Staatsrechtslehre und Grundgesetz**. Berlin: Duncker & Humblot, 2004, p. 58 s.

[60] KELSEN, Hans [1960]. **Pure Theory of Law**. Trad. Max Knight. Berkeley: University of California Press, 1967, p. 211.

[61] Note-se, aqui, que Kelsen expressamente caracterizou sua teoria como um meio-termo (*middle-way, Mittelweg*) entre as tradições jusfilosóficas. KELSEN, Hans [1960]. **Pure Theory of Law**. Trad. Max Knight. Berkeley: University of California Press, 1967, p. 211.

[62] PAULSON, Stanley [1998]. Introduction. *In:* PAULSON, Stanley *et* PAULSON, Bonnie L. (Org). **Normativity and Norms. Critical Perspectives on Kelsenian Themes**. Oxford: Clarendon Press, 1998, p. xxxii.

[63] RAZ, Joseph [1981]. The Purity of the Pure Theory. *In:* PAULSON, Stanley *et* PAULSON, Bonnie L. (Org). **Normativity and Norms. Critical Perspectives on Kelsenian Themes**. Oxford: Clarendon Press, 1998, p. 238.

o Direito Positivo (ou Real), e não o Direito Ideal, objeto da política.[64] Note-se, todavia, que sua Teoria Pura propõe-se a *delimitar* o Direito no que diz respeito aos valores, e não *eliminar*[65] toda e qualquer consideração moral *sobre* ou *a partir* do Direito.[66]

De outro, a adesão à tese da normatividade, permite que a Teoria Pura do Direito alcance uma pureza *sociológica*. Neste passo, sem negar a possibilidade de uma ou mais ciências que estude o Direito de acordo com seus fatores sociais,[67] a sua ciência do Direito pretende ser uma *Teoria Pura* do Direito Positivo, e não uma Teoria do *Direito Puro*,[68] ou seja, de um Direito desligado da realidade.[69]

Assim, segundo o próprio Kelsen,

[64] Kelsen, Hans [1945]. **Teoria Geral do Direito e do Estado**. Trad. Luís Carlos Borges. 3ª ed., São Paulo: Martins Fontes, 1998, p. xxix.

[65] Losano, Mario [1976]. Introdução. *In:* Kelsen, Hans [1960]. **O Problema da Justiça**. Trad. João Baptista Machado. 3ª ed., São Paulo: Martins Fontes, 1998, p. xiv.

[66] *"Na medida em que, na aplicação da lei, para além da necessária fixação da moldura dentro da qual se tem de manter o ato a pôr, possa ter ainda lugar uma atividade cognoscitiva do órgão aplicador do Direito, não se tratará de um conhecimento do Direito positivo, mas de outras normas que, aqui, no processo da criação jurídica, podem ter sua incidência: normas de Moral, normas de Justiça, juízos de valor sociais que costumamos designar por expressões correntes como bem comum, interesse do Estado, progresso etc."* Kelsen, Hans [1960]. **Teoria Pura do Direito**. Trad. João Baptista Machado. 6ª ed., São Paulo: Martins Fontes, 1998, p. 393.

[67] *"The law may be the object of different sciences; the Pure Theory of Law has never claimed to be the only possible or legitimate science of law. Sociology of law and history of law are others. They, together with the structural analysis of law, are necessary for a complete understanding of the complex phenomenon of law."* Kelsen, Hans [1948]. Law, State and Justice in the Pure Theory of Law. *In:* Kelsen, Hans [1957]. **What is Justice? – Justice, Law and Politics in the Mirror of Science**. New Jersey: The Lawbook Exchange, 2000, p. 294.

[68] *"La despolitización que la teoría pura del derecho exige se refiere a la ciencia del derecho no a su objeto, el derecho. El derecho no puede ser separado de la política, pues es esencialmente un instrumento de la política. Tanto su creación como su aplicación son funciones políticas, es decir, funciones determinadas por juicios de valor. Pero la ciencia del derecho puede y debe ser separada de la política si es que pretende valer como ciencia. (...) La teoría pura del derecho és una* teoría pura *del derecho, no la teoría de un* derecho puro (...)" Kelsen, Hans [1953]. **¿Que és la Teoría Pura del Derecho?** Trad. Ernesto Garzón Valdéz. Mexico DF: Distribuiciones Fontamara, 1991, p. 29 e 30.

[69] Losano, Mario [1966]. Introdução. *In:* Kelsen, Hans [1960]. **O Problema da Justiça**. Trad. João Baptista Machado. 3ª ed., São Paulo: Martins Fontes, 1998, p. xvi.

> quando esta doutrina é chamada de 'teoria pura do Direito', pretende-se dizer com isso que ela está sendo conservada livre de elementos estranhos ao método específico de uma ciência cujo único propósito é a cognição do Direito, e não a sua formação.[70]

Se a ciência do Direito quiser se libertar das demais esferas do conhecimento e ver respeitada a sua autonomia, ela precisa delimitar o seu objeto com a máxima precisão.[71] Logo, continua Kelsen,

> quando a Teoria Pura empreende delimitar o conhecimento do Direito em face [de outras] disciplinas, fá-lo não por ignorar ou, muito menos, por negar essa conexão, mas porque intenta evitar um sincretismo metodológico que obscurece a essência da ciência jurídica e dilui os limites que lhe são impostos pela natureza do seu objeto.[72]

Impõe-se reconhecer que a Teoria Pura do Direito de Hans Kelsen sempre buscou delimitar, com clareza, o seu objeto de cognição.[73] Em que pese as suas constantes mudanças e evoluções, esta sempre teve um objetivo bem definido, desde sua obra inaugural[74] até sua obra póstuma[75]:

[70] KELSEN, Hans [1945]. **Teoria Geral do Direito e do Estado**. Trad. Luís Carlos Borges. 3ª ed., São Paulo: Martins Fontes, 1998, p. xxviii.

[71] KELSEN, Hans [1934]. **Introduction to the Problems of Legal Theory: A Translation of the First Edition of the Reine Rechtslehre or Pure Theory of Law.** Trad. Stanley L. Paulson, Oxford: Clarendon Press, 1997, p. 8.

[72] KELSEN, Hans [1960]. **Teoria Pura do Direito**. Trad. João Baptista Machado. 6ª ed., São Paulo: Martins Fontes, 1998, p. 2.

[73] "*The Pure Theory of Law seeks to delimit cleary the object of its congition*". *In* KELSEN, Hans [1934]. **Introduction to the Problems of Legal Theory: A Translation of the First Edition of the Reine Rechtslehre or Pure Theory of Law.** Trad. Stanley L. Paulson, Oxford: Clarendon Press, 1997, p. 8.

[74] "*La jurisprudencia, la ciencia del derecho, figura, décimos, entre las disciplinas normativas (...) El caráter normativo de la jurisprudencia se manifesta (...) por cuanto que versa sobre normas (...) de las quales tiene que derivar sus conceptos jurídicos especiales.*" KELSEN, Hans [1911]. **Problemas Capitales de la Teoria Jurídica del Estado**. Trad. Wenceslao Roces. México D.F., Editorial Porrua, 1987, p. 6.

[75] "*Nella lingua tedesca non c'è neanche un nome diverso da termine 'logica', come nome di una scienza, per le norme che costituiscono l'oggetto della scienza che descrive queste norme, come invece esiste il*

estabelecer a norma jurídica como objeto da ciência do Direito. Logo, seu objeto não são os fatos sociais ou a valoração dada a estes fatos,[76] mas sim uma esfera autônoma de sentido: a *norma jurídica*. O que transforma um fato natural num ato jurídico (lícito ou ilícito) não é a sua facticidade, não é o seu ser natural, isto é, o seu ser tal como determinado pela lei da causalidade e encerrado no sistema da natureza, mas o sentido objetivo que está ligado a esse ato, a significação que ele possui.[77]

Assim, quando a Teoria Pura do Direito, como específica ciência do Direito, concentra a sua visualização sobre as normas jurídicas, e não sobre fatos da ordem do ser (quer dizer: não a dirige para o querer ou para o representar das normas jurídicas, mas para as normas jurídicas como conteúdo de sentido – querido ou representado), ela abrange e apreende quaisquer fatos apenas na medida em que estes fatos são o conteúdo de *normas jurídicas*, quer dizer, na medida em que são determinados por *normas jurídicas*.[78] Eis, portanto, o objeto de sua teoria jurídica.

4 Norma jurídica: a evolução de um conceito

Definido o objeto da ciência jurídica, a *norma jurídica* (apenas uma das dimensões do Direito, e não o Direito como um todo), Kelsen iria enfrentar um outro desafio: apresentar um conceito de norma jurídica compatível com as exigências de pureza por ele mesmo lançadas. Essa tarefa foi desempenhada naquelas que podem ser consideradas as principais obras da Teoria Pura do Direito, a saber: i) ***Problemas Fundamentais da Teoria***

nome 'morale' per le norme che costituiscono l'oggetto dell'etica e il nome 'diritto' per le norme che costituiscono l'oggetto della scienza del diritto." KELSEN, Hans [1979]. **Teoria Generale delle Norme**. Trad. Mirella Torre. Torino: Giulio Einaudi, 1985, p. 3.

[76] De acordo com o próprio Kelsen, a pureza de sua teoria é assegurada em 2 (duas) direções: i) "*it is to be secured against the claims of a so-called 'sociological' point of view, which uses the methods of the causal sciences to appropriate the law as a part of nature.*"; ii) "*to be secured against the claims of the natural law theory, which (...) takes legal theory out of the realm of positive legal norms and into the realm of ethico-political postulates.*" KELSEN, Hans [1923]. Foreword to the Second Printing of *Main Problems in the Theory of Public Law*. *In:* PAULSON, Stanley *et* PAULSON, Bonnie L. (Org). **Normativity and Norms. Critical Perspectives on Kelsenian Themes**. Oxford: Clarendon Press, 1998, p. 3-4.

[77] KELSEN, Hans [1960]. **Teoria Pura do Direito**. Trad. João Baptista Machado. 6ª ed., São Paulo: Martins Fontes, 1998, p. 4.

[78] Idem, p. 113

do Direito Público,[79] de 1911; ii) ***Teoria Geral do Estado,***[80] de 1925; iii) ***Teoria Pura do Direito*** (1ª Edição),[81] de 1934; iv) ***Teoria Geral do Direito e do Estado,***[82] de 1945; v) ***Teoria Pura do Direito*** (2ª Edição),[83] de 1960; e vi) ***Teoria Geral das Normas,***[84] obra póstuma editada e publicada em 1979.

[79] Publicação original: KELSEN, Hans [1911]. **Hauptprobleme der Sttatsrechtslehre, entwickelten aus der Lehre vom Rechtssatze**. Tübingen: JCB Mohr, 1911, 719p. O presente estudo teve por base as traduções para o espanhol e para o italiano. Respectivamente: KELSEN, Hans [1911]. **Problemas Capitales de la Teoria Jurídica del Estado**. Trad. Wenceslao Roces. México D.F., Editorial Porrua, 1987 *et* KELSEN, Hans [1911]. **Problemi Fondamentali della Dottrina Del Diritto Pubblico**. Trad. Agostino Carrino. Napoli: Edizioni Scientifiche Italiane, 1997.
[80] Publicação original: KELSEN, Hans [1925]. **Allgemeine Staatslehre**. Berlin: Julius Springer, 1925, 433p. O presente estudo teve por base a tradução para o idioma espanhol: KELSEN, Hans [1925]. **Teoría General del Estado**. Trad. Luis Legaz Lacambra. Barcelona: Editorial Labor, 1934.
[81] Publicação original: KELSEN, Hans [1934]. **Reine Rechtslehre – Einleitung in die rechtswissenschaftliche Problematik**. Leipzig und Wien: Franz Deuticke, 1934, 236p. O presente estudo teve por base a tradução para a língua inglesa: KELSEN, Hans [1934]. **Introduction to the Problems of Legal Theory: A Translation of the First Edition of the Reine Rechtslehre or Pure Theory of Law.** Trad. Stanley L. Paulson, Oxford: Clarendon Press, 1997.
[82] Publicação original: KELSEN, Hans [1945]. **General Theory of Law and State**. Trad. Anders Wedberg. Cambridge: Harvard University Press, 1945, 516p. O presente estudo teve por base a edição original, bem como as traduções para o português e espanhol, respectivamente: KELSEN, Hans [1945]. **General Theory of Law and State**. 2ª ed., Trad. Anders Wedberg. Cambridge: Harvard University Press, 1949; KELSEN, Hans [1945]. **Teoria Geral do Direito e do Estado**, Trad. Luis Carlos Borges. 3ª ed., São Paulo: Martins Fontes, 1998 e KELSEN, Hans [1945]. **Teoria General del Derecho y del Estado**. Trad. Eduardo García Máynez. Mexico D.F.: Editorial Porrua, 2005.
[83] Publicação original: KELSEN, Hans [1960]. **Reine Rechtlehre – Mit einem Anhang: Das Problem der Gerechtigkeit. Zweite, völlig neu bearbeitete und erweiterte Auflage.** Wien: Franz Deuticke, 1960, 534 p. A base do presente estudo foi formada a partir das traduções para o português, inglês e espanhol, respectivamente: KELSEN, Hans [1960]. **Teoria Pura do Direito**. Trad. João Baptista Machado. 6ª ed., São Paulo: Martins Fontes, 1999; KELSEN, Hans [1960]. **Pure Theory of Law**. Trad. Max Knight. Berkeley: University of California Press, 1967 e KELSEN, Hans [1960]. **Teoria Pura del Derecho**. Trad. Roberto Vernengo. Mexico D.F.: Editorial Porrua, 2005.
[84] Publicação original: KELSEN, Hans [1979]. **Allgemeine Theorie der Normen – Im Auftrag des Hans Kelsen-Instituts aus dem Nachlaß herausgegeben von Kurt Ring-**

Logo na obra inaugural da Teoria Pura do Direito, Kelsen iria questionar a doutrina tradicional que enxergava a norma jurídica como um imperativo, como uma ordem estatal dirigida ao súdito. Isto porque, essa concepção decorria de um "lamentável antropomorfismo"[85] na construção dos conceitos científicos. Uma ordem pressupõe uma vontade, o que, em sede estritamente teórica, é uma ficção insustentável, já que o Estado não é dotado de uma existência psicofísica semelhante aos dos seres humanos.

Assim é que, na obra de 1911, a norma jurídica foi apresentada como um *juízo hipotético*, de sorte que a norma jurídica teria, ao contrário do que sustentava a teoria jurídica tradicional, uma estrutura condicional, ligando uma *condição* (ou *causa*) a uma *conseqüência* (ou *efeito*). Sob o ponto de visa formal, toda e qualquer norma jurídica possuiria, na verdade, uma estrutura única, podendo ser sempre *reconstruída* nos termos de uma *proposição jurídica*. Outrossim, o reconhecimento da sanção como um elemento integrante da norma jurídica denotaria que a mesma tem por função criar uma obrigação para o próprio Estado, e não impor uma determinada conduta aos indivíduos. Com estas modificações teóricas, o Direito Positivo fora concebido, pela primeira vez, como *o conjunto de normas que regulam o poder coercitivo do Estado.*

Na obra de 1925, a proposta inicial ganha complexidade, pois a estrutura condicional da proposição jurídica poderia ser desdobrada numa série de proposições parciais, representadas por 2 (duas) espécies de normas, das quais apenas a primeira teria relevância para a ciência do Direito: i) as *normas primárias,* que estabelecem a condição para o ato coercitivo ("M [ou $M^{\underline{o}}$] + E, deve ser $Z \rightarrow M$"); e ii) as *normas secundárias,* cujo o conteúdo é a condição ou a série de condições que não têm como

hofer und Robert Walter. Wien: Manz, 1979, 362p. O presente estudo teve por base as traduções para os idiomas inglês, italiano e espanhol, respectivamente: Kelsen, Hans [1979]. **General Theory of Norms**. Trad. Michel Hartney. Oxford: Clarendon Press, 1991; Kelsen, Hans [1979]. **Teoria Generale delle Norme**. Trad. Mirella Torre. Torino: Giulio Einaudi, 1985 e Kelsen, Hans [1979]. **Teoría General de las Normas**. Trad. Hugo Carlos Delory Jacobs. Mexico DF: Trillas, 1994.

[85] Kelsen, Hans [1911]. **Problemas Capitales de la Teoría Jurídica del Estado**. Trad. Wenceslao Roces. 2ª ed., Mexico DF: Editorial Porua, 1987, p. 57.

conseqüência um ato coercitivo, expressa através da conduta devida para *evitar* o ato coercitivo (*"faça X!; não faça X!"*).

Além disto, Kelsen reconheceu que o Direito também poderia ser analisado sob uma perspectiva dinâmica. Assim, ao lado da concepção estática, que parte da análise da ordem jurídica já acabada e orientada pelo ato coercitivo, o Direito poderia ser descrito como uma *função de criação jurídica*, sendo possível afirmar que todas as "funções" estatais estão inseridas numa estrutura hierárquica de diversos graus de criação jurídica, de sorte que cada uma das "funções" de criação *limita* e *está limitada* pelo exercício de uma outra "função". Dispostas de modo escalonado, as normas do nível superior delimitam um fato que constitui a criação do Direito num grau inferior, de modo que até mesmo os atos de individualização devem ser reconhecidos como normas jurídicas.

Já na obra de 1934 aparece, pela primeira vez, a definição da norma jurídica como o "sentido objetivo de um fato". Esta idéia, introduzida na obra de 1925 apenas para justificar a impossibilidade do ilícito estatal, agora assume uma posição fundamental na sua teoria jurídica: se antes a norma jurídica apenas conferia o sentido objetivo a um fato natural, a partir de agora é, *ela mesma*, o sentido objetivo atribuído a outro fato por uma outra norma jurídica.

Com esta inovação teórica, também foi possível conferir um tratamento unitário à sua teoria jurídica, composta por 2 (duas) partes: i) a *estática jurídica*; e ii) a *dinâmica jurídica*. De fato, se até então ambas as partes apresentavam aspectos incompatíveis e contraditórios, a partir de agora estas dimensões da realidade jurídica poderiam ser reduzidas a uma noção unitária, pois, ao mesmo tempo, a norma jurídica (i) "*é*" o sentido objetivo de um fato natural, porque recebe seu significado de uma outra norma jurídica, e (ii) "*confere*" o sentido objetivo a outro fato natural, porque constitui um *esquema de interpretação*.

A obra de 1945, por seu turno, finalmente esclareceu que *normas jurídicas* e *proposições jurídicas* formam realidades distintas: i) as primeiras são o produto da função de criação jurídica; e ii) as segundas são os enunciados formulados pela ciência jurídica sobre as normas jurídicas. Com isso, o viés *reconstrutivista* da Teoria Pura do Direito ficou definitivamente prejudicado em favor de uma formulação passiva, meramente *descritiva*, em que a ciência jurídica nada reconstrói ou reformula, mas apenas *descreve* seu objeto.

Outrossim, neste momento foi apresentada a tese de que as normas constitucionais são meras partes das normas gerais, e teriam por finalidade inserir em todas as normas gerais uma "matéria constitucional", designada como *cláusula "se"*. Esta cláusula indicaria que, além da função de verificar a ocorrência efetiva da condição de fato prevista pela norma jurídica (*quaestio facti*), o órgão aplicador do Direito também deve verificar se a norma geral a ser aplicada é válida, se ela foi criada do modo previsto pela Constituição (*quaestio juris*).

Não obstante, não havia, até então, uma resposta satisfatória para alguns graves problemas da Teoria Pura do Direito, a saber: i) como compatibilizar as funções de regular os atos coercitivos e a função de regular a criação jurídica?; ii) qual é a natureza da obrigação criada pela norma jurídica à autoridade responsável por aplicar a sanção? Estas questões têm um ponto em comum: a noção de que a norma jurídica cria uma obrigação (ou dever) de aplicar a sanção dirigida à autoridade competente, ponto este que sofreria uma profunda revisão na obra de 1960.

Esta revisão tem como ponto central a noção de que a norma jurídica não cria uma obrigação ao Estado. Na verdade, quando uma norma jurídica prevê a aplicação de uma *conseqüência* (ou *efeito*) a uma *condição* (ou *causa*), ela está atribuindo a uma pessoa um *poder jurídico*, ou seja, uma *autorização* para a aplicação da sanção.

Além disso, a obra de 1960 introduziu um acréscimo relevante na definição da norma jurídica. Mais do que o mero sentido de um ato qualquer, a norma jurídica passa a ser definida como o *sentido objetivo de um ato de vontade*. Com esta alteração, a sua definição passa a apresentar 2 (duas) partes: a norma jurídica é (i) o *sentido objetivo de um ato* e, por sua vez, este ato é (ii) um *ato de vontade*. De um lado, a idéia de que a norma jurídica, ao mesmo tempo, "*é*" e "*confere*" um sentido objetivo a um fato (ou ato) já havia sido incorporada à Teoria Pura do Direito na obra de 1934. Para ser entendido como *norma jurídica*, o sentido de um fato deve ser avalizado por uma outra norma jurídica. Pouco importa, assim, outros sentidos possíveis ou mesmo o sentido eventualmente atribuído por outras fontes: apenas o sentido conferido por uma outra norma jurídica qualifica um determinado sentido como norma jurídica. De outro lado, a segunda parte da definição indica, de forma inédita, que um sentido objetivo avalizado por uma norma jurídica somente pode ser conferido a um *ato de vontade*. E os atos de vontade, por sua vez, têm por finalidade (i) *autorizar*, (ii) *permitir* ou (iii) *prescrever* (*comandar, ordenar*) uma determinada conduta.

Outro importante avanço da obra de 1960 é a apresentação de elementos suficientes para a distinção entre a *estática jurídica* e a *dinâmica jurídica*. Logo, se a norma jurídica pode ser definida de forma integral como o sentido objetivo de um ato de vontade, para a teoria dinâmica esta vontade *prescreve* ou *permite* uma conduta, através da imposição de uma sanção dirigida contra a conduta contrária, e para a teoria dinâmica esta mesma vontade confere a uma outra manifestação de vontade a natureza de norma jurídica, através da atribuição de um *poder jurídico*.

Todavia, a esta obra deixou 2 (duas) importantes perguntas. A primeira delas é a seguinte: o que significa dizer que uma norma é o sentido de um ato de vontade? A resposta dada pela obra de 1979 é que haverá uma *norma* sempre que haja um ato de vontade com *pretensões* normativas, ou seja, sempre que uma pessoa prescrever um estado ideal de conduta (dever-ser e o seu conteúdo) a um certo destinatário. Já a qualificação desta *norma* como *norma jurídica* (leia-se: a sua validade dentro de um ordenamento específico, a sua específica existência) pressupõe que o sentido subjetivo do respectivo ato de vontade seja reconhecido (ou autorizado) por uma outra norma jurídica.

Já a segunda pergunta indaga se as diversas funções são exercidas por uma única norma jurídica ou por normas jurídicas distintas? A resposta encontrada na obra póstuma de Kelsen é que, enquanto a *função prescritiva* é veiculada por uma *norma primária*, a função de conferir um *poder jurídico*, através da possibilidade de aplicação de um ato coercitivo, é materializada por uma *norma secundária*.

Além disso, Kelsen efetuou alguns ajustes na sua teoria da norma fundamental (que passa a ser entendida como uma ficção) e incluiu a derrogação entre as funções reconhecidas às normas jurídicas. Enquanto, a norma básica passa a ser concebida como o sentido objetivo de um ato de vontade fictício, meramente pensado, dotada de uma finalidade exclusivamente cognitiva, a derrogação é entendida como uma função de extinguir prescrições e permissões criadas por outras normas jurídicas.

5. Por uma definição de norma jurídica na Teoria Pura do Direito

Feita esta breve digressão histórica, a norma jurídica pode ser definida no estágio final de desenvolvimento da Teoria Pura do Direito como *o sentido de um ato de vontade que, reconhecido por outra norma jurídica, veicula um dever-ser composto por (a) uma norma primária, que cria um dever jurídico e tem por conteúdo (i) a prescrição ou (ii) a permissão de uma determinada conduta ou, ainda, (iii) a derrogação de uma outra norma jurídica, e (b) uma norma secundária, que cria um poder jurídico e tem por conteúdo (iv) a autorização para a aplicação de um ato coercitivo.*

Dizer que a norma jurídica é o "*sentido de um ato de vontade que veicula um dever-ser*" indica que não é qualquer ato que pode assumir a natureza de uma norma jurídica, mas apenas um *ato de vontade* que, *pretendido* pelo emissor e *compreendido* pelo destinatário, gera uma situação de *sujeição.*

"*Autorizado por outra norma jurídica*" porque, se todo e qualquer ato de vontade que veicula um dever-ser gera uma *norma*, a sua qualificação como *norma jurídica* pressupõe que o sentido subjetivo desejado pelo emissor seja compatível com outra norma jurídica.

A expressão "*um dever-ser composto por uma norma primária (...) e uma norma secundária*" demonstra que há, em qualquer situação, 2 (dois) destinatários da norma jurídica, a saber: i) um *indireto*, que é a pessoa sujeita ao ato coercitivo, caso pratique a conduta contrária daquela descrita; ii) um *direto*, que é o agente estatal responsável pela aplicação do ato coercitivo.

"*Norma primária que cria um dever jurídico*" porque, de um lado, a norma jurídica cria uma obrigação para o súdito através da estipulação de uma sanção (*conseqüência* ou *efeito*) para a realização da conduta contrária àquela descrita por ela (*condição* ou *causa*).

"*Norma secundária que cria um poder jurídico e tem por conteúdo (iv) a autorização para a aplicação de um ato coercitivo*" porque, de outro lado, a norma jurídica não cria uma obrigação de aplicação do ato coercitivo, mas uma mera autorização, pois não há, em princípio, uma sanção prevista para o caso da não aplicação. Caso haja uma outra sanção estabelecida para a sua não aplicação, a sua aplicação será o conteúdo de uma outra norma primária que obriga o seu destinatário a fazê-lo, tornando-o passível da aplicação de um outro ato coercitivo pelo destinatário de outra norma secundária.

Já a expressão "*tem por conteúdo (i) a prescrição ou (ii) a permissão de uma determinada conduta*" indica que a norma primária pode (i) regulamentar uma conduta de forma *ativa*, quando a um indivíduo é determinada a realização ou a omissão de um determinado ato, ou (ii) regulamentar uma conduta de uma forma *passiva*, quando se limita a incidência de uma norma proibitiva de determinada conduta através de uma outra norma, que permite a conduta proibida ou, ainda quando uma conduta, não sendo proibida pelo ordenamento jurídico, também não é positivamente permitida por uma norma delimitadora do âmbito de validade de outra norma proibitiva.

A expressão "*tem por conteúdo (...) (iii) a derrogação de uma outra norma jurídica*" demonstra que o conteúdo do ato de vontade também pode ter por finalidade fulminar a validade de uma outra norma jurídica, estatuindo um *dever-ser negativo.*

Esta definição completa apresenta alguns problemas, por óbvio, notadamente por incorporar elementos da obra póstuma de 1979, obra esta baseada em anotações de Kelsen e que, por isso, não receberam um tratamento definitivo pelo próprio autor. No entanto, pode servir de um guia para futuros estudos dos interessados pelo pensamento de Hans Kelsen.

Conclusões

Por necessidade de síntese didática, verifica-se que as idéias desenvolvidas no presente texto podem ser condensadas em proposições objetivas, a saber:

1. Kelsen dedicou toda sua vida ao projeto de desenvolver uma teoria jurídica pura, isto é, purificada de toda a ideologia política e de todos os elementos da ciência natural.
2. Embora formem uma única realidade fática, natureza e sociedade correspondem a diferentes sistemas. Por isso, são objetos que demandam a construção de um instrumental teórico específico para seu estudo.
3. O *mundo natural* corresponde ao mundo físico. Suas relações são determinadas pelo princípio da causalidade, o qual o pensamento humano meramente constata.

4. Já o *mundo cultural* tem natureza normativa. Suas relações são explicadas através da imputação, onde uma vontade atribui determinado sentido ao fato natural.
5. Embora o ato que cria uma norma jurídica seja um fato, o seu sentido objetivo, isto é, a norma jurídica (*dever-ser*) possui uma realidade autônoma na esfera cultural.
6. De um lado, a adesão à tese da separação (entre o Direito e a Moral) permite uma pureza *axiológica* (ou *valorativa*) da ciência do Direito.
7. De outro lado, a adesão à tese da normatividade (o Direito não se resume a um fato social), permite que a Teoria Pura do Direito alcance uma pureza *sociológica*.
8. Esta "esfera autônoma de sentido", mais especificamente, a *norma jurídica* é, para Hans Kelsen, o objeto da Ciência do Direito.
9. Norma jurídica é o sentido de um ato de vontade que, reconhecido por outra norma jurídica, veicula um dever-ser composto por (a) uma norma primária, que cria um dever jurídico e tem por conteúdo (i) a prescrição ou (ii) a permissão de uma determinada conduta ou, ainda, (iii) a derrogação de uma outra norma jurídica, e (b) uma norma secundária, que cria um poder jurídico e tem por conteúdo (iv) a autorização para a aplicação de um ato coercitivo.

Referências

ABBAGNANO, Nicola [1971]. **Dicionário de Filosofia**. Trad. Alfredo Bosi. 2ª ed., São Paulo: Martins Fontes, 1998.

BOBBIO, Norberto [1969]. **O Positivismo Jurídico – Lições de Filosofia do Direito**. Trad. Márcio Pugliesi, Edson Bini e Carlos E. Rodrigues. São Paulo: Ícone, 1995.

CADORE, Rodrigo Garcia. A Teoria Pura do Direito como Produto da Escola Jurídica de Viena: o período inaugural da Reine Rechtslehre (1911-1930. In: SOLON, M. A., PERRONE-MOISÉS, C., BOITEUX, Elza Antonia Pereira Cunha; ALMEIDA, F. M. de; Monaco, Gustavo Ferraz de Campos; RANIERI, N. (Org.). **Múltiplos Olhares sobre o Direito:** Homenagem aos 80 anos do Professor Emérito Celso Lafer. Volume I, São Paulo: Quartier Latin, 2022, p. 335–385; WALTER, Robert (Org). **Der Kreis um Hans Kelsen**. Viena: Manzsche Verlag, 2008.

CARVALHO, Maria Cecília Maringoni de [2004]. Ética: uma Questão de Invenção ou de Descoberta?. *In:* ROUANET, Luiz Paulo *et alli* (Org.). **Razão Mínima**. São Paulo: Unimarco, 2004.

DIMOULIS, Dimitri [2006]. **Positivismo Jurídico – Introdução a uma Teoria do Direito e Defesa do Pragmatismo Jurídico-Político**. São Paulo: Método, 2006.

HAIDEMANN, Carsten. **Hans Kelsen and the Transcendental Method**. *In:* N. Ir. Legal Q. 55 (2004)

HARTNEY, Michael [1991]. Introduction. *In:* KELSEN, Hans [1979]. **General Theory of Norms**. Oxford: Clarendon Press, 1991.

KELSEN, Hans [1911]. **Hauptprobleme der Sttatsrechtslehre, entwickelten aus der Lehre vom Rechtssatze**. Tübingen: JCB Mohr, 1911.

KELSEN, Hans [1911]. **Problemi Fondamentali della Dottrina Del Diritto Pubblico**. Trad. Agostino Carrino. Napoli: Edizioni Scientifiche Italiane, 1997.

KELSEN, Hans [1911]. **Problemas Capitales de la Teoría Jurídica del Estado**. Trad. Wenceslao Roces. 2ª ed., Mexico DF: Editorial Porua, 1987.

KELSEN, Hans [1923]. Foreword to the Second Printing of *Main Problems in the Theory of Public Law*. *In:* PAULSON, Stanley *et* PAULSON, Bonnie L. (Org). **Normativity and Norms. Critical Perspectives on Kelsenian Themes**. Oxford: Clarendon Press, 1998.

KELSEN, Hans [1925]. **Allgemeine Staatslehre**. Berlin: Julius Springer, 1925.

KELSEN, Hans [1925]. **Teoría General del Estado**. Trad. Luis Legaz Lacambra. Barcelona: Editorial Labor, 1934.

KELSEN, Hans [1933]. **La Teoría Pura del Derecho**. Trad. Jorge G. Tijerina. 2ª ed., Buenos Aires: Posada, 1941.

KELSEN, Hans [1933]. The Pure Theory of Law, "Labandism" and Neo-Kantianism. A Letter to Renato Treves. *In:* PAULSON, Stanley *et* PAULSON, Bonnie L. (Org). **Normativity and Norms. Critical Perspectives on Kelsenian Themes**. Oxford: Clarendon Press, 1998.

KELSEN, Hans [1934]. **Reine Rechtslehre – Einleitung in die rechtswissenschaftliche Problematik**. Leipzig und Wien: Franz Deuticke, 1934.

KELSEN, Hans [1934]. **Introduction to the Problems of Legal Theory: A Translation of the First Edition of the Reine Rechtslehre or Pure Theory of Law.** Trad. Stanley L. Paulson, Oxford: Clarendon Press, 1997.

KELSEN, Hans [1941]. The Law as Specific Technique. *In:* KELSEN, Hans [1957]. **What is Justice? – Justice, Law and Politics in the Mirror of Science**. New Jersey: The Lawbook Exchange, 2000.

KELSEN, Hans [1941]. O Direito como Técnica Social Específica. *In:* KELSEN, Hans [1957]. **O que é Justiça?**. Trad. Luis Carlos Borges. São Paulo: Martins Fontes, 1998.

KELSEN, Hans [1942]. Absolutism and relativism in philosophy and politics. *In:* **What is Justice? – Justice, Law and Politics in the Mirror of Science**. New Jersey: The Lawbook Exchange, 2000.

KELSEN, Hans [1944]. **Peace Through Law**. 3ª ed., New Jersey: The Lawbook Exchange, 2000.

KELSEN, Hans [1945]. **General Theory of Law and State**. Trad. Anders Wedberg. Cambridge: Harvard University Press, 1945.

KELSEN, Hans [1945]. **Teoria Geral do Direito e do Estado**, Trad. Luis Carlos Borges. 3ª ed., São Paulo: Martins Fontes, 1998.

KELSEN, Hans [1945]. **Teoria General del Derecho y del Estado**. Trad. Eduardo García Máynez. Mexico D.F.: Editorial Porrua, 2005.KELSEN, Hans [1946]. **Society and Nature: a Sociological Inquiry**. New Jersey: The Lawbook Exchange, 2000.

KELSEN, Hans [1948]. Law, State and Justice in the Pure Theory of Law. *In:* KELSEN, Hans [1957]. **What is Justice? – Justice, Law and Politics in the Mirror of Science**. New Jersey: The Lawbook Exchange, 2000.

KELSEN, Hans [1953]. **¿Que és la Teoría Pura del Derecho?** Trad. Ernesto Garzón Valdéz. Mexico DF: Distribuiciones Fontamara, 1991.

KELSEN, Hans [1959]. **Uma Teoria "Realista" y la Teoria Pura Del Derecho**. *In:* Contribuiciones a la Teoría Pura del Derecho. México DF: Distribuciones Fontamara, 2003.

KELSEN, Hans [1959]. **Eine ‚realistische' und die ‚reine' Rechtslehre**. *In:* ÖstZöffR 10 (1959).

KELSEN, Hans [1960]. **Reine Rechtlehre – Mit einem Anhang: Das Problem der Gerechtigkeit. Zweite, völlig neu bearbeitete und erweiterte Auflage**. Wien: Franz Deuticke, 1960.

KELSEN, Hans [1960]. **Teoria Pura do Direito**. Trad. João Baptista Machado. 6ª ed., São Paulo: Martins Fontes, 1999.

KELSEN, Hans [1960]. **Pure Theory of Law**. Trad. Max Knight. Berkeley: University of California Press, 1967

KELSEN, Hans [1960]. **Teoria Pura del Derecho**. Trad. Roberto Vernengo. Mexico D.F.: Editorial Porrua, 2005.

KELSEN, Hans [1979]. **Allgemeine Theorie der Normen.** Wien: Manz, 1979.

KELSEN, Hans [1979]. **General Theory of Norms**. Oxford: Clarendon Press, 1991.

KELSEN, Hans [1979]. **Teoria Generale delle Norme**. Trad. Mirella Torre. Torino: Giulio Einaudi, 1985.

KELSEN, Hans [1979]. **Teoría General de las Normas**. Trad. Hugo Carlos Delory Jacobs. Mexico DF: Trillas, 1994.

LOSANO, Mario [1976]. Introdução. *In:* KELSEN, Hans [1960]. **O Problema da Justiça**. Trad. João Baptista Machado. 3ª ed., São Paulo: Martins Fontes, 1998.

MÉTALL, Rudolf Aladár [1976]. **Hans Kelsen – Vida y Obra**. Trad. Javier Esquivel. Mexico DF: Instituto de Investigaciones Jurídicas – UNAM, 1976.

MÜLLER, Claudius. **Die Rechtsphilosophie des Marburger Neukantianismus**, Tübingen: J.C.B. Mohr, 1994

PAULSON, Stanley [1998]. Introduction. *In:* PAULSON, Stanley *et* PAULSON, Bonnie L. (Org). **Normativity and Norms. Critical Perspectives on Kelsenian Themes**. Oxford: Clarendon Press, 1998.

PORTA, Mario Ariel González. **Estudos Neokantianos**. Rio de Janeiro: Loyola, 2011.

RAZ, Joseph [1981]. The Purity of the Pure Theory. *In:* PAULSON, Stanley *et* PAULSON, Bonnie L. (Org). **Normativity and Norms. Critical Perspectives on Kelsenian Themes**. Oxford: Clarendon Press, 1998.

ROSS, Alf [1969]. **El Concepto de Validez y Otros Ensayos**. México DF: Distribuiciones Fontamara, 2001.

SGARBI, Adrian [2007]. **Hans Kelsen – Ensaios Introdutórios (2001-2005)**. Rio de Janeiro: Lumen Iuris, 2007.

STOLLEIS, Michael. **Der Methodenstreit der Weimarer Staatsrechtslehre**. Frankfurt: Frank Steiner Verlag, 2001.

STRUCHINER, Noel [2005]. Algumas "Proposições Fulcrais" Acerca do Direito: O Debate Jusnaturalismo vs. Positivismo. *In:* MAIA, Antonio Cavalcanti *et alli* (Org.). **Perspectivas Atuais da Filosofia do Direito**, Rio de Janeiro: Lumen Iuris, 2005.

UNRUH, Peter. **Weimarer Staatsrechtslehre und Grundgesetz**. Berlin: Duncker & Humblot, 2004.

WALTER, Robert (Org). **Der Kreis um Hans Kelsen**. Viena: Manzsche Verlag, 2008

19.
PARA ENTENDER KELSEN... (E OS RISCOS DO "TELEFONE SEM FIO")

ROSALDO TREVISAN

Introdução: para entender Kelsen...

É empolgante e desafiadora a oportunidade de homenagear um jurista que mudou os rumos do Direito, especialmente, em estudo comemorativo a uma das obras-primas da história do pensamento jurídico, a "Teoria Pura do Direito". Por essa oportunidade agradeço aos coordenadores da obra, pelo convite, já os parabenizando pela ideia.

Não há como ficar indiferente aos ensinamentos de Hans Kelsen, que despertaram, no último século, e no atual, uma mescla de "amor ou ódio" nas faculdades de Direito, espraiando-se tais sentimentos em vasta doutrina crítica, e em substancial número de citações jurisprudenciais. Como salienta ninguém menos que Herbert L. A. Hart, há poucas dúvidas de que Kelsen tenha sido o maior jurista analítico do Século XX.[1]

Para quem se dedica ao ensino jurídico, é um dever tratar de Kelsen da forma mais fidedigna possível, evitando deturpações e simplificações, trabalhando seus escritos sem cargas ideológicas, sem disseminar a sen-

[1] A frase completa, dita por Hart, em entrevista, no ano de 1988, a L. Duarte d'Almeida, J. Edwards e A. Dolcetti (eds.), reconhece ainda a contribuição de Jeremy Bentham: "*I have little doubt that Bentham was the greatest analytical jurist of the 19th century and Kelsen of the 20th*": D'Almeida, Luís Duarte, Gardner, John; Green, Leslie. ***Kelsen Revisited: New Essays on the Pure Theory of Law***. Oxford: Hart Publishing, 2013, p. 1.

sação de "amor ou ódio". Entretanto, poucos são os que cumprem à risca esse dever.[2]

Kelsen está presente nas referências bibliográficas dos principais cursos de direito, no Brasil, sendo raro encontrar uma obra reconhecida em qualquer ramo jurídico nacional que sequer o mencione. Desafio, neste momento inicial, o leitor a sacar de sua biblioteca um grande curso de Direito, em edição de número avançado, que não contenha Hans Kelsen nas referências.

Ao fazer isso, exercitando simples mirada, a título exemplificativo, sem compromisso amostral, estatístico ou de uniformidade de data de publicação, em algumas das principais obras de Direito Administrativo, Constitucional, Internacional e Tributário, no Brasil, percebe-se a dimensão da influência kelseniana na construção de nosso pensamento jurídico.

Celso Antônio Bandeira de Mello, em seu "Curso de Direito Administrativo", apresenta, como primeira referência da obra, a "*Teoría General del Derecho y del Estado*", de Kelsen.[3] Marçal Justen Filho, também em "Curso de Direito Administrativo", traz a "Teoria Pura do Direito" em suas referências.[4]

Gilmar Ferreira Mendes e Paulo Gustavo Gonet Branco, em seu "Curso de Direito Constitucional", trazem doze obras de Kelsen nas referências bibliográficas, sendo apenas quatro delas traduções para o português.[5]

Essa preocupação com a utilização de versões mais fidedignas existe também no grande jurista José Souto Maior Borges, que recentemente

[2] Um deles, o Professor José Roberto Vieira, que nos orientou no doutorado, e que homenageamos em artigo que serviu de base para o presente texto: Trevisan, Rosaldo. Para Entender Kelsen... (Um convite à obra de Kelsen, como um Tributo ao Professor José Roberto Vieira). *In*: Valle, Maurício Dalri Timm do; Valadão, Alexsander Roberto Alves; Dallazem, Dalton Luiz (coord.). **Ensaios em Homenagem ao Professor José Roberto Vieira: ao mestre e amigo, com carinho...** São Paulo: Noeses, 2017, p. 1013-1047.

[3] Bandeira De Mello, Celso Antônio. **Curso de Direito Administrativo**. 22 ed. São Paulo: Malheiros, 2007, p. 29-30.

[4] Justen Filho, Marçal. **Curso de Direito Administrativo**. 8 ed. Belo Horizonte, Fórum, 2012.

[5] Mendes, Gilmar Ferreira; Branco, Paulo Gustavo Gonet. **Curso de Direito Administrativo**. 7 ed. São Paulo: Saraiva, 2012. A presença de Kelsen está ainda, em três obras usadas como referências, em: Moraes, Alexandre de. **Direito Constitucional**. 15. ed. São Paulo: Atlas, 2004.

nos deixou, e traz, em seu "Curso de Direito Comunitário" referência a dez obras de Kelsen, nenhuma delas em tradução para o português.[6]

Em relação às obras de Direito Internacional, a ausência de referência a Kelsen constituiria verdadeira omissão sancionável. Celso D. de Albuquerque Mello traz, nas referências de seu consagrado "Curso de Direito Internacional Público", quatro obras de Kelsen, nenhuma delas em português.[7] E Hildebrando Accioly, Geraldo E. do Nascimento e Silva e Paulo Borba Casella, em seu "Manual de Direito Internacional Público" apresentam como referência duas obras de Kelsen, uma em tradução para o português.[8]

No Direito Tributário brasileiro, Sacha Calmon Navarro Coêlho traz, nas referências de seu curso, sete obras de Kelsen, sendo apenas uma traduzida em língua portuguesa, a "Teoria Pura do Direito", também mencionada no curso de Paulo de Barros Carvalho.[9]

A relevância de Kelsen, em verdade, é bem maior do que revela nossa literatura jurídica nacional. Além de Herbert Hart, aqui já mencionado, encontra-se Kelsen, *v.g.*, nas referências de Norberto Bobbio, Robert Alexy, Alf Ross, Joseph Raz, Neil MacCormick, Manuel Atienza, Genaro Carrió, Carlos E. Alchourrón e Eugenio Bulygin.[10]

[6] BORGES, José Souto Maior. **Curso de Direito Comunitário: instituições de Direito Comunitário comparado – União Europeia e MERCOSUL**. 2 ed. São Paulo: Saraiva, 2009.

[7] MELLO, Celso D. de Albuquerque. **Curso de Direito Internacional Público**. 15. ed. 2 v. Rio de Janeiro: Renovar, 2004. O autor traz ainda, nas referências, a tradução para o português de obra organizada por Mário Losano, sobre debates entre Hans Kelsen e Umberto Campagnolo: LOSANO, Mario G. (org.). **Direito Internacional e Estado Soberano / Hans Kelsen, Umberto Campagnolo**. Trad. Marcela Varejão. São Paulo: Martins Fontes, 2002.

[8] ACCIOLY, Hildebrando; SILVA, Geraldo E. do Nascimento e; CASELLA, Paulo Borba. **Manual de Direito Internacional Público**. 16. ed. São Paulo: Saraiva, 2008.

[9] COÊLHO, Sacha Calmon Navarro. **Curso de Direito Tributário Brasileiro**. 10. ed. Rio de Janeiro: Forense, 2009. CARVALHO, Paulo de Barros. **Curso de Direito Tributário**. 27. ed. São Paulo: Saraiva, 2016.

[10] Para ficar em uma obra: BOBBIO, Norberto. **Da Estrutura à Função: novos estudos de Teoria do Direito**. Trad. Daniela Beccaccia Versiani. Barueri, Manole, 2007. ALEXY, Robert. **Teoria da Argumentação Jurídica: A Teoria do Discurso Racional como Teoria da Fundamentação Jurídica**. Trad. Zilda Hutchinson Schild Silva. 3. ed. Rio de Janeiro: Forense, 2011. ROSS, Alf. **Direito e Justiça**. Trad. Edson Bini. 2. ed. Bauru: Edipro, 2007.

É absolutamente improvável, assim, que um estudante de Direito deste século tenha passado pela universidade sem ter contato, direto ou indireto, com a produção jurídica de Hans Kelsen.

Com toda essa proliferação do pensamento de Kelsen, é de se esperar que haja o risco de ruído de informação, que se acentua a cada "terceirização" de leitura ou de tradução, como na famosa brincadeira do "telefone sem fio", na qual a mensagem é passada de ouvido em ouvido, deturpando-se paulatinamente. Daí o título provocador deste estudo.

Partindo da premissa de que todo autor espera que suas ideias sejam consideradas e debatidas de maneira cuidadosa e integral por seus leitores, Diego Eduardo López Medina defendeu tese de doutorado, em Harvard, em 2001, intitulada "Teoria impura do direito: a transformação da cultura jurídica latino-americana". Para quem se contenta com o título, provocador, parece que haveria aí mais uma obra a criticar a teoria kelseniana, mas não é o que se vê nas 460 páginas seguintes.[11] Puro exemplo de que o conhecimento superficial, às vezes, pode ser mais lesivo do que o próprio desconhecimento, máxima que persegue a teoria kelseniana.

Como defende Gabriel Nogueira Dias, brasileiro que também dedicou seu doutorado ao estudo da teoria kelseniana, na Universidade de Bonn,[12] Kelsen era "*... conhecido, conhecido demais, na verdade um desconhecido*", sofrendo da maldição dos grandes: "*... ser conhecido, não ser lido; ser lido e não ser entendido*".

Raz, Joseph. **Razão Prática e Normas**. Trad. José Garcez Ghirardi. Rio de Janeiro: Elsevier, 2010. Maccormizk, Neil. **Argumentação Jurídica e Teoria do Direito**. Trad. Waldéa Barcellos. São Paulo: Martins Fontes, 2006. Atienza, Manuel. ***Introducción al Derecho***. México: Fontamara, 2007. Carrió, Genaro. ***Notas sobre Derecho y Lenguaje***. 5. ed. Buenos Aires: LexisNexis, 2006. Alchourrón, Carlos E.; Bulygin, Eugenio. ***Sistemas Normativos***. 2. ed. Buenos Aires: Astrea, 2012.

[11] A tese, originalmente em inglês ("*Comparative Jurisprudence: Misreadings and Local Uses of Transational Legal Theory in Latin America*"), foi traduzida para o espanhol pelo próprio autor: López Medina, Diego Eduardo. ***Teoría Impura del derecho: la transformación de la cultura jurídica latinoamericana***. Legis: Bogotá, 2004.

[12] A tese, originalmente em alemão ("*Rechtsphilosophie und Rechststheorie*"), e premiada na Europa em 2004, foi divulgada no Brasil, e analisada no programa "Academia", a partir de exposição do autor, da qual se retirou a frase aqui trazida. Disponível em <https://www.youtube.com/watch?v=4PXJ9EnLL_0>. Acesso em 28.fev.2021.

E o tratamento superficial, às vezes distorcido, dado à teoria kelseniana em muitas faculdades de Direito, em nosso país – para centrarmos a análise ao Brasil – e em diversos manuais de "direito simplificado",[13] revela certa distância da teoria escrita por Kelsen.

É preciso esclarecer que, a exemplo da obra de López Medina, o presente estudo tem título meramente provocativo. Não se tem aqui a mínima pretensão de que o leitor, a partir do exposto, entenda Kelsen. Assim, só vai achar que o texto se presta a efetivamente entender Kelsen o leitor que "não teve tempo" de chegar até este parágrafo justificativo. O que se deseja é tão somente que, a partir da leitura, haja uma melhor compreensão de quem foi Kelsen, das ideias centrais de sua mais célebre obra – a "Teoria Pura do Direito" – e do impacto da teoria kelseniana no estudo jurídico contemporâneo. Tudo com as limitações de dimensão e profundidade características de um artigo científico. E com o alerta de quem já não é o primeiro da fila na brincadeira do "telefone sem fio".

1. Dogmática jurídica

A falta de definição – ou o excesso de definições conflitantes – para o direito é um dos grandes desafios ao estudo de uma Ciência Jurídica. Como assevera Hart, as definições para o direito obtidas como resultado dos trabalhos intensos de renomados juristas, nos últimos 150 anos – agora já são mais de 200 – são, ao mesmo tempo, esclarecedoras e causadoras de perplexidade, pois "*... projetam uma luz que nos faz ver muito do que*

[13] Queremos esclarecer já de início que não temos preconceito em relação aos manuais de "direito simplificado", desde que resultem de pesquisa científica cuidadosa, e que sua "bula" seja acompanhada das contraindicações. Afinal de contas, esse remédio da simplificação, surgido para a doença da "falta de tempo para aprofundar", típica da era moderna, parece atingir seus objetivos – principalmente a preparação para concursos públicos – embora nem sempre sejam os efeitos colaterais assimiláveis. Reconhecemos que a discussão sobre a simplificação, no Direito, é relevante a ponto de demandar estudo próprio – que, por óbvio, não seja simplificado! – mas foge aos modestos objetivos deste labor, pelo que será objeto de sobrestamento, cabendo, antes, apenas fazer referência a um bom exemplo de simplificação, bem humorada, empreendida pelo prof. Luis Alberto Warat, com desenhos de Gustavo Pérez Cabriada: os "quadrinhos puros do direito", disponíveis em: <http://ruadosbragas223.no.sapo.pt/DIREITO/Os_Quadrinhos_Puros_do_Direito_WARAT.pdf>. Acesso em 28.fev.2021.

estava escondido no direito; mas a luz é tão brilhante que nos cega para o restante e assim ainda nos deixa sem uma visão clara do todo".[14]

Para agravar o problema, a polissemia é mal que atinge os principais institutos relacionados ao direito. Como constata Michel Villey, "... *termos tais como direito natural, positivo, positivismo, norma, justiça, evocam de fato na cabeça de cada participante as mais diversas noções"*.[15] O próprio termo 'direito' é polissêmico, sendo comum o seu uso, entre outros, para designar um conjunto de normas ou a disciplina encarregada do estudo de tal conjunto.

A forma como determinado autor – ou escola – conceitua o direito vincula o objeto de estudo de uma Ciência Jurídica. Tal afirmação, por si só, não deve, no entanto, significar que existem vários 'direitos' como ciência, ou que, em verdade, não existe nenhum. Ela apenas nos mostra o forte vínculo que o direito possui com a linguagem.

Não ousaríamos afirmar aqui que as definições expostas pelos grandes mestres para o direito são incorretas ou incompletas. Esclarecemos, porém, que cada uma dessas definições encaminha para um estudo de um objeto diferente, o que, paradoxalmente, enriquece – pela multidisciplinariedade – e empobrece – pela falta de método – o direito.

O estudo do direito sob uma perspectiva dogmática, que podemos denominar de Dogmática Jurídica, tem por objeto o ordenamento jurídico, devendo situar-se a solução dos problemas dentro dos limites de tal ordenamento, como uma Ciência do Direito. E, sob tal perspectiva de estudo, uma das maiores contribuições já prestadas se encontra na obra de Hans Kelsen.[16]

[14] Hart, Herbert L. A. **O Conceito de direito**. Trad. A. Ribeiro Mendes. 2. ed. Lisboa: Fundação Calouste Gulbenkian, 1994, p. 6.

[15] Villey, Michel. **Filosofia do direito: definições e fins do direito: os meios do direito**. Trad. Márcia Valéria Martinez de Aguiar. São Paulo: Martins Fontes, 2003, p. 9.

[16] Kelsen sustenta que "... *as proposições normativas formuladas pela ciência jurídica, que descrevem o Direito e que não atribuem a ninguém quaisquer deveres ou direitos, podem ser verídicas ou inverídicas, ao passo que as normas de dever-ser, estabelecidas pela autoridade jurídica – e que atribuem deveres e direitos aos sujeitos jurídicos – não são verídicas ou inverídicas mas válidas ou inválidas...*" (Kelsen, Hans. **Teoria pura do direito**. Trad. João Baptista Machado. 5. ed. São Paulo: Martins Fontes, 1996, p. 82).

2. Hans Kelsen – vida e obra

Hans Kelsen nasceu em 11/10/1881, na cidade de Praga – à época, no Império Austro-Húngaro –, filho de judeus de classe média, e graduou-se em direito na Universidade de Viena, na qual viria a ser professor. Com o colapso do Império Austro-Húngaro, Kelsen colaborou no projeto de Constituição da Áustria, de 1919, no que se refere ao pioneiro tema do controle judicial de constitucionalidade por uma corte constitucional.[17] Tal tema rendeu não só a indicação do próprio Kelsen para a corte constitucional austríaca, quanto um caloroso debate com Carl Schmitt, sobre "quem deve ser o guardião da Constituição".[18]

Apesar do prestígio obtido como decano da Faculdade de Direito da Universidade de Viena e membro "vitalício" da Corte Constitucional austríaca, a mudança na situação política em Viena tornou cada vez mais difícil a vida na Universidade e na Corte Constitucional, para Kelsen.[19]

[17] MORRISON, Wayne. **Filosofia do Direito: dos gregos ao pós-modernismo**. Trad. Jefferson Luiz Camargo. São Paulo: Martins Fontes, 2012, p. 381-382. Narra Gregorio Robles Morchón que, durante a Primeira Grande Guerra, Kelsen, após cair enfermo, acabou fazendo trabalhos de escritório, e, por haver publicado – sem autorização – um artigo sobre Direito Militar, foi chamado a explicar o ocorrido ao general Stöger-Steiner, que, ao final da conversa, acabou convidando Kelsen a assessorá-lo em questões jurídicas. Aceito prontamente o convite, portas se abriram para Kelsen prosseguir seus estudos e conhecer um relevante número de personalidades militares e políticas da época, favorecendo, inclusive, sua entrada definitiva na Universidade de Viena, e sua inclusão – por determinação do Chanceler Karl Renner – como colaborador na redação da Constituição Austríaca, além de sua posterior nomeação para o Tribunal Constitucional, em março de 1919, substituindo seu antigo professor, Edmund Bernatzik, a quem sucedeu também na cátedra, em Viena (ROBLES MORCHÓN, Gregorio. **Hans Kelsen, Vida y Obra**. Cizur Menor: Civitas, 2014, 64-65, 71-72 e 105), o que é endossado pela 'autobiografia' de Kelsen (KELSEN, Hans. **Autobiografia de Hans Kelsen**. Trad. Gabriel Nogueira Dias e José Ignácio Coelho Mendes Neto. 4. ed. Rio de Janeiro: Forense, 2012, p. 56-58, 69-70 e 79-81).

[18] A posição de Kelsen foi expressa em 1931 no artigo "*Wer soll der Hüter der Verfassung sein?*", publicado, em português, como Capítulo, na coletânea intitulada "*Jurisdição Constitucional*" (KELSEN, Hans. **Jurisdição Constitucional**. Trad. Alexandre Krug. São Paulo: Martins Fontes, 2003, p. 237-298).

[19] O pioneiro Tribunal Constitucional, com a perda de poder do Partido Social Democrático (PSD), e com a inclinação do Partido Social Cristão (PSC) em apoio ao fascismo italiano, transformou-se em vidraça, na qual atiravam os que desejavam aumentar o poder do presidente, com "despolitização" da corte, tendo o PSC, ao pano de fundo de uma

De 1930 a 1933, então, o jurista trocou Viena por Colônia, dedicando-se mais intensamente ao Direito Internacional, e redigindo o ensaio que daria origem a sua "Teoria Pura do Direito".[20] Em 1933, recebe seus pri-

discussão constitucional sobre a possibilidade de dissolução do matrimônio, iniciado campanha para desmoralizar o tribunal, inclusive Kelsen, que chegou a ser acusado de defensor da bigamia. Como resultado, o PSC conseguiu maioria parlamentar para modificar a Constituição, sendo alterada a forma de nomeação dos ministros da corte, e tendo Kelsen, recomendado à recondução pelo PSD, recusado participar do tribunal reformado, com maioria de indicados do PSC. Os ataques a Kelsen, em Viena, no entanto, só aumentavam seu reconhecimento no exterior (MANNHEIMER, Marcia Latgé; e JANSEN, Letácio. Notas sobre o livro "Hans Kelsen – Vida e Obra", de Rudolf Aladár Métall. **Revista de Direito da Procuradoria Geral do Estado do Rio de Janeiro**, n. 49, 1975, p. 151-153; e KELSEN, Hans. **Autobiografia...**, *op. cit.*, p. 81-93. O citado livro de Métall, de 1969 – no original, "*Hans Kelsen – Leben und Werk*" – é reconhecido como a biografia mais completa de Kelsen. Não é mera coincidência, portanto, termos escolhido este nome para a presente seção do estudo. Coincidência, sim, é o fato de Métall, que publicou a célebre biografia de Kelsen em 1969 – ainda com o jurista vivo, com 88 anos – ter morado, como exilado, no período da Segunda Guerra Mundial, no Brasil, tendo trabalhado como assessor no antigo Instituto de Aposentadorias e Pensões dos Empregados em Transportes e Cargas, e sido membro do Instituto de Direito Social de São Paulo, chegando a publicar, em português, o livro "*Problemas Atuais de Seguro Social*" (crê-se ainda serem atuais os problemas!) – *Ibidem*, p. 145. É de se destacar, ainda, a versão, em língua portuguesa, da "autobiografia" de Hans Kelsen, que, em verdade, corresponde, basicamente, a dois artigos de Kelsen, o primeiro datado de 1927 – composto pela "autoapresentação" do jurista, com os aspectos mais destacados de sua carreira acadêmica e de suas obras – uma espécie de *curriculum vitae*, e o segundo, de 1947, já em terras norte-americanas, havendo anotações à mão do jurista sobre o texto dactiloscrito original de 46 páginas, não sendo possível saber, com convicção, a que público ou a que ocasião se destinava o texto, ao fim do qual o jurista, inspirado em Heinrich Heine, afirma, de sua janela, com vista para a baía de San Francisco, que este seria o "*... último refúgio do viajante cansado*" ("*... Wandermüden letzte ruhestätte*") – **Autobiografia...**, *op. cit.*, p. 13-14. A "autobiografia", em língua portuguesa, que já se encontra na quinta edição, de 2018 (Ed. Saraiva). Neste estudo, utilizamos a quarta edição, que recebeu prefácio de Matthias Jestaedt e prólogo dos diretores do instituto Hans Kelsen, Robert Walter e Clemens Jabloner. Nas palavras do próprio Walter, o destino foi duro com Kelsen, mas ele sempre superou as dificuldades com seu trabalho perseverante e incansável (WALTER, Robert. *Hans Kelsen, vida y obra: una introducción*. Trad. Carlos E. Pettoruti. **Revista de la Facultad de Ciencias Jurídicas y Sociales – Universidad de la Plata**, n. 41, 2011, p. 335.

[20] O ensaio "A doutrina pura do direito: método e conceitos fundamentais" foi publicado em 1933, em alemão – "*Methode und Grundbegriffe der Reinen Rechslehre*" – e traduzido ao italiano, no mesmo ano, pelo aluno Renato Treves ("*La dottrina pura del diritto. Metodo e*

meiros reconhecimentos internacionais, como doutor *honoris causa* nas Universidades de Utrecht e Harvard. No entanto, no mesmo ano, ficou sabendo, pela manhã, por meio do jornal, que havia sido colocado em disponibilidade – depois convertida em exoneração sem aposentadoria – na Universidade de Colônia. Era a ascensão de Hitler promovendo consequências na carreira do jurista judeu, que seguiu para Genebra, onde lecionou no *Institut Universitaire de Hautes Etudes Internationales* até 1940, quando o desencadear da Segunda Grande Guerra o conduziu permanentemente aos Estados Unidos.[21]

Em solo americano, lecionou em Harvard (1940-1941) e na Universidade da Califórnia (1942-1945), republicou trabalhos em inglês, adquiriu nacionalidade americana (1945), publicou sua "Teoria Geral do Estado e do Direito" (1945), e contribuiu com trabalhos para o governo americano e para a Organização das Nações Unidas. Em 1949, viajou pela América

concetti fondamentali"), dando origem à obra autônoma Teoria Pura do Direito ("*Reine Rechtslehre*"), publicada em 1934 (Losano, Mário G. Presenças Italianas em Kelsen. *In*: Losano, Mario G. (org.). **Direito Internacional e Estado...**, *op. cit.*, p. 28-34 *passim*. Revela Robles Morchón que a obra foi também traduzida ao espanhol, em 1933, por Luis Legaz y Lacambra – *La Teoria Pura del Derecho (Método y Conceptos Fundamentales)*, constando mensagem inicial na publicação, efetuada pela "*Editorial Revista de Derecho Privado*", de Madrid, que a obra era ainda inédita em alemão (**Hans Kelsen...**, *op. cit.*, p. 127.

[21] Depois de fugir da Alemanha, em 1933, com ajuda graciosa de um funcionário da Universidade, que era do Partido Nazista, Kelsen recebeu convites para lecionar na Inglaterra, nos Estados Unidos e na Suíça, optando por esta, em grande parte, pelo melhor domínio do idioma francês. É no período genebrino que Kelsen orientou a tese de doutorado de um notável aluno, Umberto Campagnolo, sobre Soberania e Direito Internacional, tendo sido as intensas discussões entre ambos compiladas por Mário G. Losano (Presenças..., *op. cit.*, p. 103-187). A esse tema já dedicamos estudo anterior (Trevisan, Rosaldo. Direito Internacional e Soberania sob as perspectivas de Kelsen e Campagnolo. *In*: Kozicki, Katya. **Teoria Jurídica no Século XXI: Reflexões críticas**. Juruá: Curitiba, 2007, p. 181-197). Nos anos que permaneceu em Genebra, Kelsen lecionou ainda em Praga, de 1936 a 1938, onde pretendia aposentar-se, mas tal decisão revelou-se problemática, visto que sofria, na então Tchecoeslováquia, constantes ameaças de estudantes nacionalistas alemães, que chegaram a fazer com que necessitasse ser acompanhado por dois policiais, nas aulas. Em setembro de 1939, quando irrompeu a guerra, Kelsen decidiu sair da Europa, tendo sido convidado para lecionar na *New School for Social Research* (Mannheimer, Marcia Latgé; e Jansen, Letácio. Notas sobre..., *op. cit.*, p. 152-153; Robles Morchón, ***Hans Kelsen...***, *op cit.*, p. 125-126; e Kelsen, Hans, **Autobiografia...**, *op .cit.*, p. 106-109.

do Sul, passando por Buenos Aires e pelo Rio de Janeiro, onde palestrou na Fundação Getúlio Vargas. A aposentadoria veio no início da década de 50 do século passado, o que não impediu que continuasse escrevendo e proferindo aulas e palestras.[22]

Kelsen morreu em Berkeley, na Califórnia, em 19/04/1973, seu "último refúgio", e seus escritos inéditos foram confiados pelos herdeiros a Rudolf A. Métall, para que este os organizasse. Sabia-se que Kelsen, em seus últimos dias, vinha trabalhando com muita dedicação em reflexões teoréticas da norma, e, segundo revelação feita por Métall, Kelsen já não queria tomar a decisão sobre se o resultado de seus esforços deveria ser publicado. Com o falecimento de Métall (em 30/11/1975), os trabalhos foram confiados ao "*Hans-Kelsen-Institut*", que reconheceu o interesse com que o mundo científico aguardava a última obra de Kelsen, decidindo pela publicação da "Teoria Geral das Normas", em 1979.[23]

A produção científica do jurista é impressionante: desde "A Teoria do Estado em Dante Alighieri" (1905), que Kelsen ironicamente afirmava ser a única obra de sua vida que conseguiu escapar das críticas de seus adversários, até a obra póstuma – "Teoria Geral das Normas", somam-se mais de 600 obras, em diversos idiomas, entre livros e artigos, o que acaba constituindo dificuldade para compreensão do pensamento kelseniano.[24]

Aos conhecidos "Teoria Pura do Direito", "O Estado como Integração", "Teoria Geral do Direito e do Estado" e "O que é Justiça?" – todos já traduzidos para o português, agreguem-se, por exemplo, incursões de Kelsen em áreas pelas quais foi pouco estudado, como "Deus e Estado" (1925), "O Conceito de Estado na Psicanálise" (1927), "Teoria Jurídica do Comunismo" (1948), "Teoria Geral do Direito à Luz da Concepção

[22] Mannheimer, Marcia Latgé; e Jansen, Letácio. Notas sobre..., *op. cit.*, p. 153-155.

[23] Kelsen, Hans. **Teoria geral das normas**. Trad. José Florentino Duarte. Porto Alegre: Sérgio Antonio Fabris, 1986, p. XIII.

[24] Mannheimer, Marcia Latgé; e Jansen, Letácio. Notas sobre..., *op. cit.*, p. 146-147, e 159. Matthias Jestaedt afirma não haver ainda uma edição integral das obras de Kelsen, que ultrapasse as barreiras geográfico-linguísticas e disciplinares, recordando que a única edição parcial, em língua alemã, de sua vasta obra, abrange, com cerca de 900 páginas de textos de Kelsen, bem menos de 10% da obra do autor, no prefácio à **Autobiografia...** (*op. cit.*, p. 5).

Histórica Materialista" (1955), ou mesmo um estudo publicado em 1934, sobre a assembleia nacional constituinte brasileira.[25]

A partir das numerosas listas de obras de Kelsen,[26] alguns de seus estudiosos costumam dividir o autor em "fases". Ota Weimberg fala em fase clássica (até 1960) e fase lógica (após 1960) da teoria kelseniana, classificação rebatida por Stanley Paulson, que aponta não ter havido exatamente uma ruptura na década de 60.[27] Em terras brasileiras, Arnaldo Vasconcelos, em obra resultante de sua tese de doutorado em filosofia do Direito, na Universidade Federal de Pernambuco, identifica um Kelsen europeu – concebido fundamentalmente segundo os princípios do idealismo transcendental kantiano, e comprometido com sistema constitucional europeu, um Kelsen norte-americano – reformulando sua teoria para adaptar-se ao sistema de *Common Law*, e o Kelsen da 'Teoria Geral das Normas' – que põe à prova seus escritos diante da nova temática jurídica que se apresentava.[28]

Qualquer que seja a classificação, contudo, é preciso reconhecer que a obra "divisora de águas", e pela qual Kelsen acabou reconhecido (e criticado) até os dias atuais foi sua "Teoria Pura do Direito", que merece aqui tratamento específico, no tópico seguinte.

3. A teoria pura do direito

Como observa o próprio Kelsen, no prefácio à segunda edição da "Teoria Pura do Direito" ("*Reine Rechtslehre*"), já escrito em solo norte-americano, o primeiro esboço da teoria pura surge em sua obra "Problemas

[25] Kelsen, Hans. A Competência da Aseembleia Nacional Constituinte. **Revista Política e de Direito Público, Legislação Social e Econômica**, n. 1, 1934, p. 35-43.

[26] A lista de obras em inglês, *v.g.*, está disponível no sítio *web* da Univesidade da Califórnia/ Berkeley, incluindo livros, ensaios e artigos: https://lawcat.berkeley.edu/record/1110416. Acesso em 03.mar.2021. Confira-se ainda o catálogo efetuado pelo amigo e "biógrafo oficial" Rudolf A. Métall (Losano; Mário G. *La teoría pura del derecho del logicismo al irracionalismo*. Trad. Juan Ruiz Manero. ***Revista Doxa – Cuadernos de Filosofia del Derecho***, n. 2, 1985, p. 56.

[27] Paulson, Stanley L. *El periodo posterior a 1960 de Kelsen: ruptura o continuidad?* Trad. Josep Aguiló Regla. ***Revista Doxa – Cuadernos de Filosofia del Derecho***, n. 2, 1985, p. 153 a 157.

[28] Vasconcelos, Arnaldo. **Teoria pura do direito: repasse crítico de seus principais fundamentos**. Rio de Janeiro: Forense, 2003, p. 2-3.

fundamentais da doutrina jurídico-estatal" ("*Hauptproblemen der Staatsrechtslehre*"), publicada em 1911, e tal teoria, apesar de aperfeiçoada ao longo das décadas seguintes, permanece inalterada quanto ao seu núcleo essencial.[29]

Os melhores guias para a evidenciação das principais modificações na teoria pura são os prefácios às obras de Kelsen, que eram por este redigidos sempre com o escopo de indicar as alterações significativas à teoria, rebatendo o que, em seu entender, era apontado como erro de interpretação por parte de terceiros.[30]

Como aqui exposto, a "Teoria Pura do Direito" publicada originalmente em 1934, foi posteriormente adaptada para abranger os problemas e as instituições do direito consuetudinário inglês e norte-americano, na "Teoria Geral do Direito e do Estado" (*General Theory of Law and State*), publicada em 1945. Cabe ainda, na missão de analisar o núcleo essencial da teoria, citar a segunda edição da "*Reine Rechtslehre*", de 1960, e a "Teoria Geral das Normas" ("*Allgemeine Theorie der Normen*)", publicada em 1979 – seis anos após a morte do autor, com base nos escritos elaborados pelo jurista em seus últimos anos.

A característica principal da teoria pura é a busca por expurgar da ciência jurídica os aspectos axiológicos e fáticos, concentrando-se no conhecimento do direito, como objeto, e não nas tendências endereçadas à sua formação.

A primeira frase da "*Reine Rechtslehre*" nos fornece elementos cruciais para caracterizar a dogmática jurídica kelseniana: "*A Teoria Pura do Direito é uma teoria do Direito positivo – do Direito positivo em geral, não de uma ordem jurídica especial*".[31] Assim, os limites de uma ciência jurídica não podem extrapolar o universo normativo.[32]

[29] Kelsen, Hans. **Teoria pura...**, *op. cit.*, p. XVII.

[30] E foram numerosos os embates acadêmicos travados por Kelsen. Além das já citadas discussões com Schmitt e Campagnolo, Kelsen debateu com Alf Ross, Carlos Cossio, Paul Amselek, Julius Stoe, Albert Vonhanthen, Rupert Hoffmann, e Karl Leiming, entre outros, contrapondo o que entendia como interpretações equivocadas de sua teoria (Mannheimer, Marcia Latgé; e Jansen, Letácio. Notas sobre..., *op. cit.*, p. 156).

[31] Kelsen, Hans. **Teoria pura...**, *op. cit.*, p. 1.

[32] No prefácio de sua "*General Theory of Law and State*", Kelsen esclarece que "*... o que não pode ser encontrado no conteúdo de normas jurídicas positivas não pode fazer parte de um conceito*

Para distinguir a ciência jurídica – que opera com juízos hipotéticos descritivos – dos textos de direito positivo – que operam com comandos prescritivos, Kelsen se utiliza de uma metalinguagem, estabelecendo que as proposições normativas formuladas pela ciência jurídica, que descrevem o Direito, podem ser verdadeiras ou falsas, enquanto que as normas de dever-ser, que prescrevem comportamentos, podem ser válidas ou inválidas.[33]

Na teoria pura, é apresentada uma visão do direito no seu momento estático – como um sistema de normas em vigor – e no seu movimento – como um processo jurídico de produção e aplicação de normas, regulado pelo direito. Para Kelsen, é uma característica muito significativa do direito o fato de ele regular sua própria produção e aplicação.[34]

Na estática jurídica kelseniana, apresenta-se o direito como uma ordem instituidora de atos de coerção, concluindo-se que uma conduta apenas pode ser considerada objetivamente como conteúdo de um dever jurídico, se uma norma jurídica liga à conduta oposta – ilícito – uma sanção.[35] São ainda apresentados os conceitos de sanção – atos de coerção estatuídos contra uma ação ou omissão determinada pela ordem jurídica –[36] e de ilícito – ação ou omissão determinada pela ordem jurídica que forma a condição ou pressuposto para a aplicação da sanção[37], esclarecendo-se que, pelo fato de a determinada conduta ser imputada uma sanção é que existe um ilícito, e não o contrário.[38] Ainda tratando

jurídico", e que a "... *orientação da teoria pura do Direito é, em princípio, a mesma da chamada jurisprudência analítica*", fazendo referência a John Austin (Kelsen, Hans. **Teoria geral do direito e do Estado**. Trad. Luís Carlos Borges. São Paulo: Martins Fontes, 2005, p. XXVIII e XXX).

[33] Kelsen, Hans. **Teoria pura...**, *op. cit.*, p. 82; **Teoria geral do...**, *op. cit.*, p. 161; e **Teoria geral das...**, *op. cit.*, p. 214-215.

[34] Kelsen, Hans. **Teoria pura...**, *op. cit.*, p. 80.

[35] *Ibidem*, p. 129; **Teoria geral do...**, *op. cit.*, p. 27; **Teoria geral das...**, *op. cit.*, p. 68.

[36] Kelsen, Hans. **Teoria pura...**, *op. cit.*, p. 121.

[37] *Ibidem*, p. 124.

[38] *Ibidem*, p. 125. Tal assertiva pode ser exemplificada: caso uma norma estabeleça que se aplica a pena de 30 anos de reclusão a quem praticar determinada conduta, pode-se concluir que a prática de tal conduta constitui um ilícito. Contudo, caso se estabeleça que é proibida a prática de determinada conduta, não se pode, sem um outro comando no ordenamento jurídico, sancionar qualquer pessoa por ter praticado tal conduta proibida.

da estática jurídica, Kelsen define a pessoa jurídica – pessoa em sentido jurídico – como a unidade de um complexo de deveres jurídicos e direitos subjetivos.[39]

Na dinâmica jurídica kelseniana – referente ao direito em movimento, são estabelecidos os critérios para determinação da validade de uma norma no ordenamento jurídico.

Na teoria pura, a validade de uma norma funda-se na validade de outra, que lhe é superior.[40] Contudo, a investigação da validade de uma norma não pode se perder no interminável. Assim, Kelsen pressupõe uma norma fundamental – "*Grundnorm*" – como fundamento último de validade do sistema normativo.[41]

A norma fundamental, para Kelsen, não é posta por uma autoridade jurídica – caso o fosse caberia indagar com que fundamento tal autoridade emitiu a norma, o que nos levaria novamente ao regresso *ad infinitum* – mas pressuposta, dando fundamento à primeira Constituição de um Estado.[42]

[39] Nessa linha, Kelsen afirma que tanto o que chamamos comumente de pessoa natural ou física quanto o que chamamos de pessoa jurídica *stricto sensu* são, em verdade, construções da ciência jurídica. A pessoa física – em sentido jurídico – não é o indivíduo, mas a unidade de deveres e direitos que têm por conteúdo a conduta deste, assim como o direito subjetivo não é um interesse, mas a proteção jurídica de um interesse (Kelsen, Hans. **Teoria pura...**, *op. cit.*, p. 192-194 e 211-213; e **Teoria geral do...**, *op. cit.*, p. 135 e 138-139).

[40] Do fato de algo "*ser*", não se pode seguir que algo "*deve ser*", assim como do fato de que algo "*deve ser*", não se pode seguir que algo "*é*" (Kelsen, Hans. **Teoria pura...**, *op. cit.*, p. 215). A distinção entre *ser* e *dever ser* na teoria pura, atribuível à influência kantiana em Kelsen, impede que se fundamente a validade de uma norma em algo que não seja outra norma.

[41] Kelsen destaca que a "*Grundnorm*" fornece "*... o fundamento de validade, não o conteúdo de validade das normas sobre ela fundadas...*" (Kelsen, Hans. **Teoria pura...**, *op. cit.*, p. 218) – formando um sistema dinâmico de normas, em oposição a um sistema estático, em que o conteúdo das normas seria logicamente 'deduzido' da norma fundamental. Na "*Allgemeine Theorie der Normen*", elaborada a partir dos escritos de Kelsen, após sua morte, a "*Grundnorm*" pressuposta é descrita não mais como uma hipótese, mas como uma ficção (Kelsen, Hans. **Teoria geral das...**, *op. cit.*, p. 68).

[42] Kelsen resume o que seria o conteúdo da "*Grundnorm*": "*... devemos conduzir-nos como a Constituição prescreve*" (Kelsen, Hans. **Teoria pura...**, *op. cit.*, p. 224) – rejeitando a argumentação de que pudesse o sistema normativo derivar de um direito natural ou de um direito divino.

A pressuposição lógico-transcendental – lógica porque permite a fundamentação de validade por um processo silogístico e transcendental porque a abstrai do conteúdo justo ou injusto da Constituição – da norma fundamental kelseniana permite o estabelecimento de uma hierarquia entre as normas jurídicas, garantindo a unidade do ordenamento, derivada do comando único da norma fundamental.

Ainda no processo dinâmico, Kelsen aponta a eficácia como condição de validade de uma norma – inclusive a própria Constituição – ou de um ordenamento,[43] e afirma, utilizando a argumentação lógica de que a não proibição implica permissão, a completude do sistema jurídico, negando a existência de lacunas.[44]

Kelsen sustenta ainda a natureza constitutiva da decisão judicial, argumentando que ao julgador não incumbe a simples tarefa de descoberta do direito, ou "*juris*-dição" (declaração do direito), mas a análise da norma geral a aplicar no caso concreto – incluindo a análise de sua validade no ordenamento – e das circunstâncias fáticas que ensejam a aplicação da norma demandada.[45]

Na análise do papel do julgador, segundo Kelsen, erram tanto aqueles que atribuem a tarefa de criação do direito exclusivamente ao julgador – pensamento comum no terreno da "*common law*" anglo-americana – quanto aqueles que vedam que ele exerça tal papel – comum no direito

[43] Entenda-se aqui como norma não só a regra escrita nos textos legais, mas o costume – Kelsen admite que o direito legislado pode ser derrogado pelo costume, citando como exemplo a dessuetude – e as decisões administrativas e judiciais – que denomina "normas jurídicas individuais" (Kelsen, Hans. **Teoria pura...**, *op. cit.*, p. 234 e 236-238). Na "*General Theory of Law and State*", reduz-se a questão da validade da norma à eficácia do sistema, como um todo (Kelsen, Hans. **Teoria geral do...**, *op. cit.*, p. 173-175) – antecipando considerações que Norberto Bobbio faria não só à questão da eficácia, mas também à das sanções, afirmando que quando se fala de uma sanção organizada como elemento constitutivo do direito, não se refere às normas em particular, mas ao ordenamento (Bobbio, Norberto. **Teoria do ordenamento jurídico**. Trad. Maria Celeste Cordeiro Leite dos Santos. 6. ed. Brasília: UnB, 1995, p. 29).

[44] Kelsen, Hans. **Teoria pura...**, *op. cit.*, p. 273; **Teoria geral do...**, *op. cit.*, p. 213.

[45] Kelsen sustenta não só a possibilidade de o julgador criar normas individuais, mas, em alguns casos – especialmente em tribunais de última instância – normas gerais (KELSEN, Hans. **Teoria pura...**, *op. cit.*, p. 278).

legislado da Europa continental, pois "... *a decisão judicial é a continuação, não o começo, do processo de criação jurídica*".[46]

Os últimos capítulos da teoria pura se referem, respectivamente, às relações entre Estado e direito – em que se propugna pela superação do dualismo entre ambos –[47] e entre Estado e Direito Internacional – em que se critica o posicionamento dualista, bastante difundido à época da teoria pura.[48]

Concentrar-nos-emos, a seguir, em dois aspectos predominantes na teoria kelseniana: a fundamentação lógica e o afastamento de um ideal de justiça. O primeiro busca garantir um método para a ciência jurídica e o segundo objetiva dotar de segurança as decisões, expurgando exames eminentemente subjetivos de justiça.

4. Kelsen e a lógica

Pode-se entender o estudo da lógica como o estudo dos métodos e princípios usados para distinguir o raciocínio correto do incorreto,[49] ou como o estudo dos argumentos, entendidos como sequências de enunciados, em que um corresponde à conclusão e os demais constituem premissas, as quais servem para provar, ou, pelo menos, fornecer alguma evidência para a conclusão.[50]

Como destaca Chaïm Perelman, o termo "raciocínio" designa tanto uma atividade da mente quanto o produto dessa atividade, e a lógica é a disciplina que estuda o raciocínio como produto da atividade intelectual, independentemente das condições de sua elaboração, analisando o modo como foi formulado, sua estrutura e sua conformidade a certas regras ou

[46] *Ibidem*, p. 283.

[47] *Ibidem*, p. 352; **Teoria geral do...**, *op. cit.*, p. 263.

[48] KELSEN, Hans. **Teoria pura...**, *op. cit.*, p. 364; **Teoria geral do...**, *op. cit.*, p. 516-517.

[49] COPI, Irving Marmer. **Introdução à lógica**. Trad. Álvaro Cabral. 2. ed. São Paulo: Mestre Jou, 1978, p. 19. No mesmo sentido: ECHAVE, Delia Teresa; URQUIJO, María Eugenia; e GUIBOURG, Ricardo A. ***Lógica, proposición y norma***. 7. reimpr. Buenos Aires: Astrea, 2008, p. 20.

[50] NOLT, John; ROHATYN, Dennis. **Lógica**. Trad. Leila Zardo Puga e Mineko Yamashita. São Paulo: McGraw-Hill, 1991, p. 1.

a certos esquemas conhecidos de antemão, o estatuto das premissas e da conclusão e a validade do vínculo que as une.[51]

As raízes da lógica podem ser atribuídas a Aristóteles, que, em seu "*Organon*", analisa e sistematiza os raciocínios, distinguindo-os em analítico – sob o padrão dos silogismos, enunciados no esquema: se todos os B são C e se todos os A são B, então todos os A são C – e dialéticos – sob o padrão dos entinemas, ou silogismos dialéticos, nos quais nem todas as premissas são enunciadas, sendo os fundamentos apenas verossímeis ou plausíveis. Assim, enquanto, no raciocínio analítico, passa-se das premissas à conclusão, no dialético, passa-se dos argumentos a uma decisão.[52]

E a lógica aristotélica, como asseveram Carlos E. Alchourrón e Eugenio Bulygin, levou à crença de que a lógica nunca teve infância, já tendo nascido desenvolvida e perfeita, crença essa que contrastaria com o tremendo avanço da disciplina na segunda metade do século XIX.[53]

O positivismo amparado na lógica ganha expressão no chamado "Círculo de Viena", grupo multidisciplinar, com filósofos, físicos, matemáticos, psicólogos e juristas – entre os quais se destaca Kelsen, que participou de alguns encontros – preocupados em buscar o fundamento de suas respectivas ciências em bases racionais.

Assim, quando se fala aqui de lógica, não se está referindo a uma lógica específica do direito, uma Lógica Jurídica, nem a uma lógica exclusiva à matemática, mas à utilização da lógica formal geral na interpretação e na aplicação do direito. Kelsen, que dedicou um capítulo – de número 61, intitulado "*há especificamente, uma lógica jurídica?*" –[54] em sua "Teoria Geral das Normas" à questão, conclui que não se pode falar especifica-

[51] Perelman, Chaïm. **Lógica jurídica: nova retórica**. Trad. Vergínia K. Pupi. 2. ed. São Paulo: Martins Fontes, 2004, p. 1.

[52] Aristóteles. ***Tratados de Lógica (El Organon)***. Trad./Estudos/Notas de Francisco Larroyo. Porrúa. México, 2011, p. 87-88, e 301-302.

[53] Alchourrón, Carlos E.; Bulygin, Eugenio. *Prólogo*. *In*: Echave, Delia Teresa; Urquijo, María Eugenia; e Guibourg, Ricardo A. ***Lógica, proposición y norma***. 7. reimpr. Buenos Aires: Astrea, 2008, p. 9-13.

[54] Apesar de "*Allgemeine Theorie der Normen*" ser uma obra publicada após a morte de Kelsen, sob a responsabilidade de terceiros, como aqui já exposto, foram preservados os títulos originais dos capítulos manuscritos por Kelsen (Kelsen, Hans. **Teoria geral das...**, *op. cit.*, p. XIV).

mente em Lógica Jurídica, mas tão-somente em emprego da lógica formal no raciocínio jurídico.[55]

Trata, assim, Kelsen, de utilizar os princípios lógicos em sua teoria pura. Ao dispor sobre a norma fundamental, como pressuposição lógico-transcendental, destaca que "... *a fundamentação da validade de uma norma positiva que prescreve uma determinada conduta realiza-se através de um processo silogístico*" (*sic*).[56] Ao argumentar sobre a unidade do ordenamento jurídico, Kelsen sustenta a aplicabilidade às proposições que descrevem as normas de direito, entre outros, do princípio da não-contradição.[57]

Como diferenciação entre as ciências naturais causais – como a física, a química e a biologia – e sociais – como a ética e a ciência do direito –, Kelsen apresenta o dualismo de causalidade e imputação como um dualismo lógico-fundamental de 'ser' e 'dever-ser'. Causalidade e imputação são, nesse contexto, diferentes modos de nexo funcional nos quais duas questões de fato são ligadas uma à outra como condição e consequência. Enquanto na causalidade é indiferente a vontade – sendo a relação causa-efeito resultante das leis da natureza –, na imputação liga-se uma conduta determinada – do ser, resultante de vontade – a uma consequente sanção descrita na ordem moral ou jurídica – de dever-ser.[58] O princípio da causalidade afirma que, quando 'é' A, B também o 'é' (ou será), e o princípio da imputação sustenta que, quando 'é' A, B 'deve ser'.[59]

[55] Kelsen já havia chegado a esta conclusão em sua publicação "*Sketch for a Symbolic Juristic Logic*", no "*Journal of Legal Education*", vol. 8, 1955, p. 278 e ss. (Kelsen, Hans. **Teoria geral das...**, *op. cit.*, p. 349). Com o desenvolvimento da lógica voltada a sistemas normativos, com o "*Deontic Logic*", de G. H. Von Wright/1951; e o "*Sistemas Normativos*", de Alchourrón e Bulygin/1975; ou mesmo "*As Estruturas Lógicas e o Sistema de Direito Positivo*", de Lourival Vilanova/1976, já se crê que seja possível falar em uma especialização da lógica voltada ao estudo de sistemas normativos, mas que não deixa, por suposto, de derivar da lógica.

[56] Kelsen, Hans. **Teoria pura...**, *op. cit.*, p. 226.

[57] Veja-se que os princípios lógicos não se aplicam a assertivas que são válidas ou inválidas – afirmações referentes ao "dever ser", como as normas, mas a assertivas que possam ser verdadeiras ou falsas, como as proposições jurídicas que descrevem a norma (*Ibidem*, p. 229).

[58] Kelsen, Hans. **Teoria geral das...**, *op. cit.*, p. 32-33.

[59] Kelsen, Hans. **Teoria pura...**, *op. cit.*, p. 100. Embora utilizando abordagem diferenciada, Vilanova também distingue a relação causa/efeito, existente no mundo dos fatos, dos fatos naturais ou dos fatos socioculturais, daquela existente entre objetos lógicos ou formais. Enquanto a relação causal está na experiência com os objetos, as relações lógi-

Sobre as questões entre lógica e direito na teoria pura, Kelsen troca correspondências, no período de 1959 a 1965, com Ulrich Klug, que alargava a aplicação da lógica formal ao universo jurídico, abstraindo da necessidade dos conceitos de verdade e falsidade, sustentando que as normas jurídicas também eram proposições, elaboradas pelo legislador ou pelo julgador.[60]

Em 1965, Kelsen leva ao extremo sua pureza metodológica, fundada na distinção kantiana entre o 'ser' e o 'dever-ser', construindo a "Teoria Geral das Normas",[61] a ponto de alguns autores entenderem que tenha abandonado o logicismo em favor do irracionalismo, tudo para manter sua teoria quase centenária e defendê-la das críticas, que cada vez eram mais abundantes.

Ainda em 1965, Kelsen escreve artigo sobre validez e eficácia no Direito, resgatado apenas em 2003, contestando críticas feitas por Eugenio Bulygin, e com menção a Robert Walter, sendo que ambos se manifestaram sobre o texto de Kelsen, gerando obra editada em espanhol, em 2005, compilando todos os posicionamentos.[62]

Seja ou não por influência do desenvolvimento da lógica na segunda metade do século XIX, a "Teoria Geral das Normas" é a obra na qual Kel-

cas estão na região dos objetos ideais e partem da experiência da linguagem (Vilanova, Lourival. **Causalidade e relação no direito**. 2. ed. São Paulo: Saraiva, 1989, p. 39. A lógica formal utilizada na teoria pura, e suas refutações, buscando o estabelecimento uma lógica material para o direito, fundada na argumentação, propiciaram o desenvolvimento de diversas teorias ligadas à linguagem nos idos de 1960-70, que, pela extensão da abordagem, não serão comentadas neste trabalho. Para uma visão detalhada da evolução da Lógica, inclusive em tal período, e sua relação com a Ciência do Direito, recorra-se a Newton C.A. da Costa, Cesar Antonio Serbena e Maurício Dalri Timm do Valle (Costa, Newton C.A.; Serbena, Cesar Antonio; e Valle, Maurício Dalri Timm do. A Lógica Hodierna e a Ciência do Direito. *In*: Carvalho, Paulo de Barros (coord.), **Lógica e Direito**. São Paulo: Noeses, 2016, p. 187-247.

[60] Losano; Mário G. *La teoría pura..., op. cit.*, p. 63-66.

[61] Apesar de a obra só ter sido publicada depois de sua morte, como aqui já destacado, tem-se como época provável de recolhimento dos materiais utilizados na confecção da teoria o ano de 1965, data da última referência bibliográfica encontrada na "*Allgemeine Theorie der Normen*".

[62] Kelsen, Hans; Bulygin, Eugenio; Walter, Robert. **Validez y Eficacia del Derecho**. Buenos Aires: Astrea, 2005.

sen mais se dedica ao estudo da lógica. E a afirmação de que Kelsen estaria partindo do logicismo ao irracionalismo certamente se deve à negação da existência de uma lógica jurídica e à sustentação de uma lógica formal clássica que já estava em abandono, em face da estruturação de uma lógica deôntica e de um intenso estudo da linguagem – giro linguístico.[63]

5. Kelsen e a justiça

Aristóteles, um dos precursores do estudo da lógica, tema tratado no tópico anterior, é, também, nos dizeres de Miguel Reale, a primeira grande mente que dedicou a devida atenção ao problema da justiça, tendo estabelecido o filósofo estagirita, em sua *Ética a Nicômaco*, que a equidade é a justiça aplicada ao caso concreto, distinguindo a justiça comutativa, que tem como pressuposto a igualdade retributiva, da justiça distributiva, fundada no mérito de cada um.[64]

Há que se reconhecer, porém, que não há um mecanismo objetivo que permita a obtenção da justiça no caso concreto. Por exemplo, da expressão de que "justo é dar a cada um o que é seu" não obtemos resposta sobre o que cada um pode efetivamente considerar como seu. A quem afirme que o direito é esse mecanismo, Michel Villey responde que "... *nada mais banal do que atribuir como fim ao ofício do direito a justiça*", explicando que essa fórmula não tem hoje nenhum sentido, e resulta da raiz comum das palavras.[65]

A conexão – ou a falta de conexão – entre direito e justiça está presente nos escritos de Kelsen desde a primeira versão da "Teoria Pura". Como o objetivo da "Teoria Pura" era o de expurgar qualquer conteúdo valorativo, seria inócua a construção lógica de Kelsen se, em nome da justiça – que não se pode definir em bases objetivas –, o direito positivo pudesse ser posto de lado. Daí a necessidade de que as respostas que o

[63] Há que se reconhecer que deve haver certa ponderação na detecção de inconsistências na "Teoria Geral das Normas", tendo em vista que a obra não foi revisada pelo autor – que sequer assumia a decisão de publicá-la – embora sua formulação tenha consumido mais de uma década de um "viajante" experiente e "cansado" de rebater a críticas à sua "Teoria Pura".

[64] Reale, Miguel. **Lições preliminares de direito**. 23. ed. São Paulo: Saraiva, 1996, p. 123. Embora Platão já se ocupasse de definir o "bem", em seus diálogos.

[65] Villey, Michel. **Filosofia do...**, *op. cit.*, p. 51.

direito positivo busca estejam explícitas ou implícitas no próprio direito positivo. Esse é o modo que Kelsen encontrou para enquadrar o direito como uma ciência.

A preocupação com o problema da justiça, assim, para Kelsen, está fora da dogmática jurídica, mas não é abandonada. É preciso esclarecer que o mero fato de Kelsen posicionar as questões relativas à justiça fora de sua "Teoria Pura" não significa que ele as ignore. No prefácio à segunda edição da "*Reine Rechtslehre*", Kelsen esclarece que "*... uma ciência jurídica objetiva que se limita a descrever o seu objeto esbarra com a pertinaz oposição de todos aqueles que [...] crêem poder definir um direito justo...*", mas destaca que "*... o problema da justiça, enquanto problema valorativo, [...] é de importância decisiva para a política jurídica*".[66]

Com o advento do Estado nacional-socialista, acentuaram-se as críticas a Kelsen, imputando-se à "Teoria Pura" o caráter de justificar regimes antidemocráticos e criminosos. A elas, Kelsen – que, repita-se, era judeu e foi afastado da Universidade em Colônia com a ascensão de Hitler, em 1933 – respondeu no prefácio da "*General Theory of Law and State*", que "*... é precisamente por seu caráter antiideológico que a teoria pura do direito prova ser uma verdadeira ciência do direito...*", pois devem ser separados o princípio fundamental da ciência – a verdade – e o ideal supremo da política – a justiça.[67]

Ademais, destaque-se que, antes da preocupação acentuada com a lógica, referida no tópico anterior, perseguiu Kelsen a questão da justiça, sempre no sentido de que as respostas às perguntas sobre a justiça ou injustiça em uma lei não podem ser encontradas cientificamente, e, por consequência, não fazem parte de uma verdadeira ciência jurídica.

Na "Teoria Geral do Direito e do Estado", Kelsen dedica um tópico específico à relação entre direito e justiça, sustentando que esta, por mais indispensável que seja para a volição e a ação dos homens, é uma ideia irracional, não sujeita a cognição, e que a justiça só pode fazer parte de uma ciência jurídica no sentido de legalidade, pois a declaração de que

[66] Kelsen, Hans. **Teoria pura...,** *op. cit.*, p. XVIII.
[67] Kelsen, Hans. **Teoria geral do...,** *op. cit.*, p. XXXII.

uma conduta específica é legal ou ilegal independe das vontades ou sentimentos do sujeito que julga, podendo ser verificada de modo objetivo.[68]

Em 1957, Kelsen dedica ainda uma obra toda, resultante da compilação de ensaios, à busca de uma definição para a justiça, analisando, *v.g.*, os conceitos de justiça em Platão, Aristóteles, nas Sagradas Escrituras e nos jusnaturalistas, esclarecendo, logo no prefácio, que, para a pergunta "o que é justiça?" o homem "*... nunca encontrará uma resposta definitiva; deverá apenas tentar perguntar melhor*".[69]

É forçosa a conclusão de que Kelsen não ignora o problema da justiça, nem propugna o descaso em relação a ele; apenas não o considera parte de uma ciência jurídica.[70]

6. O impacto da teoria kelseniana

É inegável que a "Teoria Pura do Direito", e a obra, em geral, de Kelsen, ocupa posição de destaque desde o século passado. Basta um breve passeio pelas referências bibliográficas dos grandes marcos teóricos europeus e americanos, como Bobbio, Robert Alexy, Ronald Dworkin, Alf Ross, Neil MacCormick, entre outros – ou latino-americanos – *v.g.* Alchourrón e Bulygin, Carlos Cossio, Genaro Carrió, Roberto Vernengo, Carlos Santiago Nino – do final do século passado ou da atualidade, para que se perceba o grau de relevância do pensamento kelseniano na formação jurídica contemporânea.[71]

Como afirma Norberto Bobbio, "*... nunca se insistirá o suficiente sobre o fato de que, pela primeira vez com Kelsen, a teoria do direito tenha sido orientada*

[68] KELSEN, Hans. **Teoria geral do...**, *op. cit.*, p. 9, 19-20.

[69] KELSEN, Hans. **O que é justiça?: a justiça, o direito e a política no espelho da ciência**. Trad. Luís Carlos Borges. 3. ed. São Paulo: Martins Fontes, 2001, p. 1.

[70] Da mesma forma em que aqui buscamos expor Kelsen, puramente, a partir do conteúdo de suas obras, este buscou analisar a ciência jurídica sem conteúdo axiológico, construindo uma teoria pura. Prosseguindo com a rudimentar analogia, temos que esclarecer que, da mesma forma em que Kelsen não quer tão-somente se fechar em um universo alienado, ignorando os problemas das ciências relacionadas à ciência jurídica, como a ciência política, nós também não desejamos restringir a análise de Kelsen aos escritos aqui apresentados, e que podem por nós ter sido mal interpretados, mas o fizemos aqui, exclusivamente, por uma questão metodológica.

[71] Como já exemplificamos, aqui, no que se refere a cursos de Direito, no Brasil.

definitivamente para o estudo do ordenamento jurídico em seu conjunto", "*considerando o ordenamento como um sistema de normas*".[72]

Tamanho é o impacto causado pela "Teoria Pura" que é praticamente impossível ignorá-la em uma obra jurídica de caráter científico, hoje.

Seja para criticá-lo ou aliar-se a seus ensinamentos – às vezes as duas coisas –, ou, ainda, para superar a teoria kelseniana – substituindo-a por nada ou por novas teorias complementares ou novos paradigmas ainda em construção, muitas vezes introduzidos por prefixos "neo" –, as obras jurídicas ainda hoje tratam fundamentalmente dos ensinamentos de Kelsen.

É certo que aquele Kelsen, cientista do Direito, perdeu-se em meio a uma "recepção *pop*" – utilizando a terminologia de Diego Eduardo López Medina – que é apresentada em várias faculdades, e em numerosos livros de introdução ao direito. López Medina descreve a recepção de Kelsen, em sua vertente acadêmica – em três fases: tradução, formalização e desformalização – e em sua versão "*pop*" – penetração nos círculos práticos de direito local –, explicando o fenômeno não só na Colômbia, mas em toda a América Latina de idioma espanhol, da "transformação" da "Teoria Pura", capítulo a capítulo. Tal "transformação" é vista à luz de uma "Teoria Transnacional do Direito-TTD", partindo da existência de "locais de produção" (países prestigiosos) e "locais de recepção" (países periféricos) das teorias jurídicas, na qual os juristas de locais de produção concebem suas teorias ignorando totalmente a existência de países periféricos, e os juristas dos países periféricos, a seu turno, estudam a TTD e produzem, domesticamente, uma teoria jurídica, a qual acaba por influenciar a "teoria *pop*" do direito local dominante – ideias sobre o direito comungadas por advogados praticantes, elites locais ou mesmo legisladores e aplicadores do direito.[73]

No Brasil, a recepção não foi muito diferente da descrita por López Medina. O Kelsen "*pop*" que é estudado em muitas faculdades de Direito, por meio de resenhas, sinopses, e "macetes", ou consultado em trabalhos

[72] Bobbio, Norberto. **Direito e Poder**. Trad. Nilson Moulin. São Paulo: UNESP, 2008, p. 105.

[73] López Medina, Diego Eduardo. ***Teoría Impura***, *op. cit.*, p. 1-69, e 341-398 *passim*.

perfunctórios encontrados na *internet*, está cada vez mais estereotipado e distante do pai da "Teoria Pura do Direito".

As limitações de dimensão do presente estudo impedem a análise individualizada de deturpações da teoria kelseniana, mas convido o leitor a refletir sobre o problema com dois simples exemplos: (a) efetue busca no "Google" da expressão "teoria de Kelsen" e comece a comparar as dezenas de desenhos diferentes de pirâmides normativas – estou certo de que terá momentos agradáveis de diversão; e (b) faça uma busca da palavra "Kelsen" no sítio *web* do Supremo Tribunal Federal – ou em qualquer outro tribunal do país, à sua escolha –, e tente encontrar, entre os resultados da busca, alguma citação efetiva a Kelsen, nas decisões judiciais, que seja relevante para o julgamento, e não mero diletantismo ou simples endosso das ideias do próprio julgador – recorde-se, na busca, de expurgar as decisões que usam "texto padrão" e, por isso, serão repetidas.

Conclusões: "...é preciso ler"

É certo que diferentes legisladores podem ser orientados por distintos ideais de justiça, o que torna o valor de justiça por eles realizado apenas relativo; e, consequentemente, não menos relativa é a justiça da norma geral pela qual se deixa orientar o órgão chamado a decidir o caso concreto.[74]

Também é certo que, como reconhece Kelsen, o julgador não é mero autômato, na medida em que, por meio de suas decisões, alicerçadas em um método lógico, efetivamente exerce natureza criadora, e não de mera leitura de um conteúdo já encontrado na lei.[75] Mesmo que se sustente ser a atividade do julgador dedutiva, como defendem Alchourrón e Bulygin, há que se reconhecer que esta dedução lógica não é puramente mecânica, e que o uso de métodos dedutivos é compatível com o caráter criador da ciência.[76]

[74] KELSEN, Hans. **Teoria pura...**, *op. cit.*, p. 281.

[75] Aliás, esse enfoque da função judicial é o pano de fundo das discussões entre Kelsen e Schmitt, sobre quem deve ser o guardião da Constituição.

[76] ALCHOURRÓN, Carlos E., BULYGIN, Eugenio. ***Introducción a la metodología de las ciencias jurídicas y sociales***. Buenos Aires: Astrea, 2006, p. 113.

Uma teoria – do grego, *theoresis* – significa a conversão de um assunto em problema, sujeito a indagação e pesquisa, a fim de superar a particularidade dos casos isolados, para englobá-los numa forma de compreensão, que correlacione entre si as partes e o todo.[77] Nesse sentido, a "Teoria Pura do Direito", com sua dogmática jurídica, isola seu objeto de conhecimento, retirando-lhe os aspectos valorativos – como a justiça, e trata as proposições que efetua a respeito desse objeto com as ferramentas da lógica formal. Não vemos, nos aspectos aqui relacionados, o que impeça a admissão da teoria de Kelsen como uma teoria a respeito da Ciência do Direito.

Quando se questiona a quem serviria uma "pura teoria como ciência jurídica", ou uma "ciência jurídica puramente teórica", só se obtém resposta fora da dogmática jurídica. E é só com uma abordagem zetética da teoria dogmática kelseniana que percebemos que o próprio direito, assim como a lógica, é uma técnica.

Vivemos na era da técnica, e a sociedade exige que sejam tomadas decisões com razoável segurança e celeridade – o que é garantido pelo método logicamente fundamentado – dentro de padrões relativamente constantes – o que não permite a preponderante influência de um elemento de conteúdo vago, como a justiça.

Tércio Sampaio Ferraz Júnior bem expressa que a lógica da sociedade de consumo, da mentalidade da máquina eficaz, na chamada civilização da técnica, faz com que o direito seja "*... mero instrumento de atuação, de controle, de planejamento, tornando-se a ciência jurídica um verdadeiro saber tecnológico...*", um saber contingente a serviço da dominação.[78]

O modelo dogmático kelseniano não foi criado a serviço da civilização da técnica, mas a ela se prestou tão bem que é adotado – normalmente sem que se reconheça expressamente sua presença – em todas as faculda-

[77] REALE, Miguel. **Lições preliminares...**, *op. cit.*, p. 18.
[78] FERRAZ JÚNIOR, Tércio Sampaio. **Introdução ao estudo do direito: técnica, decisão, dominação**. 2. ed. São Paulo: Atlas, 1994, p. 27. Tal ideia remete a um comentário de Kelsen sobre o ensino do Direito nos Estados Unidos, nos anos 40/50 do século passado, mas que seria perfeitamente aplicável a diversos países, mesmo hoje em dia: "*... as faculdades de direito estaduninenses não têm interesse particular por uma teoria científica do direito. Elas são training schools – escolas jurídicas profissionalizantes; sua função é preparar para a profissão prática de advogado.*" (KELSEN, Hans. **Autobiografia...**, *op. cit.*, p. 108).

des de direito do país e utilizado, rotineiramente, em nossas cortes – seja na forma acadêmica ou na recepção "*pop*".

Como já reconhecia Kelsen, no prefácio de sua "*General Theory of Law and State*", "*... na ciência social, e especialmente na ciência jurídica, ainda não há nenhuma influência capaz de se contrapor ao interesse esmagador dos que residem no poder*".[79] A verdadeira liberdade, nesse contexto, é que garantiria o avanço da ciência.

E liberdade, para o leitor, é poder acessar não só estudos, como o presente, que refletem sobre o pensamento de Hans Kelsen, mas também os originais do autor, para tentar fugir dos efeitos, ainda que não intencionais, do "telefone sem fio".

Os que "não têm tempo", e optam pela simplificação, pelo atalho, pelo "enésimo" interlocutor do "telefone sem fio", poderão perder a oportunidade de entender – ou mesmo conhecer – o jurista Kelsen, pois terão, provavelmente, contato apenas com aquela figura que Diego Eduardo López Medina chamou de "Kelsen pop".

É mais do que óbvio que **para entender Kelsen é necessário... ler Kelsen**! E, **para criticar Kelsen, é necessário... entender Kelsen**! A violação ao silogismo decorrente, por atalhos, torna a empreitada deficiente e inócua.

Obras como a presente, que homenageia a "Teoria Pura do Direito", com diversidade de autores que se dedicaram, academicamente, a estudar os ensinamentos de Kelsen, não objetivam dispensar a leitura dos originais, mas convidar o leitor a, partir de tal leitura, refletir, ainda que para refutar ou criticar o que aqui se expõe, com vistas a possibilitar uma elaboração mais consistente e racional de conteúdo.

A racionalidade da ciência reside essencialmente no seu caráter crítico e progressivo.[80]

[79] Kelsen, Hans. **Teoria geral do...**, *op. cit.*, p. XXXIII.

[80] Popper, Karl. **Conjecturas e refutações: o progresso do conhecimento científico**. Trad. Sérgio Bath. 5. ed. Brasília: UnB, p. 17-18.

Referências

ACCIOLY, Hildebrando; SILVA, Geraldo E. do Nascimento e; CASELLA, Paulo Borba. **Manual de Direito Internacional Público**. 16. ed. São Paulo: Saraiva, 2008.

ALCHOURRÓN, Carlos E., BULYGIN, Eugenio. ***Introducción a la metodología de las ciencias jurídicas y sociales***. Buenos Aires: Astrea, 2006.

—. *Prólogo*. *In*: ECHAVE, Delia Teresa; URQUIJO, María Eugenia; e GUIBOURG, Ricardo A. ***Lógica, proposición y norma***. 7. reimpr. Buenos Aires: Astrea, 2008, p. 9-13.

—. ***Sistemas Normativos***. 2. ed. Buenos Aires: Astrea, 2012.

ALEXY, Robert. **Teoria da Argumentação Jurídica: A Teoria do Discurso Racional como Teoria da Fundamentação Jurídica**. Trad. Zilda Hutchinson Schild Silva. 3. ed. Rio de Janeiro: Forense, 2011.

ARISTÓTELES. ***Tratados de Lógica (El Organon)***. Trad./Estudos/Notas de Francisco Larroyo. Porrúa. México, 2011.

ATIENZA, Manuel. ***Introducción al Derecho***. México: Fontamara, 2007.

BANDEIRA DE MELLO, Celso Antônio. **Curso de Direito Administrativo**. 22 ed. São Paulo: Malheiros, 2007.

BOBBIO, Norberto. **Teoria do ordenamento jurídico**. Trad. Maria Celeste Cordeiro Leite dos Santos. 6. ed. Brasília: UnB, 1995.

—. **Da Estrutura à Função: novos estudos de Teoria do Direito**. Trad. Daniela Beccaccia Versiani. Barueri, Manole, 2007.

—. **Direito e Poder**. Trad. Nilson Moulin. São Paulo: UNESP, 2008.

BORGES, José Souto Maior. **Curso de Direito Comunitário: instituições de Direito Comunitário comparado – União Europeia e MERCOSUL**. 2 ed. São Paulo: Saraiva, 2009.

CARRIÓ, Genaro. ***Notas sobre Derecho y Lenguaje***. 5. ed. Buenos Aires: LexisNexis, 2006.

CARVALHO, Paulo de Barros. **Curso de Direito Tributário**. 27. ed. São Paulo: Saraiva, 2016.

COÊLHO, Sacha Calmon Navarro. **Curso de Direito Tributário Brasileiro**. 10. ed. Rio de Janeiro: Forense, 2009.

COPI, Irving Marmer. **Introdução à lógica**. Trad. Álvaro Cabral. 2. ed. São Paulo: Mestre Jou, 1978.

COSTA, Newton C.A.; SERBENA, Cesar Antonio; e VALLE, Maurício Dalri Timm do. A Lógica Hodierna e a Ciência do Direito. *In*: CARVALHO, Paulo de Barros (coord.), **Lógica e Direito**. São Paulo: Noeses, 2016, p. 187-247.

D'ALMEIDA, Luís Duarte; GARDNER, John; GREEN, Leslie. ***Kelsen Revisited: New Essays on the Pure Theory of Law***. Oxford: Hart Publishing, 2013.

DIAS, Gabriel Nogueira. *Rechtsphilosophie und Rechststheorie*. **Entrevista no programa "Academia"**. Disponível em <https://www.youtube.com/watch?v=4PXJ9EnLL_0>.

ECHAVE, Delia Teresa; URQUIJO, María Eugenia; e GUIBOURG, Ricardo A. ***Lógica, proposición y norma***. 7. reimpr. Buenos Aires: Astrea, 2008.

FERRAZ JÚNIOR, Tércio Sampaio. **Introdução ao estudo do direito: técnica, decisão, dominação**. 2. ed. São Paulo: Atlas, 1994.

HART, Herbert L. A. **O Conceito de direito**. Trad. A. Ribeiro Mendes. 2. ed. Lisboa: Fundação Calouste Gulbenkian, 1994.

JUSTEN FILHO, Marçal. **Curso de Direito Administrativo**. 8 ed. Belo Horizonte, Fórum, 2012.

KELSEN, Hans. A Competência da Aseembleia Nacional Constituinte. **Revista Política e de Direito Público, Legislação Social e Econômica**, n. 1, 1934, p. 35-43.

—. **Teoria geral das normas**. Trad. José Florentino Duarte. Porto Alegre: Sérgio Antonio Fabris, 1986.

—. **Teoria pura do direito**. Trad. João Baptista Machado. 5. ed. São Paulo: Martins Fontes, 1996.

—. **O que é justiça?: a justiça, o direito e a política no espelho da ciência**. Trad. Luís Carlos Borges. 3. ed. São Paulo: Martins Fontes, 2001.

—. **Jurisdição Constitucional**. Trad. Alexandre Krug. São Paulo: Martins Fontes, 2003.

—. **Teoria geral do direito e do Estado**. Trad. Luís Carlos Borges. São Paulo: Martins Fontes, 2005.

—. **Autobiografia de Hans Kelsen**. Trad. Gabriel Nogueira Dias e José Ignácio Coelho Mendes Neto. 4. ed. Rio de Janeiro: Forense, 2012.

KELSEN, Hans; BULYGIN, Eugenio; WALTER, Robert. **Validez y Eficacia del Derecho**. Buenos Aires: Astrea, 2005.

LÓPEZ MEDINA, Diego Eduardo. ***Teoría Impura del derecho: la transformación de la cultura jurídica latinoamericana***. Legis: Bogotá, 2004.

LOSANO; Mário G. *La teoría pura del derecho del logicismo al irracionalismo*. Trad. Juan Ruiz Manero. ***Revista Doxa – Cuadernos de Filosofia del Derecho***, n. 2, 1985, p. 55-85.

—. Presenças Italianas em Kelsen. *In*: LOSANO, Mario G. (org.). **Direito Internacional e Estado soberano**. Trad. Marcela Varejão. São Paulo: Martins Fontes, 2002, p. 3-76.

LOSANO, Mario G. (org.). **Direito Internacional e Estado Soberano / Hans Kelsen, Umberto Campagnolo**. Trad. Marcela Varejão. São Paulo: Martins Fontes, 2002.

MACCORMIZK, Neil. **Argumentação Jurídica e Teoria do Direito**. Trad. Waldéa Barcellos. São Paulo: Martins Fontes, 2006.

MANNHEIMER, Marcia Latgé; e JANSEN, Letácio. Notas sobre o livro "Hans Kelsen – Vida e Obra", de Rudolf Aladár Métall. **Revista de Direito da Procuradoria Geral do Estado do Rio de Janeiro**, n. 49, 1975, p. 145-160.

MELLO, Celso D. de Albuquerque. **Curso de Direito Internacional Público**. 15. ed. 2 v. Rio de Janeiro: Renovar, 2004.

MENDES, Gilmar Ferreira; BRANCO, Paulo Gustavo Gonet. **Curso de Direito Administrativo**. 7 ed. São Paulo: Saraiva, 2012.

MORAES, Alexandre de. **Direito Constitucional**. 15. ed. São Paulo: Atlas, 2004.

MORRISON, Wayne. **Filosofia do Direito: dos gregos ao pós-modernismo**. Trad. Jefferson Luiz Camargo. São Paulo: Martins Fontes, 2012.

NOLT, John; ROHATYN, Dennis. **Lógica**. Trad. Leila Zardo Puga e Mineko Yamashita. São Paulo: McGraw-Hill, 1991.

PAULSON, Stanley L. *El periodo posterior a 1960 de Kelsen: ruptura o continuidad?* Trad. Josep Aguiló Regla. ***Revista Doxa – Cuadernos de Filosofia del Derecho***, n. 2, 1985, p. 153-157.

PERELMAN, Chaïm. **Lógica jurídica: nova retórica**. Trad. Vergínia K. Pupi. 2. ed. São Paulo: Martins Fontes, 2004.

POPPER, Karl. **Conjecturas e refutações: o progresso do conhecimento científico**. Trad. Sérgio Bath. 5. ed. Brasília: UnB.

RAZ, Joseph. **Razão Prática e Normas**. Trad. José Garcez Ghirardi. Rio de Janeiro: Elsevier, 2010.

REALE, Miguel. **Lições preliminares de direito**. 23. ed. São Paulo: Saraiva, 1996.

ROBLES MORCHÓN, Gregorio. **Hans Kelsen, Vida y Obra**. Cizur Menor: Civitas, 2014.

ROSS, Alf. **Direito e Justiça**. Trad. Edson Bini. 2. ed. Bauru: Edipro, 2007.

SERBENA, Cesar Antonio; COSTA, Newton C.A.; e VALLE, Maurício Dalri Timm do. A Lógica Hodierna e a Ciência do Direito. *In*: CARVALHO, Paulo de Barros (coord.), **Lógica e Direito**. São Paulo: Noeses, 2016, p. 187-247.

TREVISAN, Rosaldo. Direito Internacional e Soberania sob as perspectivas de Kelsen e Campagnolo. *In*: KOZICKI, Katya. **Teoria Jurídica no Século XXI: Reflexões críticas**. Juruá: Curitiba, 2007, p. 181-197.

—. Para Entender Kelsen... (Um convite à obra de Kelsen, como um Tributo ao Professor José Roberto Vieira). *In*: VALLE, Maurício Dalri Timm do; VALADÃO, Alexsander Roberto Alves; DALLAZEM, Dalton Luiz (coord.). **Ensaios em Homenagem ao Professor José Roberto Vieira: ao mestre e amigo, com carinho...** São Paulo: Noeses, 2017, p. 1013-1047.

VALLE, Maurício Dalri Timm do; COSTA, Newton C.A.; e SERBENA, Cesar Antonio. A Lógica Hodierna e a Ciência do Direito. *In*: CARVALHO, Paulo de Barros (coord.), **Lógica e Direito**. São Paulo: Noeses, 2016, p. 187-247.

VALLE, Maurício Dalri Timm do; VALADÃO, Alexsander Roberto Alves; DALLAZEM, Dalton Luiz (coord.). **Ensaios em Homenagem ao Professor José Roberto Vieira: ao mestre e amigo, com carinho...** São Paulo: Noeses, 2017.

VASCONCELOS, Arnaldo. **Teoria pura do direito: repasse crítico de seus principais fundamentos**. Rio de Janeiro: Forense, 2003.

VILANOVA, Lourival. **Causalidade e relação no direito**. 2. ed. São Paulo: Saraiva, 1989.

VILLEY, Michel. **Filosofia do direito: definições e fins do direito: os meios do direito**. Trad. Márcia Valéria Martinez de Aguiar. São Paulo: Martins Fontes, 2003.

WALTER, Robert. *Hans Kelsen, vida y obra: una introducción*. Trad. Carlos E. Pettoruti. **Revista de la Facultad de Ciencias Jurídicas y Sociales – Universidad de la Plata**, n. 41, 2011, p. 332-337.

WARAT, Luis Alberto. **Os quadrinhos puros do direito**. Disponível em: <http://ruadosbragas223.no.sapo.pt/DIREITO/Os_Quadrinhos_Puros_do_Direito_WARAT.pdf>.

20.
A CULTURA JURÍDICA BRASILEIRA NO OLHAR DE JURISTAS REFUGIADOS: KELSEN, ASCARELLI E LIEBMAN (1942-1949)

THIAGO FREITAS HANSEN

Introdução

Por trás da lacônica (ainda que complexa) expressão "cultura jurídica" abriga-se uma infinidade de temas de pesquisa e investigação: história das disciplinas universitárias, dos livros e editoras, de juristas e suas relações com espaços políticos e culturais, a produção de legislação, a atuação de instituições político-jurídicas e até mesmo o estudo da iconografia jurídica. Dentre essas várias maneiras de se entender como uma sociedade pensa, constrói e age a partir do vocabulário e do discurso jurídico é possível se recorrer a um expediente bastante relevante da então chamada Nova História Cultural consubstanciada no estudo das impressões de viajantes, refugiados e estrangeiros como forma de, tal como nos estudos de etnologia e antropologia, construir pela enunciação da diferença desses relatos um diagnóstico do que é uma cultura jurídica. Essa é uma aposta metodológica desse artigo: vislumbrar através do contraste cultural destacado por alguns personagens jurídicos estrangeiros que circularam no Brasil, algumas características da cultura jurídica brasileira na década de 1940.

A importância de Hans Kelsen para a cultura jurídica do século XX é fato incontroverso, mesmo entre aqueles que discordam frontalmente das premissas do pensador austríaco. Sua relevância abriu também um campo de estudos de História Intelectual que busca investigar os diversos matizes e adaptações que seu pensamento ocasionou em vários cantos do globo. Exemplo disso são os estudos sobre o impacto de Hans Kelsen nos Estados Unidos[1], na Argentina[2] e no Uruguai.

Também é conhecido e estudado o famoso parecer que Hans Kelsen deu acerca da Constituinte brasileira de 1933-1934[3]. Também já foi objeto de estudos as várias formas pelas quais as obras do autor austríaco foram recepcionadas e ressignificadas no Brasil[4]. Menos estudada, no entanto, é a visita que ele fez ao país em agosto/setembro de 1949, quando proferiu cinco conferências e foi acompanhado pela imprensa e por uma *entourage* de políticos, juristas e grandes personalidades do país. Alguns estudos indicam rapidamente esse episódio, outros omitem ou deixam-no à sombra da visita de Kelsen à Argentina e os percalços ocorridos em seu encontro com Carlos Cossio.

O objetivo do presente artigo é observar a partir da visita de Hans Kelsen ao Brasil, como se dava a recepção de seu nome na imprensa e nos meios jurídicos, bem como de que maneira as temáticas trazidas por ele em suas conferências foram recebidas pelos interlocutores e pela audiência à época. Ao fim do artigo, indicia-se uma comparação entre o impacto da visita de Kelsen com o diagnóstico da cultura jurídica brasileira feita por dois juristas judeus refugiados no Brasil, Tulio Ascarelli e Enrico Tullio Liebman com as críticas dirigidas à Teoria Pura do Direito de Hans Kelsen, na forma em que ela foi apresentada no país.

[1] Gustavo Siqueira e outros

[2] Entre outros, destaca-se Sarlo, Oscar. La gira sudamericana de Hans Kelsen en 1949: El 'frente sur' de la teoría pura. In: Ambiente Jurídico, nº 12, 2010, pp. 400-425.

[3] Destaca-se o pioneiro estudo de Sólon, Ari. *A Competência da Assembléia Nacional Constituinte de 1933/34 (Um texto de Kelsen sobre o Brasil)*. Revista Trimestral de Direito Público, São Paulo, SP, v. 9, 2000; e as posteriores pesquisas de Matos, Andityas Soares de Moura Costa. *"Um governo revolucionário possui os poderes que quer possuir"*: a teoria pura do direito enquanto teoria da violência diante da Assembleia Nacional Constituinte Brasileira de 1933/34. In: Revista da Faculdade de Direito da UFMG. N. 64, jan/jun, 2014, pp. 49-75; Siqueira, Gustavo Silveira. *O parecer de Kelsen sobre a Constituinte brasileira de 1933-34*. In: Direito & Praxis, Vol 06, n. 11, 2015, p.348-374.

[4] Entre tantos, destaca-se: Velloso, Paula Campos Pimenta. *Edição e recepção de Kelsen no Brasil*. In: Revista Escritos, Ano 8, Número 8, 2014; Leal, Fernando. *O formalista expiatório:* leituras impuras de Kelsen no Brasil. Revista Direito GV, 10(1), jan-jun, 2014, pp. 245-268.

1. A chegada, recepção e homenagens a Hans Kelsen no Brasil

Em agosto de 1949, após convite do importante filósofo argentino Carlos Cossio, Hans Kelsen vai a Buenos Aires e Montevideo para proferir uma série de conferências durante a inauguração do novo prédio da Faculdade de Direito da capital argentina. Em artigo que narra essa história, Oscar Sarlo explica que durante esta visita estava em jogo uma infinidade de pequenos conflitos entre a *intelligentsia* argentina durante o período peronista e uma tentativa, por parte de Cossio, de aproximar a Teoria Pura do Direito com a Teoria Egológica ali produzida. Para além das possíveis injunções políticas que o uso do nome de Kelsen poderia ocasionar no debate jurídico argentino, o fato, demonstrado por Oscar Sarlo a partir de entrevistas e recorrendo à história oral, é que Kelsen saiu da Argentina na tarde do dia 25 de agosto de 1949, bastante cansado devido o debate infrutífero e ao uso politizado de sua presença, e embarcou no hidroavião da empresa área FAMA com destino ao Rio de Janeiro, chegando ali, com cinco horas de atraso, na Estação de Hidros do Aeroporto Santos Dumont.

No mesmo dia "O Jornal" já trabalhava em suas prensas a notícia de que estava por chegar ao Brasil o "antigo catedrático da Universidade de Viena", que era "tido como o chefe da chamada 'escola vienense'" e "talvez, a maior autoridade mundial do direito público e do direito comparado", tendo ele publicado "livros que são insubstituíveis nas bibliotecas dos estudiosos desse ramo do saber humano"[5]. Elogiado e reconhecido como autoridade e sumidade internacional do direito em tantos outros artigos de vários veículos e desde fins dos anos 1930, a visita do intelectual seria especialmente bem recebida por juristas e políticos brasileiros.

Apesar da recepção cheia de credenciais, parte da imprensa apontava, entretanto, o desconhecimento por grande parte dos homens de foro da importância do professor austríaco. É o que acontece em uma curta coluna, publicada pelo pseudônimo "Sinimbú", no jornal concorrente "Diário de Notícias", ao informar "a breve estada do professor Hans Kelsen, entre nós, não chega a ser uma notícia para a família forense", já que "a maioria dos advogados militantes, que identificam, pelo nome, todos

[5] Chega hoje ao Rio o prof. Hans Kelsen. **O Jornal**, Rio de Janeiro, 25 de agosto de 1949, p. 4.

os porteiros de auditórios, não saberão de quem se trata ao lerem, pela primeira vez, o nome de um dos grandes estudiosos e culturas da filosofia do direito em nossos dias" [6]. Adiantando-se em apresentar o estrangeiro, a mesma coluna acentua:

> Hans Kelsen leciona hoje numa universidade norte-americana. Se eram antigamente os exércitos nacionais que recrutavam bons soldados no estrangeiro, são hoje as universidades que recrutam grandes pensadores forâneos para as suas fileiras. Kelsen pertence ao sem número de europeus que o fascismo, e depois a guerra, sacudiu da outra banda do Atlântico, levando à maior civilização material do nosso tempo o sopro vivificador da inteligência do Velho Mundo
>
> Mesmo os que não afinam com sua orientação neo-kantiana, ou porque estejam em campo oposto, o do materialismo filosófico, ou porque se filiam a outro pensamento espiritualista, rendem o merecido louvor ao saber de Kelsen e às investigações que tem realizado no campo da sociologia jurídica.[7]

Seja popular ou desconhecido pelos homens da prática judicial, é curioso notar que Kelsen é recebido de forma muito mais plural do que eventualmente se imagina contemporaneamente. Mais que um teórico do direito, como ficaria definitivamente conhecido na América Latina, neste momento em que não existiam traduções em português brasileiro de sua Teoria Pura do Direito, mas apenas uma edição de 1939 com tradução em português de Portugal de um ensaio de 1933 equivocadamente intitulado de "Teoria Pura do Direito" [8], Kelsen é percebido como um intelectual de ação ampla nas ciências sociais, atacando na sociologia do direito – graças a tradução espanhola que circulou bastante no Brasil de *Sociedad y Naturaleza* – passando pelo campo do direito público – em virtude de uma tradução espanhola de sua *Teoría General del Estado* e por uma tradução em português brasileiro da editora Saraiva de 1938 –, chegando ao direito internacional e nas suas importantes publicações sobre

[6] O Direito Animado. **Diário de Notícias**, Rio de Janeiro, 31 de agosto de 1949, p. 5.

[7] O Direito Animado. **Diário de Notícias**, Rio de Janeiro, 31 de agosto de 1949, p. 5.

[8] Velloso, Paula Campos Pimenta. **Edição e recepção de Kelsen no Brasil.** In: Revista Escritos, Ano 8, Número 8, 2014, p. 203.

a construção da Paz pelo direito no pós-guerra – como é o caso de textos em espanhol, tais como *La paz por medio del derecho* de 1946 e *Derecho y Paz en las relaciones internacionales* de 1943.

Sobre Kelsen ainda se disse ser "incontestavelmente uma das maiores figuras da ciência jurídica universal de todos os tempos" e, para além de sua fama em teoria e filosofia do direito, não se deixou de destacar sua importância nos campos "quer da sociologia, quer no Direito Internacional Público, quer no Direito Constitucional, quer na Teoria do Estado, as suas ideias originais, as suas doutrinas próprias se impõem ao estudo dos juristas de todas as terras". O Senador Ferreira de Souza, político potiguar, continuava as credenciais afirmando que "mesmo quando dele divergimos, fazemo-lo com o respeito devido a um mestre de mestres"[9].

Sua fama anterior à visita também é facilmente encontrada em artigos em que grandes nomes da intelectualidade brasileira à época (Otto Maria Carpeaux, João Mangabeira, Cândido Mendes Junior, Pedro Calmon entre outros) usam-no como autoridade em temas amplos, como em sua teoria do estado e nos seus estudos sobre sociedade.

Convidado pela seção cultural do Itamaraty, bem como pela Sociedade Brasileira de Direito Internacional, através do Ministro das Relações Exteriores à época, Raul Fernandes[10], e recebido e hospedado pela Fundação Getúlio Vargas, Hans Kelsen também é referido como "grande mestre do Direito Internacional"[11]. Existem indícios de que sua visita também foi promovida através da contribuição de Hans Klinghoffer[12],

[9] Auspiciosa 'Vernissage' do Instituto de Direito Comparado. **O Jornal**, Rio de Janeiro, 27 de agosto de 1949, p. 9.

[10] Oscar Sarlo levanta também a influência de Bilac Pinto na vinda de Kelsen no Brasil, mas não foi possível encontrar sua participação neste ponto apesar de sua presença nas palestras e em uma reunião privada posterior com membros do alto escalão do Governo brasileiro.

[11] Professor Hans Kelsen. **Jornal do Commercio**, Rio de Janeiro, 29 e 30 de agosto de 1949, p. 2.

[12] O que ajuda a dar sustentação a este indício é que, semanas antes da vinda de Kelsen ao Brasil, Hans Klinghoffer realizou uma série de palestras na Faculdade Nacional de Direito intituladas "As funções do Estado nas teorias de Kelsen e Merkl" sob o patrocínio de Bilac Pinto e do Centro Acadêmico Candido de Oliveira. Pelo fato das palestras terem sido feitas durante a estada de Kelsen na Argentina, parecem elas ser uma preparação para a vinda do professor vienense. In: Solenidade no Centro Acadêmico Candido de Oliveira. **Diário de Notícias**. Rio de Janeiro, 19 de agosto de 1949, p.10.

ex-aluno de Kelsen na Áustria, professor no Brasil e adido cultural austríaco que depois se radicaria em Israel para assumir o cargo de professor da Universidade Hebraica de Jerusalém.

Ainda no aeroporto, onde foi recebido "pelas mais destacadas figuras de nossos meios jurídicos, professores, magistrados e amigos", Kelsen concede uma entrevista, modificada posteriormente para a publicação, ao jornalista de plantão de "O Jornal" e, após elogiar o Rio de Janeiro como "a mais bela cidade do mundo", declara o motivo de sua viagem e sua agenda:

> Quanto ao objetivo de minha viagem – acrescentou – creio já ser bem conhecida. Venho realizar uma série de quatro conferências sobre direito público e comparado.
> Em primeiro lugar, falarei sobre a "Natureza e objeto da Ciência do Direito", em duas conferências, isto é, uma conferência em duas partes. A primeira, amanhã, no Instituto Brasileiro de Estudos Legislativos e Direito Comparado e a segunda, na próxima segunda feira, na Faculdade Nacional de Direito.
> Na terceira conferência, farei um estudo sobre o "Direito Natural perante o Tribunal de Ciências" [sic], no auditório do Ministério da Educação e, finalmente, na quarta e última, abordarei a "Responsabilidade Individual e Coletiva do Estado no Direito Internacional"[13].

Surgiria ainda uma quinta conferência com o tema "Pacto do Atlântico e a Carta das Nações Unidas", esta feita em ambiente restrito, promovida pelo Núcleo de Direito Público da Fundação Getúlio Vargas e com a participação de grandes nomes do direito nacional. Especificamente sobre as duas primeiras conferências, sabe-se que, de acordo com um repórter presente, a primeira parte ocupou-se de estabelecer "a diferença entre a lei da causalidade dominante nas ciências naturais e a imputação inerente às ciências humanas" [14],sendo provavelmente um trecho de sua Teoria Pura do Direito de 1934, e a segunda, nas palavras do próprio Kelsen, tra-

[13] Separar a política do direito, base de nova teoria filosófica. **O Jornal**, Rio de Janeiro, 26 de agosto de 1949, p. 9.

[14] Auspiciosa 'Vernissage' do Instituto de Direito Comparado. **O Jornal**, Rio de Janeiro, 27 de agosto de 1949, p. 9.

taria "entre outras coisas, da 'Teoria Egológica do Direito', apaixonante assunto de autoria do professor Carlos Cossio"[15]. A quarta conferência, realizada à convite da Sociedade Brasileira de Direito Internacional, teve como palco o Instituto da Ordem dos Advogados, onde tratou, entre outros temas sobre o Julgamento de Nuremberg.

O professor Hans Kelsen, momentos após o seu desembarque, falando à reportagem de O JORNAL [16]

Sua estada não seria longa, já que chegou no dia 25 de agosto tarde da noite e sua última palestra foi dia 2 de setembro, quando, logo após, retornou a Nova Iorque de onde tinha saído no início do mês anterior com destino à Argentina. Durante seu período no Brasil realizou, portanto, cinco palestras, sendo quatro públicas e uma privada.

Sua primeira conferência, de que trataremos mais adiante, seria promovida pelo recém-criado IBDCEL, o Instituto Brasileiro de Direito Comparado e Estudos Legislativos, com sede no prédio dos Diários Associados, organização de imprensa comandada pelo conhecidíssimo Assis Chateaubriand, que era o patrono e mecenas do novo centro cultural. A

[15] Separar a política do direito, base de nova teoria filosófica. **O Jornal**, Rio de Janeiro, 26 de agosto de 1949, p. 9. Importante notar que a presença de Kelsen na Argentina e seus contratempos, como acentuou o Prof. Oscar Sarlo, não se encerraram apenas na bacia do Prata, chegando no Brasil, onde talvez Kelsen tenha feito sua primeira crítica explícita a Teoria Egológica do Direito de Cossio.

[16] Fonte da Imagem: Separar a política do direito, base de nova teoria filosófica. **O Jornal**, Rio de Janeiro, 26 de agosto de 1949, p. 9.

inauguração do Instituto foi realizada na mesma semana da chegada de Hans Kelsen, e contou com a presença e palestra inaugural do chanceler inglês Lord Jowitt, cuja vinda era mais festejada pela imprensa que a de Kelsen.

O IBDCEL estava localizado no oitavo andar dos Diários Associados e contava com uma ampla biblioteca legada por Alfredo Bernardes da Silva, importante civilista e magistrado, e tinha como dirigentes nomes de peso do cenário jurídico nacional, como San Tiago Dantas, Levi Carneiro, Ebert Chamoun e a presidência do Ministro Filadelfo Azevedo, ex-ministro do STF, juiz da Corte Internacional de Justiça e ex-prefeito do RJ. Sua função primordial era promover o estudo do direito comparado e criar comissões para a produção legislativa. Chegaram a se empenhar na feitura de um Código Notarial e um Código Rodoviário, além de reformas da Lei de Inquilinato.

Como a cerimônia da palestra inaugural já havia sido reservada à presença do High Chancellor Lord Jowitt, Hans Kelsen acabou fazendo sua primeira conferência, no dia 26 de agosto, em uma Vernissage do salão do IBDCEL. Falando em francês e com dificuldades de ser entendido devido ao barulho da rua e o uso de um alto-falante que distorcera sua voz[17], a primeira fala teve cobertura de "O Jornal" e a presença de várias personalidades do direito nacional. Compuseram a mesa, além de Filadelfo Azevedo como presidente, o senador Ferreira de Souza e o deputado José Augusto, presidente da Constituinte de 1933-1934 que havia encomendado um parecer específico de Kelsen sobre o processo constituinte que chefiara. Logo após sua conferência, foi registrada uma foto em que Kelsen aparece conversando com dois dos nomes centrais do pensamento jurídico dos anos 1940, Levi Carneiro e Agamenon Magalhães.

[17] Kelsen e a Acústica. **Diário Carioca**. Rio de Janeiro, 30 de agosto de 1949, p. 8.

O professor Kelsen, quando pronunciava sua conferência, vendo-se à mesa o ministro Philadelfo de Azevedo, presidente do Instituto e os srs. senador Ferreira de Souza e deputado José Augusto, representantes das casas do Congresso [18]

Após a magnífica palestra do professor Kelsen, o mestre e os eminentes juristas presentes passaram ao salão de recepções do Instituto No clichê, um flagrante em que aparecem os srs. Levi Carneiro, Agamenon Magalhães e o professor Hans Kelsen [19]

Tendo o Rio de Janeiro como capital nacional, fica claro que a presença do professor austríaco trazia um impacto no cenário político em si, seja pela rememoração de suas ideias na constituinte da década anterior, seja pelo uso de seu nome na constituinte de 1946, ou também pelos debates de reformas constitucionais que eram propostas justamente em 1949 e que utilizavam Kelsen como autoridade para referendar certas posições intelectuais. As palestras posteriores, que também analisaremos detidamente, contaram com a presença de grandes autoridades. Na segunda conferência, realizada na Faculdade Nacional de Direito no dia 29 de agosto à tarde, quem presidiu a mesa foi ninguém menos que Francisco Campos[20], então presidente da Comissão Interamericana de Estudos Jurídicos. Na Conferência imprevista, esta privada e realizada na noite do dia 29, as autoridades presentes eram várias e centrais na república brasileira, sendo presidida por Luiz Simões Lopes, ex diretor do DASP e à época presidente da FGV, contou também com a presença de Themístocles Cavalcanti, chefe do Núcleo de Direito Público da FGV e futuro Ministro do STF, do Embaixador Oswaldo Aranha, dos Deputados Hermes Lima e Afonso Arinos de Melo Franco e novamente do advogado

[18] Fonte da Imagem: Auspiciosa 'Vernissage' do Instituto de Direito Comparado. **O Jornal**, Rio de Janeiro, 27 de agosto de 1949, p. 9.

[19] Fonte da Imagem: Auspiciosa 'Vernissage' do Instituto de Direito Comparado. **O Jornal**, Rio de Janeiro, 27 de agosto de 1949, p. 9.

[20] Segunda palestra do professor Hans Kelsen. **O Jornal**. Rio de Janeiro, 28 de agosto de 1949, p. 8.

Levi Carneiro, entre outros. Na terceira conferência, realizada no Ministério da Educação no dia 30 às 17h, a mesa foi presidida pelo próprio Ministro da Educação, Clemente Mariani.

21

22

Na última Conferência, realizada no dia 2 de setembro às 17h no Instituto da Ordem dos Advogados e sob o patrocínio da Sociedade Brasileira de Direito Internacional, Kelsen foi saudado longamente por Haroldo Valladão, então Consultor-Geral da República e um dos principais nomes do pensamento jurídico dos anos 1940.

Vê-se, portanto, que Kelsen estava cercado de grandes exemplos da cultura jurídica nacional que ciceronearam sua presença. Nota-se, também, que Kelsen acabou por se desdobrar e conheceu algumas das instituições mais relevantes do pensamento jurídico da época, desde a Fundação Getúlio Vargas, passando pela Faculdade Nacional de Direito, indo até a Ordem dos Advogados do Brasil, com rápida estreia no recém-criado IBDCEL, que apesar da vida curta – já que Filadelfo Azevedo falece no começo dos anos 1950 – nascera com força e prestígio que podem ser bem notados na imprensa da época.

[21] Foto de Hans Kelsen na FGV falando sobre Política Internacional em Conferência privada com autoridades brasileiras. Fonte da Imagem: O prof. Hans Kelsen fala sobre Política Internacional. **O Jornal**, Rio de Janeiro, 3 de setembro de 1949, p. 9.
[22] Foto de Hans Kelsen, tendo ao seu lado direito o Ministro da Educação, Clemente Mariani. Fonte da Imagem: Auspiciosa 'Vernissage' do Instituto de Direito Comparado. **O Jornal**, Rio de Janeiro, 4 de setembro de 1949, p. 9.

Mas nem só de grandes nomes Kelsen se cercou ao vir ao Brasil. Com exceção da Conferência privada, todas as outras tiveram grande audiência, com participação de estudantes, professores e autoridades do mundo jurídico. A imprensa da época fazia questão de fotografar o público lotando os auditórios em que passou.

Numerosa e seleta assistência lotou completamente as dependências do auditório do Instituto Brasileiro de Direito Comparado e de Estudos Legislativos, para assistir à "vernissage" de sua abertura oficial a realizar-se no dia 31 do corrente

[23]

O PROFESSOR HANS KELSEN NA FACULDADE DE DIREITO — Ontem, às 15.30, na Faculdade Nacional de Direito, o professor Hans Kelsen, uma das maiores autoridades mundiais em Direito, ora em visita ao Brasil, proferiu a segunda parte da sua conferencia sôbre a "Natureza e objeto da Ciencia do Direito." Como tivemos oportunidade de noticiar, a primeira parte dessa palestra foi pronunciada, na ultima sexta-feira, no Instituto de Estudos Legislativos e Direito Comparado. Alem do corpo docente daquela Faculdade, estiveram presentes à conferencia as mais representativas figuras dos nossos meios jurídicos, professores e estudiosos da materia, da qual o cliché apresenta dois flagrantes.

[24]

"DIREITO NATURAL PERANTE O TRIBUNAL DE CIENCIAS" — Sob este título o professor Hans Kelsen pronunciou no auditorio do Ministerio da Educação a sua penultima conferencia em nossa Capital. Mais uma vez o tema abordado versava sobre a teoria que lhe valeu o título de chefe da chamada "escola vienense". Bastante concorrida a palestra do conhecido mestre do Direito contou com a presença de eminentes jurisconsultos, magistrados, professores e jovens estudantes de Direito e parlamentares. No cliché dois aspectos da conferencia do professor Hans Kelsen, uma das maiores autoridades do mundo do direito público e do direito comparado. Em cima, o conferencista e, em baixo, parte assistencia.

[25]

[23] Fonte da Imagem: Auspiciosa 'Vernissage' do Instituto de Direito Comparado. **O Jornal**, Rio de Janeiro, 27 de agosto de 1949, p. 9.
[24] Fonte da Imagem: O Professor Hans Kelsen na Faculdade de Direito. **O Jornal**, Rio de Janeiro, 30 de agosto de 1949, p. 11.
[25] Fonte da Imagem: Direito Natural perante o Tribunal de Ciências. **O Jornal**, Rio de Janeiro, 04 de setembro de 1949, p. 9.

Apesar da maciça presença masculina, como se era de imaginar em um ambiente jurídico dos anos 1940 marcado pelos ternos e gravatas, é possível ver em algumas das fotos a presença de mulheres. O fotógrafo enviado a primeira palestra no IBDCEL chegou a registrar o momento em que Kelsen conversa com uma estudante da Universidade do Brasil, talvez como se flagrasse uma cena incomum na cultura jurídica nacional.

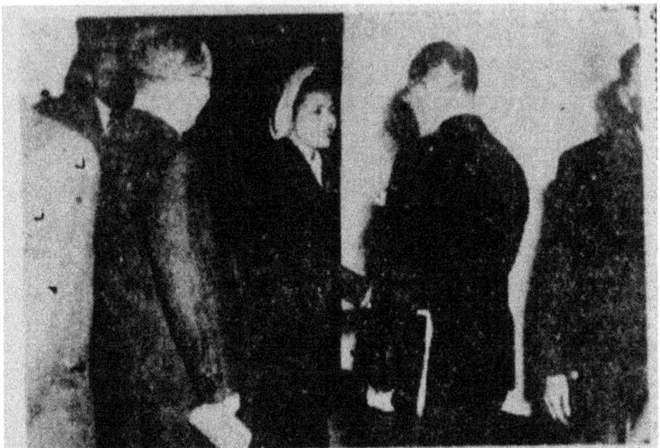

Jovens estudantes de direito e não apenas provectos professores, se interessaram pela conferência do notavel jurista ora em nossa capital. Na foto acima, uma jovem aluna da Universidade do Brasil cumprimenta o prof. Kelsen [26]

A passagem de Kelsen pelo Brasil também renderia a ele uma série de homenagens. As várias instituições por qual passou não perderam a oportunidade de brindar o convidado com dons que pudessem, à moda de Marcel Mauss, reforçar a própria posição destas instituições como produtoras do saber jurídico nacional. Exemplo disso são os títulos "Honoris Causa" requeridos em seu nome. Na sessão do Conselho Universitário da Universidade do Brasil, no dia 31 de agosto, com Kelsen ainda no país, Themístocles Cavalcanti apresentou requerimento para concessão de título de professor "honoris causa" por se tratar "sem dúvida alguma, [d]

[26] Fonte da Imagem: Auspiciosa 'Vernissage' do Instituto de Direito Comparado. **O Jornal**, Rio de Janeiro, 27 de agosto de 1949, p. 9.

a maior figura do direito público contemporâneo"[27]. Tal título foi aprovado, mas concedido apenas em 1952 por intermédio de um ministro austríaco presente no país[28]. Rudolf Métall, o biógrafo oficial de Kelsen aponta ainda ter sido concedido a ele um doutorado "honoris causa" pela Fundação Getúlio Vargas, mas não foi possível encontrar tal registro[29] na imprensa da época. Além destes, o Instituto dos Advogados do Brasil propôs a concessão do título de membro honorário tanto para Kelsen quanto para Lord Jowitt que ali também havia palestrado sob os auspícios da Sociedade Brasileira de Direito Internacional[30]. Após terminar sua fala na Faculdade Nacional de Direito, Kelsen também teria assinado o livro de ouro do Centro Acadêmico Cândido de Oliveira, deixando ali registrado a última fala de sua palestra proferida, "Le valeur du Droit est la paix"[31].

Não obstante tantas homenagens e títulos, tamanha bajulação também foi alvo de críticas humorísticas. O já referenciado pseudônimo Sinimbú em sua coluna aproveitava o espaço para ironizar a Sociedade Brasileira de Direito Internacional, cuja sede desconhece o endereço, o que o impediria, portanto, de entregar "as insígnias de grande oficial da Ordem de Santo Ivo, que lhe conferimos ontem". O humor vem à reboque de uma demonstração do caráter acadêmico de Kelsen, já que durante sua palestra na Faculdade Nacional – fora, portanto, de ambientes políticos e cheios de regabofes como a dita Sociedade – estaria ele "na atmosfera universitária que é a sua", e teria encantado o "Professor [Edgard] Castro

[27] Hans Kelsen professor "Honoris Causa" da Universidade. **O Jornal**. Rio de Janeiro, 3 de setembro de 1949, p. 11.

[28] Professor "honoris causa" da Universidade do Brasil. **A Manhã**. Rio de Janeiro, 27 de junho de 1952, p. 2.

[29] MÉTALL, Rudolf A. **Kelsen.** Vida y obra. México: Instituto de Investigaciones Jurídicas, 1976, p. 103.

[30] Faculdade Nacional de Direito. **Diário de Notícias**. Rio de Janeiro, 04 de setembro de 1949, p. 7.

[31] Faculdade Nacional de Direito. **Diário de Notícias**. Rio de Janeiro, 30 de agosto de 1949, p. 10.

Rebelo[32] um dos que o ouviram com maior apreço[33]". Mas, afinal, do que se tratou nestas conferências?

2. As duas primeiras conferências: liberdade e cientificidade do direito

Nesta segunda parte, o objetivo será analisar as impressões causadas pelas duas primeiras conferências de Kelsen e, a partir de então, encaixar esta discussão nos debates já existentes na cultura jurídica brasileira acerca da natureza e da ciência do saber jurídico. Para tanto será preciso compreender como os temas discutidos nas duas primeiras conferências, em especial, as bases da Teoria Pura do Direito, se relacionavam com o que já era conhecido aqui no Brasil.

Como já dito acima, o nome de Hans Kelsen era bastante conhecido no Brasil dos anos 1930, em especial devido ao parecer proferido por ele acerca da Constituinte de 1933-1934. Assim, um passar de olhos na imprensa da época bem como uma análise dos estudos sobre Kelsen naquele evento apresentam um autor mais vinculado a uma imagem de constitucionalista e teórico do estado do que um teórico do direito. A Teoria Pura do Direito por sua vez ainda não havia sido publicada em português, e quando o é, em finais de 1930, na verdade se tratava de uma tradução portuguesa de um ensaio de 1933 que consistia em estudos preparatórios para o que realmente se materializaria, um ano depois, na primeira edição da *Reine Rechtlehre*.

Com base em uma edição espanhola que circulou no Brasil, referente a primeira edição da Teoria, e que jamais foi publicada no Brasil, é que saiu no Jornal do Commercio do início de janeiro de 1942, um artigo de Sobral Pinto, um dos mais conhecidos advogados brasileiros do século XX, associando a Teoria Pura do Direito de Kelsen com o contexto beligerante da época em que as forças alemãs pareciam estar cada dia mais próximas da vitória final na segunda guerra mundial. O artigo, intitulado

[32] Professor que foi afastado da Universidade do Distrito Federal, fechada em 1939 pelo Estado Novo, sob alegação de atividades subversivas. Foi fundador da Esquerda Democrática que resultaria posteriormente no PSB.

[33] O Direito Animado. **Diário de Notícias**, Rio de Janeiro, 31 de agosto de 1949, p. 5.

"Pelos domínios do Direito" faz uma crítica, que já se apresenta desde seu subtítulo, ao desprestígio que a ciência do direito e o saber jurídico estaria passando naqueles anos.

Partindo da tradição jusnaturalista capitaneada pela tradição francesa conservadora da época, de certa matriz integrista, Sobral Pinto acusa o impacto que a vontade livre de um governante na criação de um direito pode ocasionar para as sociedades ocidentais, em especial ao se abrir mão de princípios "descobertos ou fixados pela razão humana, livre, imparcial, e justa", que deveriam ser de fato a matéria-prima da ordem jurídica. Com esta premissa, recorre o autor pela primeira vez à Teoria Pura do Direito de Kelsen não para reafirmar essa crítica, mas ao contrário, para colocá-la como símbolo maior desta postura voluntarista:

> o homem moderno, empenhado em impor aos seus concidadãos um ponto de vista que é de sua preferência e utilidade, vive a se esforçar por identificar, por toda a parte, o Direito com o Estado. [...] Foi, deste modo, que tomou corpo e vulto, no seio das Nações modernas, a teoria pura do Direito, da qual Kelsen é o seu mais alto e autorizado expoente. Eis porque, sem estarrecer, este professor de direito de uma Universidade alemã, afirma, com a maior tranquilidade, monstruosidades desta natureza: 'uma vez reconhecido – como o fez a teoria jurídica pura – que o Estado é uma ordem coativa da conduta humana; e uma vez demonstrado – como o fez aquela teoria – que esta ordem coativa não pode ser uma ordem diferente do jurídico, porque numa comunidade não há, nem pode haver senão uma ordem coativa constitutiva da mesma, demonstra-se, também, que toda manifestação vital do Estado, todo 'ato estatal' tem de ser um ato jurídico: pois, nenhuma ação humana pode ser qualificada de ato estatal a não ser sobre a base de uma norma jurídica, em virtude da qual, por outro lado, imputa-se a dita ação ao Estado, isto é, à unidade da ordem jurídica; e se demonstra, enfim, que o Estado como pessoa não é outra cousa senão a personificação da ordem jurídica, e que o Estado como poder não é senão a eficácia da referida ordem. Deste modo, o dualismo de Estado e Direito desaparece, revelando-se como uma destas inúteis duplicações que são devidas ao fato de que o conhecimento hipostatise a unidade do objeto por ele criada; e o conceito de pessoa não é mais do que uma destas expressões unitárias. Considerado desde um ponto de vista

> puramente ideológico, o dualismo de Estado e Direito é o correspondente do igualmente contraditório dualismo de Deus e Mundo'".[34]

Este trecho, retirado do sexto capítulo[35] da Teoria Pura do Direito, estrutura essencialmente uma crítica, via teoria do estado, ao direito natural que subjazeria abaixo – ou acima – do Estado e que se fundamenta, em uma longuíssima tradição, especificamente no mundo moderno, a partir de Jean Bodin em seus "Seis livros sobre a República", em que se separa a lei ("Loi"), vista como comando soberano, do direito ("Droit") compreendido como uma estrutura rastejante que preexiste e fundamenta a própria ordem natural em que o soberano está inscrito. Na passagem citada e posteriormente revista por Kelsen, ele confirmaria ainda mais essa necessidade de superação do dualismo deus-mundo/estado-direito ao explicar: "assim como o caminho para uma autêntica ciência da natureza somente foi desimpedido através do panteísmo, que identifica Deus com o mundo, quer dizer, com a ordem de natureza, também a identificação do Estado com o Direito, o conhecimento de que o Estado é uma ordem jurídica, é o pressuposto de uma genuína ciência jurídica".[36]

A preocupação kelseniana que nesta passagem específica se reveste de um realismo bastante evidente, qual seja, o de compreender o direito posto, positivado, como o único capaz de ser racionalmente controlado e analisado dentro de premissas científicas, é condenado pelo uso antiracionalista, vitalista e decisionista típico da tradição autoritária desenvolvida à época. Não obstante a preocupação kelseniana de blindar a ciência do direito dos influxos políticos e jusnaturalistas, Sobral Pinto pressiona o autor austríaco por ter sido responsável, em grande medida, pela ascensão de regimes autoritários dos quais, o próprio Kelsen estava fugindo.

Católico fervoroso (dizia-se que Sobral Pinto ia à missa todos os dias), a negação do Espírito e de Deus por parte do positivismo seria o combus-

[34] Sobral Pinto, Heráclito. Pelos domínios do Direito. **Jornal do Commercio**, Rio de Janeiro, 2-3 de janeiro de 1942, p. 2.

[35] Kelsen, Hans. **Teoria pura do direito**. – 8. Ed. – São Paulo: Editora WMF Martins Fontes, 2009, capítulo VI, "Direito e Estado", p. 352.

[36] Kelsen, Hans. **Teoria pura do direito**. – 8. Ed. – São Paulo: Editora WMF Martins Fontes, 2009, capítulo VI, "Direito e Estado", p. 352.

tível fundamental para o desprestígio do direito e, este desprestígio seria a causa fundadora do avanço, pretensamente científico, de um conceito de direito e justiça vinculado aos devaneios materialistas e vitalistas.

> Transpondo os limites da cátedra, onde era ensinada a milhares de jovens alemães, esta teoria invadiu, como seria fatal, os quadros da política partidária de vários países, e se transformou em nazismo, fascismo, comunismo, e suas múltiplas variedades. O efeito imediato desta doutrinação sombria, que nega Deus e o Espírito, nós o estamos assistindo nesta assombrosa coligação de forças materiais destruidoras que ameaçam todas as Nações pacíficas do globo. Depois de esmagar, dentro dos seus respectivos territórios, a dignidade da pessoa humana dos seus próprios nacionais, a Alemanha, a Italia, e o Japão, pretendem, agora, e estimulados pelo desprestígio do Direito, dominar pela força o resto do mundo.[37]

Ainda durante a Guerra e sem haver sequer uma tradução brasileira da teoria pura do direito, Sobral Pinto une-se a fileira de críticos de Kelsen que buscam conectá-lo ao nazismo, fascismos e comunismo e responsabilizar o positivismo jurídico, em virtude de seu ceticismo ético, pelos efeitos catastróficos que ocorriam em todo o globo, por se tratar de um saber firmado em conceitos irresponsáveis para com um valor ético absoluto. Sobral Pinto ainda afirmaria que "após o atrevimento destes conceitos, destruidores de qualquer atmosfera comum de paz racional e digna entre as nações" [38], a vitória dos nazistas estava cada dia mais próxima, e uma resistência por parte dos juristas "prestigiosos" deveria se erguer, pois "não podem os juristas conscientes de sua missão deixar de experimentar a mais profunda inquietação [...] é que à sombra desta vitória, ele [Hitler] procurará fazer prevalecer no seio de todas as Nações dominadas, a teoria pura do direito" [39]. É no mínimo curioso que tendo

[37] Sobral Pinto, Heráclito. Pelos domínios do Direito. **Jornal do Commercio,** Rio de Janeiro, 2-3 de janeiro de 1942, p. 2.

[38] Sobral Pinto, Heráclito. Pelos domínios do Direito. **Jornal do Commercio,** Rio de Janeiro, 2-3 de janeiro de 1942, p. 2.

[39] Sobral Pinto, Heráclito. Pelos domínios do Direito. **Jornal do Commercio,** Rio de Janeiro, 2-3 de janeiro de 1942, p. 2.

sido Kelsen uma das primeiríssimas vítimas intelectuais da ascensão do nazismo, já que foi demitido ainda em 1933 da cátedra da Universidade de Colônia, teria Hitler o interesse de utilizar sua teoria – impura racialmente e oposta aos desígnios voluntaristas e decisionistas do Nacional-Socialismo – para concretizar o legado internacional de uma possível vitória do Reich.

Ainda assim Sobral Pinto não poupa críticas e, de maneira pouco refletida, aponta dedos e elege o culpado final pelo nazismo: o desprestígio do direito promovido pela Teoria Pura do Direito.

> Tal é, em última análise, a consequência direta da teoria pura do Direito, que suprime, como preconiza Kelsen, os dois dualismos, que eram, até bem poucos anos atrás, o mais alto símbolo da civilização humana: Direito e Estado; Deus e Mundo. Identificado, porém, o Direito e o Estado, Deus e o Mundo, a filosofia materialista dos nossos dias vem destruindo inconscientemente o mais fecundo produto do labor de milhares de gerações humanas que se teem sucedido no decorrer de séculos: a civilização cristã do ocidente. [40]

Partindo de diagnóstico inicial semelhante ao de Sobral Pinto, qual seja, de que as tragédias da Segunda Guerra Mundial tinham sua culpa vinculada a uma perda do valor e da fé no direito, Nelson Hungria – autor do código penal de 1940 e ministro do STF – chega, três anos depois, a uma conclusão diametralmente oposta a do advogado liberal-conservador.

Em artigo publicado em "O Jornal" e intitulado "Direito e Liberdade" [41], Hungria reativa a autoridade de Kelsen e do realismo do positivismo jurídico sustentado por ele, colocando-se ao lado daqueles que "adstritos à visão da realidade jurídica, negam a existência do chamado 'direito natural'" [42], e assumindo sua perspectiva monista, eleva a Teoria Pura a condição de análise incontestável: "Não há outro direito senão o que se

[40] Sobral Pinto, Heráclito. Pelos domínios do Direito. **Jornal do Commercio,** Rio de Janeiro, 2-3 de janeiro de 1942, p. 2.

[41] Hungria, Nelson. Direito e Liberdade. **O Jornal**, Rio de Janeiro, 23 de junho de 1945, p. 4.

[42] Hungria, Nelson. Direito e Liberdade. **O Jornal**, Rio de Janeiro, 23 de junho de 1945, p. 4.

encerra na lei do Estado. A fórmula de Kelsen é incontestável: 'o Estado é o direito'. Não há direito vagando fora das leis" [43].

Em vez de encontrar nesta afirmação a origem de "desprestígio" do direito, Hungria localiza na doutrina do direito natural um uso politizado do saber jurídico, acusando inclusive ser de interesse de alguns grupos a propagação desta crença. Este é o caso dos liberais radicais, herdeiros do jacobinismo revolucionário, a quem "não se pode acreditar num 'direito natural de liberdade', como querem os Rousseaurianos e andam proclamando, entre nós, muitos suspeitos amigos da deusa do barrete frígio" [44]. Para Hungria, "é força reconhecer que o pretendido direito natural, na expressão de um publicista moderno, está para o direito legislado como um rei de baralho está para um rei de verdade" [45].

Associando-se a crítica ao liberalismo dos anos 1930, Hungria coloca na conta do individualismo e do atomismo egoísta a irrupção de um desprestígio do saber jurídico e, associando-se a Hegel, vê na história momentos de influxo e refluxo da liberdade – o tema central de seu artigo – que deveriam ser analisados concretamente, cientificamente, e não a partir de premissas religiosas: "Alguns juristas-filósofos, alarmados ante o absorvente predomínio do Estado, puseram-se a construir teorias de limitação ao seu arbítrio legislativo e apelaram para o 'direito natural' de reflexo divino, como vontade normativa superior à do legislador estatal. A Hegel, a Jellinek, a Kelsen antepõe-se S. Tomás de Aquino" [46].

A definição de liberdade como direito, portanto, deveria escapar dos fundamentos metafísicos de um jusnaturalismo teológico, e o esforço na manutenção da cientificidade do direito, a partir de autores como Jellinek e Kelsen seriam fundamentais para tanto.

Vê-se então a plasticidade que o nome de Kelsen carregava a partir de seus leitores e detratores. Ora como exemplo de manifestação do fas-

[43] Hungria, Nelson. Direito e Liberdade. **O Jornal**, Rio de Janeiro, 23 de junho de 1945, p. 4.

[44] Hungria, Nelson. Direito e Liberdade. **O Jornal**, Rio de Janeiro, 23 de junho de 1945, p. 4.

[45] Hungria, Nelson. Direito e Liberdade. **O Jornal**, Rio de Janeiro, 23 de junho de 1945, p. 4.

[46] Hungria, Nelson. Direito e Liberdade. **O Jornal**, Rio de Janeiro, 23 de junho de 1945, p. 4.

cismo e nazismo, ora como o único a manter a cientificidade do direito contra usos politizados e jusnaturalistas. Independentemente de qual leitura é a "correta" sobre a obra de Kelsen – e parece haver uma –, o fato é que seu nome já despertava paixões, em especial acerca de sua Teoria Pura, muito antes dela ser publicada ou mesmo dele vir ao Brasil divulgar suas ideias sobre a cientificidade do direito.

Ainda assim, mal imaginaria Hungria que, quatro anos depois de publicado seu artigo, na vinda de Kelsen ao Brasil já em 1949, um dos temas trabalhados pelo professor austríaco seria justamente a definição de liberdade a partir de premissas científicas e não jusnaturalistas como meio de definir a ciência do direito. Em uma longa reportagem intitulada "Ser livre significa ser ponto final de uma imputação social", publicada no "O Jornal", é possível se ter acesso indireto aos temas que Kelsen trabalhou nas suas primeiras conferências no Brasil. O jornalista não identificado, já nas primeiras linhas entrega a temática das conferências: "Na sua brilhante conferência versou o chefe da 'escola vienense' sobre as bases filosóficas da ciência do direito, analisando a diferença que existe entre a ciência do direito como ciência social e as ciências naturais" [47].

A conferência passaria por temáticas como o "princípio da imputação", as diferenças entre "ser" e "dever ser", e Nelson Romero, presente na conferência, em entrevista ainda pontuou:

> ele nos fez pensar na filosofia das causas (a começar pelo princípio da causalidade); na filosofia da norma ou das ciências normativas; na filosofia do que chamou 'princípio da imputabilidade', na verificação dos valores que se atribuem aos fatos livres, aos fatos sociais. E mexeu com os primitivos – a mentalidade dos primitivos; e o animismo e a civilização!
>
> O que mais? Veio à cena muita coisa: a liberdade, o determinismo, a contradição entre ambos evitada pelo paralelismo de duas ordens de fatos: os de causação natural e os de causação livre.[48]

[47] Ser livre significa ser ponto final de uma imputação social. **O Jornal**, Rio de Janeiro, 31 de agosto de 1949, p. 9.

[48] Auspiciosa 'Vernissage' do Instituto de Direito Comparado. **O Jornal**, Rio de Janeiro, 27 de agosto de 1949, p. 9.

Juntando as pistas e indícios, tudo leva a crer que o texto da palestra de Kelsen foi uma leitura, pontual e reduzida, do terceiro capítulo de sua Teoria Pura do Direito, intitulado "Direito e Ciência", em que se lança mão das bases da cientificidade do Direito, somado a discussões que já havia desenvolvido sobre causalidade e retribuição, e causalidade e imputação, em outro livro que teve circulação no Brasil na sua edição espanhola, "Sociedad y Naturaleza" (no original: Vergeltung und Kausalität). É justamente ali que ele trata de todos os temas apontados por Romero e pelo jornalista da reportagem indicada, e, em especial, é ali que ele trabalha a questão da liberdade como "imputação social".

Kelsen inicia sua palestra partindo de sua clássica distinção entre ciências naturais e ciências sociais como campos de conhecimento em que se operam dois diferentes juízos, um fundado em causas e consequências naturais – o campo do Ser –, intitulado "Princípio da Causalidade" e o outro fundado em causas e consequências construídas pela vontade humana – o campo do Dever-ser –, intitulado "Princípio da Imputação". Com o estabelecimento dessas premissas, desdobra-se o debate sobre a "liberdade" enquanto um direito fundado na vontade humana e na ordem jurídica, afastando assim premissas jusnaturalistas. Para esta empreitada, a reportagem ora em análise destaca que o argumento palestrado aponta para uma necessidade de se compreender que "ao considerar a conduta humana sob o ângulo das leis sociais, especialmente sob o das leis de direito, o homem como sujeito dessa conduta é ponto final da imputação" [49]. Com esta premissa, Kelsen aposta na ideia de que a liberdade não é um valor metafísico, abstrato e externo à vontade e história humana, mas antes firma-se como um espaço construído entre várias imputações delimitadas pelo ordenamento jurídico. Liberdade, portanto, é o produto de um ordenamento jurídico e não sua causa.

O olhar realista – confundido por alguns autores do contexto como materialismo também – de Kelsen possibilita que se afirme "a verdadeira significação da ideia segundo a qual o homem, como membro da sociedade, é livre" e, retornando ao título da reportagem, isto passaria pela aceitação de que "ser livre significa, no pensar de Kelsen, ser ponto final

[49] Ser livre significa ser ponto final de uma imputação social. **O Jornal**, Rio de Janeiro, 31 de agosto de 1949, p. 9.

de uma imputação social." [50]A inovação desta afirmativa é ressaltada nos jornais e no impacto público da palestra, seja pelas exclamações deixadas por Nelson Romero acima, seja também pela acentuada novidade científica trazida pela reportagem ao afirmar que "na demonstração do princípio da imputação Kelsen crê ter encontrado uma nova categoria que desempenha no terreno das ciências sociais uma função análoga à desempenhada pelo princípio da causalidade no terreno das ciências naturais" [51].

Desta feita, teve-se por claro que a "a ciência de direito é uma ciência social-normativa que descreve o seu objeto, o direito, mediante juízos que estabelecem que, sob certas condições, determinadas consequências têm que se produzir" [52]. O saber científico do direito estaria posicionado no princípio da imputação e, em decorrência, a vontade humana é a criadora original deste campo do conhecimento. Dito isto, a doutrina do direito natural teria de ser integralmente afastada, ou ao menos, ser submetida a um escrutínio rígido. É justamente isso que Kelsen faz em sua terceira palestra, com um título provocador à época: "A doutrina do Direito natural perante o tribunal da ciência".

3. A terceira conferência: Kelsen contra o jusnaturalismo

A terceira conferência de Kelsen foi posteriormente publicada na coletânea de ensaios *O que é Justiça?*, mantendo o título original. Foi por meio desse texto – que não é possível saber o quanto foi alterado frente ao que foi lido em 1949 – que se baseia as seguintes reflexões[53].

Neste seminal artigo, Kelsen faz uma arrasadora crítica do direito natural resgatando as várias correntes jusnaturalistas, seja teológica, racionalista ou evolutiva. Sempre fiel ao seu rigor metodológico advindo das fileiras do neokantismo, Kelsen denuncia os erros lógicos de toda e

[50] Ser livre significa ser ponto final de uma imputação social. **O Jornal**, Rio de Janeiro, 31 de agosto de 1949, p. 9.

[51] Ser livre significa ser ponto final de uma imputação social. **O Jornal**, Rio de Janeiro, 31 de agosto de 1949, p. 9.

[52] Ser livre significa ser ponto final de uma imputação social. **O Jornal**, Rio de Janeiro, 31 de agosto de 1949, p. 9.

[53] Kelsen, Hans. A doutrina do Direito natural perante o tribunal da ciência. In: Kelsen, Hans. **O que é justiça?** – São Paulo: Martins Fontes, 1997, pág 137-175.

qualquer teoria jusnaturalista. O ano é fundamental, 1949, e o contexto era de fortalecimento do jusnaturalismo de matriz neotomista católica, no Brasil, ou em uma versão mais leve como a ideia de injustiça insustentável de Gustav Radbruch. Iniciava-se nesse período o mito de que o positivismo seria um dos responsáveis, como fez Sobral Pinto entre nós, pelo autoritarismo. As águas jusnaturalistas estavam mais navegáveis naquele momento político, em um governo conservador e fortemente anticomunista no país, e isso tudo construía uma espécie de consenso fabricado em prol da necessidade de se oxigenar o direito com ideias mais humanizadas e valorativas.

É contra esse rio que Kelsen está nadando e destila sua crítica, causando sem ter certeza (mas imaginando) um incômodo intelectual, em um momento que se estavam reorganizando as bases epistemológicas do direito, e se reavaliando os caminhos a serem traçados nos anos seguintes, demarcados pela Guerra Fria e pela gradual reorganização da democracia liberal e constitucional.

Após criticar as várias vertentes jusnaturalistas, as propostas e respostas que buscaram fornecer, das Escrituras Sagradas à Kant, passando por Grotius, Locke, Pufendorf e outros, Kelsen aponta o tópico que certamente mais incomodou a audiência brasileira: "A razão por que a doutrina do Direito natural, apesar de suas óbvias falácias, tem tido, e provavelmente terá, grande influência no pensamento social é o fato de que ela satisfaz uma necessidade profundamente arraigada da mente humana, a necessidade de justificação".[54]

É possível imaginar o impacto que Kelsen promoveu ao afastar todas as formas de jusnaturalismo, bem como as formas assemelhadas e atípicas de naturalismo (Comte, Spencer, Marx etc) e deixar no lugar um imenso vazio. Nas colunas do Diário Carioca, por exemplo, o pseudônimo Othon Ribas, ao analisar a semana de palestras, faz comparações com outros autores e ensaia dar uma resposta ao incômodo trazido pelo professor austríaco ao deixar escapar: "é um início de resposta ao esfacelamento feito por Hans Kelsen, um dia antes, do direito natural, sem nada por em

[54] Kelsen, Hans. Op. Cit. Pág 161.

seu lugar, sem convencer que o direito positivo era solução, enfim, deixando um grande buraco aberto"[55].

Kelsen trazia, portanto, uma solução relativista em um momento ensopado de certezas rigorosas e um esforço de superação do trauma das guerras mundiais por via de um discurso ora humanista, ora religioso. É neste vácuo, pela ausência, que Kelsen é "punido" pelos jusnaturalistas, em virtude de uma suposta incapacidade de oferecer uma resposta mais sofisticada e sensível para aqueles tempos.

A guerra pelo direito natural e, portanto, contra Kelsen, era especialmente travada nas revistas católicas e conservadoras, como *A Ordem*, que tinha a referência pessoal de Alceu Amoroso Lima, vulgo Tristão de Athayde. O próprio Tristão atacou Kelsen em mais de uma vez. Sua visão de mundo era excessivamente moderna para aqueles, e a tradição católica neotomista de Alceu Amoroso Lima buscava rejeitar em bloco a modernidade como forma de "re-humanizar" o direito.

As principais críticas caminhavam no sentido de que, em virtude da redução do Direito às normas de Direito Positivo, a "dignidade" teórica do direito teria sido perdida, substituída pela política cotidiana. O verdadeiro direito seria descoberto por um saber sacerdotal, específico, cultivado por um grupo sensível de juristas atentos aos designíos da natureza e dos valores cristãos. O direito natural seria, portanto, um freio à sanha estatista e a garantia de que certos valores não seriam submetidos à política.

No fundo, o inimigo era o parlamento e a política liberal, e Kelsen, por sua vez, tornou-se o meio para se atingir essa crítica sem que com isso se pudesse deixar explícito os anseios antiparlamentares e críticos da democracia em um contexto de renascimento democrático e de vitória contra os totalitarismos.

António Manuel Hespanha[56] resume bem o contexto: no imediato pós-guerra surge uma crítica à legalidade e ao constitucionalismo, tanto em Alemanha como em Itália, por motivos de ver na figura da lei o encap-

[55] Ribas, Othon. "As observações do Lord" In: Diário Carioca, Rio de Janeiro, 1 de setembro de 1949, pág 8.

[56] Hespanha, António Manuel. Terão os juízes voltado ao centro do direito? In: *Scientia Ivridica*, Tomo LXII, nº 332, 2013, pág 234.

sulamento do autoritarismo. Em Portugal não foi diferente, logo após a guerra um "*tsunami* antilegalista atingiu o nosso meio jurídico ainda em pleno Estado Novo [português]". O objetivo, entretanto, não foi o de democratizar o direito, mas antes de isolar o direito do controle político e reforçar as funções criativas do direito pelo poder judicial, sobretudo fundamentados em tendências jusnaturalistas neotomistas.

Curiosamente, quando o autoritarismo se apresentava no horizonte do Estado Novo [brasileiro], Hans Kelsen já não era mobilizado como alguém capaz de legitimar um Estado Nacional autoritário. Na célebre Revista Cultura Política, editada pelo Departamento de Imprensa e Propaganda e que concentrava muitos intelectuais de diversos matizes, artigos eram publicados para mostrar a ineficácia da concepção de Estado e de Direito desenvolvido pelo professor austríaco. Em um deles, relembrando a história da Constituição da Áustria de 1920, fala-se em "a detalhada lei de Kelsen parecia ter previsto tudo, – previsão a que a prática deu um solene desmentido"[57]. Em outra publicação da mesma revista, Kelsen já aparece como o "famoso chefe da 'Escola de Viena'", e como um exemplo de "racionalista ao extremo[58]" que construía uma teoria do Estado eminentemente geométrica, sem preocupações culturais e nacionais, não compreendendo o papel da nacionalidade e da organicidade da sociedade, contrapondo-o, portanto, a autores de estirpe mais autoritária, como Giorgio Del Vecchio e Miguel Reale.

Em outra passagem de *Cultura Política*, Kelsen abre mão da realidade social, produzindo um direito meramente especulativo no entorno das normas e regras jurídicas, esvaziado de "seiva social", e buscando meramente o abstrato, típico indício de um declínio da mentalidade jurídica. O moderno, o atual, seriam as teorias do direito e da política "nascidas na espontaneidade criadora das forças sociais", mais próximas, portanto, seja de uma ideia de ordem concreta de Carl Schmitt, seja, em especial, do institucionalismo de estirpe mais fascista, como Santi Romano e outros.

Voltando à revista *A Ordem* e às críticas de Alceu Amoroso Lima e outros, observa-se um desejo de crítica à modernidade e resgate pré-moderno de certas categorias jurídicas. Alguns como o próprio Alceu

[57] Cultura Política, Edição 07, 1941, pág 63.
[58] Cultura Política, Edição 43, 1944, pág 96.

Amoroso Lima, por exemplo, defendiam explicitamente que a Idade Média era a base social em que frutificou o direito de liberdade. A modernidade, por sua vez, nada mais teria feito que desdenhar desse valor ao submetê-lo à política, e, portanto, ao Estado, ao invés de vê-lo como um ponto de partida "teológico" da sociedade[59]. Afirma o Tristão, ainda, que Kelsen teria sido um "luminar" expoente da geopolítica hitlerista de Haushoffer (sic), e que para a teoria kelseniana, equivocadamente denominada por ele como um "naturalismo jurídico moderno e científico", a "liberdade não existe como fundamento da sociedade"[60].

A Revista mencionada também promovia publicação e divulgação dos textos do influente intelectual católico Jacques Maritain, como parte de um processo de "reencantamento do mundo", e isso exigiria, por sua vez, uma extirpação e refutação daquele que era o maior herdeiro da tradição weberiana da modernidade jurídica: Hans Kelsen.

O positivismo jurídico kelseniano, muito longe de ser conservador ou contribuir com ideologias mais conservadoras, como ficou associado posteriormente, sobretudo pelas novas teorias críticas dos anos 1980 e 1990, era visto como um perigoso inimigo do conservadorismo, do jusnaturalismo ou das tradições católicas do direito brasileiro. Recorrentemente chamado de "materialista", a Teoria Pura do Direito, mesmo que ainda não tivesse sido devidamente difundida no Brasil, já era elencada como inimiga incontornável da cultura jurídica brasileira.

4. Ascarelli e Liebman: judeus refugiados como observadores do direito brasileiro

Durante a Segunda Guerra Mundial e até 1946 o Brasil recebeu outros dois juristas judeus e refugiados, muito influentes em seu país de origem, a Itália, e que deixaram contribuições importantes para a cultura jurídica brasileira: Enrico Tullio Liebman e Tullio Ascarelli. O primeiro, processualista com profunda influência na chamada Escola Paulista de Processo, esteve informalmente na Universidade de São Paulo; o segundo, eminente comercialista, também lecionou na USP durante seu exílio,

[59] Lima, Alceu Amoroso. In: Revista A Ordem, Edição 142, ano 1944, pág 511.
[60] Lima, Alceu Amoroso. In: Revista A Ordem, Edição 142, ano 1944, pág 511.

e legou um dos acervos de obras raras mais importantes do Brasil para Biblioteca da Faculdade de Direito do Largo de São Francisco.

Ambos deixaram também, além de textos e livros sobre suas específicas áreas de reflexão, dois artigos mais curtos, sobre a cultura jurídica brasileira comparada com a italiana. O balanço produzido nesses dois textos contribuem para melhorar o diagnóstico sobre a cultura jurídica brasileira durante a vinda de Hans Kelsen ao Brasil, como dois pares de olhos extras que partem de condições históricas e de vida parecidas. Acredita-se que a soma das visões desses dois juristas contribuem para a formação de um mosaico incompleto, mas instigante, sobre a impossibilidade ou dificuldades de se imaginar uma teoria pura do direito no Brasil dos anos 1940.

Em um texto de 1948 intitulado "Instituições do Direito Comum no Processo Civil Brasileiro"[61], Enrico Tullio Liebman faz uma análise sobre a cultura jurídica brasileira dos anos 1940 e acentua a presença e pervivência[62] de categorias do *Ius Commune*, o monumento jurídico medieval, em uma série de categorias jurídicas do sistema processual brasileiro. Para o processualista, no sistema jurídico brasileiro dos anos 1948, já com um Código de Processo Civil nacional devidamente em vigência, o fato era que "encontramos, muitas vezes quase intactos, numerosos institutos do nosso direito medieval que, entre nós, despareceram ou mudaram inteiramente de aspecto há muito tempo"[63]. E esse não era o caso de se olhar exclusivamente para as normas em abstrato do Ordenamento Jurídico, ao se observar a prática judicial a situação ficava ainda mais explícita.

Tullio Ascarelli, em outro texto de 1947, intitulado "Osservazioni di diritto comparato privato italo-brasiliano"[64], parte do mesmo ponto, qual seja, de que a cultura jurídica brasileira mantinha forte presença de uma tradição pré-moderna do direito. Ao prestar atenção para o cotidiano da

[61] LIEBMAN, Enrico Tullio. *Instituições do direito comum no processo civil brasileiro*. In: Revista de Processo, vol 293/2019, p. 407-436, jul/2019.

[62] FONSECA, Ricardo Marcelo. *A pervivência do direito português no Brasil*. In: Revista IGHB, número 461, pag 135-144, 2013.

[63] LIEBMAN, Enrico Tullio. Op cit. Pág 2.

[64] ASCARELLI, Tullio. *Osservazioni di diritto comparato privato italo-brasiliano*. In: Il Foro Italiano, vol 70, pág 97/98-109/110, 1947.

advocacia e do judiciário brasileiro, Ascarelli afirmava que é "a prática, muito mais que a doutrina, que revela a persistência no Brasil da tradição do direito comum do século XVIII e mais especificamente do direito das Ordenações Filipinas[65]".

A resistência às obras de Kelsen tinham fundamentos históricos e culturais profundos de resistência a equiparação do direito ao Estado. Ascarelli traz essa questão de forma exemplar que merece transcrição:

> Por um lado, o direito brasileiro parece ser dominado por um formalismo geral, por uma abundância do que tem sido chamado em outros momentos de caráter lúdico do direito; por outro lado, o jurista brasileiro, talvez mais do que o jurista europeu, está sempre consciente da diferença entre "direito" e "lei" e está menos inclinado a ser seduzido por um mero formalismo positivista, sendo, ao invés disso, induzido a propor constantemente, diante da norma legislativa, o problema de sua conformidade com "direito".[66]

A resistência à equiparação entre direito e lei, e portanto, entre direito e Estado, era uma marca da prática jurídica brasileira que contaminava também qualquer tipo de avaliação teórica sobre o direito.

Conclusões

A sensação de desamparo que a teoria de Kelsen deixava no direito brasileiro ao refutar o jusnaturalismo, sem nada colocar no lugar, era preenchida culturalmente pela pervivência de uma geometria móvel de fontes que ainda diferenciava *direito* e *lei*, não como elementos distintos tal como um sendo a ciência e outro um dos objetos desta, mas como elementos *a prioristicamente* antagônicos, cuja harmonia só se daria na análise concreta de determinada cultura e teoria da justiça local. Kelsen, ao reduzir o direito não a lei, mas às normas positivas, com vistas a conseguir avaliá-lo cientificamente, acabava por causar um mal estar contextual e impensado em sua teoria. Talvez esse seja um dos motivos pelos quais sua Teoria Pura tenha demorado tanto a ganhar maior atenção no Brasil.

[65] Ascarelli, Tullio. Op cit. Pág 98. (tradução nossa)
[66] Ascarelli, Tullio. Op. Cit. Pág 98. (tradução nossa)

Anos mais tarde, nos idos dos anos 1970, é publicado no Brasil, a partir da tradução portuguesa do professor João Baptista Machado, a segunda edição da Teoria Pura do Direito, em plena ditadura, o que acabou por produzir uma falsa conexão entre o Regime e os argumentos de legitimação do direito positivo vigente que a obra kelseniana traz. No longo prazo isso contribui para a construção de uma imagem (ainda resistente) de Hans Kelsen como um conservador insensível aos valores humanistas que teria contribuído com a legitimidade de ditaduras. Não deixa de ser, afinal, um resgate (porém agora, pode-se dizer, à esquerda) das falácias jusnaturalistas divulgadas por Sobral Pinto, Alceu Amoroso Lima e outros.

Referências

a) Fontes primárias

ASCARELLI, Tullio. *Osservazioni di diritto comparato privato italo-brasiliano*. In: Il Foro Italiano, vol 70, pág 97/98-109/110, 1947.

Revista Cultura Política, Edição 07, 1941, pag 63.

Revista Cultura Política, Edição 43, 1944, pág 96.

HUNGRIA, Nelson. *Direito e Liberdade*. O Jornal, Rio de Janeiro, 23 de junho de 1945

LIEBMAN, Enrico Tullio. *Instituições do direito comum no processo civil brasileiro*. In: Revista de Processo, vol 293/2019, p. 407-436, jul/2019.

LIMA, Alceu Amoroso. In: Revista A Ordem, Edição 142, ano 1944

O Direito Animado. Diário de Notícias, Rio de Janeiro, 31 de agosto de 1949

Direito Natural perante o Tribunal de Ciências. O Jornal, Rio de Janeiro, 04 de setembro de 1949

Ser livre significa ser ponto final de uma imputação social. O Jornal, Rio de Janeiro, 31 de agosto de 1949

Auspiciosa 'Vernissage' do Instituto de Direito Comparado. O Jornal, Rio de Janeiro, 27 de agosto de 1949

O Professor Hans Kelsen na Faculdade de Direito. O Jornal, Rio de Janeiro, 30 de agosto de 1949

Chega hoje ao Rio o prof. Hans Kelsen. O Jornal, Rio de Janeiro, 25 de agosto de 1949

Separar a política do direito, base de nova teoria filosófica. O Jornal, Rio de Janeiro, 26 de agosto de 1949

Professor Hans Kelsen. Jornal do Commercio, Rio de Janeiro, 29 e 30 de agosto de 1949

RIBAS, Othon. *As observações do Lord* In: Diário Carioca, Rio de Janeiro, 1 de setembro de 1949

Solenidade no Centro Acadêmico Candido de Oliveira. Diário de Notícias. Rio de Janeiro, 19 de agosto de 1949

SOBRAL PINTO, Heráclito. *Pelos domínios do Direito*. Jornal do Commercio, Rio de Janeiro, 2-3 de janeiro de 1942

b) Bibliografia de apoio

FONSECA, Ricardo Marcelo. *A pervivência do direito português no Brasil*. In: Revista IGHB, número 461, pag 135-144, 2013.

HESPANHA, António Manuel. *Terão os juízes voltado ao centro do direito?* In: Scientia Ivridica, Tomo LXII, nº 332, 2013.

KELSEN, Hans. A doutrina do Direito natural perante o tribunal da ciência. In: KELSEN, Hans. *O que é justiça?* – São Paulo: Martins Fontes, 1997

LEAL, Fernando. *O formalista expiatório:* leituras impuras de Kelsen no Brasil. Revista Direito GV, 10(1), jan-jun, 2014, pp. 245-268.

MATOS, Andityas Soares de Moura Costa. *"Um governo revolucionário possui os poderes que quer possuir"*: a teoria pura do direito enquanto teoria da violência diante da Assembleia Nacional Constituinte Brasileira de 1933/34. In: Revista da Faculdade de Direito da UFMG. N. 64, jan/jun, 2014, pp. 49-75

SIQUEIRA, Gustavo Silveira. *O parecer de Kelsen sobre a Constituinte brasileira de 1933-34*. In: Direito & Praxis, Vol 06, n. 11, 2015, p.348-374.

SÓLON, Ari. *A Competência da Assembléia Nacional Constituinte de 1933/34 (Um texto de Kelsen sobre o Brasil)*. Revista Trimestral de Direito Público, São Paulo, SP, v. 9, 2000

VELLOSO, Paula Campos Pimenta. *Edição e recepção de Kelsen no Brasil*. In: Revista Escritos, Ano 8, Número 8, 2014.

21.
O MITO DA PUREZA METODOLÓGICA NO DISCURSO DE KELSEN: A CRÍTICA DE LUIS ALBERTO WARAT [1]

VÍVIAN ALVES DE ASSIS

1. Notas iniciais

No contexto da presente obra coletiva em homenagem aos 60 anos da 2ª edição da *Teoria Pura do Direito*, edição modificada e ampliada da versão publicada em 1934, de Hans Kelsen, o presente artigo resgata os pontos nodais da força do seu pensamento com um enfoque no princípio da pureza metodológica a partir das contribuições da leitura crítica de Luis Alberto Warat.

A proposta dessa pesquisa parte da constatação de que a recepção da teoria kelseniana no Brasil contou com a colaboração de Warat, especialmente na década de 70 e 80, que foi professor em algumas das Pós-Graduações mais importantes da época [2]. O jusfilósofo argentino explorou em seus inúmeros textos e aulas "as influências teóricas de Kelsen, do denominado *giro linguístico* e do neokantismo no pensamento kelseniano" (Veras, 2017, p. 45).

Essa contribuição emerge como resposta a críticas simplistas e infundadas da famosa obra kelseniana que insistem na acusação de que sua

[1] Este ensaio revisita, reformula e avança no tema de pesquisa publicada no livro *A dimensão mítica do discurso de Kelsen: a crítica de Luis Alberto Warat* (Assis, 2017) fruto de Dissertação de Mestrado em Teoria do Estado e Direito Constitucional na PUC-Rio.

[2] O professor Warat lecionou em Pós-Graduações da Universidade Federal de Santa Maria, PUC-Rio, Universidade Federal de Santa Catarina e UnB, dentre outras.

teoria e seu pensamento sejam indiferentes às demais áreas do conhecimento do ponto de vista político.

De pronto cabe alertar o leitor de que a crítica waratiana está voltada muito mais à interpretação da Teoria Pura do Direito nos círculos acadêmicos do que propriamente aos valores propostos por Kelsen para a construção de uma ciência do direito.

Na presente análise parte-se da ideia de que a Teoria Pura do Direito de Hans Kelsen não é apenas o nome de um livro, mas um projeto que visava a elevação do direito à posição de "ciência". O esforço para a consolidação deste projeto está presente principalmente nas seguintes obras do referido autor: *Problemas Fundamentais de Direito Público, Teoria Pura do Direito* e suas edições até a de 1960, ora homenageada, e *Teoria Geral das Normas,* livro editado postumamente (Sgarbi, 2007, p. 1).

O projeto da Teoria Pura está calcado em uma visão cientificista do conhecimento que entende a ciência como única fonte de conhecimento válido, por meio do estabelecimento de um método que permita a delimitação do objeto e mantenha o rigor e objetividade.

Luis Alberto Warat, reconhecidamente trata a obra kelseniana com rigor e clareza (LOIS, 1996, p. 133), o que advém dos seus estudos no início da sua formação jurídica em Buenos Aires, Argentina. Esta experiência o permitiu entender a leitura institucionalizada do positivismo de Kelsen com o aprofundamento no estudo das teorias normativas.

Warat retrata a Teoria Pura do Direito em sua obra como o melhor espelho da dogmática jurídica, sendo o princípio da pureza metodológica o seu marco vertebral que formula as condições de significação jurídica na perspectiva do positivismo jurídico.

O autor busca uma intimidade com o pensamento de Kelsen por meio da desnaturalização e até mesmo do colapso de seus textos instituídos, com vistas a encontrar-se *"con una propuesta de transparencia de las zonas opacas de la Teoría Pura del Derecho"* (Warat, 2004a, p. 226). Seus textos são didáticos, possibilitando ao leitor adquirir interesse na obra de Kelsen, despertando-o simultaneamente para a importância da sua obra e seus limites.

Essa proposta de análise crítica do discurso kelseniano é capaz ainda de demonstrar como esse discurso logicamente consistente se traduz como uma racionalidade ideológica. Warat nos apresenta um *contradis-*

curso que não é oposto ao kelseniano, mas um discurso negativo dentro do próprio discurso kelseniano aclarando seus sentidos silenciados (WARAT, 1983, p. 22).

Nessa perspectiva, o pensamento crítico como *contradiscurso* se distancia de uma crítica ao Direito superficial, quase jornalística, ao se comprometer com a obrigatoriedade de um convencimento ético-legal-racional (WARAT, 2004, p. 41-42)·

Deve-se esclarecer que a crítica waratiana parte do registro de uma Sociologia do Poder do Conhecimento delimitando sua crítica ao campo da Semiologia, a partir do referencial teórico de autores como Ferdinand de Saussure, Roland Barthes e Viehweg (WARAT, 1983, p. 24). Esta análise apresenta a crítica de Luis Alberto Warat contra a hegemonia da pureza metodológica no âmbito da teoria do direito com enfoque particular na sua obra *A pureza do poder: uma análise crítica da teoria jurídica* (1983) que consolida e sistematiza uma série de estudos publicados nos anos anteriores [3].

Dentre eles, nos anos 80, destacam-se quatro artigos de ampla divulgação no Brasil nas primeiras edições da *Revista Sequência*, editada pela Pós-Graduação *stricto senso* em Direito da UFSC: *Sobre la dogmática jurídica* (1980); *A partir de Kelsen* (1981); *Saber crítico e senso comum teórico dos juristas* (1982); e, finalmente, *Do postulado da pureza metódica ao princípio da heteronímia significativa* (1983).

A chave dessa crítica se situa na leitura institucionalizada do texto de Kelsen perpetuada por Warat denominou *senso comum teórico dos juristas* (SCTJ) [4], que opera no campo do saber juridicamente legitimado. O autor em questão revela que as leituras institucionais ao passarem pelo filtro do *senso comum teórico dos juristas* "recriam e se apropriam do pensamento que supõem interpretar fielmente" (1983, p. 26).

[3] Apesar de Warat apresentar uma produção intelectual intensa é possível mapear algumas publicações que trataram mais detidamente do discurso kelseniano como exemplo, ainda nos anos 70, o texto *Los Conceptos normativos en Kelsen y la desmitificación del modelo napoleónico* (1974) e *Epistemologia e Teoria Kelseniana* (1977).

[4] O *senso comum teórico dos juristas* é um dos conceitos criados por Warat mais aclamados no campo jurídico brasileiro. O conceito ganhou visibilidade internacional ao ser incluído no *Dictionnaire Encyclopédique de Théorie et de Sociologie du Droit* organizado por André-Jean Arnaud (ROCHA, *In* ARNAUD, 1990, p.372 *et seq.*).

Luis Alberto Warat introduz na reflexão jurídica o conceito do *senso comum teórico dos juristas* como "uma esfera simbólica altamente padronizada, instituída e capitalizada a favor do modo de semiotização dominante" (Streck, *In* Oliveira Junior, 1998, p. 53), que seria uma forma de instrumentalizar as obviedades do imaginário jurídico.

Assim, a dedicação ao conhecimento da teoria de Kelsen no grupo da Escola Analítica de Buenos Aires, presidido por Ambrosio Lucas Gioja, permitiu ao autor traçar o que se considera uma crítica qualificada nesta análise a partir da categoria chave SCTJ. A leitura waratiana adquire essa qualidade por revelar recuperações que a pureza metodológica operou nos meios acadêmicos, do pensamento neokantiano, positivista ou neopositivista e da apropriação que sofreu da dogmática jurídica tradicional.

Primeiramente o texto propõe um reencontro do leitor com Kelsen guiado por Warat como forma de desfazer "epistemicídios" realizados cotidianamente a sua obra no campo jurídico para então detalhar a construção da dimensão mítica da pureza metodológica com um referencial teórico na obra waratiana *Mitos e teorias na interpretação da lei* (1979), que se constrói a partir do conceito de mito de Roland Barthes (2003).

A pesquisa propõe que esse enquadramento é ponto de partida necessário para se pensar na construção de uma epistemologia crítica jurídica que ultrapasse esse *obstáculo epistemológico* (Bachelard, 1983, p. 141), no sentido de Gaston Bachelard, no campo jurídico.

2. Reencontro com kelsen: o princípio da pureza metodológica

"Reencontro com Kelsen" esse foi o tema escolhido por Warat quando se submeteu ao concurso para professor titular da Universidade Federal de Santa Catarina nos anos 80 (Rocha, 2012). Como dito anteriormente, Warat, por sua formação, foi um profundo conhecedor da filosofia analítica e do normativismo kelseniano, apontando as insuficiências da teoria de Kelsen na compreensão da abrangência do fenômeno social.

A crítica waratiana à dogmática jurídica parte da sua reflexão do projeto da Teoria Pura do Direito de Hans Kelsen por considerá-lo a principal referência do dogmatismo positivista e logicista no campo do direito.

Não obstante, Warat ressalta a importância do projeto kelseniano na superação da velha dogmática jurídica dominante em sua época, expressa pela escola da exegese francesa, a jurisprudência analítica no modelo da *common law* e a jurisprudência conceitual no mundo germânico.

Além disso, Warat trabalha a hipótese de que um dos motivos da incompreensão do projeto da Teoria Pura do Direito seria o fato de Kelsen ter como alvo a mentalidade jusnaturalista, que prevalecia entre os professores universitários na época. O pensamento de Kelsen teria sido transmitido aos alunos por professores universitários jusnaturalistas de forma equivocada, diabolizada, pois segundo os "jus-professores" (Warat, *s/d* a), o autor buscava a separação entre o direito e a moral [5].

Ainda segundo Warat, a Teoria Pura do Direito opera um aperfeiçoamento lógico racional da dogmática jurídica ao romper com conceitos dogmáticos que advém de opiniões, costumes e apelos metafísicos ao propor a transformação da *doxa* em *episteme* (1983, p. 22).

Como todo discurso, o kelseniano possui diversas denotações, o que nos permite admitir a existência de diversos "kelsens" (Rocha, 1998, p. 65) simultâneos: um Kelsen kantiano, um Kelsen positivista jurídico, um Kelsen normativista, um Kelsen formalista, entre outros.

O Kelsen kantiano adota o *monismo metodológico*, com o fim de evitar o seu oposto: o *sincretismo metodológico* [6] que, segundo o autor, obscureceria a essência do direito. O Kant que interessa Kelsen está centralizado na metodologia da *Crítica da Razão Pura* (1999) em que a ciência cria o seu próprio objeto por meio da inversão da centralidade gnosiológica do objeto para o sujeito cognoscente.

Warat opta por enfocar em outro dos "kelsens", o Kelsen positivista ao tratar do postulado da pureza metodológica em sua obra *A pureza do poder: uma análise critica da teoria jurídica* (1983). O enquadramento da teoria kelseniana no positivismo jurídico é essencial para rechaçar a crítica frequente, que a interpreta como uma forma de pensar o direito que exclui os valores morais. Esta interpretação confunde o positivismo jurí-

[5] O argumento de que Kelsen pretendia desvincular o direito da moral é falso, já que seu objeto de estudo, sua preocupação, é com as possibilidades de instituição de uma Ciência do Direito e não com o direito diretamente (Warat, *s/d* a).

[6] Segundo Albert Calsamiglia, Hans Kelsen em sua prescrição metodológica considera que uma teoria do direito possui o defeito do sincretismo metodológico quando utiliza métodos que não sejam estritamente jurídicos (1997, p. 10 e 11).

dico com o que Norberto Bobbio denominou de versão extremista do positivismo ideológico (1995, p. 225).

Apesar de muitos teóricos insistirem no contrário, Kelsen não nega a legitimidade de outros campos do conhecimento como a Sociologia e a Teoria Política, apenas acredita que a Ciência Jurídica deve constituir um objeto de conhecimento próprio (Warat, 1983, p. 30). Esse argumento aparece logo na abertura da obra Teoria Pura do Direito, em que o autor se dedica a esclarecer o que entende por "pureza":

> "Quando a Teoria Pura empreende delimitar o conhecimento do Direito em face destas disciplinas, fá-lo não por ignorar ou, muito menos, por negar essa conexão, mas porque intenta evitar o sincretismo metodológico (...)" (Kelsen, H., *Teoria Pura do Direito*, p. 1-2).

Neste ponto poder-se-ia questionar qual é o fundamento desta crítica à construção da *Teoria Pura do Direito*, se Kelsen se limitou a delimitar Ciência Jurídica em sentido estrito, excluindo do seu campo de análise a *praxis* jurídica.

O próprio Warat ilustra em seus *Quadrinhos Puros do Direito* que a pureza em Kelsen é a pureza no olhar e não a pureza do objeto olhado, no caso o direito, o que implicaria na produção de uma teoria pura do saber e não uma teoria do direito puro (*s/d*).

Diferentemente dos críticos que julgam pejorativamente a teoria kelseniana por despolitizar o Direito, o que é um equívoco interpretativo da Teoria Pura do Direito, Warat desloca o cerne da sua crítica para a despolitização da Ciência Jurídica que este projeto permite operacionalizar [7].

O cerne da crítica de Warat está no discurso universitário sobre a obra kelseniana ao se concentrar no saber jurídico perpetuado através da categoria senso comum teórico e não se limitar à tarefa da interpretação autêntica, ou ao menos sustentável da obra do referido autor.

Assim, Warat desenvolve uma crítica à metodologia kelseniana a partir de uma abordagem Semiológica. Como foi dito, o autor não pretende

[7] "*Pero la teoría pura del derecho es una teoría pura del derecho, no la teoría de un derecho puro como sus críticos han afirmado erróneamente a veces.*" (Kelsen, 2002, p. 30)

investigar o conteúdo unívoco da obra kelseniana, mas apresentar a significação atribuída institucionalmente pelo SCTJ (2004, p. 242).

Cabe retomar o conteúdo da categoria analítica *senso comum teórico dos juristas*, produzida por Warat como conceito que serve como referência ao conhecimento constituído, designando "a montagem de noções representações – imagens – saberes, presentes nas práticas jurídicas, funcionando como um arsenal de ideologias práticas" (1979, p. 19). Assim, o autor em questão compreende o SCTJ como "um conjunto heterogêneo de hábitos semiológicos de referência" (2004, p. 31).

Este trabalho centraliza a sua análise no postulado da pureza metodológica de Hans Kelsen por identificar que a perpetuação deste critério epistemológico no SCTJ seja o ponto essencial da crítica de Warat sobre a imobilidade do jurista e do ensino jurídico – *obstáculo epistemológico*, no sentido de Bachelard, a costura de um saber crítico do direito, como se verá no tópico seguinte.

Como estamos em um ponto crucial para a real compreensão da observação crítica de Warat, cabe a transcrição do seguinte trecho em que o autor justifica sua posição em relação ao método kelseniano:

> "(...) seus efeitos ideológicos e políticos não provêm, isoladamente, dos valores que Kelsen propõe para a construção de uma Ciência do Direito em sentido estrito, senão pelos efeitos de seu discurso como guia e representação da práxis jurídica." (2004, p. 30)

Com isso, o referido autor questiona a crença kelseniana de que se possa construir um sistema de conceitos liberado das articulações ideológicas (WARAT, 1983, p. 20), pois para ele, sob o pretexto de racionalização dos dados e da cientificidade se confirmam valores (1979, p. 137).

Pelo exposto, Warat critica a pretensão de Kelsen em fundar uma teoria jurídica apolítica e descompromissada, além de considerar que os resultados da interpretação do saber jurídico kelseniano não atingem a neutralidade pretendida, mas a legitimação ideológica da ordem social (1983, p. 14). Warat conclui que a Teoria Pura cria uma ilusão da posse de um discurso objetivo, fazendo-se crer no funcionamento anônimo e imparcial do direito (1983, p. 21 e 22).

3. O processo de mitificação da pureza metodológica

A pureza metodológica, ponto central do argumento kelseniano tratada no tópico anterior, segundo Warat, não passa da construção de um mito, cuja função seria instituir um modelo ideal de controle e, ao mesmo tempo, legitimá-lo.

Para chegar a essa conclusão, Warat utiliza os ensinamentos de Roland Barthes em sua obra *Mitos e teorias na interpretação da lei* (1979), sendo o postulado da pureza metodológica identificado como espaço privilegiado para a produção mítica.

A mitologia escapa de reducionismos, se abre aos campos da Sociologia e Teoria Política, ao incluir uma abordagem da ideologia como "ciência histórica" (Barthes, 2003, p. 203). Assim, permite concluir que o mito se identifica com a ideologia política, ou seja, o processo mitológico coloca suas crenças a serviço da ideologia.

A partir de uma abordagem semiológica, Warat pretende-se desvelar a dimensão mítica do postulado da pureza metodológica, tendo como referência o campo da *mitologia*, desenvolvida por Roland Barthes.

Roland Barthes compreende que "tudo pode constituir um mito" (2003, p. 199) inclusive um método, um critério, um postulado sempre quando pode ser julgado por um discurso. Daí se conclui que a pureza metodológica de Hans Kelsen se constrói como um mito que pode ser julgado pelo discurso jurídico.

Ainda segundo Barthes, o leitor do mito naturaliza os conceitos como se o significante criasse o significado (2003, p. 221). Desta forma, não percebe que o mito é um sistema semiológico de valores e passa a acreditar que é um sistema indutivo de fatos. Seguindo essa lógica, o postulado da pureza metodológica se torna uma verdade inquestionável no campo jurídico.

Roland Barthes revisita sua teoria sobre o mito assumindo-a como uma questão translinguística, incorporada na prática, que possui uma relação dialética com o imaginário. A dimensão mítica é o campo de atuação do senso comum teórico dos juristas.

Barthes utiliza as categorias propostas por Saussure[8] ao considerar a linguagem como um sistema de signos em que cada signo é composto por

[8] Segundo Saussure o signo total é a combinação do conceito (significado) e da imagem

duas partes: um significante (*signifiant*) e um significado (*signifié*). Assim, aponta para a relativa autonomia da linguagem em relação à realidade, ou seja, o signo é arbitrário e mutável dada a possibilidade de desvio da relação entre significante/significado.

A análise dos signos pode ser realizada a partir de dois planos linguísticos: a linguagem-objeto e a metalinguagem. O primeiro é o plano em que "se fala" e o segundo onde "se fala do que se fala" (Rocha, 1998, p. 67). A metalinguagem é um recurso essencial para superar as armadilhas da hermenêutica jurídica, Roland Barthes explica que a "(...) metalinguagem é um sistema cujo plano de conteúdo é, ele próprio, constituído por um sistema de significação; ou ainda, é uma Semiótica que trata da Semiótica" (2007, p. 96).

O senso comum teórico dos juristas produz significados no momento da propagação da pureza metodológica no campo jurídico, se configura como metalinguagem, uma fala sobre este postulado. O mito como segunda língua que fala da primeira, também é uma metalinguagem (Barthes, 2003, p. 206), com isso propõe-se que o SCTJ produz uma fala mítica sobre o postulado da pureza metodológica.

A análise waratiana a partir de Barthes gera, portanto, uma reflexão sobre a metalinguagem. Logo, tem o foco no senso comum teórico dos juristas ao invés de se ocupar com a pretensão da interpretação autêntica do postulado da pureza que representa a linguagem-objeto deste estudo.

Neste sentido, cabe o ensinamento de Roland Barthes sobre a tarefa do semiólogo na revelação dos mitos como uma perspectiva de análise mais ampla sobre o signo global:

> "Refletindo sobre uma metalinguagem, o semiólogo já não deve se interrogar sobre a composição da linguagem-objeto e já **não deve se ocupar com o detalhe do esquema linguístico**: dele só terá de considerar o termo total ou signo global, e apenas na medida em que este termo se preste ao mito". (2007, p. 206) (grifo nosso)

acústica (significante). Além disso, considera que o significante e o significado estão unidos por um laço arbitrário, o que torna o próprio signo arbitrário (2004, p. 81).

Warat identifica que o processo de mitificação que ocorre ao adentrarmos no campo da *praxis* jurídica torna os critérios de purificação metodológica em uma crença vinculada a uma atividade profissional. Com isso, o autor faz a crítica aos juristas de ofício que se transformam em meros operadores técnicos da legislação e esquecem que seu real objeto é a análise das relações sociais.

No momento em que os juristas convertem *episteme* em *doxa* na *praxis* os critérios da pureza metodológica se tornam um mito, ou seja, cria-se uma ilusão de uma atividade profissional "pura".

Esta mitificação decorre da constatação de que a epistemologia jurídica tradicional, que se funda no postulado da pureza metodológica, não considera o valor político do conhecimento na prática, gerando uma apropriação da ideia de um conhecimento despolitizado pelos juristas de ofício e não apenas pelos "cientistas do direito".

Desta forma, a dimensão mítica da pureza metodológica se revela quando ocorre a abstração das condições que presidiam sua produção, ao se tornar um critério epistemológico institucionalmente legitimado para a Ciência do Direito.

Outro aspecto relevante na análise da dimensão mítica da pureza metodológica considera o processo de produção da significação jurídica. Os sentidos das normas jurídicas são linguisticamente e socialmente determinados, "não são conteúdos unívocos, nem axiomas de automática aplicação, nem premissas inquestionáveis, que mediante o silogismo lógico, conduzem a conclusões indubitadas" (Warat, 2003, p. 238).

A tentativa de eliminação do plano cognoscitivo das representações, imagens, costumes, preceitos valorativos e teóricos não os tornam inoperantes nas práticas jurídicas (Warat, 2004, p. 238). Sob o pretexto da necessária despolitização e neutralização do conhecimento científico, a pureza metodológica passa a operar como "código latente" (Warat, 1983, p. 55) que influencia no pensar e agir dos profissionais do campo jurídico.

A dogmática jurídica como teoria geral estabelecida por Kelsen – com suas categorias, dogmas, conceitos, classificações e proposta de pureza metodológica – desenvolve na realidade a função ideológica de manter o *status quo*. Neste sentido a crítica de Cavallazzi ao desempenho da função do jurista pela captura do postulado metodológico no SCTJ: "O jurista de construtor transforma-se em tutor, guardião, vigia e, principalmente cúmplice da dogmática jurídica" (1989, p. 89).

Seguindo essa linha argumentativa, a mitificação surge no momento em que as problemáticas inseridas na Teoria Pura perdem, ao longo do tempo, a sua singularidade argumentativa através de mecanismos redefinitórios elaborados pelo senso comum teórico que vem carregado de crenças e estereótipos da dogmática jurídica clássica (Warat, 1981).

Retomasse, nesse momento, o eixo principal do argumento para a análise mais detalhada da dimensão mítica do postulado da pureza metodológica no senso comum teórico dos juristas. Parte-se da identificação de Saussure (2004) do esquema tridimensional que pode ser identificado no mito abarcando o significante, o significado e o signo.

O mito se constitui como um sistema semiológico segundo – metalinguagem – em que o primeiro sistema semiológico – linguagem-objeto – se torna apenas um significante (Barthes, 2003, p. 205). Para Roland Barthes o mito é uma fala, uma linguagem, uma mensagem, um sistema de comunicação, um modo de significação. Não se trata, portanto de um conceito, é uma forma.

Cabe especificar algumas discriminações terminológicas designadas por Roland Barthes ao tratar do sistema mítico. O signo do primeiro sistema (plano da língua) se torna apenas um significante no segundo (plano do mito).

O *signo*, na terminologia empregada por Saussure, é composto pela união de um significante e de um significado, trata-se, portanto de uma realidade bifacial (2004, p. 81). O plano dos significantes consiste em um *plano de expressão* (a forma) e o dos significados um *plano de conteúdo* (a substância). Para se descrever a *forma* não é necessário recorrer a premissas extralinguísticas, o que se faz necessário na descrição da *substância* (Barthes, 2007, p. 43).

O significante – plano de expressão (E) – é uma representação psíquica da coisa que pode ser imaterial, já o significado – plano de conteúdo (C) – é um mediador que é sempre material. A significação (R) é um processo que une significante e significado, ou seja, é um ato que resulta no signo (ERC) (Barthes, 2007, p. 46-51).

Voltando à mitologia, no sistema mítico *sentido* é o significante que se origina do primeiro sistema semiológico, no plano da língua; no plano do mito, chamam-no de forma. Nos dois planos, significado denomina-se *conceito*. A correlação entre os dois termos – significante e significado (conceito), no plano da língua; sentido e conceito, no plano do mito – origina o *signo* no plano da língua e *significação* no do mito (BARTHES, 2007).

O que importa neste ponto é entender que o senso comum teórico dos juristas, como metalinguagem, toma o significado da Ciência do Direito em sentido estrito proposta por Kelsen, com base na pureza metodológica, para compor um sistema semiológico mítico. Esta operação funciona como fuga do conteúdo significativo pretendido pelo autor ao impor limites à interpretação científica do direito. Este conteúdo significativo constituía o signo de um primeiro sistema semiológico, ou seja, o plano da expressão ou forma do mito.

Segundo Barthes (2007), o *sentido* do mito tem uma história, um valor próprio, uma riqueza que é afastada pela forma, para que se tenha espaço para a produção de uma significação. O sentido perde seu valor, mas não morre, se prestando a esconder a forma do mito.

O mito atua nos espaços onde o sentido já está diminuído e, portanto, disponível para uma nova significação. É o que acontece no caso da pureza metodológica que por muitos autores foi entendida como "pureza" do próprio direito, seu sentido não morreu, mas foi reduzido.

Portanto, no caso em questão, o significado do primeiro sistema semiológico advém da importância e repercussão da Teoria Pura do Direito na produção e consolidação de uma Ciência Jurídica em sentido estrito. O referido conceito (significado) é afastado para que surja uma significação que implique na pureza da *praxis*, em que o "operador do direito" se abriga no "paraíso conceitualizador do mundo jurídico" (WARAT, *s/d* b, p. 26).

A perpetuação da pureza metodológica no senso comum teórico dos juristas, como sistema semiológico dominante, é impositivo na prática jurídica. Aliás, este caráter impositivo é uma das funções de um mito (BARTHES, 2003, p. 208).

O conceito (significado do mito) é histórico e intencional, funcionando como a força que move o surgimento do mito. No caso do mito em questão, a sua força motriz advém da necessidade de manter a ordem estabelecida através de conceitos unívocos que geram uma imagem de certeza e segurança na atividade interpretativa dos "operadores do direito".

A partir dessas operações a pureza metodológica kelseniana é utilizada pela prática jurídica como "álibi" (Barthes, 2003, p. 221) para perpetuar valores que atendem aos objetivos dos normativistas. Warat detecta a função mítica do senso comum teórico no uso de dados como "álibi consolidador de valores" (1979, p. 21).

A Ciência Jurídica em sentido estrito proposta por Kelsen, ao ser uma fala sobre as normas jurídicas (linguagem-objeto), se configura também como metalinguagem, que visa descrever a norma jurídica, situando-se, apenas, no nível semântico e sintático do signo (norma jurídica).

A teoria kelseniana abandona assim o nível pragmático do signo, alienando o jurista do seu uso. A partir da análise dos signos identifica-se que a dimensão mítica da pureza metodológica, para além da captura operada pelo SCTJ, revela-se também na sua pretensão de despolitizar a fala dos pseudocientistas jurídicos.

No desenvolvimento destas reflexões, a revelação da dimensão mítica da pureza metodológica torna possível viabilizar que a metalinguagem seja reenviada a uma linguagem-objeto, inviabilizando a reprodução do mito e permitindo a construção de objetos de conhecimento independentes do senso comum teórico.

Constata-se então que o postulado da pureza metodológica, em sua dimensão mítica, apresenta uma insuficiência metodológica, na perspectiva da produção de um conhecimento crítico, por consistir em um modelo reducionista das significações jurídicas, funcionando como suporte ideológico para a permanência do *status quo*.

Neste contexto, o referido postulado torna-se um *obstáculo epistemológico* (Bachelard, 1983, p.147), no sentido bachelardiano do termo, pois termina por impedir a produção de saberes jurídicos críticos, capazes de negar conhecimentos encrustados no senso comum teórico dos juristas.

Este conceito essencial na epistemologia bachelardiana surge no ato de conhecer e "se incrusta no conhecimento não discutido" (Bachelard, 1983, p. 366), o que acarreta estagnação, inércia e até regressão para a pesquisa. O caráter paralisante e impositivo dos valores e crenças do senso comum teórico dos juristas são, neste ponto de vista, um conhecimento incrustado.

Não se pretende com isso travar uma guerra contra qualquer conhecimento que advenha do senso comum teórico. Esta análise busca reflexões no sentido de que para que o pesquisador inove, ou seja, desenvolva um pensamento crítico, ele deve conhecer questionando um conhecimento anterior através de uma *vigilância epistemológica* (BACHELARD, 1996).

Conclusões

Resgatar a crítica waratiana à Teoria Pura do Direito em uma homenagem ao aniversário de uma das mais marcantes obras do cenário jurídico pode causar um estranhamento inicial ao leitor desavisado. Porém, o jurista que se atreve a percorrer pelos meandros de alguns textos e livros de Luis Alberto Warat sobre o tema imediatamente identifica que a maior homenagem é a crítica qualificada de uma obra.

Warat ressalta a importância da obra de Hans Kelsen ao apontá-lo como ponto de referência e de contraposição para autores que se propõem a elaborar um saber crítico, ou seja, afirma que não se pode pensar na construção de uma epistemologia crítica jurídica sem enfrentar o predomínio da pureza metodológica no imaginário jurídico.

Simultaneamente, o referido autor identifica no campo jurídico a insuficiência do ponto de vista normativista e semiológico do positivismo jurídico, do qual a Teoria Pura do Direito aparece como marco representativo, para atender às demandas sociais.

A categoria analítica senso comum teórico dos juristas, criada por Warat, torna a abordagem do tema complexa e inovadora ao denunciar os reducionismos e simplificações de muitos críticos à Teoria Pura do Direito.

Este esforço de diálogo com Kelsen a partir da visão waratiana delineou-se primeiramente na construção de uma interpretação sustentável sobre sua obra. Em seguida, abriu-se a possibilidade de revelar distorções de sua metodologia no imaginário do senso comum teórico, sem olvidar de que esse processo se deve em grande medida à pretensão de Hans Kelsen de delimitar a Ciência Jurídica em sentido estrito, excluindo do seu campo de análise a *praxis* jurídica.

Essa trajetória evidenciou o fracasso do normativismo kelseniano enquanto instância crítica da dogmática jurídica seja em razão da insuficiência da pureza metodológica em impedir a recuperação ideológica, bem como na própria Teoria Pura do Direito ter se revelado em dogmática jurídica.

A presente análise buscou tornar visíveis efeitos do processo de mitificação da pureza metodológica, como: o esvaziamento do conteúdo, a naturalização, seu caráter impositivo e a-histórico, que tornam o postulado da pureza metodológica uma verdade inquestionável para o imaginário jurídico dominante. Assim, a crítica ora desenhada desvela mitos e ideologias escondidas nas sombras produzidas pelo SCTJ por um processo de recuperação ideológica.

Destacou-se ainda que equívocos na compreensão do conteúdo da Teoria Pura do Direito e de seu postulado metodológico pelos profissionais de direito é um fator facilitador da tarefa de esvaziamento de seu conteúdo.

Com base na epistemologia bachelardiana Warat aponta que o referido postulado torna-se um *obstáculo epistemológico* para o conhecimento crítico. Essa análise conclui que a superação do postulado da pureza metodológica como obstáculo epistemológico permite que o profissional jurídico se adeque à proposta de construção de um saber jurídico crítico, que abrange a necessidade de inovação inserida em uma ciência que se baseie em devires.

Referências

ASSIS, Vívian Alves. **A Dimensão Mítica do Discurso de Kelsen: A Crítica de Luis Alberto Warat.** Rio de Janeiro: Lumen Juris, 2017.

BACHELARD, Gaston. **A epistemologia.** Rio de Janeiro: Zahar Editores, 1983.

BACHELARD, Gaston. **A formação do espírito científico: contribuição para a psicanálise do conhecimento.** Trad. Estela dos Santos Abreu. Rio de Janeiro: Contraponto, 1996.

BARTHES, Roland. **Aula.** 10ª ed. São Paulo: Ed. Cultrix, 2002.

BARTHES, Roland. **Mitologias.** Rio de Janeiro: DIFEL, 2003.

BARTHES, Roland. **Elementos de Semiologia**. 15ª ed. São Paulo: Editora Cultrix, 2007.

CALSAMIGLIA, Albert. En defensa de Kelsen. *In:* **Working Papers,** n. 19, Barcelona: Instituit de Ciències Polítiques i Socials, 1997.

CAVALLAZZI, Rosângela Lunardelli. O Jurista e as Ideologias. *In:* **Revista de Teoria Jurídica – Práticas Sociais – NIDS**. Vol. 1, Rio de Janeiro, UFRJ, 1989.

KANT, Immanuel. **Crítica da Razão Pura.** Trad Valério Roden e Udo Baldur Mosburger. São Paulo: Editora Nova Cultural, 1999.

KELSEN, Hans. **Teoria pura do direito.** 2a ed. São Paulo: Martins Fontes, 2006.

KELSEN, Hans.**¿Qué es la teoría Pura del Derecho ?** México: Distribuiciones Fontamara. S. A., 2002.

LOIS, Cecília Caballero. Resenhas. **Seqüência.** V. 17, n. 32. Florianópolis: UFSC, 1996, p. 133.

OLIVEIRA JUNIOR, José Alcebíades de. **O poder das metáforas: homenagem aos 35 anos de docência de Luis Alberto Warat.** Porto Alegre: Livraria do Advogado, 1998.

ROCHA, Leonel Severo. **Epistemologia Jurídica e Democracia.** São Leopoldo: Ed. UNISINOS, 1998.

ROCHA, Leonel Severo. A Aula Mágica de Luis Alberto Warat: genealogia de uma pedagogia da sedução para o Ensino do Direito. *In:* ROCHA, Leonel Severo; STRECK, Lenio Luiz; ENGELMANN, Wilson (orgs.). **Constituição, Sistemas Sociais e Hermenêutica**: Anuário do Programa de Pós-Graduação em Direito da UNISINOS: Mestrado e Doutorado. Porto Alegre: Livraria do Advogado Editora; São Leopoldo: UNISINOS, 2012, p. 203-212.

SAUSSURE, Ferdinand de. **Curso de Linguística Geral.** 26ª ed. São Paulo: Ed. Cultrix, 2004.

VERAS, Mariana Rodrigues. **Antologia do Pensamento de Luis Alberto Warat: a Epistemologia Carnavalizada e a Digna Voz da Majestade frente à juridicidade latino-americana.** Orientador: José Luis Bolzan de Morais. 2017. 266 f. Tese (Doutorado em Direito) – Faculdade de Direito, Universidade do Vale do Rio dos Sinos, São Leopoldo, 2017.

WARAT, Luis Alberto. **Os quadrinhos puros do direito.** Ilustrador: Gustavo Pérez Cabriada, Editada por Associação Latinoamericana de Mediação, Metodología e Ensino do Direito. Impresso na Argentina por Angra Impresiones, *s/d* a.

WARAT, Luis Alberto. **Educação, Direitos Humanos, Cidadania e Exclusão Social: Fundamentos preliminares para uma tentativa de refundação.** *s/d* b. Disponível em: http://www.dhnet.org.br/educar/textos/warat_edh_educacao_direitos_humanos.pdf Acesso em: 3 set. 2020.

WARAT, Luis Alberto. Los Conceptos normativos en Kelsen y la desmitificación del modelo napoleónico. *In*: MARTINO, Antonio A.; RUSSO, Eduardo A.; WARAT, L. A. **Temas para una filosofia jurídica.** Buenos Aires: AIKH, 1974, p. 73-82.

WARAT, Luis Alberto. Epistemologia e Teoria Kelseniana. *In*: CUNHA, R.M.C.; WARAT, L.A. **Ensino e Saber Jurídico**. Rio de Janeiro: Eldorado Tijuca, 1977, p.33-41.

WARAT, LUIS Alberto. **Mitos e teorias na interpretação da lei.** Porto Alegre: Síntese, 1979.

WARAT, Luis Alberto. Sobre la dogmática jurídica. **Seqüência,** Florianópolis, a.1, n.2, p.33-55, 1980.

WARAT, Luis Alberto. A partir de Kelsen. **Seqüência**, Florianópolis, n.4, p. 107-115, 1981.

WARAT, Luis Alberto. Saber crítico e senso comum teórico dos juristas. **Seqüência**, Florianópolis, v. 3, n.5, p. 48-57, 1982.

WARAT, Luis Alberto. Do postulado da pureza metódica ao princípio da heteronímia significativa. **Seqüência**, Florianópolis, v. 4, n.7, p. 28-34, 1983a.

WARAT, Luis Alberto. **A pureza do poder:** uma análise crítica da teoria jurídica. Florianópolis: Ed. da UFSC, 1983b.

WARAT, Luis Alberto. **Epistemologia e ensino do direito: o sonho acabou**. Florianópolis: Fundação Boiteux, 2004.